KB091648

Tkinter를 사용한 파이썬 GUI 프로그래밍 2/e

사용자 친화적인 기능성
GUI 애플리케이션 설계와 개발

Tkinter를 사용한 파이썬 GUI 프로그래밍 2/e

앨런 무어 지음   이태상 옮김

i!i
에이콘

에이콘출판의 기틀을 마련하신 故 정완재 선생님 (1935-2004)

| 지은이 소개 |

앨런 무어^{Alan D. Moore}

2005년부터 파이썬 코딩을 했다. 현재 미국 테네시주 프랭클린에 거주하며 현지 지방정부의 데이터베이스 앱을 개발하고 있다. 관심 기술 분야는 파이썬, 자바스크립트, 리눅스, 아날로그 전자기기다. 여유 시간에는 자신의 유튜브 채널인 'Alan D Moore Codes'에 코딩 강의 동영상을 올리고 작곡도 하며 기타 효과^{guitar effect}도 만든다. 또한 교회와 스카우트 부대에서 자원 봉사를 하며 아내와 함께 다섯 자녀를 양육하고 있다.

루시^{Lucy}와 알레한드로^{Alejandro}에게 깊이 감사한다. 그들이 없었으면 이 책은 오류 투성이였을 것이다. 또한 늘 지원해주고 용기를 준 아내와 아이들에게 감사한다. 마지막으로 파이썬과 Tcl/Tk라는 훌륭한 소프트웨어를 만든 커뮤니티에 감사한다. 그 모두에게 신의 가호가 있기를 기원한다.

| 기술 감수자 소개 |

알레한드로 로다스 드 파즈 Alejandro Rodas de Paz

스페인 세비야 출신의 컴퓨터 엔지니어다. 인공지능 알고리듬부터 데브옵스DevOps 스크립트 개발까지 전문적이고 학술적인 다양한 파이썬 프로젝트를 수행했다.

이전에는 『Python Game Programming by Example』(Packt, 2015)과 『Tkinter GUI Application Development Cookbook』(Packt, 2018)을 집필했다. 『Tkinter GUI Application Development Hotshot』(Packt, 2013)의 기술 감수도 했다.

이 작업의 성과를 길고 즐거운 여정을 시작할 동생 벨렌Belen에게 바친다. 인생의 새로운 장을 잘 헤쳐 나가길 기원한다.

| 옮긴이 소개 |

이태상(taesang@gmail.com)

자바와 웹 전문가로서 오랜 기간 개발, 교육, 컨설팅을 했으며 현재 전자금융 관련 업무를 담당하고 있다. 『톰캣 최종분석』(에이콘, 2005)부터 『리액트 16』(에이콘, 2020)까지 십여 권의 IT 서적을 번역했다.

1991년에 등장한 파이썬이 현재 가장 인기 있는 프로그래밍 언어임을 부정할 사람은 없을 것이다. 특히 AI, IoT, 데이터 분석 등 최근 디지털 영역에서 중대한 역할을 하며 약 20년 동안 왕좌에 있었던 자바를 끌어내렸다.

디지털 영역 외에도 파이썬은 오랜 기간 수많은 패키지가 제작됨에 따라 다양한 분야에서 사용될 수 있게 발전했다. 그중 한 분야는 데스크톱 앱이다. 현재의 웹과 모바일 세상에서도 네트워크 제약 사항, 보안이 필요한 클라이언트, 솔루션 관리, 모니터링, 기타 업무 특성상 독립형 데스크톱 앱의 필요성은 여전하다.

파이썬으로 데스크톱 앱을 구축하기 위한 여러 GUI 라이브러리가 있지만 그중 대표 주자는 Tkinter와 PyQt라고 할 수 있다. PyQt가 디자인 측면에 강점이 있는 대신 난이도가 있다면 Tkinter는 기능 구현에 중점을 둘 수 있게 빠르고 쉬운 개발 방법을 지원한다. 그리고 이 책에서는 Tkinter를 다룬다.

그러나 이 책은 단순히 Tkinter의 사용법만 설명하지 않는다. 가상의 프로젝트를 설정하고 요구 분석, 설계, 개발, 테스트, 운영(유지 보수)이라는 각 단계를 거치며 그에 필요한 접근법을 제시함으로써 실제 프로젝트에서 Tkinter를 손쉽게 적용할 수 있게 한다.

또한 데스크톱 앱의 개발 경험이 없는 사람이라면 이 책을 통해 기본적이고 표준적인 GUI 구축 방법론을 배울 수 있다. 이는 Tkinter가 아닌 라이브러리, 심지어 파이썬이 아닌 다른 언어로 데스크톱 앱을 개발할 때도 도움이 될 것이다.

아무쪼록 이 책을 통해 데스크톱 GUI 앱 개발이라는 특별한 역량을 여러분의 인벤토리에 추가하기 바란다.

| 차례 |

12장   데이터 저장소 개선   533

13장   클라우드 연계

15장　캔버스를 사용한 데이터 시각화　　681

| 들어가며 |

글을 쓰는 일은 단지 문법과 구두법 적용이 전부가 아니다. 마찬가지로 애플리케이션 개발도 프로그래밍 언어와 라이브러리 API 지식만으로 할 수 없다. 단지 문법과 함수 호출 방법을 통달한 것만으로 사용자가 업무를 수행하고 가치 있는 데이터를 보전하며 완전한 결과를 도출하게 하는 애플리케이션을 설계하기에는 부족하다는 말이다. 개발자는 사용자 요구와 기대를 효과적인 인터페이스로 설계하고 이를 구현하기 위한 최적의 기술을 적용해야 한다. 또한 대량의 코드를 구성하고 테스트하며 관리 가능한 수준을 지키면서도 부주의한 오류가 없게 유지해야 한다.

이 책은 단순히 특정 GUI 툴킷의 참조 매뉴얼이 아니다. 작은 기업 환경의 가상 시나리오를 따라가면서 애플리케이션 프로그래머의 실무 경험을 제공한다. 또한 Tkinter를 비롯한 여러 유용한 라이브러리도 살펴보며 단순한 파이썬 스크립트가 아닌 완전한 기능을 갖춘 GUI 애플리케이션을 개발하는 방법을 알아본다. 이 책을 마칠 무렵에는 회사 실무 환경에 적합한 데이터 중심의 애플리케이션 개발에 확신을 갖게 될 것이다.

⋮⋮⋮ 이 책의 대상 독자

많은 경험이 없어도 파이썬의 기본만 알면 충분하다. 대형 애플리케이션을 설계하고 구축할 수 있게 차근차근 단계를 밟을 것이며 고급 프로그래머가 되기 위해 필요한 기법들을 설명할 것이기 때문이다.

또한 데이터 과학, 웹 개발, 시스템 운영이 주요 업무더라도 부가적으로 GUI 애플리케이션을 만들 필요가 있는 개발자에게도 적합하다. GUI 애플리케이션 제작에 필요한 지식과 기법을 공부할 것이기 때문이다.

마지막으로 Tkinter에 관심 있는 경험 많은 파이썬 프로그래머에게도 유용할 것이다. 이 책의 상당 부분은 Tkinter 라이브러리의 세부 사항을 설명하기 때문이다.

⁂ 이 책의 구성

1장, Tkinter 소개에서는 기본적인 Tkinter 라이브러리를 알아보고 간단한 Tkinter 애플리케이션을 제작한다. 또한 그 자체가 Tkinter 애플리케이션의 본보기인 IDLE을 소개한다.

2장, GUI 애플리케이션 설계에서는 사용자 요구를 구현 가능한 설계로 전환하는 과정을 진행한다.

3장, Tkinter와 Ttk 위젯으로 기본 폼 제작에서는 CSV 파일에 데이터를 저장하는 기본적인 데이터 입력 애플리케이션을 제작한다.

4장, 클래스로 코드 개선에서는 전반적인 객체지향 프로그래밍 기법뿐만 아니라 좀 더 이해하기 쉽고 관리하기 편한 GUI 애플리케이션을 만들고자 Tkinter만의 클래스 사용법을 살펴본다.

5장, 검증과 자동화로 사용자 오류 최소화에서는 폼에 자동으로 데이터를 채우고 검증하는 방법을 알아본다.

6장, 애플리케이션 확장 계획에서는 하나의 스크립트 파일을 여러 파일로 적절하게 분리하고, 애플리케이션을 파이썬 모듈로 빌드하며, 좀 더 관리가 용이한 코드 기반을 만들고자 관심사 분리를 구현한다.

7장, 메뉴와 대화상자 제작에서는 Tkinter를 사용해 주 메뉴를 제작한다. 또한 통상적인 메뉴 기능을 구현하고자 내장 대화상자를 사용하는 방법도 알아본다.

8장, Treeview와 Notebook으로 레코드 탐색에서는 Ttk의 Treeview와 Notebook을 사용해 데이터 탐색 시스템을 구현하며, 데이터 추가만 가능했던 애플리케이션을 데이터 읽기, 쓰기, 갱신도 가능하게 개발한다.

9장, 스타일과 테마로 룩앤필 개선에서는 애플리케이션의 색상, 글꼴, 위젯 스타일을 변경하는 방법과 이를 활용해 애플리케이션을 좀 더 유용하고 매력적으로 만드는 방법을 알아본다.

10장, 크로스플랫폼 호환성 유지에서는 애플리케이션이 윈도우즈, 맥OS, 리눅스에서도 자연스럽게 작동하게 하는 파이썬과 Tkinter의 기술을 적용한다.

11장, unittest로 테스트 자동화에서는 단위 테스트와 통합 테스트의 자동화를 통해 애플리케이션을 검증하는 방법을 알아본다.

12장, 데이터 저장소 개선에서는 안정적인 데이터 저장을 위해 CSV 파일에서 데이터베이스로 저장소를 변경한다. 이에 따라 SQL과 관계형 데이터베이스 모델에 관해 알아본다.

13장, 클라우드 연계에서는 HTTP 서버, REST 서비스, SFTP 서버와 같은 네트워크 자원을 다룬다. 이들 서비스를 사용해 데이터와 파일을 다운로드하거나 업로드하는 방법을 알아본다.

14장, 비동기 프로그래밍에서는 장기 실행 프로세스, 즉 시간이 오래 걸리는 프로세스 실행 중에도 애플리케이션 성능이 떨어지지 않게 비동기 프로그래밍과 멀티스레드 프로그래밍을 적용하는 방법을 알아본다.

15장, 캔버스를 사용한 데이터 시각화에서는 데이터 시각화와 UI 애니메이션을 구현하고자 Tkinter의 Canvas 위젯을 사용하는 방법을 알아본다. 또한 Matplotlib 차트의 사용법도 알아보고 간단한 게임도 만든다.

16장, 패키징에서는 애플리케이션 배포를 위해 파이썬 패키지뿐만 아니라 독립적으로 실행 가능한 파일을 만드는 방법을 알아본다.

⁝ 이 책의 활용

이 책은 독자가 파이썬 3의 기초 지식을 갖고 있다고 가정한다. 즉, 기본 데이터 타입과 함수를 사용해 간단한 스크립트를 작성해 실행할 수 있고, 자신만의 함수를 정의할 수 있으며, 표준 라이브러리에서 필요한 모듈을 임포트해 사용할 수 있다고 가정한다.

이 책의 내용은 마이크로소프트 윈도우즈나 애플 맥OS 또는 GNU/리눅스에서 따라갈 수 있으며, 파이썬 3와 Tcl/Tk가 설치돼 있어야 한다(1장에서 설치 방법을 다룬다). 또한 자신이 선호하는 코드 편집기를 사용하면 되는데, 가급적 IDLE 사용을 권장한다. IDLE은 파이썬에 포함돼 있으며 그 자체가 Tkinter로 제작된 본보기이기 때문이다. 반대로 주피터Jupyter나 스파이더Spyder 등과 같이 애플리케이션 개발보다는 데이터 분석에 맞춤형인 편집기는 권장하지 않는다. 이 책의 후반에서는 몇 가지 파이썬 패키지와 PostgreSQL 데이터베이스도 설치한다.

예제 코드 다운로드

이 책의 코드는 깃허브(https://github.com/PacktPublishing/Python-GUI-Programming-with-Tkinter-2E)에서 제공한다.

에이콘출판사의 도서정보 페이지 http://www.acornpub.co.kr/book/gui-tkinter-2e에서도 동일한 예제 코드를 다운로드할 수 있다.

컬러 이미지 다운로드

이 책에 사용된 그림과 다이어그램의 컬러 이미지가 포함된 PDF 파일은 https://static.packt-cdn.com/downloads/9781801815925_ColorImages.pdf에서 다운로드할 수 있다. 동일한 파일을 에이콘출판사 도서정보 페이지 http://www.acornpub.co.kr/book/gui-tkinter-2e에서도 다운로드할 수 있다.

⁂ 편집 규약

이 책에서는 몇 가지 유형의 텍스트를 사용한다.

텍스트 안의 코드: 텍스트 안에 코드가 포함된 유형으로, 데이터베이스 테이블 이름, 사용자 입력의 코드 단어 등이 이에 포함된다. 예를 들어 다음과 같다.

"solve_the_worlds_problems.py에 코드를 저장하고 터미널에서 python solve_the_worlds_problems.py를 입력해 실행한다."

코드 블록은 다음과 같이 표시한다.

```python
import tkinter as tk

root = tk.TK()
def solve():
    raise NotImplemented("Sorry!")
tk.Button(
    root, text="Solve the world's problems", command=solve
).pack()
root.mainloop()
```

코드 블록에서 특정 부분을 강조하고 싶을 때는 관련된 행이나 항목을 굵게 표시한다.

```python
import tkinter as tk
from tkinter import messagebox

root = tk.TK()
def solve():
    messagebox.showinfo('The answer?', 'Bananas?')
tk.Button(
    root, text="Solve the world's problems", command=solve
).pack()
root.mainloop()
```

또한 이 책의 모든 파이썬 코드는 4자리가 아닌 2자리 공백 문자로 들여쓰기를 한다.

커맨드라인 입력이나 출력은 다음과 같이 $로 시작되게 표시한다.

```
$ mkdir Bananas
$ cp plantains.txt Bananas/
```

파이썬 셸이나 REPL에 커맨드라인 입력은 다음과 같이 >>>로 시작되게 표시한다.

```
>>> print('This should be run in a Python shell')
'This should be run in a Python shell'
```

셸에서의 출력 결과는 위와 같이 프롬프트 없이 한 줄로 표시한다.

새로운 용어나 중요한 단어 또는 메뉴나 대화상자와 같이 화면에서 볼 수 있는 단어는 고딕체로 표시한다. 예를 들면 다음과 같다.

"Administration 패널에서 System info를 선택한다."

NOTE

경고와 중요한 노트는 이와 같이 나타낸다.

TIP

팁과 요령은 이와 같이 나타낸다.

파이썬과 pip 실행

이 책에서 파이썬 스크립트를 실행할 때는 다음과 같이 커맨드라인으로 표시한다.

```
$ python myscript.py
```

이때 운영체제나 파이썬 구성에 따라 파이썬 3.x가 아닌 2.x가 실행될 수도 있다. 파이썬 버전은 다음과 같이 확인할 수 있다.

```
$ python --version
Python 3.11.4
```

2.x로 확인됐다면 파이썬 3가 실행될 수 있게 다른 python 명령을 사용해야 한다. 보통은 다음과 같이 python3 명령으로 가능할 것이다.

```
$ python3 myscript.py
```

이는 pip 명령의 경우도 동일하다. 이 명령은 파이썬 패키지 인덱스^{Python Package} ^{Index}에서 라이브러리를 설치할 때 사용된다. 마찬가지로 다음과 같이 pip 대신 pip3를 사용하면 될 것이다.

```
$ pip3 install --user requests
```

고객 지원

독자의 의견은 언제나 환영한다.

오탈자: 내용의 정확성을 위해 모든 노력을 기울였음에도 오류가 있을 수 있다. 이 책에서 잘못된 것을 발견하고 전달해준다면 매우 감사할 것이다. http://www.packtpub.com/submit-errata에서 해당 책을 선택하고 Errata Submission Form 링크를 클릭한 다음 발견한 오류 내용을 입력하면 된다. 한국어판의 정오표는 에이콘출판사의 도서정보 페이지 http://www.acornpub.co.kr/book/gui-tkinter-2e에서 확인할 수 있다.

저작권 침해: 어떤 형태로든 불법 복제물을 인터넷에서 발견한다면 적절한 조치를 취할 수 있도록 해당 주소나 사이트명을 알려주길 바란다. 의심되는 불법 복제물의 링크는 copyright@packtpub.com으로 보내주길 바란다.

⠿ 문의

이 책과 관련해 질문이 있다면 questions@packtpub.com으로 문의하길 바란다. 한국어판에 관한 질문은 에이콘출판사 편집 팀(editor@acornpub.co.kr)이나 옮긴이의 이메일로 문의하길 바란다.

01

Tkinter 소개

파이썬 개발자 여러분을 환영한다. 이 책은 파이썬 언어의 기초를 아는 상황에서 강력한 GUI 애플리케이션을 제작하고 싶은 여러분을 위해 집필됐다.

앞으로 여러분은 파이썬의 강력함과 간결함을 경험하게 될 것이다. 실제로 여러분은 웹 서비스를 개발하거나 데이터를 분석하거나 서버를 관리하는 사람일 수 있다. 아니면 게임을 개발하거나 일상 업무를 자동화하거나 단순히 코딩을 즐기는 사람일 수도 있다. 그러나 지금은 GUI를 다뤄야 할 상황이다.

웹, 모바일, 서버 측 프로그래밍의 중요성이 강조됨에 따라 데스크톱용 GUI 애플리케이션 개발은 소멸하고 있는 영역으로 보인다. 심지어 단 한 번도 GUI 애플리케이션 개발 경험이 없는 개발자도 있다. 이 얼마나 비극인가. 데스크톱 컴퓨터는 여전히 직장과 가정에서 매우 중요한 역할을 하고 있으며, 따라서 모든 소프트웨어 개발자는 어디에나 있는 그 플랫폼들을 위한 기능성 애플리케이션을 개발할 수 있어야 한다. 다행히 파이썬 개발자는 Tkinter 덕분에 그 능력을 쉽게 얻을 수 있다.

1장에서 다루는 내용은 다음과 같다.

- 'Tkinter와 Tk 소개' 절에서는 파이썬 표준 라이브러리에 포함돼 있는, 빠르고 재밌으며 배우기 쉬운 GUI 라이브러리인 Tkinter를 알아본다. 또한 Tkinter로 개발된 편집기이자 개발 환경인 IDLE도 알아본다.
- 'Tkinter 개요' 절에서는 'Hello World' 프로그램을 통해 Tkinter의 기초를 배우며, 설문 조사 애플리케이션도 만들어본다.

⁙ Tkinter와 Tk 소개

Tk 위젯 라이브러리는 Tcl[Tool Command Language]이라는 프로그래밍 언어에서 비롯됐다. Tcl과 Tk는 1980년대 후반의 캘리포니아 대학교 버클리 교수였던 존 오스터하우트[John Ousterhout]가 교내의 엔지니어링 도구를 쉽게 프로그래밍하고자 만든 언어와 툴킷이다. Tcl/Tk는 높은 성능과 간결함으로 인해 학계와 업계의 유닉스 프로그래머들 사이에서 빠른 인기를 얻었다. 파이썬과 마찬가지로 Tcl/Tk 역시 유닉스 플랫폼을 기반으로 발전했으며, 나중엔 맥OS와 윈도우즈에도 이식됐다. Tk의 실용성과 유닉스의 근간은 오늘날에도 영감을 주고 있으며, 다른 툴킷들에 비한 간결함은 여전히 강점으로 남아 있다.[1]

Tkinter는 한마디로 Tk 라이브러리의 인터페이스다. 파이썬 1.1이 출시된 1994년부터 파이썬 표준 라이브러리에 포함돼 사실상 파이썬의 공식 GUI 라이브러리가 됐다. 따라서 Tkinter 문서는 파이썬 표준 라이브러리 문서, 정확히는 https://docs.python.org/3/library/tkinter.html에서 볼 수 있다.

---

1. 이 책은 GUI 개발을 다루므로 '윈도우'라는 단어를 많이 사용한다. 따라서 혼동을 없애고자 운영체제인 MS Windows를 가리킬 때는 '윈도우즈'로 표현할 것이다. - 옮긴이

Tkinter 선택의 이유

GUI 구축을 위해 파이썬 개발자가 선택할 수 있는 여러 툴킷이 있다. 불행히 Tkinter는 옛날 기술로 취급받으며 종종 무시되곤 한다. 사실 Tkinter가 최신 유행의 화려한 기술이 아닌 것은 맞다. 그러나 Tkinter는 광범위한 애플리케이션에 적합할 뿐만 아니라 무시할 수 없는 몇 가지 장점이 있다.

- **표준 라이브러리**: 일부 예외를 제외하면 Tkinter는 파이썬이 사용되는 모든 곳에서 사용할 수 있다. 파이썬 패키지 관리자(pip)로 설치하거나, 가상 환경을 만들거나, 컴파일을 하거나, 각종 패키지들을 설치하고자 웹을 돌아다닐 필요가 없다. 이는 특히 신속히 완수해야 하는 작은 프로젝트에서는 분명한 장점이다.
- **안정성**: Tkinter는 천천히 점진적으로 발전하고 있다. API는 버그 해결과 기능 추가 정도의 변경이 있을 뿐 장기간 안정적으로 유지된다. 따라서 Tkinter를 사용한 코드는 수년 또는 십수년 동안 수정할 일이 없을 수도 있다.
- **순수 GUI 툴킷**: Tkinter는 다른 GUI 라이브러리와 달리 자체적으로 스레드 라이브러리, 네트워크 스택, 파일 시스템 API 등을 갖고 있지 않다. 그런 기능은 전적으로 파이썬 라이브러리에 의존하게 하므로 기존 파이썬 코드에 GUI를 추가하기에 더없이 완벽하다.
- **간명성**: Tkinter는 매우 기본적이고 간명하다. 따라서 절차적이거나 객체지향적인 GUI 모두에 효과적으로 사용할 수 있다. 수백 개의 위젯 클래스, 마크업이나 템플릿 언어, 새 프로그래밍 패러다임, 클라이언트/서버 기술, 다른 프로그래밍 언어를 배우지 않아도 된다.

물론 Tkinter가 완벽한 건 아니다. 대표적인 단점은 다음과 같다.

- **오래된 기본 룩앤필**^{look and feel}: Tkinter의 기본적인 모양과 느낌, 즉 룩앤필은 현대의 유행에 비해 많이 뒤쳐지며 여전히 1990년대 유닉스 유물의 일부를 품고 있다. 애니메이션 위젯, 그레이디언트^{gradient}, 스케일러블 그

래픽^{scalable graphic} 등과 같은 멋진 요소들은 부족하지만 그럼에도 Tk 자체
업그레이드와 테마 위젯 라이브러리 추가 등으로 최근 몇 년 동안 룩앤
필이 상당히 개선됐다. 이 책 전반에 걸쳐 Tkinter의 오래된 기본 요소들
의 사용을 피하거나 개선할 수 있는 방법을 알아볼 것이다.

- **고급 위젯의 결여:** Tkinter에는 리치 텍스트 편집기, 3D 그래픽, HTML 뷰
  어, 특별한 목적의 입력 위젯 등이 없다. 대신 기본 위젯의 조합이나
  커스터마이징을 통해 고급 위젯을 만들 수 있게 한다.

Tkinter는 게임 UI나 겉만 번지르르한 상용 애플리케이션에는 어울리지 않을 수
있다. 그러나 데이터 중심의 애플리케이션, 간단한 유틸리티, 관리용 인터페이
스, 그 밖의 비즈니스 애플리케이션에 필요한 모든 사항을 제공한다. 이 책에서
는 업무 환경에 적용할 수 있는 데이터 입력 애플리케이션 제작을 통해 Tkinter
의 훌륭함을 확인할 것이다.

Tkinter 설치

Tkinter는 윈도우즈와 맥OS용 파이썬 표준 라이브러리에 이미 포함돼 있다. 따
라서 파이썬이 설치돼 있다면 Tkinter 사용을 위해 별도로 할 일이 없다.

다만 이 책은 파이썬 3.11을 기준으로 하므로 3.11이나 그 이상의 버전이 설치
됐는지 확인할 필요는 있다.

파이썬 설치: 윈도우즈

다음과 같은 순서로 윈도우즈에 파이썬 3를 설치할 수 있다.

1. https://www.python.org/downloads/windows를 방문한다.
2. Latest Python 3 Release를 선택한다. 이 책에서 사용된 버전은 3.11.3
   이다.
3. Files 섹션에서 본인의 시스템에 맞게 32비트 또는 64비트 Windows

installer를 선택한다.

4. 다운로드한 설치 프로그램을 실행한다.

5. Customize installation을 선택하고 tcl/tk and IDLE 옵션이 체크돼 있음을 확인한다.

6. 이후에는 기본 설정으로 설치를 진행한다.

파이썬 설치: 맥OS

맥OS에는 파이썬이 기본 탑재돼 있으며 맥OS 버전에 따라 파이썬 버전이 2.x 나 3.x일 수 있다. 파이썬 2.x는 2020년부터 공식적으로 지원이 중단됐으며 이 책의 코드도 작동시킬 수 없다. 또한 이 책은 파이썬 3.11을 기준으로 하므로 이미 3.x가 설치돼 있더라도 3.11 이상을 설치하기 바란다.

다음과 같은 순서로 맥OS에 파이썬 3을 설치할 수 있다.

1. https://www.python.org/downloads/macos를 방문한다.

2. Latest Python 3 Release를 선택한다. 이 책에서 사용된 버전은 3.11.3 이다.

3. Files 섹션에서 macOS 64-bit universal2 installer를 선택한다.

4. 다운로드한 설치 프로그램(.pkg 파일)을 실행하고 기본 설정으로 설치를 진 행한다.

파이썬과 Tkinter 설치: 리눅스

대부분의 리눅스 배포판은 파이썬 2와 3을 모두 포함하고 있다. 그러나 Tkinter 는 포함되지 않았을 수 있다. Tkinter의 설치 여부를 확인하고자 터미널을 열고 다음 명령을 실행한다.[2]

---

2. 경우에 따라 명령이 다를 수 있다. python --version, python3 --version, py --version을 각각 실행해 자신의 시스템에서 실행할 수 있는 파이썬 명령을 확인하기 바란다. 이 책에서는 모두 python 명령으로 표기할 것이다.
   — 옮긴이

```
$ python -m tkinter
```

Tkinter가 설치됐다면 Tkinter 버전 정보를 보여주는 단순한 윈도우가 열릴 것이다. `ModuleNotFoundError`가 발생했다면 본인이 사용하는 패키지 관리자를 사용해 파이썬 3을 위한 Tkinter 패키지를 설치해야 한다. 데비안[Debian], 우분투[Ubuntu], 페도라[Fedora], 오픈수세[openSUSE]를 포함한 대부분의 리눅스 배포판에서 Tkinter 패키지의 이름은 `python3-tk`다.

IDLE 소개

IDLE은 공식 파이썬 배포판에 포함돼 있는 통합 개발 환경이다. 리눅스의 경우 `idle` 또는 `idle3`라는 이름으로 존재한다.

IDLE은 Tkinter를 이용해 파이썬으로 작성됐다. 따라서 IDLE은 파이썬을 위한 개발 환경일 뿐만 아니라 그 자체로 Tkinter의 훌륭한 실제 사례다. 경험 많은 파이썬 개발자는 IDLE을 고급 툴로 여기지 않을 수 있다. 또한 파이썬 코드 작성을 위해 선호하는 개발 환경을 이미 사용하고 있을 수 있다. 그러나 이 책을 따라가면서 IDLE도 어느 정도 사용해보기를 권한다.

IDLE에는 셸과 편집기의 2가지 모드가 있다. 지금부터 하나씩 살펴보자.

IDLE 셸 모드

IDLE을 실행하면 셸 모드로 시작되며, 이는 터미널에서 `python`을 입력하면 볼 수 있는 파이썬 REPL[Read-Evaluate-Print-Loop]과 흡사하다.[3]

IDLE의 셸 모드는 그림 1-1과 같다.

---

3. REPL이란 사용자 명령을 읽고(Read), 평가하며(Evaluate), 결과를 출력하고(Print), 다시 명령을 받는 상태를 반복하는(Loop) 상호작용 환경을 말한다. 파이썬 명령 창이 곧 REPL이다. - 옮긴이

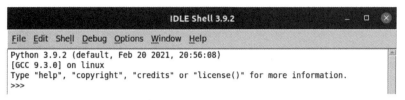

그림 1-1: IDLE 셸 모드

IDLE의 셸 모드에는 커맨드라인 방식의 REPL에는 없는 구문 강조나 자동 완성 과 같은 멋진 기능들이 있다. REPL은 스크립트를 완전히 작성하기 전에도 실시 간 코드 테스트나 클래스와 API 조사가 가능한, 파이썬 개발에 필수적인 도구 다. 이 책의 후반에서 여러 모듈의 기능과 동작을 확인하고자 셸 모드를 사용할 것이다. 현재 편집기 창만 열려 있는 상태라면 메뉴에서 Run ➤ Python Shell을 선택해 셸 창을 열어보자.

IDLE 편집기 모드

편집기는 나중에 실행하기 위한 파이썬 스크립트 파일을 만드는 도구다. 이 책에서 새 파일을 만든다는 말이 나오면 편집기를 사용한다는 의미다. 새 파일 을 열려면 셸이든 편집기든 메뉴에서 File ➤ New File을 선택하거나, 아니면 단 순히 키보드에서 Ctrl + N(맥OS는 Command + N)을 누르면 된다.

IDLE의 편집기는 그림 1-2와 같다.

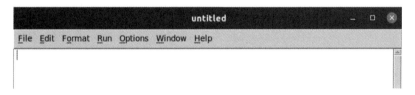

그림 1-2: IDLE 편집기

스크립트를 실행하려면 편집기에서 F5 키를 누른다. 그러면 IDLE은 셸 창을 열어 스크립트를 실행하고 결과를 보여준다.

Tkinter 예제로서의 IDLE

Tkinter 코딩을 시작하기 전에 IDLE UI에서 Tkinter로 할 수 있는 일을 잠깐 살펴보자. 메뉴에서 Options ➤ Configure IDLE(맥OS는 IDLE ➤ Preferences…)을 선택하면 IDLE의 설정 창이 열린다. 이 창에서는 그림 1-3에서 보듯 IDLE의 글꼴, 색상, 테마, 키보드 단축키, 기본 동작 등을 변경할 수 있다.

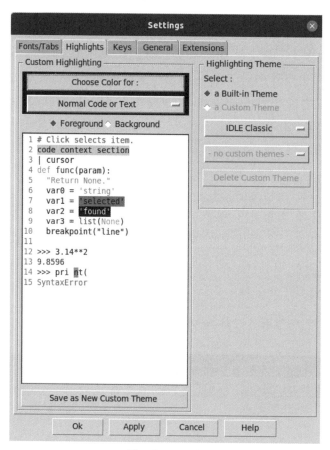

그림 1-3: IDLE 설정

이제 이 UI를 구성하는 컴포넌트들을 살펴보자.

- 많은 아이템 중 하나를 선택할 수 있는 드롭다운 메뉴들이 있다.

40

- 적은 아이템 중 하나를 선택할 수 있는 체크 버튼들이 있다.
- 어떤 동작을 실행하는, 클릭 가능한 버튼들이 다수 있다.
- 여러 색상의 텍스트를 보여주는 텍스트 창이 있다.
- 컴포넌트 그룹을 포함하는, 레이블이 있는 프레임이 있다.
- 각 설정 섹션을 선택할 수 있는 탭들이 있다.

대부분의 GUI 라이브러리와 마찬가지로 Tkinter에서도 이들 컴포넌트를 위젯 widget이라 한다. 앞으로 이 책 전반에 걸쳐 위젯들을 살펴보고 IDLE처럼 위젯을 사용하는 방법을 알아볼 것이다. 그러나 지금은 아주 간단한 것부터 시작하자.

Tkinter 버전의 Hello World

모든 프로그래밍 언어나 라이브러리에 있어 위대한 전통 중 하나는 'Hello World' 프로그램을 만드는 일이다. 이 프로그램은 Hello World라는 텍스트를 화면에 보여주고 종료된다. 그럼 Tkinter를 사용해 'Hello World' 애플리케이션을 만들고 세부 내용을 살펴보자.

먼저 IDLE이나 다른 편집기에서 hello_tkinter.py라는 새 파일을 만들고 다음 코드를 작성한다.

```
"""Hello World 애플리케이션"""
import tkinter as tk
```

첫 번째 줄을 **독스트링**docstring이라고 하며, 모든 파이썬 스크립트는 이렇게 시작해야 한다. 독스트링에는 최소한 프로그램의 이름이 있어야 하며 사용법, 작성자, 요구 사항 등 자세한 내용이 추가될 수 있다.[4]

두 번째 줄에서는 **tkinter** 모듈을 이 프로그램으로 임포트한다. Tkinter는 표준 라이브러리지만 그 클래스나 함수를 사용하려면 반드시 임포트해야 한다.

---

4. 독스트링은 문서화에 사용될 수 있는 특별한 주석으로, 3개의 큰따옴표로 열고 닫는다. – 옮긴이

종종 `from tkinter import *`와 같은 식의 코드를 보는 경우가 있다. 이를 와일드카드 임포트[wildcard import]라고 하며 Tkinter의 모든 객체를 전역 네임스페이스[gloabal namespace]로 임포트한다는 의미다. 이는 개발 연습을 할 때는 편하지만 실제 코드에서는 좋지 않은 방법이다. 개발자가 만든 변수 이름과 `tkinter` 모듈 안의 이름이 충돌함으로써 비묘한 버그가 야기될 수 있기 때문이다.

그런 사태를 막고자 `tkinter`를 그 자신의 네임스페이스에 두기로 하자. 다만 코드의 간결성을 위해 이 책에서는 `tkinter`를 `tk`라는 이름으로 사용할 것이다.

모든 Tkinter 프로그램은 애플리케이션 자체이자 동시에 최상위 윈도우를 나타내는, 이른바 루트 윈도우[root window] 하나를 가져야 한다. 그럼 다음과 같이 루트 윈도우 하나를 정의하자.

```
root = tk.Tk()
```

루트 윈도우를 나타내는 `root`는 Tk 클래스의 인스턴스이며 위와 같이 `Tk()`를 호출해 만들 수 있다. 루트 윈도우 객체는 다른 어떤 Tkinter 객체들보다 가장 먼저 존재해야 하며, 이 객체가 소멸될 때는 애플리케이션 자체가 종료된다.

이제 다음과 같이 윈도우 안에 추가할 위젯 하나를 만들자.

```
label = tk.Label(root, text="Hello World")
```

이는 어떤 텍스트를 보여주는 하나의 패널인 Label 위젯이다. 모든 Tkinter 위젯의 첫 번째 인자는 항상 부모 위젯[parent widget](또는 마스터 위젯[master widget])이다. 여기서는 루트 윈도우의 참조인 `root`를 전달했다. 따라서 `Label`은 부모 위젯인 루트 윈도우에 직접 위치하게 된다. Tkinter GUI에서 모든 위젯은 계층 구조 안에 존재한다. 즉, 각 위젯은 루트 윈도우를 향해 자신의 상위에 있는 위젯의 하위에 위치한다.

두 번째로 `text`라는 키워드 인자[keyword argument][5]를 전달했다. 이 인자는 위젯에 위

---

5. 키워드 인자는 인자의 이름과 값을 명시적으로 지정하는 파이썬 고유 문법이다. – 옮긴이

치할 텍스트를 정의한다. 대다수의 Tkinter 위젯은 이처럼 키워드 인자를 사용해 설정할 수 있다.

위젯을 생성했으니 이제 다음과 같이 GUI 위에 실제로 배치하자.

```
label.pack()
```

Label 위젯의 pack() 메서드를 배치 관리자^{geometry manager}라고 한다. 배치 관리자는 현재 위젯을 부모 위젯에 부착하고 그리는 방법을 결정한다. 배치 관리자를 사용하지 않으면 위젯이 생성됐어도 윈도우 안에 표시되지 않는다. pack()은 세 종류의 배치 관리자 중 하나인데, 자세한 사항은 다음 절에서 설명한다.

이제 이 프로그램을 다음 코드로 마무리하자.

```
root.mainloop()
```

이는 애플리케이션의 **이벤트 루프**^{event loop}로, 프로그램이 실행되는 동안 발생하는 모든 이벤트를 끊임없이 처리하는 무한 루프다. 여기서 **이벤트**란 키보드 타이핑이나 마우스 클릭과 같은 사용자 행위를 말한다. 이 루프는 프로그램이 종료될 때까지 계속되므로 이 루프 이후에 위치한 코드는 실행되지 않는다. 따라서 거의 모든 Tkinter 프로그램에서 이 루프는 마지막에 넣는다.

IDLE에서 프로그램을 실행하려면 F5를 누르거나 터미널에서 다음 명령을 실행하면 된다.

```
$ python hello_tkinter.py
```

이제 그림 1-4와 같이 Hello World라는 텍스트가 있는 아주 작은 윈도우가 나타날 것이다.

Hello World

그림 1-4: 'Hello World' 애플리케이션

root.mainloop() 앞에 다른 위젯들을 추가해 자유롭게 테스트하기 바란다. 예를 들어 Button(클릭 가능한 버튼)이나 Entry(텍스트 필드) 같은 위젯 말이다. 이들 위젯은 Label과 마찬가지로 부모 객체(여기서는 root)와 text 인자로 초기화해 사용하면 된다. 각 위젯마다 pack()을 호출해 루트 윈도우 안에 표시되게 해야 함을 잊지 말기 바란다.

NOTE

> 이 책의 모든 예제 코드는 https://github.com/PacktPublishing/Python-GUI-Programming-with-Tkinter-2E에서 다운로드할 수 있다. 에이콘출판사의 도서정보 페이지(http://www.acornpub.co.kr/book/gui-tkinter-2e)에서도 받을 수 있다.

마음의 준비가 됐다면 이제 다음 절에서 좀 더 흥미로운 애플리케이션을 만들어보자.

Tkinter 개요

처음 GUI 윈도우를 띄운 일은 신났지만 'Hello World'가 대단히 흥미로운 애플리케이션은 아니다. 따라서 살짝 더 큰 프로그램을 만들면서 Tkinter를 좀 더 알아보자. 2장에서는 열매 식물을 연구하는 가상의 작물 연구소에서 일하는 시나리오를 진행할 것이므로, 지금은 시험 삼아 바나나 취향과 관련한 작은 설문 프로그램을 만들어보자.

Tkinter 위젯으로 GUI 구성

편집기에서 banana_survey.py라는 새 파일을 만들어 다음과 같이 **tkinter**를 임포트하는 작업부터 시작하자.

```
# banana_survey.py
"""바나나 취향 설문"""

import tkinter as tk
```

hello_tkinter.py에서 그랬듯 위젯이나 다른 Tkinter 객체를 만들기 전에 루트 윈도우를 먼저 생성해야 한다.

```
root = tk.Tk()
```

루트 윈도우(root)는 다양한 방법으로 설정할 수 있는데, 예를 들면 다음과 같이 제목이나 크기를 지정할 수 있다.

```
# 제목
root.title('Banana interest survey')

# 루트 윈도우 크기
root.geometry('640x480+300+300')
root.resizable(False, False)
```

title()은 윈도우 제목(즉, 작업 관리자와 윈도우 자체에 표시되는 이름)을 설정하며, **geometry()**는 윈도우 크기를 설정한다. 여기서는 루트 윈도우의 크기를 640×480픽셀로 지정했다. **+300+300**은 화면에서의 윈도우 위치로, 위로부터 300픽셀과 왼편으로부터 300픽셀인 지점을 말한다. 물론 이는 생략 가능하다. 또한 **geometry()**의 인자가 문자열임에 주의하기 바란다. Tcl/Tk에서 모든 인자는 문자열로 취급된다. 사실 Tkinter는 Tcl/Tk에 인자를 전달하는 래퍼^{wrapper}이므로 Tkinter 객체 설정에 문자열이 사용되는 상황을 자주 볼 수 있을 것이다. 심지어 정수^{integer}나 부동소수점 수^{float}가 사용될 법한 경우에도 말이다.

resizable() 메서드는 윈도우의 가로/세로가 조절될 수 있는지 여부를 설정한다. True는 크기 조절이 가능하고, False는 불가능하다는 의미다. 지금은 일단 윈도우 크기를 조절하지 못하게 함으로써 윈도우 크기에 따른 레이아웃 변경을 걱정할 필요가 없게 했다.

이제 설문 조사 앱에 위젯들을 추가할 것이다. 이미 익숙한 Label 위젯부터 시작하자.

```
title = tk.Label( root,
    text='Please take the survey',
    font=('Arial 16 bold'),
    bg='brown',
    fg='#FF0'
)
```

'Hello World' 예제에서 봤듯 모든 Tkinter 위젯의 첫 번째 인자는 현재 위젯이 위치할 부모 위젯이다. 여기시 Label 위젯은 루드 윈도우에 위치하게 될 것이다. 나머지 인자는 모두 키워드 인자로, 다음과 같은 의미를 갖는다.

- text는 레이블이 보여줄 텍스트 자체다.
- font는 보여줄 텍스트의 글꼴 집합^{font family}, 크기, 굵기를 지정한다. geometry의 경우처럼 문자열을 받는다.
- bg는 위젯의 배경색을 설정한다. 여기서는 색 이름을 사용했는데, Tkinter는 CSS나 X11과 동일한, 매우 많은 색 이름을 인식한다.[6]
- fg는 위젯의 전경색, 즉 텍스트 색을 설정한다. 여기서는 빨강, 초록, 파랑 값을 3개 문자로 표현하는, 짧은 16진수 문자열을 사용했다. #FFE812와 같이 6개 문자를 사용하면 색을 더욱 세밀하게 표현할 수 있다.

---

6. X11은 유닉스 계열의 GUI 환경인 X 윈도우 시스템(X Window System)을 달리 부르는 말이며, 이 시스템은 450개 이상의 색 이름을 정의하고 있다. – 옮긴이

9장에서 글꼴과 색상을 설정하는 더욱 정교한 방법을 알아볼 예정이지만, 지금은 이 정도로 충분할 것이다.

Tkinter에는 데이터 입력을 위한 상호작용 위젯이 여럿 있는데, 그중 가장 기본형은 Entry다.

```
name_label = tk.Label(root, text='What is your name?')
name_inp = tk.Entry(root)
```

Entry 위젯은 텍스트 한 줄을 입력할 수 있는 단순한 텍스트 입력 상자다. Tkinter에서 대부분의 입력 위젯은 어떤 종류의 레이블도 자체적으로 갖지 않는다. 따라서 여기서는 사용자가 무엇을 입력해야 하는지 알려주고자 Label을 추가했다.

그러나 예외도 있다. 그중 하나는 다음과 같은 Checkbutton 위젯이다.

```
eater_inp = tk.Checkbutton(
    root,
    text='Check this box if you eat bananas'
)
```

Checkbutton은 체크박스 하나와 레이블 하나를 차례로 생성하며, 레이블이 보여 줄 텍스트는 text 인자에 지정한다.

이번에는 사용자의 숫자 입력을 위해 다음과 같이 Spinbox 위젯을 추가하자.

```
num_label = tk.Label( root,
    text='How many bananas do you eat per day?'
)
num_inp = tk.Spinbox(root, from_=0, to=1000, increment=1)
```

Spintbox는 Entry에 숫자를 증가시키거나 감소시키는 증감 버튼이 추가된 위젯이다. 여기서는 다음과 같은 인자들을 사용했다.

- from_과 to 인자는 각각 감소시킬 수 있는 최솟값과 증가시킬 수 있는 최댓값을 지정한다. 여기서 from_에만 밑줄 하나가 붙어 있음에 주목하기 바란다. 이는 오타가 아니다. 파이썬에는 모듈 임포트에 사용하는 from 키워드가 이미 존재하므로 이를 변수로 사용할 수 없다. 따라서 Tkinter에서는 그 대신 from_을 사용한다.
- increment 인자는 증가하거나 감소하는 수의 단위를 지정한다.

Tkinter는 사용자가 원하는 값을 미리 정의된 값 중에서 선택할 수 있게 하는 다양한 위젯을 제공한다. 그중 간단한 위젯 중 하나는 다음의 Listbox다.

```python
color_label = tk.Label( root,
    text='What is the best color for a banana?'
)
color_inp = tk.Listbox(root, height=1) # 선택한 아이템만 보여주기

# 선택 사항 추가
color_choices = (
    'Any', 'Green', 'Green-Yellow',
    'Yellow', 'Brown Spotted', 'Black'
)
for choice in color_choices:
    color_inp.insert(tk.END, choice)
```

Listbox에서 보여줄 아이템 개수는 height 인자에 지정한다. 이 인자를 사용하지 않으면 기본적으로 모든 아이템을 보여준다. 여기서는 현재 선택된 아이템만 보이도록 1을 지정했다. 그 외의 아이템은 화살표 버튼으로 접근할 수 있다.

아이템은 한 번에 하나씩 insert() 메서드를 사용해 박스 안에 추가해야 한다. 여기서는 코드를 절약하고자 for 루프를 사용했다. insert의 첫 번째 인자는 아이템이 삽입될 위치를 지정한다. tk.END는 Tkinter가 특정 설정 값을 위해 특별히 정의한 수많은 상수constant 중 하나다. tk.END는 Tkinter 위젯 안의 마지막 위치라는 의미며, 따라서 여기서는 각 아이템이 매번 끝부분에 추가될 것이다.

적은 아이템 중 하나를 선택할 수 있게 하는 또 다른 방법은 Radiobutton 위젯이다. Radiobutton은 Checkbutton과 비슷하지만 마치 물리 버튼으로 한 채널만 선택해야 하는 옛날 자동차의 라디오처럼 사용자는 오직 하나의 아이템만 선택할 수 있다. 그럼 다음과 같이 2개의 Radiobutton 위젯을 만들어보자.

```
plantain_label = tk.Label(root, text='Do you eat plantains?')
plantain_frame = tk.Frame(root)
plantain_yes_inp = tk.Radiobutton(plantain_frame, text='Yes')
plantain_no_inp = tk.Radiobutton(plantain_frame, text='Ewww, no!')
```

plantain_frame이라는 Frame 객체를 각 Radiobutton 위젯의 부모 위젯으로 사용했다는 점에 주목하기 바란다. Frame 자체는 빈 패널이며 다른 위젯들의 레이아웃을 구성하고자 사용한다. 앞으로도 다른 위젯들을 그룹화하고자 이 책에서 Frame을 자주 사용할 것이다. 이제 다음 위젯으로 넘어가자.

문자열 한 줄을 입력하는 경우에는 Entry 위젯으로 충분하지만 여러 줄의 문자열을 입력해야 할 경우는 상황이 다르다. 이를 위해 Tkinter는 Text라는 위젯을 제공한다.

```
banana_haiku_label = tk.Label( root,
  text='Write a haiku about bananas'
)
banana_haiku_inp = tk.Text(root, height=3)
```

Text 위젯은 단지 여러 줄의 텍스트 입력을 받는 것 이상의 기능이 있다. 그러나 그와 관련해 9장에서 좀 더 다룰 예정이므로 지금은 텍스트 입력을 받는 기능만 사용하자.

설문을 완료하려면 제출 버튼이 있어야 하므로 이를 위해 다음과 같이 Button 위젯을 사용한다.

```
submit_btn = tk.Button(root, text='Submit Survey')
```

여기서는 설문을 제출하고 그 결과를 보여줄 용도로 버튼을 사용했다. 그런데 결과를 보여줄 때 사용할 수 있는 위젯은 무엇일까? 이 시점에서 Label이 정적 메시지뿐만 아니라 런타임에 동적 메시지를 보여줄 때도 사용될 수 있다는 점을 알아두자.

그럼 다음과 같이 Label 하나를 추가한다.

```
output_line = tk.Label(root, text='', anchor='w', justify='left')
```

이 Label 위젯은 아직 보여줄 결과가 없으므로 빈 텍스트를 지정해 생성했다. 또한 다음과 같은 2개의 인자를 추가로 사용했다.

- anchor는 위젯이 텍스트보다 클 경우 텍스트를 위젯 안의 어느 면에 붙일지 결정한다. Tkinter는 위젯의 방향을 지정할 때 종종 방위(동서남북)의 약자(north, south, east, west의 앞 글자)를 사용한다. 따라서 이 코드에서 'w'는 위젯 안의 서쪽, 즉 좌측면을 말한다.
- justify는 문자열이 여러 줄일 경우 정렬 방법을 지정한다. anchor와 달리 'left', 'right', 'center' 중 하나를 사용한다.

anchor와 justify는 비슷하게 보이지만 약간 다르게 동작한다. 예를 들어 여러 줄의 텍스트가 있을 때 각 줄의 텍스트는 그 줄의 중앙에 위치하지만 전체 줄은 위젯의 좌측에 붙을 수 있다. 결론적으로 anchor는 위젯 안에 전체 텍스트 블록의 위치를, justify는 각 줄 안의 텍스트 위치를 지정한다.

이 외에도 Tkinter는 다양한 위젯을 갖고 있는데, 앞으로 그중 상당수를 확인해 볼 것이다.

배치 관리자로 위젯 배열

현재 상황에서 root.mainloop()를 추가한 후 실행하면 빈 윈도우만 보일 것이다. 이제껏 만든 위젯들은 모두 어디 갔을까? hello_tkinter.py 예제를 떠올리면 pack()과 같은 배치 관리자를 사용해 부모 위젯의 어딘가에 실제로 위젯을 배치해야 한다는 점을 기억할 것이다.

Tkinter에는 다음과 같은 3가지 배치 관리자가 있다.

- pack()은 초창기부터 있던 가장 기본적인 메서드로, 부모 윈도우의 어느 한 편을 기준으로 위젯들을 순서대로 배치한다.
- grid()는 비교적 나중에 나왔으며 많이 선호되는 메서드로, 2차원 그리드(격자 테이블) 안에 위젯들을 배치할 수 있게 한다.
- place()는 특정 픽셀의 좌표에 위젯을 배치할 수 있게 한다. 그러나 이 메서드는 윈도우 크기, 글꼴 크기, 화면 해상도의 변화에 따른 반응이 시원찮기 때문에 권장하지 않는다. 이 책에서도 가급적 사용하지 않을 것이다.

pack()은 위젯 몇 개만 있는 간단한 레이아웃에서는 유용하지만 과도한 Frame 위젯을 중첩해 사용하지 않는 한 복잡한 레이아웃에는 적합하지 않다. 그런 이유로 대다수의 Tkinter 프로그래머는 grid()를 선호한다. 이름에서 알 수 있듯 grid()는 마치 스프레드시트나 HTML 테이블처럼 2차원 그리드^{grid}에 위젯들을 배치할 수 있게 한다. 이 책에서도 주로 grid()를 사용할 것이다.

그럼 grid()를 사용해 GUI 위젯을 배치해보자. 첫 대상은 title 레이블이다.

```
title.grid()
```

grid()는 기본적으로 첫 번째 빈 로우^{row}의 첫 번째 빈 칼럼^{column}에 위젯을 배치한다. 따라서 어떤 위젯의 grid()를 그냥 호출하면 기존 위젯의 아래에 배치된다. 그 대신 다음과 같이 row와 column 인자로 위젯의 위치를 명시적으로 지정할 수 있다.

```
name_label.grid(row=1, column=0)
```

로우와 칼럼의 순서는 부모 위젯의 좌측 상단 기준으로 0부터 시작한다. 따라서 row=1, column=0은 두 번째 로우의 첫 번째 칼럼을 의미한다. 원하는 로우에 칼럼을 추가하려면 다음과 같이 위젯을 배치하면 된다.

```
name_inp.grid(row=1, column=1)
```

그리드는 새 로우나 칼럼을 추가할 때마다 자동 확장된다. 위젯이 현재 칼럼의 폭이나 현재 로우의 높이보다 크다면 그 위젯을 수용할 수 있게 해당 칼럼이나 로우의 모든 셀이 확장된다. 위젯이 둘 이상의 칼럼이나 로우에 걸치게, 즉 셀 병합을 하고 싶을 때는 columnspan과 rowspan 인자를 사용하면 된다. 예를 들어 제목을 폼의 너비(현재는 2개의 칼럼)만큼 차지하게 하려면 다음과 같이 하면 된다.

```
title.grid(columnspan=2)
```

칼럼과 로우를 확장하더라도 위젯이 그에 맞게 자동 확장되는 것은 아니다. 위젯도 함께 확장되게 하려면 sticky 인자를 사용해야 한다.

```
eater_inp.grid(row=2, columnspan=2, sticky='we')
```

sticky는 위젯의 바깥 면을 셀의 안쪽 면에 부착되게 한다. 따라서 셀이 확장되면 위젯은 그에 맞춰 늘어난다. 앞서 anchor 인자처럼 sticky에도 방위 문자(n, s, e, w)를 사용한다. 여기서는 서쪽과 동쪽(we) 측면을 지정했으며, 이는 칼럼이 확장됨에 따라 위젯이 가로로 늘어난다는 의미다.

또한 다음과 같이 sticky 인자에 Tkinter 상수를 사용할 수도 있다.

```
num_label.grid(row=3, sticky=tk.W)
num_inp.grid(row=3, column=1, sticky=(tk.W + tk.E))
```

적어도 Tkinter 자체에서는 방위 문자와 상수의 차이는 없다. 다만 상수를 사용하면 편집기가 쉽게 오류를 찾아 준다는 장점이 있다. 그러나 잘못된 방위 문자는 편집기가 찾아줄 수 없다.

grid() 메서드에는 다음과 같이 위젯의 패딩^{padding}도 지정할 수 있다.

```
color_label.grid(row=4, columnspan=2, sticky=tk.W, pady=10)
color_inp.grid(row=5, columnspan=2, sticky=tk.W + tk.E, padx=25)
```

padx와 pady는 외부 패딩(바깥쪽 여백)을 의미하며, 위젯이 아닌 셀의 확장 범위에 적용된다. 그와 달리 ipadx와 ipady는 내부 패딩(안쪽 여백)을 의미하며, 위젯 자체의 확장 범위에 적용된다.[7]

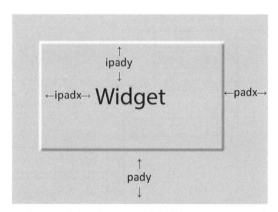

그림 1-5: 외부 패딩(padx, pady)과 내부 패딩(ipadx, ipady)

Tkinter에서는 동일한 부모 위젯에 서로 다른 배치 관리자를 혼합해 사용할 수 없다. 즉, 어떤 자식 위젯에 먼저 grid()를 사용하고 다른 형제 위젯에 pack()이

---

7. CSS를 안다면 여기서의 외부 패딩과 내부 패딩이 각각 CSS에서의 margin과 padding에 해당한다고 이해하면 된다. – 옮긴이

나 place()를 사용하면 오류가 발생하며, 반대도 마찬가지다.

그러나 형제 위젯의 자식은 별개다. 따라서 다음과 같이 Frame의 자식 위젯인 Radiobutton에 pack()을 사용할 수 있다.

```
plantain_yes_inp.pack(side='left', fill='x', ipadx=10, ipady=5)
plantain_no_inp.pack(side='left', fill='x', ipadx=10, ipady=5)
plantain_label.grid(row=6, columnspan=2, sticky=tk.W)
plantain_frame.grid(row=7, columnspan=2, stick=tk.W)
```

plantain_label과 plantain_frame은 같은 root의 자식으로 grid()를 사용해 배치해야 한다. 그러나 plantain_yes_inp와 plantain_no_inp는 plantain_frame의 자식이므로 pack()이나 place()도 사용할 수 있다. 그림 1-6을 보면 이해가 빠를 것이다.

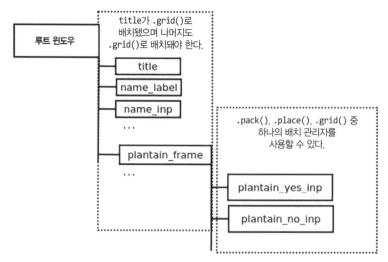

그림 1-6: 한 위젯의 자식들에게는 동일한 배치 관리자가 사용돼야 한다.

각 컨테이너별로 배치 관리자를 선택할 수 있는 기능은 GUI 구성에 엄청난 유연함을 제공한다. 대부분 레이아웃에서는 grid()로도 충분하지만 때로는 어떤 인터페이스 일부분에는 pack()이나 place()가 더 의미 있는 경우가 있기 때문이다.

> pack()의 인자는 padx나 pady와 같은 몇 개를 빼면 대부분 grid()의 인자와 다르다. 예를 들어 이 예제에서 사용된 side 인자는 위젯이 어느 측면(상하좌우 중 하나)에 부착될지, fill 인자는 위젯이 어느 축(X축과 Y축, 또는 둘 모두)으로 확장될지를 결정한다.

이제 다음과 같이 마지막 남은 위젯 몇 개를 윈도우에 배치하자.

```
banana_haiku_label.grid(row=8, sticky=tk.W)
banana_haiku_inp.grid(row=9, columnspan=2, sticky='NSEW')
submit_btn.grid(row=99)
output_line.grid(row=100, columnspan=2, sticky='NSEW')
```

Text 위젯인 banana_haiku_inp를 컨테이너의 모든 측면에 붙였음에 주목하기 바란다. 이로써 그리드의 크기가 늘어나도 가로와 세로 방향으로 모두 확장될 수 있다. 또한 마지막 두 위젯의 로우 순서는 훌쩍 건너뛰어 99번과 100번을 지정했다. 사용되지 않는 로우(여기서는 10번부터 98번 로우)는 그냥 없는 것과 마찬가지라는 점을 기억하기 바란다. 따라서 이런 식으로 로우나 칼럼 번호를 건너뛰어 놓으면 나중에 다른 위젯을 중간에 삽입할 때 가용한 번호를 확보하는 셈이다. 그렇지 않으면 삽입한 위젯 이후의 모든 로우 번호를 수정해야 할 것이기 때문이다.

기본적으로 Tkinter는 배치된 모든 위젯을 포함할 수 있는 크기의 윈도우를 만든다. 그런데 윈도우(또는 프레임)가 위젯이 필요로 하는 공간보다 훨씬 크면 어떻게 될까? 그런 경우 위젯은 좌측 상단에 붙어 존재한다. 위젯을 확장해 가용한 공간에 채우려면 확장시켜야 할 그리드의 칼럼과 로우를 부모 위젯에 알려야 한다. 이는 부모 위젯의 columnconfigure()와 rowconfigure() 메서드를 사용해 가능하다.

예를 들어 입력 위젯을 주로 포함하는 두 번째 칼럼을 여유 공간까지 확장시키려면 다음과 같이 하면 된다.

```
root.columnconfigure(1, weight=1)
```

첫 번째 인자는 칼럼 순서를 지정한다. weight 인자는 지정한 칼럼이 여유 공간을 얼마나 차지할 것인지를 정수로 받는다. 지정된 칼럼이 하나인 경우 0보다 큰 값을 주면 여유 공간까지 칼럼이 확장된다.

rowconfigure() 메서드 역시 같은 방식으로 작동한다.

```
root.rowconfigure(99, weight=2)
root.rowconfigure(100, weight=1)
```

이번에는 99번과 100번 로우에 weight 값으로 각각 2와 1을 지정했다. 이렇게 하면 99번과 100번 로우 사이의 여유 공간을 나눠갖되 99번 로우가 100번 로우의 2배를 갖는다.

지금껏 봤듯 grid()와 pack()을 잘 섞어 사용하면 복잡한 GUI 레이아웃도 쉽게 설계할 수 있다.

폼 작동시키기

이제 제출 버튼까지 갖춘 폼이 준비됐다. 그런데 이 폼을 실제 작동시키려면 어떻게 해야 할까? 혹시 이전에 절차적 프로그래밍을 해봤다면 GUI 애플리케이션 코드가 작동하는 방식에 당혹할 수 있다. 절차적 코드와 달리 GUI 코드는 단순히 위에서 아래로 실행되지 않는다. 그 대신 버튼 클릭이나 키보드 입력과 같은 사용자 액션에 반응한다. 코드의 순서와 관계없이 말이다. 그런 사용자 액션을 이벤트라고 한다. 또한 프로그램이 이벤트에 반응하게 하려면 그 이벤트를 어떤 함수에 바인딩^{binding}해야 하는데, 그런 함수를 콜백^{callback}이라고 한다.

이벤트를 콜백에 바인딩하는 방법은 몇 가지가 있다. 버튼의 경우 가장 쉬운 방법은 다음과 같이 command 인자를 사용하는 것이다.

```
submit_btn.configure(command=on_submit)
```

command 인자는 위젯을 생성할 때(예를 들어 submit_btn = Button(root, command=on_submit)) 지정하거나 위젯을 생성한 후에 configure() 메서드를 사용해 지정할 수 있다. configure() 메서드는 이미 생성된 위젯의 설정을 바꿀 때 사용하며, 위젯을 생성할 때 사용되는 인자들을 동일하게 사용할 수 있다.

어떤 경우든 command에는 버튼이 클릭됐을 때 호출해야 할 콜백 함수의 참조를 지정해야 한다. 여기서 함수 이름에 따옴표를 사용하지 않았음에 주목하자. 따옴표를 사용하면 그 함수가 호출된 결괏값이 command에 할당된다. 따라서 여기서는 함수의 참조를 지정했다.

command에 전달하는 콜백 함수는 이미 있어야 한다. 즉, 다음과 같이 submit_btn.configure()를 호출하는 코드에 앞서 on_submit() 함수를 정의해야 한다.

```
def on_submit():
    """사용자가 폼을 제출할 때 실행될 내용"""
    pass

submit_btn.configure(command=on_submit)
```

특정 이벤트에 반응하기 위한 콜백 함수의 이름은 on_<eventname>의 형식으로 짓는 것이 관례다. 물론 이를 항상 따라야 하는 것은 아니다. 예를 들어 여러 종류의 이벤트를 위한 콜백이라면 관례대로 할 수도 없다.

이벤트를 바인딩하는 좀 더 강력한 방법은 위젯의 bind() 메서드를 사용하는 것인데, 이는 6장에서 자세히 설명한다.

지금은 on_submit() 메서드의 내용이 다소 지루할 수 있지만 잘 따라오기 바란다. 이제 on_submit() 메서드 안의 pass 구문을 삭제하고 다음과 같이 코드를 추가한다.

```python
def on_submit():
    """사용자가 폼을 제출할 때 실행될 내용"""

    name = name_inp.get()
    number = num_inp.get()

    selected_idx = color_inp.curselection()
    if selected_idx:
        color = color_inp.get(selected_idx)
    else:
        color = ''
    haiku = banana_haiku_inp.get('1.0', tk.END)

    message = (
        f'Thanks for taking the survey, {name}.\n'
        f'Enjoy your {number} {color} bananas!'
    )
    output_line.configure(text=message)
    print(haiku)
```

처음 추가한 코드는 입력 위젯의 값을 가져오는 내용이다. 위젯의 현재 값을 가져올 때 대부분의 경우 get() 메서드를 사용한다. 단, 반환되는 값은 문자열이다. 이는 Spinbox의 경우도 마찬가지다.

리스트박스에서 값을 가져오는 방법은 살짝 복잡하다. get() 메서드에 선택된 아이템의 인덱스 번호를 넣으면 해당 텍스트를 반환하는 식이다. 인덱스 번호는 위젯의 curselection() 메서드를 사용해 가져올 수 있다. 선택된 아이템이 있다면 get()에 인덱스 번호를 전달한다. 선택된 아이템이 없다면 인덱스 번호는 비어있게 된다. 그런 경우에는 color에 빈 문자열을 할당한다.

Text 위젯에서 데이터를 가져오는 방법 역시 살짝 다르다. 이 경우 get() 메서드는 시작 지점과 끝 지점을 나타내는 2개의 값이 필요하다. 여기에는 특별한 문법을 따르는데, 자세한 사항은 3장에서 설명한다. 다만 지금은 1.0이 첫 번째 줄의 첫 번째 문자 위치이며 tk.END가 Text 위젯의 마지막 위치를 의미하는 상수라는 점만 알아두자.

콜백의 마지막에서는 사용자가 입력한 몇 가지 데이터로 문자열을 만들어 Label 위젯의 text 인자로 전달하고 사용자가 지은 짧은 시를 콘솔에 출력한다.[8]

이제 이 코드가 실행될 수 있게 다음 코드로 마무리한다.

```
root.mainloop()
```

이 코드로 이벤트 루프가 실행됨으로써 Tkinter는 이벤트에 응답할 준비가 된다. 이제 코드를 저장하고 실행하면 그림 1-7과 같은 모습을 볼 수 있다.

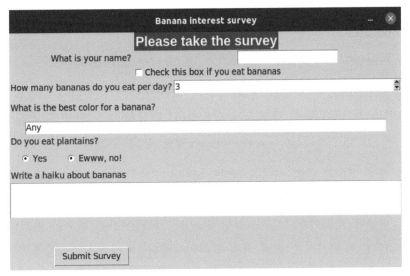

그림 1-7: 바나나 설문 애플리케이션

---

8. message에 사용된 문자열 포맷은 파이썬 3.6부터 사용할 수 있는 소위 f-string이라는 방법이며 자세한 내용은 https://docs.python.org/3/tutorial/inputoutput.html을 참고하기 바란다. – 옮긴이

바나나 설문 애플리케이션이 잘 실행됐다. 이제 완전히 작동하는 애플리케이션으로 만들고자 다음 단계로 넘어가자.

Tkinter 제어 변수로 데이터 다루기

지금까지 GUI 레이아웃을 잘 준비했지만 몇 가지 문제가 있다. 위젯으로부터 데이터를 가져오는 부분이 조금 엉망일뿐더러 아직 Checkbutton이나 Radiobutton의 값을 가져오는 방법도 모른다. 사실 지금 Radiobutton을 눌러보면 제대로 동작하지 않음을 알 수 있다. 마치 퍼즐에서 큰 조각 하나를 빼먹은 듯하다.

빠뜨린 것은 바로 Tkinter의 제어 변수[control variable]다. 제어 변수는 데이터를 저장할 수 있게 하는 특별한 Tkinter 객체이며, 다음과 같은 4개의 변수 클래스가 있다.

- **StringVar**: 길이와 상관없이 문자열 저장에 사용
- **IntVar**: 정수 저장에 사용
- **DoubleVar**: 부동소수점 수 저장에 사용
- **BooleanVar**: 불리언[Boolean] 값(True 또는 False) 저장에 사용

파이썬에서는 보통의 변수를 사용해 위와 같은 종류의 데이터를 저장할 수 있다. 그런데 왜 이런 변수 클래스가 필요할까? 간단히 말하면 변수 클래스에는 일반 파이썬 변수에 없는, 다음과 같은 특별한 능력이 있기 때문이다.

- 제어 변수와 위젯 사이에 **양방향 바인딩**[two-way binding]이 가능하다. 이는 위젯 콘텐츠가 변경되거나 변수 값이 변경되더라도 서로 동기화된다는 의미다.
- 변수에 트레이스[trace]를 설정할 수 있다. 트레이스는 변수의 읽기나 갱신과 같은 이벤트를 콜백 함수에 바인딩한다. 트레이스는 4장에서 자세히 알아본다.
- 위젯 사이의 관계를 설정할 수 있다. 예를 들어 2개의 Radiobutton 위젯을 서로 연결시킬 수 있다.

그럼 설문 애플리케이션에 제어 변수를 사용해보자. 이름을 입력하는 부분으로 이동해 다음과 같이 변수를 추가한다.

```python
name_var = tk.StringVar(root)
name_label = tk.Label(root, text='What is your name?')
name_inp = tk.Entry(root, textvariable=name_var)
```

StringVar 객체는 StringVar()를 호출해 생성하는데, 여기에 root를 인자로 넣었다. 모든 제어 변수는 루트 윈도우의 참조를 필요로 한다. 그러나 거의 대부분은 제어 변수가 자동으로 root를 참조할 수 있다. 따라서 root를 명시적으로 넣는 일은 드문 경우다. 그럼에도 Tk 객체가 존재하기 전까지 어떤 제어 변수도 생성될 수 없다는 사실을 이해하는 것이 중요하다.

생성된 StringVar 객체는 Entry 위젯의 textvariable 인자에 전달했다. 이렇게 함으로써 name_inp 위젯과 name_var 변수의 콘텐츠가 동기화된다. 현재 콘텐츠를 읽으려면 다음과 같이 get() 메서드를 호출하면 된다.

```python
print(name_var.get())
```

체크박스의 경우에는 BooleanVar를 사용한다.

```python
eater_var = tk.BooleanVar()
eater_inp = tk.Checkbutton(
    root, variable=eater_var, text='Check this box if you eat bananas'
)
```

이번에는 Checkbutton을 variable 인자에 전달했다. 버튼 계열의 위젯은 제어 변수와 바인딩하고자 variable을 사용하는 반면, 입력을 하거나 문자열 값을 반환하는 위젯의 경우에는 대개 textvariable을 사용한다.

버튼 계열의 위젯 역시 textvariable을 받을 수 있으며 그 경우 버튼의 값이 아닌 버튼의 텍스트에 바인딩한다. 이는 버튼의 텍스트를 동적으로 바꿀 때 활용할 수 있다.

다음과 같이 value 인자를 사용하면 제어 변수의 기본값을 설정할 수 있다.

```
num_var = tk.IntVar(value=3)
num_label = tk.Label(root, text='How many bananas do you eat per day?')
num_inp = tk.Spinbox(
    root, textvariable=num_var, from_=0, to=1000, increment=1
)
```

여기서는 IntVar()를 사용해 정수형 변수를 만들고 기본값을 3으로 지정했다. 따라서 폼을 실행시키면 num_inp 위젯은 3으로 설정돼 있을 것이다. Spinbox가 숫자 입력 위젯임에도 제어 변수와의 바인딩을 위해 textvariable 인자를 사용했음에 주의하기 바란다. 정확히는 Spinbox가 숫자만을 위해 사용되는 위젯은 아니며, 내부적으로는 데이터를 텍스트로 저장한다. 그러나 IntVar나 DoubleVar와 바인딩되면 값을 가져올 때 정수나 부동소수점 수로 자동 변환된다.

IntVar와 DoubleVar가 수행하는 자동 변환은 사용자가 문자나 특수 문자, 또는 다른 잘못된 문자를 입력했을 경우 문제가 된다. 예를 들어 '1.1.2'나 'I like plantains'와 같이 숫자가 아닌 문자열을 포함한 위젯에 바인딩된 정수형이나 부동소수형 변수에 get()을 호출하면 예외(exception)가 발생해 애플리케이션이 중단될 수 있다. 이 문제를 피하기 위한 방법은 5장에서 설명한다.

앞서 사용자에게 아이템 목록을 보여주고자 Listbox를 사용했다. 불행히도 Listbox는 제어 변수와 함께 잘 작동하지 않는다. 그 대신 OptionMenu라는 또 다른 위젯이 있다.

그럼 다음과 같이 color_inp의 위젯을 OptionMenu로 바꾸자.

```
color_var = tk.StringVar(value='Any')
```

```
color_label = tk.Label(
    root,
    text='What is the best color for a banana?'
)
color_choices = (
    'Any', 'Green', 'Green Yellow', 'Yellow', 'Brown Spotted', 'Black'
)
color_inp = tk.OptionMenu(
    root, color_var, *color_choices
)
```

OptionMenu는 아이템 목록을 문자열로 갖고 있으므로 StringVar를 사용해 바인딩해야 한다. Listbox 위젯과 달리 OptionMenu는 생성할 당시에 아이템 목록을 지정할 수 있다. 또한 OptionMenu의 생성자는 다른 Tkinter 위젯의 생성자와 약간 다른데, 제어 변수뿐만 아니라 다음과 같이 위치 인자^{positional argument}로서 아이템들을 받을 수 있다.[9]

```
# 코드 예시이므로 프로그램에 추가하지 말 것
menu = tk.OptionMenu(parent, ctrl_var, opt1, opt2, ..., optN)
```

예제 코드에서는 언패킹 연산자^{unpacking operator}(*)를 사용해 color_choices 목록을 위치 인자로 풀어 전달했다. 물론 아이템들을 명시적으로 일일이 나열해도 되지만 그보다는 언패킹 연산자를 사용하는 방법이 좀 더 깔끔하다.

NOTE

> 드롭다운 리스트박스를 사용하는 더 나은 방법은 3장에서 설명한다.

Radiobutton 위젯이 변수를 다루는 방법은 다른 위젯과 살짝 다르다. Radiobutton 위젯의 효과를 얻으려면 다음과 같이 모든 버튼을 동일한 제어 변수에 바인딩해야 한다.

---

9. 위치 인자는 지정한 순서대로 값이 전달되는 방식의 인자를 말한다. — 옮긴이

```
plantain_var = tk.BooleanVar()
plantain_yes_inp = tk.Radiobutton(
    plantain_frame, text='Yes', value=True, variable=plantain_var
)
plantain_no_inp = tk.Radiobutton(
    plantain_frame, text='Ewww, no!', value=False, variable=plantain_var
)
```

어떤 유형의 제어 변수도 Radiobutton 위젯에 바인딩할 수 있다. 그러나 value
에는 반드시 해당 변수 유형이 가질 수 있는 값을 줘야 한다. 지금의 버튼은
'예' 또는 '아니요'를 선택해야 하는 성격이므로 True나 False를 값으로 갖는
BooleanVar가 적절하며, value 인자를 사용해 각각 True와 False를 변수 값으로
지정했다. 변수의 get() 메서드를 호출하면 value 인자의 값이 반환될 것이다.

불행하게도 모든 Tkinter 위젯이 제어 변수와 함께 작동할 수 있는 것은 아니다.
banana_haiku_inp에 사용한 Text 위젯은 변수와 바인딩할 수 없는 대표적인
예다. 게다가 Listbox처럼 대체제가 있는 것도 아니다. 따라서 당분간은 지금
처럼 Text 위젯을 다뤄야 한다.

NOTE

> Tkinter의 Text가 변수 바인딩을 지원하지 않는 이유는 Text가 단순한 멀티라인 텍스트 박스가 아니
> 기 때문이다. Text는 이미지, 서식 있는 텍스트, 그 밖에 단순한 문자열로는 표현할 수 없는 객체도
> 담을 수 있다. 그럼에도 4장에서는 멀티라인 텍스트 위젯에 변수를 바인딩할 수 있는 해법을 찾을
> 것이다.

제어 변수는 단지 입력 위젯, 즉 상호작용 위젯과의 바인딩만을 위한 것이 아니
다. Label과 같은 비상호작용 위젯의 문자열을 갱신할 때 제어 변수를 사용할
수도 있다. 다음과 같이 말이다.

```
output_var = tk.StringVar(value='')
output_line = tk.Label(
    root, textvariable=output_var, anchor='w', justify='left'
```

```
)
```

제어 변수인 output_var를 Label 위젯의 textvariable 인자에 바인딩함으로써
런타임 시에 output_var의 값이 변경되면 레이블의 텍스트도 변경되게 했다.

콜백 함수에 제어 변수 사용

지금까지 여러 제어 변수를 만들어 위젯에 바인딩을 했는데, 이를 어떻게 사용
해야 할까? 이제 on_submit() 콜백 함수로 이동해 원래 있던 코드를 삭제하자.
제어 변수를 사용하는 코드로 다시 작성해야 하니 말이다.

다음과 같이 name 값을 가져오는 코드부터 시작한다.

```
def on_submit():
    """사용자가 폼을 제출할 때 실행될 내용"""
    name = name_var.get()
```

앞서 말했듯 get() 메서드로 변수의 값을 가져올 수 있다. get()이 반환하는
데이터 타입은 다음과 같이 변수의 유형에 따른다.

- StringVar는 str을 반환한다
- IntVar는 int를 반환한다.
- DoubleVar는 float을 반환한다.
- BooleanVar는 bool을 반환한다.

형 변환type conversion(또는 캐스팅casting)은 get()을 호출할 때마다 수행된다. 따라서 위젯
이 갖고 있는 값과 변수가 기대하는 값이 서로 호환되지 않는 데이터 형이라면
변환 시점에 예외가 발생한다. 예를 들어 IntVar가 빈 Spinbox와 바인딩돼 있는
상태에서 get()을 호출하면 예외가 발생한다. 빈 문자열은 int로 형 변환될 수
없기 때문이다.

그런 이유로 종종 get()을 try-except 블록 안에 넣는 현명한 방법을 사용하기도 한다.

```
try:
    number = num_var.get()
except tk.TclError:
    number = 10000
```

경험 있는 파이썬 프로그래머라면 유효하지 않은 값 때문에 발생하는 예외가 ValueError일 것이라 예상할 수 있겠지만 실은 그렇지 않다. 형 변환은 파이썬이 아니라 Tcl/Tk에서 수행되며, 따라서 발생하는 예외는 tkinter.TclError다. 여기서는 TclError가 발생하면 바나나의 개수를 10000으로 지정했다.

TIP

> TclError 예외는 Tcl/Tk가 파이썬 호출을 번역함에 있어 언제든 발생할 수 있다. 따라서 예외 처리를 제대로 하려면 예외로부터 실제 오류 메시지를 추출해 확인할 필요가 있다. 이는 다소 지저분하며 파이썬스럽지 않은(unpythonic) 방법이지만 아쉽게도 Tkinter가 다른 방법을 제공하지 않는다.

이제 OptionMenu, Checkbutton, Radiobutton 위젯으로부터 값을 추출하는 코드는 다음과 같이 훨씬 깔끔해졌다.

```
color = color_var.get()
banana_eater = eater_var.get()
plantain_eater = plantain_var.get()
```

OptionMenu의 get()은 선택된 문자열을 반환한다. Checkbutton의 get()은 버튼이 체크돼 있으면 True를, 그렇지 않으면 False를 반환한다. Radiobutton의 get()은 선택된 위젯의 value를 반환한다. 이렇듯 제어 변수를 사용하면 바인딩된 위젯이 어떤 유형인지 알 필요 없이 단순히 get() 호출만으로 사용자의 입력값을 가져올 수 있다.

앞서 말했듯 Text 위젯은 제어 변수를 지원하지 않으므로 전통적인 방식으로 콘텐츠를 가져와야 한다.

```
haiku = banana_haiku_inp.get('1.0', tk.END)
```

이제 모든 데이터를 가져왔으므로 다음과 같이 설문 응답자에게 보여줄 메시지를 구성한다.

```
    message = f'Thanks for taking the survey, {name}.\n'
if not banana_eater:
    message += "Sorry you don't like bananas!\n"
else:
    message += f'Enjoy your {number} {color} bananas!\n'
if plantain_eater:
    message += 'Enjoy your plantains!'
else:
    message += 'May you successfully avoid plantains!'
if haiku.strip():
    message += f'\n\nYour Haiku:\n{haiku}'
```

사용자에게 메시지를 보여주려면 output_var 변수를 갱신해야 하는데, 이는 다음과 같이 set() 메서드를 사용하면 된다.

```
output_var.set(message)
```

set() 메서드는 제어 변수를 갱신하며, 이는 바인딩된 Label 위젯의 갱신으로 이어진다. 이런 식으로 애플리케이션이 보여주는 메시지, 위젯의 레이블, 그 밖의 텍스트를 동적으로 변경할 수 있다.

set()은 제어 변수의 값을 변경한다는 점을 기억하자. set()이 아닌 할당 연산자(=)를 사용하면 단지 제어 변수 객체를 다른 객체로 덮어쓸 뿐이며, 그 후 아무런 작업도 할 수 없게 된다. 예를 들어 output_var = message는 output_var라는 이름에 문자열 객체인 message를 할당하며, 따라서 현재 output_line에 바인딩된 제어 변수 객체는 이름을 잃게 된다.

제어 변수의 중요성

제어 변수가 Tkinter GUI의 강력한 필수 요소임을 이해했기 바란다. 앞으로도 Tkinter 객체 사이에 데이터를 교환하고 저장하고자 애플리케이션 전반에 걸쳐 제어 변수를 사용할 것이다. 사실, 제어 변수를 위젯에 한 번 바인딩한 다음에는 굳이 위젯의 참조를 유지할 필요가 없는 경우도 많다. 예를 들어 지금의 설문 코드에서 출력 부분을 다음과 같이 정의해도 아무 문제없이 작동한다.

```
output_var = tk.StringVar(value='')
# 이후의 output_line.grid()는 삭제해도 된다.
tk.Label(
    root, textvariable=output_var, anchor='w', justify='left'
).grid(row=100, columnspan=2, sticky="NSEW")
```

이 예제에서는 Label을 직접 조작할 일이 없기 때문에 별도로 참조를 남겨 놓을 이유가 없으며, 따라서 레이블을 생성함과 동시에 위치시키면 된다. 이 객체의 참조는 부모 위젯이 보유하고 있으므로 제거되지 않으며, 따라서 언제든 제어 변수를 사용해 콘텐츠를 가져올 수 있다. 물론 글꼴을 바꾸는 등 어떤 이유에서 나중에 위젯을 조작해야 한다면 참조를 유지할 필요는 있다.

⫶⫶ 정리

1장에서는 Tkinter와 IDLE을 설치하고 Tkinter로 쉽게 GUI를 만들 수 있는 방법을 알아봤다. 즉, 위젯을 생성하고 grid()라는 배치 관리자를 사용해 루트 윈도우에 배치하고, 그 콘텐츠를 StringVar나 BooleanVar와 같은 제어 변수에 바인딩하는 방법을 살펴봤다. 또한 버튼 클릭과 같은 이벤트와 콜백 함수를 바인딩하는 방법, 위젯의 데이터를 가져와 처리하는 방법도 알아봤다.

2장에서는 ABQ AgriLabs라는 회사에서 새롭게 업무를 시작하며 GUI 프로그래밍 기법이 필요한 과제를 만나게 된다. 그 과제를 해결하고자 과제 분석, 프로그램 명세 개발, 사용자 친화적인 애플리케이션 설계 방법을 살펴본다.

02

GUI 애플리케이션 설계

모든 소프트웨어 애플리케이션 개발은 과제 분석, 솔루션 설계, 솔루션 구현 단계를 거친다. 이들 단계는 애플리케이션이 최적화되거나 구식이 될 때까지 기능 추가, 개선, 업데이트를 통해 반복된다. 많은 프로그래머가 곧장 구현 단계로 진입하길 원하지만 잠시 코드 편집기를 닫고 처음 두 단계에 시간을 들여야 과제를 올바로 해결하는 애플리케이션 개발에 훨씬 도움이 된다.

2장에서는 새 직장에 들어간 여러분에게 과제 하나를 제시하고, 다음과 같은 주제들을 통해 과제를 해결하는 솔루션 설계를 시작한다.

- 'ABQ AgriLabs 과제 분석' 절에서는 여러분의 코딩 실력으로 해결할 수 있는 이슈를 알아본다.
- '요구 명세 문서화' 절에서는 솔루션의 요구 사항을 나열하는 프로그램 명세를 작성한다.
- '애플리케이션 설계' 절에서는 솔루션을 구현하는 GUI 애플리케이션을 설계한다.

- '기술 요소 검토' 절에서는 현재 프로젝트에 가장 적합한 툴킷과 언어를 검토한다.

⠿ ABQ AgriLabs 과제 분석

축하한다. 여러분은 파이썬 실력을 인정받아 ABQ AgriLabs의 데이터 분석가로 일하게 됐다. 따라서 업무는 너무 명확하다. 바로 연구소의 데이터 입력 요원이 매일 보내는 CSV 파일의 데이터를 수집하고 분석하는 일이다.

그러나 문제가 있다. 연구소에서 온 CSV 파일의 품질이 일정하지 않다는 점이다. 데이터가 누락되거나 오탈자로 가득해, 종종 많은 시간을 들여 데이터를 다시 입력해야 하는 상황이다. 연구소 책임자도 이를 잘 알고 있어서 숙련된 파이썬 프로그래머인 여러분의 도움을 기대하고 있다. 여러분은 데이터 입력 요원이 CSV 파일에 가급적 실수 없이 연구소 데이터를 입력하게 하는 솔루션을 개발해야 한다. 그 애플리케이션은 단순해야 하며 가급적 오류 가능성이 없어야 한다.

문제 조사

컴퓨터 사용자가 데이터 분석을 위해 처음 다루는 도구는 대개 스프레드시트다. 스프레드시트가 제공하는 테이블 형식의 레이아웃과 계산 기능은 데이터 작업에 충분해 보이니까 말이다.

그러나 데이터양이 증가하고 많은 사용자에 의해 데이터가 추가됨에 따라 스프레드시트의 결점은 명확히 드러난다. 스프레드시트는 데이터 무결성을 보장하지 못하며, 테이블 형식의 레이아웃은 희박하거나 모호한 데이터가 포함된 긴 로우가 있을 경우 시각적 혼란을 야기한다. 또한 주의 깊지 못한 사용자가 쉽게 데이터를 삭제하거나 덮어쓸 수 있다.

이 상황을 개선하고자 여러분은 CSV 파일에 원하는 형식의 데이터를 추가할 수 있는 간단한 GUI 데이터 입력 폼 개발을 제안했다. 폼은 다음과 같은 여러 방식으로 데이터 무결성을 강화할 수 있기 때문이다.

- 입력될 데이터의 유형을 지정할 수 있다. 예를 들어 숫자나 날짜 등과 같이 말이다.
- 입력된 데이터가 원하는 범위 안에 있는지, 특정 패턴과 일치하는지, 유효한 옵션인지 등을 검증할 수 있다.
- 현재 날짜, 시간, 사용자 이름 등과 같은 정보를 자동으로 채울 수 있다.
- 필수 데이터 필드가 비어 있지 않게 할 수 있다.

폼을 잘 설계하면 데이터 입력 요원의 부주의를 크게 줄일 수 있다. 그럼 어디부터 시작해야 할까?

관련 정보 수집

효과적인 데이터 입력 애플리케이션을 구축하려면 폼 위에 입력 필드 몇 개를 던져 놓는 것만으론 부족하다. 현재 과제의 모든 측면에서 데이터와 그 작업 흐름workflow을 이해하는 것이 훨씬 중요하다. 또한 받아들여야 할 사용자의 한계와 기술적 제약도 이해해야 한다. 이를 위해서는 다음과 같은 일부 그룹과 소통할 필요가 있다.

- **데이터 제공자 그룹:** 각 연구소의 재배 구역을 점검하는 기사들을 말한다. 그들은 데이터의 의미, 허용 값, 특정 조치가 필요한 이상치outlier 등의 정보를 제공할 수 있다.
- **애플리케이션 사용자 그룹:** 데이터 입력 요원들을 말한다. 그들이 받은 데이터의 모습이 어떨지, 어떤 작업 흐름으로 데이터를 입력하는지, 지식의 한계나 실질적 제약이 무엇인지, 궁극적으로 어떻게 애플리케이션이 입력 작업을 쉽게 만들어줄 수 있을지를 고민해야 한다.

- **데이터 소비자 그룹:** 여러분을 포함해 CSV 파일을 사용할 모든 사람을 말한다. 그들이 기대하는 애플리케이션의 출력 결과는 무엇일까? 이상치와 같은 데이터를 어떻게 처리할까? 데이터를 관리하고 분석하는 목적이 무엇일까?

- **기술지원 팀:** 애플리케이션 구동이나 시스템과 관련된 사람들을 말한다. 어떤 종류의 기술지원이 필요할까? 수용해야 할 기술적 제약 사항은 무엇일까? 고려해야 할 어떤 보안 문제가 있을까?

물론 이들 그룹은 서로 겹치기도 한다. 어떤 경우든 데이터와 소프트웨어에 영향을 받는 모든 사람을 고려해야 하며, 그들의 요구 사항을 애플리케이션의 설계에 반영해야 한다. 따라서 코딩을 시작하기 전에 그런 자세한 사항들을 수집하기 위한 인터뷰가 필요하다.

인터뷰

처음 만날 인터뷰 대상은 데이터 제공자 그룹에 속한 연구소 기사들인데, 그들에게 데이터 기록과 관련된 자세한 사항을 얻어야 한다. 물론 딱봐도 쉬운 일은 아니다. 소프트웨어는 절대적이고 이분법적으로 데이터를 다룬다. 그러나 인간은 데이터에 대해 대략적인 사고를 하는 경향이 있으며, 특별한 이유 없이 제약 사항이나 경계 조건edge case을 무시하곤 한다. 따라서 필요한 정보를 끌어내기 위한 질문을 준비하는 일은 애플리케이션 설계자의 몫이다.[1]

다음은 데이터와 관련된 사항을 알아내고자 연구소 기사에게 할 수 있는 몇 가지 질문이다.

- 문자 필드에 유효한 값은 무엇인가? 유효한 문자 집합이 별도로 존재하는가?
- 각 숫자 필드 값의 단위는?

---

1. 경계 조건이란 프로그램이 처리할 수 있는 데이터 값의 범위를 말하며, 따라서 그 범위를 넘을 경우 문제가 발생한다. - 옮긴이

- 숫자 필드에는 반드시 숫자만 사용할 수 있는가? 문자나 기호는 필요하지 않는가?
- 각 숫자 필드에 유효한 수의 범위는?
- 설비 고장 등으로 사용할 수 없게 된 데이터는 어떻게 기록되는가?

다음에는 애플리케이션 사용자를 만나보자. 사용자 오류를 줄이는 프로그램을 만들려면 그들의 작업 방식을 이해해야 한다. 지금의 경우 사용자는 데이터 입력 요원이며, 따라서 그들에게 맞는 애플리케이션을 만들고자 요구 사항과 작업 흐름에 관한 질문을 할 필요가 있다.

다음은 데이터 입력 요원에게 할 수 있는 몇 가지 질문이다.

- 데이터를 받았을 때 그 형식은 어땠는가?
- 데이터를 받고 입력하기까지 얼마나 걸리는가? 가장 오래 걸린 시간은?
- 데이터가 자동으로 채워지는 필드가 있는가? 그런 데이터를 사용자가 수정할 수 있어야 하는가?
- 사용자의 전반적인 기술력은 어느 정도인가? 대부분의 작업을 키보드로 할 수 있는가? 아니면 마우스 위주의 인터페이스를 더 선호하는가?
- 현재 솔루션에 만족하는가? 불만 사항은 무엇인가?
- 시각장애나 손과 팔 등의 기능장애를 겪는 사용자가 있는가?

TIP

사용자 의견에 귀를 기울여야 한다. 그들은 종종 너무 앞서 나가거나 비현실적인, 또는 너무 시시해서 결국 모범 사례를 따를 수 없는 제안을 하기도 한다. 예를 들어 버튼에 애니메이션을 적용하거나, 특정 필드만 노란색으로 칠하거나, 시간 필드를 드롭다운 박스로 하는 등의 아이디어 말이다. 그러나 그런 아이디어들을 무시하지 말고 그 뒤에 감춰진 진짜 의미나 그들이 직면한 문제를 이해해야 한다. 그러면 데이터와 작업 흐름의 여러 측면을 알 수 있으며, 따라서 더 나은 해법을 찾는 데 도움이 된다.

사용자 인터뷰가 끝났다면 이젠 데이터 소비자의 차례다. 여기에는 여러분 자신도 포함된다. 따라서 데이터로부터 무엇을 기대하고 원하는지 이미 잘 알고 있을 것이다. 그럼에도 애플리케이션에서 데이터를 어떻게 이상적인 방법으로 가져올지 다음과 같은 사항들을 심사숙고해야 한다.

- CSV가 출력 형식으로서 최선인가? 아니면 단지 늘 사용해왔을 뿐인가?
- CSV 필드의 순서가 중요한가? 헤더 값에 공백이 허용되지 않거나 반드시 대소문자가 구분돼야 하는 등의 제약이 있는가?
- 애플리케이션이 이상치를 어떻게 처리해야 하는가? 데이터 안에서 이상치는 어떤 모습이어야 하는가?
- 불리언이나 날짜 등 값이 제각각 다른 객체들은 데이터 안에서 어떻게 표현돼야 하는가?
- 목적 달성을 위해 반드시 필요한 추가 데이터가 있는가?

마지막으로 애플리케이션 작동에 필요한 기술 요건을 이해해야 한다. 즉, 컴퓨터, 네트워크, 서버, 플랫폼 등과 관련된 사항들이다. 이는 IT 기술지원 팀으로부터 다음과 같은 질의를 통해 알 수 있다.

- 데이터 입력에 사용될 컴퓨터는 어떤 종류여야 하는가? 또한 얼마나 고성능이어야 하는가?
- 어떤 운영체제가 필요한가?
- 파이썬을 사용할 수 있는 시스템인가? 그렇다면 어떤 파이썬 라이브러리가 설치돼 있는가?
- 현재 솔루션과 연계된 다른 스크립트나 애플리케이션은 무엇인가?
- 한 번에 몇 명이 프로그램을 사용하는가? 즉, 동시 사용자가 몇 명인가?

개발이 진행됨에 따라 필연적으로 데이터, 작업 흐름, 기술 등과 관련한 더 많은 질의가 필요할 것이다. 따라서 지금까지의 모든 그룹과 계속 긴밀한 관계를 유지해야 한다.

조사 내용 분석

필요한 그룹들과의 인터뷰를 모두 마쳤다면 이제 회의 노트를 들여다봐야 할 시간이다. 먼저 이미 알고 있는 ABQ에 관한 기본 정보부터 정리하자.

- ABQ에는 3개의 온실이 갖춰져 있다. 각 온실은 A, B, C로 표시된, 서로 다른 환경에서 운영된다.
- 각 온실에는 1부터 20까지 번호가 부여된 20개의 재배 구역이 있다.
- 현재는 4가지 종류의 종자 샘플이 있으며 각각은 6자리 문자로 된 코드를 갖는다.
- 각 재배 구역은 샘플당 20개의 종자가 심어져 있으며 독립적인 센서 유닛이 설치돼 있다.

데이터 제공자로부터의 정보

연구소 기사와의 대화를 통해 데이터에 관한 많은 사항이 드러났다. 각 기사는 하루에 4번(8시, 12시, 16시, 20시) 자신의 담당 재배 구역을 확인한다. 기사들은 각 재배 구역의 작물에 대한 정보와 환경 조건을 기록지에 작성하며, 기록하는 모든 숫자 값은 소수점 2자리 이하로 한다. 이 작업은 대개 45분에서 90분까지 걸리며 작물의 성장 정도에 따라 다르다.

각 재배 구역에는 조도, 온도, 습도를 감지하는 독립적인 환경 센서가 있다. 안타깝게도 이들 기기에 일시적 오류가 발생하곤 하는데, 이는 유닛에 있는 '장비 오류' 표시로 알 수 있다. 오류가 발생했을 때의 환경 정보는 신뢰할 수 없으므로 그런 경우 기사는 데이터를 기록하지 않고 단순히 필드에 가로선을 긋는다.

기사가 샘플로 제공한 기록지는 그림 2-1과 같다.

ABQ Agrilabs Data Entry Form

Date: 10/3/21   Time (circle): (8:00) 12:00 16:00 20:00   Lab (circle): A (B) C   Tech: J. Simms

Plot	Seed	hum (g/m³)	light (klux)	temp (°C)	Plants	Gloss	Fruit	min ht (cm)	max ht (cm)	med ht (cm)	Notes
1	AX478	22.4	.72	29.21	10	29	7	41	63	58.2	
2		22.4	.73	29.2	12	34	12	45	68	59.3	
3		22.4	.51	29.24	12	37	14	47	72	62.7	
4	↓	22.5	.62	29.28	14	42	17	42	88	65.0	
5		—			9	21	7	34	82	72.1	EB Fault
6	AX479	25.1	.74	29.27	13	37	15	56	63	51.47	
7		23.0	.91	29.23	15	44	9	51	67	55.05	
8		22.75	.77	28.94	18	52	23	53	68	59.2	
9		22.6	.43	27.2	17	53	24	49	65	53.1	
10		23.25	75	28.41	20	62	31	55	71	60.4	
11	AX480	28.15	.31	27.8	11	17	2	10	42	23.1	Seems more humid at these plots?
12		28.12	.43	28.17	12	15	0	25	47	25.0	Sickly leaves. Blight?
13		28.2	.51	28.05	10	8	1	17	51	28.7	
14		28.4	.54	28.21	9	10	0	9	31	25.1	
15		28.7	.51	27.95	7	6	0	10	29	17.2	
16	AX477	22.8	.78	29.37	14	43	21	31	63	37.4	
17		22.14	.71	29.5	18	56	24	43	67	52.9	
18		22.51	.67	30.15	15	54	31	51	65	55.0	
19		22.49	.77	29.71	16	59	29	37	62	42.1	
20	↓	21.89	.72	29.42	16	62	25	44	68	54.2	

그림 2-1: 연구소 기사가 작성한 기록지

마지막으로 기사는 유닛에 대한 설명과 각 필드의 데이터 가능 범위를 알려줬고, 이를 표로 정리하면 다음과 같다.

필드	데이터 유형	설명
날짜	날짜	데이터가 수집된 날짜. 보통은 현재 날짜
시간	시간	측정 시작 시간. 8:00, 12:00, 16:00, 20:00 중 하나
연구소	문자	연구소 ID. A, B, 또는 C
기사	텍스트	데이터를 기록한 기사의 이름
재배 구역	정수	재배 구역 ID. 1부터 20
종자 샘플	텍스트	종자 샘플의 ID 문자열. 0부터 9까지의 숫자와 A부터 Z까지의 문자로 구성된 6자리 코드
오류	불리언	설비에 문제가 생기면 True, 그렇지 않으면 False
습도	소수	g/m³ 단위의 절대 습도. 대략 0.5에서 52.0 사이
조도	소수	재배 구역의 중앙에서 받는 빛의 양. 킬로럭스(kilolux) 단위로 0부터 100 사이

(이어짐)

필드	데이터 유형	설명
온도	소수	재배 구역의 온도. 섭씨 단위로 4부터 40 사이
꽃	정수	재배 구역 안의 모든 작물에 열린 꽃의 개수. 1,000개를 넘지 않음
열매	정수	재배 구역 안의 모든 작물에 열린 열매의 개수. 1,000개를 넘지 않음
작물	정수	재배 구역 안의 모든 작물의 개수. 20개 이하
최대 높이	소수	가장 키가 큰 작물의 높이. 1,000cm를 넘지 않음
중간 높이	소수	키가 중간인 작물의 높이. 1,000cm를 넘지 않음
최소 높이	소수	가장 키가 작은 작물의 높이. 1,000cm를 넘지 않음
노트	긴 텍스트	작물, 데이터, 기구와 관련해 추가로 관찰된 내용

애플리케이션 사용자로부터의 정보

여러분은 데이터 입력 요원과의 인터뷰로부터 그들의 작업 흐름과 현실적인 관심사에 관한 좋은 정보를 얻게 됐다. 또한 연구소 기사가 작성을 마치고 제출한 기록지는 접수 당일에 즉시 데이터로 입력된다는 점도 알게 됐다.

데이터 입력 요원들은 데이터 입력을 위해 리브레오피스 캘크LibreOffice Calc라는 스프레드시트를 사용하고 있다. 그들은 날짜, 시간, 기사 이름 등과 같이 반복되는 데이터를 통째로 복사하고 붙여 넣을 수 있음에 만족한다. 또한 리브레오피스의 자동 완성 기능이 텍스트 필드에서는 유용하지만 숫자 필드에서는 뜻밖의 데이터 오류를 유발할 수 있다는 점도 알고 있다.

또한 요원들은 다음과 같은 방법으로 데이터를 입력한다.

- 날짜는 월/일/년 형식으로 입력한다. 이는 지역 설정에 따른 리브레오피스의 기본 형식이다.
- 시간은 24시간제로 입력한다.
- 기사 이름은 첫 번째 이니셜과 성을 입력한다.
- 장비 오류의 경우 환경 정보를 N/A로 입력한다.

- 대개 한 번에 하나의 연구소에서 재배 구역 순서(1부터 20)대로 CSV 파일을 만든다.

데이터 입력 요원은 모두 4명이지만 입력 작업은 한 번에 1명만 가능하다. 또한 인터뷰를 통해 1명은 적록색맹, 또 다른 1명은 터널 증후군임을 알게 됐다. 그들 모두는 컴퓨터를 잘 다루며 마우스보다 더 빨리 작업할 수 있는 키보드를 선호했다.

특별히 한 사용자는 프로그램의 모양에 대한 아이디어를 갖고 있었다. 그는 연구소들을 체크박스로 선택하게 하고 별도의 팝업 대화상자에서 작물 정보와 환경 정보를 입력하게 만들기를 제안했다.

기술지원 팀으로부터의 정보

IT 직원과의 인터뷰를 통해 데이터 입력 요원들이 오직 하나의 PC 워크스테이션을 공유하고 있다는 점을 알았다. 그 워크스테이션은 데비안 리눅스로 운영되는 오래된 시스템이지만 충분히 잘 작동한다. 살짝 오래된 버전이지만 파이썬과 Tkinter도 이미 설치돼 있다. 데이터 입력 요원은 당일 CSV 데이터를 abq_data_record.csv라는 파일로 저장한다. 또한 모든 데이터 입력을 완료하면 이메일로 파일을 전송하고 다음날을 위한 새로운 빈 파일을 생성하는 스크립트를 실행한다. 그 스크립트는 날짜 스탬프와 함께 파일을 백업하므로 필요시 나중에 정정이 가능하다.

데이터 소비자로부터의 정보

여러분은 주된 데이터 소비자로서 이미 알고 있는 것만으로 충분하다고 생각할 수 있다. 그럼에도 그림 2-2와 같은 abq_data_record.csv의 최근 내용을 검토할 필요가 있다.

	A	B	C	D	E	F	G	H	I	J	K	L	M	N	O	P	Q
1	date	time	lab	tchn	plt	ss	egflt	klx	hum	tmp	blos	frt	plants	max ht	min ht	med ht	notes
2	09/01/21	08:00	A	J Simms	1	AXM477	N	50	34	31.2	2	0	16	102	24	57.2	
3	09/01/21	08:00	A	J Simms	2	AXM477	N	51	34	31.7	3	0	18	101	31	59.1	
4	09/01/21	08:00	A	J Simms	3	AXM477	Y	N/A	N/A	N/A	10	1	20	123	32.5	72.89	
5	09/01/21	08:00	A	J Simms	4	AXM477	N	42	37	29.8	0	0	8	56	2.3	24.77	Glass dirty
6																	

그림 2-2: abq_data_record.csv 파일

이 파일을 보면 지금보다 좀 더 편한 상황을 만들 수 있는 몇 가지 개선 사항들을 알 수 있다.

- 파일에 날짜 스탬프를 즉시 부여하는 것이 낫다. 현재 메일의 받은 편지함에는 구분할 방법이 없는 abq_data_record.csv 파일들이 가득 차 있기 때문이다.
- 파일 안의 데이터는 파이썬이 쉽게 파싱parsing할 수 있는 명확한 방식으로 저장되는 것이 낫다. 예를 들어 날짜의 경우 현재의 월/일/년 형식보다는 국제 표준인 ISO 날짜 형식(ISO-8601)이 문제가 덜할 것이다.
- 장비 오류의 경우 단지 환경 정보가 없다는 의미의 N/A보다는 쓸모없는 데이터를 갖고 있지 않도록 명확한 표기를 하는 것이 낫다.
- 현재의 CSV 헤더가 모호해서 항상 번역해 보고서를 작성해야 한다. 차라리 헤더를 알아보기 쉽게 하는 것이 낫다.

이런 조치는 단지 개발자의 작업을 편하게 할 뿐만 아니라 데이터를 더욱 안정적으로 관리할 수 있게 한다. CSV와 같은 오래된 데이터 형식은 종종 낡은 소프트웨어 환경이나 오래된 작업 흐름의 유산을 포함한다. 데이터의 명확성과 가독성을 높이는 일은 연구소의 데이터 활용이 활성화될수록 미래의 데이터 사용자에게 더욱 도움이 될 것이다.

요구 명세 문서화

지금까지 데이터, 사람, 기술에 관한 정보를 모았으니 이제 **소프트웨어 명세**software specification를 작성할 차례다. 소프트웨어 명세는 기간과 마감일 등을 포함한 매우

격식 있는 계약 문서부터 단순히 프로그래머가 구축하려는 내용을 기술한 문서까지 다양할 수 있다. 명세를 만드는 목적은 프로젝트의 모든 참여자에게 참조 기준을 제공하는 데 있다. 해결해야 할 과제, 필요한 기능, 프로그램이 해야 할 것과 하지 말아야 할 것에 대한 범위를 명확히 설명하기 때문이다.

지금의 시나리오는 다소 비격식적이며 애플리케이션도 단순하므로 상세하고 격식 있는 명세를 만들 필요는 없다. 그러나 기본적인 명세라 할지라도 개발 예정인 애플리케이션의 핵심 사항을 개발자, 관리자, 사용자 모두가 이해하게 만들어야 할 것이다.

간단한 명세 구성

먼저 다음과 같은 항목으로 명세 작성을 시작하자.

- **개요:** 애플리케이션의 주된 배경, 기능, 목표를 기술하는 한 2개의 문장이다. 이를테면 프로그램 강령이다.
- **요구 사항:** 최소한의 기능을 위해 프로그램이 해야 할 특정 작업의 목록이며, 기능 요구 사항과 비기능 요구 사항으로 나뉜다.
  - 기능 요구 사항은 프로그램이 달성해야 할 구체적인 목표다. 예를 들어 반드시 수행돼야 하는 비즈니스 로직이나 산출될 결과의 형식 등이 될 수 있다. 이는 프로그램이 현장에서 사용될 준비가 됐는지 판단할 때 도움이 된다.
  - 비기능 요구 사항은 덜 구체적일 수 있으며 사용자의 기대와 일반적인 목표에 중점을 둔다. 예를 들어 사용성, 성능, 접근성 등이 될 수 있다. 이런 요구 사항들이 모두 측정 가능한 목표가 될 수는 없어도 개발의 방향을 잡는 데 큰 도움이 된다.
- **비필수 기능:** 프로그램이 반드시 하지 않아도 되는 기능 목록이다. 이는 소프트웨어의 범위를 명확히 하며 타당하지 않은 기능은 누구도 기대하지 못하게 한다. 당연히 애플리케이션이 하지 않을 일까지 모두 포함시킬

필요는 없다. 그러나 사용자가 혹시 기대할 수 있음에도 타당한 이유로 구현하지 않을 기능이 있다면 여기에 기재함으로써 명확히 할 수 있다.

- **제약 사항:** 사용자의 한계와 기술적 한계를 모두 포함한 제약 사항의 목록이다.
- **데이터 사전:** 애플리케이션 안의 데이터 필드와 파라미터의 상세 목록이다. 데이터 사전은 꽤 긴 내용을 가지며 그 자체로 독립적인 문서가 될 수 있다. 이는 애플리케이션을 개발하는 동안에도 유용할 뿐만 아니라 점차 애플리케이션이 확장되고 데이터가 다른 용도로도 사용됨에 따라 중요한 참조 문서로 사용된다.

ABQ 프로그램 명세 작성

본인이 사용하는 워드프로세서로 소프트웨어 명세를 작성해도 되지만 이상적으로는 명세도 코드의 일부로 취급해야 한다. 코드와 함께 관리돼야 하며 애플리케이션의 변경 사항이 명세에 반영돼야 하기 때문이다. 그런 이유로 코드 편집기에서 reStructuredText 마크업 언어를 사용한 명세 작성을 권한다.

NOTE

> reStructuredText(또는 reST)는 파이썬 문서화에 사용할 수 있는 공식 마크업 언어다. 파이썬 커뮤니티는 파이썬 프로젝트의 문서에 reST 사용을 권장하며 파이썬 커뮤니티에서 사용하는 많은 패키지 툴과 출판 도구는 기본으로 reST 형식을 가정한다. reST의 자세한 사항은 부록 A나 https://docutils.sourceforge.io/rst.html에 있는 공식 문서를 보기 바란다.

그럼 다음과 같이 Description 섹션부터 작성하자.

```
=====================================
ABQ Data Entry Program specification
=====================================

Description
```

```
-----------
This program facilitates entry of laboratory observations
into a CSV file.
```

그다음은 Requirements 섹션이다. 기능 요구 사항은 입출력 기능, 필요한 계산, 보여줄 형식 등 객관적으로 달성할 수 있는 목표다. 그에 반해 비기능 요구 사항은 주관적이거나 최선을 다해야 하는 목표다. 앞서 '조사 내용 분석' 절의 내용을 고려하면 각 요구 사항을 다음과 같이 분류할 수 있을 것이다.

```
Requirements
----------------------

Functional Requirements:

  * Allow all relevant, valid data to be entered,
    as per the data dictionary.
  * Append entered data to a CSV file:
    - The CSV file must have a filename of
    abq_data_record_CURRENTDATE.csv, where CURRENTDATE is the date
    of the laboratory observations in ISO format (Year-month-day).
    - The CSV file must include all fields
    listed in the data dictionary.
    - The CSV headers will avoid cryptic abbreviations.
  * Enforce correct datatypes per field.

Non-functional Requirements:

  * Enforce reasonable limits on data entered, per the data dict.
  * Auto-fill data to save time.
  * Suggest likely correct values.
  * Provide a smooth and efficient workflow.
  * Store data in a format easily understandable by Python.
```

그다음은 Functionality Not Required 섹션이다. 현재의 ABQ 앱은 오직 데이터 입력만을 위한 프로그램이다. 따라서 데이터의 편집이나 삭제는 스프레드시트를 사용해야 한다. 이와 관련해 다음과 같이 작성하자.

```
Functionality Not Required
--------------------------

The program does not need to:

    * Allow editing of data.
    * Allow deletion of data.

Users can perform both actions in LibreOffice if needed.
```

Limitations 섹션에서는 다음과 같이 개별 사용자의 신체적 제약뿐만 아니라 하드웨어와 운영체제에 관련된 사항도 기술해야 한다.

```
Limitations
-----------

The program must:

    * Be efficiently operable by keyboard-only users.
    * Be accessible to color blind users.
    * Run on Debian GNU/Linux.
    * Run acceptably on a low-end PC.
```

마지막은 데이터 사전이다. 이는 사실 앞서 작성했던 표와 동일하지만 빠른 참조를 위해 다음과 같이 데이터의 범위, 유형, 단위 등을 다시 정리한다.

```
+------------+--------+----+---------------+--------------------+
|Field       | Type   |Unit| Valid Values  |Description         |
+============+========+====+===============+====================+
|Date        |Date    |    |               |Date of record      |
+------------+--------+----+---------------+--------------------+
|Time        |Time    |    | 8:00, 12:00,  |Time period         |
|            |        |    | 16:00, 20:00  |                    |
```

Lab	String		A - C	Lab ID
Technician	String			Technician name
Plot	Int		1 - 20	Plot ID
Seed Sample	String		6-character string	Seed sample ID
Fault	Bool		True, False	Environmental sensor fault
Light	Decimal	klx	0 - 100	Light at plot blank on fault
Humidity	Decimal	g/m³	0.5 - 52.0	Abs humidity at plot blank on fault
Temperature	Decimal	°C	4 - 40	Temperature at plot blank on fault
Blossoms	Int		0 - 1000	No. blossoms in plot
Fruit	Int		0 - 1000	No. fruits in plot
Plants	Int		0 - 20	No. plants in plot
Max Height	Decimal	cm	0 - 1000	Height of tallest plant in plot
Min Height	Decimal	cm	0 - 1000	Height of shortest plant in plot
Median	Decimal	cm	0 - 1000	Median height of

```
|Height      |       |    |    |                |plants in plot     |
+-----------+-------+----+----------------+-------------------+
|Notes       |String |    |    |                |Miscellaneous notes |
+-----------+-------+----+----------------+-------------------+
```

이로써 요구 명세서가 완성됐다. 이 명세는 추가 요구 사항이 증가함에 따라 앞으로 계속 갱신돼야 하겠지만 현재 ABQ 앱 설계를 위한 첫 버전의 명세라는 점에 의미가 있다.

⋙ 애플리케이션 설계

애플리케이션 명세는 완성됐고 요구 사항은 명확하므로 이제 솔루션 설계를 시작해야 한다. 이 애플리케이션의 핵심은 데이터 입력 폼이다. 따라서 GUI 컴포넌트의 설계부터 시작하자.

폼의 기본 설계는 다음의 3단계로 할 수 있다.

1. 각 필드에 적합한 입력 위젯의 데이터 유형 결정하기
2. 폼 구성 방안을 만들고자 관련된 아이템들을 그룹화하기
3. 그룹 안에 위젯 배치하기

입력 위젯 결정

처음부터 특정 GUI 라이브러리나 위젯 집합에 얽매이지 말고 먼저 각 필드를 위해 적합한 입력 위젯의 유형부터 결정하자. 대부분의 툴킷은 서로 다른 데이터 타입을 위한 기본적인 입력 유형을 제공한다.

Tkinter에서 제공하는 일부 위젯은 1장에서 이미 봤지만 사용할 가능성이 높은 위젯 유형을 모두 나열하면 다음과 같다.

위젯 유형	Tkinter 위젯	용도
문자열 입력	Entry	한 줄의 문자열 입력
숫자 입력	Spinbox	정수 또는 소수 입력
리스트(드롭다운)	Listbox, OptionMenu	많은 값 중에서 선택
체크박스	Checkbutton	True 또는 False 값
라디오 버튼	Radiobutton	몇 개의 값 중에서 선택
텍스트 입력	Text	여러 줄의 텍스트 입력
날짜 입력	(특정 위젯 없음)	날짜

이제 데이터 사전을 보면서 각 필드에 어떤 위젯 유형을 선택해야 할지 생각해보자.

- 최대 높이, 중간 높이, 최소 높이, 습도, 조도, 온도와 같이 명확한 범위를 갖는 여러 소수 필드가 있다. 따라서 숫자 입력을 위한 위젯이 필요한데, Tkinter의 **Spinbox**가 적합할 것이다.

- 꽃, 열매, 작물과 같이 개수를 나타낼 정수 필드들이 있다. 이 역시 **Spinbox**와 같은 숫자 입력 위젯을 선택해야 할 것이다.

- 시간과 연구소와 같이 값이 제한된 필드들이 있다. 이런 필드들에는 라디오 버튼이나 리스트 등과 같은 유형이 사용되는데, 어떤 유형이 적합할지는 전적으로 항목의 개수와 배치 방법에 달렸다. 라디오 버튼은 몇 개의 항목만 있어도 공간을 많이 차지하며, 리스트는 사용자의 추가 행위가 필요하다. 여기서는 시간 필드에 드롭다운 리스트, 연구소 필드에 라디오 버튼이 좋겠다.

- 재배 구역 필드는 좀 까다롭다. 겉으로 보면 정수 필드가 맞아 보이지만 재배 구역은 나중에 문자나 기호 또는 이름으로도 식별될 수 있을 거라 생각해야 한다. 숫자 필드에는 임의의 숫자 값을 입력하기 쉽다. 그런데 사실 재배 구역 ID는 연구소 ID와 마찬가지로 선택할 수 있는 값이 제한돼 있다. 따라서 재배 구역 필드는 리스트 위젯이 타당하다.

- 노트 필드는 여러 줄의 텍스트이므로 텍스트 입력 위젯이 적합하다.
- 오류 필드는 유일한 불리언 유형이다. 여기에는 체크박스가 제격이다. 특히 오류 필드는 평상시에는 **False**이며 예외 상황일 때만 **True**일 것이기 때문이다.[2]
- 날짜 필드의 경우 날짜와 관련된 일종의 위젯이 있을 것이다. 아직 어떤 Tkinter 위젯을 사용할지 모르겠지만 애플리케이션을 작성하면서 해법을 찾을 예정이다.
- 한 줄의 문자열 입력 필드가 남아 있는데, 여기에는 텍스트 입력에 적합한 위젯을 사용할 것이다.

이와 같이 분석한 사항을 마지막으로 정리하면 다음과 같다.

필드	위젯 유형
날짜	날짜 입력
시간	리스트(드롭다운)
연구소	라디오 버튼
기사	텍스트 입력
재배 구역	리스트(드롭다운)
종자 샘플	텍스트 입력
오류	체크박스
습도	숫자 입력
조도	숫자 입력
온도	숫자 입력
꽃	숫자 입력
열매	숫자 입력
작물	숫자 입력

(이어짐)

---

2. 모든 언어에서 불리언 유형의 기본값은 False다. – 옮긴이

필드	위젯 유형
최대 높이	숫자 입력
중간 높이	숫자 입력
최소 높이	숫자 입력
노트	텍스트 입력

이 분석 결과가 확정된 것이 아니라는 점을 유념해야 한다. 이 내용은 사용자의 피드백, 애플리케이션의 유스케이스 개선, 파이썬과 Tkinter의 기능과 제한 사항에 따라 거의 모든 경우에 수정될 것이다. 지금은 단순히 초기 설계를 위한 시작점일 뿐이다.

필드 그룹화

사람은 특별한 순서 없이 흩어져 있는 입력 필드들의 거대한 벽을 보면 혼란스러울 수밖에 없다. 입력 폼을 관련된 필드들의 집합으로 분류하면 사용자에게 큰 만족을 줄 수 있다. 물론 관련된 필드들이 있다는 전제하에 그렇다. 과연 ABQ 앱에 그런 데이터들이 있을까?

이 시점에서 인터뷰를 통해 얻은 몇 가지 정보를 다시 떠올려보자.

- 한 사용자는 '환경 정보'와 '작물 정보'의 폼을 분리할 것을 요청했다.
- 날짜, 시간, 연구소, 기사는 모두 기록지의 상단에 위치한다. 즉, 이 항목들은 기록지 구분에 유용하다는 의미다.

이런 세부 사항은 사용자의 데이터에 대한 생각과 애플리케이션의 데이터 표현에 관한 많은 정보를 준다.

이 모두를 고려하면 다음과 같은 그룹화가 가능하다.

- 날짜, 시간, 연구소, 기사, 재배 구역, 종자 샘플 필드는 기록을 식별하기 위한 데이터, 즉 메타데이터metadata다. 따라서 이들 필드를 기록 정보라는

제목의 한 그룹으로 묶어도 된다.

- 꽃, 열매, 작물이라는 3개의 높이 필드는 모두 재배 구역 안의 작물과 관련된 측정값들이다. 따라서 **작물 정보**라는 제목의 한 그룹으로 묶을 수 있다.
- 오류, 습도, 조도, 온도 필드는 모두 환경 센서에서 얻는 정보다. 따라서 **환경 정보**라는 제목의 한 그룹으로 묶을 수 있다.
- 노트 필드는 모든 항목과 관계가 있으므로 단독으로 분리시킬 수 있다.

대부분의 GUI 라이브러리는 필드 그룹화를 위한 다양한 방법을 제공하며 그중 일부는 다음과 같다.

위젯 유형	설명
탭(노트북)	사용자가 선택할 수 있는 다중 탭 페이지다.
프레임 박스	제목을 포함할 수 있는, 폼 안의 어떤 구역을 둘러싸는 박스다.
아코디언	한 번에 접거나 펼칠 수 있는 구역이다.

프레임 박스는 GUI를 분해할 수 있는 가장 쉬운 방법이다. 필드 개수가 많다면 탭이나 아코디언 위젯을 사용해 필드들을 숨길 수 있다. 다만 페이지나 구역을 전환하려면 사용자의 추가 행위가 필요하다. 현재 ABQ 앱의 폼에는 헤더를 포함한 프레임 박스가 가장 적절하게 보인다. 여러 페이지가 필요할 정도로 필드의 수가 많지 않으며, 페이지 사이를 전환하는 일이 데이터 입력 작업을 더디게 할 수 있기 때문이다.

폼 레이아웃

현재로서는 17개의 입력 필드를 다음과 같은 4개의 그룹으로 묶을 수 있다.

- 6개 필드로 구성된 기록 정보
- 4개 필드로 구성된 환경 정보
- 6개 필드로 구성된 작물 정보
- 하나의 노트 필드

각 그룹은 헤더 레이블을 포함한 프레임 박스로 구현될 것이다. 그중 두 그룹에 포함될 위젯의 수가 3의 배수라는 점에 주목하자. 이는 그리드 안에 아이템을 3개씩 배치할 수 있다는 의미다. 그러면 각 그룹 안의 필드 순서는 어떻게 정해야 할까?

필드의 순서를 정하는 일은 사소해보이지만 사용성 측면에서는 큰 차이가 날 수 있다. 사용자가 자신의 업무 흐름에 맞추고자 폼 안에서 무작정 이리저리 이동할수록 실수할 가능성도 높기 때문이다.

알다시피 데이터는 연구소 기사가 채운 기록지에서 나왔다. 이전의 그림 2-1을 떠올려 보면 우리가 그룹화했던 모습과 거의 비슷하게 아이템들이 모여 있음을 알 수 있다. 따라서 필드의 순서는 기록지 안의 아이템 순서를 참고하면 된다. 그러면 데이터 입력 직원이 화면 안을 돌아다닐 필요 없이 위에서 아래, 왼쪽에서 오른쪽 방향으로 순조롭게 진행할 수 있게 되니 말이다.

TIP

> 사용자의 작업 흐름이 중요하다는 점을 잊지 말기 바란다. 기존 절차 중의 일부를 대체하고자 새 애플리케이션을 설계할 때 기존에 확립된 작업 흐름을 존중하는 것이 매우 중요하다. 작업 흐름을 조정할 수밖에 없는 상황이라면 타당한 이유 없이 사용자를 힘들게 하지 않도록 주의해야 한다.

설계에 있어 마지막 고려 사항은 필드 레이블의 위치다. UI 설계 커뮤니티에서의 많은 토론이 있었지만 레이블의 가장 좋은 위치는 다음 2가지로 의견이 일치된다.

- 필드 위
- 필드 왼쪽

둘 중에 자신이 선호하는 위치를 선택할 수 있겠지만 지금의 애플리케이션에서는 다음과 같은 이유로 필드 위가 더 나을 것으로 보인다.

- 필드와 레이블이 모두 사각형이므로 레이블을 필드 위에 두면 폼의 공간을 좀 더 효율적으로 사용할 수 있다.
- 레이아웃을 만들기 쉽다. 레이블의 길이, 레이블과 필드와의 거리 등을

고민할 필요가 없기 때문이다.

한 가지 예외는 체크박스의 레이블로, 일반적으로 위젯의 오른쪽에 위치한다.

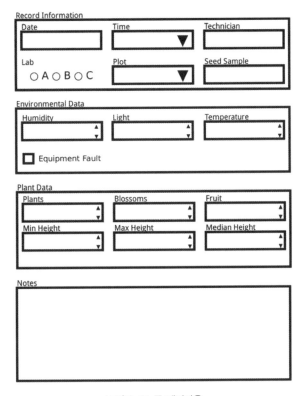

그림 2-3: 폼 레이아웃

종이와 연필 또는 그리기 프로그램을 사용해 잠시 폼의 모형을 그려보자. 그림 2-3과 같은 모습일 것이다.

애플리케이션 레이아웃

폼 설계를 마쳤으니 이제 애플리케이션 GUI의 나머지 부분을 설계해야 할 차례다.

- 입력된 데이터를 저장하는 '저장' 버튼이 필요하다.
- 관례상 '초기화' 버튼을 포함시킨다. 이는 사용자가 입력을 처음부터 다

시 시작할 수 있게 한다.

- 사용자에게 상태 정보를 제공할 필요가 있을 수 있다. 예를 들어 데이터가 성공적으로 저장됐는지 또는 특정 필드에 오류가 있는지 등을 알 수 있게 말이다. 대부분의 애플리케이션은 윈도우 하단에 그런 메시지를 보여주는 '상태 표시줄status bar'을 갖는다.

- 마지막으로 현재 폼이 무엇인지 알려주는 '헤더(제목)'가 있으면 좋을 것이다.

이와 같은 사항들을 포함해 전체 GUI를 그려보면 그림 2-4와 같은 모습이 될 것이다.

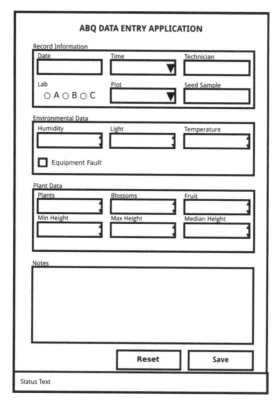

그림 2-4: 애플리케이션 레이아웃

이제 이 설계안을 사용자와 책임자에게 보여주고 피드백이나 승인을 받는 일만 남았다.

> 사용자, 책임자, 그 밖의 관련자 등 소위 이해관계자들을 애플리케이션 설계에 지속적으로 관여시켜
> 야 한다. 그래야 애플리케이션을 다시 설계할 가능성을 줄일 수 있다.

⫶ 기술 요소 검토

코딩을 시작하기 전에 잠시 현재의 설계에서 구현 가능한 기술 요소를 검토해
보자.

이 책은 파이썬과 Tkinter를 다루므로 당연히 그 기술을 사용하겠지만 현실에서
Tkinter가 최선의 선택인지 의문을 갖는 것은 당연하다. 애플리케이션 구현에
사용되는 언어, 라이브러리, 그 밖의 기술뿐만 아니라 성능, 기능성, 비용과 라
이선스, 플랫폼 지원, 개발자 역량과 신뢰도 등 수많은 의사 결정의 기준이 존재
하니 말이다.

그럼 다음 기준에 따라 ABQ 앱의 상황을 평가해보자.

- **성능:** ABQ 앱은 고성능일 필요가 없다. 대량의 연산 작업이 없으며 속도
  가 중요하지도 않기 때문이다. 이 기준에서 파이썬과 Tkinter는 문제없
  는 선택이다.
- **기능성:** ABQ 앱은 기본적인 폼 필드를 보여주고 입력된 데이터의 유효
  성을 검증하며 그 데이터를 CSV 파일로 저장하는 역할을 한다. Tkinter
  는 이와 같은 프론트엔드 요구 사항을, 파이썬은 CSV 파일을 쉽게 처리
  할 수 있다. 다만 Tkinter에 날짜 전용 입력 기능이 없다는 점이 약간
  염려스러울 수 있겠지만 다른 방법으로 충분히 해결할 수 있다.
- **비용과 라이선스:** ABQ 앱은 상업적 판매가 목적이 아니므로 라이선스 문제
  가 크지 않다. 또한 이 프로젝트를 위한 예산이 없으므로 어떤 재무적 비용
  도 피해야 할 것이다. 파이썬과 Tkinter는 무료이며 자유롭게 쓸 수 있는
  라이선스를 채택했으므로 비용과 라이선스 모두에 있어 문제될 것이 없다.

- **플랫폼 지원:** ABQ 앱은 윈도우즈에서 개발되지만 데비안 리눅스에서 사용될 것이다. 따라서 GUI는 크로스플랫폼^{cross-platform}을 지원해야 한다. 또한 오래되고 느린 컴퓨터에서 실행될 것이므로 자원을 낭비하지 않는 애플리케이션이어야 한다. 파이썬과 Tkinter는 2가지 사항을 모두 만족한다.
- **개발자 역량과 신뢰도:** 여러분은 파이썬 전문가지만 GUI 제작 경험은 적다. 따라서 애플리케이션의 빠른 출시를 위해서는 파이썬과 함께 잘 동작하며 배우기 쉬운 기술을 선택해야 한다. 또한 새로운 개발 기술을 통달할 충분한 시간이 없으므로 유명하고 안정적인 기술이어야 한다. 바로 Tkinter가 안성맞춤이다.

TIP

> 자신의 기술, 지식, 기술 적응도를 고려 대상에서 제외하지 말기 바란다. 이미 알고 있는 지식에 대한 개인적 편견을 인식하고 객관적인 선택을 위해 노력하는 것은 훌륭한 일이지만 안정적으로 프로그램을 배포하고 관리하는 능력이 인사 고과에 있어 결정적 요소라는 점도 중요하니 말이다.

파이썬에서 가용한 기술 중 ABQ 앱을 위한 가장 좋은 선택은 Tkinter다. Tkinter는 배우기 쉽고 가벼우며 무료인 데다가 개발과 운영 플랫폼 모두에 즉시 사용할 수 있다. 또한 데이터 입력 폼에 필요한 기본 기능을 제공한다. 이렇게 기술 요소의 검토를 마쳤으니 이제 애플리케이션 구축에 필요한 사항을 알아보고자 Tkinter를 좀 더 깊이 들여다봐야 할 시간이다.

NOTE

> PyQt, Kivy, wxPython 등 파이썬으로 GUI 개발이 가능한 다른 기술들도 있다. Tkinter에 비해 각각의 장단점이 있으므로 Tkinter가 현재 프로젝트에 적절하지 않다면 그중 하나를 선택해도 된다.

⠿ 정리

2장에서는 애플리케이션 개발에서의 처음 2단계를 진행했다. 바로 과제 분석과 솔루션 설계다. 먼저 사용자 인터뷰, 데이터 분석, 요구 사항 분석을 통해 애플리케이션 사양을 만들었고, 사용자를 위한 최적의 폼 레이아웃을 그렸으며, 서로 다른 입력 데이터를 다루고자 GUI 프레임워크에 가용한 여러 위젯을 알아봤다. 또한 요구 명세를 작성한 다음에는 Tkinter의 적합성을 검토했다. 무엇보다 코딩부터 시작하지 않고 먼저 연구와 기획을 수행하는 것이 중요하다는 점을 살펴봤다.

3장에서는 Tkinter와 파이썬을 사용해 기본적인 구현을 시작한다. Ttk라는 새로운 위젯 세트와 이미 알고 있는 Tkinter 위젯을 함께 사용해 폼과 애플리케이션을 제작한다.

03

Tkinter와 Ttk 위젯으로 기본 폼 제작

좋은 소식이 있다. 여러분의 설계안이 관리자의 검토와 승인을 받았기 때문이다. 바야흐로 구현을 시작할 때가 온 것이다. 3장에서는 최소한의 핵심 기능을 제공하는 아주 간단한 애플리케이션, 이른바 **최소 기능 제품**[MVP, Minimum Viable Product]을 제작한다. 여기서 만들 MVP는 실제 업무에 쓸 수 있는 제품은 아니다. 그러나 사용자에게 보여줄 실체가 뭔지 알 수 있고 우리가 다루는 기술과 과제에 대해 이해할 수 있게 한다. 3장에서 다루는 내용은 다음과 같다.

- 'Ttk 위젯 세트' 절에서는 Tkinter를 위한 더 나은 위젯 세트인 Ttk를 살펴본다.
- '애플리케이션 구현' 절에서는 설계한 폼을 파이썬, Tkinter, Ttk를 사용해 구축한다.

코딩을 시작하자.

⁝⁚ Ttk 위젯 세트

1장에서는 기본 Tkinter 위젯을 사용해 설문 애플리케이션을 만들었다. 그 위젯들은 완벽하게 작동하며 많은 Tkinter 애플리케이션에서 여전히 사용되지만 요즘 Tkinter 애플리케이션에서는 Ttk라고 하는 위젯 세트가 더 선호된다. Ttk는 전부는 아니지만 대다수의 Tkinter 위젯에 테마를 부여하는 Tkinter의 하위 모듈이다. Ttk의 위젯은 전통적인 위젯과 거의 동일하지만 윈도우즈, 맥OS, 리눅스에서 좀 더 현대적이고 자연스럽게 보일 수 있는 향상된 스타일 옵션을 제공한다.

Ttk는 각 플랫폼의 네이티브 위젯을 모방하는 특정 테마들을 포함한다. 또한 기본 라이브러리에는 없는 기능을 제공하는 몇 가지 위젯도 추가로 포함한다.

NOTE

> 3장에서는 Ttk 위젯의 기본 사용법을 다루며 글꼴, 색상, 그 밖의 다른 스타일에 대한 자세한 내용은 9장에서 설명한다.

Ttk는 Tkinter에 이미 포함돼 있으므로 별도의 설치가 필요 없다. Tkinter 애플리케이션에서 Ttk 위젯을 사용하려면 다음과 같이 **ttk**를 임포트하면 된다.

```
from tkinter import ttk
```

이 절에서는 앞으로 유용할 Ttk 위젯들을 자세히 살펴본다. 2장에서 설계한 내용에 따라 다음과 같은 유형의 위젯들이 필요함을 기억할 것이다.

- 레이블
- 날짜 입력
- 텍스트 입력
- 숫자 입력
- 체크박스
- 라디오 버튼
- 리스트

- 긴 텍스트 입력
- 버튼
- 헤더가 있는 프레임 박스

지금부터 위 유형들에 해당하는 Ttk 위젯을 하나씩 살펴보자.

Label

Ttk의 Label은 1장에서 다뤘던 Tkinter의 Label과 근본적으로 동일하며 다음과 같은 방법으로 만든다.

```
mylabel = ttk.Label(root, text='This is a label')
```

이 코드는 그림 3-1과 같은 모습의 레이블을 만든다.

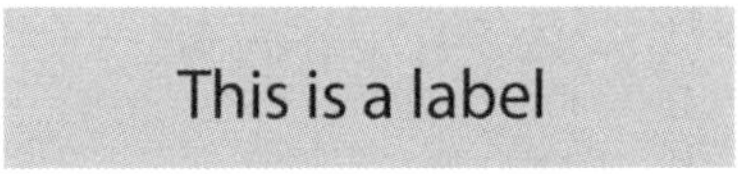

그림 3-1: Ttk Label 위젯

Ttk Label 위젯의 인자는 대부분 Tkinter의 경우와 동일한데, 주로 사용되는 인자들은 다음과 같다.

인자	값	설명
text	문자열	레이블로 표시될 텍스트
textvariable	StringVar	레이블에 바인딩될 제어 변수
anchor	방위 문자	레이블 안의 텍스트 위치
justify	left, right, center	각 줄 안에서의 텍스트 정렬 방법
foreground	색 이름	텍스트의 색
wraplength	정수	텍스트가 줄 바꿈될 기준(픽셀 값)
underline	정수	text 안에 밑줄 표시할 문자의 인덱스
font	글꼴 이름이나 튜플	텍스트에 적용할 글꼴

레이블의 텍스트는 **text**를 사용해 직접 지정하거나 **StringVar**를 바인딩해 동적으로 적용할 수 있다. `underline` 인자는 레이블 텍스트 중 하나의 문자에 밑줄을 표시한다. 이는 예를 들어 사용자에게 단축키를 알려줄 때 유용하다. 사용자는 그 단축키로 해당 레이블이 붙어 있는 위젯을 활성화시킬 수 있다. 물론 이것만으로 단축키가 실제 바인딩되는 것은 아니다. 단축키 기능을 만드는 방법은 10장에서 다룬다.

Entry

Ttk **Entry**는 Tkinter의 경우와 마찬가지로 단순한 한 줄 텍스트 입력을 위한 위젯이며 그림 3-2와 같은 모습이다.

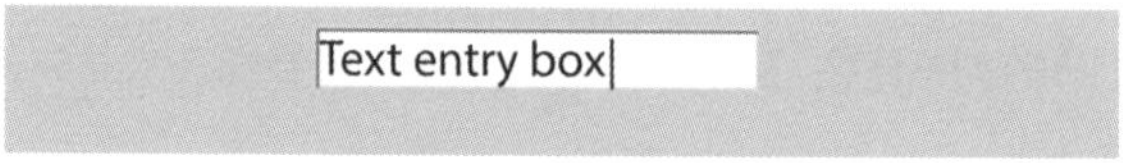

그림 3-2: Ttk Entry 위젯

Entry 위젯은 다음과 같은 방법으로 만든다.

```
myentry = ttk.Entry(root, textvariable=my_string_var, width=20)
```

Ttk **Entry**는 이미 알고 있는 Tkinter **Entry**와 매우 흡사하며 대부분의 인자를 동일하게 지원한다. 주로 사용되는 인자들은 다음과 같다.

인자	값	설명
textvariable	StringVar	바인딩될 제어 변수
show	문자열	사용자가 입력하는 내용 대신 보여줄 문자나 문자열로, 패스워드 필드에 유용
justify	left, right, center	텍스트 정렬 방법이며 기본값은 left
foreground	색 이름	텍스트의 색

나중에 Ttk 위젯의 기능을 깊이 다루면서 **Entry**의 인자 몇 개를 더 알아볼 것이

다. Entry는 날짜 필드를 포함한 모든 텍스트 입력 필드에 사용된다. Ttk에는 날짜 전용 위젯이 없다. 대신 5장에서 Entry를 날짜 필드로 사용하는 방법을 알아본다.

Spinbox

Tkinter와 마찬가지로 Ttk Spinbox는 표준 Entry에 숫자 데이터에 적합한 증감 버튼이 추가된 위젯이다.

Ttk의 Spinbox는 그림 3-3과 같은 모습이다.

그림 3-3: Ttk Spinbox 위젯

Spinbox는 다음과 같은 방법으로 만든다.

```
myspinbox = ttk.Spinbox(
    root,
    from_=0, to=100, increment=.01,
    textvariable=my_int_var,
    command=my_callback
)
```

코드를 보면 알 수 있듯 Ttk Spinbox에는 화살표 버튼의 동작을 제어할 수 있는, 다음과 같은 여러 인자가 있다.

인자	값	설명
from_	부동소수점 수 또는 정수	화살표로 감소시킬 수 있는 최솟값
to	부동소수점 수 또는 정수	화살표로 증가시킬 수 있는 최댓값
increment	부동소수점 수 또는 정수	화살표로 증감시킬 수 있는 단위

(이어짐)

인자	값	설명
command	파이썬 함수	증가 또는 감소 버튼이 눌릴 때마다 실행될 콜백 함수
textvariable	제어 변수(모든 유형)	바인딩될 제어 변수
values	문자열이나 숫자 목록	증감 버튼으로 순환하며 선택할 수 있는 값들이며 from_과 to는 무시됨

이들 인자는 Spinbox 안에 입력될 내용에 제한을 두지 않는다는 점에 주목하자. 이들 인자는 오직 화살표 버튼의 작동에만 영향을 준다. 또한 from_이나 to 중 하나에만 값을 지정할 경우 나머지 하나는 자동으로 0이 지정된다는 점도 주의하자. 이는 예상치 못한 동작을 가져올 수 있다. 예를 들어 from_에만 1을 지정했다면 화살표 버튼은 오직 1과 0만 반복시킬 것이다. 명시적으로 제한을 없애려면 from_='-infinity'와 to='infinity'를 사용하면 된다.

Spinbox는 숫자만을 위한 위젯은 아니다. 비록 주로 그렇게 사용되지만 말이다. 앞서 봤듯 Spinbox에는 values 인자가 존재하는데, 이는 화살표 버튼으로 선택할 수 있는 문자열이나 숫자의 목록이다. 따라서 IntVar나 DoubleVar뿐만 아니라 모든 유형의 제어 변수가 Spinbox에 바인딩될 수 있다.

NOTE

> 어떤 인자도 Spinbox 위젯 안에 입력될 내용에 제한을 두지 못한다는 점을 다시 한 번 상기하기 바란다. Spinbox는 사실상 버튼이 부착된 Entry 위젯에 지나지 않기 때문에 from_과 to로 지정한 범위를 벗어난 숫자뿐만 아니라 문자와 기호도 입력이 가능하다. 따라서 문자열 변수(StringVar)가 아닌 제어 변수를 바인딩한 경우 문제가 발생할 수 있다. 이를 해결하고자 5장에서 Spinbox에 유효한 숫자만 허용되게 만드는 방법을 알아본다.

Checkbutton

Ttk Checkbutton 위젯은 불리언 데이터 입력에 적합한, 레이블이 있는 체크박스다. Checkbutton은 다음과 같은 방법으로 만든다.

```
mycheckbutton = ttk.Checkbutton(
    root,
    variable=my_bool_var,
    textvariable=my_string_var,
    command=my_callback
)
```

Checkbutton 위젯에는 다음과 같은 여러 인자가 있다.

인자	값	설명
variable	제어 변수	박스의 체크 상태를 나타내는 바인딩 변수
text	문자열	레이블 텍스트
textvariable	StringVar	레이블 텍스트를 나타내는 바인딩 변수
command	파이썬 함수	박스를 체크하거나 체크 해제할 때 실행될 콜백 함수
onvalue	제한 없음	박스가 체크 상태일 때 variable에 지정될 값
offvalue	제한 없음	박스가 체크되지 않은 상태일 때 variable에 지정될 값
underline	정수	text 안에 밑줄 표시할 문자의 인덱스

Checkbutton에 포함된 레이블의 텍스트는 text 인자로 직접 지정하거나 textvariable을 사용해 제어 변수를 바인딩시킬 수 있다. 이는 동적인 레이블을 가능하게 함으로써 여러 상황에서 유용하게 쓸 수 있다.

Checkbutton은 불리언 데이터 입력에 이상적이며 True나 False 값을 갖는 변수(BooleanVar)와 바인딩시키는 방법이 기본이다. 그러나 onvalue와 offvalue 인자를 사용하면 어떤 유형의 제어 변수도 바인딩시킬 수 있다.

예를 들어 다음과 같이 하면 DoubleVar를 사용할 수 있게 된다.

```
mycheckbutton2 = ttk.Checkbutton(
    root,
    variable=my_dbl_var,
    text='Would you like Pi?',
```

```
    onvalue=3.14159,
    offvalue=0,
    underline=15
)
```

Ttk의 Checkbutton은 그림 3-4와 같이 레이블이 박스 오른쪽에 위치한다.

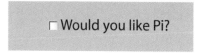

그림 3-4: 레이블이 있는 Ttk Checkbutton 위젯

Radiobutton

Ttk Radiobutton은 Tkinter의 경우와 마찬가지로 상호 배타적 옵션 중 하나를 선택할 수 있게 하는 위젯이다. 따라서 1개의 Radiobutton은 아무 쓸모가 없으며 그림 3-5와 같이 그룹화된 경우에만 유용하다.

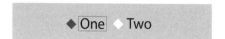

그림 3-5: Ttk Radiobutton 위젯 한 쌍

이들 버튼은 다음과 같이 만들 수 있다.

```
buttons = tk.Frame(root)
r1 = ttk.Radiobutton(
    buttons,
    variable=my_int_var,
    value=1,
    text='One'
)
r2 = ttk.Radiobutton(
    buttons,
    variable=my_int_var,
```

```
    value=2,
    text='Two'
)
```

Radiobutton 그룹을 만들려면 단순히 각 버튼에 동일한 제어 변수를 할당하고 서로 다른 값을 추가하면 된다. 여기서는 동일한 부모 위젯도 지정했는데, 이는 단지 가독성을 위한 것이며 필수 사항은 아니다.

다음은 Radiobutton에서 주로 사용되는 인자들이다.

인자	값	설명
variable	제어 변수	버튼의 선택 상태를 나타내는 바인딩 변수
value	제한 없음	버튼이 선택되면 variable에 지정될 값
command	파이썬 함수	버튼이 클릭될 때마다 실행될 콜백 함수
text	문자열	레이블 텍스트
textvariable	StringVar	레이블 텍스트를 나타내는 바인딩 변수
underline	정수	text 안에 밑줄 표시할 문자의 인덱스

Combobox

1장에서는 서로 다른 아이템 중 하나를 선택할 수 있는 2가지 위젯을 살펴봤다. 바로 Listbox와 OptionMenu다. Ttk는 동일한 목적의 새로운 위젯인 Combobox를 제공한다. Combobox는 드롭다운 리스트박스를 갖는 Entry 위젯이며, 따라서 마우스 선택뿐만 아니라 키보드 입력도 가능하다. 물론 OptionMenu도 괜찮지만 지금은 더 우수한 드롭다운 리스트를 만들고자 Combobox의 키보드 지원 기능을 알아보자.

Combobox는 다음과 같은 방법으로 만든다.

```
mycombo = ttk.Combobox(
```

```
    root, textvariable=my_string_var,
    values=['This option', 'That option', 'Another option']
)
```

이 코드는 그림 3-6과 같은 모습의 콤보박스를 만든다.

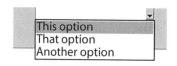

그림 3-6: Ttk Combobox 위젯

드롭다운 리스트박스에 선택 가능한 목록을 채웠지만 Combobox는 그 값들로
제한하지 않는다는 점을 주목하자. 사용자는 어떤 텍스트도 입력할 수 있으며
그에 맞게 바인딩 변수도 갱신될 것이다. 기본적으로 Combobox는 선택할 수 있
는 값들을 제한해야 하는 경우에는 어울리지 않는다. 그러나 이 역시 5장에서
또 다른 방법을 알아본다.

다음은 Combobox에서 일반적으로 사용되는 인자들이다.

인자	값	설명
textvariable	StringVar	선택되거나 입력된 값을 나타내는 바인딩 변수
values	문자열 목록	드롭다운 리스트박스에 채울 값 목록
postcommand	파이썬 함수	리스트박스가 클릭될 때, 즉 리스트를 보여주기 전에 실행될 콜백 함수
justify	left, right, center	리스트박스 안의 텍스트 정렬 방법

Text

1장에서 살펴봤던 Text는 Ttk에는 없는 유일한 위젯이다. Text는 여러 줄의 텍
스트 입력에 가장 많이 사용되지만 이미지, 여러 가지 색, 하이퍼링크 등을 포함
하는 텍스트를 보여주거나 편집할 경우에도 사용된다.

Text는 다음과 같은 방법으로 만든다.

```python
mytext = tk.Text(
    root,
    undo=True, maxundo=100,
    spacing1=10, spacing2=2, spacing3=5,
    height=5, wrap='char'
)
```

위 코드는 그림 3-7과 같은 모습의 위젯을 보여준다.

그림 3-7: Tkinter Text 위젯

Text 위젯에는 모양과 동작을 제어할 수 있는 많은 인자가 있으며 다음은 그중 유용한 인자들이다.

인자	값	설명
height	정수	위젯의 높이(텍스트 줄 수)
width	정수	위젯의 너비(문자 수). 가변 글꼴의 경우 숫자 '0'의 너비를 기준으로 계산됨
undo	불리언	실행 취소(undo) 기능의 사용 여부. 실행 취소와 다시 실행(redo)은 플랫폼의 기본 단축키를 통해 사용됨
maxundo	정수	실행 취소를 위해 저장할 작업의 최대 개수
wrap	none, char, word	텍스트 한 줄이 위젯의 너비를 초과할 경우 줄 바꿈하는 방식
spacing1	정수	각 줄 위의 간격(픽셀 값)
spacing2	정수	각 줄 사이의 간격(픽셀 값)

(이어짐)

인자	값	설명
spacing3	정수	각 줄 아래의 간격(픽셀 값)

태그^{tag}를 사용하면 Text 위젯의 더욱 다양한 시각 효과를 만들 수 있다. 이는 9장에서 다룬다.

Text의 인덱스

Text 위젯은 제어 변수와 바인딩할 수 없다는 사실을 기억하기 바란다. 따라서 Text 내용을 읽기, 변경, 삭제하려면 get(), insert(), delete() 메서드를 사용해야 한다.

이들 메서드를 사용할 때는 작업하려 하는 문자나 문자 범위를 지정하고자 1개 또는 2개의 인덱스 값을 전달해야 한다. 인덱스 값은 다음과 같은 규칙을 따르는 문자열이다.

- 줄 번호와 문자 번호는 점(마침표)으로 구분한다. 줄 번호는 1부터, 문자 번호는 0부터 시작한다. 예를 들어 1번째 줄의 1번째 문자는 **1.0**, 4번째 줄의 12번째 문자는 **4.11**이다. 여기서 말하는 줄은 개행 문자의 존재 여부로 결정된다. 따라서 줄 바꿈이 된 경우는 인덱스 목적상 하나의 줄로 취급된다.[1]
- 문자열로서 end나 Tkinter 상수인 END는 텍스트의 마지막을 나타낸다.
- 숫자 인덱스에 linestart, lineend, wordstart, wordend 중 하나를 추가하면 숫자 인덱스를 기준으로 줄이나 단어의 시작이나 끝을 나타낸다. 다음 예와 같이 말이다.
  - **6.2 wordstart**는 6번째 줄의 3번째 문자를 포함하는 단어의 시작 지점을 말한다.

---

1. 줄 바꿈은 줄이 길어 공간이 부족할 때 자동으로 다음 줄에 이어서 보이게 하는 기능이므로 개행 문자로 줄이 분리된 경우와는 다르다. – 옮긴이

- 2.0 lineend는 2번째 줄의 끝 지점을 말한다.
- 가장 마지막에는 순서대로 더하기나 빼기 연산자, 숫자, chars나 lines 를 추가할 수 있다. 다음 예와 같이 말이다.
  - 2.5 wordend - 1 chars는 2번째 줄의 6번째 문자를 포함하는 단어의 끝에서 한 자리 앞 지점을 말한다.

그럼 이들 인덱스를 사용하는 코드 예제를 보자.

```python
# 맨 앞에 문자열 삽입
mytext.insert('1.0', "I love my text widget!")

# 텍스트 중간에 문자열 삽입
mytext.insert('1.2', 'REALLY ')

# 문자열 전체 읽기
mytext.get('1.0', tk.END)

# 마지막 문자 삭제
mytext.delete('end - 2 chars')
```

4번째 코드에서는 마지막 문자를 삭제하고자 2개의 문자를 삭제했음에 주목하자. Text 위젯은 텍스트의 끝에 자동으로 개행 문자를 추가한다. 따라서 인덱스를 다룰 때는 항상 추가 문자가 하나 더 있음을 기억해야 한다.

TIP

> 인덱스는 문자열이지 부동소수점 수가 아니다. 때로는 자동 형 변환이 되는 경우도 있으나 그에 의존하지 말기 바란다.

Button

Ttk Button은 콜백 함수를 호출할 수 있는 푸시 버튼이며 그림 3-8과 같은 모습이다.

그림 3-8: Ttk Button 위젯

Button은 다음과 같은 방법으로 만든다.

```
mybutton = ttk.Button(
    root,
    command=my_callback,
    text='Click Me!'
)
```

Button은 매우 직관적인 위젯임에도 다음과 같은 인자들과 함께 사용된다.

인자	값	설명
text	문자열	레이블 텍스트
textvariable	StringVar	레이블 텍스트를 나타내는 바인딩 변수
command	파이썬 함수	버튼이 클릭될 때마다 실행될 콜백 함수
underline	정수	text 안에 밑줄 표시할 문자의 인덱스

버튼에 텍스트가 아닌 이미지를 넣을 수도 있는데, 이는 9장에서 다룬다.

LabelFrame

1장에서 여러 위젯을 그룹화할 때 Frame을 사용했다. Ttk는 그보다 강력한 LabelFrame을 제공하는데, 이는 테두리와 레이블을 포함하는 프레임 위젯이다. 이는 위젯들을 시각적으로 그룹화할 때 매우 유용하다.

다음 코드는 LabelFrame을 사용하는 예다.

```
mylabelframe = ttk.LabelFrame(
    root,
```

```
    text='Button frame'
)

b1 = ttk.Button(
    mylabelframe,
    text='Button 1'
)
b2 = ttk.Button(
    mylabelframe,
    text='Button 2'
)
b1.pack()
b2.pack()
```

이 코드의 결과는 그림 3-9와 같다.

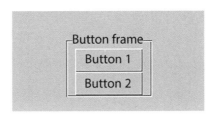

그림 3-9: Ttk LabelFrame 위젯

LabelFrame에 주로 사용되는 인자들은 다음과 같다.

인자	값	설명
text	문자열	텍스트 레이블
labelanchor	방위 문자	텍스트 레이블의 위치
labelwidget	ttk.Label	레이블에 사용할 Label 위젯이며 text에 우선함
underline	정수	text 안에 밑줄 표시할 문자의 인덱스

보다시피 LabelFrame의 레이블은 text 인자로 직접 지정하거나 또는 Label 위젯을 만들고 이를 labelwidget 인자를 사용해 지정할 수 있다. textvariable로 바인딩하는 등의 Label 위젯의 고급 기능을 활용하고 싶다면 후자의 방법이

좋을 것이다. 그 경우 text 인자는 무시된다.

NOTE

> 이 책에서 보게 될 Tkinter와 Ttk 위젯은 더 많다. 게다가 파이썬은 다양한 수십 개의 위젯을 포함하는 tix라는 위젯 라이브러리도 제공한다. 다만 tix는 너무 오래됐으므로 이 책에서 다루진 않겠지만 그런 라이브러리가 있다는 사실은 알아두기 바란다.

⁘ 애플리케이션 구현

지금까지 Tkinter의 기초를 알아봤고 사용자 요구 사항을 조사했으며, 애플리케이션을 설계했고, 현재 애플리케이션에 어떤 Ttk 위젯이 유용할지 결정했다. 이제 그 모든 사항을 종합해 ABQ 앱의 첫 버전을 코딩할 차례다. 먼저 2장에서 했던 그림 3-10과 같은 설계를 다시 확인하자.

만들어야 할 위젯들을 머릿속에 잠시 떠올린 다음 이제 코딩을 시작하자.

첫 번째 단계

편집기에서 data_entry_app.py라는 이름의 새 파일을 만들고 다음 코드를 작성한다.

```python
# data_entry_app.py
"""ABQ 데이터 입력 애플리케이션"""

import tkinter as tk
from tkinter import ttk
from datetime import datetime
from pathlib import Path
import csv
```

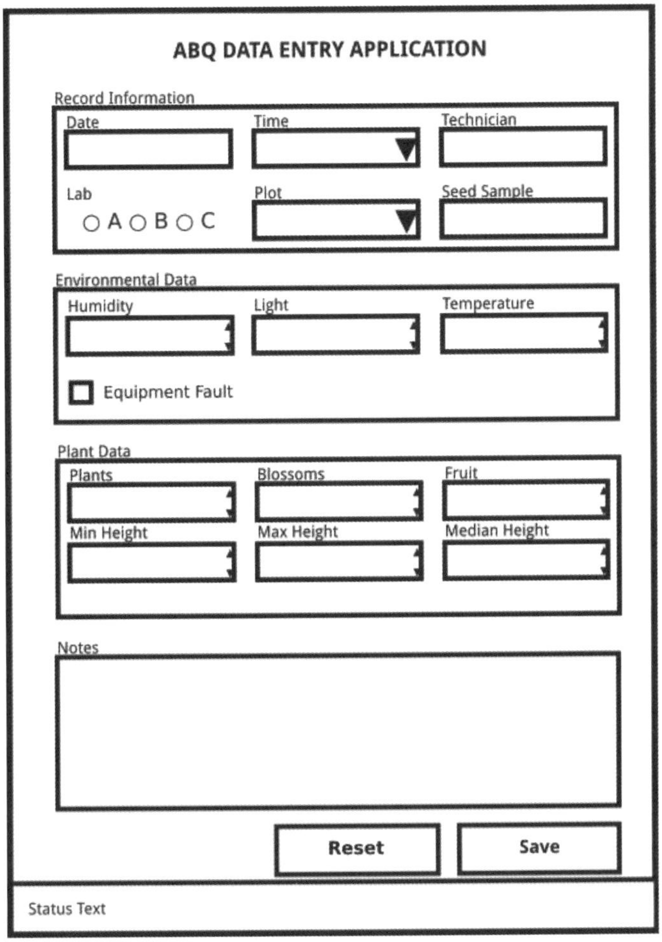

그림 3-10: ABQ 앱 레이아웃

스크립트의 처음은 독스트링으로 시작하며 모든 파이썬 스크립트는 이렇게 해야 한다. 여기에는 최소한 이 파일이 속한 애플리케이션의 이름을 기재해야 하며 그 외에도 사용법, 저작권, 담당자가 알아야 할 사항 등을 추가할 수 있다.

그다음에는 이 애플리케이션에서 필요한 다음과 같은 파이썬 모듈들을 임포트했다.

- 당연히 GUI 부품들을 사용하고자 tkinter와 ttk를 임포트했다.

- datetime 모듈에서 datetime 클래스를 임포트했다. 이는 파일명에 포함될 날짜 문자열의 생성을 위해 사용할 것이다.
- pathlib 모듈에서 Path 클래스를 임포트했다. 이는 파일 저장 작업에 사용할 것이다.
- csv 모듈은 CSV 파일 작업에 사용하고자 임포트했다.

이제 앱 전체에서 접근할 수 있는 2개의 전역 변수를 추가한다.

```
variables = dict()
records_saved = 0
```

variables는 폼의 모든 제어 변수를 담을 딕셔너리다. 이렇게 하면 제어 변수들을 좀 더 쉽게 관리할 수 있으며 전역 네임스페이스를 가볍고 깔끔하게 유지할 수 있다. records_saved 변수에는 사용자가 앱을 실행한 이후에 레코드를 저장한 횟수를 저장할 것이다.

이제 루트 윈도우를 만들고 설정할 차례다.

```
root = tk.Tk()
root.title('ABQ Data Entry Application')
root.columnconfigure(0, weight=1)
```

먼저 루트 윈도우를 만들고 제목을 지정했다. 또한 첫 번째 칼럼이 확장될 수 있게 레이아웃을 그리드로 설정했다. 이 루트 윈도우는 오직 칼럼 하나만 가질 것이지만 이렇게 설정함으로써 윈도우가 확장돼도 폼은 계속 애플리케이션의 중앙에 위치하게 된다. 이 설정을 하지 않으면 윈도우가 확장돼도 폼은 계속 왼쪽에 붙어 있을 것이다.

이제 애플리케이션의 헤더를 추가한다.

```
ttk.Label(
    root, text="ABQ Data Entry Application",
```

```
    font=("TkDefaultFont", 16)
  ).grid()
```

이 레이블을 나중에 다시 참조할 일은 없을 것이다. 따라서 별도의 변수를 만들어 이 위젯을 할당할 필요 없이 즉시 **grid()**를 호출함으로써 코드는 더 간결하게 되고 네임스페이스는 덜 혼잡스럽게 된다. 이런 방식은 애플리케이션의 다른 위젯에서도 사용할 것이다. 코드 어딘가에서 그 위젯과 상호작용할 일이 있지 않는 한 말이다.

NOTE

> 이 레이블의 글꼴 집합으로 TkDefaultFont를 지정했다. 이는 해당 플랫폼의 기본 윈도우 글꼴을 가리키는 Tkinter가 정의한 별칭이다. 자세한 사항은 9장에서 다룬다.

데이터 레코드 폼

애플리케이션 윈도우의 초기 설정을 마쳤으니 이제 실제 데이터 입력 폼을 만들자. 먼저 다음과 같이 전체 데이터 레코드 폼을 담을 프레임 하나를 만든다.

```
drf = ttk.Frame(root)
drf.grid(padx=10, sticky=(tk.E + tk.W))
drf.columnconfigure(0, weight=1)
```

여기서는 메인 윈도우에 **drf** 프레임을 약간의 수평 패딩과 함께 추가했으며 칼럼이 늘어날 때 함께 늘어나게 하고자 **sticky** 인자를 사용했다. 또한 첫 번째 칼럼이 확장될 수 있게 그리드를 설정했다.

TIP

> 그리드 레이아웃을 사용하는 윈도우나 프레임에 있어 부모 위젯이 늘어날 때 자식 위젯도 늘어나게 하고 싶다면 컨테이너의 확장(부모에 columnconfigure와 rowconfigure 사용)과 그에 따른 자식의 확장(자식의 grid()를 호출할 때 sticky 사용)을 모두 보장해야 한다.

기록 정보 섹션

폼의 첫 번째 섹션은 기록 정보(Record Information) 섹션으로, 이를 저장할 LabelFrame을 만들고 설정하자.

```
r_info = ttk.LabelFrame(drf, text='Record Information')
r_info.grid(sticky=(tk.W + tk.E))
for i in range(3):
    r_info.columnconfigure(i, weight=1)
```

먼저 데이터 레코드 폼을 부모로 하는 Ttk LabelFrame 위젯을 만들었다. 이를 부모의 그리드에 추가하되 sticky 인자를 설정함으로써 윈도우 크기가 변할 때 확장될 수 있게 했다. 이 폼의 각 프레임은 3개의 칼럼을 가질 예정이다. 또한 각 칼럼은 프레임의 너비를 공평하게 차지하게 할 것이다. 따라서 for 루프를 사용해 각 칼럼의 weight 속성을 1로 설정했다.

이제 프레임 안을 채워야 할 차례다. 먼저 첫 입력 위젯으로 날짜(Date) 필드부터 시작하자.

```
variables['Date'] = tk.StringVar()
ttk.Label(r_info, text='Date').grid(row=0, column=0)
ttk.Entry(
    r_info, textvariable=variables['Date']
).grid(row=1, column=0, sticky=(tk.W + tk.E))
```

먼저 제어 변수 하나를 만들어 variables 딕셔너리에 할당했다. 그다음에는 Date 필드를 위한 Label 위젯을 만들어 LabelFrame 위젯의 그리드에 추가했다. 여기서는 반드시 필요치 않음에도 row와 column 값을 명시적으로 지정했는데, 이는 나중에 객체를 좀 더 자유롭게 배치하기 위해서다. 이런 명시적인 좌표가 없다면 혼란이 생길 수 있기 때문이다.

마지막으로 Entry 위젯을 만들고 제어 변수를 전달했다. 값을 저장하기 위한 변수를 사용할 수 있다면 이 위젯에 대한 어떤 참조도 만들지 않아도 된다. 이렇게 하면 코드를 간결하게 유지할 수 있다. 이 위젯을 그리드에 추가하되 두 번째 로우의 첫째 칼럼을 지정함으로써 레이블 아래에 위치하게 했다. 또한 sticky 인자를 사용해 GUI가 확장될 때 위젯도 확장되게 했다.

이제 같은 줄에서 보여줄 나머지 시간(Time)과 기사(Technician) 필드도 추가하자.

```python
time_values = ['8:00', '12:00', '16:00', '20:00']
variables['Time'] = tk.StringVar()
ttk.Label(r_info, text='Time').grid(row=0, column=1)
ttk.Combobox(
    r_info, textvariable=variables['Time'], values=time_values
).grid(row=1, column=1, sticky=(tk.W + tk.E))

variables['Technician'] = tk.StringVar()
ttk.Label(r_info, text='Technician').grid(row=0, column=2)
ttk.Entry(
    r_info, textvariable=variables['Technician']
).grid(row=1, column=2, sticky=(tk.W + tk.E))
```

여기서도 마찬가지로 각각 변수, 레이블, 입력 위젯을 만들었다. 기억하겠지만 Combobox 위젯은 value 인자에 문자열 목록을 받는다. 그 목록은 콤보박스의 드롭다운 영역에 채워진다. 이렇게 첫 번째 줄이 완성됐다.

이제 두 번째 줄이다. 연구소(Lab) 필드부터 시작하자.

```python
variables['Lab'] = tk.StringVar()
ttk.Label(r_info, text='Lab').grid(row=2, column=0)
labframe = ttk.Frame(r_info)
for lab in ('A', 'B', 'C'):
    ttk.Radiobutton(
        labframe, value=lab, text=lab, variable=variables['Lab']
    ).pack(side=tk.LEFT, expand=True)
labframe.grid(row=3, column=0, sticky=(tk.W + tk.E))
```

이전과 마찬가지로 제어 변수와 레이블을 만들었지만 입력 위젯의 경우 3개의 라디오 버튼을 묶기 위한 프레임도 만들었다. 그리고 for 루프를 사용해 Radiobutton을 만듦으로써 코드를 절약하고 일관성을 유지했다.

여기서 배치 관리자인 pack()은 매우 쓸모 있는데, 칼럼 번호를 명시하지 않아도 왼쪽에서 오른쪽으로 배치할 수 있기 때문이다. expand 인자는 윈도우 크기가 변할 때 위젯이 추가 공간을 사용할 수 있게 한다. 이렇게 함으로써 라디오 버튼들은 창의 왼편에 뭉쳐있지 않고 여유 공간을 활용하게 된다.

이제 같은 줄에서 보여줄 나머지 재배 구역(Plot)과 종자 샘플(Seed Sample) 필드도 추가하자.

```python
variables['Plot'] = tk.IntVar()
ttk.Label(r_info, text='Plot').grid(row=2, column=1)
ttk.Combobox(
    r_info,
    textvariable=variables['Plot'],
    values=list(range(1, 21))
).grid(row=3, column=1, sticky=(tk.W + tk.E))

variables['Seed Sample'] = tk.StringVar()
ttk.Label(r_info, text='Seed Sample').grid(row=2, column=2)
ttk.Entry(
    r_info,
    textvariable=variables['Seed Sample']
).grid(row=3, column=2, sticky=(tk.W + tk.E))
```

여기서도 변수, 레이블, 입력 위젯을 만들었다. Combobox의 경우에는 values에 range()를 사용한 리스트를 할당함으로써 코드를 간결하게 유지했다.

환경 정보 섹션

폼의 다음 영역은 환경 정보(Environment Data)를 위한 프레임이며 다음과 같은 코드로 시작하자.

```
e_info = ttk.LabelFrame(drf, text="Environment Data")
e_info.grid(sticky=(tk.W + tk.E))
for i in range(3):
    e_info.columnconfigure(i, weight=1)
```

이는 이름만 다를 뿐 이전의 LabelFrame의 경우와 정확히 동일하다. 그럼 이 프레임에 습도(Humidity), 조도(Light), 온도(Temperature) 필드를 추가하자.

```
variables['Humidity'] = tk.DoubleVar()
ttk.Label(e_info, text="Humidity (g/m³)").grid(row=0, column=0)
ttk.Spinbox(
    e_info, textvariable=variables['Humidity'],
    from_=0.5, to=52.0, increment=0.01,
).grid(row=1, column=0, sticky=(tk.W + tk.E))

variables['Light'] = tk.DoubleVar()
ttk.Label(e_info, text='Light (klx)').grid(row=0, column=1)
ttk.Spinbox(
    e_info, textvariable=variables['Light'],
    from_=0, to=100, increment=0.01
).grid(row=1, column=1, sticky=(tk.W + tk.E))

variables['Temperature'] = tk.DoubleVar()
ttk.Label(e_info, text='Temperature (°C)').grid(row=0, column=2)
ttk.Spinbox(
    e_info, textvariable=variables['Temperature'],
    from_=4, to=40, increment=.01
).grid(row=1, column=2, sticky=(tk.W + tk.E))
```

이 섹션의 두 번째 줄에는 장비 오류(Equipment Fault) 필드 하나만 필요하다.

```
variables['Equipment Fault'] = tk.BooleanVar(value=False)
ttk.Checkbutton(
```

```
        e_info, variable=variables['Equipment Fault'],
        text='Equipment Fault'
    ).grid(row=2, column=0, sticky=tk.W, pady=5)
```

습도, 온도, 조도의 값은 모두 부동소수점 수다. 따라서 입력을 위해 DoubleVar
제어 변수와 Spinbox 위젯을 사용했다. Spinbox의 경우 화살표 버튼의 올바른
동작을 위해 from_, to, increment 값을 모두 지정해야 한다. 마지막 Checkbutton
에는 BooleanVar 제어 변수를 사용했다. 또한 Checkbutton에는 내장 레이블이
있으므로 별도의 Label이 필요치 않다. 현재 프레임은 환경 정보를 위한 새 프레
임이므로 로우와 칼럼도 다시 시작되는데, 이는 폼을 작은 프레임들로 나눌 때의
장점이다. 계속 증가하는 로우나 칼럼 번호를 추적하지 않아도 되기 때문이다.

작물 정보 섹션

이제 작물 정보(Plant Data)를 위한 프레임을 다음과 같이 만들자.

```
p_info = ttk.LabelFrame(drf, text="Plant Data")
p_info.grid(sticky=(tk.W + tk.E))
for i in range(3):
    p_info.columnconfigure(i, weight=1)
```

프레임을 만들고 설정했으니 작물(Plants), 꽃(Blossoms), 열매(Fruit) 필드를 추가하자.

```
variables['Plants'] = tk.IntVar()
ttk.Label(p_info, text='Plants').grid(row=0, column=0)
ttk.Spinbox(
    p_info, textvariable=variables['Plants'],
    from_=0, to=20, increment=1
).grid(row=1, column=0, sticky=(tk.W + tk.E))

variables['Blossoms'] = tk.IntVar()
ttk.Label(p_info, text='Blossoms').grid(row=0, column=1)
```

```
ttk.Spinbox(
    p_info, textvariable=variables['Blossoms'],
    from_=0, to=1000, increment=1
).grid(row=1, column=1, sticky=(tk.W + tk.E))

variables['Fruit'] = tk.IntVar()
ttk.Label(p_info, text='Fruit').grid(row=0, column=2)
ttk.Spinbox(
    p_info, textvariable=variables['Fruit'], from_=0, to=1000, increment=1
).grid(row=1, column=2, sticky=(tk.W + tk.E))
```

이 코드는 이전에 비해 새로울 게 없다. IntVar 제어 변수를 사용하며, 따라서 Spinbox의 증가 값을 1로 설정했다는 점을 제외하면 말이다. 이 설정이 사용자가 정수가 아닌 소수나 문자열을 입력하는 일을 막지는 못한다. 다만 적어도 버튼을 통한 잘못된 입력은 막을 수 있다. 좀 더 구체적으로 증가 값을 제어할 수 있는 방법은 5장에서 설명한다.

이제 마지막으로 최소 높이(Min Height), 최대 높이(Max Height), 중간 높이(Med Height) 필드를 추가하자.

```
variables['Min Height'] = tk.DoubleVar()
ttk.Label(p_info, text='Min Height (cm)').grid(row=2, column=0)
ttk.Spinbox(
    p_info, textvariable=variables['Min Height'],
    from_=0, to=1000, increment=0.01
).grid(row=3, column=0, sticky=(tk.W + tk.E))

variables['Max Height'] = tk.DoubleVar()
ttk.Label(p_info, text='Max Height (cm)').grid(row=2, column=1)
ttk.Spinbox(
    p_info, textvariable=variables['Max Height'],
    from_=0, to=1000, increment=0.01
).grid(row=3, column=1, sticky=(tk.W + tk.E))
```

```
variables['Med Height'] = tk.DoubleVar()
ttk.Label(p_info, text='Median Height (cm)').grid(row=2, column=2)
ttk.Spinbox(
    p_info, textvariable=variables['Med Height'],
    from_=0, to=1000, increment=0.01
).grid(row=3, column=2, sticky=(tk.W + tk.E))
```

여기서는 3개의 DoubleVar 객체, 3개의 레이블, 3개의 Spinbox 위젯을 더 만들었다. 반복 작업인 듯한 느낌이 들더라도 놀라지 말기 바란다. 원래 GUI 코드는 매우 반복적인 경향을 가진다. 대신 4장에서 그런 반복성을 줄이는 방법을 찾을 것이다.

GUI 마무리

3가지 정보 섹션을 완성했으니 이제 마지막 남은 노트(Notes) 입력 필드를 추가해야 한다. 이 필드는 다음과 같이 drf 프레임에 바로 추가하자.

```
ttk.Label(drf, text="Notes").grid()
notes_inp = tk.Text(drf, width=75, height=10)
notes_inp.grid(sticky=(tk.W + tk.E))
```

Text 위젯에는 제어 변수를 연결할 수 없으므로 이 위젯을 참조하는 일반 변수 하나를 만들었다.

NOTE

> 위젯의 참조를 저장해야 할 경우에는 grid()를 반드시 별도 문장에서 호출해야 함을 잊지 말기 바란다. grid()를 포함한 모든 배치 관리자 메서드는 None을 반환한다. 따라서 한 문장에서 grid()를 호출하고 참조에 할당해봤자 그 참조는 그냥 None이다.

폼과 관련된 작업은 거의 다 했다. 이제 다음과 같이 2개의 버튼을 추가하자.

```
buttons = tk.Frame(drf)
```

```
buttons.grid(sticky=tk.E + tk.W)
save_button = ttk.Button(buttons, text='Save')
save_button.pack(side=tk.RIGHT)

reset_button = ttk.Button(buttons, text='Reset')
reset_button.pack(side=tk.RIGHT)
```

폼의 그리드 레이아웃을 단순하게 하고자 drf의 하위 프레임을 만들고 pack()
으로 두 버튼을 그 안에 묶었다. 이때 pack()에 side 인자를 사용해 버튼이 오
른쪽에 위치되게 했다.

이로써 데이터 레코드 폼을 다 만들었으며 애플리케이션 GUI의 완성을 위해
남은 건 상태 표시줄이다.

```
status_variable = tk.StringVar()
ttk.Label(
    root, textvariable=status_variable
).grid(sticky=tk.W + tk.E, row=99, padx=10)
```

상태 표시줄은 단지 루트 윈도우의 가장 밑에 있는 Label 위젯이다. 그리드의
99번째 로우에 지정함으로써 나중에 로우들이 추가되더라도 가장 밑에 위치할
수 있게 했다. 상태를 나타내는 변수를 variables 딕셔너리에 추가하지 않았다
는 점에 주목하기 바란다. variables는 오직 사용자의 입력값을 저장하기 위한
딕셔너리이기 때문이다. status_variable은 사용자에게 메시지를 보여주는 용
도일 뿐이다.

콜백 함수 작성

레이아웃 작업이 끝났으니 이제 애플리케이션의 기능을 개발하자. 이 폼의 두
버튼은 초기화와 저장을 담당하는 2개의 콜백 함수가 필요하다.

초기화 콜백

초기화 함수는 폼 전체를 비움으로써 사용자가 다음 회차의 데이터를 입력할 수 있게 한다. 즉, 이 함수는 초기화 버튼의 콜백 역할뿐만 아니라 사용자가 레코드를 저장하고 다음 레코드를 입력할 수 있게 준비하는 역할을 한다. 그렇지 않으면 사용자는 매번 각 필드의 데이터를 수동으로 지우고 다시 입력해야 할 테니 말이다.

저장 콜백 함수에서도 초기화 콜백 함수를 호출해야 하므로 초기화 함수를 먼저 작성하자. data_entry_app.py의 마지막에 다음과 같은 새 함수를 추가한다.

```python
# data_entry_app.py
def on_reset():
    """초기화 버튼이 클릭되거나 데이터가 저장된 다음에 호출"""
```

함수의 이름은 on_reset()이다. 1장에서 언급했듯 콜백 함수의 이름은 관례상 on_<eventname>의 형식이며, 이때 eventname은 콜백 호출의 계기가 되는 이벤트를 말한다. 여기서는 초기화 버튼의 클릭이 이벤트이므로 이름을 on_reset()으로 했다.

이 함수 안에서는 모든 위젯을 빈값으로 초기화해야 한다. 그런데 노트 입력 위젯을 뺀 나머지 모든 위젯은 참조를 만들지 않았었다. 그럼 어떻게 해야 할까?

해법은 간단하다. 다음과 같이 모든 변수에 빈 문자열을 지정하면 된다.

```python
for variable in variables.values():
    if isinstance(variable, tk.BooleanVar):
        variable.set(False)
    else:
        variable.set('')

notes_inp.delete('1.0', tk.END)
```

StringVar, DoubleVar, IntVar 객체에는 빈 문자열을 할당할 수 있으며, 그러면 이들 객체와 바인딩된 모든 위젯의 값이 비워진다. 다만 BooleanVar에 빈 문자열을 할당하면 예외가 발생한다. 따라서 파이썬의 내장 함수인 isinstance()를 사용해 변수가 BooleanVar인지 먼저 확인하고 그렇다면 False를 할당하게 했다.

Notes 필드의 경우 Text 위젯의 delete() 메서드를 사용해 내용을 비우면 된다. 이 메서드는 get() 메서드처럼 시작과 끝 지점을 인자로 받는다. 1.0이라는 값과 tk.END는 전체 범위를 말한다. 이전에 Text 위젯을 다룰 때 설명했지만 여기서 인덱스 1.0은 문자열이지 부동소수점 수가 아니다.

초기화 콜백 함수의 내용은 이게 전부다. 남은 건 버튼의 configure() 메서드를 사용해 이 콜백 함수를 버튼에 바인딩하는 일이다.

```
reset_button.configure(command=on_reset)
```

TIP

> 어떤 Tkinter 위젯이든 속성을 변경하려 할 때 configure() 메서드를 호출할 수 있다. 이 메서드는 위젯의 생성자와 동일한 키워드 인자를 받는다.

저장 콜백

마지막으로 가장 중요한 저장 콜백이 남았다. 프로그램 명세의 내용을 다시 떠올려보자. 이 애플리케이션은 입력된 데이터를 CSV^{Comma-Separated Values} 파일에 추가해야 한다. CSV 파일의 이름은 abq_data_record_CURRENTDATE.csv이며, 이때 CURRENTDATE는 ISO 날짜 형식(연-월-일)의 문자열이다. CSV 파일이 없다면 새로 생성돼야 하며, 첫 번째 로우는 칼럼 헤더가 돼야 한다. 따라서 이 함수에는 다음과 같은 기능들이 필요하다.

- 현재 날짜를 알아내 파일명을 만들어야 한다.
- 파일이 존재하는지 확인하고 그렇지 않다면 헤더가 포함된 새 파일을 만들어야 한다.

- 폼으로부터 데이터를 추출하고 필요한 정리 작업을 해야 한다.
- 파일 안에 데이터 로우를 추가해야 한다.
- 저장 횟수(records_saved)를 증가시키고 사용자에게 저장 사실을 알려야 한다.
- 다음 입력을 위해 폼을 초기화시켜야 한다.

그럼 다음과 같은 함수로 시작하자.

```python
def on_save():
    """저장 버튼이 클릭될 때의 처리"""

    global records_saved
```

여기서도 on_<eventname> 명명 규칙을 사용했다. 처음에 한 일은 records_saved를 전역 변수로 선언한 것인데, 이렇게 하지 않으면 파이썬이 records_saved를 지역 변수로 해석하므로 그 값을 갱신할 수 없기 때문이다.

일반적으로 전역 변수를 변경하는 것은 좋은 방법이 아니지만 Tkinter는 많은 선택권을 주지 않는다. 이 함수의 반환값으로 변수를 갱신할 수 없는 이유는, 콜백 함수는 이벤트에 대한 응답으로 호출되는 함수이기 때문이다. 즉, 코드 어디서나 records_saved에 직접 접근할 수 없다. 4장에서는 이와 같은 기능을 전역 변수 없이 구현하는 더 나은 방법을 알아본이다. 그러니 지금은 이대로 진행하자.

다음에는 정확한 파일명을 만들고 파일의 존재 여부를 알아내는 코드를 작성하자.

```python
datestring = datetime.today().strftime("%Y-%m-%d")
filename = f"abq_data_record_{datestring}.csv"
newfile = not Path(filename).exists()
```

datetime.today() 함수는 현재 날짜에 해당하는 date 객체를 반환하며, 이 객체의 strftime() 메서드는 날짜를 원하는 형식의 문자열로 바꿀 수 있게 한다. strftime()에 사용되는 문법은 C 언어의 문법에 기반을 두므로 일부 어려운 부분도 있다. 하지만 %Y, %m, %d가 각각 연, 월, 일을 의미한다는 점은 쉽게 알 수 있을 것이다. 지금 이 메서드는 ISO 날짜 형식의 문자열을 반환할 것이다. 예를 들어 July 4, 2023은 2023-07-04로 표현된다.

그다음에는 datestring을 CSV 파일명의 날짜 부분에 사용했다. Path(filename).exists()는 현재 작업 디렉터리에 그 이름의 파일이 이미 존재하는지 알려준다. 그리고 newfile 변수에는 새 파일의 필요 여부를 저장한다.

이제 폼에서 데이터를 가져올 차례다.

```python
data = dict()
fault = variables['Equipment Fault'].get()
for key, variable in variables.items():
  if fault and key in ('Light', 'Humidity', 'Temperature'):
    data[key] = ''
  else:
    try:
      data[key] = variable.get()
    except tk.TclError:
      status_variable.set(
        f'Error in field: {key}. Data was not saved!'
      )
      return
# Text 위젯의 내용은 별도로 가져옴
data['Notes'] = notes_inp.get('1.0', tk.END)
```

여기서는 먼저 데이터를 저장할 딕셔너리인 data라는 객체를 만들었다. 데이터 저장을 위해서는 variables 딕셔너리 안을 반복하면서 각 변수의 get()을 호출하면 된다. 물론 장비 오류가 있다면 조도, 습도, 온도 데이터는 무시돼야 한다. 따라서 각 필드 값을 가져오기 전에 장비 오류의 여부를 먼저 확인한다. 또한 각 변수 값을 가져오는 부분은 try 블록으로 감싸야 한다. 유효하지 않은 값에 대해 get() 메서드가 호출되면 TclError가 발생하며, 따라서 예외 처리를 해야 한다는 점을 기억하기 바란다. 여기서는 특정 필드에 문제가 있음을 사용자에게 알리고 즉시 함수를 빠져나오게 했다.

마지막 Notes 필드는 get()을 사용해 데이터를 가져온다.

이제 가져온 데이터를 CSV에 작성하기 위해 다음 코드를 추가하자.

```
with open(filename, 'a', newline='') as fh:
    csvwriter = csv.DictWriter(fh, fieldnames=data.keys())
    if newfile:
        csvwriter.writeheader()
    csvwriter.writerow(data)
```

먼저 콘텍스트 관리자^{context manager}인 with 구문을 사용해 파일을 연다. 콘텍스트 관리자는 해당 블록이 끝났을 때 파일이 제대로 닫힘을 보장한다. 또한 파일을 열 때 추가 모드^{append mode}를 사용(open 함수에 'a'를 전달)하는데, 이는 파일에 어떤 내용이 있든 그다음에 데이터를 추가한다는 의미다. newline 인자는 빈 문자열임을 주목하기 바란다. 이는 각 줄 사이에 빈 줄이 삽입되는 윈도우즈 CSV 모듈의 버그를 조치하기 위함이며 다른 플랫폼에는 어떤 영향도 없다.

블록 안에서는 소위 CSV Writer라고 하는 객체를 만들었다. 표준 라이브러리의 csv 모듈에는 CSV 파일을 작성할 수 있는 몇 가지 유형의 객체가 포함돼 있다. 그중 DictWriter는 CSV의 첫째 로우가 칼럼명이라면 딕셔너리 안의 값의 순서와 관계없이 필드에 맞는 값을 작성한다는 점에서 편리하다. 헤더 값은 모든 데이터의 이름에 해당하는 data.keys()를 DictWriter에 전달함으로써 설정할수 있다.

추가 모드에서는 파일이 존재하지 않으면 새로 작성하지만 헤더 로우를 자동 생성하진 않는다. 따라서 새 파일의 작성 여부(앞서 만들었던 newfile의 값)를 확인하고, 그렇다면 헤더 로우를 넣어줘야 한다. 이를 위해 DictWriter는 모든 필드명을 하나의 로우에 작성하는 메서드(writeheader())를 제공한다.

마지막으로 DictWriter의 writerow() 메서드는 딕셔너리 데이터를 CSV 파일에 작성한다. 그리고 이 블록을 빠져나오면 파이썬은 파일을 닫고 디스크에 저장한다.

이제 on_save() 함수를 마무리할 몇 가지 작업만 남았다.

```
records_saved += 1
status_variable.set(
    f"{records_saved} records saved this session"
)
on_reset()
```

먼저 records_saved의 값을 증가시키고 상태 표시줄을 통해 사용자에게 지금까지의 저장 횟수를 알려준다. 이는 사용자에게 자신의 액션이 성공했는지 알려주는 훌륭한 피드백이다. 그다음에는 on_reset()을 호출해 다음 레코드 입력을 준비한다.

저장 메서드가 완성됐으니 이제 버튼에 바인딩시키면 된다.

```
save_button.configure(command=on_save)
```

마지막으로 폼을 초기화하고 메인 이벤트 루프를 호출한다.

```
on_reset()
root.mainloop()
```

이로써 ABQ 앱이 완성됐으며 사용될 준비가 됐다.

ABQ 앱 테스트

당연히 ABQ 앱을 공개하기 전에 먼저 테스트를 수행해야 한다. 이제 ABQ 앱을 실행하면 그림 3-11과 같은 모습을 볼 수 있을 것이다.

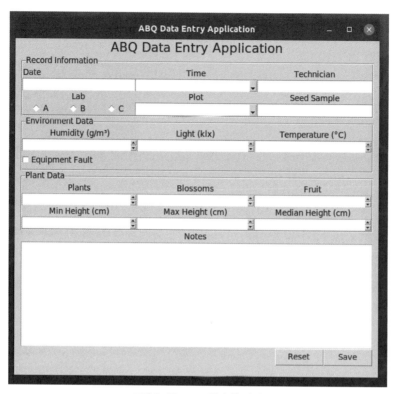

그림 3-11: ABQ 앱의 첫 버전

훌륭하다. 게다가 작동도 된다. 직접 테스트 데이터를 입력하고 저장해보자. 물론 이게 끝은 아니다. 프로그램 명세의 모든 사항을 완전히 구현하지는 않았으며, 또한 사용자가 한 번 사용을 시작하면 당연히 갖가지 요구 사항이 발생하기 시작할 것이다. 그러나 지금 시점에서는 잘 작동하는 MVP의 완성을 자축해도 좋다.

⁛ 정리

3장에서는 큰 진전이 있었다. 요구 사항 명세에서 설계를 이끌어냈으며 이미 알고 있는 기본 기능으로 MVP를 개발했다. Tkinter의 **Text** 위젯뿐만 아니라 Entry, Spinbox, Combobox, Radiobutton, Checkbutton과 같은 기본 Ttk 위젯을 살펴봤다. 또한 이들 위젯을 LabelFrame을 사용해 조립하는 방법과 콜백 메서드로 파일을 저장하는 방법도 살펴봤다.

4장에서는 클래스와 객체지향 프로그래밍 기술을 활용해 코드 품질을 높이고 위젯의 기능을 확장하는 방법을 알아본다.

04

클래스로 코드 개선

ABQ 앱은 큰 호응을 얻었다. 관리자와 동료들은 개발 과정에 흥미를 느꼈으며, 추가해야 할 다른 기능의 아이디어를 벌써 제시하기 시작했다. 솔직히 개발자 입장에서는 조금 불안해진 상황이다. 애플리케이션의 폼은 전문적으로 보이지만 내부의 코드는 덩치가 크고 반복적이라는 사실을 알고 있기 때문이다. 또한 전역 변수와 매우 어수선한 전역 네임스페이스 등 몇 가지 오점도 있다. 새 기능을 추가하기 전에 먼저 이 코드를 다시 검토하고 관리 가능한 단위로 분리하는 작업이 필요할 것이다. 여기에 필요한 개념이 바로 클래스^{class}다.

4장에서 다루는 내용은 다음과 같다.

- '파이썬 클래스 입문' 절에서는 파이썬에서 클래스와 하위 클래스를 만드는 방법을 알아본다.
- 'Tkinter에서 클래스 사용' 절에서는 Tkinter 코드 안에서 효과적으로 클래스를 사용하는 방법을 알아본다.
- '클래스를 사용한 애플리케이션 재작성' 절에서는 ABQ 앱에 클래스를 적용한다.

⠂⠂⠂ 파이썬 클래스 입문

클래스의 개념은 표면적으로는 쉽지만 그에 수반된 다양한 용어와 개념이 많은 초보자에게 혼란을 주기도 한다. 이 절에서는 클래스 사용의 이점, 클래스의 여러 특징, 파이썬에서의 클래스 작성 방법을 알아본다.

클래스 사용의 이점

많은 파이썬 초급자, 심지어 중급자들도 파이썬에서 클래스 사용을 피하거나 거부한다. 함수나 변수와는 달리 클래스는 짧고 단순한 스크립트에서의 명확한 사용법이 없기 때문이다. 그러나 애플리케이션 코드가 증가할수록 관리 가능한 단위로 코드를 구조화함에 있어 클래스는 필수 수단이다. 그럼 어떤 방식으로 클래스가 코드 정리에 도움이 되는지 살펴보자.

파이썬의 필수 요소

클래스는 본질적으로 객체^{object}를 만들기 위한 청사진이다. 그럼 뭐가 객체일까? 파이썬에서는 모든 것이 객체다. 정수, 문자열, 부동소수점 수, 리스트, 딕셔너리, Tkinter 위젯, 심지어 함수조차도 모두 객체다. 이들 각 객체의 유형은 클래스에 의해 정의된다. 이는 파이썬 프롬프트에서 다음과 같은 명령으로 확인할 수 있다.

```
>>> type('hello world')
<class 'str'>
>>> type(1)
<class 'int'>
>>> type(print)
<class 'builtin_function_or_method'>
```

type 함수는 객체 생성에 사용된 클래스가 무엇인지 보여준다. 어떤 객체가 특정 클래스에서 생성되는 경우 그 객체를 클래스의 인스턴스[instance]라고 한다.

NOTE

> 인스턴스와 객체라는 용어는 종종 구분 없이 사용된다. 어쨌든 모든 객체는 어떤 클래스의 인스턴스이니 말이다.[1]

파이썬에서는 모든 것이 객체이므로 클래스를 작성하면 내장 객체와 동일한 방식으로 커스텀 객체를 다룰 수 있다.

데이터와 함수의 명시적 관계 설정

코드 안에서는 종종 동일한 대상과 관계된 데이터 집합이 존재한다. 예를 들어 멀티플레이어 게임이라면 각 플레이어의 점수, 체력, 상태 등을 위한 변수들이 있을 것이다. 이들 변수에 대해 동작하는 함수는 그 변수들이 동일한 플레이어를 참조하고 있음을 확신해야 한다. 클래스는 그 변수들과 함수들의 관계를 명시적으로 설정함으로써 변수들과 함수들을 하나의 단위로 쉽게 구성할 수 있게 한다.

재사용 가능한 코드

클래스는 코드 중복을 줄이는 훌륭한 방법이다. 서로 다른 입력 필드를 갖지만 동일한 방식으로 제출하는 일련의 폼이 있다고 가정하자. 그런 경우 클래스 상속[class inheritance]을 사용하면 공통적인 동작을 갖는 기본 폼을 만들고 그 폼에서 개별 폼을 파생시킨 다음, 각 폼만의 특정 동작을 구현함으로써 코드 중복을 줄일 수 있다.

---

1. 이는 소프트웨어 공학에서의 인스턴스와 객체는 다른 의미지만 현장에서는 혼용해도 의사소통에 별 문제가 없다는 말이다. 메서드(method)와 함수(function), 속성(attribute)과 특성(property) 등의 경우도 비슷하다. – 옮긴이

클래스 생성 문법

클래스를 만드는 방법은 함수를 만드는 방법과 흡사한데, 다만 class라는 키워드를 사용한다는 점이 다르다.

```
class Banana:
    """맛있는 열대과일"""
    pass
```

여기서 독스트링docstring은 클래스의 문서화를 위한 파이썬 도구(help 함수 등)에 사용된다. 전통적으로 파이썬의 클래스 이름은 **파스칼 표기법**Pascal Case을 따르는데, 이는 각 단어의 첫 문자를 대문자로 표기하는 방식이다. 물론 어떤 서드파티third-party 라이브러리는 다른 표기법을 사용할 수도 있다.

일단 클래스를 정의했으면 함수를 호출하듯 그 클래스를 호출함으로써 인스턴스를 만들 수 있다.

```
my_banana = Banana()
```

여기서 my_banana는 Banana 클래스의 인스턴스인 하나의 객체다. 물론 더 유용한 클래스라면 클래스 본문body에 뭔가 있어야 할 것이다. 클래스 본문에는 속성attributes과 메서드methods를 정의할 수 있으며, 이를 통틀어 멤버members라고 한다.

속성과 메서드

속성은 단순히 변수이며 클래스 속성과 인스턴스 속성이 있다. 클래스 속성은 클래스 본문의 상단에 다음과 같은 식으로 정의한다.

```
class Banana:
    """맛있는 열대과일"""
    food_group = 'fruit'
    colors = [
```

```
        'green', 'green-yellow', 'yellow',
        'brown spotted', 'black'
    ]
```

클래스 속성은 그 클래스의 모든 인스턴스에 공유되며, 대개 기본값, 상수, 그 밖의 읽기 전용 값 등을 설정할 때 사용된다.

인스턴스 속성은 하나의 특정 인스턴스에서만 값을 저장한다. 이 속성은 다음과 같이 인스턴스에 접근해 만든다.

```
my_banana = Banana()
my_banana.color = 'yellow'
```

그러나 이처럼 변수에 직접 접근하는 대신 클래스 안에 인스턴스 변수를 정의하는 방법이 좀 더 이상적이다. 그러자면 클래스의 정의 부분 안에 클래스의 인스턴스에 대한 참조가 있으면 된다. 이는 인스턴스 메서드를 사용해 가능하다.

메서드는 단순히 클래스에 부착된 함수를 말한다. 인스턴스 메서드는 첫 번째 인자로 인스턴스의 참조를 자동으로 받는 메서드며, 다음과 같은 식으로 정의한다.

```
class Banana:

    def peel(self):
        self.peeled = True
```

---

2. 파이썬에서 거의 사용되지 않는 카멜 표기법(Camel Case)을 포함해 대부분의 언어에서 사용되는 대표적인 3가지 표기법과 그 예는 다음과 같다. – 옮긴이
   - 스네이크 표기법: my_banana_milkshake
   - 파스칼 표기법: MyBananaMilkshake
   - 카멜 표기법: myBananaMilkshake

보다시피 인스턴스 메서드를 정의하는 방법은 단순히 클래스 본문 안에 함수를 정의하는 일이다. 이 메서드의 첫 번째 인자는 클래스 인스턴스의 참조를 받는다. 어떤 이름이라도 괜찮으나 파이썬의 오랜 전통에 따라 self를 사용한다. 메서드 안에서 self는 인스턴스 속성을 할당하는 등 인스턴스를 다루는 작업에 사용된다.

인스턴스(self)도 클래스 속성(예를 들어 self.colors)에 접근이 가능하다. 다음과 같이 말이다.

```
def set_color(self, color):
    """바나나 색 설정"""
    if color in self.colors:
        self.color = color
    else:
        raise ValueError(f'A banana cannot be {color}!')
```

인스턴스 메서드를 사용할 때 명시적으로 self를 전달하지 않아도 된다. 사실 첫 번째 인자는 암묵적으로 자동 전달되기 때문이다.

```
my_banana = Banana()
my_banana.set_color('green')
my_banana.peel()
```

TIP

self의 암묵적 전달은 인자의 수를 잘못 넣어 오류가 났을 때 혼란을 주곤 한다. 예를 들어 my_banana.peel(True)를 호출하면 인자 1개가 필요한데 2개가 전달됐다는 식의 예외(TypeError: peel() takes 1 positional argument but 2 were given)가 발생한다. 개발자 입장에서는 1개의 인자를 전달했지만 인스턴스 참조가 자동 전달되므로 메서드 입장에서는 2개의 인자를 받기 때문이다.

클래스는 인스턴스 메서드 외에도 클래스 메서드와 정적 메서드^{static method}를 가질 수 있다. 이들 메서드는 인스턴스 메서드와 달리 클래스의 인스턴스에 접근할 수 없으며, 따라서 인스턴스 속성을 읽거나 쓸 수 없다.

클래스 메서드는 다음과 같이 메서드 정의 앞에 데코레이터^{decorator}(@classmethod)를
넣어 만든다.

```python
@classmethod
def check_color(cls, color):
    """유효한 색 이름인지 확인"""
    return color in cls.colors

@classmethod
def make_greenie(cls):
    """녹색 바나나 객체 생성"""
    banana = cls()
    banana.set_color('green')
    return banana
```

인스턴스 메서드에 인스턴스의 참조가 암묵적으로 전달되듯 클래스 메서드에
도 첫 번째 인자로 클래스의 참조가 암묵적으로 전달된다. 이 인자 역시 어떤
이름도 가능하지만 관례상 cls를 사용한다.

클래스 메서드는 주로 클래스 변수와의 상호작용에 사용한다. 예를 들어 위의
check_color() 메서드는 클래스 변수인 colors의 참조를 사용한다. 또한 클래
스 메서드는 특별히 설정한 인스턴스를 생성하는 편의 기능으로도 사용된다.
예를 들어 앞의 make_greenie() 메서드는 클래스 참조를 사용해 green으로 설
정한 Banana의 인스턴스를 만든다.

정적 메서드 역시 클래스에 부착된 함수지만 암묵적인 인자를 받지 않으며 클
래스나 인스턴스에 접근하지 못한다. 정적 메서드 역시 클래스 메서드와 마찬
가지로 데코레이터(@staticmethod)를 사용해 다음과 같이 정의한다.

```python
@staticmethod
def estimate_calories(num_bananas):
    """주어진 `num_bananas`로 열량 계산"""
    return num_bananas * 105
```

정적 메서드는 주로 알고리듬이나 유틸리티 함수를 정의할 때 유용하며 클래스 안에서 사용된다.

매직 속성과 매직 메서드

모든 파이썬 객체는 매직 속성^{magic attribute}과 매직 메서드^{magic method}라고 하는 일련의 속성과 메서드를 갖는다. 매직 메서드는 스페셜 메서드나 던더 메서드^{dunder method}라고도 하는데, 속성이나 메서드 이름의 앞뒤에 2개의 밑줄이 있기 때문이다 (dunder는 double under의 줄임말이다).

매직 속성은 일반적으로 객체의 메타데이터를 저장한다. 예를 들어 모든 객체의 __class__ 속성은 해당 클래스의 참조를 저장한다.

```
>>> print(my_banana.__class__)
<class '__main__.Banana'>
```

매직 메서드는 +, %, [] 등 각종 연산자와 dir(), setattr() 등 각종 내장 함수에 대한 파이썬 객체의 동작을 정의한다. 예를 들어 __str__() 메서드는 어떤 객체가 str() 함수에 전달됐을 때 무엇을 반환할지 정의한다. 내부적으로 str() 함수를 사용하는 print()의 경우도 마찬가지 결과를 반환한다.

```
class Banana:

    # ....
```

```python
    def __str__(self):
        # "매직 속성"은 객체의 메타데이터를 저장함
        return f'A {self.color} {self.__class__.__name__}'
```

여기서는 인스턴스의 color 속성에 접근할 뿐만 아니라 __class__ 속성을 사용해 클래스를 가져오고 __name__ 속성을 사용해 클래스 이름을 가져온다.

NOTE

> 혼란스럽겠지만 클래스 또한 객체다. 모든 클래스는 type 클래스의 인스턴스이기 때문이다. 반복하지만 파이썬에서 모든 것은 객체이며, 모든 객체는 어떤 클래스의 인스턴스임을 기억하기 바란다.

이제 Banana 객체를 출력하면 다음과 같은 결과가 나온다.

```python
>>> my_banana = Banana()
>>> my_banana.set_color('yellow')
>>> print(my_banana)
A yellow Banana
```

단연코 가장 중요한 매직 메서드는 초기화 메서드^{initializer}인 __init__()이다. 이 메서드는 인스턴스를 만들고자 클래스 객체를 호출할 때마다 실행되며, 여기서 정의한 인자는 인스턴스를 만들 때 전달해야 할 인자가 된다. 예를 들어 다음과 같이 정의할 수 있다.

```python
    def __init__(self, color='green'):

        if not self.check_color(color):
            raise ValueError(
                f'A {self.__class__.__name__} cannot be {color}'
            )
        self.color = color
```

여기서는 color라는 인자와 함께 초기화 메서드를 정의했다. color는 객체를 만들 때 Banana 객체의 색상을 지정할 수 있게 한다. 따라서 새 Banana를 만들 때 다음과 같이 할 수 있다.

```
>>> my_new_banana = Banana('green')
>>> print(my_new_banana)
A green Banana
```

이상적으로 클래스에서 사용되는 모든 인스턴스 속성은 __init__() 안에 정의해야 한다. 그래야 그 클래스의 모든 인스턴스에 해당 속성이 존재함을 보장할 수 있다. 예를 들어 peeled 속성을 다음과 같이 만들 수 있다.

```
def __init__(self, color='green'):

    # ...

    self.peeled = False
```

이렇게 정의하지 않으면 peeled 속성은 peel() 메서드가 호출되기 전까지 존재하지 않는다. 따라서 메서드 호출 전에 my_banana.peel과 같이 접근을 시도하면 예외가 발생한다.

결국 초기화 메서드는 어떤 객체를 프로그램에서 즉시 사용될 수 있는 상태로 만든다.

NOTE

> 다른 객체지향 언어에서는 새 객체를 생성하고 반환하는 메서드를 생성자(constructor)라고 한다. 가끔 파이썬 개발자가 __init__()을 생성자라고 편히 부르는 경우도 있다. 그러나 파이썬 객체를 위한 실제 생성자는 일반적으로 개발자가 건드리지 않는 __new__()라는 메서드다.

퍼블릭, 프라이빗, 프로텍티드 멤버

클래스는 추상화^{abstraction}를 위한 강력한 도구다. 즉, 애플리케이션에 복잡한 객체나 프로세스를 간결한 하이레벨의 인터페이스로 제공한다는 의미다. 이를 위해 파이썬 개발자는 다음과 같이 퍼블릭^{public}, 프라이빗^{private}, 프로텍티드^{protected} 멤버를 구별할 수 있는 명명 규칙을 사용한다.

- 퍼블릭 멤버는 해당 클래스의 외부에서도 접근할 수 있으며 일반적인 이름을 사용한다.
- 프로텍티드 멤버는 해당 클래스와 하위 클래스 안에서만 사용할 수 있으며 이름 앞에 밑줄 문자 하나를 붙인다.
- 프라이빗 멤버는 오직 해당 클래스 안에서만 사용되며 이름 앞에 2개의 밑줄 문자를 붙인다.

파이썬이 퍼블릭, 프로텍티드, 프라이빗 멤버의 구분을 강제하진 않는다. 단지 다른 개발자가 클래스의 내부와 외부에서 접근할 수 있는 부분이 어디인지 이해할 수 있게 하는 관행일 뿐이다.

파이썬은 프라이빗 멤버의 이름을 _classname__member_name 형식으로 자동 변경함으로써 프라이빗 멤버임을 확고히 한다.

예를 들어 Banana 클래스에 다음과 같은 코드가 추가됐다고 하자.

```python
__ripe_colors = ['yellow', 'brown spotted']

def _is_ripe(self):
    """바나나의 숙성 여부를 확인하는 프로텍티드 메서드"""
    return self.color in self.__ripe_colors

def can_eat(self, must_be_ripe=False):
    """바나나를 먹을 수 있는지 확인"""
    if must_be_ripe and not self._is_ripe():
        return False
    return True
```

여기서 __ripe_colors는 프라이빗 속성이다. my_banana.__ripe_colors와 같이 접근을 시도하면 파이썬은 AttributeError라는 예외를 발생시킬 것이다. 내부적으로 속성의 이름이 my_banana._Banana__ripe_colors로 변경됐기 때문이다. _is_ripe() 메서드는 프로텍티드 멤버이며 프라이빗 멤버와는 달리 이름이 변경되지 않는다. 따라서 my_banana._is_ripe()와 같이 실행할 수 있으나 현재 클래스를 사용하려 하는 개발자는 이 메서드가 내부 사용을 목적으로 하므로 외부 코드에서 사용하면 안 된다는 점을 이해하고 있어야 한다. 마지막 can_eat()은 퍼블릭 메서드이므로 외부 코드에서 사용해도 된다.

프라이빗과 프로텍티드를 구분해 표시하는 여러 이유가 있다. 일반적으로 멤버는 어떤 내부 프로세스의 일부분이며, 따라서 외부에서 사용할 의미가 없거나, 믿을 수 없거나, 맥락에 맞지 않기 때문이다.

상속과 하위 클래스

자신만의 클래스를 만들 수 있다는 점은 매우 강력한 수단을 갖게 한다. 그러나 파이썬에서 모든 것이 클래스로부터 나온 객체라면 이미 존재하는 클래스를 가져와 구미에 맞게 수정해 사용해도 좋지 않을까? 그게 가능하다면 매번 맨바닥에서 시작하지 않아도 될 테니 말이다.

다행히 가능하다. 파이썬에서는 다음과 같이 기존 클래스로부터 파생되는 클래스를 만들 수 있다.

```
class RedBanana(Banana):
    """빨간 바나나 계열의 바나나"""
    pass
```

여기서 RedBanana는 Banana의 하위 클래스(또는 자식 클래스)다. 바꿔 말하면 Banana는 RedBanana의 상위 클래스(또는 부모 클래스)다. 처음의 RedBanana는 Banana의 정확한 복제품이며 동일하게 작동한다. 여기에 추가로 멤버를 정의함으로써 상위 클래스와 다르게 변모시킬 수 있다.

```
class RedBanana(Banana):
    colors = ['green', 'orange', 'red', 'brown', 'black']
    botanical_name = 'red dacca'

    def set_color(self, color):
      if color not in self.colors:
          raise ValueError(f'A Red Banana cannot be {color}!')
```

colors 및 set_color와 같은 기존 멤버를 다시 정의하면 상위 클래스의 멤버는 무시된다. 따라서 RedBanana 인스턴스의 set_color()를 호출하면 RedBanana 클래스의 set_color()가 호출되며 self.colors는 RedBanana의 colors를 참조하게 된다. 또한 botanical_name 속성처럼 새 멤버도 추가할 수 있으며 이 속성은 하위 클래스에만 존재하게 된다.

때때로 상위 클래스의 메서드 로직에 하위 클래스의 메서드 로직을 덧붙여야 할 상황도 있다. 그런 경우 상위 클래스의 메서드 코드를 그대로 하위 클래스의 메서드에 복사해도 되지만 더 나은 방법은 super()를 사용하는 것이다.

다음과 같이 인스턴스 메서드 안에서 사용된 super()는 상위 클래스의 해당 메서드를 참조한다.

```
def peel(self):
  super().peel()
  print('It looks like a regular banana inside!')
```

여기서 super().peel()을 호출하면 RedBanana 인스턴스에서 Banana.peel()의 코드가 실행된다. 단지 그다음에 하위 클래스만의 코드를 추가하면 된다.

NOTE

다음 절에서 보겠지만 super()는 상위 클래스의 초기화 메서드를 실행하고자 __init__() 메서드에서 자주 사용된다. 이는 Tkinter GUI 클래스에서 특히 그렇다. 초기화 메서드 안에서 실행해야 할

> 작업들이 많기 때문이다.

파이썬 클래스에 관해서는 할 얘기가 더 많다. 그중 하나는 **다중 상속**^{multiple}인데, 이는 5장에서 설명한다. 그러나 지금까지 배운 것만으로도 Tkinter 코드에 적용하기에는 충분하다. 그럼 GUI의 맥락에서 클래스를 사용하는 방법을 살펴보자.

⠿ Tkinter에서 클래스 사용

GUI 프레임워크와 객체지향 코드는 밀접한 관련이 있다. Tkinter는 다른 프레임워크에 비해 더욱 쉽게 절차적 프로그래밍으로 GUI 제작을 가능하게 함에도 객체지향과 관련된 강력함이 간과되는 경우가 많다. 이 책 전반에 걸쳐 Tkinter 코드에서 클래스를 사용하는 다양한 방법을 보겠지만 그중 핵심 3가지는 다음과 같다.

- 더욱 강력한 Tkinter 클래스로 개선하거나 확장
- 복합 위젯^{compound widget}으로 반복 코드 제거
- 독립 컴포넌트^{self-contained component}로 애플리케이션 구성

Tkinter 클래스 개선

솔직히 말해 기능이 다소 부족한 Tkinter 객체들도 있다. 이 경우 Tkinter 클래스의 하위 클래스로 자신만의 개선된 버전을 만들면 된다. 예를 들어 Tkinter의 제어 변수는 매우 유용하지만 문자열, 정수, 부동소수점 수, 불리언 유형에는 사용할 수 없다. 제어 변수를 활용하려면 어떻게 해야 할까? 또한 딕셔너리나 리스트와 같은 좀 더 복잡한 객체에 사용하려면 어떻게 해야 할까? 이는 하위 클래스를 만들고 JSON의 도움을 받는 방법으로 해결이 가능하다.

> JSON(JavaScript Object Notation)은 리스트, 딕셔너리, 그 밖의 복합 객체를 문자열로 표시하는 표준 형식이다. 파이썬 표준 라이브러리에는 json 라이브러리가 포함돼 있으며, 이를 사용해 어떤 객체를 문자열 형식으로 변환하거나 그 반대 작업을 할 수 있다. JSON은 7장에서 더 많이 사용할 예정이다.

tkinter_classes_demo.py라는 새 파일에 다음과 같이 임포트 작업부터 시작하자.

```python
# tkinter_classes_demo.py
import tkinter as tk
import json
```

여기서는 Tkinter 외에도 표준 라이브러리의 json 모듈을 임포트했다. 이 모듈에는 변수를 구현할 때 사용할 다음 2개의 함수가 있다.

- json.dumps()는 리스트, 딕셔너리, 문자열, 정수, 부동소수점 수 등의 파이썬 객체를 받고 JSON 문자열을 반환한다.
- json.loads()는 JSON 문자열을 받고 그 내용에 따라 리스트, 딕셔너리, 문자열 등의 파이썬 객체를 반환한다.

이제 tk.StringVar의 하위 클래스로 JSONVar라는 새 변수 클래스를 만들자.

```python
class JSONVar(tk.StringVar):
    """딕셔너리와 리스트를 가질 수 있는 Tk 변수"""
```

JSONVar가 작동되게 하려면 value 인자가 객체에 전달될 때마다 이를 가로채 json.dumps()를 사용해 JSON 문자열로 변환해야 한다. 그 첫 번째 장소인 __init__()을 다음과 같이 재정의하자.

```python
def __init__(self, *args, **kwargs):
    kwargs['value'] = json.dumps(kwargs.get('value'))
```

```
    super().__init__(*args, **kwargs)
```

여기서는 단순히 키워드로 value 인자를 가져와 json.dumps()를 사용해 문자열로 변환한다. 변환된 문자열은 value 인자를 덮어쓰며 상위 클래스의 초기화 메서드에 전달될 것이다. value 인자는 선택 사항임을 기억하기 바란다. 따라서 value 인자가 없을 경우에 kwargs.get()은 None을 반환하며, 이는 JSON의 null 값으로 변환된다.

TIP

자신이 작성하지 않은 메서드를 재정의할 때는 모든 인자를 받을 수 있게 항상 *args와 **kwargs를 포함시키자. 그러면 인자를 개별로 나열하지 않아도 상위 클래스와 동일하게 인자를 받을 수 있다.

다음 부분은 set() 메서드이며 다음과 같이 value를 가로채야 한다.

```
def set(self, value, *args, **kwargs):
   string = json.dumps(value)
   super().set(string, *args, **kwargs)
```

여기서도 상위 클래스의 set()에 전달하기 전에 value 인자를 가로채 JSON 문자열로 변환한다.

마지막으로 get()도 다음과 같이 재정의한다.

```
def get(self, *args, **kwargs):
   string = super().get(*args, **kwargs)
   return json.loads(string)
```

여기서는 앞의 두 메서드와 반대로 상위 클래스로부터 문자열을 받고 json.loads()를 사용해 객체로 변환한다. 이로써 테스트 준비는 끝났다. 다른 Tkinter 변수와 마찬가지로 리스트나 딕셔너리를 저장하거나 가져올 수 있는 변수를 갖게 됐으니 말이다.

그럼 다음과 같은 코드로 테스트하자.

```
root = tk.Tk()
var1 = JSONVar(root)
var1.set([1, 2, 3])
var2 = JSONVar(root, value={'a': 10, 'b': 15})

print("Var1: ", var1.get()[1])
# 2 출력

print("Var2: ", var2.get()['b'])
# 15 출력
```

보다시피 Tkinter 객체의 하위 클래스를 만들면 완전히 새로운 가능성이 열린다. 이 장의 후반과 5장에서 위젯 클래스에 이와 같은 개념을 더 많이 적용할 예정이다. 지금은 일단 Tkinter 코드에 클래스를 사용하는 2가지 방법을 먼저 알아보자.

복합 위젯

데이터 입력 폼을 포함한 대다수의 GUI는 많은 양의 반복 코드, 소위 '찍어 내기' 식의 코드를 필요로 하는 패턴들을 갖는다. 예를 들어 대부분의 입력 위젯은 무엇을 입력해야 하는지 알려줄 레이블을 수반한다. 이는 각 객체를 만들고 설정해 폼에 추가하는 식의 여러 줄의 코드로 구현된다. 이런 경우 위젯과 레이블을 조합한, 재사용 가능한 복합 위젯을 만들어 사용하면 시간을 절약할 뿐만 아니라 결과의 일관성도 보장할 수 있다.

그럼 입력 위젯과 레이블을 결합할 LabelInput 클래스부터 시작하자.

```
# tkinter_classes_demo.py
class LabelInput(tk.Frame):
    """입력 위젯과 레이블을 조합"""
```

Frame 위젯은 아무것도 갖고 있지 않은 기본 위젯이며 하위 클래스로 복합 위젯을 만들 수 있는 이상적인 클래스다. 클래스를 정의한 다음에는 위젯에 필요한 모든 데이터를 충분히 검토하고 __init__() 메서드로 전달될 수 있게 보장해야 한다.

기본적인 위젯에 필요한 최소한의 인자들은 다음과 같다.

- 부모 위젯
- 레이블 텍스트
- 입력 위젯의 유형
- 입력 위젯에 전달될 인자들의 딕셔너리

그다음에는 LableInput 클래스 안을 다음과 같이 구현한다.

```
def __init__(
    self, parent, label, inp_cls,
    inp_args, *args, **kwargs
):
    super().__init__(parent, *args, **kwargs)

    self.label = tk.Label(self, text=label, anchor='w')
    self.input = inp_cls(self, **inp_args)
```

여기서는 먼저 상위 클래스의 초기화 메서드를 호출해 Frame 위젯이 형성될 수 있게 했다. 이때 parent 인자를 그대로 전달했음에 주목하기 바란다. parent 가 Frame의 부모 위젯이기 때문이다. 그다음의 레이블과 입력 위젯의 경우 부모 위젯은 self, 즉 LabelInput 객체 자체다.

TIP

'부모 클래스'와 '부모 위젯'을 혼동하지 말기 바란다. '부모 클래스'는 멤버를 상속받은 하위 클래스의 상위 클래스를 말한다. '부모 위젯'은 단지 현재 위젯이 부착된 상위 위젯을 말하며 클래스 상속의 개념이 아니다. 이 책에서는 혼란을 막고자 클래스 상속과 관련해 '부모 클래스'와 '자식 클래스' 대신 '상위 클래스'와 '하위 클래스'라는 용어를 사용한다.

레이블과 입력 위젯을 만들었다면 이를 Frame에 배치해야 한다. 예를 들어 다음과 같이 레이블의 오른쪽에 입력 위젯을 둘 수 있다.

```
self.columnconfigure(1, weight=1)
self.label.grid(sticky=tk.E + tk.W)
self.input.grid(row=0, column=1, sticky=tk.E + tk.W)
```

또는 다음과 같이 레이블의 아래에 입력 위젯을 둘 수 있다.

```
self.columnconfigure(0, weight=1)
self.label.grid(sticky=tk.E + tk.W)
self.input.grid(sticky=tk.E + tk.W)
```

어떤 경우든 LabelInput을 사용해 입력 위젯을 만들면 이처럼 단 3줄의 코드로 전체 폼의 레이아웃을 변경할 수 있는 능력이 생긴다. 각 인스턴스의 개별 레이아웃을 설정하고자 초기화 인자를 추가하는 일과 동일하다고 생각하면 된다.

이제 클래스를 실제 사용해보자. inp_args 인자는 inp_cls 초기화 메서드 호출에 확장된 형태로 직접 사용되므로 입력 위젯이 받을 수 있는 어떤 인자들과도 함께 채울 수 있다.

```
# tkinter_classes_demo.py
li1 = LabelInput(root, 'Name', tk.Entry, {'bg': 'red'})
li1.grid()
```

심지어 변수를 전달해 위젯에 바인딩시킬 수도 있다.

```
age_var = tk.IntVar(root, value=21)
li2 = LabelInput(
    root, 'Age', tk.Spinbox,
    {'textvariable': age_var, 'from_': 10, 'to': 150}
)
li2.grid()
```

복합 위젯은 코드를 절약해줄 뿐만 아니라 더 중요하게는 입력 폼의 코드를 높은 수준에서 기술할 수 있게 한다. 즉, 각 위젯과 관련된 각 레이블의 위치와 같은 세부 사항이 아닌, 컴포넌트들의 조합이라는 관점에서 폼 전체를 바라볼 수 있게 한다.

컴포넌트 캡슐화

복합 위젯은 애플리케이션을 재사용 가능한 구조로 만드는 데 유용하지만 한 번만 사용되더라도 동일한 개념을 애플리케이션의 더 큰 부분에 적용할 수 있는 이점이 있다.

그렇게 하면 애플리케이션의 컴포넌트에 메서드를 부착해 좀 더 쉽게 관리할 수 있는 독립적인 기능 단위를 구축할 수 있다.

예를 들어 다음과 같이 단순한 폼을 갖는 MyForm 클래스를 만들어보자.

```python
# tkinter_classes_demo.py
class MyForm(tk.Frame):

    def __init__(self, parent, data_var, *args, **kwargs):
        super().__init__(parent, *args, **kwargs)
        self.data_var = data_var
```

복합 위젯의 경우와 마찬가지로 Frame의 하위 클래스를 만들고 새 초기화 메서드를 정의했다. parent, *args, **kwargs 인자는 상위 클래스의 초기화 메서드에 전달하며 새 JSONVar 인스턴스가 될 data_var 인자를 받는다. 이 인자는 폼데이터를 다룰 때 사용된다.

그다음에는 폼 위젯에 바인딩할 내부 제어 변수를 정의한다.

```python
        self._vars = {
            'name': tk.StringVar(self),
```

```
      'age': tk.IntVar(self, value=2)
  }
```

데이터 입력 애플리케이션에서 이미 봤듯 폼 데이터 변수들을 딕셔너리에 저장하면 나중에 데이터를 추출하기 편하다. 다만 밑줄 문자 하나를 추가해 딕셔너리를 전역 변수가 아닌 프로텍티드 인스턴스 변수로 만들었다. 이 딕셔너리는 폼의 내부에서만 사용될 것이기 때문이다.

이제 LabelInput 클래스로 폼에 실제 위젯을 만들자.

```
LabelInput(
  self, 'Name', tk.Entry,
  {'textvariable': self._vars['name']}
).grid(sticky=tk.E + tk.W)
LabelInput(
  self, 'Age', tk.Spinbox,
  {'textvariable': self._vars['age'], 'from_': 10, 'to': 150}
).grid(sticky=tk.E + tk.W)
```

LabelInput으로 GUI 코드가 상당히 줄었음을 알 수 있다. 이제 폼에 제출 버튼을 추가한다.

```
tk.Button(self, text='Submit', command=self._on_submit).grid()
```

이 버튼은 프로텍티드 인스턴스 메서드인 _on_submit을 호출하도록 설정됐다. 이는 GUI 컴포넌트에 클래스를 사용했을 때의 강력함을 보여준다. 버튼을 인스턴스 메서드와 바인딩시킴으로써 그 메서드는 다른 모든 인스턴스 멤버에 접근 가능하기 때문이다. 예를 들어 다음과 같이 _vars 딕셔너리에 접근할 수 있다.

```
def _on_submit(self):
  data = { key: var.get() for key, var in self._vars.items() }
  self.data_var.set(data)
```

클래스가 없다면 3장의 data_entry_app.py에서 했듯 전역 변수에만 의존해야 한다. 그러나 지금처럼 콜백 메서드에 **self** 객체를 전달함으로써 모든 객체에 접근이 가능하게 된다. 또한 여기서는 딕셔너리 컴프리헨션^{dictionary comprehension}을 사용해 위젯의 모든 데이터를 추출하고 그 결과 딕셔너리를 JSONVar 객체에 저장했다.

> **NOTE**
>
> 딕셔너리 컴프리헨션은 리스트 컴프리헨션(list comprehension)과 흡사하지만 리스트가 아닌 딕셔너리를 반환하며 그 문법은 { 키: 값 for 표현식 in 반복자 }다. 예를 들어 키의 제곱을 값으로 하는 딕셔너리를 만들고 싶다면 { n: n**2 for n in range(100) }과 같은 식으로 작성하면 된다.

이제 제출 버튼이 클릭될 때마다 **data_var** 객체가 입력 위젯의 현재 콘텐츠로 갱신될 것이다.

Tk 하위 클래스

이런 컴포넌트 구축 개념은 최상위 윈도우인 Tk 객체까지 확장시킬 수 있다. 따라서 Tk의 하위 클래스를 만들어 자신만의 애플리케이션 컴포넌트를 구현함으로써 애플리케이션의 레이아웃과 동작을 전문적인 수준으로 구성할 수 있다.

계속해서 현재 파일에 다음과 같은 스크립트를 작성하자.

```
# tkinter_classes_demo.py

class Application(tk.Tk):
    """간단한 폼 애플리케이션"""

    def __init__(self, *args, **kwargs):
        super().__init__(*args, **kwargs)
```

Tk 객체는 단지 최상위 윈도우일 뿐만 아니라 애플리케이션 자체를 상징한다는 사실을 기억하기 바란다. 따라서 전체 애플리케이션의 기반임을 나타내고자 하위 클래스의 이름을 Application으로 했다. 초기화 메서드인 Application.
__init__()에는 인자들을 전달하고 의무적으로 super().__init__()을 호출하
는 것부터 시작한다.

다음에는 애플리케이션의 데이터를 추적할 변수를 만든다.

```
self.jsonvar = JSONVar(self)
self.output_var = tk.StringVar(self)
```

짐작하겠지만 JSONVar는 데이터 처리를 위해 MyForm 객체에 전달될 것이다.
output_var는 단지 일부 데이터 출력을 위해 사용할 StringVar일 뿐이다. 다음
에는 윈도우에 위젯을 추가하자.

```
tk.Label(self, text='Please fill the form').grid(sticky='ew')
MyForm(self, self.jsonvar).grid(sticky='nsew')
tk.Label(self, textvariable=self.output_var).grid(sticky='ew')
self.columnconfigure(0, weight=1)
self.rowconfigure(1, weight=1)
```

여기서는 MyForm을 위한 간단한 헤더 레이블 하나와 결과를 출력할 레이블 하
나를 추가했다. 또한 첫째이자 유일한 칼럼과 폼을 포함하는 두 번째 로우가
각각 가로와 세로의 여유 공간까지 확장되도록 설정했다.

MyForm을 제출하면 그에 전달된 JSONVar 객체가 갱신돼야 하므로 변수의 콘텐
츠가 변경될 때마다 제출을 처리하는 콜백을 실행시켜야 한다. 이는 다음과
같이 jsonvar의 트레이스^{trace}를 설정함으로써 가능하다.

```
self.jsonvar.trace_add('write', self._on_data_change)
```

trace_add() 메서드는 변수와 관련된 이벤트가 발생할 때마다 콜백 함수를 실
행하고자 어떤 Tkinter 변수(또는 하위 클래스)에도 사용할 수 있다. 이 메서드를 좀
더 자세히 알아보자.

trace_add()의 첫 번째 인자는 트레이스가 시작될 이벤트를 지정하며 다음 중 하나여야 한다.

- **read**: 변수 값을 읽는다. 예를 들어 **get()**을 호출한다.
- **write**: 변수 값을 변경한다. 예를 들어 **set()**을 호출한다.
- **unset**: 변수를 삭제한다.
- **array**: Tcl/Tk에만 있는 유물로, 파이썬에서는 의미가 없으나 문법은 여전히 유효하다. 결코 사용할 일은 없겠지만 말이다.

두 번째 인자는 콜백 함수인데, 여기서는 **jsonvar**가 갱신될 때마다 호출될 인스턴스 메서드인 **_on_data_change()**를 지정했다. 이 메서드를 다음과 같이 정의하자.

```python
def _on_data_change(self, *args, **kwargs):
    data = self.jsonvar.get()
    output = ''.join([
        f'{key} = {value}\n'
        for key, value in data.items()
    ])
    self.output_var.set(output)
```

이 메서드는 단순히 **jsonvar**에서 가져온 딕셔너리 안을 반복하며 키와 값을 하나의 문자열로 합친다. 그 문자열은 **output_var**에 전달되고 폼의 값을 보여주고자 메인 윈도우 하단의 레이블을 갱신할 것이다. 실제 애플리케이션에서는 그 데이터를 파일에 저장하거나 배치[batch] 작업의 파라미터로 사용하는 등 다양하게 활용할 수 있다.

TIP

인스턴스 메서드 안에서 self.jsonvar와 같은 인스턴스 변수 및 data와 같은 일반 변수는 각각 어떤 경우에 사용해야 될까? 일반 변수는 메서드의 지역 변수다. 즉, 메서드가 끝나는 즉시 사라지는 변수이며, 또한 클래스의 다른 메서드에서 참조할 수 없다. 그에 반해 인스턴스 변수는 인스턴스가 살아 있는 동안 계속 존재하며, 다른 인스턴스 메서드가 읽거나 변경할 수 있다. 지금의

Application 클래스에서 data 변수는 오직 _on_data_change() 메서드에만 필요하며 jsonvar는 __init__()과 _on_data_change() 모두에 필요하다.

Tk의 하위 클래스로 Application을 만들었으므로 더 이상 스크립트를 root = tk.Tk()로 시작하지 않아도 된다. 따라서 그 줄과 root를 참조하는 다른 모든 줄을 삭제하고 그 대신 다음과 같은 코드를 추가한다.

```
if __name__ == "__main__":
    app = Application()
    app.mainloop()
```

이 코드와 클래스 정의 그리고 임포트 구문이 우리가 실행할 유일한 최상위 코드다. 이로써 코드의 전체 영역이 깔끔히 정리됐으며 상세 코드는 제한된 영역들로 격리됐다.

TIP

파이썬에서 if __name__ == "__main__":은 스크립트가 직접 실행되는지 확인하는 흔한 관용구다. 예를 들어 터미널에서 python tkinter_classes_demo.py 명령을 실행하는 경우처럼 말이다. 이 파일이 다른 파이썬 스크립트에 모듈로 삽입된다면 이 if 구문은 false가 되므로 블록 안의 코드는 실행되지 않는다. 이렇듯 실행할 코드를 이 if 구문 아래의 블록에 넣는 것은 대형 애플리케이션에서 클래스와 함수를 안전하게 재사용할 수 있는 좋은 방법이다.

클래스를 사용한 애플리케이션 재작성

지금까지 클래스와 관련된 기술을 어느 정도 배웠으므로 이제 ABQ 앱에 클래스를 적용할 차례다. 그럼 새로운 data_entry_app.py라는 파일을 만들어 다음과 같은 임포트 구문을 추가하자.

```
# data_entry_app.py
from datetime import datetime
```

```
from pathlib import Path
import csv
import tkinter as tk
from tkinter import ttk
```

이제 클래스 기반의 기술을 적용해 기존 애플리케이션을 개선된 버전으로 재작성하자.

Text 위젯에 StringVar 추가

이전에 애플리케이션을 만들 때 골칫거리 중 하나는 Text 위젯의 콘텐츠로 StringVar를 사용할 수 없어서 다른 위젯과는 다르게 처리해야 했다는 점이다. 알다시피 거기에는 이유가 있었다. Tkinter의 Text 위젯은 단지 여러 줄의 텍스트 입력만을 위한 위젯이 아니라 서식 있는 텍스트, 이미지, 그 밖에 StringVar가 저장할 수 없는 여러 객체를 지원하기 때문이다. 따라서 그런 객체를 사용하지 않을 경우에는 변수와 바인딩할 수 있는 제한된 Text 위젯을 사용하는 방법이 더 낫다.

다음과 같이 BoundText라는 Text의 하위 클래스를 만들자.

```
class BoundText(tk.Text):
    """바인딩 변수가 포함된 Text 위젯"""
```

이 클래스는 Text 클래스에 추가로 다음과 같은 3가지 기능이 더 필요하다.

- 바인딩할 StringVar를 전달받을 수 있어야 한다.
- 변수가 갱신될 때마다 위젯의 콘텐츠도 갱신돼야 한다. 예를 들어 파일이 로딩되거나 다른 위젯에 의해 변수의 콘텐츠가 변경되는 경우다.
- 위젯이 갱신될 때마다 변수의 콘텐츠도 갱신돼야 한다. 예를 들어 사용자의 입력이나 붙여넣기로 위젯의 콘텐츠가 변경되는 경우다.

160

변수 전달

먼저 제어 변수를 전달할 수 있게 다음과 같이 초기화 메서드를 재정의하자.

```python
def __init__(self, *args, textvariable=None, **kwargs):
    super().__init__(*args, **kwargs)
    self._variable = textvariable
```

Tkinter 관례에 따라 StringVar 객체인 textvariable 인자를 전달했다. 나머지 인자는 super().__init__()에 전달하고 textvariable은 이 클래스의 프로텍티드 멤버로 저장했다.

그다음으로 사용자가 제공한 변수가 있다면 그 콘텐츠를 위젯에 삽입하는 코드다. 이는 변수에 할당된 어떤 기본값이라도 수용한다.

```python
if self._variable:
    self.insert('1.0', self._variable.get())
```

전달된 변수가 없다면 textvariable의 값은 None이며, 따라서 self._variable 도 마찬가지다.

변수로 위젯 동기화

다음에 할 일은 위젯을 갱신할 인스턴스 메서드에 제어 변수를 바인딩하는 것이다.

계속해서 __init__() 메서드 안의 if 블록에 다음과 같이 트레이스를 추가하자.

```python
if self._variable:
    self.insert('1.0', self._variable.get())
    self._variable.trace_add('write', self._set_content)
```

이 트레이스를 위한 콜백은 _set_content()라는 프로텍티드 멤버 함수인데, 이

는 변수 콘텐츠로 위젯 콘텐츠를 갱신하는 역할을 해야 한다. 그럼 이 함수를
다음과 같이 정의하자.

```python
def _set_content(self, *_):
    """변수 값으로 위젯 콘텐츠 갱신"""
    self.delete('1.0', tk.END)
    self.insert('1.0', self._variable.get())
```

먼저 이 콜백의 인자 중에서 *_를 주목하자. 이 표기는 함수에 전달되는 어떤
위치 인자도 밑줄(_)로 받을 수 있다는 의미다. 또한 여러 밑줄(*_)을 사용하면
위치 인자의 개수도 제한이 없다. 이는 사용할 의도는 없지만 이름은 부여해야
하는 파이썬 변수를 명명하는 편리한 방법이다. 여기서는 Tkinter가 이벤트에
대한 응답으로 이 함수를 호출할 때 전달하는 모든 인자를 다 수용한다는 의미
로 사용했다. Tkinter 이벤트에 콜백 메서드를 바인딩할 때는 언제든 이 기법을
사용할 수 있다.

이 메서드 안에서는 위젯의 콘텐츠를 변경하고자 delete()와 insert() 메서드
를 사용했다.

위젯으로 변수 동기화

위젯이 변경됐을 때 변수가 갱신되게 하는 방법은 약간 복잡하다. Text 위젯이
편집될 때마다 바인딩된 콜백을 호출하게 하는 이벤트를 찾아야 하기 때문이
다. <Key> 이벤트를 사용할 수도 있는데, 이 이벤트는 키보드의 키가 눌릴 때마
다 발생하지만 붙여넣기와 같은 마우스 기반의 동작은 잡아내지 못한다. 대신
Text 위젯에는 처음 수정될 때 발생하는 <<Modified>>라는 이벤트가 있다.

그럼 __init__() 안의 if 블록 마지막에 다음과 같은 한 줄을 추가하자.

```python
if self._variable:
    self.insert('1.0', self._variable.get())
```

```
        self._variable.trace_add('write', self._set_content)
        self.bind('<<Modified>>', self._set_var)
```

덜 직관적이지만 <<Modified>>는 오직 처음 위젯이 수정될 때만 발생한다. 따라서 그다음에는 위젯의 수정 플래그를 변경해 이벤트를 초기화해야 한다. 이는 Text 위젯의 edit_modified() 메서드를 사용해 가능하며, 또한 이 메서드는 수정 플래그를 읽을 수도 있게 한다.

그럼 다음과 같은 _set_var() 콜백을 작성하자.

```
def _set_var(self, *_):
    """텍스트 콘텐츠로 변수 갱신"""
    if self.edit_modified():
        content = self.get('1.0', 'end-1chars')
        self._variable.set(content)
        self.edit_modified(False)
```

이 메서드에서는 먼저 edit_modified()를 호출해 위젯이 수정됐는지 확인한다. 그렇다면 위젯의 get() 메서드를 사용해 그 콘텐츠를 가져온다. 이때 end-1chars라는 끝 인덱스에 주목하자. 이는 '콘텐츠의 끝에서 한 글자 앞'을 의미한다. Text 위젯의 get() 메서드는 콘텐츠의 끝에 자동으로 개행 문자를 추가한다는 사실을 기억하자. 따라서 이와 같은 인덱스를 사용하면 불필요한 새 줄을 없앨 수 있다.

콘텐츠를 가져온 다음에는 edit_modified() 메서드에 False를 전달해 수정 플래그를 초기화한다. 이로써 다음번에 사용자가 위젯과 상호작용할 때 <<Modified>> 이벤트가 발생될 수 있는 준비가 된다.

개선된 LabelInput()

앞서 '복합 위젯' 절에서 LabelInput 클래스를 만들었지만 실제 프로그램에서 사용하려면 약간의 살을 더 붙여야 한다.

그럼 다시 클래스와 초기화 메서드를 정의하자.

```python
# data_entry_app.py
class LabelInput(tk.Frame):
    """입력 위젯과 레이블을 조합"""

    def __init__(
        self, parent, label, var, input_class=ttk.Entry,
        input_args=None, label_args=None, **kwargs
    ):
        super().__init__(parent, **kwargs)
        input_args = input_args or {}
        label_args = label_args or {}
        self.variable = var
        self.variable.label_widget = self
```

이전과 마찬가지로 부모 위젯, 텍스트 레이블, 입력 클래스, 입력 인자를 받는
다. 이젠 사용할 모든 위젯에 변수를 바인딩할 수 있으므로 필수 인자로서 변수
를 받으며, 레이블 위젯에 전달할 인자들의 딕셔너리를 추가로 받는다. 또한
ttk.Entry를 여럿 사용할 것이므로 이를 input_class의 기본값으로 지정했다.

TIP

> input_args와 label_args 인자의 기본값으로 None을 지정했으며, 값이 None일 경우 메서드 안에
> 서 이 인자들을 딕셔너리로 만들었음에 주목하자. 왜 빈 딕셔너리를 기본 인자로 하지 않았을까?
> 파이썬에서 기본 인자는 메서드의 정의 부분이 처음 실행될 때 평가된다. 이는 함수 시그니처 안에서
> 생성된 딕셔너리 객체는 메서드가 실행될 때마다 동일한 객체가 된다는 의미다. 따라서 매번 깨끗한
> 빈 딕셔너리가 필요하므로 인자의 목록이 아닌 메서드 본문 안에서 딕셔너리를 만든 것이며, 이는
> 리스트나 그 밖의 가변 객체(mutable object)의 경우에도 마찬가지다.

메서드 안에서는 늘 하듯 super().__init__()을 호출한 다음, input_args와
label_args가 딕셔너리임을 보장한다. 마지막으로 전달된 var는 인스턴스 변
수에 저장하고 레이블 위젯 자체를 변수 객체의 속성에 저장한다. 이렇게 하는

이유는 LabelInput 객체의 참조를 반드시 저장하지 않아도 되기 때문이다. 필요하다면 언제든지 variable 객체를 통해 접근하면 된다.

이제 다음과 같이 레이블을 설정한다.

```
if input_class in (ttk.Checkbutton, ttk.Button):
    input_args["text"] = label
else:
    self.label = ttk.Label(self, text=label, **label_args)
    self.label.grid(row=0, column=0, sticky=(tk.W + tk.E))
```

Checkbutton과 Button 위젯에는 레이블이 내장돼 있으므로 별도의 레이블을 만들 필요 없이 위젯의 **text** 인자를 설정하면 된다(Radiobutton 역시 레이블을 내장하고 있지만 잠시 후에 지금과는 약간 방식으로 작업할 것이다). 이 세 위젯을 제외한 나머지 모든 위젯을 위해 LabelInput의 첫 번째 칼럼과 로우에 Label 위젯을 추가할 예정이다.

그다음에는 제어 변수가 올바른 이름으로 전달될 수 있게 입력 인자를 다음과 같이 설정한다.

```
if input_class in (
    ttk.Checkbutton, ttk.Button, ttk.Radiobutton
):
    input_args["variable"] = self.variable
else:
    input_args["textvariable"] = self.variable
```

버튼 계열의 클래스는 variable 인자를 사용하며 그 밖의 클래스는 textvariable 인자를 사용한다. 그러나 이처럼 클래스 안에서 처리하면 폼을 구축할 때는 그 둘을 구분할 필요가 없게 된다.

이제 입력 위젯을 설정할 차례다. 대부분의 위젯은 쉽게 설정할 수 있지만 Radiobutton은 조금 다르다. input_args의 values 키를 사용해 가져온 각각의 값마다 Radiobutton 위젯을 만들어야 하기 때문이다. 동일한 변수 이름을 공유

함으로써 각 라디오 버튼을 묶을 수 있다는 점을 기억하기 바란다.

그럼 다음과 같이 코드를 추가한다.

```
if input_class == ttk.Radiobutton:
    self.input = tk.Frame(self)
    for v in input_args.pop('values', []):
        button = ttk.Radiobutton(
            self.input, value=v, text=v, **input_args
        )
        button.pack(
            side=tk.LEFT, ipadx=10, ipady=2, expand=True, fill='x'
        )
```

먼저 버튼 계열의 위젯들을 담을 Frame 객체를 만들었다. 그다음에는 values 안의 각 값에 해당하는 Radiobutton 위젯을 Frame 레이아웃에 추가했다. input_args 딕셔너리로부터 values의 각 아이템을 가져올 때 pop() 메서드를 사용했다는 점에 주목하자. dict.pop()은 dict.get()과 마찬가지로 해당 키가 존재하면 그 값을 반환하고 그렇지 않다면 두 번째 인자의 값을 반환한다. pop()은 반환한 아이템을 딕셔너리 안에서 제거한다는 점이 get()과의 차이다. 이렇게 하는 이유는 values가 Radiobutton을 위한 유효한 인자가 아니므로 input_args를 Radiobutton 초기화 메서드에 전달하기 전에 제거해야 하기 때문이다. input_args에 남아 있는 아이템은 위젯을 위한 유효한 키워드 인자여야 한다.

Radiobutton이 아닌 위젯의 경우는 다음과 같이 매우 쉽다.

```
else:
    self.input = input_class(self, **input_args)
```

단순히 input_args를 전달하면서 input_class 클래스를 호출했다. 그다음에는 다음과 같이 self.input을 LabelInput 레이아웃에 추가하면 된다.

```
self.input.grid(row=1, column=0, sticky=(tk.W + tk.E))
self.columnconfigure(0, weight=1)
```

마지막 columnconfigure 호출은 LabelInput의 첫 번째 칼럼이 너비 전체를 차지하게 한다.

커스텀 하위 클래스이든 복합 위젯이든 자신만의 위젯을 만들면 배치 레이아웃을 위한 의미 있는 기본값을 설정할 수 있다는 편리함이 있다. 예를 들어 모든 LabelInput 위젯을 컨테이너 안의 왼쪽과 오른쪽에 붙여 결과적으로 전체 너비를 차지하게 만들고 싶다면 각 LabelInput 위젯에 일일이 sticky=(tk.E + tk.W)를 전달할 필요 없이 다음과 같이 기본값으로 만들면 된다.

```
def grid(self, sticky=(tk.E + tk.W), **kwargs):
    """sticky에 기본값을 추가하기 위해 grid를 재정의"""
    super().grid(sticky=sticky, **kwargs)
```

보다시피 grid를 재정의하고 기본값을 지정한 sticky를 상위 클래스에 인자로 전달했다. 이렇게 하면 어수선한 코드를 많이 줄일 수 있다.

이로써 매우 강력한 LabelInput을 갖게 됐으니 이를 사용할 일만 남았다.

폼 클래스

모든 부품이 준비됐으니 이제 애플리케이션의 주요 컴포넌트를 만들 차례다. 애플리케이션을 컴포넌트들로 현명하게 분리하려면 합리적인 역할 분담에 관해 고민해야 한다. 처음에는 이 애플리케이션을 2개의 컴포넌트로 분리할 수 있을 것으로 보인다. 바로 데이터 입력 폼과 루트 애플리케이션 자체다. 그럼 어떤 기능이 어느 컴포넌트로 가야 할까?

일단 다음과 같이 합리적인 검토를 할 수 있다.

- 데이터 입력 폼은 그 자체에 당연히 모든 위젯을 포함해야 한다. 또한

저장 버튼과 초기화 버튼도 포함해야 한다. 이 버튼들은 폼과 분리돼 있다면 의미가 없기 때문이다.

- 애플리케이션 제목과 상태 표시줄은 애플리케이션의 모든 부분에 적용 되므로 애플리케이션 수준에서 취급돼야 한다. 파일 저장 기능은 폼에 포함될 수도 있지만 상태 표시줄이나 record_saved 변수와 같은 애플리 케이션 수준의 아이템과 상호작용도 필요하다. 따라서 조금 애매하지만 지금은 애플리케이션 객체의 역할로 지정하자.

먼저 데이터 입력 폼 클래스인 DataRecordForm을 다음과 같이 만든다.

```python
# data_entry_app.py
class DataRecordForm(ttk.Frame):
    """위젯을 위한 입력 폼"""

    def __init__(self, *args, **kwargs):
        super().__init__(*args, **kwargs)
```

늘 그랬듯 Frame의 하위 클래스를 만들고 상위 클래스의 초기화 메서드를 호출 한다. 현재는 어떤 커스텀 인자도 추가할 필요가 없다.

다음에는 모든 변수 객체를 담기 위한 딕셔너리를 다음과 같이 만든다.

```python
self._vars = {
    'Date': tk.StringVar(),
    'Time': tk.StringVar(),
    'Technician': tk.StringVar(),
    'Lab': tk.StringVar(),
    'Plot': tk.IntVar(),
    'Seed Sample': tk.StringVar(),
    'Humidity': tk.DoubleVar(),
    'Light': tk.DoubleVar(),
    'Temperature': tk.DoubleVar(),
    'Equipment Fault': tk.BooleanVar(),
```

```
        'Plants': tk.IntVar(),
        'Blossoms': tk.IntVar(),
        'Fruit': tk.IntVar(),
        'Min Height': tk.DoubleVar(),
        'Max Height': tk.DoubleVar(),
        'Med Height': tk.DoubleVar(),
        'Notes': tk.StringVar()
    }
```

보다시피 그냥 딕셔너리다. 다만 앞서 만든 **BoundText** 클래스 덕분에 **StringVar** 객체를 노트 필드에 바인딩할 수 있게 됐다. 이제 GUI에 위젯들을 추가할 준비가 됐다. 기존 애플리케이션에서는 각 섹션에 해당하는 **LabelFrame** 위젯을 다음과 같은 식의 코드로 추가했다.

```
r_info = ttk.LabelFrame(drf, text='Record Information')
r_info.grid(sticky=(tk.W + tk.E))
for i in range(3):
    r_info.columnconfigure(i, weight=1 )
```

이 코드는 변수 이름과 레이블 텍스트만 달리하며 각 프레임마다 반복된다. 이 코드를 인스턴스 메서드로 추상화하면 반복을 없앨 수 있다. 그럼 새 레이블 프레임을 추가할 수 있는 메서드를 만들자. 다음과 같은 코드를 __init__() 메서드 위에 삽입한다.

```
def _add_frame(self, label, cols=3):
    """폼에 LabelFrame 추가"""

    frame = ttk.LabelFrame(self, text=label)
    frame.grid(sticky=tk.W + tk.E)
    for i in range(cols):
        frame.columnconfigure(i, weight=1)
    return frame
```

이 메서드에서는 단순히 이전 코드를 일반적인 방식으로 다시 정의했으며, 레이블 텍스트와 칼럼 번호를 전달할 수 있게 했다. 그럼 다시 __init__() 메서드를 사용해 안으로 들어가 다음과 같이 _add_frame()을 사용해 기록 정보 섹션을 만든다.

```
r_info = self._add_frame("Record Information")
```

프레임을 만들었으니 이제 LabelInput으로 다음과 같이 폼의 첫 번째 섹션을 구성한다.

```
LabelInput(
    r_info, "Date", var=self._vars['Date']
).grid(row=0, column=0)
LabelInput(
    r_info, "Time", input_class=ttk.Combobox,
    var=self._vars['Time'],
    input_args={"values": ["8:00", "12:00", "16:00", "20:00"]}
).grid(row=0, column=1)
LabelInput(
    r_info, "Technician", var=self._vars['Technician']
).grid(row=0, column=2)
```

보다시피 LabelInput을 사용함으로써 코드 중복을 상당히 줄였다.

그럼 계속해서 다음과 같이 첫 번째 섹션의 두 번째 줄을 진행하자.

```
LabelInput(
    r_info, "Lab", input_class=ttk.Radiobutton,
    var=self._vars['Lab'],
    input_args={"values": ["A", "B", "C"]}
).grid(row=1, column=0)
LabelInput(
    r_info, "Plot", input_class=ttk.Combobox,
```

```
        var=self._vars['Plot'],
        input_args={"values": list(range(1, 21))}
    ).grid(row=1, column=1)
    LabelInput(
        r_info, "Seed Sample", var=self._vars['Seed Sample']
    ).grid(row=1, column=2)
```

LabelInput에서 Radiobutton 위젯을 사용할 때는 입력 인자로 값 리스트를 전달
해야 함을 기억하기 바란다. 이는 Combobox의 경우도 마찬가지다. 그럼 Record
Information 섹션을 마쳤으니 다음과 같이 Environmental Data 섹션을 진행하자.

```
    e_info = self._add_frame("Environment Data")

    LabelInput(
        e_info, "Humidity (g/m³)",
        input_class=ttk.Spinbox, var=self._vars['Humidity'],
        input_args={"from_": 0.5, "to": 52.0, "increment": .01}
    ).grid(row=0, column=0)
    LabelInput(
        e_info, "Light (klx)", input_class=ttk.Spinbox,
        var=self._vars['Light'],
        input_args={"from_": 0, "to": 100, "increment": .01}
    ).grid(row=0, column=1)
    LabelInput(
        e_info, "Temperature (°C)",
        input_class=ttk.Spinbox, var=self._vars['Temperature'],
        input_args={"from_": 4, "to": 40, "increment": .01}
    ).grid(row=0, column=2)
    LabelInput(
        e_info, "Equipment Fault",
        input_class=ttk.Checkbutton,
        var=self._vars['Equipment Fault']
    ).grid(row=1, column=0, columnspan=3)
```

여기서도 _add_frame() 메서드를 사용해 LabelFrame을 추가하고 4개의 LabelInput

위젯을 채웠다.

다음은 Plant Data 섹션이다.

```python
p_info = self._add_frame("Plant Data")

LabelInput(
    p_info, " Plants ", input_class=ttk.Spinbox,
    var=self._vars['Plants'],
    input_args={"from_": 0, "to": 20}
).grid(row=0, column=0)
LabelInput(
    p_info, "Blossoms", input_class=ttk.Spinbox,
    var=self._vars['Blossoms'],
    input_args={"from_": 0, "to": 1000}
).grid(row=0, column=1)
LabelInput(
    p_info, "Fruit", input_class=ttk.Spinbox,
    var=self._vars['Fruit'],
    input_args={"from_": 0, "to": 1000}
).grid(row=0, column=2)
LabelInput(
    p_info, "Min Height (cm)",
    input_class=ttk.Spinbox, var=self._vars['Min Height'],
    input_args={"from_": 0, "to": 1000, "increment": .01}
).grid(row=1, column=0)
LabelInput(
    p_info, "Max Height (cm)",
    input_class=ttk.Spinbox, var=self._vars['Max Height'],
    input_args={"from_": 0, "to": 1000, "increment": .01}
).grid(row=1, column=1)
LabelInput(
    p_info, "Med Height (cm)",
    input_class=ttk.Spinbox, var=self._vars['Med Height'],
    input_args={"from_": 0, "to": 1000, "increment": .01}
).grid(row=1, column=2)
```

거의 다 왔다. 다음은 Notes 섹션이다.

```python
LabelInput(
    self, "Notes",
    input_class=BoundText, var=self._vars['Notes'],
    input_args={"width": 75, "height": 10}
).grid(sticky=tk.W, row=3, column=0)
```

보다시피 BoundText 객체 덕분에 다른 모든 LabelInput과 동일한 방식으로 변수를 바인딩할 수 있다.

이제 버튼을 추가할 차례다.

```python
buttons = tk.Frame(self)
buttons.grid(sticky=tk.W + tk.E, row=4)
self.savebutton = ttk.Button(
    buttons, text="Save", command=self.master._on_save)
self.savebutton.pack(side=tk.RIGHT)

self.resetbutton = ttk.Button(
    buttons, text="Reset", command=self.reset)
self.resetbutton.pack(side=tk.RIGHT)
```

전과 마찬가지로 Frame에 버튼 위젯을 추가했다. 그러나 이번에는 버튼을 위한 콜백 명령으로 인스턴스 메서드를 전달했다. 초기화 버튼은 이 클래스에서 정의할 인스턴스 메서드를 받는다. 그러나 파일 저장 기능은 폼이 아닌 애플리케이션 객체의 역할이므로 저장 버튼의 경우 master 속성을 통해 부모 객체에 인스턴스 메서드를 바인딩한다.

TIP

> 지금은 문제없지만 GUI 객체를 다른 객체에 직접 바인딩하는 것은 객체 통신(inter-object communication)에 있어 좋은 방법이 아니다. 6장에서 좀 더 세련된 객체 통신 방법을 다룰 것이다.

이로써 __init__() 메서드는 완료했고 아직 필요한 메서드가 더 있다. 먼저 폼 초기화를 처리할 reset() 메서드를 다음과 같이 정의하자.

```python
def reset(self):
    """폼 초기화"""

    for var in self._vars.values():
        if isinstance(var, tk.BooleanVar):
            var.set(False)
        else:
            var.set('')
```

기본적으로 모든 변수를 빈 문자열로 설정하면 된다. 다만 BooleanVar의 경우 빈 문자열이면 예외가 발생하므로 체크박스를 체크되지 않은 상태로 만들고자 False를 지정했다.

마지막으로 애플리케이션 객체가 폼의 데이터를 가져와 저장할 수 있게 하는 메서드 하나가 필요하다. Tkinter의 관례상 이런 메서드 이름은 get()으로 한다.

```python
def get(self):
    data = dict()
    fault = self._vars['Equipment Fault'].get()
    for key, variable in self._vars.items():
        if fault and key in ('Light', 'Humidity', 'Temperature'):
            data[key] = ''
        else:
            try:
                data[key] = variable.get()
            except tk.TclError:
                message = f'Error in field: {key}. Data was not saved!'
                raise ValueError(message)

    return data
```

이 코드는 기존 애플리케이션에 있던 _on_save() 함수의 코드와 매우 흡사하다. 물론 약간의 차이는 있다. 첫째, 데이터를 전역 변수 딕셔너리가 아니라

self._vars에서 가져온다. 둘째, 오류가 발생하면 즉시 GUI를 갱신하는 대신 오류 메시지를 만들고 새로운 ValueError를 일으킨다. 따라서 이 메서드를 호출하는 코드는 ValueError 예외도 처리할 수 있어야 할 것이다. 마지막으로 데이터를 기존처럼 파일에 저장하지 않고 그냥 반환한다.

이로써 폼 클래스도 완성됐다. 남은 건 애플리케이션 자체의 코드다.

애플리케이션 클래스

지금의 애플리케이션 클래스는 최상위 윈도우일 뿐만 아니라 애플리케이션 수준의 기능도 처리해야 한다. 일단 GUI 측면에서는 다음을 포함해야 한다.

- 제목 레이블
- DataRecordForm 클래스의 인스턴스
- 상태 표시줄

그리고 기능 측면에서는 폼 데이터를 CSV로 저장하는 메서드가 필요할 것이다.

그럼 다음과 같이 클래스 정의를 시작하자.

```python
class Application(tk.Tk):
    """애플리케이션 루트 윈도우"""

    def __init__(self, *args, **kwargs):
        super().__init__(*args, **kwargs)
```

보다시피 Frame이 아닌 Tk의 하위 클래스를 만들었다는 점을 제외하면 새로울 게 없다.

다음에는 윈도우 파라미터를 설정하자.

```python
        self.title("ABQ Data Entry Application")
        self.columnconfigure(0, weight=1)
```

절차적 버전인 기존 프로그램에서와 마찬가지로 윈도우 제목을 지정하고 첫 번째 칼럼이 확장되게 설정했다. 이제 다음과 같이 제목 레이블을 만들자.

```
ttk.Label(
    self, text="ABQ Data Entry Application",
    font=("TkDefaultFont", 16)
).grid(row=0)
```

특별히 다를 건 없다. 다만 부모 객체가 더 이상 root가 아닌 self일 뿐이다. self가 이 클래스 안의 Tk 인스턴스이기 때문이다.

다음은 레코드 폼이다.

```
self.recordform = DataRecordForm(self)
self.recordform.grid(row=1, padx=10, sticky=(tk.W + tk.E))
```

DataRecordForm의 크기와 복잡성에도 불구하고 다른 위젯처럼 쉽게 애플리케이션에 추가했다.

다음은 상태 표시줄이다.

```
self.status = tk.StringVar()
ttk.Label(
    self, textvariable=self.status
).grid(sticky=(tk.W + tk.E), row=2, padx=10)
```

역시 기존 코드와 비슷하지만 이번에는 status가 인스턴스 변수다. 즉, 클래스의 어떤 메서드도 이 변수에 접근할 수 있다는 의미다.

마지막으로 레코드 저장 횟수를 담을 프로텍티드 인스턴스 변수를 만든다.

```
self._records_saved = 0
```

이로써 __init__() 메서드를 완료했으며, 마지막 남은 메서드는 _on_save()다.

이 메서드 역시 기존의 절차적 함수와 매우 비슷하다.

```python
def _on_save(self):
    """저장 버튼이 클릭될 때의 처리"""

    datestring = datetime.today().strftime("%Y-%m-%d")
    filename = "abq_data_record_{}.csv".format(datestring)
    newfile = not Path(filename).exists()

    try:
        data = self.recordform.get()
    except ValueError as e:
        self.status.set(str(e))
        return

    with open(filename, 'a', newline='') as fh:
        csvwriter = csv.DictWriter(fh, fieldnames=data.keys())
        if newfile:
            csvwriter.writeheader()
        csvwriter.writerow(data)

    self._records_saved += 1
    self.status.set(
        "{} records saved this session".format(self._records_saved))
    self.recordform.reset()
```

현재 날짜를 사용해 파일명을 만들고 추가 모드로 파일을 여는 작업은 기존과 마찬가지다. 그러나 이번에는 변수들에서 데이터를 가져오는 작업을 추상화한 **self.recordform.get()**을 호출해 쉽게 폼 데이터를 가져왔다. 폼에 잘못된 데이터가 있을 경우 **ValueError** 예외 처리를 해야 함을 기억할 것이다. 이를 위해 상태 표시줄에 오류 메시지를 표시하고 메서드가 데이터를 저장하기 전에 빠져나가게 했다. 예외가 발생한 상황이 아니라면 데이터가 저장되고 _records_saved 속성의 값이 증가되며 상태가 갱신된다.

마지막으로 애플리케이션이 실행될 수 있게 다음과 같이 Application 인스턴스를 만들고 그 mainloop를 호출한다.

```python
if __name__ == "__main__":
    app = Application()
    app.mainloop()
```

모듈 임포트 부분과 클래스 정의를 제외하면 이 3줄이 최상위 수준에서 실행되는 유일한 코드임에 주목하자. 또한 Application이 GUI와 모든 객체를 관장하기 때문에 애플리케이션의 마지막에 if __name__ == "__main__"이라는 안전망을 거친 후 Application이 실행되고 mainloop()가 호출될 수 있게 했다.

⁂ 정리

4장에서는 파이썬 클래스의 강력함으로 얻을 수 있는 이점, 예를 들어 자신만의 클래스를 만드는 방법, 속성과 메서드를 정의하는 방법, 매직 메서드의 기능 등을 살펴봤다. 또한 기존 클래스의 기능을 확장하는 하위 클래스를 만드는 방법도 알아봤다.

이 기법들을 Tkinter 클래스에 적용해 기능을 확장하고, 복합 위젯을 제작하며, 애플리케이션을 컴포넌트로 구성하는 방법까지 알아봤다.

5장에서는 Tkinter의 검증 기능, 하위 클래스로 위젯을 더욱 직관적이고 강력하게 만드는 방법, 사용자의 시간 절약과 데이터의 일관성 보장을 위한 입력 자동화를 살펴본다.

05

검증과 자동화로 사용자 오류 최소화

프로젝트는 잘 진행되고 있다. 데이터 입력 폼은 잘 작동하고, 코드는 점점 체계화되고 있으며, 사용자는 애플리케이션을 사용할 기대에 들떠 있다. 그러나 아직 출시할 때가 아니다. 현재 폼에는 사용자 오류를 방지하거나 줄일 수 있는 확실한 장치가 없기 때문이다. 예를 들어 숫자 필드에 여전히 문자 입력이 가능하며, 날짜 필드는 단순히 텍스트라서 수작업으로 입력해야 한다. 5장에서는 다음 내용을 다루면서 그런 문제들을 조치할 것이다.

- '사용자 입력 검증' 절에서는 위젯에 올바른 값이 들어가게 하는 몇 가지 전략과 이를 Tkinter에서 구현하는 방법을 알아본다.
- '검증 위젯 클래스' 절에서는 몇 가지 검증 로직을 추가해 Tkinter의 위젯 클래스를 강화한다.
- 'GUI에서 검증 위젯 구현' 절에서는 검증 위젯으로 ABQ 앱을 개선한다.
- '입력 자동화' 절에서는 사용자가 시간과 노력을 절약할 수 있게 위젯에 데이터 자동 채우기 기능을 구현한다.

⁝⁝▶ 사용자 입력 검증

Tkinter의 입력 위젯을 처음 보면 조금 실망스럽다. 정수만 허용하는 진정한 숫자 입력 위젯도 아니고 키보드 친화적인 현대식 드롭다운 박스도 아니다. 또한 날짜나 이메일 등 특별한 형식의 입력을 지원하는 위젯도 없다.

그럼에도 이런 약점은 강점이 되기도 한다. 위젯이 아무것도 가정하지 않으므로 필요에 따라 특정 목적에 맞게 동작하는 위젯으로 만들 수 있기 때문이다. 예를 들어 숫자 입력 필드에 알파벳 문자는 부적절해 보인다. 그런데 과연 그럴까? 파이썬에서 NaN이나 Infinity와 같은 문자열은 유효한 수다. 어떤 애플리케이션에서는 숫자뿐만 아니라 그런 문자열도 다룰 수 있는 위젯이 매우 유용할 수 있다.

물론 위젯을 필요에 맞게 고치기 전에 우리가 원하는 것이 정확히 무엇인지부터 생각해야 한다. 그럼 몇 가지 분석을 시작하자.

데이터 오류 방지 전략

사용자가 잘못된 데이터 입력을 시도할 때 위젯이 어떻게 반응해야 하는지에 대한 보편적인 답은 없다. 다양한 GUI 툴킷에서 찾을 수 있는 검증 로직은 제각각 다르지만 위젯이 잘못된 데이터를 검증하는 방법들은 대개 다음과 같다.

- 애당초 미리 지정한 키의 입력을 막는다.
- 입력은 허용하되 폼이 제출될 때 하나 이상의 오류를 반환한다.
- 사용자가 해당 필드를 벗어날 때 오류를 보여주며 입력 데이터가 정정되기 전까지 폼 제출 기능을 비활성화한다.
- 유효한 데이터가 입력될 때까지 사용자가 해당 필드를 벗어나지 못하게 한다.
- 최적의 추측 알고리듬을 사용해 자동으로 데이터를 정정한다.

동일한 사용자가 딱히 재검토 없이 하루에 수백 번 입력하는 데이터 입력 폼의 올바른 검증 방법은 정확한 값을 입력하지 않으면 큰 사고가 날 수 있는 장치 제어판이나 알 수 없는 사용자가 입력하는 온라인 회원 가입 폼의 경우와 달라야 할 것이다. 따라서 오류를 줄일 수 있는 가장 좋은 방법이 무엇일지 사용자와 함께 검토해야 한다.

이제 사용자, 즉 데이터 입력 요원들과 논의한 후 만든 기준은 다음과 같다.

- 가능하다면 의미 없는 키보드 입력을 무시한다. 예를 들어 숫자 필드에 문자를 넣는 경우다.
- 잘못된 데이터가 있는 필드는 사용자가 그 필드를 벗어날 때, 즉 포커스아웃^{focus-out}이 될 때 시각적 방법으로 오류와 그 내용을 표시한다.
- 필수 입력 필드가 비어 있다면 포커스아웃이 될 때 오류를 표시한다.
- 심각한 오류가 있다면 폼 제출 기능을 비활성화한다.

더 진행하기 전에 프로그램 명세를 갱신하자. 요구 사항 섹션 아래의 Functional Requirements에 다음과 같은 내용을 추가한다.

```
Functional Requirements:
  (...)
  * 입력 필드는 다음과 같은 기능을 가져야 한다.
    - 의미 없는 키보드 입력을 무시한다.
    - 잘못된 값이 있는 필드로부터 포커스아웃이 될 때 오류를 표시한다.
    - 빈값이 있는 필수 입력 필드로부터 포커스아웃이 될 때 오류를 표시한다.
  * 오류가 있는 레코드는 저장하지 않는다.
```

지금까지는 좋다. 그럼 구현은 어떻게 해야 할까?

Tkinter 방식의 검증

Tkinter에는 상당히 직관적인 검증 시스템이 툴킷에 포함돼 있으며, 이는 입력 위젯에 전달할 수 있는 다음과 같은 3개의 설정 인자에 의존한다.

- **validate**: 검증 대상이 되는 이벤트 유형을 결정한다.
- **validatecommand**: 데이터 유효성을 검증하는 함수를 지정한다.
- **invalidcommand**: validatecommand가 False를 반환할 때 호출할 함수를 지정한다.

이들 모두 매우 직관적이지만 뜻밖의 난해함도 있다. 그럼 각 인자를 자세히 살펴보자.

validate 인자

validate 인자는 검증 대상이 될 이벤트 유형을 지정하는데, 다음 문자열 값 중의 하나여야 한다.

값	이벤트
none	없다. 검증 기능을 끄는 역할을 한다.
focusin	사용자가 위젯을 선택하거나 입력한다.
focusout	사용자가 위젯을 벗어난다.
focus	focusin과 focusout 모두 포함한다.
key	사용자가 위젯 안에서 키를 누른다.
all	focusin, focusout, key 중 어떤 이벤트라도 해당된다.

validate 인자에는 오직 하나의 값만 지정할 수 있으며 해당되는 어떤 이벤트든 동일한 콜백을 호출하게 된다. 대부분의 경우 key와 focusout이 필요할 것이다(focusin은 그다지 유용하지 않다). 그러나 두 이벤트를 조합한 값은 없다. 따라서 2개 이상의 이벤트를 지정하려면 all을 사용한 다음 이벤트 유형에 따라 검증 로직을 전환하는 콜백을 만드는 방법이 가장 좋다.

validatecommand 인자

validatecommand 인자는 검증 대상 이벤트가 발생하면 실행될 콜백 함수를 지정한다. 바로 여기에 약간의 난해함이 있다. 아마도 이 인자에 파이썬 함수나 메서드의 이름을 지정하면 될 것 같지만 실은 그렇지 않다. 그 대신 Tcl/Tk 함수의 참조 문자열 그리고 필요시 그 함수에 전달할 이벤트 관련 정보에 해당하는 치환 코드^substitution code를 포함하는 튜플을 지정해야 한다.

그럼 Tcl/Tk 함수의 참조를 어떻게 얻을까? 다행히 별로 어렵진 않다. 단지 Tkinter 위젯의 register() 메서드에 파이썬 함수를 전달하면 되며, 이 메서드는 validatecommand에 사용할 수 있는 참조 문자열을 반환한다.

예를 들어 다소 의미는 없지만 다음과 같은 식으로 검증 코드를 만들 수 있다.

```python
# validate_demo.py
import tkinter as tk
root = tk.Tk()

entry = tk.Entry(root)
entry.grid()

def always_good():
    return True

validate_ref = root.register(always_good)

entry.configure(
    validate='all',
    validatecommand=(validate_ref,)
)

root.mainloop()
```

여기서는 always_good 함수를 root.register()에 전달함으로써 함수의 참조를 얻는다. 그다음에는 이 참조를 튜플에 넣어 validatecommand에 지정한다. 이때 검증 콜백은 반드시 필드 안 데이터의 유효성 여부를 나타내는 불리언 값을 반환해야 한다.

validatecommand에 검증을 위한 정보를 추가로 전달하지 않으면 데이터를 검증하기 쉽지 않다. Tkinter가 검증 콜백에 정보를 전달하게 하려면 **validatecommand**의 튜플에 하나 이상의 치환 코드를 추가하면 된다. 사용할 수 있는 치환 코드는 다음과 같다.

코드	전달 값
%d	작업 유형을 나타내는 코드로서 그 값이 0이면 삭제, 1이면 삽입, −1이면 그 밖의 용도다. 이들 값은 정수가 아닌 문자열로 전달된다.
%P	변경 후 적용될 텍스트 값이며, 키보드 이벤트만 해당된다.
%s	필드에 있는 현재 값이며, 키보드 이벤트만 해당된다.
%i	키보드 이벤트로 삽입되거나 삭제되는 텍스트의 인덱스이며, 키보드 이벤트가 아니면 −1이다. 이들 값은 정수가 아닌 문자열로 전달된다.
%S	삽입되거나 삭제되는 텍스트이며, 키보드 이벤트만 해당된다.
%v	위젯의 validate 값이다.
%V	검증을 시작시킨 이벤트 유형이며, focusin, focusout, key, forced 중의 하나다. forced는 위젯의 변수가 변경될 때 발생된다.
%W	Tcl/Tk에서의 위젯 이름이며, 문자열이다.

이들 코드를 사용해 좀 더 유용한 검증 위젯을 만들 수 있다. 다음과 같이 말이다.

```python
# validate_demo.py
# root.mainloop() 앞에 넣을 것
entry2 = tk.Entry(root)
entry2.grid(pady=10)

def no_t_for_me(proposed):
```

```
    return 't' not in proposed

validate2_ref = root.register(no_t_for_me)
entry2.configure(
    validate='all',
    validatecommand=(validate2_ref, '%P')
)
```

여기서는 치환 코드 %P를 validatecommand에 지정하는 튜플에 포함시킴으로써 키보드로 입력한 새 값이 콜백 함수로 전달되게 했다. 입력된 값이 문자 t라면 False가 반환될 것이다.

validatecommand의 콜백이 값을 반환하면 위젯은 검증을 일으킨 이벤트의 유형에 따라 다르게 동작한다. 키보드 이벤트에 의해 검증이 수행되고 False가 반환됐다면 Tkinter는 키 입력을 거부하고 기존 콘텐츠는 그대로 둔다. 포커스 이벤트에 의해 검증이 수행되고 False가 반환됐다면 위젯은 유효하지 않은 상태가 된다. 어느 경우든 invalidcommand의 콜백이 수행되지만 지정된 콜백이 없다면 Tkinter는 그냥 아무 일도 하지 않는다.

예를 들어 위 스크립트를 실행하면 Entry 위젯에 t를 입력할 수 없음을 알 수 있다. 이는 no_t_for_me 함수가 False를 반환해 Tkinter가 키 입력을 거부했기 때문이다.

invalidcommand 인자

invalidcommand 인자는 validatecommand 인자와 정확히 동일하게 동작하며 register() 메서드와 치환 코드를 사용하는 방법도 동일하다. 이 인자는 validatecommand의 콜백이 False를 반환하면 실행할 콜백 함수를 지정한다. 이는 대개 오류를 표시하거나 데이터를 정정하고자 사용된다.

그럼 어떻게 동작하는지 보고자 다섯 글자만 받아들이는 Entry 위젯 코드를 다음과 같이 추가한다.

```python
# validate_demo.py
# root.mainloop() 앞에 넣을 것
entry3 = tk.Entry(root)
entry3.grid()
entry3_error = tk.Label(root, fg='red')
entry3_error.grid()

def only_five_chars(proposed):
    return len(proposed) < 6

def only_five_chars_error(proposed):
    entry3_error.configure(
        text=f'{proposed} is too long, only 5 chars allowed.'
    )

validate3_ref = root.register(only_five_chars)
invalid3_ref = root.register(only_five_chars_error)

entry3.configure(
    validate='all',
    validatecommand=(validate3_ref, '%P'),
    invalidcommand=(invalid3_ref, '%P')
)
```

여기서는 Entry 위젯과 Label 위젯을 포함하는 간단한 GUI를 만들었다. 또한 2개의 함수도 만들었는데, 하나는 문자열의 길이가 여섯 글자 미만인지 여부를 반환하며 다른 하나는 Label 위젯이 오류를 표시하게 설정한다. 그다음에는 root.register() 메서드를 사용해 두 함수를 Tk에 등록했으며 Entry 위젯의 validatecommand와 invalidcommand 인자에 각각 전달했다. 이때 치환 코드 %P를 사용해 위젯에 입력된 값이 각 함수로 전달되게 했다. 참고로 치환 코드는 얼마든지 많이, 어떤 순서로든 사용할 수 있다. 콜백 함수가 받을 수 있게 작성돼 있기만 하다면 말이다.

186

이 예제를 실행하고 테스트하자. 다섯 글자를 넘어서 입력할 수 없을 뿐만 아니라 레이블에 경고 메시지가 표시되는 모습도 볼 수 있을 것이다.

⁞⁝ 검증 위젯 클래스

앞서 경험했듯 Tkinter 위젯의 아무리 단순한 검증이라도 다소 직관적이지 않은 로직으로 몇 단계의 작업이 필요하다. 위젯의 작은 부분조차도 검증 로직을 추가하면 보기 싫은 장황한 코드가 된다. 그러나 4장에서 Tkinter 위젯의 하위 클래스를 만들어 새로운 설정과 기능을 추가할 수 있는 방법을 살펴봤다. 그럼 그 기법을 적용해 검증 기능을 갖춘 Tkinter 위젯 클래스를 만들 수 있지 않을까?

다섯 글자로 입력을 제한했던 앞의 예제를 다시 구현해보자. 이번에는 다음과 같이 ttk.Entry의 하위 클래스를 만든다.

```python
# five_char_entry_class.py
class FiveCharEntry(ttk.Entry):
    """다섯 자까지만 허용하는 입력 위젯"""

    def __init__(self, parent, *args, **kwargs):
        super().__init__(parent, *args, **kwargs)
        self.error = tk.StringVar()
        self.configure(
            validate='all',
            validatecommand=(self.register(self._validate), '%P'),
            invalidcommand=(self.register(self._on_invalid), '%P')
        )

    def _validate(self, proposed):
        return len(proposed) <= 5

    def _on_invalid(self, proposed):
        self.error.set(
            f'{proposed} is too long, only 5 chars allowed.'
```

)

이번에는 Entry의 하위 클래스를 만들고 검증 로직을 외부 함수가 아닌 메서드에 정의해 검증 기능을 구현했다. 이렇게 하면 검증 메서드 안에서의 위젯 접근이 단순화되며 __init__() 안에서 아직 정의하지 않은 메서드를 참조할 수 있다. 또한 error라는 StringVar를 인스턴스 변수로 추가했다. 이 변수는 검증이 실패했을 때 사용할 오류 메시지를 저장한다.

검증 함수들을 root.register()가 아닌 self.register()를 사용해 등록했다는 점을 주목하자. register() 메서드는 root 윈도우 객체뿐만 아니라 어떤 Tkinter 위젯에서도 실행될 수 있다. 이 클래스를 사용하는 코드가 루트 윈도우인 root를 호출할지, 또는 __init__() 메서드가 실행될 때 범위 안에 있을지 확신할 수 없으므로 함수를 FiveCharEntry 위젯에 등록하는 방법은 타당하다. 이는 super().__init__()을 호출한 다음이어야 한다. 그전에는 Tcl/Tk 객체가 실제로 존재하지 않기 때문이며, 따라서 함수 등록도 할 수 없기 때문이다. 이게 인자 값들을 super().__init__()에 전달하지 않고 configure()를 사용해 설정한 이유다.

이제 이 클래스를 다음과 같이 사용할 수 있다.

```
root = tk.Tk()
entry = FiveCharEntry(root)
error_label = ttk.Label(
    root, textvariable=entry.error, foreground='red'
)
entry.grid()
error_label.grid()
root.mainloop()
```

여기서는 FiveCharEntry 위젯뿐만 아니라 오류를 보여줄 Label 위젯의 인스턴스도 만들었다. 레이블의 textvariable 인자에는 FiveCharEntry의 내장 변수인

entry.error를 지정했다. 이 코드를 실행하고 다섯 글자 이상을 입력하면 그림 5-1과 같은 모습을 볼 수 있다.

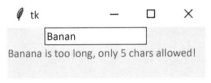

그림 5-1: 다섯 글자까지 허용되는 입력 위젯

날짜 위젯 제작

이제 좀 더 유용한 위젯을 만들어보자. 바로 날짜 필드의 검증이 가능한 DateEntry 위젯이다. 이 위젯은 유효한 날짜 문자열이 아니면 키 입력을 막을 것이며, 그 검증은 focusout 이벤트가 발생할 때 수행될 것이다. 또한 유효한 날짜가 아닌 경우 어떤 방식으로든 필드에 표시할 것이며, 오류 표시를 위해 StringVar에 오류 메시지를 설정할 것이다.

그럼 DateEntry.py라는 새 파일을 만들어 다음 코드를 작성하자.

```python
# DateEntry.py
import tkinter as tk
from tkinter import ttk
from datetime import datetime

class DateEntry(ttk.Entry):
    """ISO 날짜 형식(연-월-일)의 문자열을 받는 위젯"""

    def __init__(self, parent, *args, **kwargs):
        super().__init__(parent, *args, **kwargs)
        self.configure(
            validate='all',
            validatecommand=(
                self.register(self._validate),
```

```
            '%S', '%i', '%V', '%d'
        ),
        invalidcommand=(self.register(self._on_invalid), '%V')
    )
    self.error = tk.StringVar()
```

tkinter와 ttk를 임포트한 다음, 날짜 문자열을 검증할 때 필요한 datetime도 임포트했다. 또한 FiveCharEntry 클래스에서 했던 것처럼 __init__()을 재정의해 검증 기능을 설정하고 오류 변수를 추가했다. 그러나 이번에는 삽입되는 문자(%S), 삽입되는 위치의 인덱스(%i), 검증을 시작시킨 이벤트 유형(%V), 작업 유형(%d)과 같은 다양한 인자를 validatecommand 메서드에 전달한다. 모든 이벤트에 대해 검증을 수행할 것이므로 잘못된 데이터를 처리하는 적합한 방법을 결정하고자 이들 인자 값이 필요하기 때문이다.

이제 다음과 같이 오류 상태를 켜거나 끌 수 있는 _toggle_error()라는 메서드를 만든다.

```
def _toggle_error(self, error=''):
    self.error.set(error)
    self.config(foreground='red' if error else 'black')
```

이 메서드는 오류가 발생했거나 정정됐을 때 위젯의 동작을 처리한다. 먼저 오류 변수에 주어진 문자열을 지정한다. 그다음에는 빈 문자열이 아니라면 시각적 오류 상태를 켠다. 여기서는 텍스트를 빨간색으로 변경한다. 빈 문자열이라면 시각적 오류 상태를 끈다.

이제 _validate() 메서드를 만들 차례다.

```
def _validate(self, char, index, event, action):

    # 오류 상태 초기화
    self._toggle_error()
```

```
        valid = True

# ISO 날짜 형식엔 숫자와 하이픈(-)만 필요함
if event == 'key':
    if action == '0':
        valid = True
    elif index in ('0', '1', '2', '3', '5', '6', '8', '9'):
        valid = char.isdigit()
    elif index in ('4', '7'):
        valid = char == '-'
    else:
        valid = False
```

이 메서드는 검증에 있어서 '무죄 추정의 원칙'을 적용한다. 즉, 오류 상태를 끄고 valid를 True로 표시한 상황에서 시작한다. 그다음에는 키 입력 이벤트를 찾는다. if action == '0':은 사용자가 글자를 지우는 시도를 감지한다. 사용자가 언제든 필드를 편집할 수 있게 하고자 이 경우에는 항상 True를 지정한다.

ISO 날짜의 기본 형식은 차례로 숫자 4개, 하이픈, 숫자 2개, 하이픈, 숫자 2개다. 사용자가 입력한 날짜가 이 형식을 따르는지 여부는 해당 인덱스에 올바른 문자가 삽입됐는지 확인하면 된다. index in ('0', '1', '2', '3', '5', '6', '8', '9'):은 숫자가 있어야 할 위치이므로 삽입된 문자가 숫자인지 확인할 수 있다. 인덱스 4와 7의 문자는 하이픈이어야 한다. 그 밖의 모든 문자는 유효하지 않다.

TIP

> 아마도 인덱스가 정수형일 것으로 예상했겠지만 Tkinter는 작업 유형 코드(%d)와 인덱스(%i)를 모두 문자열로 전달한다. 지금 예제와 같이 조건문을 작성할 경우에 특히 유의해야 한다.

사실 이 날짜 검증 로직은 조금 허술하다. 0000-97-46과 같이 완전히 엉터리인 날짜나 2023-02-29와 같이 얼핏 그럴듯한 날짜도 허용되니 말이다. 그러나 이 로직만으로도 적어도 기본 날짜 형식을 보장할 수 있으며, 수많은 잘못된 키 입력도 방지할 수 있다. 완벽한 날짜 검증은 해당 프로젝트에 달렸으며, 지금 예제에서는 이 정도로 충분하다.

이제 포커스아웃이 일어날 때의 날짜 검증 로직은 다음과 같이 좀 더 간결하고 믿을 수 있게 됐다.

```
# DateEntry._validate() 코드에서 계속
    elif event == 'focusout':
        try:
            datetime.strptime(self.get(), '%Y-%m-%d')
        except ValueError:
            valid = False
    return valid
```

이 시점에는 사용자가 입력을 완료한 값에 접근하는 것이므로 %Y-%m-%d 형식을 지정한 datetime.strptime()을 사용해 문자열을 파이썬 datetime 객체로 변환할 수 있다. 검증에 실패하면 그 날짜는 잘못된 것이다.

메서드의 마지막에는 valid를 반환한다. 이전 예제에서는 키보드 이벤트의 경우 입력을 방지하고자 False를 반환하는 것만으로 충분했다. 그러나 지금의 포커스아웃 이벤트의 경우에는 사용자에게 시각적으로 오류를 알려줘야 한다.

이를 위해 다음과 같이 _on_invalid() 메서드를 작성한다.

```
def _on_invalid(self, event):
    if event != 'key':
        self._toggle_error('Not a valid date')
```

이 메서드는 오직 이벤트 유형만 받는데, 그중 키보드 이벤트는 무시한다. 키보드 이벤트는 이미 충분히 처리하고 있기 때문이다. 그 밖의 이벤트 유형인 경우 _toggle_error() 메서드를 사용해 오류 메시지를 설정한다.

그럼 파일의 마지막에 다음과 같은 스크립트를 추가해 DateEntry 클래스를 테스트한다.

```python
if __name__ == '__main__':
    root = tk.Tk()
    entry = DateEntry(root)
    entry.pack()
    ttk.Label(
        textvariable=entry.error, foreground='red'
    ).pack()

    # 단지 DateEntry의 포커스를 이동시킬 수 있게 하기 위함
    ttk.Entry(root).pack()
    root.mainloop()
```

파일을 저장하고 스크립트를 실행하자. 여러 잘못된 날짜나 유효하지 않은 키 입력을 하고 두 번째 Entry 위젯을 클릭해 DateEntry로부터 포커스를 벗어나게 하면 어떤 일이 벌어지는지 확인하자.

그림 5-2와 같은 모습을 보게 될 것이다.

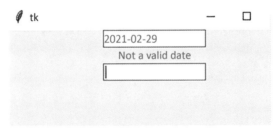

그림 5-2: 잘못된 날짜임을 알리는 DateEntry 위젯

GUI에서 검증 위젯 구현

이제 위젯을 검증하는 방법을 알았으므로 코드를 더욱 맞춤형으로 만들 수 있게 됐다. 원하는 동작을 할 수 있도록 이전 절에서 했던 방식으로 17개의 입력 위젯 모두에 검증 코드를 작성하면 된다. 물론 그렇게 함에 있어 위젯이 일관되게 오류에 반응하고 애플리케이션에 일관된 API를 제공하게 해야 한다.

이 말을 듣고 그냥 넷플릭스나 봐야겠다는 생각이 들었다면 진정하기 바란다. 반복 코드를 줄일 수 있는 방법이 있으니 말이다.

다중 상속

지금까지는 파이썬에서 상위 클래스를 상속하는 하위 클래스를 만들고 상속받은 멤버를 재정의하거나 새 멤버를 추가하는 방법을 살펴봤다. 그런데 파이썬은 다중 상속^{multiple inheritance}, 즉 여러 상위 클래스를 상속하는 하위 클래스를 만드는 방법도 지원한다. 그런 하위 클래스를 이른바 믹스인 클래스^{mixin class}라고 한다.

믹스인 클래스는 다른 클래스들의 기능들을 '섞어^{mix in}' 특정 기능들만 포함시킨 클래스다.

다음 예를 보자.

```python
class Fruit():

    _taste = 'sweet'

    def taste(self):
        print(f'It tastes {self._taste}')

class PeelableMixin():

    def __init__(self, *args, **kwargs):
        super().__init__(*args, **kwargs)
        self._peeled = False

    def peel(self):
        self._peeled = True

    def taste(self):
        if not self._peeled:
            print('I will peel it first')
            self.peel()
```

```
super().taste()
```

Fruit 클래스는 _taste라는 클래스 속성과 과일 맛을 출력하는 taste() 메서드로 구성된다. 그다음 PeelableMixin이 바로 믹스인 클래스다. 이 클래스에는 껍질이 벗겨져 있는지 나타내는 _peeled라는 인스턴스 속성과 이 속성 값을 변경하는 peel()이라는 메서드가 있다. 또한 맛을 보기 전에 껍질이 벗겨져 있는지 확인하고자 taste() 메서드를 재정의한다. 이 클래스는 다른 클래스를 상속하지 않음에도 __init__() 메서드에서 상위 클래스의 초기화 메서드를 호출한다는 점에 주목하자. 그 이유는 잠시 후에 설명한다.

이제 다중 상속을 사용해 다음과 같이 새 클래스를 만들 수 있다.

```python
class Plantain(PeelableMixin, Fruit):
    _taste = 'starchy'

    def peel(self):
        print('It has a tough peel!')
        super().peel()
```

Plantain 클래스는 PeelableMixin과 Fruit 클래스를 조합해 만들었다. 다중 상속으로 클래스를 만들 때 지정하는 상위 클래스 중 가장 오른쪽에 있는 클래스가 기반 클래스^{base class}이며, 믹스인 클래스는 그 앞에(기반 클래스의 왼쪽에) 존재한다. 따라서 이 예제에서는 Fruit가 기반 클래스다.

이제 다음과 같이 이 클래스의 인스턴스를 만들고 taste()를 호출하는 코드를 작성할 수 있다.

```python
plantain = Plantain()
plantain.taste()
```

보다시피 이 클래스는 taste()와 peel() 메서드 모두를 갖는다. 그러나 이들 메서드는 모든 클래스를 통틀어 각각 2개의 버전이 존재한다. 그럼 메서드를 호출할 때 과연 어떤 버전이 사용될까?

다중 상속의 경우 super()는 단지 상위 클래스를 대변할 때보다 약간 더 복잡한 일을 수행한다. 이른바 메서드 결정 순서^{MRO, Method Resolution Order}를 사용해 상속 계층도를 탐색하고 호출하고자 하는 메서드가 존재하는 가장 가까운 클래스를 결정한다. MRO는 현재 클래스에서 시작해 가장 왼쪽의 클래스부터 기반 클래스 방향으로 진행한다.

따라서 plantain.taste()를 호출하면 일련의 메서드 결정 과정이 다음과 같이 진행된다.

- plantain.taste()는 PeelableMixin.taste()로 결정된다.
- PeelableMixin.taste()는 self.peel()을 호출한다. 이때 self는 Plantain 객체이므로 self.peel()은 Plantain.peel()로 결정된다.
- Plaintain.peel()은 메시지를 출력하고 super().peel()을 호출한다. 이때 파이썬은 super().peel()을 가장 왼쪽 클래스의 peel() 메서드, 즉 PeelableMixin.peel()로 결정한다.
- peel() 메서드가 완료되면 PeelableMixin.taste()는 super().taste()를 호출한다. PeelableMixin 다음의 가장 왼쪽 클래스는 Fruit이므로 super().taste()는 Fruit.taste()로 결정된다.
- Fruit.taste()는 클래스 변수인 _taste를 참조한다. 이때 메서드가 Fruit 클래스 안에서 실행되더라도 현재 객체의 클래스는 Plantain이므로 Plantain._taste가 사용된다.

복잡해 보일 수 있지만 self.method()나 self.attribute는 항상 현재 클래스의 메서드나 속성을 먼저 탐색하고, 그다음 왼쪽에서 오른쪽으로 상위 클래스의 메서드나 속성을 탐색한다는 점만 기억하면 된다. 현재 클래스를 건너뛴다는 점만 제외하면 super() 객체 역시 동일한 방식을 따른다.

이게 바로 믹스인 클래스의 초기화 메서드 안에서 super().__init__()을 호출하는 이유다.

이렇게 하지 않으면 믹스인 클래스의 초기화 메서드만 호출된다. super().__init__()을 호출하면 파이썬은 MRO를 계속 진행해 기반 클래스의 초기화 메서드를 호출한다. 이는 Tkinter 클래스를 위한 믹스인 클래스를 만들 때 특히 중요한데, Tkinter 클래스의 초기화 메서드에서 실제로 Tcl/Tk 객체가 생성되기 때문이다.

TIP

> 클래스의 MRO는 자신의 __mro__ 속성에 저장된다. 상속받은 메서드나 속성에 문제가 있다면 파이썬 셸이나 디버거를 사용해 __mro__를 조사할 수 있다.

잘 보면 PeelableMixin 자체로는 쓸모가 없다는 사실을 알 수 있을 것이다. 오직 taste() 메서드를 가진 다른 클래스와 조합돼야 제 역할을 할 수 있으며, 따라서 믹스인 클래스라고 부른다. 즉, 다른 클래스를 보강하고자 섞여야 한다는 의미다.

TIP

> 아쉽게도 파이썬에는 믹스인 클래스나 그와 함께 사용돼야 하는 클래스를 명시적으로 표기할 방법이 없다. 따라서 믹스인 클래스에 관한 문서화를 해야 한다.

검증 믹스인 클래스 개발

이제 다중 상속의 지식을 갖고 중복 코드를 줄이면서 검증 기능을 갖는 믹스인 클래스를 만들자. 기존 data_entry_app.py 파일을 열고 Application 클래스 앞에 다음과 같이 새 클래스를 정의한다.

```python
# data_entry_app.py
class ValidatedMixin:
    """입력 위젯에 검증 기능 추가"""

    def __init__(self, *args, error_var=None, **kwargs):
        self.error = error_var or tk.StringVar()
        super().__init__(*args, **kwargs)
```

늘 하던 대로 클래스를 만들었는데, 이 클래스는 믹스인 클래스이므로 어떤 상속도 받지 않는다. 생성자는 error_var라는 인자를 추가로 받는다. 이는 오류 메시지를 위해 사용할 변수를 전달한다. 그렇지 않으면 클래스 자체에서 만들어야 한다. 또한 super().__init__()을 호출해야 기반 클래스의 초기화 메서드가 호출된다는 사실은 이미 알 것이다.

다음은 검증 기능의 설정이다.

```
vcmd = self.register(self._validate)
invcmd = self.register(self._invalid)

self.configure(
  validate='all',
  validatecommand=(vcmd, '%P', '%s', '%S', '%V', '%i', '%d'),
  invalidcommand=(invcmd, '%P', '%s', '%S', '%V', '%i', '%d')
)
```

이전에 했듯 검증 기능과 잘못된 데이터 처리를 위한 인스턴스 메서드를 등록하고 configure를 사용해 위젯에 설정했다. 또한 %w를 제외한 모든 치환 코드를 전달했다. 위젯 이름을 나타내는 %w는 이 클래스에서는 사용할 일이 없기 때문이다. 모든 조건에 있어 검증을 실행하므로 포커스 이벤트와 키보드 이벤트 모두 포착이 가능하다.

이제 오류 처리를 위한 함수를 다음과 같이 정의한다.

```
def _toggle_error(self, on=False):
  self.configure(foreground=('red' if on else 'black'))
```

이 코드는 오류가 있다면 텍스트를 빨간색으로 바꾸며 그렇지 않다면 검정을 유지한다. 이전의 검증 위젯 클래스와 달리 지금은 오류 문자열을 설정하지 않았다. 그 대신 맥락에 맞게 오류를 처리할 더 나은 방법으로서 검증 콜백을 만들 것이다.

검증 콜백은 다음과 같다.

```python
def _validate(self, proposed, current, char, event, index, action):
    self.error.set('')
    self._toggle_error()
    valid = True
    # 비활성화된 위젯은 검증하지 않음
    state = str(self.configure('state')[-1])
    if state == tk.DISABLED:
        return valid

    if event == 'focusout':
        valid = self._focusout_validate(event=event)
    elif event == 'key':
        valid = self._key_validate(
            proposed=proposed,
            current=current,
            char=char,
            event=event,
            index=index,
            action=action
        )
    return valid
```

현재 클래스는 믹스인이므로 _validate() 메서드가 실제 검증 로직을 갖지 않는다. 그 대신 오류 메시지를 초기화하고 오류 메시지의 색을 바꾸는 등의 보조 역할을 한다. 그다음에는 위젯의 state 값 안의 마지막 아이템을 가져와 위젯의 비활성화 여부를 확인한다. 비활성화돼 있다면 그 값은 존재하지 않으므로 검증 작업을 건너뛴다.

그다음에는 전달받은 이벤트에 따른 특정 콜백 메서드를 호출한다. 지금은 key 이벤트와 focusout 이벤트만 다루므로 그 밖의 다른 이벤트인 경우에는 단순히 True를 반환한다. 이 두 콜백 메서드는 실제 검증 로직을 판단하고자 하위 클래스에서 정의할 예정이다.

개별 메서드 호출에 키워드 인자를 사용했다는 점에 주목하자. 하위 클래스를 만들 때 이들 메서드를 재정의할 것이기 때문이다. 키워드 인자를 사용하면 재정의한 메서드에서 모든 인자를 올바른 순서로 받지 않아도 필요한 키워드만 지정하거나 **kwargs로부터 개별 인자를 뽑아낼 수 있다. 또한 _key_validate()에는 모든 인자를 전달하지만 _focusout_validate()에는 event 하나만 전달한다. 포커스 이벤트에는 다른 인자들을 사용할 일이 없기 때문이다.

이제 다음과 같이 명목상의 콜백 메서드를 추가한다.

```python
def _focusout_validate(self, **kwargs):
    return True

def _key_validate(self, **kwargs):
    return True
```

기본 아이디어는 하위 클래스에서 다루고자 하는 위젯에 따라 _focusout_validate()와 _key_validate() 중 필요한 메서드만 재정의하면 된다는 것이다. 재정의하지 않은 메서드는 True를 반환하므로 검증 작업을 건너뛴다.

그럼 잘못된 데이터 입력을 처리하는 메서드 역시 비슷한 방식으로 다음과 같이 정의한다.

```python
def _invalid(self, proposed, current, char, event, index, action):
    if event == 'focusout':
        self._focusout_invalid(event=event)
    elif event == 'key':
        self._key_invalid(
            proposed=proposed,
            current=current,
            char=char,
            event=event,
            index=index,
            action=action
        )
```

```
def _focusout_invalid(self, **kwargs):
    """포커스 이벤트에 있어 잘못된 데이터 처리"""
    self._toggle_error(True)

def _key_invalid(self, **kwargs):
    """키보드 이벤트에 있어 잘못된 데이터 처리. 기본적으로 아무 일도 하지 않음"""
    pass
```

이전과 마찬가지 접근 방식을 사용했으나 이번에는 메서드가 아무것도 반환할 필요가 없다. 잘못된 key 이벤트의 경우 아무 일도 하지 않으며 focusout 이벤트의 경우 잘못된 입력값이 있으면 오류 상태만 바꾸면 되기 때문이다.

마지막으로 필요한 것은 위젯의 검증을 수동으로 실행하는 방법이다. 키보드 검증은 키 입력이 될 때만 의미가 있다. 그러나 포커스아웃의 경우 입력이 완료된 값을 효과적으로 검증해야 한다. 이를 구현하고자 다음과 같은 퍼블릭 메서드를 만든다.

```
def trigger_focusout_validation(self):
    valid = self._validate('', '', '', 'focusout', '', '')
    if not valid:
        self._focusout_invalid(event='focusout')
    return valid
```

여기서는 단순히 포커스아웃이 발생했을 때 실행될 로직을 그대로 활용했다. 즉, 검증 함수를 실행하고 실패한다면 이를 처리하는 함수를 실행한다. 이로써 ValidatedMixin이 완성됐으니 이제 이 클래스를 위젯에 적용하는 방법을 알아보자.

ValidatedMixin으로 검증 위젯 만들기

먼저 새로운 ValidatedMixin 클래스를 적용할 수 있게 어떤 클래스를 구현해야 할지 알아보자.

- 노트 필드를 제외한 모든 필드에 검증 기능이 필요하다. 따라서 입력값이 없을 때 오류를 등록할 기본 Entry 위젯이 필요하다.
- 날짜 필드가 하나 있으므로 올바른 날짜 검증을 위한 Entry 위젯이 필요하다.
- 소수니 정수 입력을 받는 Spinbox 위젯이 여럿 있다. 이들 위젯이 숫자로 된 올바른 문자열을 받도록 보장해야 한다.
- 입력 검증을 할 필요가 없는 2개의 Combobox가 있다.

기본 입력 위젯

데이터 입력을 필요로 하는 기본 Entry 위젯부터 시작하자. 이 위젯은 기사 필드와 종자 샘플 필드에 사용할 수 있다.

ValidatedMixin 클래스 아래에 다음과 같은 새 클래스를 추가한다.

```python
# data_entry_app.py
class RequiredEntry(ValidatedMixin, ttk.Entry):
    """값이 필요한 입력 필드"""

    def _focusout_validate(self, event):
        valid = True
        if not self.get():
            valid = False
            self.error.set('A value is required ')
        return valid
```

여기서는 키 입력을 검증할 필요가 없으므로 _focusout_validate()만 정의했다. 이 메서드 안에서 해야 할 일은 입력값의 존재 여부 확인이 전부다. 값이 없다면 오류 메시지를 설정하고 False를 반환한다.

이 클래스는 이게 전부다.

Date 위젯

이제 동일한 검증 알고리듬을 유지하면서 이전에 만들었던 DateEntry에 믹스인 클래스를 적용해볼 필요가 있다. 그럼 RequiredEntry 클래스 아래에 다음과 같은 클래스를 추가한다.

```python
class DateEntry(ValidatedMixin, ttk.Entry):
    """ISO 날짜 형식의 문자열만 받는 위젯"""

    def _key_validate(self, action, index, char, **kwargs):
        valid = True

        if action == '0': # This is a delete action
            valid = True
        elif index in ('0', '1', '2', '3', '5', '6', '8', '9'):
            valid = char.isdigit()
        elif index in ('4', '7'):
            valid = char == '-'
        else:
            valid = False
        return valid

    def _focusout_validate(self, event):
        valid = True
        if not self.get():
            self.error.set('A value is required')
            valid = False
        try:
            datetime.strptime(self.get(), '%Y-%m-%d')
        except ValueError:
            self.error.set('Invalid date')
            valid = False
        return valid
```

이 클래스에서는 다시 한 번 키보드 이벤트와 포커스아웃 이벤트에 대한 검증 메서드를 재정의했다. 날짜 값의 존재 확인은 RequiredEntry 클래스의 로직을 사용했으며, 날짜 형식의 검증은 이전 DateEntry 위젯과 동일한 로직을 사용했다.

지금까지의 두 클래스는 비교적 쉬웠다. 이제 약간 복잡한 위젯으로 넘어가자.

Combobox 위젯

여러 툴킷이나 위젯에서 드롭다운 위젯은 마우스 작업과 관련해 비교적 일관적으로 동작하지만, 키 입력에 대한 응답은 다음과 같이 서로 다를 수 있다.

- Tkinter OptionMenu와 같은 어떤 위젯은 아무 반응을 하지 않는다.
- Tkinter ListBox와 같은 어떤 위젯은 방향키의 사용을 요구한다.
- 어떤 위젯은 아무 키나 눌러도 일단 첫 번째 아이템을 선택하며, 그 후 동일한 키를 누를 때마다 아이템들을 순환하며 선택한다.
- 어떤 위젯은 타이핑한 문자에 맞는 아이템들로 선택 범위를 좁혀 준다.

먼저 지금의 Combobox 위젯은 어떻게 작동하게 할지 생각해야 한다. 현재 애플리케이션의 사용자는 주로 키보드 사용에 익숙하며, 특히 일부는 마우스를 다루기 힘들어 하므로 위젯이 키보드 입력에 잘 작동해야 할 필요가 있다. 그렇다고 아이템을 선택하고자 키를 반복해서 눌러야 한다면 그 역시 사용이 쉽지 않을 것이다. 이제 데이터 입력 요원과의 대화를 통해 다음과 같은 작동 방식을 결정했다고 하자.

- 입력하는 텍스트가 어떤 아이템과도 일치하지 않으면 키 입력을 무시한다.
- 입력하는 텍스트가 하나의 아이템과 일치한다면 위젯은 그 값을 받는다.
- 딜리트[delete] 키나 백스페이스[backspace] 키는 한 번만 눌러도 내용 전체를 지운다.

이 요구 사항대로 구현하고자 DateEntry 아래에 다음과 같은 클래스를 추가한다.

```
class ValidatedCombobox(ValidatedMixin, ttk.Combobox):
    """문자열 목록에 있는 값만 받는 콤보박스"""
```

```
def _key_validate(self, proposed, action, **kwargs):
    valid = True
    if action == '0':
        self.set('')
        return True
```

_key_validate() 메서드는 valid를 설정하고, 그다음에는 내용을 지우는 행위인지 확인한다. 그렇다면 값을 빈 문자열로 설정하고 True를 반환한다. 이는 세 번째 요구 사항을 충족한다.

이제 입력된 텍스트가 문자열 목록의 값과 일치하는지 확인하는 로직을 다음과 같이 추가한다.

```
values = self.cget('values')
# 입력된 텍스트의 일치 여부에 있어 대소문자 구분을 하지 않음
matching = [
    x for x in values
    if x.lower().startswith(proposed.lower())
]
if len(matching) == 0:
    valid = False
elif len(matching) == 1:
    self.set(matching[0])
    self.icursor(tk.END)
    valid = False
return valid
```

여기서는 위젯 목록 값들을 복사하고자 cget() 메서드를 사용했다. 그다음에는 리스트 컴프리헨션을 사용해 사용자가 입력한 텍스트로 시작하는 아이템들로 목록을 간추린다. 입력된 텍스트와 아이템을 비교하기 전에 대소문자를 구분하지 않고자 둘 모두에 lower()를 호출한다.

모든 Tkinter 위젯은 cget() 메서드를 지원한다. 이 메서드는 위젯의 어떤 설정 값이든 이름을 사용해 가져올 수 있다.

일치하는 목록의 길이가 0이면 입력한 값으로 시작되는 아이템이 없다는 의미이므로 키 입력을 받지 않는다. 일치하는 목록의 길이가 1이면 일치하는 그 값을 변수에 할당한다. 이는 위젯의 set() 메서드에 그 값을 전달함으로써 가능하다. 마무리 작업으로 Combobox의 icursor()를 사용해 커서를 필드의 끝으로 이동시킨다. 이는 반드시 필요한 사항은 아니지만 커서를 텍스트 중간에 놔두는 것보다는 훨씬 보기 좋다. 일치하는 값을 찾은 경우에도 여전히 valid를 False로 설정하는데, 이는 일치하는 아이템을 이미 위젯에 설정했으므로 더 이상 입력을 받을 필요가 없기 때문이다. 이렇게 하지 않으면 추가로 키 입력이 가능하므로 잘못된 값을 허용하게 된다.

일치하는 목록의 길이가 1보다 크면, 즉 둘 이상의 아이템이 일치하면 이 메서드는 True를 반환한다. 일치하는 아이템이 하나가 될 때까지 키 입력을 허용해야 하기 때문이다.

다음 차례는 focusout 검증 메서드다.

```
def _focusout_validate(self, **kwargs):
    valid = True
    if not self.get():
        valid = False
        self.error.set('A value is required')
    return valid
```

여기서는 많은 작업을 할 필요가 없다. 이미 key 검증 메서드가 목록의 아이템과 일치하는 값이나 빈값만 허용하기 때문이다. 그러나 모든 필드에 반드시 값은 있어야 하므로 여기서는 RequiredEntry의 _focusout_validate의 로직을 그대로 복사했다.

이로써 Combobox 위젯을 완성했다. 이제 Spinbox 위젯으로 넘어가자.

범위 제한 Spinbox 위젯

숫자 입력 위젯은 다루는 데에 복잡함이 없어야 할 것으로 보인다. 그러나 견고한 위젯이 되고자 필요한 여러 세부 사항이 있다. 단지 올바른 숫자로 된 문자열로 제한하는 것에 더해 최솟값, 최댓값, 정밀도를 위해 from_, to, increment 인자를 지정할 필요도 있다.

이 위젯을 위한 알고리듬에는 다음과 같은 규칙들이 구현돼야 한다.

- 삭제 행위는 항상 허용한다.
- 숫자는 항상 허용한다.
- from_이 0보다 작다면 첫째 문자에 마이너스 기호를 허용한다.
- increment의 값(정밀도)이 소수라면 단 하나의 소수점 표시를 허용한다.
- 입력된 값이 to보다 크다면 키 입력을 무시한다.
- 입력된 값이 increment에서 지정한 정밀도를 넘어설 경우 키 입력을 무시한다.
- 포커스아웃 상황에서 이미 입력된 값은 유효한 숫자의 문자열이어야 한다.
- 포커스아웃 상황에서 이미 입력된 값은 from_보다 커야 한다.

규칙이 많으니 천천히 진행하면서 구현하자. 먼저 해야 할 일은 표준 라이브러리에서 Decimal 클래스를 임포트하는 것이다. 그럼 파일 첫 부분의 기존 임포트 구문 아래에 다음 코드를 추가하자.

```
from decimal import Decimal, InvalidOperation
```

Decimal 클래스는 기본 float 클래스보다 좀 더 정교한 소수를 사용할 수 있게 하며 소수와 문자열 사이의 변환을 좀 더 쉽게 해준다. InvalidOperation은 소수와 관련된 예외로서 검증 로직에서 사용할 수 있다.

이제 ValidatedCombobox 클래스 아래에 다음과 같이 새로운 ValidatedSpinbox 클래스를 추가하자.

```python
class ValidatedSpinbox(ValidatedMixin, ttk.Spinbox):
    def __init__(
        self, *args, from_='-Infinity', to='Infinity', **kwargs
    ):
        super().__init__(*args, from_=from_, to=to, **kwargs)
        increment = Decimal(str(kwargs.get('increment', '1.0')))
        self.precision = increment.normalize().as_tuple().exponent
```

먼저 __init__() 메서드부터 재정의했다. 여기서는 일부 기본값을 설정하고 검증 규칙에 사용하고자 from_, to, increment 값을 초기화 인자에서 가져온다. 이때 from_과 to의 기본값을 -Infinity와 Infinity로 설정했다. 이들 값은 float과 Decimal 모두가 받아 처리할 수 있다. from_과 to 중 하나를 설정하면 반드시 나머지 하나도 설정해야 한다는 점을 기억하기 바란다. 이렇게 기본값을 둘 다 설정해야 나중에 하나만 설정해도 Spinbox가 문제없이 동작하게 된다.

상위 클래스의 초기화 메서드를 실행하면 정밀도, 즉 소수부의 자릿수를 알아낼 수 있다.

이를 위해 먼저 키워드 인자에서 increment 값을 가져오는데, 없을 경우에는 1.0을 지정한다. 그다음에는 이 값을 Decimal 객체로 변환한다. Spinbox 위젯의 인자는 부동소수점 수나 정수 또는 문자열일 수 있다. 어떤 유형이 됐든 Spinbox의 초기화 메서드가 실행되면 Tkinter는 이를 부동소수점 수로 변환한다. 그러나 부동소수점 오차^{floating-point error}로 인해 부동소수점 수의 정밀도 결정엔 문제가 있다. 이 때문에 부동소수점 수로 변환되기 전에 파이썬 Decimal 객체로 변환한 것이다.

increment를 Decimal에 전달하기 전에 str로 형 변환했음에 주목하자. 위젯에 전달할 increment는 올바로 해석될 수 있는 문자열이어야 한다. 그러나 어떤 이유로든 부동소수점 수를 사용해야 할 경우라면 이렇게 형 변환함으로써 str이 반올림을 수행해 줄 것이다.

increment를 Decimal 객체로 변환했으면 최소한의 소수점 자릿수, 즉 지수 exponent를 확인해 정확한 값을 뽑아낼 수 있다. 이 값은 검증 메서드에 사용할 때 불필요한 소수점 자릿수를 갖지 않게 한다.

생성자 메서드를 완성했으니 이제 검증 메서드를 작성할 차례다. _key_validate() 메서드는 약간 어려우니 몇 개 부분으로 나눠서 진행할 것이다.

먼저 다음과 같이 메서드 정의를 시작하자.

```
def _key_validate(
    self, char, index, current, proposed, action, **kwargs
):
    if action == '0':
        return True
    valid = True
    min_val = self.cget('from')
    max_val = self.cget('to')
    no_negative = min_val >= 0
    no_decimal = self.precision >= 0
```

삭제 행위는 항상 허용해야 하므로 그렇게 확인되면 즉시 True를 반환한다. 그다음에는 cget()을 사용해 from_과 to 값을 가져오고 음수와 소수의 허용 여부를 나타내기 위한 변수를 선언한다.[1]

이제 입력된 값이 유효한 문자인지 확인하는 다음과 같은 코드가 필요하다.

```
if any([
    (char not in '-1234567890.'),
    (char == '-' and (no_negative or index != '0')),
    (char == '.' and (no_decimal or '.' in current))
]):
    return False
```

유효한 문자는 숫자, 빼기 부호(-), 소수점(.)이다. 빼기 부호는 인덱스가 0이며 음수가 허용될 경우에만 유효하다. 소수점은 하나만 있어야 하며 정밀도 값이 1보다 작아야 유효하다. 그리고 리스트에 이 모든 조건을 담아 내장 함수인 any()에 전달한다.

TIP

> 내장 any() 함수는 표현식들의 리스트를 받으며 그 안의 표현식 중 하나라도 참이면 True를 반환한다. 이와 달리 all() 함수는 모든 표현식이 참일 경우에만 True를 반환한다. 이들 함수를 사용하면 일련의 불리언 표현식들을 압축해 평가할 수 있다.

이 정도면 어느 정도 유효한 Decimal 문자열을 보장할 수 있지만 아직 완벽하진 않다. -, ., -. 문자도 모두 허용해야 하기 때문이다.

이들 기호는 단독으로 유효한 Decimal 문자열은 아니지만 문자열의 일부일 때는 유효하다. 따라서 다음과 같이 이들 기호의 조합을 확인하고 허용하는 코드가 필요하다.

```
if proposed in '-.':
```

---

1. 알다시피 예약어와의 충돌 때문에 메서드 인자에서는 from_을 사용하지만 Spinbox 위젯의 내부 속성은 from이므로 cget()으로 값을 가져올 때는 'from_'이 아닌 'from'을 사용해야 한다. — 옮긴이

```
        return True
```

이제 입력된 텍스트를 Decimal로 만들고 2가지를 검증하자.

```
    proposed = Decimal(proposed)
    proposed_precision = proposed.as_tuple().exponent

    if any([
        (proposed > max_val),
        (proposed_precision < self.precision)
    ]):
        return False

    return valid
```

마지막 2가지 검증은 입력된 텍스트가 최댓값보다 크거나 그 정밀도가 increment 보다 높은지 확인하는 작업이다. 이때 >가 아닌 <를 사용한 이유는 정밀도가 소수점 기준의 음수이기 때문이다. 마지막으로 둘 모두 해당되지 않으면 valid 를 반환한다.

이로써 키보드 이벤트에 대한 검증 메서드를 완성했다. 포커스아웃 이벤트에 대한 검증 메서드는 훨씬 간단하다. 그럼 다음과 같이 검증 메서드를 정의하자.

```
    def _focusout_validate(self, **kwargs):
        valid = True
        value = self.get()
        min_val = self.cget('from')
        max_val = self.cget('to')

        try:
            d_value = Decimal(value)
        except InvalidOperation:
            self.error.set(f'Invalid number string: {value}')
            return False
```

```
        if d_value < min_val:
            self.error.set(f'Value is too low (min {min_val})')
            valid = False
        if d_value > max_val:
            self.error.set(f'Value is too high (max {max_val})')
            valid = False
    return valid
```

이처럼 모든 값을 규정한 상황에서는 오직 Decimal 문자열이 유효하며 지정된 범위 안에 있는지 확인만 하면 된다. 이론적으로는 키보드 검증 단계에서 그런 검증이 완료돼야 하며, 그럼에도 지금처럼 다시 검증하는 작업은 나쁘지 않다.

이 메서드를 끝으로 ValidatedSpinbox가 완성됐다.

검증 가능 Radiobutton 위젯

언뜻 보면 Radiobutton 위젯은 켜고 끄는 기능만 있으므로 검증 기능이 필요 없어 보인다. 그러나 어떤 상황에서는 그룹화된 라디오 버튼의 검증이 유용하다. 예를 들어 ABQ 데이터 폼에서 연구소 필드는 반드시 값을 가져야 하나, 현재는 어떤 것도 클릭하지 않은 채로 폼 제출이 가능하다.

이를 개선하려면 버튼들의 그룹을 나타내는 새로운 클래스, 즉 복합 위젯을 만들어 검증 코드를 추가하면 된다.

불행히도 이 복합 위젯에 믹스인 클래스는 도움이 안 된다. 또한 Ttk의 Radiobutton 위젯은 validate, validatecommand, invalidcommand 인자를 지원하지도 않는다. 따라서 Tkinter의 검증 체계와 무관하게 버튼 그룹의 검증 기능은 직접 구현해야 한다.

그럼 복합 위젯을 위한 ttk.Frame의 하위 클래스를 다음과 같이 만들자.

```
# data_entry_app.py
```

```
class ValidatedRadioGroup(ttk.Frame):
  """검증 가능한 라디오 버튼 그룹"""

  def __init__(
    self, *args, variable=None, error_var=None,
    values=None, button_args=None, **kwargs
  ):
    super().__init__(*args, **kwargs)
    self.variable = variable or tk.StringVar()
    self.error = error_var or tk.StringVar()
    self.values = values or list()
    self.button_args = button_args or dict()
```

이 클래스의 초기화 메서드는 다음과 같은 키워드 인자를 받는다.

- variable은 버튼 그룹의 값을 위한 제어 변수다. 전달되지 않으면 클래스에서 생성된다.
- error_var는 오류 문자열을 위한 제어 변수다. 지금까지의 다른 클래스와 마찬가지로 오류 문자열을 담고 있는 StringVar를 받으며, 전달되지 않았다면 새로 만들어 최종적으로 self.error에 저장한다.
- values는 그룹 안의 각 버튼이 나타내는 문자열 값의 목록이다.
- button_args는 개별 Radiobutton 위젯에 전달할 수 있는 키워드 인자의 딕셔너리다. 이는 Frame 컨테이너와 독립적으로 버튼에 인자를 전달할 수 있는 방법이다.

남은 위치 인자와 키워드 인자는 상위 클래스의 초기화 메서드로 전달된다. 필요한 키워드 인자의 값을 인스턴스 변수에 저장했으니 이제 다음과 같이 버튼을 만든다.

```
for v in self.values:
  button = ttk.Radiobutton(
    self, value=v, text=v,
```

```
        variable=self.variable, **self.button_args
    )
    button.pack(
        side=tk.LEFT, ipadx=10, ipady=2, expand=True, fill='x'
    )
```

LabelInput의 초기화 메서드에서 했듯이 값 목록을 순환하며 각 값을 위한 Radiobutton 위젯을 만들고 공통의 제어 변수를 바인딩했다. 또한 각 버튼을 프레임 안의 왼쪽부터 배치했다.

초기화 메서드의 마지막에서는 Frame 위젯이 포커스를 잃을 때마다 검증 콜백을 호출해야 한다. 이는 다음과 같이 bind()를 사용해 가능하다.

```
    self.bind('<FocusOut>', self.trigger_focusout_validation)
```

이제 위젯이 포커스를 잃을 때마다 검증 콜백이 호출될 것이다. 그럼 그 콜백을 다음과 같이 작성한다.

```
    def trigger_focusout_validation(self, *_):
        self.error.set('')
        if not self.variable.get():
            self.error.set('A value is required')
```

이 메서드는 error 변수에 빈 문자열을 할당하며 시작한다. 그다음에는 바인딩된 변수에 값이 있는지 확인하고, 그렇지 않다면 오류 문자열을 설정한다.

애플리케이션에서 이 복합 위젯을 사용하기 전에 먼저 LabelInput 클래스의 한 부분을 수정해야 한다. LabelInput의 초기화 메서드에서 제어 변수가 올바른 이름으로 전달될 수 있게 설정했던 기억이 날 것이다. 새로 만든 복합 위젯 역시 올바른 이름(여기서는 variable)의 제어 변수를 가질 수 있게 해야 한다.

그럼 LabelInput의 초기화 메서드 중 다음과 같이 굵은 글씨 부분을 추가하자.

```
# LabelInput의 __init__() 메서드 안
    if input_class in (
       ttk.Checkbutton, ttk.Button,
       ttk.Radiobutton, ValidatedRadioGroup
    ):
       input_args["variable"] = self.variable
    else:
       input_args["textvariable"] = self.variable
```

이로써 ValidatedRadioGroup 위젯을 사용할 준비가 됐다.

검증 가능 위젯으로 폼 개선

위젯을 모두 만들었으니 이들을 폼에서 사용할 차례다. 그럼 data_entry_app.py
파일에서 DataRecordForm 클래스의 __init__() 메서드로 이동하자. 먼저 GUI
에서 첫 번째 줄에 해당하는 코드를 다음과 같이 수정한다.

```
LabelInput(
    r_info, "Date", var=self._vars['Date'], input_class=DateEntry
).grid(row=0, column=0)
LabelInput(
    r_info, "Time", var=self._vars['Time'],
    input_class=ValidatedCombobox,
    input_args={"values": ["8:00", "12:00", "16:00", "20:00"]}
).grid(row=0, column=1)
LabelInput(
    r_info, "Technician", var=self._vars['Technician'],
    input_class=RequiredEntry
).grid(row=0, column=2)
```

보다시피 단순히 각 LabelInput의 input_class 값으로 새 클래스를 지정한 게
전부다. 이 상태에서 애플리케이션을 실행해 테스트해보자. 유효하지 않은 날짜
를 DateEntry에 입력하면 어떻게 되는지, 시간을 입력할 때 ValidatedCombobox

위젯이 어떻게 작동하는지 확인하자. 다만 RequiredEntry는 아직 딱히 확인할 사항이 없는데, 값이 비어 있다면 빨간색으로 표시할 텍스트 자체가 없기 때문이다. 이는 다음 절에서 보완할 것이다.

이제 연구소, 재배 구역, 종자 샘플이 포함된 두 번째 줄을 다음과 같이 수정한다.

```
LabelInput(
    r_info, "Lab", input_class=ValidatedRadioGroup,
    var=self._vars['Lab'],
    input_args={"values": ["A", "B", "C"]}
).grid(row=1, column=0)
LabelInput(
    r_info, "Plot", input_class=ValidatedCombobox,
    var=self._vars['Plot'],
    input_args={"values": list(range(1, 21))}
).grid(row=1, column=1)
LabelInput(
    r_info, "Seed Sample", var=self._vars['Seed Sample'],
    input_class=RequiredEntry
).grid(row=1, column=2)
```

NOTE

영리한 개발자라면 이 코드는 작동할 수 없다고 생각할 수 있다. 재배 구역의 값은 정수인데, ValidatedCombobox 위젯의 검증 콜백은 문자열 값을 가정하기 때문이다. 예를 들어 목록의 각 아이템에 대해 lower()를 실행하고 이를 입력된 값과 비교하니 말이다. 그러나 실제로 Tkinter는 Tcl/Tk를 호출할 때와 마찬가지로 목록의 각 값을 알아서 문자열로 변환한다. 이는 숫자를 포함하는 필드의 검증 메서드를 작성할 때 유념하면 좋은 사항이다.

이제 환경 정보 섹션으로 이동하자.

```
LabelInput(
    e_info, "Humidity (g/m³)",
    input_class=ValidatedSpinbox, var=self._vars['Humidity'],
    input_args={"from_": 0.5, "to": 52.0, "increment": .01}
```

```
).grid(row=0, column=0)
LabelInput(
    e_info, "Light (klx)", input_class=ValidatedSpinbox,
    var=self._vars['Light'],
    input_args={"from_": 0, "to": 100, "increment": .01}
).grid(row=0, column=1)
LabelInput(
    e_info, "Temperature (°C)",
    input_class=ValidatedSpinbox, var=self._vars['Temperature'],
    input_args={"from_": 4, "to": 40, "increment": .01}
).grid(row=0, column=2)
```

스크립트를 저장하고 실행해 ValidatedSpinbox 위젯을 테스트해보자. 최댓값을 초과하는 값은 입력할 수 없으며 최솟값보다 작은 값을 입력하면 텍스트가 빨간색으로 바뀌는 것을 볼 수 있을 것이다.

다음은 작물 정보 섹션의 첫 번째 줄이다. 다음과 같이 ValidatedSpinbox 위젯을 적용하자.

```
LabelInput(
    p_info, "Plants", input_class=ValidatedSpinbox,
    var=self._vars['Plants'],
    input_args={"from_": 0, "to": 20}
).grid(row=0, column=0)
LabelInput(
    p_info, "Blossoms", input_class=ValidatedSpinbox,
    var=self._vars['Blossoms'],
    input_args={"from_": 0, "to": 1000}
).grid(row=0, column=1)
LabelInput(
    p_info, "Fruit", input_class=ValidatedSpinbox,
    var=self._vars['Fruit'],
    input_args={"from_": 0, "to": 1000}
).grid(row=0, column=2)
```

이 폼을 저장하고 실행해 테스트해보자. 이들 위젯에 소수점 입력이 안 된다는 점을 알 수 있을 것이다. `increment`의 기본값이 `1.0`이기 때문이다.

이제 남은 건 두 번째 줄인데, 이 부분을 진행하기 전에 위젯 사이의 상호작용과 관련된 이슈를 먼저 다뤄야 한다.

위젯 사이의 상호작용을 통한 검증

지금까진 사용자가 입력하는 해당 위젯에서 값을 검증하는 작업을 해왔다. 그러나 어떤 경우에는 다른 위젯의 상태에 기반을 둔 검증도 필요하다. 현재 폼에서는 다음 2가지 경우다.

- 최소 높이는 다른 두 필드보다 클 수 없으며 최대 높이는 다른 두 필드보다 작을 수 없다. 또한 중간 높이는 다른 두 필드 사이의 값이어야 한다.
- 장비 오류일 경우 환경 정보의 각 입력 필드가 비활성화돼야 한다. 잘못된 데이터가 기록되는 일을 막아야 하기 때문이다.

Spinbox 범위의 동적 변경

높이 필드들의 문제를 해결하려면 `ValidatedSpinbox` 위젯의 범위가 동적으로 변경될 수 있게 해야 한다. 이를 위해 4장에서 배웠던 트레이스 기능을 사용할 수 있다.

이제부터 사용할 전략은 이렇다. `min_var`와 `max_var` 인자를 `ValidatedSpinbox` 클래스로 전달될 수 있게 하고, 그다음에는 해당 변수 값이 변경될 때마다 `ValidatedSpinbox` 객체의 최솟값과 최댓값이 갱신될 수 있도록 `min_var`와 `max_var` 변수에 트레이스를 설정할 것이다. 또한 `focus_update_var` 변수를 추가하는데, 이 변수는 포커스아웃 시점에 `Spinbox` 위젯의 값으로 갱신된다. 이 변수는 `min_var`나 `max_var`로 두 번째 `ValidatedSpinbox`로 전달될 수 있으며, 이렇게 함으로써 첫 번째 위젯의 값이 두 번째 위젯의 범위를 변경시킬 수 있다.

그럼 이 전략을 ValidatedSpinbox에 반영하자. 먼저 ValidatedSpinbox.__init__()
메서드에 다음과 같이 새로운 키워드 인자를 추가한다.

```python
def __init__(
    self, *args, min_var=None, max_var=None,
    focus_update_var=None, from_='-Infinity', to='Infinity', **kwargs
):
```

이 기능이 제대로 작동하려면 Spinbox에 변수가 바인딩돼야 한다. 이를 위해
__init__()의 마지막 부분에 다음과 같은 코드를 추가한다.

```python
self.variable = kwargs.get('textvariable')
if not self.variable:
    self.variable = tk.DoubleVar()
    self.configure(textvariable=self.variable)
```

보다시피 키워드 인자에서 textvariable을 가져오는데, 전달된 값이 없다면
DoubleVar를 만들어 변수에 할당한다. 그리고 인스턴스 메서드에서 쉽게 사용
할 수 있게 이 변수의 참조를 저장한다.

NOTE

> 지금 예제에는 해당되지 않지만 이런 방식은 나중에 configure()를 사용해 이 변수를 할당할 경우
> 에 문제가 될 수 있다. 자신만의 Tkinter 프로그램에서 configure()를 재정의할 경우에는 변수의
> 참조가 유지되게 신경 써야 한다.

이제 __init__() 안에서 다음과 같이 최솟값과 최댓값 변수를 설정한다.

```python
if min_var:
    self.min_var = min_var
    self.min_var.trace_add('write', self._set_minimum)
if max_var:
    self.max_var = max_var
    self.max_var.trace_add('write', self._set_maximum)
```

여기서는 min_var나 max_var 인자가 전달되면 그 값을 저장하고 트레이스를 설정한다. 트레이스를 위한 콜백은 적합한 이름의 프라이빗 메서드를 지정한다.

이제 필요한 건 focus_update_var 인자의 참조를 저장하고 포커스아웃 이벤트를 메서드에 바인딩하는 일이다. 이를 위해 __init__() 안에 다음과 같은 코드를 추가한다.

```
self.focus_update_var = focus_update_var
self.bind('<FocusOut>', self._set_focus_update_var)
```

NOTE

> bind() 메서드는 어떤 Tkinter 위젯에 대해서도 호출할 수 있으며, 위젯의 이벤트를 파이썬 콜백에 연결할 때 사용한다. 이벤트는 키 누름, 마우스 이동이나 클릭, 포커스인이나 포커스아웃, 윈도우 관련 이벤트 등이 될 수 있다.

이제 트레이스와 바인딩을 위한 콜백 메서드를 차례로 정의할 차례다. 먼저 focus_update_var를 갱신하기 위한 _set_ focus_update_var()를 다음과 같이 정의한다.

```
def _set_focus_update_var(self, event):
    value = self.get()
    if self.focus_update_var and not self.error.get():
        self.focus_update_var.set(value)
```

이 메서드는 단순히 위젯의 현재 값을 가져오고 focus_update_var 인자가 존재한다면 동일한 값을 설정한다. 위젯에 오류가 있다면 잘못된 무언가로 설정될 위험이 있으므로 값을 설정하지 않는다.

이 메서드가 event 인자를 받는다는 점에 주목하자. 이 인자를 사용하진 않지만 바인딩을 위한 콜백이므로 필요하다. Tkinter는 바인딩 콜백을 호출할 때 콜백 호출을 야기한 이벤트 객체 정보를 전달한다. 따라서 그 정보를 사용하지 않는다 하더라도 event 인자는 받아야 한다.

이제 최솟값을 설정하는 콜백 메서드를 다음과 같이 정의한다.

```
def _set_minimum(self, *_):
    current = self.get()
```

이 메서드에서는 먼저 self.get()을 사용해 위젯의 현재 값을 가져온다. 그 이유는 Spinbox 위젯이 to나 from_의 값이 변경될 때 기본 보정 기능으로 너무 낮은 값을 from_에 지정하고 너무 높은 값을 to에 지정하는 등 약간 짜증나는 부분이 있기 때문이다. 이런 식의 자동 보정은 사용자가 눈치 채지 못한 채 잘못된 데이터가 저장되게 만든다.

범위를 벗어난 값은 그대로 두되 오류 표시를 하는 게 더 낫다. 그러기 위해 현재 값을 저장하고, 설정을 변경한 후 다시 저장했던 값을 지정하는 방법을 사용할 것이다.

현재 값을 current에 저장했으니 다음과 같이 min_var의 값을 가져와 위젯의 from_에 할당한다.

```
try:
    new_min = self.min_var.get()
    self.config(from_=new_min)
except (tk.TclError, ValueError):
    pass
```

min_var의 값이 없거나 유효하지 않는 등의 여러 잘못된 상황에서는 tk.TclError나 ValueError가 발생할 것이다. 이 경우 현재의 최솟값을 그대로 둔 채 아무 일도 하지 않는다.

TIP

> 예외를 묵인하는 것이 일반적으로 좋은 방법은 아니다. 그러나 여기서는 변수에 잘못된 값이 있을 때 무시하는 일 말고는 딱히 의미 있는 조치가 없다.

이제 저장했던 current 값을 다시 필드에 설정한다.

```
if not current:
    self.delete(0, tk.END)
else:
    self.variable.set(current)
```

보다시피 current가 비어 있다면 필드의 콘텐츠를 삭제하며, 그렇지 않다면 위젯 변수에 current 값을 할당한다.

마지막으로 현재 값이 새로운 범위 안에 들어오는지 확인하고자 위젯의 포커스아웃 검증을 수행해야 한다. 이를 위해 다음과 같이 trigger_focusout_validation() 메서드를 호출하면 된다.

```
self.trigger_focusout_validation()
```

_set_maximum() 메서드 역시 동일한데, 다만 값을 갱신하고자 max_var를 사용할 뿐이다. 그럼 다음과 같이 메서드를 정의한다.

```
def _set_maximum(self, *_):
    current = self.get()
    try:
        new_max = self.max_var.get()
        self.config(to=new_max)
    except (tk.TclError, ValueError):
        pass
    if not current:
        self.delete(0, tk.END)
    else:
        self.variable.set(current)
    self.trigger_focusout_validation()
```

이로써 ValidatedSpinbox의 변경 작업은 끝났다. 이제 작물 정보 섹션의 두 번째 줄을 작업할 차례다.

먼저 두 번째 줄의 LabelInput 코드 앞에 다음과 같이 최소 높이와 최대 높이를 저장할 변수를 추가한다.

```python
min_height_var = tk.DoubleVar(value='-infinity')
max_height_var = tk.DoubleVar(value='infinity')
```

각 변수에 -infinity와 infinity인 DoubleVar를 지정함으로서 사실상 최솟값과 최댓값에 제한이 없게 했다. 이 위젯은 이들 변수의 값이 실제로 바뀌지 않는 한, 즉 트레이스 콜백이 호출되기 전까진 영향을 받지 않는다. 따라서 처음에는 위젯 안의 to나 from_ 값이 변경되지 않는다.

참고로 이들 변수는 인스턴스 변수일 필요가 없는데, 위젯에서 그 참조를 저장할 것이기 때문이다.

이제 다음과 같이 최소 높이 위젯을 변경하자.

```python
LabelInput(
    p_info, "Min Height (cm)",
    input_class=ValidatedSpinbox, var=self._vars['Min Height'],
    input_args={
        "from_": 0, "to": 1000, "increment": .01,
        "max_var": max_height_var, "focus_update_var": min_height_var
    }
).grid(row=1, column=0)
```

최댓값을 갱신하고자 max_height_var를 사용하며, focus_update_var에는 min_height_var를 설정해 최소 높이 위젯에 입력된 값이 최솟값이 되게 했다. min_var는 여기서 설정하지 않는데, 그 값이 다른 필드의 최솟값을 나타내기 때문이다.

이제 다음과 같이 최대 높이 위젯을 변경한다.

```
LabelInput(
    p_info, "Max Height (cm)",
    input_class=ValidatedSpinbox, var=self._vars['Max Height'],
    input_args={
        "from_": 0, "to": 1000, "increment": .01,
        "min_var": min_height_var, "focus_update_var": max_height_var
    }
).grid(row=1, column=1)
```

이번에는 위젯의 최솟값을 설정하고자 min_height_var 변수를 사용했으며 포커스아웃이 되면 위젯의 현재 값으로 max_height_var가 갱신되게 했다. max_var는 설정하지 않았는데, 그 값이 최댓값을 나타내며 초깃값을 넘어도 제한되지 않아야 하기 때문이다.

마지막으로 중간 높이 필드를 다음과 같이 수정한다.

```
LabelInput(
    p_info, "Med Height (cm)",
    input_class=ValidatedSpinbox, var=self._vars['Med Height'],
    input_args={
        "from_": 0, "to": 1000, "increment": .01,
        "min_var": min_height_var, "max_var": max_height_var
    }
).grid(row=1, column=2)
```

여기서는 min_height_var와 max_height_var 변수로 필드의 최솟값과 최댓값을 설정한다. 또한 최소 높이가 최대 높이를 넘지 않음을 보장하고자 변수나 코드를 추가할 수는 있지만 중간 높이 필드의 경우 어떤 변수도 갱신하지 않는다. 대부분의 경우 사용자는 순서대로 입력을 하며 중간 높이 필드는 가장 마지막에 있으므로 별다른 문제가 없을 것이기 때문이다.

최소 높이와 최대 높이의 값을 저장하고자 바인딩 변수를 사용하지 않는 이유가 궁금할 수 있다. 이는 실제 시도해보면 알 수 있는데, 바인딩 변수는 사용자가 타이핑을 할 때마다 갱신되기 때문이다. 즉, 값의 일부만 입력해도 즉시 최 솟값이나 최댓값이 바뀐다. 따라서 사용자가 최종적으로 범위 값의 입력을 완 료할 때까지 기다렸다가 포커스아웃이 일어나면 갱신될 수 있게 별도의 변수를 사용한 것이다.

필드의 동적 비활성화

장비 오류가 체크될 때 환경 정보 섹션의 필드들이 비활성화되게 하려면 마찬 가지로 제어 변수에 트레이스를 사용하면 된다. 그러나 이번에는 위젯 클래스 수준에서 구현하는 대신 복합 위젯인 LabelInput 안에서 구현할 것이다.

그럼 LabelInput 클래스의 __init__() 메서드에 다음과 같이 새 키워드 인자를 추가한다.

```python
class LabelInput(tk.Frame):
    """입력 위젯과 레이블을 조합"""

    def __init__(
        self, parent, label, var, input_class=ttk.Entry,
        input_args=None, label_args=None, disable_var=None,
        **kwargs
    ):
```

disable_var 인자에는 이 필드가 비활성화돼야 하는지 판단하기 위한 불리언 제어 변수를 전달할 수 있다. 이를 사용하려면 LabelInput 인스턴스 안에 저장 하고 트레이스를 설정해야 한다. 그럼 LabelInput의 __init__() 메서드 마지막 에 다음 코드를 추가한다.

```python
        if disable_var:
            self.disable_var = disable_var
            self.disable_var.trace_add('write', self._check_disable)
```

이 트레이스는 _check_disable()이라는 메서드에 연결된다. 이 메서드는 disable_var의 값을 확인하고 LabelInput 위젯에 적절한 조치를 취할 것이다.

그럼 이 메서드를 LabelInput 클래스 안에 다음과 같이 정의한다.

```python
def _check_disable(self, *_):
  if not hasattr(self, 'disable_var'):
    return

  if self.disable_var.get():
    self.input.configure(state=tk.DISABLED)
    self.variable.set('')
  else:
    self.input.configure(state=tk.NORMAL)
```

이 메서드에서는 먼저 hasattr을 사용해 LabelInput에 disable_var가 존재하는지 확인한다. 이론적으로는 트레이스가 없다면 이 메서드가 호출될 일이 없다. 그럼에도 여기서는 만일에 대비해 인스턴스 변수의 존재를 확인하고 존재하지 않다면 단순히 메서드를 빠져나오게 했다.

disable_var가 존재할 경우 그 값이 True인지 확인한다. 그렇다면 state 속성을 설정해 입력 위젯을 비활성화한다. state 속성은 위젯의 현재 성질을 결정한다. 위젯을 비활성화하려면 state에 tk.DISABLED라는 상수를 설정하면 된다. 그러면 필드가 회색 처리되며 읽기 전용으로 바뀐다. 또한 사용자가 비활성화된 필드의 데이터는 전혀 기록되지 않을 것이라는 알 수 있게 그 필드의 모든 정보를 삭제한다. 이를 위해 변수에 빈 문자열을 할당한다.

disable_var가 False인 경우에는 위젯을 다시 활성화해야 한다. 이는 state에 tk.NORMAL을 설정함으로써 가능하다.

NOTE

state 속성은 9장에서 더 자세히 다룬다.

메서드 작성이 끝났으므로 이제 disable_var 변수로 환경 정보 필드를 갱신하는 작업을 할 차례다. 그럼 DataRecordForm의 __init__() 메서드로 이동해 다음 필드들을 수정한다.

```
LabelInput(
    e_info, "Humidity (g/m³)",
    input_class=ValidatedSpinbox, var=self._vars['Humidity'],
    input_args={"from_": 0.5, "to": 52.0, "increment": .01},
    disable_var=self._vars['Equipment Fault']
).grid(row=0, column=0)
LabelInput(
    e_info, "Light (klx)", input_class=ValidatedSpinbox,
    var=self._vars['Light'],
    input_args={"from_": 0, "to": 100, "increment": .01},
    disable_var=self._vars['Equipment Fault']
).grid(row=0, column=1)
LabelInput(
    e_info, "Temperature (°C)",
    input_class=ValidatedSpinbox, var=self._vars['Temperature'],
    input_args={"from_": 4, "to": 40, "increment": .01},
    disable_var=self._vars['Equipment Fault']
).grid(row=0, column=2)
```

여기서는 각 LabelInput에 disable_var 인자를 추가하고 self._vars['Equipment Fault']를 지정했다. 지금 이 스크립트를 실행해 테스트해보자. 장비 오류 박스를 체크하면 모든 필드가 비활성화되고 내용이 삭제된다. 또한 다시 체크를 해제하면 필드가 활성화되는 모습을 볼 수 있다.

우리의 폼은 이제 데이터를 정정하고 잠재적 오류를 포착하는 부분에 있어 훨씬 개선됐다. 그러나 아직 완벽히 사용자 친화적이진 않다. 다음 절부터 그런 부분을 보완하는 방법을 알아보자.

오류 보여주기

애플리케이션을 테스트해보면 포커스아웃 시 오류가 있는 필드의 값이 빨간색으로 바뀌는 것을 볼 수 있다. 그러나 실제 오류가 어떤 내용인지는 알 수 없다. 이는 사용자 친화성 측면에서는 부족한 부분이므로 이를 해결하는 방법을 알아보자.

이를 구현하고자 LabelInput 클래스의 __init__() 메서드에 다음과 같은 코드를 추가한다.

```
self.error = getattr(self.input, 'error', tk.StringVar())
ttk.Label(self, textvariable=self.error, **label_args).grid(
    row=2, column=0, sticky=(tk.W + tk.E)
)
```

여기서는 입력 변수들 중에 error 변수가 있는지 확인하고 없다면 새로 만든다. 검증 기능을 구현한 위젯에는 이미 error 변수가 존재한다. 그러나 노트 필드에 사용되는 BoundText처럼 검증 기능이 없는 위젯이 있으므로 이와 같은 과정이 필요하다.

그다음에는 Label 위젯을 만들고 error 변수를 textvariable 인자에 바인딩한다. 이는 검증 로직에 의해 갱신된 위젯의 error 변수 내용으로 Label 콘텐츠를 갱신할 것이다.

이제 애플리케이션을 실행하고 잘못된 데이터를 필드에 입력해보자. 예를 들어 Spinbox 위젯에 너무 낮은 값을 입력하는 것처럼 말이다. 그리고 포커스를 다른 곳으로 이동시키면 필드 밑에 오류 메시지가 나타날 것이다.

그러나 작은 이슈 하나가 있다. 환경 정보 안의 필드 중에 포커스가 있는 상태에서 장비 오류에 체크하면 그 필드 밑에 오류 메시지가 표시된다. 이는 체크박스가 클릭되면 필드는 포커스를 잃게 되고, 따라서 검증이 수행되기 때문이다. 그 와중에 _check_disable() 메서드는 검증 로직이 거부할 빈 문자열을 설정하게 된다.

이를 해결하려면 필드가 비활성화될 때 오류 문자열을 지우면 된다. 그럼 LabelInput의 _check_disable() 메서드에 다음과 같이 코드 한 줄을 추가한다.

```python
if self.disable_var.get():
    self.input.configure(state=tk.DISABLED)
    self.variable.set('')
    self.error.set('')
```

이제 애플리케이션을 다시 실행하고 장비 오류를 체크하면 오류 메시지가 사라지는 모습을 볼 수 있다.

폼 제출 방지

CSV 파일에 오류가 없게 하는 마지막 단계는 폼에 오류가 있을 때 레코드 저장을 중단시키는 것이다.

레코드 저장은 Application 객체 안에서 일어난다. 따라서 이 객체는 데이터를 저장하기 전에 폼의 오류 상태를 판단할 수 있어야 한다. 이는 DataRecordForm에 퍼블릭 메서드가 필요하다는 의미이며, 그 메서드를 get_errors()라고 하자.

이제 DataRecordForm 클래스의 마지막 부분에 다음과 같이 메서드를 정의한다.

```python
def get_errors(self):
    """폼의 오류 목록 가져오기"""

    errors = {}
    for key, var in self._vars.items():
        inp = var.label_widget.input
        error = var.label_widget.error
        if hasattr(inp, 'trigger_focusout_validation'):
            inp.trigger_focusout_validation()
        if error.get():
            errors[key] = error.get()
```

```
        return errors
```

먼저 빈 딕셔너리를 만들어 errors에 저장한다. 여기에는 field: error_string 과 같은 식으로 오류를 저장할 것이며, 따라서 호출한 코드에 오류가 있는 필드를 특정할 수 있게 할 것이다.

LabelInput 클래스는 자신의 참조를 제어 변수로 __init__() 메서드에 전달한다는 사실을 떠올리자. 따라서 변수의 딕셔너리를 순환하고자 이 참조를 사용할 수 있다. 여기서는 각 변수에 대해 다음과 같은 작업을 했다.

- LabelInput 참조로부터 입력 위젯과 오류 변수를 가져온다.
- 입력 위젯에 trigger_focusout_validation() 메서드가 정의돼 있다면 이를 호출해 그 위젯의 값이 확실히 검증되게 한다.
- 값에 오류가 있다면 오류 변수가 채워졌을 것이므로 error를 errors 딕셔너리에 추가한다.
- 모든 필드에 대한 작업이 끝나면 errors 딕셔너리를 반환한다.

폼의 오류를 가져오는 방법을 알았으니 이제 Application 클래스의 _on_save() 메서드에서 이를 활용할 차례다. 그럼 _on_save() 메서드의 첫 부분에 다음과 같은 코드를 추가하자.

```
errors = self.recordform.get_errors()
if errors:
  self.status.set(
    "Cannot save, error in fields: {}"
    .format(', '.join(errors.keys()))
  )
  return
```

Application 객체는 폼의 참조를 self.recordform에 저장한다는 사실을 떠올리자. 이제 get_errors() 메서드를 호출해 오류 딕셔너리를 가져올 수 있다.

딕셔너리가 비어 있지 않다면 새 오류 문자열을 만들고 모든 키(필드 이름)를 연결해 오류 문자열에 추가한다. 이는 status 제어 변수로 전달돼 상태 표시줄에서 보일 수 있게 된다. 마지막으로 메서드를 빠져나옴으로써 _on_save() 메서드의 남은 로직은 실행되지 않는다.

이제 애플리케이션을 실행해 모든 필드를 비운 채로 저장 버튼을 눌러보자. 그림 5-3과 같이 모든 필드는 오류 메시지를 보여주며 상태 표시줄은 오류가 있는 필드들을 알려줄 것이다.

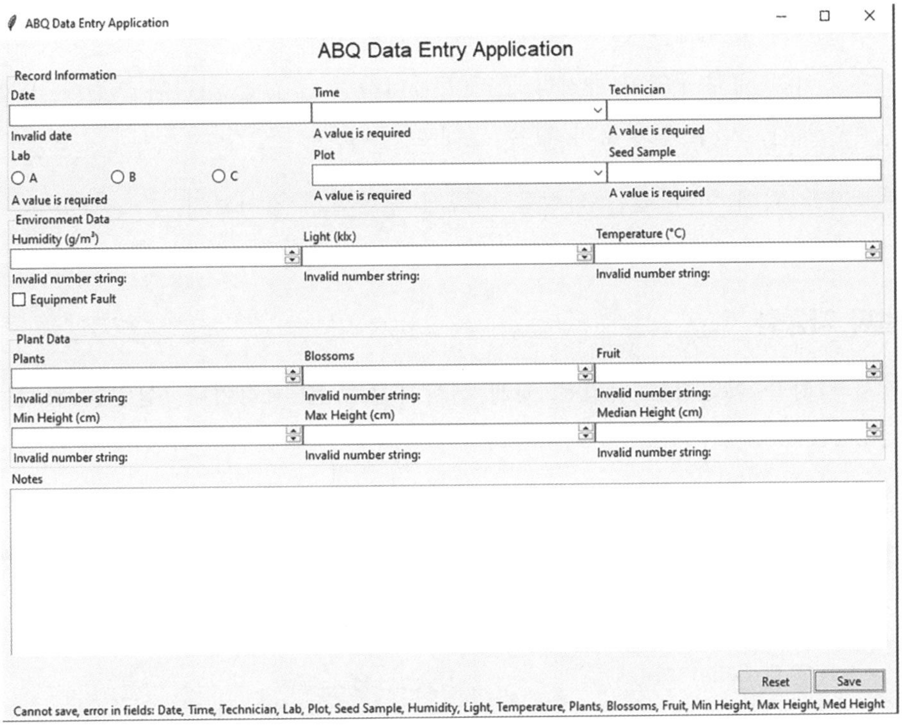

그림 5-3: 모든 오류를 보여주는 애플리케이션

입력 자동화

사용자의 잘못된 데이터 입력을 방지하는 일은 결과의 품질을 높이기 위한 하

나의 방법이다. 또 다른 방법은 값을 예측할 수 있는 모든 경우에 입력을 자동화하는 것이다. 폼이 어떤 식으로 채워지는지 이해하고 있다면 특정 필드에는 거의 맞다고 여겨지는 값을 자동 삽입할 수 있다.

2장에서 파악했던 내용을 떠올려보자. 폼들은 거의 항상 같은 날짜에 기록되며 각 기록지는 재배 구역 1번부터 시작해 20번까지 작성된다.

또한 날짜, 시간, 연구소, 기사의 값은 각 폼마다 동일하게 남아 있다. 그렇다면 자동화를 구현할 수 있는 다음과 같은 일부 가능성이 파악된다.

- 날짜 필드에는 현재 날짜를 자동 삽입한다.
- 이전 재배 구역이 마지막 구역이 아니라면 그 값을 하나씩 늘린다. 또한 시간, 기사, 연구소의 값은 그대로 둔다.

사용자를 위해 이와 같은 사항을 어떻게 구현할지 알아보자.

날짜 자동화

현재 날짜를 삽입하는 작업은 쉽게 시작하기 좋은 지점이다. 삽입할 위치는 DataRecordForm의 reset() 메서드다. 이 메서드는 폼이 초기화될 때와 데이터가 저장되고 새 레코드를 받아들여야 할 때 호출된다.

그럼 다음과 같이 메서드를 수정하자.

```
def reset(self):
    """폼 초기화"""

    for var in self._vars.values():
        if isinstance(var, tk.BooleanVar):
            var.set(False)
        else:
            var.set('')
```

```
current_date = datetime.today().strftime('%Y-%m-%d')
self._vars['Date'].set(current_date)
self._vars['Time'].label_widget.input.focus()
```

모든 변수를 초기화한 다음에는 Application의 _on_save()에서 했듯 datetime.today().strftime()을 사용해 ISO 날짜 형식으로 현재 날짜를 가져온다. 일단 날짜를 가져왔으면 단순히 Date 변수에 설정하면 그만이다.

이젠 폼의 포커스를 그다음 입력 필드, 즉 시간 필드로 이동시켜야 한다. 그렇지 않으면 날짜 필드에서 사용자가 직접 탭을 눌러야 하니까 말이다. label_widget으로 Time 변수와 연결된 위젯에 접근해 focus() 메서드를 호출하면 시간 필드 위젯에 키보드 포커스를 줄 수 있다.

나머지 필드 자동화

재배 구역, 연구소, 시간, 기사를 다루는 일은 약간 복잡하다. 지금 전략은 다음과 같다.

- 데이터를 초기화하기 전에 재배 구역, 연구소, 시간, 기사 값을 저장한다.
- 모든 값을 초기화한다.
- 저장된 재배 구역이 마지막 값[20]보다 작으면 연구소, 시간, 기사 값을 필드로 다시 넣고 재배 구역 값을 증가시킨다.
- 저장된 재배 구역이 마지막 값이거나 값이 없으면 모든 필드를 비어 있는 채로 둔다.

이 로직을 구현하고자 reset() 메서드에 다음과 같은 코드를 추가한다.

```
def reset(self):
    """폼 초기화"""

    lab = self._vars['Lab'].get()
```

```
time = self._vars['Time'].get()
technician = self._vars['Technician'].get()
try:
    plot = self._vars['Plot'].get()
except tk.TclError:
    plot = ''
plot_values = (
    self._vars['Plot'].label_widget.input.cget('values')
)
```

reset() 안의 다른 모든 작업에 앞서 각 해당 필드의 값을 가져와 저장한다. 여기서 plot은 try/catch 블록에 넣었음을 주목하기 바란다. 재배 구역 필드가 비어 있는 경우 빈 문자열은 올바른 정수 문자열이 아니므로 TclError가 발생하기 때문이다. 따라서 그런 경우에는 빈 문자열을 할당하고 계속 진행시킨다.

또한 Plot 변수의 label_widget을 사용해 유효한 plot 값들을 가져온다. 연구소마다 20개의 재배 구역이 있다는 사실을 알고 있으므로 1부터 20까지의 목록을 하드코딩할 수도 있다. 그러나 그런 식의 하드코딩은 나쁜 습관이다. 재배 구역이 추가되거나 제거될 때마다 코드를 샅샅이 뒤져 20개로 가정했던 모든 코드를 수정해야 하기 때문이다. 따라서 위젯 자체의 질의를 통해 유효한 값들을 가져오는 방법이 훨씬 바람직하다.

그다음에는 이 메서드의 마지막에, 즉 필드를 초기화하고 날짜를 설정하는 부분의 아래에 다음과 같이 필드를 갱신하는 코드를 추가한다.

```
if plot not in ('', 0, plot_values[-1]):
    self._vars['Lab'].set(lab)
    self._vars['Time'].set(time)
    self._vars['Technician'].set(technician)
    next_plot_index = plot_values.index(str(plot)) + 1
    self._vars['Plot'].set(plot_values[next_plot_index])
    self._vars['Seed Sample'].label_widget.input.focus()
```

이 코드는 plot 값이 빈 문자열인지, 0인지, 또는 마지막 값인지 확인한다. 그렇지 않다면 필드들을 자동으로 채우기 시작한다. 연구소, 시간, 기사는 저장했던 값으로 다시 채운다. 그다음에는 재배 구역 값을 하나 증가시켜야 한다.

이 시점에서 plot은 반드시 정수여야 한다. 그러나 Tkinter의 암묵적 문자열 변환 때문에 정수가 아니라고 가정하는 것이 낫다. 따라서 단순히 plot의 값을 증가시키는 대신 plot_values에서 인덱스를 가져와 이를 증가시킨다. 그리고 이 인덱스를 Plot 변수에 설정하면 된다.

마지막으로 이전에 시간 위젯에 했듯 종자 샘플 위젯에 포커스를 설정한다.

이로써 검증과 자동화 코드를 모두 완성했으며 사용자와 함께 시범 테스트를 할 준비가 됐다. 이는 CSV 입력에 있어 굉장한 발전이며 데이터 입력을 통한 업무 효율화에 큰 기여가 됐다.

⠿ 정리

ABQ 앱에 많은 진전이 있었다. 5장에서는 Tkinter 검증 시스템을 살펴봤고, 검증 기능을 위한 믹스인 클래스를 만들었으며, 이를 사용해 검증 기능을 갖춘 Entry, Combobox, Spinbox 위젯을 만들었다. 또한 내장 검증 프레임워크를 지원하지 않는 Radiobutton과 같은 위젯에 검증 기능을 추가하는 방법, 키보드 이벤트와 포커스 이벤트에 있어 서로 다른 종류의 데이터 검증, 연관된 필드의 값이 변경됨에 따라 동적으로 상태나 범위를 갱신하는 작업도 했다. 마지막으로 사용자의 입력 업무량 절감을 위해 여러 필드의 입력을 자동화하는 방법도 알아봤다.

6장에서는 유지 보수가 용이한 대형 애플리케이션을 구성하는 방법을 알아봄으로써 애플리케이션 확장을 위한 코드 기반을 준비한다. 특히 MVC 패턴을 알아보고 좀 더 쉬운 관리를 위해 코드를 여러 파일로 분리하는 방법도 살펴본다.

또한 버전 관리 시스템과 이를 이용해 변경 사항을 추적하는 방법도 알아본다.

06

애플리케이션 확장 계획

ABQ 앱은 정말 히트를 쳤다. 초반의 테스트와 오리엔테이션을 거친 후 데이터 입력 요원들이 애플리케이션을 활용한 지 벌써 몇 주가 됐다. 데이터 입력 시간과 오류는 극적으로 감소했으며 이 애플리케이션이 해결할 수 있는 다른 사안들에 대한 활발한 논의도 이뤄졌다. 연구소 책임자가 직접 브레인스토밍에 참여하는 등 왠지 새로운 기능 추가에 대한 요구가 발생할 것이라는 강한 예감이 든다.

문제가 하나 있다. 애플리케이션이 이미 수백 줄의 스크립트로 돼 있으므로 규모가 커질수록 유지 보수의 걱정을 할 수밖에 없다. 따라서 향후 확장에 대비할 수 있게 코드 기반을 체계화하는 과정이 필요하다.

6장에서 다루는 내용은 다음과 같다.

- '관심사 분리' 절에서는 MVC 패턴을 살펴본다.
- '애플리케이션 디렉터리 구성' 절에서는 코드를 파이썬 패키지로 구조화하는 방법을 살펴본다.

- '애플리케이션 분리' 절에서는 데이터 입력 애플리케이션을 MVC 파이썬 패키지로 재구성한다.
- '버전 관리 시스템' 절에서는 애플리케이션의 변경 사항을 추적할 수 있는 버전 관리 시스템인 Git의 사용법을 알아본다.

⠿ 관심사 분리

올바른 아키텍처 설계는 확장성을 고려하는 모든 프로젝트에서 필수다. 누구나 버팀목을 세우거나 헛간 정도는 만들 수 있다. 그러나 주택이나 빌딩의 건축에는 신중한 계획과 공학이 필요하다. 소프트웨어도 다르지 않다. 간단한 스크립트라면 전역 변수를 사용하거나 클래스 속성을 직접 조작하는 등의 지름길을 선택할 수 있을 것이다. 그러나 프로그램이 커질수록 어떤 상황에서도 이해할 수 있을 정도의 복잡도로 제한하고자 코드를 분리하고 각 기능을 캡슐화할 필요가 있다.

이와 같은 개념을 관심사 분리separation of concerns라고 하며, 애플리케이션의 각 컴포넌트와 그 상호작용을 기술하는 아키텍처 패턴을 통해 구현할 수 있다.

MVC 패턴

관심사 분리를 위해 가장 오랫동안 사용되는 아키텍처 패턴 중 하나는 1970년대에 등장한 모델-뷰-컨트롤러MVC, Model-View-Controller 패턴일 것이다. 이 패턴은 오랜 세월 진화하고 파생돼 왔지만 그 핵심은 변함없다. 바로 데이터, 그 데이터의 표현, 애플리케이션 로직을 독립 컴포넌트로 분리한다는 점이다.

그림 6-1은 각 MVC 컴포넌트의 역할과 관계를 보여준다.

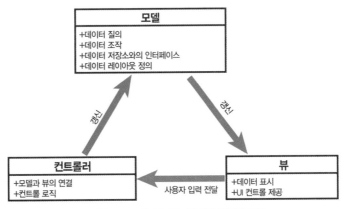

그림 6-1: 모델, 뷰, 컨트롤러의 역할과 관계

이들 컴포넌트를 자세히 알아보고 현재 ABQ 앱의 맥락에서 이해해보자.

모델

MVC에서 모델은 데이터를 나타낸다. 여기에는 데이터 저장뿐만 아니라 데이터를 질의하거나 조작하는 여러 방법도 포함된다. 이상적으로 모델은 어떤 GUI 위젯이 사용되는지, 필드의 순서가 어떻게 되는지 등과 같은 데이터의 표현 방법과 관련이 없으며 영향을 받지도 않는다. 그 대신 내부 작업에 필요한 다른 컴포넌트에 대한 최소한의 관심사만 갖는 하이레벨의 인터페이스를 나타낸다. 따라서 이론적으로는 프로그램의 UI를 완전히 바꾸는 상황, 예를 들어 Tkinter 애플리케이션을 웹 애플리케이션으로 전환하는 상황이라도 모델은 전혀 영향을 받지 않는다.

모델에 포함되는 정보나 기능의 몇 가지 예는 다음과 같다.

- 프로그램 데이터를 준비하고 영속 매체(파일, 데이터베이스 등)에 저장한다.
- 파일이나 데이터베이스에서 프로그램에 필요한 형태로 데이터를 가져 온다.
- 데이터 타입과 범위를 포함하는 필드 목록을 보유한다.
- 데이터 타입과 범위에 대한 검증을 수행한다.

- 저장된 데이터의 계산을 수행한다.

현재 ABQ 앱에는 모델 클래스가 없다. 데이터 레이아웃은 폼 클래스 안에 정의돼 있으며 데이터 저장과 관련된 유일한 코드는 Application의 _on_save() 메서드 안에 있다. ABQ 앱에 MVC를 구현하려면 이들 로직을 데이터 레이아웃과 CSV 작업을 담당하는 개별 객체로 분리해야 한다.

뷰

뷰는 데이터를 보여주고 사용자를 제어하는 인터페이스다. 대다수의 애플리케이션은 동일한 데이터에 대한 여러 뷰를 가진다. 뷰는 모델에 직접 접근할 수 있고 그렇지 않을 수도 있다. 보통은 읽기 전용으로 접근하며 데이터를 변경할 경우에는 컨트롤러를 통해 요청한다.

뷰에서 흔히 볼 수 있는 코드 예는 다음과 같다.

- GUI 레이아웃과 위젯 정의
- 필드 자동 완성 등과 같은 폼 자동화, 위젯의 동적 변경, 오류 메시지 표시 등
- 데이터 표현을 위한 형식화

현재 ABQ 앱에서는 DataRecordForm 클래스가 뷰다. UI를 위한 대부분의 코드를 담고 있기 때문이다. 또한 _vars 딕셔너리는 현재 데이터 레코드의 구조를 정의한다. 이 딕셔너리는 뷰 안에 유지될 수 있는데, 데이터를 모델에 보내기 전까지 임시로 저장할 방법은 있어야 하기 때문이다. 그러나 _vars가 데이터 레코드를 정의해선 안 된다. 그건 모델의 역할이기 때문이다. 따라서 MVC를 구현하고자 뷰가 자신이 정의한 개념이 아닌, 모델 데이터의 개념을 갖게 만들어야 한다.

컨트롤러

애플리케이션에서 컨트롤러는 이를테면 '고속버스 터미널'이다. 사용자의 요청을 처리하며 뷰와 모델 사이의 데이터 라우팅을 담당하기 때문이다. 여러 변형된 MVC에서 컨트롤러의 역할, 심지어 그 이름도 다르게 부르곤 하지만 여전히 컨트롤러는 뷰와 모델 사이의 중재자로서 동작한다는 점은 변함없이 중요하다. ABQ 앱의 컨트롤러 역시 애플리케이션이 사용하는 뷰와 모델의 참조를 갖고 둘 사이의 상호작용을 책임져야 할 것이다.

컨트롤러에서 흔히 볼 수 있는 코드 예는 다음과 같다.

- 애플리케이션의 시작과 종료 로직
- UI 이벤트를 위한 콜백
- 모델과 뷰 인스턴스 생성

ABQ 앱에서 컨트롤러 역할을 하는 객체는 **Application**이다. 뷰와 모델 로직도 일부 갖고 있지만 말이다. 불행히도 Tkinter의 **Tk** 객체에는 제어의 중심점과 루트 윈도우가 혼합돼 있어 애플리케이션의 메인 뷰에서 컨트롤러를 완벽히 분리하긴 힘들다. 따라서 **Application** 객체는 그 두 로직을 일부 가질 수밖에 없지만 MVC를 구현하고자 가급적 프레젠테이션 로직은 뷰로, 데이터 로직은 모델로 이동시킬 필요가 있다. 이상적으로 **Application** 객체는 모델과 뷰 사이를 연결하는 코드에 집중해야 한다.

설계 복잡성의 이유

처음에는 이런 방식으로 애플리케이션을 분리하는 일이 불필요한 비용을 발생시킬 것으로 보인다. 서로 다른 객체들 사이에 데이터를 실어 나를 것이고 결과적으로 동일한 기능을 구현함에도 더 많은 코드를 작성하게 될 것이기 때문이다. 그럼 왜 이렇게 하는 것일까?

간단히 말하면 우리는 관리 가능한 확장판을 만들려는 것이다. 애플리케이션이 커지면 복잡도도 커진다. 따라서 컴포넌트를 분리하면 개별 컴포넌트의 복잡도를 제한할 수 있다. 예를 들어 데이터 입력 폼을 재구성하더라도 최종 데이터의 구조가 변경될 우려를 하지 않아야 한다.

프로그램의 그런 두 부분은 반드시 서로 독립적이어야 한다.

또한 이는 어떤 유형의 로직을 넣는 위치의 일관성 유지에 도움이 된다. 예를 들어 모델 객체를 별도로 분리하면 즉석으로 만든 데이터 쿼리나 파일 접근 로직으로 UI 코드가 지저분해지는 일을 막을 수 있다.

요컨대 어떤 아키텍처 전략도 없다면 프로그램은 스파게티 로직으로 꼬여버린 상태가 될 수 있는 위험에 빠진다. MVC 설계의 엄격한 정의를 고수하지 못하더라도 느슨하나마 MVC 패턴을 지속적으로 따르면 애플리케이션의 복잡도 증가에 따른 많은 골칫거리를 예방할 수 있다.

애플리케이션 디렉터리 구성

프로그램을 논리적으로 쪼개 관심사를 분리하면 각 컴포넌트의 복잡성을 논리적으로 관리할 수 있듯 코드를 물리적으로 쪼개 여러 파일로 분리하면 각 파일의 복잡성 관리에 도움이 된다. 또한 컴포넌트들을 격리시키는 효과도 커진다. 예를 들어 전역 변수를 파일 사이에 공유할 수 없다는 점이나, models.py 파일이 `tkinter`를 임포트하고 있다면 뭔가 잘못됐다는 점을 알게 될 것이다.

기본 디렉터리 구조

파이썬 애플리케이션의 디렉터리 구성을 위한 공식 표준은 없다. 그러나 파일을 잘 정리할 수 있고 나중에 소프트웨어 패키지로 만들기 쉽게 하는 몇 가지 일반 관행은 있다. 그럼 ABQ 앱의 디렉터리 구조를 만들기 시작하자.

먼저 `ABQ_Data_Entry`라는 이름의 디렉터리를 만들자. 이는 우리 애플리케이션의 최상위 디렉터리며 프로그램 어디서든 참조할 수 있는 애플리케이션 루트 application root 다.

이제 애플리케이션 루트 안에 abq_data_entry라는 이름의 또 다른 디렉터리를 만들자. 모두 소문자임에 주의하기 바란다. 이는 애플리케이션의 모든 코드를 포함할 파이썬 패키지다. 따라서 유일무이하고 그 자체로 설명이 되는 이름이어야 기존 파이썬 패키지와 혼동되지 않는다. 원래 애플리케이션 루트 이름도 이 메인 모듈과 동일하게 소문자만 사용할 수 있지만 그렇지 않아도 상관은 없다. 여기서는 혼란을 막고자 애플리케이션 루트에 대소문자를 모두 사용했다.

TIP

> 파이썬 패키지와 모듈의 이름은 반드시 모두 소문자여야 하며, 각 단어는 밑줄로 연결해야 한다. 이 규약은 파이썬의 공식 스타일 지침인 PEP 8에 포함돼 있다. PEP 8의 자세한 내용은 https:// peps.python.org/pep-0008/을 참고하기 바란다.

이번에는 애플리케이션 루트 안에 docs라는 디렉터리를 만들자. 이 디렉터리는 애플리케이션과 관련된 문서 파일이 저장되는 곳이다.

마지막으로 애플리케이션 루트 안에 README.rst와 abq_data_entry.py라는 2개의 빈 파일을 만들자. 이제 디렉터리 구조는 그림 6-2와 같을 것이다.

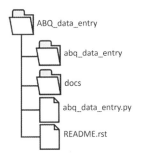

그림 6-2: 애플리케이션 디렉터리 구조

이제 이들 파일에 코드 작성을 시작하자.

abq_data_entry.py

abq_data_entry.py는 프로그램을 시작시키고자 실행될 메인 파일이 될 것이다. 그렇다고 프로그램 코드의 대부분을 포함하는 것은 아니며, 실제로는 다음과 같은 코드만 갖는다.

```
from abq_data_entry.application import Application

app = Application()
app.mainloop()
```

이 코드를 추가하고 저장하자. 이 파일의 유일한 목적은 Application 클래스를 임포트하고 인스턴스를 만들어 실행하는 것이다. 나머지 작업은 abq_data_entry 패키지 안에서 수행될 것이다. 물론 아직 패키지를 만들지 않았으므로 현재는 이 파일이 실행되지 않는다. 그럼 애플리케이션 패키지와 관련된 작업을 하기 전에 문서 파일을 먼저 다뤄보자.

README.rst

프로그램과 관련된 문서를 축약한 README라는 짧은 텍스트 파일을 프로그램에 포함시키는 관행은 1970년대부터 시작됐다. 작은 프로그램이라면 README 파일 자체가 유일한 프로그램 문서일 수도 있다. 반면 대형 프로그램에서 README는 사용자와 관리자를 위한 필수적인 사전 지침서가 된다.

README 파일의 내용에 대한 규정이 있진 않지만 기본적으론 다음과 같은 항목들을 포함시킬 수 있다.

- **설명:** 프로그램과 그 기능의 간략한 설명으로, 프로그램 명세나 그와 비슷한 문서에 있는 설명을 재사용할 수 있다. 또한 주요 기능 목록을 포함할 수 있다.
- **개발자 정보:** 개발자 정보와 저작권 정보를 표시한다. 이는 소프트웨어를

공개할 경우 특히 중요하다. 심지어 공개하지 않는 경우라 하더라도 이 소프트웨어를 누가 언제 만들었는지 등의 정보는 미래의 유지 보수 담당자에게 유용하다.

- **요구 사항:** 소프트웨어와 하드웨어의 요구 사항 목록이다.
- **설치:** 소프트웨어 설치, 시스템 요구 사항, 다른 소프트웨어로의 의존성, 기본 설정 등을 설명한다.
- **설정:** 애플리케이션 설정 방법과 가용한 옵션의 설명이다. 일반적으로 프로그램 안에서의 사용자 설정이 아닌, 명령이나 설정 파일을 통한 설정을 말한다.
- **사용법:** 애플리케이션 구동 방법이나 커맨드라인 인자 등 사용자가 애플리케이션의 기본 기능을 사용하고자 필요한 사항이다.
- **일반 사항:** 사용자가 알아야 할 일반 정보나 중요 정보다.
- **버그:** 애플리케이션의 알려진 버그나 제약 사항의 목록이다.

이들 항목 전부가 모든 프로그램에 필요한 것은 아니다. 예를 들어 현재의 ABQ 앱은 설정 옵션이 없으므로 설정 항목은 필요 없을 것이다. 상황에 따라 다른 항목을 추가해도 된다. 예를 들어 공개 소프트웨어의 경우 공통의 질의를 위한 FAQ 항목을 포함할 수 있으며 오픈소스 소프트웨어라면 기여^{Contribution} 항목을 통해 기여 방법을 설명할 수 있다.

README 파일은 평범한 아스키^{ASCII}나 유니코드^{Unicode} 텍스트를 사용해 자유로운 형식이나 마크업 언어로 작성한다. 지금은 파이썬 프로젝트를 하고 있으므로 파이썬 문서의 공식 마크업인 reST를 사용하자. reST 파일의 확장자는 rst다.

NOTE

> reST의 자세한 사항은 부록 A를 보기 바란다.

README.rst 파일 샘플은 이 책의 예제 코드에 포함돼 있으므로 잠깐 시간을 내 살펴보기 바란다. 이제 docs 디렉터리로 이동하자.

docs 디렉터리

docs 디렉터리는 문서가 위치하는 장소다. 사용자 설명서, 프로그램 명세, API 참조 문서, 다이어그램 등 어떤 종류의 문서든 가능하다.

지금은 다음과 같은 파일을 docs 디렉터리에 복사하자.

- 프로그램 명세서(abq_data_entry_spec.rst)
- 폼 인터페이스 모형(그림 3-10)
- 기사의 기록지 사본(그림 2-1)

어느 시점이 되면 사용자 설명서도 필요하겠지만 현재는 프로그램이 간단해서 그 정도까지 필요하진 않다.

파이썬 패키지 제작

파이썬 패키지를 만드는 일은 놀랍게 쉽다. 파이썬 패키지는 다음 3가지로 구성된다.

- 하나의 메인 디렉터리
- 그 디렉터리 안의 __init__.py 파일
- 같은 디렉터리 안의 하나 이상의 파이썬 소스 파일

스크립트가 동일한 부모 디렉터리(즉, 패키지 디렉터리) 안에 있다면 표준 라이브러리 패키지를 임포트하듯 이 패키지 전체나 일부분을 임포트할 수 있다.

__init__.py 파일은 클래스의 초기화 메서드와 유사한 역할을 한다. 이 파일의 코드는 패키지가 임포트될 때마다 실행되며, 생성되거나 임포트된 어떤 이름도 패키지 네임스페이스 안에서 접근할 수 있다. 그러나 파이썬 커뮤니티는 이 파일에 너무 많은 코드를 넣지 않길 권장하며, 지금도 필요한 코드가 없으므로 빈 파일로 둘 것이다.

이제 애플리케이션 패키지 제작을 시작하자. abq_data_entry 디렉터리 안에 다음과 같은 6개의 빈 파일을 만든다.

- __init__.py
- widgets.py
- views.py
- models.py
- application.py
- constants.py

이처럼 패키지 디렉터리 안에 있는 각 파이썬 파일을 모듈^{module}이라고 한다. 이제 디렉터리 구조는 그림 6-3과 같은 모습일 것이다.

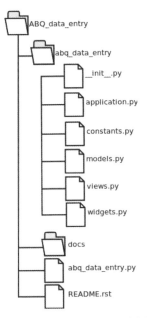

그림 6-3: 패키지 디렉터리를 포함한 디렉터리 구조

아직 실제 코드는 없지만 패키지 자체는 완성됐다. 테스트를 위해 터미널이나 명령 프롬프트를 열어 ABQ_Data_Entry 디렉터리로 이동해 파이썬 셸을 실행하자.

이제 다음과 같은 명령을 실행한다.

```
from abq_data_entry import application
```

여기서 어떤 오류도 발생하지 않아야 한다. 물론 아무런 기능도 없지만 말이다.

NOTE

> 지금 말하고 있는 패키지 그리고 pip로 다운로드할 수 있는 종류의 배포 가능 파이썬 패키지를 혼동하지 말기 바란다. 배포 가능 파이썬 패키지를 제작하는 방법은 16장에서 다룬다. 지금의 패키지는 단순히 파이썬 모듈의 집합이라고 이해하면 된다.

⁞ 애플리케이션 분리

제대로 디렉터리 구조를 갖췄으니 이제 애플리케이션 스크립트를 해부하고 모듈 파일들로 분리할 차례다. 또한 모델 클래스도 만들어야 한다.

5장에서 작성했던 data_entry_app.py 파일을 열고 시작하자.

모델 모듈 만들기

데이터를 주로 다루는 애플리케이션이라면 모델이 좋은 시작점이다. 알다시피 모델의 역할은 애플리케이션 데이터를 저장, 조회, 처리하는 일이며, 보통은 여기에 데이터베이스나 CSV와 같은 영속 저장 방식이 사용된다. 이를 위해 모델은 데이터에 관한 모든 지식을 보유해야 한다.

현재 ABQ 앱은 전혀 모델스럽지 않다. 데이터에 관한 지식은 각 폼 필드에 흩어져 있으며, 저장 요청이 발생하면 Application 객체는 단순히 폼에 있는 어떤 데이터든 가져와 CSV 파일에 채워 넣는다. 지금은 정보 검색이나 갱신을 하지 않으므로 애플리케이션이 CSV 파일 내부에 무엇이 있는지 알지 못한다.

ABQ 앱을 MVC 아키텍처로 전환하려면 데이터 저장과 검색을 관리하고 데이터에 관한 지식의 공식 원천이 될 모델 클래스를 만들어야 한다. 즉, 데이터 사전의 지식이 모델 안에 어떤 방식으로든 코딩돼야 한다는 말이다. 그 지식으로 무엇을 할지 아직 모르겠지만 적어도 위치는 여기가 맞다.

데이터를 저장하는 방법에는 커스텀 필드 클래스나 namedtuple 객체를 만드는 등 몇 가지가 있다. 그러나 지금은 복잡하게 만들지 않고자 필드명을 필드 메타데이터에 매핑하는 딕셔너리를 사용할 것이다.

필드 메타데이터는 필드 속성의 딕셔너리로 저장되며 여기에는 다음 사항들이 포함된다.

- 필드 데이터의 유형
- 필드의 필수 여부
- 가능한 값 목록
- 최솟값, 최댓값, 증가 크기 값

이제 각 필드에 데이터 타입을 저장하고자 일련의 상수를 정의할 것이다. 이는 일관적이고 명시적인 방법으로 서로 다른 필드 유형을 참조할 수 있게 한다. 그럼 constants.py 파일을 열어 다음 코드를 추가하자.

```python
# abq_data_entry/constants.py

from enum import Enum, auto

class FieldTypes(Enum):
    string = auto()
    string_list = auto()
    short_string_list = auto()
    iso_date_string = auto()
    long_string = auto()
    decimal = auto()
    integer = auto()
    boolean = auto()
```

여기서 만든 FieldTypes라는 클래스는 나중에 저장할 데이터의 서로 다른 타입을 정의한다. 이 클래스가 기반을 두는 파이썬의 Enum은 이처럼 상수의 집합을 정의할 때 유용한 클래스다. 각 상수는 유일하기만 하면 되며 그 값은 중요하지 않다. Enum에 있어서 실제 관심사는 단지 서로 다른 이름의 상수 집합을 갖는다는 점이다.

이 상수들에 수작업으로 문자열이나 일련의 정수를 할당할 수 있지만 enum 모듈에는 각 상수에 유일한 정수 값을 자동 할당하는 auto() 함수가 있다. 이 함수를 사용할 때 값 자체는 중요하지 않으며 이름만이 중요하다.

상수들을 보유했으니 이제 models.py를 열어 다음과 같이 모델 클래스를 만들자.

```python
# abq_data_entry/models.py 파일의 윗 부분
import csv
from pathlib import Path
from datetime import datetime
import os

from .constants import FieldTypes as FT

class CSVModel:
    """CSV 파일 저장"""
```

먼저 csv, pathlib, datetime, os, FieldTypes 상수와 같이 모델에 필요한 라이브러리들을 임포트했다. 처음 세 라이브러리는 원래 Application의 _on_save() 메서드에 필요했다. 그러나 이젠 모델 클래스가 이들 기능의 대부분을 다룰 것이다. 또한 os 모듈은 파일의 권한 확인을 위해 사용되며 FieldTypes 상수는 모델의 데이터 사전 정의에 사용될 것이다.

from .constants import FieldTypes와 같이 FieldTypes를 임포트하는 방식에 주목하자. 상수 앞의 점(.)은 이 구문이 상대 임포트^{relative import}임을 나타낸다. 상대 임포트는 동일한 패키지 안의 다른 모듈을 찾을 때 가용한 방법이다. 지금의 models 모듈에서는 abq_data_entry 패키지 안의 constants 모듈에 접근이 필요하다. 하나의 점은 부모 모듈, 즉 abq_data_entry 패키지를 나타내며, 따라서

.constants는 abq_data_entry 안의 constants 모듈을 나타낸다.

상대 임포트는 PYTHONPATH 안의 모듈과 커스텀 모듈을 구별한다. 상대 임포트를 사용하면 어떤 서드파티나 표준 라이브러리 패키지라도 우리 모듈 이름과 충돌할 걱정을 하지 않아도 된다.[1]

그다음에는 모델의 모든 필드가 포함된 딕셔너리를 담는 클래스 멤버 변수가 필요하다. 딕셔너리의 각 아이템에는 데이터 타입, 필수 여부, 유효 값, 유효 범위, 증가 크기 등 필드의 세부 사항이 포함될 것이다.

> **NOTE**
>
> 여기서는 필드 속성뿐만 아니라 CSV를 위해 필드 순서도 문서화하는 셈이다. 파이썬 3.6 이상에서는 딕셔너리가 필드가 정의된 순서를 유지한다. 그보다 예전 버전의 파이썬이라면 표준 라이브러리인 collections 모듈의 OrderedDict 클래스를 사용해 순서를 지킬 수 있다.

다음과 같이 딕셔너리를 추가하자.

```
fields = {
    "Date": {'req': True, 'type': FT.iso_date_string},
    "Time": {'req': True, 'type': FT.string_list,
        'values': ['8:00', '12:00', '16:00', '20:00']},
    "Technician": {'req': True, 'type': FT.string},
    "Lab": {'req': True, 'type': FT.short_string_list,
        'values': ['A', 'B', 'C']},
    "Plot": {'req': True, 'type': FT.string_list,
        'values': [str(x) for x in range(1, 21)]},
    "Seed Sample": {'req': True, 'type': FT.string},
    "Humidity": {'req': True, 'type': FT.decimal,
        'min': 0.5, 'max': 52.0, 'inc': .01},
    "Light": {'req': True, 'type': FT.decimal,
        'min': 0, 'max': 100.0, 'inc': .01},
    "Temperature": {'req': True, 'type': FT.decimal,
```

---

1. PYTHONPATH는 파이썬의 라이브러리 탐색 경로를 지정하는 시스템 환경 변수다. − 옮긴이

```
        'min': 4, 'max': 40, 'inc': .01},
    "Equipment Fault": {'req': False, 'type': FT.boolean},
    "Plants": {'req': True, 'type': FT.integer,
        'min': 0, 'max': 20},
    "Blossoms": {
        'req': True, 'type': FT.integer, 'min': 0, 'max': 1000},
    "Fruit": {'req': True, 'type': FT.integer, 'min': 0, 'max': 1000},
    "Min Height": {'req': True, 'type': FT.decimal,
        'min': 0, 'max': 1000, 'inc': .01},
    "Max Height": {'req': True, 'type': FT.decimal,
        'min': 0, 'max': 1000, 'inc': .01},
    "Med Height": {'req': True, 'type': FT.decimal,
        'min': 0, 'max': 1000, 'inc': .01},
    "Notes": {'req': False, 'type': FT.long_string}
}
```

이 목록은 데이터 사전에서 가져온 그대로며 이미 DataRecordForm 클래스에서 봤던 값들이다. 하지만 지금 이 딕셔너리는 공식적인 정보의 원천이 될 것이다. 즉, 어떤 클래스든 모델 필드와 관련한 정보가 필요하다면 이 딕셔너리에서 가져가야 한다.

본격적으로 모델 클래스의 메서드 설계를 시작하기 전에 기존의 파일 저장 로직을 잠시 살펴보고 어느 부분을 모델에 포함시킬지 고민해보자. 기존 스크립트에 있던 코드는 대략 다음과 같다.

```
def _on_save(self):
    errors = self.recordform.get_errors()
    if errors:
        self.status.set(
            "Cannot save, error in fields: {}"
            .format(', '.join(errors.keys()))
        )
        return
```

```
datestring = datetime.today().strftime("%Y-%m-%d")
filename = "abq_data_record_{}.csv".format(datestring)
newfile = not Path(filename).exists()

data = self.recordform.get()

with open(filename, 'a', newline='') as fh:
    csvwriter = csv.DictWriter(fh, fieldnames=data.keys())
    if newfile:
        csvwriter.writeheader()
    csvwriter.writerow(data)

self._records_saved += 1
self.status.set(
    f"{self._records_saved} records saved this session"
        .format(self._records_saved))
self.recordform.reset()
```

이제 이 코드를 살펴보고 모델에 보낼 부분과 Application 클래스에 남겨 놓을
부분을 판별하자.

- 첫 번째 블록에서는 DataRecordForm 클래스에서 오류 변수를 끌어온다.
  모델은 폼에 대한 정보를 모르므로 이 부분은 Application에 남아 있어
  야 한다. 사실 모델은 폼 오류를 알 필요도 없는데, 오류 발생 시 해야
  할 유일한 동작은 오류 메시지를 보여주는 것뿐이기 때문이다. 이는 UI
  의 영역이며 모델이 관여할 영역이 아니다.
- 그다음 블록에서는 파일명을 결정한다. 이는 파일 저장과 관련된 작업
  이므로 모델의 영역임이 분명하다.
- newfile 변수에는 파일의 존재 여부 결과를 할당한다. 이는 데이터 저장
  수단과 관련된 구체적인 구현 사항이므로 명확히 모델의 영역이다.
- data = self.recordform.get()은 폼으로부터 데이터를 가져온다. 모델은
  폼의 존재 자체를 몰라야 하므로 이 부분은 Application 안에 남아야 한다.
- 그다음 블록에서는 파일을 열고 csv.DictWriter 객체를 만들어 데이터

를 추가한다. 이는 두말할 필요 없이 모델의 영역이다.

- 마지막 블록에서는 파일 저장 작업의 결과를 사용자에게 알리고 폼을 초기화한다. 이는 UI와 관련이 있으므로 모델에 속할 사항이 아니다.

따라서 지금의 모델은 파일명을 결정하고 Application 객체에서 받은 데이터를 파일에 작성하는 역할을 하는 반면, Application은 폼의 오류를 확인하고 폼에서 데이터를 가져오며 저장 작업의 결과를 사용자에게 알리는 역할을 하면 될 것이다.

이제 모델 클래스를 위한 초기화 메서드를 만들자. CSVModel은 특정 CSV 파일에 대한 인터페이스를 나타내므로 __init__() 안에서 파일명을 결정하고 이를 모델 객체가 존재하는 동안 유지해야 한다. 그럼 다음과 같은 코드로 시작하자.

```
# CSVModel 클래스에 추가

    def __init__(self):

        datestring = datetime.today().strftime("%Y-%m-%d")
        filename = "abq_data_record_{}.csv".format(datestring)
        self.file = Path(filename)
```

__init__() 메서드는 현재 날짜를 사용해 filename을 결정하고 이를 Path 객체로 변환한다. Path 객체는 filename을 인스턴스 변수로 저장한다.

모델의 인스턴스는 특정 파일명과 묶여 있으며 그 파일로의 접근 기능을 나타내기 때문에, 파일에 데이터를 추가할 권한이 없다면 이 모델은 상대적으로 쓸모없게 된다. 따라서 폼에 데이터를 입력하기 전에 미리 초기화 메서드에서 파일의 접근 권한을 확인하고 문제가 있다면 사용자에게 알려야 한다.

그와 같은 작업을 위해 다음과 같이 os.access() 함수를 사용하는 코드를 작성하자.

```
# CSVModel.__init__()에 추가
```

```
file_exists = os.access(self.file, os.F_OK)
parent_writeable = os.access(self.file.parent, os.W_OK)
file_writeable = os.access(self.file, os.W_OK)
if (
    (not file_exists and not parent_writeable) or
    (file_exists and not file_writeable)
):
    msg = f'Permission denied accessing file: {filename}'
    raise PermissionError(msg)
```

os.access() 함수는 2개의 인자를 받는다. 하나는 파일 경로 문자열이나 Path 객체이며, 다른 하나는 확인 모드를 나타내는 상수다. 우리가 사용할 확인 모드는 파일의 존재 여부를 확인하는 os.F_OK와 쓰기 권한을 확인하는 os.W_OK다. 또한 os.W_OK는 파일이 존재하지 않을 때도 False를 반환하며, 이는 데이터가 저장된 적이 없다는 분명한 근거다. 따라서 다음 2가지 경우를 구분해야 한다.

- 파일은 존재하나 쓰기 권한이 없는 경우
- 파일이 존재하지 않으며 현재 디렉터리에 파일을 만들 수 없는 경우

어느 경우든 파일을 작성할 수 없으므로 예외를 발생시켜야 한다. 상태 표시줄이나 콘솔에 오류를 표시하지 않고 그 대신 예외를 발생시키는지 궁금할 수 있는데, 모델 클래스는 UI와 관련된 어떤 사항도 가정하지 않으며 UI 코드를 포함하지도 않는다는 점을 기억하기 바란다. 모델 안의 오류 상황을 처리하는 가장 적합한 방법은 예외를 사용해 컨트롤러에게 메시지를 전달함으로써 컨트롤러가 UI에 대해 적절히 동작하게 하는 것이다.

TIP

의도적으로 예외를 발생시키는 일이 처음에는 의아하게 느껴질 수 있다. 어쨌든 예외 발생은 가급적 피해야 할 상황으로 생각할 수 있기 때문이다. 이는 다른 기존 모듈을 사용하는, 즉 기본적으로 소비자 입장인 작은 규모의 스크립트의 경우라면 타당하다. 그러나 자신만의 모듈을 만들 때는 그 모듈의 클래스와 함수를 사용할 코드에 오류 상황을 알리기 위한 가장 적합한 수단이 바로 예외다. 잘못된 동작을 코드의 일부로 처리하는 일은 아무리 나은 경우라도 코드 모듈화를 방해한다. 최악의

경우에는 추적하기 힘든 미묘한 버그까지 만들 수 있다.

파일을 작성할 수 있게 초기화된 모델을 만들었으므로 이제 데이터를 저장하는
메서드를 작성하자. 다음과 같이 CSVModel 클래스에 save_record()라는 퍼블
릭 메서드를 추가한다.

```
# CSVModel 클래스에 추가

def save_record(self, data):
    """데이터 딕셔너리를 CSV 파일에 저장"""
    newfile = not self.file.exists()

    with open(self.file, 'a', newline='') as fh:
        csvwriter = csv.DictWriter(fh, fieldnames=self.fields.keys())
        if newfile:
            csvwriter.writeheader()

        csvwriter.writerow(data)
```

모델은 폼 오류에 관해 알 필요가 없으며 파일명은 초기화 메서드를 통해 이미
갖고 있으므로, 이 메서드에 필요한 유일한 인자는 폼 데이터의 딕셔너리다.
남은 것은 새 파일을 만들지 결정하는 일과 CSV에 데이터를 작성하는 일이다.

새 CSV 파일에 필드명을 작성할 때 data로부터의 키가 아닌 fields 딕셔너리로
부터의 키를 사용한다는 점에 주목하자. 애플리케이션 데이터에 관한 정보의
공식 원천은 CSVModel.fields이며, 여기서 헤더를 가져와야 하기 때문이다.

이로써 모델 클래스가 완성됐다. 이제 UI 영역으로 넘어가자.

위젯 이관

UI와 관련된 모든 코드를 views 모듈에 넣을 수는 있다. 그러나 여기에는 다수
의 위젯 클래스들도 포함된다. views 모듈의 복잡성을 제한하려면 위젯 클래스

를 별도의 모듈로 분리하는 게 낫다. 이를 위해 위젯 클래스의 모든 코드는 widgets.py 파일로 이관하기로 하자. 여기서 위젯 클래스란 LabelInput과 같은 복합 위젯을 포함하는, 재사용 가능한 GUI 컴포넌트를 구현하는 모든 클래스를 말한다. 향후 개발될 커스텀 위젯 역시 이 파일에 추가될 것이다.

widgets.py를 열고 ValidatedMixin, DateEntry, RequiredEntry, ValidatedCombobox, ValidatedSpinbox, ValidatedRadioGroup, BoundText, LabelInput의 모든 코드를 복사해 추가하자. 이는 지금껏 만들었던 모든 위젯 클래스다.

당연히 widgets.py 파일에서도 코드가 의존하는 모듈들을 임포트해야 한다. 따라서 추가한 코드를 살펴보고 어떤 라이브러리가 필요할지 확인하자. 이제 widgets.py 파일의 첫 부분에 다음과 같은 코드를 추가한다.

```
# widgets.py의 첫 부분
import tkinter as tk
from tkinter import ttk
from datetime import datetime
from decimal import Decimal, InvalidOperation
```

당연히 tkinter와 ttk는 필요하다. DateEntry 클래스는 datetime 라이브러리의 datetime 클래스를 사용하며 ValidatedSpinbox 클래스는 decimal 라이브러리의 Decimal 클래스를 사용한다. 또한 같은 라이브러리의 InvalidOperation 예외도 필요하다. 이게 widgets.py에서 필요한 라이브러리의 전부다.

뷰 이관

다음은 views.py 파일을 다룰 차례다. 뷰란 DataRecordForm 클래스와 같은 대형 GUI 컴포넌트를 말한다. 물론 현재는 뷰가 하나만 있지만 나중에 또 다른 대형 GUI 컴포넌트를 만들면 이 파일에 추가될 것이다.

그럼 views.py 파일을 열어 DataRecordForm 클래스를 복사해 넣는다. 그다음에는 모듈 임포트 작업이다. 이번에도 당연히 tkinter와 ttk를 임포트해야 하며, 추가로 자동 완성 로직에 필요한 datetime도 임포트해야 한다.

파일의 첫 부분에 다음과 같은 코드를 추가하자.

```
# views.py의 첫 부분
import tkinter as tk
from tkinter import ttk
from datetime import datetime
```

아직 끝나지 않았다. 여기서 실제 위젯을 사용할 수 있게 하려면 다음과 같이 임포트해야 한다.

```
from . import widgets as w
```

여기서는 models.py 파일에서 FieldTypes를 임포트했던 방법과 마찬가지로 위젯에 대해서도 상대 임포트를 사용했다. 이렇게 하면 위젯들의 이름을 그 네임스페이스 안에 보존하면서 전역 네임스페이스도 깨끗하게 유지할 수 있다. 또한 w라는 별칭을 부여했으므로 코드가 너무 어수선하게 될 일도 없다.

물론 이는 LabelInput, RequiredEntry, DateEntry, ValidatedCombobox, Validated RadioGroup, BoundText, ValidatedSpinbox의 모든 인스턴스 앞에 w.을 붙여야 한다는 의미지만 IDLE이나 대부분의 텍스트 편집기가 제공하는 '찾기'나 '바꾸기' 등의 기능을 사용하면 되는 쉬운 작업이다.

예를 들어 현재 폼 화면의 첫 번째 줄에 해당하는 코드는 다음과 같이 바뀌어야 할 것이다.

```
w.LabelInput(
    r_info, "Date", var=self._vars['Date'],
    input_class=w.DateEntry
).grid(row=0, column=0)
```

```
w.LabelInput(
    r_info, "Time", input_class=w.ValidatedCombobox,
    var=self._vars['Time'],
    input_args={"values": ["8:00", "12:00", "16:00", "20:00"]}
).grid(row=0, column=1)
w.LabelInput(
    r_info, "Technician", var=self._vars['Technician'],
    input_class=w.RequiredEntry
).grid(row=0, column=2)
```

아직 전체 코드를 수정하지 말기 바란다. 그에 앞서 일부 중복 코드를 리팩토링 refactoring하는 시간을 갖자.[2]

뷰의 중복 코드 제거

LabelInput 위젯에 전달되는 인자들을 보면 모델에도 존재하는 많은 정보가 포함돼 있음을 알 수 있다. 예를 들어 최솟값, 최댓값, 증가 크기 값, 유효값 등이 뷰와 모델 모두에 정의돼 있다. 또한 어떤 입력 위젯의 유형은 저장되는 데이터 타입과 직접 연관된다. ValidatedSpinbox 위젯은 숫자와, DateEntry 위젯은 날짜와 연결되는 등 말이다. 이상적으로 각 필드에 관한 정보의 원천은 한곳에서 정의돼야 하며, 그 곳은 모델이어야 한다. 어떤 이유로든 모델을 갱신하면 폼 역시 그에 맞게 동기화돼야 한다.

이와 같은 사항을 뷰에서 중복으로 정의하지 않고 그 대신 뷰가 모델의 필드 명세에 접근하게 만드는 방법이 나을 것이다. 즉, 모델에서 위젯의 세부 사항이 결정되게 말이다. 현재 위젯 인스턴스는 LabelInput 클래스 안에서 정의된다. 따라서 이 클래스가 자동으로 모델의 필드 명세에서 입력 클래스와 인자를 받을 수 있게 개선하자.

---

2. 리팩토링은 외부 기능은 변경하지 않고 코드의 내부 구조만 개선하는 작업을 말한다. – 옮긴이

그러자면 먼저 widgets.py 파일에서 다음과 같이 `FieldTypes` 클래스를 임포트해야 한다.

```
# widgets.py
from .constants import FieldTypes as FT
```

그다음에는 필드 유형을 위젯 클래스로 변환하는 방법을 `LabelInput` 클래스에 알려줘야 한다. 그럼 `LabelInput` 클래스의 `__init__()` 메서드 앞에 다음과 같은 `field_types` 클래스 속성을 추가한다.

```
# LabelInput 클래스에 추가
  field_types = {
      FT.string: RequiredEntry,
      FT.string_list: ValidatedCombobox,
      FT.short_string_list: ValidatedRadioGroup,
      FT.iso_date_string: DateEntry,
      FT.long_string: BoundText,
      FT.decimal: ValidatedSpinbox,
      FT.integer: ValidatedSpinbox,
      FT.boolean: ttk.Checkbutton
  }
```

이 딕셔너리는 모델의 필드 유형을 적절한 위젯 유형으로 전환하는 핵심 역할을 할 것이다.

NOTE

> 이들 위젯은 모두 이 딕셔너리 이전에 존재해야 한다. 따라서 LabelInput 클래스를 widgets.py 파일의 마지막에 위치시키기 바란다.

이제 `field_spec` 인자를 받아 입력 위젯의 파라미터 정의에 사용할 수 있게 `LabelInput.__init__()`을 변경하자. 먼저 초기화 메서드의 인자 목록을 다음과 같이 수정한다.

```
# LabelInput 클래스
def __init__(
    self, parent, label, var, input_class=None,
    input_args=None, label_args=None, field_spec=None,
    disable_var=None, **kwargs
):
```

field_spec으로 인해 input_class와 input_args 인자의 필요성은 거의 사라진다. 그럼에도 이들 인자를 없애지 않는 이유는 모델과 엮이지 않는 폼을 새로 만들게 될 경우를 대비하기 위해서다.

이제 초기화 메서드에 필드 명세를 읽고 정보를 반영하는 코드가 필요하다. 그럼 변수 설정 부분과 레이블 설정 부분 사이에 다음과 같은 코드를 추가한다.

```
# LabelInput.__init__() 메서드
if field_spec:
    field_type = field_spec.get('type', FT.string)
    input_class = input_class or self.field_types.get(field_type)
    if 'min' in field_spec and 'from_' not in input_args:
        input_args['from_'] = field_spec.get('min')
    if 'max' in field_spec and 'to' not in input_args:
        input_args['to'] = field_spec.get('max')
    if 'inc' in field_spec and 'increment' not in input_args:
        input_args['increment'] = field_spec.get('inc')
    if 'values' in field_spec and 'values' not in input_args:
        input_args['values'] = field_spec.get('values')
```

가장 먼저 한 작업은 field_spec이 있다면 필드 유형을 가져오는 일이다. 이는 field_types 딕셔너리를 사용해 적절한 위젯을 찾기 위함이다. 위젯을 찾을 필요가 없는 특정 LabelInput 인스턴스라면 명시적으로 전달되는 input_class 인자 값이 사용될 것이다.

그다음에는 필드 파라미터인 min, max, inc, values를 설정한다. 필드 명세에 키가 존재하는지, 또한 input_args 인자에 from_, to, increment, values 값이 명시적으로 전달된 바가 없는지 확인한다. 그렇다면 input_args에 적절한 값을 설정한다. 이로써 input_class와 input_args는 필드 명세로부터 결정됐으며 초기화 메서드의 나머지 부분은 원래대로 진행이 가능하게 됐다.

LabelInput이 field_spec 인자를 받게 리팩토링했으니 이제 뷰 코드에서 이 이점을 활용할 수 있게 하자. 그러자면 데이터 모델의 필드 명세를 받고자 DataRecordForm 클래스가 model 객체에 접근할 수 있어야 한다.

이제 views.py 파일로 돌아가 DataRecordForm의 초기화 메서드를 다음과 같이 수정한다.

```
# DataRecordForm 클래스

    def __init__(self, parent, model, *args, **kwargs):
        super().__init__(parent, *args, **kwargs)

        self.model= model
        fields = self.model.fields
```

여기서는 model 자체를 인스턴스 변수로 저장했다. 또한 fields 딕셔너리를 지역 변수에 저장해 초기화 메서드 안에서 딕셔너리를 사용함으로써 코드 양을 절감시킬 수 있게 했다. 이제 LabelInput 호출 부분으로 가서 input_args와 input_class 인자를 하나의 field_spec 인자로 대체하자.

예를 들어 폼 화면의 첫 줄에 해당하는 코드는 다음과 같이 변경해야 한다.

```
# DataRecordForm.__init__() 메서드
    w.LabelInput(
        r_info, "날짜",
        field_spec=fields['Date'],
        var=self._vars['Date'],
    ).grid(row=0, column=0)
```

```
        w.LabelInput(
            r_info, "시간",
            field_spec=fields['Time'],
            var=self._vars['Time'],
        ).grid(row=0, column=1)
        w.LabelInput(
            r_info, "기사",
            field_spec=fields['Technician'],
            var=self._vars['Technician']
        ).grid(row=0, column=2)
```

나머지 위젯 역시 이와 같은 방식으로, 즉 input_class와 input_args를 field_spec 인자로 대체하는 작업을 하자. 다만 높이 필드들의 경우에는 min_var, max_var, focus_update_var 인자를 정의하고자 여전히 input_args 딕셔너리를 전달해야 한다.

예를 들어 최소 높이를 나타내는 코드는 다음과 같아야 한다.

```
        w.LabelInput(
            p_info, "Min Height (cm)",
            field_spec=fields['Min Height'],
            var=self._vars['Min Height'],
            input_args={
                "max_var": max_height_var,
                "focus_update_var": min_height_var
            })
```

거의 다 됐다. 이제 오직 모델에서만 필드 명세가 변경될 수 있으며 폼은 올바르게 작동할 것이다.

커스텀 이벤트로 강한 결합 제거

DataRecordForm 클래스를 떠나기 전에 애플리케이션의 관심사 분리를 강화하고자 고쳐야 할 사항이 하나 있다. 현재 폼의 savebutton 위젯은 Application 클래스의 _on_save() 메서드를 참조하는 self.master._on_save()에 바인딩돼 있다. 그러나 이런 식의 바인딩은 self.master가 DataRecordForm의 부모 위젯, 즉 Application이라는 전제 조건을 만든다. DataRecordForm 위젯을 Application 객체가 아닌 Notebook이나 Frame 위젯 안으로 넣는다고 결정한다면 어떻게 될까? 그 경우 self.master는 변경되고 코드는 깨질 것이다. 부모 위젯은 실제로 레이아웃의 관심사이므로 그런 변경이 저장 버튼의 콜백에 영향을 줄 것을 예측하긴 힘들다.

이처럼 클래스가 외부의 애플리케이션 아키텍처에 크게 의존하는 상황을 강한 결합[tight coupling]이라고 하며, 이는 코드 안에서 피해야 할 상황이다. 그 대신 약한 결합[loose coupling]을 사용해 한 클래스가 다른 클래스에 버그를 일으키지 못하게 해야 한다.

이를 해결하는 몇 가지 방법이 있다. 예를 들어 콜백의 참조나 Application 클래스를 뷰에 전달함으로써 해당 메서드를 명시적으로 참조하게 할 수 있다. 이는 잘 작동하겠지만 여전히 강한 결합을 탈피하진 못한다.

더 나은 방법은 이벤트를 활용하는 것이다. 이미 알고 있듯 Tkinter는 버튼 클릭이나 키 입력과 같이 어떤 식으로든 GUI와 사용자가 상호작용할 때마다 이벤트를 발생시킨다. 그 이벤트는 Tkinter 위젯의 bind() 메서드를 사용해 콜백 함수와 명시적으로 바인딩돼 있을 것이다. 그런데 여기에 더해 Tkinter는 동일한 방식으로 바인딩할 수 있는 커스텀 이벤트를 만들 수 있게 지원한다.

그럼 DataRecordForm에 다음과 같이 커스텀 이벤트를 발생시킬 수 있는 콜백 메서드를 구현한다.

```python
def _on_save(self):
    self.event_generate('<<SaveRecord>>')
```

어떤 Tkinter 위젯이든 이 이벤트를 발생시키고자 event_generate() 메서드를 호출할 수 있다. 여기서는 이벤트 이름을 <<SaveRecord>>로 지었다. 모든 커스텀 이벤트는 그 이름을 두 쌍의 부등호로 감싸야 하며 다른 제약 사항은 없다.

그럼 다시 DataRecordForm.__init__() 메서드로 돌아가 저장 버튼의 정의 부분에 다음과 같이 콜백 메서드가 사용되도록 변경하자.

```
# DataRecordForm.__init__() 메서드
    self.savebutton = ttk.Button(
        buttons, text="Save", command=self._on_save)
```

이제 사용자가 저장 작업을 요청하면 버튼이 Application 객체의 _on_save() 메서드를 직접 호출하는 대신 DataRecordForm이 이벤트를 발생시키게 됐다. 발생한 이벤트의 처리는 Application 객체의 몫이다.

NOTE

> 애플리케이션 메뉴 구축을 위해 7장에서 본격적으로 커스텀 이벤트를 활용할 예정이다.

애플리케이션 파일 작성

마지막 남은 조각은 컨트롤러와 루트 윈도우(Application 클래스)다. 이제 application.py 파일을 열어 기존의 data_entry_app.py 파일에 있던 Application 클래스를 복사해 넣는다.

늘 그랬듯 이 코드에 필요한 모듈을 임포트해야 한다. 파일의 첫 부분에 다음과 같은 코드를 추가한다.

```
# application.py 파일의 첫 부분
import tkinter as tk
from tkinter import ttk
from . import views as v
from . import models as m
```

이번에도 역시 tkinter와 ttk를 임포트했다. 또한 DataRecordForm을 위한 views 모듈과 CSVModel을 위한 models 모듈도 임포트했다.

이제 Application.__init__() 메서드의 여러 부분을 변경해야 한다. 먼저 DataRecordForm에 전달도 하고 데이터 저장에도 사용할 모델 인스턴스 하나를 만들어야 한다. 그럼 초기화 메서드의 첫 부분에 다음과 같이 모델 객체를 만드는 한 줄을 추가하자.

```python
# Application 클래스
  def __init__(self, *args, **kwargs):
    super().__init__(*args, **kwargs)

    self.model = m.CSVModel()
```

네임스페이스를 추가하고 모델 인스턴스가 전달될 수 있게 DataRecordForm 호출 부분을 다음과 같이 변경한다.

```python
# Application.__init__() 메서드
    self.recordform = v.DataRecordForm(self, self.model)
```

또한 커스텀 이벤트인 <<SaveRecord>>를 Application 객체의 저장 콜백에 바인딩해야 한다. 이를 위해 다음과 같이 bind()를 사용하는 코드를 추가한다.

```python
# Application.__init__() 메서드
    self.recordform = v.DataRecordForm(self, self.model)
    self.recordform.grid(row=1, padx=10, sticky=(tk.W + tk.E))
    self.recordform.bind('<<SaveRecord>>', self._on_save)
```

마지막으로 Application._on_save()가 모델을 사용하게 해야 한다. 이 메서드를 다음과 같이 수정한다.

```python
  def _on_save(self, *_):
    """저장 버튼이 클릭될 때의 처리"""
```

266

```
errors = self.recordform.get_errors()
if errors:
  self.status.set(
    "Cannot save, error in fields: {}"
    .format(', '.join(errors.keys()))
  )
  return

data = self.recordform.get()
self.model.save_record(data)
self._records_saved += 1
self.status.set(
  f"{self._records_saved} records saved this session"
)
self.recordform.reset()
```

보다시피 모델을 사용하는 방법이 아주 매끄럽다. 일단 오류가 있는지 확인한 다음 폼에서 데이터를 가져와 self.model.save_record()에 전달하기만 하면 그만이다. Application은 데이터가 저장되는 방법에 관한 어떤 세부 사항도 알지 못한다.

메서드 정의에 *_ 인자를 추가했음에 주목하자. bind를 사용해 이벤트를 콜백에 바인딩하면 콜백은 event 객체를 받을 수 있다. 그러나 여기서는 event 인자를 사용하지 않고 파이썬의 관례를 따라 모든 위치 인자를 밑줄 문자_로 받는다. 이렇게 하면 콜백이 인자를 받을 수 있지만 사용은 하지 않겠다는 의미가 된다.

애플리케이션 실행

이로써 애플리케이션이 완전히 새롭게 변모했다. 테스트를 위해 애플리케이션 루트인 ABQ_Data_Entry 디렉터리로 이동해 다음과 같이 명령을 실행한다.

```
$ python abq_data_entry.py
```

이 애플리케이션은 5장에서 하나의 스크립트 파일이었던 경우와 동일하게 작동해야 한다. 그림 6-4와 같이 말이다.

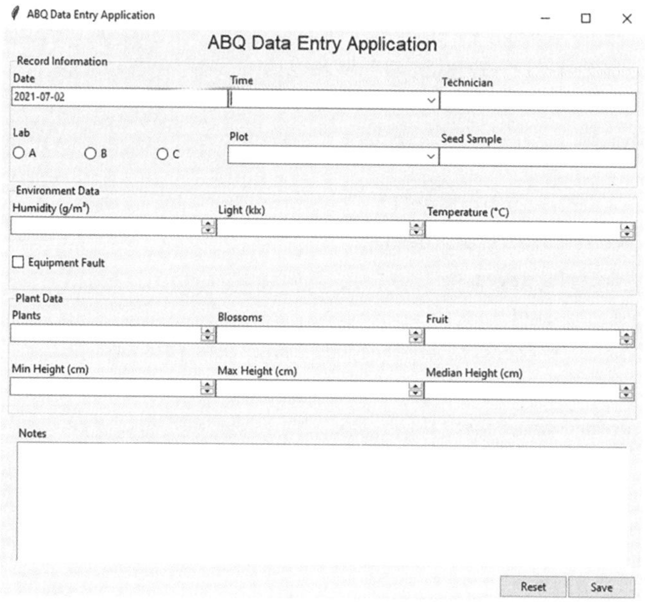

그림 6-4: MVC 리팩토링 후에도 전과 동일하게 작동하는 ABQ 앱

⫶ 버전 관리 시스템

현재 우리 코드는 확장이 용이한 구조가 됐다. 그러나 다뤄야 할 중요한 사항이 하나 남아 있는데, 바로 버전 관리^{version control}다. 버전 관리 시스템^{VCS, Version Control System}, **변경 관리**^{revision control}, **소스코드 관리**^{SCM, Source Code Management} 등의 여러 이름이 있지만 중요한 건 변경되는 코드 기반을 관리하기 위한 필수 도구라는 점이다.

애플리케이션을 개발할 때 무엇을 변경할지 안다고 생각하지만 그게 틀린 것으로 드러나는 경우가 있다. 정확히 어떻게 코딩해야 할지 몰라서 올바른 방법을 찾고자 여러 시도를 하는 경우도 있다. 오래전에 변경된 코드로 되돌아가야 할 경우도 있다. 동일한 코드를 여러 사람이 다루기 때문에 각 변경 사항을 병합해야 할 경우도 있다. VCS는 이와 같은 이슈들과 더 많은 사안들을 조치할 수 있게 한다.

다양한 VCS가 있지만 대부분은 본질적으로 다음과 같은 작업 흐름을 따른다.

- 변경된 코드는 작업 사본working copy에 저장된다.
- 주기적으로 작업 사본으로부터 변경 사항을 마스터master copy에 커밋commit 한다.
- 언제든 예전 버전의 코드를 마스터로부터 작업 사본으로 복사, 즉 체크 아웃checkout하고 나중에 다시 마스터로 커밋할 수 있다.
- 다른 접근 방법의 시도, 새 기능 시험, 대량의 리팩토링 등을 위해 여러 코드 브랜치branch를 만들 수 있다.
- 그 브랜치들을 병합merge해 마스터로 커밋할 수 있다.

VCS는 코드가 망가질 걱정 없이 자유롭게 변경할 수 있게 하는 안전망을 제공한다. 간단한 명령으로 작업 상태를 전환할 수 있으며 변경 사항에 대한 문서화뿐만 아니라 기회만 된다면 다른 사람들과 협업할 수 있게 지원한다.

다양한 종류의 VCS가 있지만 현재 가장 많이 사용되는 VCS는 깃Git이다. 그럼 애플리케이션의 변경 사항을 추적하기 위한 깃의 사용법을 알아보자.

깃 사용을 위한 빠른 안내

깃은 리누스 토발즈Linus Torvalds가 리눅스 커널Linux kernel 프로젝트의 버전 관리를 위해 만들었으며 가장 인기 있는 VCS로 발전했다. 또한 깃은 깃허브GitHub, 비트버킷Bitbucket, 소스포지SourceForge, 깃랩GitLab 등과 같은 여러 소스 공유 사이트의 기반이기도 하다. 깃은 매우 강력한 도구라서 완전히 습득하려면 몇 달이나 몇 년이 걸릴 수 있다. 하지만 기초적인 사용법은 몇 분이면 배울 수 있다.

먼저 해야 할 일은 깃의 설치다. 맥OS, 윈도우즈, 리눅스, 유닉스 등의 운영체제에서 깃을 설치하는 방법은 https://git-scm.com/downloads 페이지에서 확인한다.

깃 저장소의 초기화와 설정

깃을 설치했다면 프로젝트 디렉터리를 깃 저장소로 초기화하고 설정해야 한다. 이를 위해 터미널을 열어 애플리케이션 루트(ABQ_Data_Entry 디렉터리)로 이동해 다음과 같은 명령을 실행한다.+++

```
$ git init
```

이 명령은 프로젝트 루트 안에 .git이라는 숨겨진 디렉터리를 만들며 저장소를 구성하는 기본 파일들과 함께 초기화를 수행한다. .git 디렉터리에는 개정되는 모든 데이터와 메타데이터가 포함될 것이다.

저장소에 파일을 추가하기 전에 깃이 일부 파일 유형을 무시하게 만들어야 한다. 예를 들어 파이썬은 파일을 실행할 때마다 바이트코드 파일(.pyc)을 만드는데, 당연히 이는 애플리케이션 코드의 일부가 아니다. 이와 같은 파일이 무시되게 하려면 프로젝트 루트에 .gitignore라는 파일을 만들어 다음과 같이 목록을 추가하면 된다.[3]

```
*.pyc
__pycache__/
```

여기에 저장을 원치 않는 어떤 디렉터리 이름이나 파일명 또는 와일드카드 패턴을 추가해도 된다. 예를 들어 어떤 편집기는 파일명에 특정 문자가 추가된 백업 파일이나 임시 파일 등을 만들기도 하니 말이다.

코드 추가와 커밋

저장소가 초기화됐으니 이제 파일과 디렉터리를 추가할 수 있게 됐다. 그럼 다음과 같이 **git add** 명령을 실행하자.

---

3. 간단히 말해 .pyc는 .py가 컴파일돼 생성된 파일이며, 이는 오직 런타임 시 효율성을 높이기 위함이다. - 옮긴이

```
$ git add abq_data_entry
$ git add abq_data_entry.py
$ git add docs
$ git add README.rst
```

현시점에서 이들 파일은 스테이징^{staging}됐으며 아직 저장소에 커밋된 것은 아니다. 애플리케이션의 작은 변화라도 여러 파일이 변경돼야 할 수 있기 때문에 깃은 가능한 한 많은 파일을 스테이징할 수 있게 지원하며, 이는 나중에 한 번의 커밋으로 저장소에 반영된다. 또한 개별 파일이 아닌 디렉터리를 지정하면 그 디렉터리 안의 모든 파일이 다음 커밋을 위해 대기하는 스테이징 상태가 된다.

언제든 **git status** 명령을 사용해 저장소와 파일의 상태를 확인할 수 있다. 현시점에서 **git status** 명령을 실행하면 다음과 같은 결과를 보게 될 것이다.

```
On branch master
No commits yet
Changes to be committed:
(use "git rm --cached <file>..." to unstage)
new file: README.rst
new file: abq_data_entry.py
new file: abq_data_entry/__init__.py
new file: abq_data_entry/application.py
new file: abq_data_entry/constants.py
new file: abq_data_entry/models.py
new file: abq_data_entry/views.py
new file: abq_data_entry/widgets.py
new file: docs/Application_layout.png
new file: docs/abq_data_entry_spec.rst
new file: docs/lab-tech-paper-form.png
Untracked files:
(use "git add <file>..." to include in what will be committed)
.gitignore
```

보다시피 개별로 지정한 파일뿐만 아니라 abq_data_entry/와 docs/ 안의 모든 파일들도 커밋을 위해 대기 중인 스테이징 상태임을 알 수 있다.

이제 다음과 같은 명령으로 변경 사항을 커밋하자.[4]

```
$ git commit -m "Initial commit"
```

-m 옵션은 커밋 메시지를 지정할 수 있게 하며, 이는 커밋되는 내용과 함께 저장된다. 이 옵션을 사용해 코드를 저장소에 커밋할 때마다 메시지를 지정할 수 있다. 메시지는 자세한 변경 내용과 그 근거를 포함시켜 가급적 의미 있게 만들어야 한다.

커밋의 확인과 활용

다음과 같이 git log 명령을 사용하면 저장소의 이력을 볼 수 있다.

```
$ git log
commit c1e6273abfdf93720178a9f739109105e921754b (HEAD -> master)
Author: Lee Taesang <taesang@gmail.com>
Date: Sun Apr 17 15:03:54 2023 +0900
Initial commit
```

보다시피 마지막 커밋의 작성자, 날짜, 메시지를 볼 수 있다. 더 많은 커밋을 할수록 최신 순으로 이와 같은 이력을 확인할 수 있다. 첫 번째 줄의 긴 16진수를 커밋 해시commit hash라고 한다. 이는 커밋을 식별할 수 있게 하는 유일한 값으로, 다른 작업의 커밋을 참조할 때 사용할 수 있다.

예를 들어 커밋 해시를 사용해 저장소를 과거 상태로 되돌릴 수 있다. 다음과 같은 작업을 직접 해보자.

1. 애플리케이션 루트 안의 README.rst 파일을 직접 삭제한다. 완전히 삭

---

4. 깃을 설치하고 처음 사용하는 경우라면 사용자 이름(user.name)과 이메일(user.email) 설정을 요구할 수 있는데, 이는 터미널의 지침을 따르면 된다. — 옮긴이

제됐는지 한 번 더 확인한다.

2. git log를 실행해 마지막 커밋 해시를 확인한다.

3. 이제 git reset --hard c1e6273과 같은 식으로 명령을 실행한다. 이때 c1e6273 대신 앞에서 자신이 확인한 커밋 해시의 앞 7자리를 넣어야 한다.

4. 애플리케이션 루트 안을 다시 확인하자. 지웠던 README.rst 파일이 돌아왔을 것이다.

여기서는 저장소를 변경하고 Git이 저장소의 상태를 마지막 커밋 상태로 되돌리게, 즉 강제 리셋$^{hard\ reset}$하게 했다.[5]

저장소를 되돌리고 싶지 않다면 git checkout을 사용해 예전 커밋 상태로 임시 전환할 수 있으며, 또는 git branch를 사용해 특정 커밋을 기초로 하는 새 브랜치를 만들어도 된다. 이렇듯 깃은 어떤 시도든 할 수 있게 강력한 안전망을 제공한다. 얼마나 많은 코드 작업을 했든 모든 커밋은 단지 명령 하나로 다룰 수 있다.

깃은 이 책의 범위를 벗어나는 매우 방대한 기능을 제공한다. 브랜치나 원격 저장소 작업 등 고급 기능을 알고 싶다면 https://git-scm.com/book을 확인하기 바란다. 지금은 코드의 변경 사항을 커밋함으로써 안전망이 유지되고 변경 이력이 문서화된다는 점이 핵심이다.

⋙ 정리

6장에서는 애플리케이션 확장을 준비하는 방법을 살펴봤다. 구체적으로는 MVC 모델을 사용해 애플리케이션의 각 책임 영역을 별도의 컴포넌트로 분리하는 방법을 살펴봤다. 또한 ABQ 앱을 파이썬 패키지로 재구축했는데, 이때 관심사 분리를 강화하고 미래 확장에 대비한 프레임워크를 갖출 수 있게 코드를

---

5. 강제 리셋이란 되돌린 커밋 이후의 모든 변경 사항을 삭제하는 리셋을 말하며, 그 외에 변경 사항을 스테이징 전 상태로 두는 일반 리셋과 스테이징 상태로 두는 소프트 리셋도 있다. – 옮긴이

여러 모듈로 분리했다. 마지막으로 깃 저장소를 마련함으로써 버전 관리를 통해 모든 변경 사항을 추적할 수 있게 했다.

7장에서는 파일 열기와 저장, 정보 팝업, 메인 메뉴를 구현함으로써 새로운 UI 레이아웃의 편리함을 시험한다. 또한 애플리케이션의 사용자 설정을 제공하는 방법과 그 설정 내용을 디스크에 저장하는 방법을 알아본다.

07

메뉴와 대화상자 제작

애플리케이션의 기능이 늘어날수록 하나의 폼에 모든 기능과 입력 필드를 채워 넣는 일은 점차 업무 생산성을 떨어뜨린다. 따라서 UI를 어수선하게 하지 않으면서 기능과 정보에 접근하고 제어할 수 있는 방식의 구조화가 필요하다. Tkinter와 같은 GUI 툴킷은 그런 사항을 다룰 수 있게 하는 몇 가지 수단을 제공한다. 그중 하나는 메뉴 시스템이다. 이는 대개 애플리케이션 윈도우의 상단에 위치하며, 어떤 플랫폼에서는 데스크톱 메뉴로도 존재한다. 메뉴는 애플리케이션 기능들을 축약된 계층 구조로 만들 때 사용된다. 또 다른 하나는 대화창^{dialog window} 또는 대화상자^{dialog box}다. 이는 정보, 오류, 기본 폼 등을 포함하는 임시 윈도우를 띄우는 빠른 수단이다.

7장에서는 다음 내용을 다루면서 Tkinter의 메뉴와 대화상자를 사용하는 모범 사례를 알아본다.

- '애플리케이션 문제 해결' 절에서는 보고된 몇 가지 문제점을 분석하고 메뉴와 대화상자가 포함된 해법을 마련한다.
- 'Tkinter 대화상자 구현' 절에서는 Tkinter의 대화상자 클래스를 사용해

애플리케이션의 공통 기능을 구현하는 방법을 알아본다.

- '애플리케이션 메뉴 설계' 절에서는 Tkinter의 Menu 위젯을 사용해 애플리케이션 기능을 주 메뉴 체계로 구성한다.

먼저 애플리케이션에 필요한 개선 사항부터 살펴보자.

⠿ 애플리케이션 문제 해결

지금까지 거의 모든 사용자가 애플리케이션에 만족했음에도 관리자는 직원과의 회의를 마치고 다음과 같은 문제점들을 가져왔다.

- 파일명이 자동 지정된다는 점에 문제가 있다. 종종 데이터 입력 요원은 다음날이 될 때까지 기록지를 받지 못하기도 한다. 그런 경우에는 데이터를 추가할 파일의 이름을 수동으로 입력해야 한다.
- 또한 데이터 입력 요원은 폼의 자동 채우기 기능에 대해 엇갈린 평가를 내린다. 일부 요원은 그 기능이 매우 편리하다고 느끼지만 다른 요원들은 그 기능 전체나 일부가 제한되길 원한다.
- 일부 사용자는 윈도우 하단의 상태 표시줄 메시지를 잘 인지하지 못하며, 필드 오류로 인해 레코드 저장에 실패할 경우 애플리케이션이 좀 더 적극적으로 동작하길 원한다.
- 연구소는 몇 명의 인턴을 채용했으며 이로 인해 데이터 보안 이슈가 떠올랐다. 이에 대해 IT 지원 팀은 간단한 로그인 과정이 필요하다고 제안했다. 이는 강한 보안 대책은 아니지만 '정직한 사람을 계속 정직하게keep the honest person honest' 만들기에는 충분하다.[1]

---

1. '정직한 사람을 계속 정직하게'는 보안 분야의 오래된 표어로, 보통의 사람들이 쉽게 부정을 저지르지 못하게 하는 최소한의 장치가 필요하다는 의미다. – 옮긴이

해결 방안 계획

이제 로그인 자격증명 입력, 저장될 파일명 선택, 자동 채우기 선택 기능의 구현 방법이 필요함은 자명한 상황이다. 또한 상태 메시지도 좀 더 눈에 잘 띄게 만들어야 한다. 그렇다면 먼저 이들 기능에 해당하는 컨트롤들을 애플리케이션 윈도우에 추가하고 상태 메시지의 텍스트를 크게 만들 것을 고려할 수 있다. 즉, 그림 7-1과 같은 식으로 폼 모형을 그릴 수 있다.

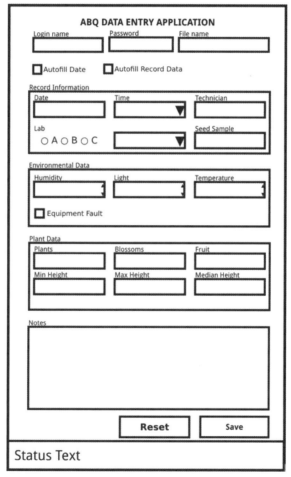

그림 7-1: 새 기능 추가를 위한 첫 시도: 로그인 데이터와 파일명 입력을 위한 3개의 Entry 위젯과 설정을 위한 2개의 Checkbutton 위젯

분명히 이는 훌륭한 설계가 아니며 어느 하나도 확장성을 갖고 있지 않다. 사용자는 파일 경로와 이름을 무턱대고 입력하길 원치 않을 것이며 UI를 어지럽히는 로그인 필드와 체크박스도 필요치 않을 것이다. 상태 메시지의 크기를 키우는 것은 좋은 생각이나, 이젠 폼이 너무 길어 화면 밑을 벗어날 지경이다.

다른 GUI 애플리케이션을 벤치마킹하면 그런 기능들은 일반적으로 메뉴 옵션을 통해 활성화되는 대화상자가 처리한다는 사실을 알 수 있다. 메뉴와 대화상자를 고려 사항에 넣으면 다음과 같은 해법을 구상할 수 있게 된다.

- 파일 대화상자는 메뉴를 통해 활성화되며 데이터가 저장될 파일을 선택할 수 있게 한다.
- 설정 메뉴는 자동 채우기 기능을 켜거나 끌 수 있다.
- 오류 대화상자는 문제 있는 상태 메시지를 좀 더 적극적으로 표시할 수 있다.
- 로그인 대화상자는 로그인 정보를 입력할 수 있게 한다.

그러나 이들 해법을 코드로 구현하기 전에 먼저 Tkinter의 대화상자에 관해 더 알아볼 필요가 있다.

⁂ Tkinter 대화상자 구현

Tkinter에는 다양한 상황에서 즉시 가용한 대화상자를 제공하는 여러 하위 모듈이 있다. 예를 들어 다음과 같은 모듈들이다.

- messagebox는 간단한 메시지나 경고를 보여준다.
- filedialog는 파일이나 디렉터리 경로를 선택할 수 있게 한다.
- simpledialog는 사용자로부터 문자열, 숫자, 소수 등을 받을 수 있다.

이 절에서는 애플리케이션의 문제 해결을 위해 이들 대화상자와 그 사용법을 알아본다.

messagebox

Tkinter에서 간단한 대화상자를 띄우기 위한 가장 좋은 방법은 tkinter.messagebox 모듈을 사용하는 것이다. 이 모듈은 다양한 종류의 정보 표시 대화상자를 제공한다.

이는 하위 모듈이므로 다음과 같이 명시적으로 임포트해야 사용할 수 있다.

```
from tkinter import messagebox
```

지금까지 인스턴스를 만들어 사용했던 여러 위젯 클래스와 달리 messagebox 모듈은 다양한 대화상자 유형 중 하나를 선택할 수 있는 **편의 함수**를 제공한다. 각 함수는 서로 다른 조합의 버튼, 아이콘, 메시지를 보여준다. 또한 개발자가 상세 내용을 지정할 수도 있다. 사용자가 대화상자 안의 버튼을 클릭하거나 대화상자 자체를 닫으면 각 함수는 해당 상황에 따라 불리언이나 문자열 값을 반환한다.

다음은 messagebox 모듈이 제공하는 일부 함수의 아이콘과 반환값이다.

함수	아이콘	버튼 텍스트(반환값)
askokcancel()	질문	OK(True), Cancel(False)
askretrycancel()	경고	Retry(True), Cancel(False)
askyesno()	질문	Yes(True), No(False)
askyesnocancel()	질문	Yes(True), No(False), Cancel(None)
showerror()	오류	OK(ok)
showinfo()	정보	OK(ok)
showwarning()	경고	OK(ok)

각 함수는 동일하게 다음과 같은 인자를 받는다.

- title에는 윈도우의 제목 표시줄이나 데스크톱 환경의 작업 표시줄에 나타날 제목을 지정한다.
- message에는 대화상자의 주된 메시지를 지정한다. 대개 제목 글꼴이 적

용되며 가급적 짧아야 한다.

- detail에는 대화상자의 본문을 지정하며 대개 시스템 표준 글꼴이 적용된다.

예를 들어 messagebox.showinfo()의 기본적인 호출 방법은 다음과 같다.

```
messagebox.showinfo(
    title='This is the title',
    message='This is the message',
    detail='This is the detail'
)
```

윈도우즈에서는 이 대화상자가 그림 7-2와 같이 보일 것이다.

그림 7-2: 윈도우즈에서의 showinfo() 대화상자

맥OS에서는 그림 7-3과 같이 보일 것이다.

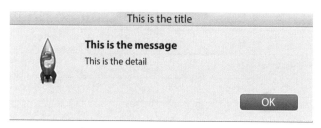

그림 7-3: 맥OS에서의 showinfo() 대화상자

우분투 리눅스에서는 그림 7-4와 같이 보일 것이다.

그림 7-4: 우분투 리눅스에서의 showinfo() 대화상자

그럼 다음과 같이 messagebox 함수를 사용하는 간단한 스크립트를 만든다.

```python
# messagebox_demo.py
import tkinter as tk
from tkinter import messagebox

see_more = messagebox.askyesno(
    title='See more?',
    message='Would you like to see another box?',
    detail='Click NO to quit'
)

if not see_more:
    exit()

messagebox.showinfo(
    title='You got it',
    message="Ok, here's another dialog.",
    detail='Hope you like it!'
)
```

이 스크립트는 Yes와 No 버튼이 있는 대화상자를 만든다. 사용자가 No를 클릭하면 함수는 False를 반환하고 애플리케이션이 종료된다. 사용자가 그다음 대화상자를 보기로 했다면 스크립트가 계속 진행돼 showinfo 함수가 수행된다.

오류 대화상자

messagebox의 사용법을 알았으므로 이제 오류 대화상자를 띄우는 일은 누워서 떡 먹기다. 또한 Application._on_save() 메서드는 이미 상태 표시줄에 오류 메시지를 보여주고 있다. 따라서 그 메시지를 오류 대화상자에서도 그대로 사용하면 된다.

먼저 application.py를 열고 다음과 같이 messagebox를 임포트한다.

```
# application.py 파일의 첫 부분

from tkinter import messagebox
```

이제 Application._on_save() 메서드에서 모든 오류를 가져오고 애플리케이션의 상태를 변경하는 if errors: 블록으로 이동해 그 바로 아래에 다음과 같이 오류 대화상자를 띄우는 코드를 삽입한다.

```
# application.py, inside Application._on_save()

    if errors:
        # ... 애플리케이션 상태 변경
        message = "Cannot save record"
        detail = (
            "The following fields have errors: "
            "\n * {}".format(
                '\n * '.join(errors.keys())
            ))
        messagebox.showerror(
            title='Error',
            message=message,
            detail=detail
        )
        return False
```

여기서는 메시지 먼저 만들었다. 그다음에는 세부 내용을 구성하고자 문자열과 개행 문자, 공백 문자, 별표(\n *)로 오류 필드들을 연결한, 글머리[bullet] 기호가 있는 목록을 만들었다. 불행히도 messagebox 대화상자는 어떤 종류의 마크업이나 서식 있는 텍스트도 지원하지 않는다. 따라서 키보드의 기본 문자 중 하나인 별표를 글머리 기호로 사용했다.

메시지를 만든 다음에는 messagebox.showerror()를 호출해 메시지가 화면에 나타나게 했다. 다시 말하지만 이때부터 사용자가 OK를 클릭해 showerror() 함수가 완료되기 전까지 애플리케이션은 일시 중지된다.

그럼 이제 애플리케이션을 실행해 Save 버튼을 클릭해보자. 그림 7-5와 같이 오류 필드 목록이 있는 대화상자를 볼 수 있을 것이다.

그림 7-5: 데이터 저장 실패 시 윈도우즈에서의 오류 메시지

이제 오류 메시지를 놓칠 사람은 아무도 없을 것이다.

TIP

messagebox 모듈의 단점 하나는 스크롤이 안 된다는 점이다. 오류 메시지가 굉장히 긴 대화상자라면 화면을 꽉 채우거나 아예 벗어날 수도 있다. 그런 상황이 걱정된다면 스크롤이 가능한 위젯을 포함하는 커스텀 대화상자가 필요할 수 있다. 이 절의 뒷부분에서 커스텀 대화상자를 만드는 방법을 알아본다.

filedialog

사용자가 파일이나 디렉터리 경로를 입력해야 할 때 제시할 수 있는 좋은 방법은 소형 파일 탐색기를 포함하는 대화상자, 이른바 파일 대화상자[file dialog]를 띄우는 것이다. 대부분의 툴킷과 마찬가지로 Tkinter 역시 파일 열기, 지장, 선택이 가능한 대화상자를 제공하는데, 바로 **filedialog** 모듈이다.

messagebox와 마찬가지로 **filedialog** 역시 Tkinter의 하위 모듈로, 명시적으로 임포트해야 사용할 수 있다.

application.py 파일의 첫 부분에 다음과 같이 **filedialog**를 임포트한다.

```
# application.py 파일의 첫 부분

from tkinter import filedialog
```

filedialog도 각기 다른 상황에 적합한 대화상자를 만드는 편의 함수들을 포함하는데, 다음은 그 함수들의 반환값과 선택 가능한 대상이다.

함수	반환값	선택 가능 대상
askdirectory()	디렉터리 경로 문자열	디렉터리
askopenfile()	파일 핸들 객체	존재하는 파일
askopenfilename()	파일 경로 문자열	존재하는 파일
askopenfilenames()	여러 파일 경로를 포함하는 문자열 목록	존재하는 여러 파일
asksaveasfile()	파일 핸들 객체	새 파일이거나 존재하는 파일
asksaveasfilename()	파일 경로 문자열	새 파일이거나 존재하는 파일

보다시피 각 파일 대화상자는 경로 문자열을 반환하거나 이미 열린 파일 객체를 반환하는 두 부류로 나눌 수 있다.

각 함수는 다음과 같은 인자를 받는다.

- **title**에는 대화상자의 제목을 지정한다.

- parent는 선택 사항이며 부모 위젯을 지정할 수 있다. 이 경우 파일 대화 상자는 부모 위젯을 덮으며 나타난다.
- initialdir에는 파일 탐색기의 시작 디렉터리를 지정한다.
- filetypes는 레이블과 매칭 패턴으로 된 튜플의 목록이며, 대개 파일명 입력 필드 옆이나 아래에 볼 수 있는 '형식'이나 '파일 유형'의 드롭다운 목록이다. 이는 애플리케이션이 지원하는 파일만 보이게 필터링하는 역할을 한다. 예를 들어 [('Text', '*.txt'), ('Python', '*.py')]를 지정하면 오직 .txt와 .py 파일만 보이게 된다.

asksaveasfile()과 asksaveasfilename() 함수는 다음과 같은 2개의 인자를 더 받는다.

- initialfile에는 파일의 기본 경로를 지정한다.
- defaultextension에는 파일명에 자동으로 붙을 파일 확장자를 지정한다. 사용자가 직접 입력하지 않더라도 말이다.

파일 객체를 반환하는 함수들은 파일 열기 모드를 지정하는 mode 인자도 받는다. 이 인자에는 파이썬의 내장 함수인 open()에 사용되는 동일한 문자열을 지정한다. 예를 들어 r은 읽기 모드이고 w는 쓰기 모드다.

NOTE

> 기본적으로 asksaveasfile()의 경우 자동으로 쓰기 모드가 적용된다. 이 함수는 이미 존재하는 파일이 선택됐을 경우 그 파일의 콘텐츠를 즉시 삭제한다. 심지어 파일에 쓸 내용이 없거나 파일 핸들을 닫았어도 말이다. 따라서 선택된 파일의 기존 내용이 덮어쓰기가 되도 좋다는 확신이 있지 않는 한 이 함수의 사용은 피해야 한다.

맥OS와 윈도우즈에서 filedialog는 우리에게 친숙한 운영체제의 내장 대화상자를 사용한다. 그러나 그림 7-6에서 보듯 리눅스에서 filedialog는 자체 대화상자를 사용한다.

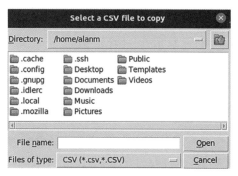

그림 7-6: 우분투 리눅스에서의 파일 대화상자

그렇다면 어떤 경우에 어떤 대화상자가 필요할까? 일단 다음과 같은 상황을 고려해보자.

- 기존 파일을 선택할 수 있어야 한다.
- 새 파일도 만들 수 있어야 한다.
- 파일을 여는 작업은 모델의 역할이다. 따라서 Tkinter는 파일을 열지 않고 파일명만 받아 모델에 전달하면 된다.

이 요구 사항들은 정확히 asksaveasfilename() 함수를 가리킨다. 따라서 이 대화상자를 사용해 파일명을 얻고 새 모델을 만드는 메서드를 Application 객체에 추가하자.

abq_data_entry/application.py를 열고 Application 클래스 안에 다음과 같이 _on_file_select()라는 새 메서드를 작성한다.

```
# abq_data_entry/application.py의 Application 클래스

    def _on_file_select(self, *_):
        """파일->열기 처리"""

        filename = filedialog.asksaveasfilename(
            title='Select the target file for saving records',
            defaultextension='.csv',
            filetypes=[('CSV', '*.csv *.CSV')]
```

```
)
```

이 메서드는 먼저 asksaveasfilename 파일 대화상자를 실행한다. filetypes 인자를 사용함으로써 .csv나 .CSV 확장자를 갖는 파일로 선택이 제한된다. 대화상자가 종료되면 선택된 파일의 경로 문자열이 반환되며, 이는 filename에 할당된다. 물론 이 경로는 어떻게든 모델에 전달돼야 한다.

현재 모델이 사용하는 파일명은 모델의 초기화 메서드에서 자동 생성된다. 따라서 사용자가 제공한 파일명으로 작업하는 새 모델을 만들려면 초기화 메서드가 그 파일명을 인자로 받을 수 있게 해야 한다.

그럼 abq_data_entry/model.py를 열고 CSVModel.__init__() 메서드를 다음과 같이 수정하자.

```python
# abq_data_entry/models.py의 CSVModel 클래스

def __init__(self, filename=None):

    if not filename:
        datestring = datetime.today().strftime("%Y-%m-%d")
        filename = "abq_data_record_{}.csv".format(datestring)
    self.file = Path(filename)
```

보다시피 기본값이 None인 filename을 키워드 인자로 추가했다. 파일명이 없다면 기존 방법대로 자동 생성될 것이다. 이렇게 함으로써 CSVModel을 사용하는 어떤 코드도 변경할 필요 없이 선택적으로 파일명을 전달할 수 있게 됐다.

이제 Application 클래스로 돌아가 _on_file_select() 메서드의 마지막에 다음과 같은 코드를 추가하자.

```python
# abq_data_entry/application.py의 _on_file_select() 메서드

    if filename:
```

```
        self.model = m.CSVModel(filename=filename)
```

이로써 다른 파일명도 사용할 수 있게 하는 모든 작업을 마쳤다. 현재는 이 콜백을 실행시킬 방법이 없는데, 이는 '애플리케이션 메뉴 설계' 절에서 해결할 것이다. 그전에 마지막 대화상자 모듈인 simpledialog를 알아보자.

simpledialog와 커스텀 대화상자

GUI 애플리케이션에서는 사용자로부터 값을 받을 때까지 프로그램의 모든 작업을 멈췄다가 값을 받은 다음에 재개해야 하는 경우가 꽤 자주 있다. Tkinter는 그런 용도로 사용할 수 있는 simpledialog 모듈을 제공한다. simpledialog는 messagebox와 마찬가지로 모달 대화상자를 띄우고 상황에 맞는 값을 반환하는 편의 함수들을 제공한다. 반면 messagebox의 경우와 달리 simpledialog의 대화 상자에는 사용자가 값을 입력할 수 있는 Entry 위젯이 포함된다.

지금껏 그랬듯 simpledialog도 다음과 같이 임포트해야 사용할 수 있다.

```
from tkinter import simpledialog as sd
```

simpledialog의 편의 함수는 askstring(), askinteger(), askfloat()이다. 각 함수는 윈도우 제목과 입력 안내 텍스트를 위한 title과 prompt 인자를 받는다. 예를 들어 다음과 같이 사용자에게 입력을 요구할 수 있다.

```
word = sd.askstring('Word', 'What is the word?')
```

이 대화상자는 그림 7-7과 같이 보일 것이다.

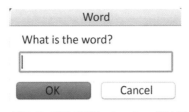

그림 7-7: 맥OS에서의 askstring 대화상자

사용자가 OK를 클릭하면 Entry 위젯에 입력된 어떤 값이든 문자열로서 반환된다. askinteger()와 askfloat()도 완전히 동일하게 동작하는데, 다만 입력값을 반환하기 전에 정수나 소수로 변환하는 점만 다르다. Entry 위젯 자체에는 검증 콜백을 사용하는 검증 기능이 없으나 Tkinter는 입력값 변환에 문제가 생기면 그림 7-8과 같이 오류 메시지를 띄운다.

그림 7-8: 정수가 아닌 값이 제출될 때 askinteger()에서 발생하는 오류

simpledialog를 사용한 로그인 대화상자

7장에서 주어진 과제 중 하나는 애플리케이션에 로그인 대화상자를 추가하는 일이다. simpledialog 정도가 괜찮을 듯하지만 로그인 기능에 부합하는 편의 함수가 없다. 예를 들어 askstring()의 경우 한 번에 하나의 입력값만 받는다. 게다가 패스워드에는 보안을 위해 마스킹 기능도 필요하다.

다행히 simpledialog의 커스텀 클래스를 만들면 원하는 필드들을 대화상자 안에 넣을 수 있다. 그러려면 simpledialog.Dialog의 하위 클래스를 만들어야 한다.

이는 UI의 영역이므로 abq_data_entry/views.py 파일을 열어 다음과 같이 Dialog 임포트부터 시작하자.

```
# abq_data_entry/views.py 파일 첫 부분

from tkinter.simpledialog import Dialog
```

이제 파일의 끝 부분에 다음과 같이 LoginDialog라고 하는 새 클래스를 추가한다.

```
# abq_data_entry/views.py 파일 끝 부분

class LoginDialog(Dialog):
    """아이디와 패스워드를 요구하는 대화상자"""

    def __init__(self, parent, title, error=''):

        self._pw = tk.StringVar()
        self._user = tk.StringVar()
        self._error = tk.StringVar(value=error)
        super().__init__(parent, title=title)
```

LoginDialog의 초기화 메서드는 부모 위젯을 지정하는 parent 인자와 대화상자의 제목을 지정하는 title 인자를 받는다. 또한 대화상자에 전달할 오류 메시지를 지정하는 키워드 인자인 error도 받는다.

초기화 메서드 안에서는 사용자 아이디, 패스워드, 오류 문자열을 위한 프라이빗 제어 변수를 설정하고 상위 클래스의 초기화 메서드를 호출한다. 실제 대화상자 GUI는 body()라는 메서드를 재정의해 구현해야 한다. 이 메서드는 대화상자의 본체를 구성하며, 대화상자가 나타나면 포커스를 가져야 할 입력 위젯의 인스턴스를 반환한다.

그럼 body() 메서드를 다음과 같이 작성한다.

```
def body(self, frame):
    ttk.Label(frame, text='Login to ABQ').grid(row=0)
```

```
        if self._error.get():
            ttk.Label(frame, textvariable=self._error).grid(row=1)
        user_inp = w.LabelInput(
            frame, 'User name:', input_class=w.RequiredEntry,
            var=self._user
        )
        user_inp.grid()
        w.LabelInput(
            frame, 'Password:', input_class=w.RequiredEntry,
            input_args={'show': '*'}, var=self._pw
        ).grid()
        return user_inp.input
```

이 메서드의 frame 인자는 tkinter.Frame 객체다. 이는 대화상자의 본체가 구축될 상위 클래스의 초기화 메서드에서 생성되는데, 바로 이 프레임에 폼이 구축돼야 한다. 여기서는 폼의 상단에 Label 위젯을 배치하고 그다음에는 LabelInput 클래스를 사용해 사용자 이름과 패스워드 필드를 추가했다. 특히 패스워드 필드는 show 인자를 사용해 패스워드가 별표로 마스킹되게 했다. 또한 사용자 이름 입력 클래스의 참조를 지역 변수에 저장했다. body() 메서드는 대화상자가 나타났을 때 포커스를 가져야 할 위젯의 참조를 반환해야 하기 때문이다.

이 body() 메서드에는 어떤 버튼도 정의하지 않았음에 주목하자. 기본적으로 Dialog가 각각 Dialog.ok()와 Dialog.cancel() 콜백과 연결된 OK와 Cancel 버튼을 만들어 주기 때문이다. 이는 대부분의 상황에서 유용하지만 지금은 그 버튼들 대신 Login과 Cancel 버튼이 필요한 상황이다. 그러려면 buttonbox()라는 메서드를 재정의해야 한다. 이 메서드는 폼에 버튼을 추가하고 콜백과 연결하는 역할을 한다.

다음과 같이 buttonbox() 메서드를 재정의하자.

```
def buttonbox(self):
    box = ttk.Frame(self)
    ttk.Button(
        box, text="Login", command=self.ok, default=tk.ACTIVE
    ).grid(padx=5, pady=5)
    ttk.Button(
        box, text="Cancel", command=self.cancel
    ).grid(row=0, column=1, padx=5, pady=5)
    self.bind("<Return>", self.ok)
    self.bind("<Escape>", self.cancel)
    box.pack()
```

이 메서드는 Frame 위젯, Login, Cancel 버튼을 만든다. 각 버튼은 적합한 콜백과
연결되고 프레임에 추가된다. 또한 그와 동일한 콜백을 각각 Enter와 Esc 키에
도 바인딩한다. 이는 필수 사항은 아니지만 키보드 전용 사용자에게는 훌륭한
배려이며, 상위 클래스의 원래 메서드도 하는 일이다.

대화상자를 호출하는 코드가 입력값을 쉽게 사용하려면 Login을 클릭할 때 아
이디와 패스워드 튜플을 클래스 멤버로 만들면 된다.

이를 위해 ok() 메서드를 재정의할 수도 있으나 그럴 경우 대화상자 닫기 등과
같은 다른 로직까지 모두 다시 구현해야 한다. 그 대신 Dialog는 커스텀 로직으
로 재정의할 수 있는 apply() 메서드를 제공한다.

apply() 메서드를 다음과 같이 재정의하자.

```
def apply(self):
    self.result = (self._user.get(), self._pw.get())
```

이 메서드는 입력값을 튜플로 만들고 퍼블릭 멤버인 result에 저장한다. 이로
써 LoginDialog 클래스를 사용하는 코드는 result 속성에 접근해 아이디와 패
스워드를 가져올 수 있게 됐다.

LoginDialog 통합

편의 함수인 askstring(), askfloat(), askinteger()는 기본적으로 각자 관련된 대화상자 클래스의 인스턴스를 만들고 result 속성을 반환한다. 커스텀 대화상자 클래스를 사용할 때도 동일하게 하면 된다. 다만 받은 결과를 인증 메서드에 전달해 자격증명이 유효한지 확인하는 작업을 추가하면 된다. 유효하지 않다면 대화상자를 다시 띄워야 한다. 물론 사용자는 Cancel을 선택해 대화상자를 닫을 수 있다.

그럼 인증 메서드부터 작성하자. 이는 Application 클래스 안에 추가돼야 하므로 application.py를 열고 클래스의 끝 부분에 다음과 같이 _simple_login() 메서드를 추가한다.

```
# application.py의 Application 클래스 끝 부분

@staticmethod
def _simple_login(username, password):
    return username == 'abq' and password == 'Flowers'
```

이를 정적 메서드로 구현한 이유는 인스턴스나 클래스에 접근할 필요가 없기 때문이다. 단순히 username과 password를 받아 하드코딩된 값과 비교하고 그 결과에 따라 True나 False를 반환할 뿐이다.

NOTE

> 이는 애플리케이션에서 패스워드 보안을 처리하는 최악의 방법이다. 따라서 실제 애플리케이션에서 절대 이 방법을 사용하면 안 된다. 여기서는 설명의 편의를 위해 사용했는데, 지금 중요한 건 보안이 아니라 대화상자를 이해하는 일이기 때문이다. 실제 애플리케이션에서 사용할 수 있는 인증 백엔드는 12장에서 구현할 것이다.

이제 로그인 대화상자를 띄우고 자격증명을 확인하는 두 번째 메서드를 다음과 같이 작성하자.

```
# application.py의 Application 클래스 끝 부분

    def _show_login(self):
        error = ''
        title = "Login to ABQ Data Entry"
        while True:
            login = v.LoginDialog(self, title, error)
            if not login.result: # 사용자 취소
                return False
            username, password = login.result
            if self._simple_login(username, password):
                return True
            error = 'Login Failed' # 자격증명이 유효할 때까지 반복 실행
```

이 메서드는 error와 title 변수를 만들고 즉시 무한 루프에 진입한다. 루프 안에서는 title과 error 문자열을 사용해 LoginDialog 인스턴스를 만든다. 이 는 대화상자를 띄우며 사용자가 입력값을 제출하거나 취소할 때까지 실행이 멈 춘다. 사용자가 액션을 취하면 대화상자의 인스턴스가 login에 할당돼 login. result를 통해 사용자 입력값을 확인할 수 있게 된다.

result가 비어 있다면 사용자가 로그인을 취소한 것이므로 False를 반환하며 메서드를 빠져나간다. 사용자가 무언가 입력했다면 result로부터 username과 password 값을 뽑아 _simple_login() 메서드로 전달한다. 자격증명이 검증되면 True를 반환한다. 그렇지 않다면 오류 문자열을 갱신하고 대화상자를 다시 띄 우고자 루프가 계속 실행된다. 따라서 이 메서드에는 사용자가 취소하면 False 를 반환하거나 인증에 성공하면 True를 반환하는 2가지 결과만 있다.

로그인 대화상자는 애플리케이션이 시작될 때 나타나야 하므로 _show_login() 메서드는 애플리케이션의 초기화 메서드에서 호출돼야 한다. 단, 대화상자가 루트 윈도우보다 먼저 생성될 수 없으므로 super().__init__()이 먼저 호출돼 야 한다. Application은 Tk의 하위 클래스로, super().__init__() 호출이 곧 Tk 인스턴스 생성이라는 점을 기억하기 바란다.

그럼 Application.__init__() 안의 super().__init__() 호출 부분 아래에 다음과 같이 코드를 추가한다.

```
# application.py의 Application.__init__() 메서드

    super().__init__(*args, **kwargs)

    self.withdraw()
    if not self._show_login():
      self.destroy()
      return
    self.deiconify()

    self.model = m.CSVModel()
```

withdraw() 메서드를 호출하면 메인 윈도우가 숨겨진다. 반드시 이렇게 해야 하는 건 아니지만, 그렇지 않으면 로그인 대화상자가 떠 있는 동안 계속 대기하고 있는 빈 애플리케이션 윈도우가 보이게 된다.

그다음에는 _show_login()을 호출하고 반환값을 확인한다. 알다시피 사용자 인증이 성공하면 True가, 사용자가 로그인을 취소하면 False가 반환될 것이다. 후자의 경우 Tk 인스턴스를 없애고 메서드를 빠져나간다. 즉, 사실상 애플리케이션이 종료된다는 의미다.

TIP

> 일반적으로 Tkinter 프로그램을 종료시키려면 Application.quit()를 사용하는데, 이는 Tk 객체가 메인 루프를 빠져나가게 함으로써 프로그램이 종료되게 한다. 그러나 지금 시점에서는 아직 메인 루프가 시작되지 않았으므로 quit()를 호출해도 아무런 일이 일어나지 않는다. 따라서 지금처럼 윈도우를 종료하고 추가 작업 없이 빠져나가면 메인 루프는 루트 윈도우가 종료됐음을 인지하고 반복 1회차에서 루프를 나가게 된다.

사용자 인증이 성공하면 애플리케이션의 deiconify() 메서드를 호출해 메인 윈도우가 나타나게 한다. 그 후 초기화 메서드의 나머지 부분이 계속 진행된다.

이제 애플리케이션을 실행해 LoginDialog 클래스를 테스트하자. 로그인 대화상자는 그림 7-9와 같은 모습일 것이다.

그림 7-9: 로그인 대화상자

애플리케이션 메뉴 설계

대부분의 애플리케이션에서 각 기능들은 계층형 메뉴 체계로 구조화돼 있다. 메뉴는 보통 애플리케이션이나 화면의 상단에 위치한다. 운영체제에 따라 메뉴 구성이 다르지만 일부 공통적인 아이템들도 있다.

ABQ 앱에서도 따라야 할 공통의 아이템들은 다음과 같다.

- 파일 메뉴File menu에는 열기/저장/내보내기 등과 같은 파일 작업이 포함되며, 종종 프로그램 종료 옵션도 포함된다. ABQ 앱은 파일 저장과 프로그램 종료를 위해 이 메뉴가 필요하다.
- 옵션 메뉴Option menu는 사용자가 애플리케이션을 설정할 수 있게 한다. ABQ 앱은 자동 채우기 기능을 선택할 수 있도록 이 메뉴가 필요하다. 옵션 메뉴는 종종 환경설정Preferences이나 설정Settings이라고도 한다.
- 도움말 메뉴Help menu에는 대개 도움말 문서의 링크가 포함되며, 그렇지 않더라도 최소한 애플리케이션의 기본 정보를 알려주는 정보About 메시지가 포함된다. ABQ 앱에서는 정보 대화상자를 위한 메뉴를 넣을 것이다.

> 애플, 마이크로소프트, GNOME 프로젝트는 각자 플랫폼의 데스크톱 환경을 위한 지침서를 제공한다. 각 지침서는 해당 플랫폼에 특화된 메뉴 아이템의 레이아웃을 조언한다. 자세한 사항은 10장에서 알아본다.[2]

메뉴를 구현하기 전에 먼저 Tkinter 메뉴의 작동 원리를 이해할 필요가 있다.

Tkinter Menu 위젯

tkinter.Menu 위젯은 Tkinter 메뉴 체계의 기본적인 구성 요소다. 실제로는 몇 개의 메뉴 아이템이든 담을 수 있는 컨테이너 역할의 단순한 위젯이다.

메뉴 아이템은 다음 유형 중의 하나가 될 수 있다.

아이템 유형	설명
command	하나의 명령을 실행하는, 레이블 있는 아이템
checkbutton	불리언 제어 변수와 연결된, 레이블 있는 체크박스
radiobutton	특정 제어 변수와 연결된, 레이블 있는 라디오 버튼
separator	대개 검은색 줄로 된 메뉴 구분선
cascade	두 번째 Menu 인스턴스로 구현되는 하위 메뉴

Menu 클래스의 작동 방법을 알고자 다음과 같은 간단한 스크립트를 작성하자.

```
# menu_demo.py

import tkinter as tk
root = tk.Tk()
root.geometry('200x150')
main_text = tk.StringVar(value='Hi')
label = tk.Label(root, textvariable=main_text)
```

---

2. GNOME은 리눅스와 유닉스 계열에서 사용할 수 있는 GUI 데스크톱 환경이다. 발음은 '그놈'이지만 이 책에서는 'GNOME'으로 표기한다. — 옮긴이

```
label.pack(side='bottom')
```

이 애플리케이션은 200 × 150픽셀의 메인 윈도우를 만들며, main_text라는 문자열 변수가 사용된 Label 위젯을 포함한다. 이제 여기에 다음과 같은 메뉴 컴포넌트를 추가하지.

```
main_menu = tk.Menu(root)
root.config(menu=main_menu)
```

이 코드는 Menu 인스턴스를 만들고 이를 루트 윈도우의 menu 인자에 할당해 애플리케이션의 주 메뉴가 되게 설정했다.

현재는 메뉴가 비어 있으므로 다음과 같은 코드로 아이템을 추가한다.

```
main_menu.add('command', label='Quit', command=root.quit)
```

여기서는 애플리케이션 종료를 위한 command 아이템을 추가했다. Menu.add() 메서드에는 아이템 유형 하나와 새 메뉴 아이템에 필요한 키워드 인자를 얼마든지 지정할 수 있다. 명령 아이템의 경우 최소한 메뉴에 나타날 텍스트를 지정하는 label 인자와 파이썬 콜백을 가리키는 command 인자를 지정해야 한다.

NOTE

> 맥OS와 같은 일부 플랫폼에서는 명령 아이템을 최상위 메뉴로 지정할 수 없다. 각 플랫폼마다 서로 다른 메뉴 체계에 대해서는 10장에서 자세히 알아본다.

이제 다음과 같이 하위 메뉴도 만든다.

```
text_menu = tk.Menu(main_menu, tearoff=False)
```

보다시피 부모 위젯에 해당하는 상위 메뉴를 지정해 하위 메뉴를 만든다. 여기서 주목할 사항은 tearoff 인자다. Tkinter에서 하위 메뉴는 기본적으로 절취 가능

^{tearable}한데, 이는 하위 메뉴를 떼어 독립적인 윈도우로 사용할 수 있다는 의미다.

반드시 이 옵션을 끌 필요는 없으나 현대식 UI에서 잘 사용되지 않는 기능이다. 사용자가 혼란스러울 수 있으니 가급적 이 옵션을 사용하지 말기 바란다.

하위 메뉴 객체를 만들었으니 다음과 같이 메뉴 명령을 추가하자.

```python
text_menu.add_command(
    label='Set to "Hi"',
    command=lambda: main_text.set('Hi')
)
text_menu.add_command(
    label='Set to "There"',
    command=lambda: main_text.set('There')
)
```

add_command() 메서드는 add('command')의 손쉬운 사용을 위한 단축 메서드며 어떤 Menu 객체에서든 사용할 수 있다. 다른 아이템의 경우에도 이와 같은 단축 메서드가 있다. 예를 들어 add_cascade()나 add_separator() 등과 같이 말이다.

text_menu에 메뉴 명령을 추가했으니 이제 다음과 같이 add_cascade() 메서드를 사용해 하위 메뉴를 부모 위젯에 추가하자.

```python
main_menu.add_cascade(label="Text", menu=text_menu)
```

하위 메뉴를 상위 메뉴에 추가할 때는 이처럼 메뉴 레이블과 메뉴 객체 자체만 전달하면 된다.

Checkbutton과 Radiobutton 아이템

명령 아이템과 하위 메뉴에 더해 체크박스와 라디오 버튼 위젯도 추가할 수 있다. 이를 시험하고자 레이블 모양을 변경하는 기능을 갖는 하위 메뉴를 하나 더 만들자.

먼저 다음과 같은 코드를 추가한다.

```
font_bold = tk.BooleanVar(value=False)
font_size = tk.IntVar(value=10)

def set_font(*args):
    size = font_size.get()
    bold = 'bold' if font_bold.get() else ''
    font_spec = f'TkDefaultFont {size} {bold}'
    label.config(font=font_spec)

font_bold.trace_add('write', set_font)
font_size.trace_add('write', set_font)
set_font()
```

checkbutton과 radiobutton 아이템을 사용하려면 먼저 그에 바인딩할 제어 변수를 만들어야 한다. 여기서는 글꼴의 굵기 선택을 위한 불리언 변수와 글꼴의 크기 선택을 위한 정수 변수를 만들었다. 그다음에는 이들 변수를 사용해 Label 위젯의 글꼴 속성을 설정하는 콜백 함수를 정의했다. 마지막으로 두 변수 모두에 트레이스를 설정함으로써 값이 바뀔 때마다 콜백이 호출돼 글꼴 설정이 초기화되게 했다.

이제 다음과 같이 메뉴와 메뉴 아이템을 추가한다.

```
appearance_menu = tk.Menu(main_menu, tearoff=False)
main_menu.add_cascade(label="Appearance", menu=appearance_menu)
appearance_menu.add_checkbutton(label="Bold", variable=font_bold)
```

여기서는 모양 설정을 위한 하위 메뉴와 굵은 글씨를 선택할 수 있는 checkbutton 아이템을 추가했다. Checkbutton 위젯과 마찬가지로 add_checkbutton() 메서드는 variable 인자를 사용해 제어 변수를 지정한다. 그러나 레이블 텍스트는 text 인자가 아닌 label 인자를 사용해 지정한다.

checkbutton 아이템은 기본적으로 BooleanVar와 함께 동작한다. 그러나 Checkbutton 위젯과 마찬가지로 onvalue와 offvalue 인자를 통해 다른 제어 변수도 사용할 수 있다.

이제 radiobutton 아이템을 사용해보자. 다음과 같이 하위 메뉴인 Appearance에 다시 하위 메뉴를 추가한다.

```
size_menu = tk.Menu(appearance_menu, tearoff=False)
appearance_menu.add_cascade(label='Font size', menu=size_menu)
for size in range(8, 24, 2):
  size_menu.add_radiobutton(
    label="{} px".format(size),
    value=size, variable=font_size
  )
```

보다시피 주 메뉴에 하위 메뉴를 추가하는 방법과 동일하게 하위 메뉴에 하위 메뉴를 추가했다. 이론적으론 메뉴 안에 메뉴를 포함시키는 일을 무한정 반복할 수 있다. 그러나 대부분의 UI 지침은 메뉴 계층이 2단계가 넘지 않게 하길 권장한다.

Font size 메뉴의 아이템들은 단순히 8부터 22까지의 짝수 목록을 순환하며 만들었으며, 각 아이템은 add_radiobutton()에 size와 동일한 값을 글꼴 크기로 지정하며 추가했다. Radiobutton 위젯과 마찬가지로 variable 인자를 사용해 제어 변수를 지정했는데, 이 변수는 글꼴 크기가 선택되면 value 인자에 저장된 값으로 갱신될 것이다.

마지막으로 메인 루프를 호출하자.

```
root.mainloop()
```

이제 애플리케이션을 실행하고 테스트하자. 그림 7-10과 같은 모습을 볼 수 있을 것이다.

그림 7-10: 시험용 메뉴 애플리케이션

Menu 위젯을 다루는 법을 알았으니 이제 ABQ 앱 메뉴를 설계하고 구현하자.

ABQ 앱 메뉴 구현

주 메뉴는 GUI의 주요 컴포넌트이므로 당연히 그 보금자리는 views.py 파일이 돼야 할 것이다. 그러나 애플리케이션이 커질수록 메뉴도 더욱 확장될 것이므로 별도의 자체 모듈에 구현하는 것이 좋겠다. 그럼 abq_data_entry 디렉터리 안에 mainmenu.py라는 새 파일을 만들고 다음과 같이 독스트링과 임포트 구문을 작성하자.

```
# mainmenu.py
"""ABQ 데이터 입력을 위한 주 메뉴 클래스"""

import tkinter as tk
from tkinter import messagebox
```

그다음에는 tkinter.Menu의 하위 클래스로 주 메뉴 클래스를 만든다.

```
class MainMenu(tk.Menu):
    """애플리케이션 주 메뉴"""

    def __init__(self, parent, **kwargs):
        super().__init__(parent, **kwargs)
```

지금은 아무것도 없는 이 초기화 메서드 안에 나머지 모든 메뉴를 구성할 예정이다. 그에 앞서 application.py로 되돌아가 이 클래스를 애플리케이션의 주 메뉴로 설정하는 작업을 해야 한다.

먼저 파일의 첫 부분에 다음과 같이 클래스를 임포트한다.

```
# application.py 파일의 첫 부분
from .mainmenu import MainMenu
```

그다음에는 Application.__init__() 안에 MainMenu 클래스의 인스턴스를 만들고 이를 애플리케이션 주 메뉴로 지정해야 한다. 다음과 같이 말이다.

```
# application.py 파일의 Application.__init__() 메서드

self.title("ABQ 데이터 입력 애플리케이션")
self.columnconfigure(0, weight=1)

menu = MainMenu(self)
self.config(menu=menu)
```

이제 다시 mainmenu.py로 돌아가 메뉴 컴포넌트들을 구축하자.

도움말 메뉴

쉬운 것부터 시작하자. 애플리케이션의 기본 정보를 표시하는 정보[About] 대화상자는 대개 도움말 메뉴 안에 위치한다.

MainMenu.__init__() 메서드 안에 다음과 같은 코드를 추가하자.

```
# mainmenu.py, inside MainMenu.__init__()

help_menu = tk.Menu(self, tearoff=False)
help_menu.add_command(label='About...', command=self.show_about)
```

여기서는 Help 메뉴와 About이라는 명령 아이템을 추가했다.

command 인자에는 show_about()이라는 인스턴스 메서드를 콜백으로 지정했다.
따라서 다음과 같이 클래스에 이 메서드를 추가하자.

```python
# mainmenu.py 파일의 MainMenu 클래스

def show_about(self):
    """정보 대화상자 보이기"""

    about_message = 'ABQ Data Entry'
    about_detail = (
        'by Alan D Moore\n'
        'For assistance please contact the author.'
    )
    messagebox.showinfo(
        title='About', message=about_message, detail=about_detail
    )
```

이 메서드는 단지 애플리케이션에 관한 기본 정보를 설정하고 이를 messagebox
대화상자에 보여준다. 물론 about_detail 변수의 내용에는 자신의 정보를 넣으
면 되며 좀 더 자세하고 긴 메시지를 담아도 좋다.

파일 메뉴

다음은 File 메뉴다. 이 메뉴에는 파일 선택 기능과 애플리케이션 종료 기능을
위한 2개의 명령 아이템을 포함시킬 것이다. 그러나 About 대화상자와는 달리
이 두 아이템을 위한 콜백 로직은 메뉴 클래스 자체에 구현할 수 없다. 파일
선택 기능은 이미 구현했던 Application._on_file_select() 메서드를 사용해
야 하며, 종료 기능은 Application.quit() 호출이 필요하기 때문이다.

메뉴의 부모 위젯은 Application 객체이므로 단순히 이들 아이템을 parent.
_on_file_select와 parent.quit에 바인딩해도 된다. 그러나 이는 6장에서 다뤘

던 강한 결합을 발생시킨다. 따라서 이번에도 이벤트를 사용해 컨트롤러와 통신하는 방법을 사용할 것이다.

File 메뉴를 구현하는 한 가지 방법으로 다음과 같이 람다 함수^{lambda function}를 사용할 수 있다.

```
file_menu.add_command(
    label="Select file…",
    command=lambda: self.event_generate('<<FileSelect>>')
)
```

lambda 키워드는 하나의 표현식을 포함하는 익명의 인라인 함수를 만든다. 람다 함수는 예를 들어 위젯의 command 인자와 같이 어떤 함수를 참조해야 하지만 정식 함수를 정의하는 부담은 없애고 싶은 상황에서 흔히 사용된다. 위 코드는 event_generate()를 사용해 MainMenu 객체에 커스텀 <<FileSelect>> 이벤트를 생성하는 람다 함수를 사용한다.

NOTE

> 람다 표현식의 자세한 내용은 https://docs.python.org/3/reference/expressions.html의 6.14절에서 볼 수 있다.

그러나 이 접근 방식에는 2가지 문제가 있다.

첫째, 람다를 자주 사용하는 코드는 장황하고 볼품없게 된다. 애플리케이션이 커짐에 따라 메뉴에 더 많은 커스텀 이벤트를 만들어야 하므로 반복되는 '찍어내기' 식의 코드가 되는 상황을 지양해야 한다.

둘째, Menu 객체의 이벤트 바인딩이 모든 플랫폼에서 작동하는 것은 아니다. 특히 MS 윈도우즈에서 그렇다. 이는 Menu가 네이티브 메뉴 시스템을 기반으로 구축된다는 사실과 관련이 있다. 이를 해결하려면 루트 윈도우의 참조를 얻어 거기에 이벤트를 바인딩해야 한다.

따라서 볼품없는 코드를 만들기보다는 간단한 래퍼 함수를 만들어 메뉴 코드를 깔끔하게 관리하는 방법이 낫다.

그럼 MainMenu 클래스의 초기화 메서드 앞에 다음과 같이 _event() 메서드를 추가하자.

```
# mainmenu.py 파일의 MainMenu 클래스

    def _event(self, sequence):
      def callback(*_):
        root = self.master.winfo_toplevel()
        root.event_generate(sequence)
      return callback
```

이 간단한 메서드는 루트 윈도우의 인스턴스가 sequence 문자열 이름의 이벤트를 생성하게 하는 함수 하나를 정의하고 이 함수를 반환한다. 루트 윈도우의 참조를 얻고자 메뉴의 부모 위젯인 self.master의 winfo_toplevel()을 호출하는데, 이는 부모 위젯의 최상위 윈도우를 반환한다. 혹시 그냥 self.master를 사용하거나, 아니면 Menu 객체 자체에 winfo_toplevel()을 호출하는 방법도 생각할 수 있다. 전자의 방법에서는 실제 인스턴스가 생성되기 전까진 메뉴의 부모 위젯이 뭔지 확신할 수 없다. 특히 미래에 프로그램이 진화함에 따라 더욱 그럴 수 있다. 부모 위젯이 뭔지 확신할 순 없지만 어쨌든 윈도우에 있는 위젯은 맞을 것이다. 따라서 winfo_toplevel()을 호출해 루트 윈도우를 얻을 수 있다.

후자의 방법대로 Menu 객체에 winfo_toplevel() 메서드를 호출하면 실제 반환되는 건 최상위 메뉴다. 즉, self.winfo_toplevel()은 MainMenu 객체를 반환하게 된다.

그럼 이 래퍼 함수를 사용해 다음과 같이 메뉴 아이템을 추가하자.

```
# mainmenu.py 파일의 MainMenu.__init__() 메서드

    file_menu = tk.Menu(self, tearoff=False)
    file_menu.add_command(
```

```
        label="Select file...",
        command=self._event('<<FileSelect>>')
    )

file_menu.add_separator()
file_menu.add_command(
    label="Quit",
    command=self._event('<<FileQuit>>')
)
```

이로써 코드가 좀 더 깔끔하게 됐다. 이들 명령 아이템이 작동되게 하려면
Application 클래스가 이벤트를 리스닝하고 적절히 처리하게 해야 한다.

그럼 application.py 파일로 돌아가 Application.__init__() 안에서 메뉴 객체
를 만드는 부분 뒤에 다음과 같은 코드를 추가하자.

```
# application.py 파일의 Application.__init__() 메서드

event_callbacks = {
    '<<FileSelect>>': self._on_file_select,
    '<<FileQuit>>': lambda _: self.quit(),
}
for sequence, callback in event_callbacks.items():
    self.bind(sequence, callback)
```

여기서는 이벤트 이름과 콜백 메서드를 연결한 event_callbacks 딕셔너리를
만들었다. 그다음에는 딕셔너리를 순환하며 각 이벤트를 해당 콜백에 바인딩시
켰다.

나중에 아이템이 증가하게 되더라도 이 딕셔너리에 바인딩 코드를 추가하면

그만이다. <<FileQuit>>의 경우 self.quit()에 직접 바인딩할 수 없음에 주의하기 바란다. bind() 메서드를 사용해 바인딩된 콜백은 호출 시에 인자를 전달하는데, self.quit()는 인자를 받지 않기 때문이다. 이럴 때 람다 함수를 사용함으로써 콜백으로부터의 인자를 걸러낼 수 있다.[3]

옵션 메뉴

다음은 옵션Options 메뉴다. 이는 사용자가 폼에 있는 날짜와 시트 데이터의 자동 채우기 기능을 켜거나 끌 수 있게 한다. 이미 해봤듯 메뉴에 checkbutton 아이템을 넣는 일 자체는 매우 쉽다. 그러나 실제 작동하게 하려면 면밀한 작업이 추가로 필요하다. 어떻게든 이들 메뉴 아이템을 DataRecordForm 인스턴스에 연결해 자동화 기능을 켜거나 끌 수 있게 해야 한다.

이를 위해 먼저 제어 변수가 저장될 딕셔너리를 Application 클래스에 다음과 같이 추가하자.

```
# application.py 파일의 Application.__init__() 메서드
# 메뉴 설정 앞에 추가

    self.settings = {
        'autofill date': tk.BooleanVar(),
        'autofill sheet data': tk.BooleanVar()
    }
```

그다음에는 DataRecordForm과 MainMenu 객체가 이 설정에 접근할 수 있게 해야 한다. 그러려면 각자의 초기화 메서드에 settings 딕셔너리를 전달해 인스턴스 변수에 저장하게 하면 된다.

views.py 파일에서 DataRecordForm.__init__() 메서드를 다음과 같이 수정하자.

---

3. 람다 함수의 파라미터 부분에 밑줄 문자를 사용하면 어떤 인자든 무시되며, 따라서 아무것도 self.quit()에 전달되지 않는다. — 옮긴이

```
# views.py 파일의 DataRecordForm 클래스

def __init__(self, parent, model, settings, *args, **kwargs):
    super().__init__(parent, *args, **kwargs)

    self.model = model
    self.settings = settings
    fields = self.model.fields
```

그다음에는 mainmenu.py 파일에서 MainMenu.__init__() 메서드를 다음과 같이 수정한다.

```
# mainmenu.py 파일의 MainMenu 클래스

def __init__(self, parent, settings, **kwargs):
    super().__init__(parent, **kwargs)
    self.settings = settings
```

이제 Application 클래스로 돌아가 이들 클래스의 인스턴스를 만들 때 settings 딕셔너리가 전달되게 해야 한다. 그럼 Application.__init__()을 다음과 같이 수정한다.

```
# application.py 파일의 Application.__init__() 메서드

    # 메뉴 생성 부분
    menu = MainMenu(self, self.settings)

    # ...
    # 폼 생성 부분
    self.recordform = v.DataRecordForm(
        self,
        self.model,
        self.settings
    )
```

각 클래스가 settings 딕셔너리에 접근할 수 있게 됐으니 이를 사용하게 하자. 먼저 Options 메뉴를 주 메뉴에 추가해야 한다.

mainmenu.py 파일의 **MainMenu** 초기화 메서드에 다음과 같은 메뉴 생성 코드를 추가하자.

```
# mainmenu.py 파일의 MainMenu.__init__() 메서드

    options_menu = tk.Menu(self, tearoff=False)
    options_menu.add_checkbutton(
        label='Autofill Date',
        variable=self.settings['autofill date']
    )
    options_menu.add_checkbutton(
        label='Autofill Sheet data',
        variable=self.settings['autofill sheet data']
    )
```

여기서는 단순히 settings 변수에 바인딩된 2개의 checkbutton 아이템과 함께 options_menu라는 Menu 위젯을 만들었다. 이게 **MainMenu**에 필요한 설정의 전부다.

마지막으로 남은 건 **DataRecordForm** 클래스의 **reset()** 메서드가 이 설정을 이용해 자동 채우기 기능을 처리하는 일이다.

그럼 views.py 파일의 **DataRecordForm.reset()** 메서드에서 날짜를 설정하는 부분을 다음과 같이 수정한다.

```
# views.py 파일의 DataRecordForm.reset() 메서드

    if self.settings['autofill date'].get():
        current_date = datetime.today().strftime('%Y-%m-%d')
        self._vars['Date'].set(current_date)
        self._vars['Time'].label_widget.input.focus()
```

보다시피 기존의 날짜 설정 로직을 설정 값을 확인하는 **if** 블록 안으로 넣었다.

시트 데이터를 채우는 부분 역시 이와 동일하게 다음과 같이 작업하면 된다.

```python
if (
    self.settings['autofill sheet data'].get() and
    plot not in ('', 0, plot_values[-1])
):
    self._vars['Lab'].set(lab)
    self._vars['Time'].set(time)
    # ...
```

기존 로직이 이미 if 블록 안에 있었으므로 여기서는 단지 조건 하나만 추가해 기능을 완성했다.

마무리 작업

마지막으로 주 메뉴에 하위 메뉴를 추가할 일만 남았다. MainMenu.__init__() 의 끝 부분에 다음 코드를 추가하자.

```python
# mainmenu.py 파일의 MainMenu.__init__() 메서드 끝 부분

self.add_cascade(label='File', menu=file_menu)
self.add_cascade(label='Options', menu=options_menu)
self.add_cascade(label='Help', menu=help_menu)
```

하위 메뉴는 추가된 순서대로 왼쪽에서 오른쪽으로 배치된다. 보통은 File 메뉴를 가장 처음에, Help 메뉴를 가장 마지막에, 나머지 메뉴들은 그 사이에 위치시킨다. 플랫폼에 따른 메뉴 배치 방법은 10장에서 자세히 알아본다.

이제 애플리케이션을 실행하면 그림 7-11과 같은 메뉴들을 보게 될 것이다.

그림 7-11: ABQ 앱 메뉴

이 옵션들을 끄고 레코드를 입력하면 자동 채우기가 안 돼야 한다.

설정 보존

이제 자동 채우기의 기능 설정은 잘 작동한다. 그런데 골칫거리가 하나 있다. 그 설정이 세션 사이에 유지되지 않는다는 점이다. 애플리케이션을 종료하고 다시 실행하면 모든 설정은 기본값으로 되돌아간다. 이게 큰 문제는 아니지만 사용자에게 떠넘기면 안 될 찝찝한 부분인 건 맞다. 사용자가 애플리케이션을 실행할 때마다 자신의 개인 설정이 적용되면 가장 이상적이다.

파이썬은 데이터를 파일에 보존하는 다양한 방법을 제공한다. 앞서 이미 테이블 형식의 데이터를 위해 설계된 CSV 파일은 경험했다. 그 밖에도 서로 다른 목적으로 설계된 형식들이 있다. 다음은 파이썬 표준 라이브러리에서 가용한, 데이터 저장과 관련해 선택할 수 있는 사항들이다.

모듈	파일 유형	용도	장점	단점
pickle	바이너리	모든 파이썬 객체	빠르고 작으며 사용법이 쉬움	안전하지 않고 사람이 읽을 수 없으며 파일 전체가 로딩돼야 함
configparser	텍스트	키-값 데이터	사람이 읽을 수 있음	시퀀스나 복잡한 객체를 다룰 수 없으며 계층 구조가 제한됨
json	텍스트	간단한 값이나 시퀀스[4]	사용법이 쉽고 널리 사용되며 사람이 읽을 수 있음	별도의 조작 없이 날짜나 복잡한 객체를 다룰 수 없음
xml	텍스트	모든 파이썬 객체 유형	강력하고 유연하며 사람이 읽을 수 있음	안전하지 않고 사용법이 어려우며, 문법이 장황함

(이어짐)

---

4. 문자열, 리스트, 튜플 등 값이 연속으로 이뤄진 유형들을 포괄해 시퀀스라고 하며, 그 안의 개별 아이템에 반복적으로 접근할 수 있으므로 이터러블(iterable) 객체라고도 한다. — 옮긴이

모듈	파일 유형	용도	장점	단점
sqlite	바이너리	관계형 데이터	빠르고 강력하며 복잡한 관계를 표현할 수 있음	SQL 지식이 필요하며, 객체는 테이블로 변환돼야 함

이들 방법으로도 충분치 않다면 서드파티 라이브러리를 사용하면 된다. 지금처럼 몇 개의 불리언 값을 저장하는 용도라면 모두 가능한 방법들이다. 그럼 어떤 것을 골라야 할까? 여기에는 다음과 같은 고려 사항이 필요하다.

- SQL이나 XML은 강력하지만 지금의 간단한 요건에 비해 너무 복잡하다.
- 문제가 생겼을 때 디버깅할 수 있으려면 텍스트 형식의 파일이어야 한다. 따라서 pickle은 제외다.
- configparser도 지금은 괜찮으나 리스트, 튜플, 딕셔너리 등을 온전히 다룰 수 없다는 점에서 미래에 제약이 생길 수 있다.

남은 건 json이며, 이는 바람직한 선택이다. 모든 파이썬 객체 유형을 다루진 못하지만 문자열, 숫자, 불리언 값뿐만 아니라 리스트와 딕셔너리도 처리할 수 있기 때문이다. 게다가 다른 데이터 타입도 처리 가능하게 확장될 수 있다. 요컨대 지금의 설정 값 저장도 처리할 수 있으며 미래에 발생할 요건에도 부합할 것이다.

NOTE

> 어떤 라이브러리가 "안전하지 않다"는 건 무슨 뜻일까? 어떤 데이터 형식은 확장성, 연결성, 별칭 기능 등과 같은 강력함을 갖게 설계됐으며, 해당 파서(parser)는 이를 구현해야 한다. 그러나 불행히 그런 능력은 나쁜 목적으로 이용될 수 있다. 예를 들어 '10억 개 웃음'이라는 XML 취약점은 XML의 능력 중 3가지를 조합해 파일을 거대한 크기의 데이터로 파싱되게 한다.[5] 그 경우 보통은 프로그램, 심하면 운영체제까지 마비시킬 수 있다.

---

5. '10억 개 웃음'은 XML 파서에 대한 서비스 거부(DoS) 공격의 일종이며, 대개 laughing out loud의 약자이자 이모티콘인 'lol' 데이터가 10억 개로 늘어나는 취약 코드를 예시로 사용하므로 그런 이름을 갖게 됐다. 참고로 XML의 능력 중 3가지란 엔티티 대체, 엔티티 중첩, 인라인 DTD를 말한다. – 옮긴이

설정 보존을 위한 모델

어떤 종류의 데이터 보존이든 모델부터 시작해야 할 것이다. CSVModel 클래스의 경우와 마찬가지로 설정 모델은 데이터를 저장하고 읽을 수 있어야 하며, 설정 데이터의 공식 원천을 정의해야 한다. 여기서는 json을 사용하기로 했으니 models.py의 첫 부분에 다음과 같은 임포트 구문을 추가하자.

```
import json
```

이제 models.py의 끝 부분에 다음과 같이 새로운 SettingsModel 클래스를 추가하자.

```
# models.py 파일의 끝 부분

class SettingsModel:
    """설정 저장을 위한 모델"""

    fields = {
        'autofill date': {'type': 'bool', 'value': True},
        'autofill sheet data': {'type': 'bool', 'value': True}
    }
```

CSVModel에서 했듯 설정 파일에 포함될 필드들을 정의하는 클래스 변수를 만들었다. 현재는 2개의 불리언 값만 있다. 딕셔너리 안의 각 필드는 데이터 타입과 기본값을 정의한다. 데이터 타입에 파이썬 객체가 아닌 문자열을 사용했음에 주목하자. 데이터 타입과 기본값 모두 텍스트 파일에 저장할 것이기 때문이다.

이제 이 클래스의 초기화 메서드를 다음과 같이 추가한다.

```
# models.py 파일의 SettingsModel 클래스

    def __init__(self):
        filename = 'abq_settings.json'
        self.filepath = Path.home() / filename
```

이 초기화 메서드는 설정이 저장될 파일의 경로를 판단한다. 지금은 하드코딩된 abq_settings.json이라는 파일명을 사용하며 이 파일을 사용자의 홈 디렉터리에 저장한다. Path.home()은 사용자의 홈 디렉터리를 가리키는 Path 객체를 반환하는, Path의 클래스 메서드다. 이렇게 함으로써 각 사용자는 자신의 홈 디렉터리에 설정 파일을 갖게 된다.

모델이 생성되면 즉시 사용자가 저장한 설정을 디스크로부터 로딩해야 한다. 따라서 load()라는 인스턴스 메서드를 다음과 같이 호출하자.

```
# models.py 파일의 SettingsModel.__init__() 메서드 끝 부분
    self.load()
```

이제 load() 메서드를 구현해야 하는데, 간단하게는 다음과 같이 할 수 있을 것이다.

```
def load(self):
    with open(self.filepath, 'r') as fh:
        self.fields = json.load(fh)
```

이 메서드는 단순히 self.filepath 위치에 저장된 파일을 열고 json.load()로 추출한 모든 데이터를 fields 변수에 덮어쓴다. 이는 우리가 하고자 하는 일의 핵심이긴 하지만, 다음과 같은 2가지 문제점이 존재한다.

- 파일이 존재하지 않으면 어떻게 할 것인가? 예를 들어 사용자가 이전에 한 번도 프로그램을 실행한 적이 없는 경우 말이다.
- JSON 데이터가 애플리케이션에 필요한 키와 맞지 않다면 어떻게 할 것인가? 예를 들어 파일이 조작됐거나 예전 버전일 경우 말이다.

따라서 이를 보완하는, 좀 더 안정적인 콜백을 다음과 같이 만들자.

```
# models.py 파일의 SettingsModel 클래스
    def load(self):
```

```
            if not self.filepath.exists():
                return

            with open(self.filepath, 'r') as fh:
                raw_values = json.load(fh)

            for key in self.fields:
                if key in raw_values and 'value' in raw_values[key]:
                    raw_value = raw_values[key]['value']
                    self.fields[key]['value'] = raw_value
```

이젠 파일이 존재하는지 먼저 확인한다. 파일이 없다면 아무 일도 하지 않고 메서드가 종료된다. 이는 완전히 합리적인데, 특히 사용자가 한 번도 프로그램을 사용한 적이 없거나 설정을 바꾼 적이 없을 경우에 그렇다. 그런 경우 self.fields가 원래대로 남아 있어 사용자에게 기본값이 제시될 것이기 때문이다.

두 번째 문제를 해결하고자 JSON 데이터를 로컬 변수인 raw_values에 로딩하고, 그 필드 중 클래스에 정의된 키에 해당하는 필드만 갱신되게 했다. JSON 데이터에 특정 키가 없다면 그 필드는 건너뛰므로 기본값이 유지된다.

이 모델은 설정 값을 로딩할 뿐만 아니라 저장도 해야 한다. 그럼 다음과 같이 설정 값을 저장하는 save() 메서드를 작성하자.

```
# models.py 파일의 SettingsModel 클래스

    def save(self):
        with open(self.filepath, 'w') as fh:
            json.dump(self.fields, fh)
```

json.dump()는 json.load()의 반대 함수다. 즉, 파이썬 객체를 JSON 문자열로 변환해 파일에 쓴다. 결국 설정 데이터를 저장하는 기능은 fields 딕셔너리를 JSON 문자열로 변환해 특정 텍스트 파일에 쓰는 게 전부다.

마지막으로 필요한 건 외부 코드가 설정을 변경할 수 있게 하는 메서드다. 물론 외부 코드가 fields 딕셔너리를 직접 조작하게 할 수도 있으나, 데이터 무결성을 위해 메서드를 제공하는 방법이 바람직하다.

Tkinter의 관례에 따라 이 메서드를 set()이라고 하자.

set() 메서드를 기본적으로 구현한다면 다음과 같을 것이다.

```python
def set(self, key, value):
    self.fields[key]['value'] = value
```

이는 key와 value 인자를 받아 fields 딕셔너리에 설정하는 단순한 메서드다. 그러나 여기에는 다음과 같은 잠재적 문제가 있다.

- 데이터 타입에 맞지 않는 값이 들어오면 어떻게 할 것인가?
- fields 딕셔너리에 없는 키는 어떻게 할 것인가? 그냥 새로운 키가 추가되게 할 것인가?

이와 같은 상황은 디버깅하기 어려운 상황을 만들 수 있다. 따라서 set() 메서드는 그런 상황에 대비한 안전장치를 갖춰야 한다.

다음과 같이 개선된 버전의 set() 메서드를 작성하자.

```python
# models.py 파일의 SettingsModel 클래스

def set(self, key, value):
    if (
        key in self.fields and
        type(value).__name__ == self.fields[key]['type']
    ):
        self.fields[key]['value'] = value
    else:
        raise ValueError("Bad key or wrong variable type")
```

이 버전에서는 인자로 주어진 key가 fields에 존재하는지, 또한 데이터 타입이 그 필드에 정의된 유형과 일치하는지 확인한다. value 변수의 객체 유형과

fields 딕셔너리의 type 문자열을 비교하고자 type(value).__name__을 사용해 변수의 데이터 타입을 문자열로 추출한다. 이는 불리언 변수의 경우 bool과 같은 문자열을, 또는 문자열 변수의 경우 str을 반환한다. 이렇게 함으로써 잘못된 키나 변수 유형을 쓰는 시도를 막을 수 있다.

그러나 그냥 조용히 넘어갈 순 없다. 잘못된 데이터가 있다면 즉시 ValueError 예외를 발생시킨다. 왜 예외를 발생시킬까? 설정 작업이 실패하면 단지 호출하는 코드에 버그가 있다고 생각할 수 있다. 그러나 이처럼 예외를 발생시키면 호출하는 코드가 모델에 잘못된 데이터를 전달했다는 사실을 즉시 알 수 있다. 조용히 실패하게 두면 찾기 힘든 버그만 남길 뿐이다.

설정 모델 사용

애플리케이션은 시작할 때 설정 값을 로딩해야 하며 설정이 변경될 때마다 자동 저장해야 한다. 현재는 settings 딕셔너리를 Application 클래스 안에서 만들고 있지만 사실 설정 데이터의 공식 원천은 모델이다.

그럼 Application.__init__() 메서드로 돌아가 settings 딕셔너리를 만드는 부분을 다음과 같은 코드로 수정하자.

```
# application.py 파일의 Application.__init__() 메서드
    self.settings_model = m.SettingsModel()
    self._load_settings()
```

먼저 SettingsModel 인스턴스를 만들어 인스턴스 변수로 저장했다. 그다음에는 _load_settings()라는 인스턴스 메서드를 호출한다. 이 메서드는 settings_model이 Application.settings 딕셔너리를 만들게 요청할 것이다.

클래스의 끝 부분에 다음과 같이 _load_settings() 메서드를 만들자.

```
# application.py 파일의 Application 클래스
```

```python
def _load_settings(self):
    """self.settings 딕셔너리에 설정 값 로딩"""

    vartypes = {
        'bool': tk.BooleanVar,
        'str': tk.StringVar,
        'int': tk.IntVar,
        'float': tk.DoubleVar
    }
    self.settings = dict()
    for key, data in self.settings_model.fields.items():
        vartype = vartypes.get(data['type'], tk.StringVar)
        self.settings[key] = vartype(value=data['value'])
```

모델에서는 각 변수의 유형과 값을 직접 저장하지만 Application에서는 Tkinter 제어 변수가 필요하다. 즉, 모델의 데이터 표현 방식을 Application이 사용할 수 있는 구조로 전환해야 한다. 따라서 이 메서드에서는 type 문자열을 제어 변수로 전환하는 vartypes 딕셔너리를 만든다.

현재는 설정 데이터에 불리언 변수만 필요하지만 미래를 위해 문자열, 소수, 정수도 정의했다.

그다음에는 vartypes 딕셔너리를 정의하고 빈 settings 딕셔너리를 만든 다음 self.settings_model.fields를 순환하며 각 필드에 부합하는 제어 변수를 만든다. 또한 vartypes.get(data['type'], tk.StringVar)는 vartypes에 없는 변수 유형을 받으면 그냥 StringVar를 지정한다.

Tkinter 변수를 사용하는 주된 이유는 사용자에 의한 변경 사항을 모두 추적하고 즉시 반응하기 위해서다. 즉, 사용자가 설정을 변경할 때마다 이를 저장하겠다는 말이다. 이를 위해 다음과 같은 마지막 2줄을 추가하자.

application.py 파일의 Application._load_settings() 메서드

```
for var in self.settings.values():
    var.trace_add('write', self._save_settings)
```

설정 값이 변경될 때마다 _save_settings를 호출하는 트레이스를 추가했다. 물론 이는 설정 값을 디스크에 저장할 Application._save_ settings() 메서드를 만들어야 한다는 의미다.

그럼 이 메서드를 Application에 다음과 같이 작성하자.

```
def _save_settings(self, *_):
    for key, variable in self.settings.items():
        self.settings_model.set(key, variable.get())
    self.settings_model.save()
```

save_settings() 메서드는 단순히 Application.settings의 데이터를 모델로 전달하고 저장한다. 이는 self.settings를 순환하며 매번 모델의 set() 메서드를 호출해 값을 전달함으로써 가능하다. 그 작업이 모두 끝나면 모델의 save() 메서드를 호출하면 된다.

이로써 설정 값을 보존하는 작업이 완료됐다. 이제 애플리케이션을 종료하고 다시 실행해도 기존 설정이 유지되는지 확인하기 바란다. 또한 홈 디렉터리에 생성된 abq_settings.json 파일도 확인하자. 사실 홈 디렉터리가 설정 파일의 바람직한 장소는 아니다. 이에 관해서는 10장에서 다시 다룬다.

⁝⁝⁝ 정리

7장에서는 우리 애플리케이션이 좀 더 완전하게 되기 위한 큰 발걸음을 했다. 주 메뉴, 설정 값이 유지되는 Options 메뉴, About 대화상자 등을 구현했다. 또한 레코드가 저장될 파일을 선택할 수 있게 했으며 오류 대화상자를 추가해 가시성도 높였다. 그런 과정을 통해 Tkinter Menu 위젯, 파일 대화상자, 메시지 대화상자, 커스텀 대화상자를 다루는 방법뿐만 아니라 표준 라이브러리를 사용해 설정 데이터를 보존하는 방법을 살펴봤다.

8장에서는 애플리케이션 데이터의 읽기와 쓰기에 대한 요구 사항에 부응한다. 그에 따라 Ttk의 `Treeview`와 `Notebook` 위젯을 알아보고 `CSVModel`과 `DataRecordForm` 클래스가 기존 데이터를 읽고 갱신할 수 있게 만들 것이다.

08

Treeview와 Notebook으로 레코드 탐색

또 다른 요구 사항이 발생했다. 현재는 사용자가 저장할 파일을 선택할 수는 있다. 그러나 데이터 입력 폼을 사용해 파일 내용을 확인하거나 데이터를 수정하는 일은 불가하다. 그러려면 스프레드시트에서 직접 작업하는 수밖에 없다. 요컨대 마침내 ABQ 앱에 읽기와 쓰기 기능을 구현해야 할 때가 온 것이다.

8장에서 다루는 내용은 다음과 같다.

- '모델에 읽기와 쓰기 구현' 절에서는 CSV 모델이 읽기와 쓰기 기능을 갖게 변경한다.
- 'Ttk 트리뷰' 절에서는 Ttk의 **Treeview** 위젯을 알아본다.
- 'Treeview로 레코드 목록 구현' 절에서는 **Treeview** 위젯을 이용해 CSV 파일의 레코드를 보여주는 화면을 만든다.
- '애플리케이션에 레코드 목록 추가' 절에서는 Ttk의 **Notebook** 위젯을 사용해 레코드 목록을 애플리케이션에 추가한다.

⁞⁞⁞ 모델에 읽기와 쓰기 구현

지금까지 모든 설계는 파일에 데이터를 추가하는 폼에 주로 집중했다. 그러나 읽기와 쓰기 기능은 애플리케이션의 거의 모든 부분을 건드려야 하는 근본적인 변화다.

무시무시한 작업일 듯하지만 한 번에 한 컴포넌트씩 정복하다 보면 그리 엄청난 일은 아닐 것이다.

가장 먼저 해야 할 일은 문서 갱신이다. docs 디렉터리의 abq_data_entry_spec.rst 파일을 열어 기능 요구 사항 섹션에 다음 항목을 추가한다.

> 기능 요구 사항:
>
> * CSV 파일 데이터의 읽기, 쓰기, 추가를 위한 UI를 제공한다.
>
> * ...

또한 비필수 기능 섹션에서 '데이터 편집' 항목을 지운다.

가장 어려운 문서 작업을 마쳤으니 그에 맞는 코드를 작성하는 일은 별것 아니다. 그럼 시작하자.

CSVModel 클래스에 읽기와 쓰기 추가

CSVModel 클래스에 읽기와 쓰기 기능을 추가하려면 무엇이 필요할지 생각해보자.

- 화면에 보여줄 수 있게 파일의 모든 레코드를 가져오는 메서드가 필요할 것이다. 그 이름은 get_all_records()로 하자.
- 로우 번호로 개별 레코드를 가져오는 메서드가 필요할 것이다. 이름은 get_record()로 하자.
- 레코드 저장 기능은 새 레코드의 추가뿐만 아니라 기존 레코드의 갱신

도 가능해야 한다. 이를 반영하고자 기존의 save_record() 메서드를 수정해야 할 것이다.

models.py을 열고 기능 구현을 시작하자.

get_all_records() 구현

먼저 CSVModel에 다음과 같이 get_all_records()라는 새 메서드를 추가한다.

```python
# models.py 파일의 CSVModel 클래스

def get_all_records(self):
    """CSV의 모든 레코드를 읽어 리스트로 반환"""
    if not self.file.exists():
        return []
```

여기서는 먼저 모델 파일의 존재를 확인한다. 이미 알고 있듯 self.file은 Path 객체이므로 여기에 exists()를 호출해 파일의 존재 여부를 알 수 있다. 사용자가 매일 아침 애플리케이션을 실행하면 CSVModel은 아마도 없는 파일을 가리키는 기본 파일명을 만들 것이므로 get_all_records()는 이 상황을 우아하게 처리해야 한다. 이 경우 파일이 없으면 데이터도 없으므로 빈 리스트를 반환하는 방법이 가장 합리적이다.

파일이 존재하면 읽기 전용으로 파일을 열고 모든 레코드를 가져오면 된다. 이는 다음과 같은 코드로 가능할 것이다.

```python
with open(self.file, 'r') as fh:
    csvreader = csv.DictReader(fh)
    records = list(csvreader)
```

파일 내용 전체를 메모리로 읽어 리스트로 변환하는 방법이 완전히 효율적이진 않지만 지금 상황에서는 수용할 수 있다. 20개 재배 구역, 3개 연구소, 점검

시간 4번, 여기에 헤더 하나를 포함해도 겨우 241(= 20 × 3 × 4 + 1)개의 레코드에 불과한 파일이기 때문이다. 그 정도 크기의 데이터는 구형 시스템에서조차도 파이썬이 거뜬히 처리할 수 있는 수준이다. 다만 이 메서드는 약간 순진하다. 최소한 올바른 필드를 포함하는 CSV 파일이 선택됐는지는 확인해야 한다. 프로 그램을 마비시킬 수 있는 엉뚱한 파일이 선택될 수도 있으니 말이다.

그럼 올바른 필드 구조를 갖는 파일임을 확인하는 다음과 같은 코드를 작성하자.

```python
# models.py 파일의 CSVModel.get_all_records() 메서드

with open(self.file, 'r', encoding='utf-8') as fh:
    csvreader = csv.DictReader(fh.readlines())
    missing_fields = (
        set(self.fields.keys()) - set(csvreader.fieldnames)
    )
    if len(missing_fields) > 0:
        fields_string = ', '.join(missing_fields)
        raise Exception(
            f"File is missing fields: {fields_string}"
        )
    records = list(csvreader)
```

여기서는 CSVModel.fields 딕셔너리의 키와 CSV 파일의 fieldnames 리스트를 비교함으로써 누락된 필드가 있는지 확인한다. 누락된 필드를 찾을 때는 간단히 파이썬의 집합 유형인 set 클래스를 이용한다. 일단 두 리스트 모두 set 객체로 변환하면 빼기 연산이 가능한데, 그러면 첫 번째 객체(여기서는 fields의 키 집합)에 는 있으나 두 번째 객체(여기서는 CSV 안의 필드명 집합)에는 없는 아이템들만 포함하는 새 set 객체가 반환된다. 결과적으로 누락된 필드들만 가려낼 수 있게 된다.

missing_fields에 아이템이 하나라도 있다면 그게 곧 CSV 파일에서 누락된 필 드다. 이 경우 누락된 필드명을 포함하는 예외를 발생시킨다. 누락된 필드가 없다면 CSV 데이터를 리스트로 변환하면 된다.

파이썬의 set 객체는 리스트나 튜플 등 시퀀스 객체를 비교할 때 매우 유용하다. 이 객체는 아이템의 순서와 무관하게 두 set 객체의 차집합(x에는 있고 y에는 없는 아이템)이나 교집합(x와 y에 모두 있는 아이템) 등과 같은 정보를 쉽게 알 수 있는 방법을 제공한다.

이 메서드가 레코드 목록을 반환하게 하기 전에 해결해야 할 이슈 하나가 있다. CSV 파일의 모든 데이터는 텍스트로 저장돼 있으며 파이썬은 이를 문자열로 읽는다. 이는 대부분의 경우에 문제가 안 되는데 Tkinter는 필요시 그 문자열을 float이나 int 유형으로 변환하기 때문이다. 그러나 True나 False로 저장돼 있는 불리언 값은 bool 유형으로 변환되는데, 여기에 문제가 있다. False는 빈 문자열이 아니며 비어 있지 않은 모든 문자열은 파이썬에서 True로 평가되기 때문이다.

이를 해결하고자 True로 해석돼야 하는 문자열 리스트를 다음과 같이 만들자.

```python
# models.py 파일의 CSVModel.get_all_records() 메서드
    trues = ('true', 'yes', '1')
```

이 리스트에 없는 어떤 값이라도 False로 평가될 것이다. 또한 비교할 때 대소문자를 구분하지 않을 예정이므로 모든 값에 소문자만 사용했다.

그다음에는 리스트 컴프리헨션을 사용해 불리언 필드들의 리스트를 다음과 같이 만들자.

```python
bool_fields = [
   key for key, meta
   in self.fields.items()
   if meta['type'] == FT.boolean
]
```

현재는 장비 오류가 유일한 불리언 필드이므로 하드코딩으로 필드를 교정하게 할 수도 있다. 그러나 스키마의 어떤 변경 사항이라도 로직에 의해 자동 처리되게 하는 방법이 현명하다. 필드가 추가되거나 변경돼도 필드 명세만 수정하면 되니 말이다. 모델 코드의 나머지는 알아서 잘 작동할 것이다.

다음과 같이 레코드를 순환하며 각 행의 불리언 필드를 교정하는 코드를 추가한다.

```
for record in records:
    for key in bool_fields:
        record[key] = record[key].lower() in trues
```

여기서는 모든 레코드에 대해 불리언 필드의 리스트를 순환하며 필드의 값이 True로 평가되는 문자열인지 확인한다. 그렇다면 해당 아이템 값을 그에 맞게 설정한다.

불리언 값의 교정이 끝났으니 이제 다음과 같이 레코드 목록을 반환함으로써 이 메서드를 마무리하자.

```
return records
```

TIP

이 메서드가 반환하는 레코드 목록은 딕셔너리 리스트이며 이는 데이터를 저장할 때 save_record() 메서드가 필요로 하는 동일한 형식이다. 모델의 데이터 표현 방법은 가급적 일관되게 해야 한다. 좀 더 강력한 모델이라면 아예 데이터의 로우를 표현하는 클래스를 만들어 사용할 수도 있다. 지금처럼 비교적 작은 애플리케이션이라면 딕셔너리만으로 충분하다.

get_record() 구현

get_record() 메서드는 로우 번호를 받고 그 로우의 데이터를 담은 하나의 딕셔너리를 반환해야 한다. 소량의 데이터를 다루는 상황임을 감안할 때 지금은 get_all_records() 메서드를 활용해 다음과 같이 몇 줄의 코드로 간단히 구현할 수 있다.

```
# models.py 파일의 CSVModel 클래스
  def get_record(self, rownum):
    return self.get_all_records()[rownum]
```

그러나 레코드 리스트에 없는 rownum 값이 전달될 가능성도 있다는 점을 명심해야 한다. 그렇다면 파이썬은 IndexError 예외를 발생시킨다.

그런 상황을 모델 안에서 처리하는 건 의미가 없다. 따라서 이 메서드를 사용하는 컨트롤러에서 예외를 잡아 적절히 처리해야 함을 기억하자.

save_record()에 기능 추가

save_record() 메서드가 레코드를 갱신할 수 있게 하려면 일단 로우 번호를 받을 수 있어야 한다. 또한 로우 번호의 기본값을 None으로 지정함으로써 새 로우를 추가한다는 의미를 나타낼 수 있다.

수정된 메서드 시그니처는 다음과 같다.

```
# models.py 파일의 CSVModel 클래스

  def save_record(self, data, rownum=None):
    """데이터 딕셔너리를 CSV 파일에 저장"""
```

기존의 레코드 저장 로직은 바뀔 게 없다. 다만 rownum이 None일 때만 레코드가 추가돼야 할 뿐이다.

따라서 다음과 같이 rownum을 확인하는 if 구문을 추가한다.

```
    if rownum is None:
      # 새 레코드 추가
      newfile = not self.file.exists()
      with open(self.file, 'a', newline='') as fh:
        csvwriter = csv.DictWriter(fh, fieldnames=self.fields.keys())
```

```
        if newfile:
            csvwriter.writeheader()
        csvwriter.writerow(data)
```

rownum이 None이면 그냥 기존 코드가 실행되게 하면 된다. 즉, 파일이 없다면 헤더를 작성하고 그다음에 로우를 추가한다.

그에 반해 rownum이 None이 아니면 주어진 행을 갱신하고 파일을 저장해야 한다. 그러기 위한 여러 방법이 있지만 상대적으로 작은 파일일 경우 하나의 로우를 갱신하는 가장 간단한 방법은 다음과 같다.

1. 파일 전체를 리스트에 로딩한다.
2. 해당 로우를 변경한다.
3. 모든 로우를 깨끗한 파일에 작성한다.

이는 비효율적으로 보일 수 있지만 거듭 말하자면 지금 다루는 데이터는 매우 작다. 좀 더 전문적인 방법은 CSV 파일에 저장할 수 없을 정도의 대량 데이터를 다룰 경우에만 필요할 것이다.

이를 구현하는 코드를 다음과 같이 작성하자.

```python
# models.py 파일의 CSVModel.save_record() 메서드

else:
    # 기존 레코드 갱신
    records = self.get_all_records()
    records[rownum] = data
    with open(self.file, 'w', encoding='utf-8') as fh:
        csvwriter = csv.DictWriter(fh, fieldnames=self.fields.keys())
        csvwriter.writeheader()
        csvwriter.writerows(records)
```

이번에도 get_all_records() 메서드를 활용해 CSV 파일의 콘텐츠를 리스트로 가져왔다. 그다음에는 해당 로우의 딕셔너리를 data 딕셔너리로 대체한다. 마지막으로 쓰기 모드(w)로 파일을 여는데, 이렇게 함으로써 기존 콘텐츠를 새 콘텐츠로 대체할 수 있게 된다. 그다음에는 헤더와 모든 레코드를 빈 파일에 작성한다.

NOTE

> 이 방법은 두 사용자가 하나의 CSV 파일에 대해 동시에 작업하는 경우 안전하지 않다. 여러 사용자가 하나의 파일을 동시에 수정하게 하는 프로그램은 만들기 어렵기로 악명 높으며 많은 경우 단순히 파일 잠금이나 다른 보호 기법을 선택한다. 여러 사용자의 동시 작업을 지원하는 방법은 12장에서 다룬다.

이로써 이 메서드는 완성됐으며 모델에서 데이터를 조회하거나 갱신할 수 있게 하는 작업은 여기까지가 전부다.

⁝⁝ Ttk 트리뷰

사용자가 CSV 파일의 콘텐츠를 확인하고 레코드를 편집할 수 있게 하려면 테이블 형식의 데이터를 보여주는 새로운 뷰를 만들어야 한다. 그 뷰는 사용자가 파일 콘텐츠를 훑어볼 수 있게 하고 편집할 수 있게 해야 할 것이다.

현재 사용자는 표와 같은 형태의 데이터를 스프레드시트에서 보는 데 익숙하므로 새로 만들 뷰도 그와 흡사하게 설계하는 것이 좋겠다.

Tkinter는 로우 선택이 가능한 테이블 형식의 뷰를 만들 수 있도록 Ttk 트리뷰 Treeview라는 위젯을 제공한다. 따라서 레코드 뷰를 만들려면 먼저 Treeview를 알아야 한다.

트리뷰 해부

트리뷰를 이해하고자 먼저 위젯과 관련된 기초 용어와 개념을 알아보자. 트리뷰는 계층형 데이터를 보여주고자 설계됐다. 계층형 데이터는 노드node로 구성되며 각 노드는 정확히 하나의 부모 노드를, 그리고 없거나 하나 이상의 자식 노드를 가질 수 있다. 그림 8-1의 다이어그램은 계층형 데이터의 예다.

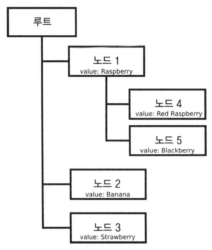

그림 8-1: 간단한 계층형 데이터 구조: 노드 1, 2, 3은 루트 노드의 자식, 노드 4, 5는 노드 1의 자식, value는 각 노드의 속성이다.

Treeview 위젯은 계층형 데이터를 테이블 형식으로 보여준다. 테이블의 각 로우는 하나의 노드를 나타내며, 이를 아이템이라고 한다. 테이블의 각 칼럼은 노드의 어떤 속성을 나타낸다. 자식 노드가 있는 경우에 그 노드는 부모 노드 아래에 표시되며, 부모 노트를 클릭함에 따라 숨겨지거나 보일 수 있다.

예를 들어 Treeview는 그림 8-1의 계층도를 그림 8-2와 같은 식으로 보여준다.

Node	Value
1	Raspberry
4	Red Raspberry
5	Blackberry
2	Banana
3	Strawberry

그림 8-2: Treeview 위젯으로 본 계층도

트리뷰에서 각 아이템은 고유의 아이템 식별자[IID]로, 각 칼럼은 칼럼 식별자[CID]로

식별된다. 이들 ID 값은 문자열이며 수동으로 할당하거나 위젯에 의해 자동 할당시킬 수 있다.

트리뷰 칼럼의 가장 위에는 헤더 위젯들이 있다. 이는 각 칼럼명을 보여주는 버튼들이며 클릭힐 때 콜백이 호출되게 할 수도 있다.

트리뷰의 첫 번째 칼럼은 아이콘 칼럼이라고 하며 CID 값은 #0이다. 이 칼럼은 제거할 수 없으며 CID 값을 변경할 수도 없다. 보통은 아이템을 식별할 수 있는 정보를 포함한다.[1]

파일 탐색기 구현

트리뷰로 표현할 수 있는 가장 좋은 예는 파일 시스템 트리일 것이다. 그 이유는 다음과 같다.

- 각 로우는 하나의 파일이나 디렉터리를 나타낼 수 있다.
- 각 디렉터리는 하나 이상의 파일이나 디렉터리를 포함할 수 있다.
- 각 로우는 권한, 크기, 소유자 정보 등과 같은 데이터 속성을 추가로 가질 수 있다.

그럼 Treeview 위젯의 동작을 이해하고자 간단한 파일 탐색기를 만들어보자.

먼저 treeview_demo.py라는 새 파일에 다음과 같은 템플릿을 추가한다.

```python
# treeview_demo.py

import tkinter as tk
from tkinter import ttk
from pathlib import Path

root = tk.Tk()
```

---

1. 그림 8-2에서 접기/펼치기(−/+) 아이콘이 있는 가장 왼쪽 칼럼이 아이콘 칼럼이다. − 옮긴이

```
   # 코드가 추가될 자리

root.mainloop()
```

일단 현재 작업 디렉터리 안의 모든 파일 경로를 가져와야 한다. Path에는 그런 목록을 가져올 수 있는 glob()라는 메서드가 있다. 이를 이용하는 코드를 root = tk.Tk() 바로 아래에 다음과 같이 추가하자.

```
paths = Path('.').glob('**/*')
```

glob()는 주어진 파일 시스템 표현식에 맞는 파일이나 디렉터리의 경로를 검색한다. 표현식은 와일드카드 문자를 포함할 수 있다. 별표(*)는 없거나 하나 이상의 문자가 일치함을, 물음표(?)는 단 하나의 문자만 일치함을 의미한다. 'glob'라는 이름은 초기 유닉스 명령에서 유래했음에도 이와 동일한 와일드카드 문법이 지금도 대부분 운영체제의 커맨드라인 인터페이스에서 널리 사용된다.

Path('.')는 현재 작업 디렉터리를 참조하는 Path 객체를 만들며 **/*는 특정 경로 아래를 순환하며 모든 객체를 가져오는 특별한 와일드카드 문법이다. 이렇게 하면 glob()는 현재 디렉터리 아래의 모든 파일과 디렉터리를 포함하는 Path 리스트를 반환한다.

Treeview 생성과 설정

이제 파일 시스템 구조를 보여줄 Treeview 위젯을 다음과 같이 만들자.

```
tv = ttk.Treeview(
    root, columns=['size', 'modified'], selectmode='none'
)
```

다른 Tkinter 위젯처럼 Treeview의 첫 번째 인자도 부모 위젯이다. 그다음 column 인자에는 문자열 리스트를 지정하는데, 해당 문자열은 CID 값을 말한다. 이들 칼럼에 더해 기본 아이콘 칼럼이 있으므로, 결과적으로 Treeview 위젯은 #0, size, modified를 CID로 하는 3개의 칼럼을 갖게 된다.

selectmode 인자는 사용자가 트리 안에서 아이템을 선택하는 방법을 결정한다. selectmode의 옵션은 다음과 같다.

값	의미
"none"	선택 불가
"browse"	하나의 아이템만 선택 가능
"extended"	복수의 아이템 선택 가능

지금은 사용자의 선택 기능이 필요치 않으므로 none으로 설정했다. 또한 이는 문자열 none이지, 객체 None이 아님에 주의하기 바란다.

각 칼럼에 CID 값은 부여되겠지만 그렇다고 헤더 레이블도 자동 설정되는 것은 아니다. 따라서 Treeview.heading() 메서드를 사용해 다음과 같이 헤더를 직접 설정해야 한다.

```
tv.heading('#0', text='Name')
tv.heading('size', text='Size', anchor='center')
tv.heading('modified', text='Modified', anchor='e')
```

Treeview의 heading() 메서드는 칼럼 헤더 위젯을 설정할 수 있게 한다. 처음 인자로 해당 칼럼의 CID를 받고, 그다음에는 헤더 위젯의 설정을 위한 어떤 키워드 인자든 받을 수 있다.

그 인자들은 다음과 같다.

- **text**: 헤더에 나타날 텍스트를 지정한다. 기본값은 빈 텍스트다.
- **anchor**: 텍스트의 위치를 지정한다. 문자열이나 Tkinter 상수를 사용해 8개의 방위 문자(n, ne, e, se, s, sw, w, nw)나 center를 지정할 수 있다.
- **command**: 헤더가 클릭되면 실행될 콜백을 지정한다. 예를 들어 해당 칼

럼을 기준으로 로우의 순서를 변경하거나 해당 칼럼의 모든 값이 선택 되게 하는 등의 기능을 적용할 수 있다.

- **image**: 헤더에 나타날 이미지를 지정한다.

헤더뿐만 아니라 Treeview.column() 메서드를 사용해 해당 칼럼 전체에 적용 되는 속성을 설정할 수도 있다.

예를 들면 다음과 같다.

```
tv.column('#0', stretch=True)
tv.column('size', width=200)
```

첫 번째 칼럼에 stretch=True를 설정함으로써 공간이 허락되는 한 칼럼 폭을 늘릴 수 있게 했다. 그다음 size 칼럼 폭의 크기는 200픽셀로 지정했다.

이를 포함해 다음과 같은 칼럼 파라미터들이 있다.

- **stretch**: 칼럼 폭을 늘릴 수 있는지 여부를 지정한다.
- **width**: 칼럼 폭의 크기를 픽셀 단위로 지정한다.
- **minwidth**: 칼럼 폭의 최소 크기를 픽셀 단위로 지정한다.
- **anchor**: 칼럼 안의 텍스트 위치를 지정한다. 문자열이나 Tkinter 상수를 사용해 방위 문자나 center를 지정할 수 있다.

이제 설정이 완료된 트리뷰를 다음과 같이 GUI에 추가하자.

```
tv.pack(expand=True, fill='both')
```

트리뷰에 데이터 채우기

GUI 부분은 완성됐으니 이제 뷰에 데이터를 채워야 할 차례다. Treeview 위젯 에는 insert() 메서드를 사용해 한 번에 한 로우씩 데이터를 채울 수 있다.

insert() 메서드를 호출하는 기본 형식은 다음과 같다.

```
mytreeview.insert(
    parent, 'end', iid='item1',
    text='My Item 1', values=['12', '42']
)
```

첫 번째 인자는 삽입되는 로우의 부모 아이템을 지정한다. 이는 부모 위젯이 아니라 계층 구조상에서 삽입되는 노드의 상위에 위치하는 부모 노드의 IID다. 최상위 아이템이라면 이 값은 빈 문자열이어야 한다.

그다음 인자는 같은 부모 노드 아래 형제 노드들 사이에서 삽입되는 위치를 지정한다. 여기에는 숫자 인덱스나 end 문자열을 사용할 수 있다. end는 아이템 목록의 가장 마지막 위치를 의미한다.

이와 같은 위치 인자에 이어 다음과 같은 키워드 인자를 받을 수 있다.

- **text**: 아이콘 칼럼(CID #0)에 나타날 값을 지정한다.
- **values**: 나머지 칼럼에 들어갈 값들의 리스트를 지정한다. 값이 순서대로 들어감에 주의해야 한다.
- **image**: 접기/펼치기 아이콘의 바로 오른쪽에 나타날 이미지를 지정한다.
- **iid**: 로우의 IID 문자열을 지정한다. 지정하지 않으면 자동 부여된다.
- **open**: 자식 노드가 있는 경우 처음부터 로우를 펼쳐 보여줄지 지정한다.
- **tags**: 태그^{tag} 문자열의 리스트를 지정한다. 태그에 관해서는 9장에서 스타일링을 할 때 다룬다.

트리뷰에 파일 경로를 삽입하고자 다음과 같이 paths를 순환하는 코드를 작성한다.

```
for path in paths:
    meta = path.stat()
    parent = str(path.parent)
    if parent == '.':
        parent = ''
```

insert()를 호출하기 전에 path 객체에서 몇 가지 데이터를 뽑아 준비해야 한다. path.stat() 메서드는 다양한 파일 정보를 제공하는데, 여기서 크기와 수정일(시간 포함)을 알 수 있다. path.parent는 부모 디렉터리의 경로를 제공하는데, 여기서 루트 경로(.)의 이름은 빈 문자열로 바꿔야 한다. Treeview가 루트 노드를 표현하는 방식이 그렇기 때문이다.

계속해서 루프 안에 다음과 같이 insert() 메서드를 호출하는 코드를 추가하자.

```
tv.insert(
    parent,
    'end',
    iid=str(path),
    text=str(path.name),
    values=[meta.st_size, meta.st_mtime]
)
```

경로 문자열을 IID로 사용함으로써 자식 객체들의 부모임을 적시했다. 또한 path.name을 표시 값으로 사용하는데, 이는 경로가 제외된 파일이나 디렉터리의 이름이다. 그다음에는 stat()를 통해 가져온 st_size와 st_mtime으로 크기와 수정일을 보여준다.

Name	Size	Modified
▷ .mypy_cache	4096	1619051963.7550445
treeview_demo.py	1123	1619052490.9196596
▽ ABQ_Data_Entry	4096	1619041809.140543
▷ docs	4096	1619048392.079718
.gitignore	19	1619041809.1305428
▽ abq_data_entry	4096	1619050976.3964262
▷ .mypy_cache	4096	1619041809.1305428
▷ __pycache__	4096	1619041809.1305428
widgets.py	11674	1619041809.1305428
models.py	5145	1619050975.0964148
views.py	8319	1619041809.1305428
__init__.py	0	1619041809.1305428
mainmenu.py	1855	1619041809.1305428
constants.py	307	1619041809.1305428
application.py	4303	1619041809.1305428
README.rst	863	1619041809.1305428
abq_data_entry.py	87	1619041809.1305428
abq_data_record_2021-0	0	1619041809.1305428

그림 8–3: Treeview 위젯으로 만든 파일 탐색기

이 스크립트를 실행하면 그림 8-3과 같은 간단한 파일 탐색기를 볼 수 있을 것이다.

Treeview 레코드 정렬

Treeview 위젯이 기본 제공하는 정렬 기능은 없다. 그러나 칼럼 헤더에 콜백 함수를 추가함으로써 정렬 기능을 구현할 수 있다.

몇 단계까지 있는지 알 수 없는 계층형 데이터를 정렬하는 방법은 다소 까다로운데, 여기서는 재귀 함수를 사용하기로 하자. 재귀 함수^{recursive function}란 자신을 호출하는 함수를 말하며 계층형 데이터를 다룰 때 가장 많이 활용되는 기법이다.

그럼 다음과 같이 함수 시그니처를 정의하자.

```
def sort(tv, col, parent='', reverse=False):
```

sort() 함수는 Treeview 위젯, 정렬하고자 하는 칼럼의 CID, 부모 노드의 IID, 역정렬 여부를 나타내는 불리언 값을 받는다. parent의 기본값은 빈 문자열로, 루트를 나타낸다.

처음 해야 할 작업은 다음과 같이 정렬하고자 하는 값과 그 값이 속한 로우의 IID로 이뤄진 튜플의 리스트를 만드는 일이다.

```
sort_index = list()
for iid in tv.get_children(parent):
    sort_value = tv.set(iid, col) if col != '#0' else iid
    sort_index.append((sort_value, iid))
```

Treeview.get_children() 메서드는 주어진 부모 IID의 직속 자식의 IID 문자열 리스트를 반환한다. 예를 들어 파일 탐색기라면 tv.get_children('')은 현재 디렉터리 기준으로 직속 파일과 직속 디렉터리의 모든 IID 값의 리스트를 반환한다. 직속 디렉터리 안의 하위 디렉터리는 배제된다.

그다음에는 받은 리스트를 순환하며 정렬할 대상 리스트를 만든다. 그러려면 각 IID에 대한 칼럼의 콘텐츠를 가져와야 한다. 다소 혼란스러울 수 있지만 이 때 사용할 메서드는 Treeview.set()다. Treeview.set()는 2개나 3개의 인자를 받는데, 처음 두 인자는 참조하고자 하는 셀의 IID와 CID다. 세 번째 인자가 있다면 그 값이 셀에 작성된다. 세 번째 인자가 없다면 set()는 셀의 현재 값을 반환한다. Treeview.get()이라는 메서드는 없다. 이게 특정 셀의 값을 가져올 때 Treeview.set() 메서드를 사용하는 이유다.

그러나 set()는 CID #0인 칼럼에 작동하지 않는다. 심지어 값만 가져오는 것도 안 된다. 따라서 CID가 #0인 경우에는 IID를 대신 반환한다. 셀의 콘텐츠를 가져온 다음에는 그 IID를 sort_index 리스트에 추가한다.

이제 다음과 같이 인덱스를 정렬하자.

```
sort_index.sort(reverse=reverse)
```

셀의 콘텐츠가 각 튜플의 첫 번째 값이므로 그 기준으로 튜플이 정렬될 것이다. 여기에 정렬 순서를 지정하고자 reverse를 전달한다.[2]

정렬된 리스트를 갖게 됐으므로 이제 각 노드를 그에 맞게 이동시켜야 한다. 이를 위해 다음과 같은 코드를 작성하자.

```
for index, (_, iid) in enumerate(sort_index):
    tv.move(iid, parent, index)
```

enumerate() 함수는 리스트 안의 각 아이템과 인덱스를 나타내는 정수가 포함된 튜플을 반환한다. 또한 각 아이템은 이미 튜플이다. 따라서 최종적으로 얻을 수 있는 변수는 3개인데, 바로 아이템의 인덱스를 나타내는 index, 셀 콘텐츠, iid다. 여기서 셀 콘텐츠는 더 이상 필요하지 않으므로 밑줄 문자_로 대체했다.

---

2. 파이썬을 포함한 대부분의 언어에서 정렬의 기본 순서는 오름차순이다. 여기서 reverse가 True라면 역정렬, 즉 내림차순으로 정렬된다. – 옮긴이

그다음에는 각 아이템에 대해 Treeview.move()를 호출하는데, 이 메서드는 3개의 인자를 받는다. 하나는 이동시킬 로우의 IID, 또 하나는 이동시킬 위치의 부모 노드, 나머지 하나는 그 노드 안에 삽입될 위치의 인덱스다. 이는 sort_index 리스트의 순서에 따라 로우들을 효과적으로 정렬시킬 것이다.

지금까진 루트 노드의 직속 자식에만 정렬을 수행했다. 이제 모든 자식 노드들을 정렬하고자 재귀 기법을 적용해야 할 차례다. 추가해야 할 코드는 다음과 같은 한 줄이다.

```
for index, (_, iid) in enumerate(sort_index):
    tv.move(iid, parent, index)
    sort(tv, col, parent=iid, reverse=reverse)
```

보다시피 for 루프의 마지막에서 sort() 함수를 다시 호출하는데, 나머지 인자들은 동일하지만 parent 인자에는 자식 IID를 전달한다. sort()는 자식이 없는 노드에 도달할 때까지 반복해서 자신을 호출한다. 자식이 없는 노드에 도달하면 sort()는 아무 일도 하지 않고 종료된다. 이렇게 함으로써 파일을 갖는 모든 하위 디렉터리는 각자의 sort() 호출을 통해 개별적으로 정렬된다.

sort() 함수를 사용하려면 칼럼 헤더에 바인딩시켜야 하는데, 이번에도 다음과 같이 Treeview.heading() 메서드를 사용하면 된다.

```
for cid in ['#0', 'size', 'modified']:
    tv.heading(cid, command=lambda col=cid: sort(tv, col))
```

여기서는 루프를 돌며 각 CID별로 heading() 메서드를 호출해 command 인자를 헤더에 추가한다. 여기에 CID를 기본 인자로 하는 람다 함수가 사용된다.

NOTE

> 왜 CID를 기본 인자로 사용할까? 람다 함수의 본문(sort(tv, col))은 **지연 바인딩**(late binding)을 사용해 평가된다. 이는 본문이 실행되기 전까지는 변수들의 값이 형성되지 않는다는 의미다. 그런

점에서 어떤 칼럼이 콜백을 호출하든 cid는 리스트의 마지막 값('modified')이 될 것이다. 그러나 람다 함수의 시그니처 자체는 즉시 평가되므로 어떤 cid든 col의 기본값이 될 수 있다.[3]

마지막으로 손봐야 할 부분이 남아 있다. 일반적으로 역정렬은 헤더를 두 번째 클릭할 때 수행된다. 이는 sort() 함수 안에 heading() 메서드를 호출하는 코드를 하나 더 만들되, 람다 함수가 역정렬을 수행하게 구현함으로써 가능하다.

sort() 함수에 다음과 같은 코드를 추가하자.

```
if parent == '':
    tv.heading(
        col,
        command=lambda col=col: sort(tv, col, reverse=not reverse)
    )
```

sort() 함수는 재귀적으로 호출되므로 한 번의 정렬에 한 번만 호출되면 된다. 따라서 parent가 빈 문자열일 때만, 즉 루트 노드인 경우에만 이 코드가 실행되게 했다. 블록 안에서는 정렬시킬 칼럼에 대해 람다 함수를 설정하는데, 이번에는 reverse에 현재의 반대 값을 할당했다.

이제 애플리케이션을 실행하고 각 칼럼의 헤더를 클릭하면 정렬과 역정렬이 수행돼야 한다.

NOTE

2개의 칼럼에 숫자 값들이 포함돼 있음에도 그 값들은 숫자가 아닌 문자열로 다뤄져 사전 순서 (lexical order)로 정렬이 수행된다. 이는 Treeview 위젯에 들어가는 값은 내부적으로 문자열로 변환되며, 따라서 Treeview.set()가 반환하는 정렬된 값도 문자열이기 때문이다. 숫자 순서(numerical order)로 정렬하고 싶다면 정렬을 수행하기 전에 각 값들을 정수나 소수로 형 변환해야 한다.[4]

---

3. 지연 바인딩을 런타임 바인딩이나 동적 바인딩이라고도 한다. - 옮긴이

4. 예를 들어 1, 8, 22, 5, 14를 숫자 순서로 정렬하면 1, 5, 8, 14, 22가 되며, 사전 순서로 정렬하면 1, 14, 22, 5, 8이 된다. - 옮긴이

Treeview의 가상 이벤트 사용

Treeview 위젯의 아이템에 대한 사용자의 상호작용에 반응하려면 위젯에 다음과 같은 3개의 가상 이벤트가 필요하다.

이벤트	발생 시점
<<TreeviewSelect>>	사용자가 아이템을 선택할 때
<<TreeviewOpen>>	자식 아이템을 보기 위해 부모 아이템을 확장, 즉 펼칠 때
<<TreeviewClose>>	자식 아이템이 숨겨지도록 부모 아이템을 다시 닫기, 즉 접을 때

예를 들어 사용자가 디렉터리를 펼치면 상태 표시줄에 디렉터리 정보를 나타내고자 이들 이벤트를 이용할 수 있다. 그럼 다음과 같이 애플리케이션에 상태 표시줄 먼저 추가한다.

```python
# treeview_demo.py
status = tk.StringVar()
tk.Label(root, textvariable=status).pack(side=tk.BOTTOM)
```

그다음에는 열린 디렉터리에 관한 일부 정보를 가져와 보여줄 수 있도록 다음과 같은 콜백 함수를 정의한다.

```python
def show_directory_stats(*_):
    clicked_path = Path(tv.focus())
    num_children = len(list(clicked_path.iterdir()))
    status.set(
        f'Directory: {clicked_path.name}, {num_children} children'
    )
```

사용자가 아이템을 클릭하면 포커스를 얻으므로 Treeview의 focus() 메서드를 사용해 그 아이템의 IID를 받을 수 있다. 이를 Path로 변환하고 Path 객체의 iterdir() 메서드를 사용해 자식 객체의 수를 알아낼 수 있다. 그다음에는 그 정보로 status 변수를 갱신한다.

이제 다음과 같이 이 콜백을 가상 이벤트에 바인딩하자.

```
tv.bind('<<TreeviewOpen>>', show_directory_stats)
tv.bind('<<TreeviewClose>>', lambda _: status.set(''))
```

보다시피 펼치기 이벤트를 콜백에 바인딩했으며, 접기 이벤트는 status 제어
변수를 초기화하는 람다 함수에 바인딩했다. 이제 스크립트를 실행해 디렉터리
를 클릭하면 상태 표시줄에 약간의 디렉터리 정보를 볼 수 있을 것이다. 다시
클릭하면 그 정보는 사라진다.

⠿ Treeview로 레코드 목록 구현

Treeview 위젯의 사용법을 알았으니 이제 CSV 파일의 레코드를 탐색하고 편집
할 수 있는 GUI를 구현할 차례다. 그럼 어떤 작업을 해야 할지 잠시 정리해보자.

- CSV 데이터를 스프레드시트와 같은 테이블 구조로 보여줘야 한다. 이때
  테이블은 계층형이 아닌 일반적인 형태다.
- 각 테이블 로우는 하나의 레코드를 나타낸다. 사용자가 그 로우를 더블
  클릭하거나 그 로우가 선택된 상태에서 Enter 키를 누르면 해당 레코드
  로 채워진 폼이 열려야 한다.
- 테이블에 모든 필드가 포함될 필요는 없다. 레코드 편집을 위한 대상을
  찾는 것이 목적이기 때문이다. 따라서 사용자가 레코드를 식별할 수 있
  는 로우만 나타낼 것이다. 표시되는 칼럼은 CSV 로우 번호, 날짜, 시간,
  연구소, 재배 구역이다.
- 데이터 정렬은 필요치 않으므로 구현하지 않는다. 핵심은 CSV 파일 데
  이터의 시각화며, 그 순서가 변경되면 안 된다.

이들 요건을 구현하고자 먼저 모든 레코드를 보여주고 개별 레코드를 선택할
수 있게 하는 트리뷰 위젯을 만들 것이다. 그다음에는 애플리케이션의 나머지

컴포넌트를 검토하고 새 기능을 통합할 것이다.

RecordList 클래스

레코드 폼을 만들 때 했듯 tkinter.Frame의 하위 클래스로 RecordList를 다음
과 같이 정의하자.

```
# views.py 파일의 끝 부분
class RecordList(tk.Frame):
    """CSV 파일 콘텐츠 보여주기"""
```

반복 코드를 줄이고자 트리뷰의 칼럼 속성과 기본값을 클래스 속성으로 정의할
것이다. 이는 추후 요구 사항 변화에도 쉽게 대응하는 데 도움이 된다. 그럼
이 클래스에 다음과 같이 속성을 추가하자.

```
# views.py 파일의 RecordList 클래스

column_defs = {
    '#0': {'label': 'Row', 'anchor': tk.W},
    'Date': {'label': 'Date', 'width': 150, 'stretch': True},
    'Time': {'label': 'Time'},
    'Lab': {'label': 'Lab', 'width': 40},
    'Plot': {'label': 'Plot', 'width': 80}
}
default_width = 100
default_minwidth = 10
default_anchor = tk.CENTER
```

앞서 정리했듯 보여줄 칼럼은 날짜, 시간, 연구소, 재배 구역이다. 또한 #0 칼럼
에는 CSV 로우 번호를 보여줄 것이다. 일부 칼럼에는 width와 anchor 값을 지정
했으며, 날짜 필드에는 stretch도 설정했다. 이들 값은 RecordList의 초기화
메서드에서 Treeview 위젯을 설정할 때 사용할 것이다.

다음과 같은 초기화 메서드를 작성하자.

```
# views.py 파일의 RecordList 클래스

def __init__(self, parent, *args, **kwargs):
    super().__init__(parent, *args, **kwargs)
    self.columnconfigure(0, weight=1)
    self.rowconfigure(0, weight=1)
```

보다시피 상위 클래스의 초기화 메서드를 호출하고, 첫 번째 로우와 첫 번째 칼럼이 확장될 수 있도록 그리드 레이아웃을 설정했다. 여기에 Treeview 위젯이 위치할 예정이므로 프레임의 모든 공간을 사용할 수 있게 했다.

Treeview 위젯 설정

이제 다음과 같이 Treeview 위젯을 만들자.

```
# views.py 파일의 RecordList.__init__() 메서드

    self.treeview = ttk.Treeview(
        self,
        columns=list(self.column_defs.keys())[1:],
        selectmode='browse'
    )
    self.treeview.grid(row=0, column=0, sticky='NSEW')
```

여기서는 Treeview 위젯을 만들어 프레임의 레이아웃에 추가했다. column_defs 딕셔너리에서 첫 번째 항목(#0)을 제외한 모든 키를 가져와 columns 리스트를 만들었다. #0 칼럼, 즉 아이콘 칼럼은 자동으로 생성되며 칼럼 목록에 포함되면 안 된다는 점을 기억하기 바란다. 또한 선택 모드에 browse를 지정함으로써 사용자가 개별 로우를 선택할 수 있게 했다. 이는 컨트롤러와의 통신에 있어 중요한 사항이다.

이제 다음과 같이 column_defs 딕셔너리를 순환하며 Treeview 위젯의 칼럼과 헤더를 설정하는 코드를 추가한다.

```python
for name, definition in self.column_defs.items():
    label = definition.get('label', '')
    anchor = definition.get('anchor', self.default_anchor)
    minwidth = definition.get('minwidth', self.default_minwidth)
    width = definition.get('width', self.default_width)
    stretch = definition.get('stretch', False)
    self.treeview.heading(name, text=label, anchor=anchor)
    self.treeview.column(
        name, anchor=anchor, minwidth=minwidth,
        width=width, stretch=stretch
    )
```

여기서는 column_defs 딕셔너리의 각 항목에서 설정 값들을 가져오고 이를 Treeview.heading()이나 Treeview.column()에 적절히 전달한다. 딕셔너리 안에 값이 지정돼 있지 않은 경우에는 클래스의 기본값이 사용된다.

마지막으로 사용자가 레코드를 더블클릭하거나 Enter 키를 눌렀을 때 해당 레코드가 열리도록 다음과 같은 바인딩 코드를 추가한다.

```python
# views.py 파일의 RecordList.__init__() 메서드

self.treeview.bind('<Double-1>', self._on_open_record)
self.treeview.bind('<Return>', self._on_open_record)
```

<Double-1> 이벤트는 마우스 1번 버튼(왼쪽 버튼)이 더블클릭됐음을 나타내며, <Return> 이벤트는 Enter 키가 눌렸음을 나타낸다. 두 이벤트 모두 _on_open_record() 메서드에 바인딩된다. 그럼 이 메서드를 다음과 같이 작성하자.

```python
# views.py 파일의 RecordList 클래스

def _on_open_record(self, *args):
```

```
self.event_generate('<<OpenRecord>>')
```

레코드를 여는 작업은 RecordList 클래스의 외부에서 일어나는 일이므로 여기
서는 <<OpenRecord>>라는 커스텀 이벤트를 만들어 Application 클래스가 리스
닝할 수 있게 했다. 물론 Application이 어떤 레코드로 전환할지 알아야 하므로
테이블에서 현재 선택된 로우를 가져올 수 있는 방법이 필요하다. 이는 프로퍼티
property라는 파이썬 클래스의 기능을 사용해 가능하다. 클래스 프로퍼티는 클래
스 외부에 마치 보통의 속성처럼 노출된다. 그러나 내부에서는 메서드를 실행
해 값을 결정한다. 물론 프로퍼티 대신 메서드 자체를 사용할 수도 있지만 프로
퍼티를 사용하면 메서드를 사용하려는 외부 코드를 간결하게 만들 수 있다.
프로퍼티를 만들려면 self만을 인자로 받으며 어떤 값을 반환하는 메서드를
작성하고 그 위에 @property라는 데코레이터를 얹으면 된다. selected_id라는
프로퍼티를 다음과 같이 RecordList 클래스에 추가하자.

```
@property
def selected_id(self):
    selection = self.treeview.selection()
    return int(selection[0]) if selection else None
```

이 메서드에서는 먼저 selection() 메서드를 사용해 선택된 아이템의 리스트를
가져온다. selection() 메서드는 선택된 아이템이 하나라도, 심지어 하나밖에
선택할 수 없는 상황(selectmode='browse')일지라도 항상 리스트를 반환한다. 그다음
에는 하나의 IID를 반환하고자 리스트의 0번 아이템을 가져온다. 선택된 아이
템이 없다면 None을 반환한다. 각 로우의 IID는 CSV 로우 번호의 문자열임을
기억할 것이다. 이를 정수로 변환함으로써 컨트롤러가 모델에서 CSV 레코드를
쉽게 찾을 수 있게 했다.

Treeview에 스크롤바 추가

CSV 파일은 수백 개의 레코드를 가질 정도로 길어질 수 있다. 따라서 애플리케이션 윈도우를 최대화해도 레코드 목록이 윈도우를 벗어날 수 있다. 그런 상황이면 사용자가 스크롤바를 사용해 세로 방향으로 목록을 탐색할 수 있어야 한다.

Treeview 위젯은 자체 스크롤바를 갖고 있지 않다. 그렇더라도 키보드나 마우스 휠을 사용한 스크롤은 가능하다. 다만 스크롤바가 없으므로 사용자가 Treeview 안의 리스트 크기나 현재 위치를 가늠할 수는 없다.

다행히 Ttk는 Treeview 위젯과 연결할 수 있는 Scrollbar 위젯을 제공한다. 초기화 메서드로 돌아가 다음과 같은 코드를 추가하자.

```
# views.py 파일의 RecordList.__init__() 메서드

    self.scrollbar = ttk.Scrollbar(
      self,
      orient=tk.VERTICAL,
      command=self.treeview.yview
    )
```

Scrollbar 클래스는 다음과 같은 2개의 중요한 인자를 받는다.

- **orient**: 스크롤 방향(가로 또는 세로)을 지정한다. horizontal이나 vertical 문자열을 사용하거나 Tkinter 상수인 tk.HORIZONTAL이나 tk.VERTICAL을 사용해도 된다.
- **command**: 스크롤바 이동 이벤트에 대한 콜백을 지정한다. 이때 콜백은 스크롤의 이동 방향에 따라 yview나 xview를 사용한다.

여기서는 콜백으로 트리뷰의 yview() 메서드를 사용했다. 이는 트리뷰가 위나 아래 방향, 즉 세로로 스크롤되게 한다. 다른 옵션으로 xview()가 있는데, 이는 가로로 스크롤되게 한다. 결과적으로 스크롤바를 움직이면 그 위치 데이터가 Treeview.yview()로 보내져 트리뷰가 세로 스크롤이 된다.

이제 다음과 같이 Treeview를 스크롤바에 연결해야 한다.

```
self.treeview.configure(yscrollcommand=self.scrollbar.set)
```

이렇게 함으로써 스크롤이 될 때마다 Treeview가 현재의 세로 위치를 Scrollbar 위젯의 set() 메서드에 전달할 수 있다. 이렇게 하지 않으면 스크롤바가 리스트의 어느 부분까지 내려 왔는지나 리스트가 얼마나 긴지를 알 수 없으며, 위젯의 크기나 위치를 적절하게 조정할 수 없게 된다.

Scrollbar 위젯을 설정했으니 이제 프레임 위에 얹어야 한다. 관례상 세로 스크롤바는 스크롤되는 위젯의 바로 오른쪽에 위치시킨다. 다음과 같이 말이다.

```
self.scrollbar.grid(row=0, column=1, sticky='NSW')
```

보다시피 sticky에 북쪽(N), 남쪽(S), 서쪽(W)을 지정했다. 북쪽과 남쪽은 위젯의 전체 높이만큼 스크롤바가 늘어날 수 있다는 의미며, 서쪽은 스크롤바가 Treeview 위젯의 바로 오른쪽에 달라붙게 한다는 의미다.

Treeview 채우기

Treeview 위젯을 만들고 설정을 완료했으니 이제 데이터를 채울 수 있어야 한다. 이를 위해 다음과 같이 populate() 메서드를 정의한다.

```
# views.py 파일의 RecordList 클래스

def populate(self, rows):
    """트리뷰를 비우고 주어진 데이터 로우들로 채우기"""
```

rows 인자는 모델의 get_all_records() 메서드가 반환하는 형식의 딕셔너리 리스트를 받는다. 이는 컨트롤러가 모델에서 리스트를 받아 populate() 메서드를 통해 RecordList에 전달하게 하려는 계획이다.

Treeview에 데이터를 채우기 전에 다음과 같이 비우는 작업을 먼저 하자.

```python
# views.py 파일의 RecordList.populate() 메서드

    for row in self.treeview.get_children():
        self.treeview.delete(row)
```

트리뷰의 레코드를 지우려면 해당 로우의 IID로 delete() 메서드를 호출하면 된다. 여기서는 get_children()을 사용해 모든 로우의 IID를 가져와 하나씩 delete()에 전달하며 호출했다.

트리뷰 안을 모두 비웠으므로 이제 rows 리스트를 돌며 테이블에 데이터를 채우자.

```python
        cids = self.treeview.cget('columns')
        for rownum, rowdata in enumerate(rows):
            values = [rowdata[cid] for cid in cids]
            self.treeview.insert('', 'end', iid=str(rownum),
                text=str(rownum), values=values)
```

먼저 트리뷰의 columns 값을 가져와 각 로우에서 뽑은 모든 CID의 리스트를 만든다.

그다음에는 enumerate() 함수를 사용해 데이터 로우들을 순환하며 로우 번호를 만든다. 또한 각 로우에 대해 리스트 컴프리헨션을 사용해 올바른 순서의 값 리스트를 만들고 그 리스트를 insert() 메서드로 Treeview 위젯의 마지막에 삽입한다. 여기서 로우 번호를 문자열로 변환해 IID뿐만 아니라 로우의 첫 번째 칼럼 텍스트에도 사용했음에 주목하기 바란다.

마지막으로 사용성을 증진시키고자 이 함수에서 해야 할 작은 사항이 하나 있다. 처음 레코드 목록이 나타날 때 첫 아이템에 포커스를 줌으로써 키보드 전용 사용자가 즉시 방향키로 탐색을 시작할 수 있게 하는 일이다.

이를 위해 다음과 같은 3개의 메서드 호출이 필요하다.

```
if len(rows) > 0:
    self.treeview.focus_set()
    self.treeview.selection_set('0')
    self.treeview.focus('0')
```

focus_set() 메서드는 포커스를 Treeview 위젯에 이동시킨다. 그다음 selection_set('0')은 목록의 첫 번째 레코드를 선택한다. 여기서 문자열 0은 첫 번째 레코드의 IID다. 마지막으로 focus('0')은 IID가 0인 로우에 포커스를 둔다. 다만 빈 Treeview에서 이들 메서드를 호출하면 예외가 발생하므로 로우가 하나 이상인지 확인해야 한다.

이로써 RecordList 클래스가 완성됐다. 이제 애플리케이션의 나머지 부분을 검토하고 수정할 차례다.

애플리케이션에 레코드 목록 추가

데이터 읽기와 쓰기가 가능한 모델과 파일 콘텐츠를 보여줄 수 있는 RecordList 위젯이 있으므로 이제 모든 컴포넌트가 함께 작동할 수 있게 애플리케이션의 나머지 부분을 변경할 차례다. 주요 작업은 다음과 같다.

- 새 레코드 추가뿐만 아니라 기존 레코드 갱신도 가능하게 DataRecordForm을 수정해야 한다.
- 새 레코드 목록을 수용할 수 있게 애플리케이션 윈도우의 레이아웃을 변경해야 한다.
- 레코드 로딩과 애플리케이션 내비게이션을 처리할 새 콜백을 만들어야 한다.
- 추가된 기능에 맞게 주 메뉴에 새 옵션을 추가해야 한다.

레코드 폼 수정

이제 views.py 파일의 DataRecordForm 클래스가 기존 레코드를 로딩하고 갱신할 수 있게 조정하자.

변경해야 할 사항을 정리하면 다음과 같다.

- 폼은 어떤 레코드가 편집되는 중인지, 또는 새로운 레코드가 입력되는 중인지 추적할 수 있어야 한다.
- 사용자 본인이 어떤 레코드를 편집하는 중인지 알 수 있는 시각적 표시가 필요하다.
- 폼은 컨트롤러가 제공한 레코드를 로딩할 수 있는 방법이 있어야 한다.

이제 이 3가지 요건의 구현을 시작하자.

인스턴스 속성 추가

현재 편집되고 있는 레코드를 추적하려면 하나의 인스턴스 속성이 필요하다. __init__() 메서드 안의 LabelFrame을 추가하는 부분(r_info = self._add_frame("기본 정보"))앞에 다음과 같은 코드를 추가하자.

```
# views.py 파일의 DataRecordForm.__init__() 메서드

    self.current_record = None
```

인스턴스 속성인 current_record에 None을 설정했다. 이는 아무 레코드도 로딩되지 않았으며, 따라서 새 레코드 입력을 위해 폼이 사용될 것이라는 의미다. 레코드를 편집하는 경우라면 이 값을 CSV 데이터 로우를 참조하는 정수로 갱신할 것이다. 여기에 Tkinter 변수를 사용할 수도 있지만 지금은 실질적 이득이 없으며 None을 값으로 사용할 수도 없을 것이다.

레이블 추가

이제 폼은 기존 레코드의 편집과 새 레코드 입력을 모두 지원하므로 사용자가 한눈에 구분할 수 있게 만들 필요가 있다. 이를 위해 폼의 상단에 Label을 추가해 현재 편집 중인 레코드를 보여줄 수 있게 다음과 같은 코드를 추가한다.

```python
# views.py 파일의 DataRecordForm.__init__() 메서드
    self.record_label = ttk.Label(self)
    self.record_label.grid(row=0, column=0)
```

새 Label 위젯을 로우 0과 칼럼 0에 위치시켰으며, 따라서 다른 위젯들은 로우 하나만큼 아래로 떨어지게 될 것이다. 이는 _add_frame()으로 생성된 Frame 위젯에 영향을 주지 않는데, 각자 내부적으로 로우 번호를 사용하기 때문이다. 그러나 노트 필드와 버튼은 다음과 같이 새로운 위치로 이동돼야 한다.

```python
# views.py 파일의 DataRecordForm.__init__() 메서드

w.LabelInput(
  self, "Notes", field_spec=fields['Notes'],
  var=self._vars['Notes'], input_args={"width": 85, "height": 10}
).grid(sticky="nsew", row=4, column=0, padx=10, pady=10)

buttons = tk.Frame(self)
buttons.grid(sticky=tk.W + tk.E, row=5)
```

TIP

이로 인해 버튼이 화면 밖으로 밀려나는 상황이라면 노트 필드의 높이를 자유롭게 조정하길 바란다.

load_record() 메서드 추가

DataRecordForm 클래스에서 마지막으로 할 일은 레코드를 로딩하는 메서드를 만드는 것이다. 이 메서드는 컨트롤러에서 로우 번호와 데이터 딕셔너리를 받

고, 이를 사용해 현재 레코드 번호, 폼 데이터, 윈도우 상단의 레이블을 갱신할
것이다. 또한 컨트롤러가 호출할 것이므로 퍼블릭 메서드여야 한다. 이 메서드
를 다음과 같이 시작하자.

```python
def load_record(self, rownum, data=None):
    self.current_record = rownum
    if rownum is None:
        self.reset()
        self.record_label.config(text='New Record')
```

current_record 속성을 갱신한 다음에는 rownum이 None인지 확인한다. 이는 새
레코드 입력을 위해 빈 폼을 요청한다는 의미다. 그런 경우 reset() 메서드를
호출하고 새 레코드^{New Record}임을 나타내도록 레이블을 설정한다.

TIP

> 이 if 조건에서는 rownum이 정확히 None인지 확인한다는 점에 주의하자. 그러지 않고 단순히
> rownum의 진릿값을 확인(if not rownum:)하면 안 된다. 0도 유효한 rownum이기 때문이다.

rownum이 유효하다면 다음과 같이 다르게 처리해야 한다.

```python
    else:
        self.record_label.config(text=f'Record #{rownum}')
        for key, var in self._vars.items():
            var.set(data.get(key, ''))
            try:
                var.label_widget.input.trigger_focusout_validation()
            except AttributeError:
                pass
```

여기서는 먼저 편집할 로우의 번호에 맞게 레이블을 설정한다. 그다음에는 폼
의 _vars 딕셔너리를 순환하며 인자로 전달됐던 data 딕셔너리에서 값을 가져
온다. 마지막으로 각 변수의 입력 위젯에 대해 trigger_focusout_validation()
메서드를 호출하는데, CSV 파일에 유효하지 않은 데이터가 있을 수 있기 때문

이다. 그 입력 위젯에 이 메서드가 없다면, 즉 직접 만든 검증 위젯이 아닌 보통의 Tkinter 위젯이라면 아무 일도 하지 않는다.

이로써 폼에 레코드를 로딩할 수 있게 됐다.

애플리케이션 레이아웃 개선

레코드를 로딩할 수 있는 폼과 레코드 목록을 보여줄 수 있는 폼이 모두 준비됐다. 이제 그 모두를 애플리케이션에 통합해야 할 차례다. 먼저 두 폼을 GUI 레이아웃에 어떻게 적용할지 생각해보자.

2장에서 여러 위젯을 그룹화하고 GUI의 혼잡함을 줄이는 몇 가지 옵션이 있음을 봤다. 그중 데이터 입력 폼을 위해 선택한 옵션은 프레임 박스였다. 지금도 동일하게 하면 어떨까?

그렇게 할 경우 폼의 모형을 그리면 그림 8-4와 같을 것이다.

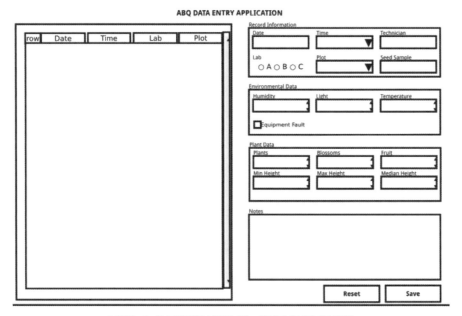

그림 8-4: 두 프레임이 나란히 있는 애플리케이션 레이아웃

작동에는 문제가 없을 것이다. 그러나 한 화면에 너무 많은 정보를 보여주며 사용자가 이 모든 걸 동시에 볼 필요도 없다. 레코드 목록은 내비게이션이 목적이며 데이터 입력 폼은 데이터 입력이나 편집이 목적이다. 따라서 한 번에 하나의 컴포넌트만 볼 수 있으면 될 것이다.

2개의 큰 컴포넌트를 하나의 GUI에 구성하는 방법 중 다른 하나는 바로 **노트북** notebook이다. 이 위젯은 탭을 이용해 하나의 GUI에서 여러 페이지 사이를 전환할 수 있게 한다. Ttk는 이 기능을 구현한 **Notebook** 위젯을 제공한다. 이 위젯은 1장에서 이미 봤다. 그림 8-5와 같은 IDLE 설정 창에서 말이다.

그림 8-5: IDLE 설정 창의 Ttk Notebook 탭

애플리케이션에 어떻게 적용할 수 있는지 Ttk **Notebook**을 빠르게 알아보자.

Ttk Notebook 위젯

Notebook 위젯은 ttk 모듈의 일부이므로 별도로 임포트할 필요가 없다. 만드는 방법도 다음과 같이 아주 간단하다.

```
# notebook_demo.py

import tkinter as tk
from tkinter import ttk

root = tk.Tk()
notebook = ttk.Notebook(root)
notebook.grid()
```

노트북에 페이지를 추가하려면 몇 개의 자식 위젯을 만들어야 한다. 다음과 같이 간단한 콘텐츠가 있는 Label 위젯 2개를 만들자.

```
banana_facts = [
    'Banana trees are of the genus Musa.',
    'Bananas are technically berries.',
    'All bananas contain small amounts of radioactive potassium.'
    'Bananas are used in paper and textile manufacturing.'
]

plantain_facts = [
    'Plantains are also of genus Musa.',
    'Plantains are starchier and less sweet than bananas',
    'Plantains are called "Cooking Bananas" since they are'
    ' rarely eaten raw.'
]

b_label = ttk.Label(notebook, text='\n\n'.join(banana_facts))
p_label = ttk.Label(notebook, text='\n\n'.join(plantain_facts))
```

여기서는 노트북의 페이지로 2개의 레이블을 추가했다. 보통의 경우 노트북의 페이지는 RecordList나 DataRecordForm처럼 프레임 객체나 그 하위 클래스일 경우가 많겠지만 어떤 위젯이라도 사용할 수는 있다.

이들 컴포넌트를 노트북에 추가하고자 배치 관리자 대신 다음과 같이 add() 메서드를 사용한다.

```
notebook.add(b_label, text='Bananas', padding=20)
notebook.add(p_label, text='Plantains', padding=20)
```

add() 메서드는 주어진 위젯을 포함하는 새 페이지를 노트북의 끝자리에 만든다. 페이지를 끝자리가 아닌 중간에 넣고 싶다면 다음과 같은 식으로 insert() 메서드를 사용하면 된다.

```
notebook.insert(1, p_label, text='Plantains', padding=20)
```

이 메서드는 삽입될 위치를 지정하는 인덱스를 첫 번째 인자로 받는다는 점을 제외하면 add() 메서드와 동일하다.

두 메서드 모두 페이지와 탭을 설정할 수 있는, 다음과 같은 키워드 인자를 받을 수 있다.

인자	값	설명
text	문자열	탭에 보여줄 텍스트를 지정하며 기본값은 빈 문자열이다.
padding	정수	위젯 바깥의 패딩(여백)을 픽셀 단위로 지정한다.
sticky	방위 문자(N, S, E, W)	위젯이 노트북 페이지 안쪽에 부착되는 방향을 지정하며 기본값은 NSEW다.
underline	정수	키보드 순회(keyboard traversal)을 위해 바인딩할, text 안에 밑줄 표시할 문자의 인덱스를 지정한다.
image	Tkinter Photoimage	탭에 보여줄 이미지를 지정한다. 9장에서 자세히 다룬다.
compound	LEFT, RIGHT, CENTER, TOP, BOTTOM	text와 image가 둘 다 지정된 경우 이미지를 텍스트의 어느 쪽에 보여줄지 지정한다.

underline 옵션은 3장의 다른 위젯에서 본 적이 있다. 그와 달리 ttk.Notebook 위젯의 underline은 실제 키보드 바인딩도 이뤄진다.

이제 다음과 같이 노트북을 설정한다.

```
notebook.tab(0, underline=0)
notebook.tab(1, underline=0)
```

tab() 메서드는 config() 메서드와 마찬가지로 이미 추가된 탭의 설정을 변경할 수 있게 한다.

여기서는 두 탭 모두에 underline=0을 설정했는데, 이는 각 탭의 text 문자열에서 첫 번째 문자에 밑줄 표시가 된다는 의미다. 또한 키 바인딩도 이뤄지므로 Alt 키와 밑줄 표시된 문자키의 조합으로 해당 탭으로의 전환이 가능하다. 이 애플리케이션에서는 Bananas와 Plantains 탭 각각의 첫째 문자에 밑줄 표시를 했다. 따라서 Alt + B 키를 누르면 Bananas 탭으로, Alt + P 키를 누르면 Plantains

탭으로 전환된다.

이 바인딩에 더해 다음과 같이 enable_traversal() 메서드를 호출함으로써 노트북에 키보드 순회를 적용할 수 있다.

```
notebook.enable_traversal()
```

이렇게 하면 Control + Tab 키는 왼쪽에서 오른쪽 방향으로, Control + Shift + Tab 키는 그 반대 방향으로 탭을 순회할 수 있게 된다.

때로는 코드 자체에서 탭을 선택해야 하는 경우도 있는데, 그럴 때는 다음과 같이 select() 메서드를 사용하면 된다.

```
notebook.select(0)
```

여기서는 정수 0을 전달함으로써 첫 번째 탭이 선택되게 했다. 이와 달리 다음과 같이 탭에 있는 위젯의 이름, 즉 탭 ID를 전달해도 된다.

```
notebook.select(p_label)
```

참고로 tab() 메서드를 포함해 탭 ID를 받는 모든 메서드는 이와 같은 기능이 가능하다.

NOTE

> Notebook 위젯은 사용자가 탭을 바꿀 때마다 발생하는 <<NotebookTabChanged>>라는 가상 이벤트를 갖는다. 예를 들어 페이지를 새로 고침하거나 도움말을 띄울 때 이 이벤트를 이용할 수 있다.

이로써 노트북과 친숙하게 됐으니 이를 애플리케이션에 적용하자.

애플리케이션에 노트북 추가

애플리케이션에 노트북을 추가하려면 Application.__init__() 안에서 Notebook

위젯을 DataRecordForm과 RecordList 위젯보다 먼저 만들어야 한다. 그럼 application.py 파일을 열고 DataRecordForm 객체를 생성하는 부분의 바로 위에 다음과 같이 노트북을 만드는 코드를 추가하자.

```python
# application.py 파일의 Application.__init__() 메서드

self.notebook = ttk.Notebook(self)
self.notebook.enable_traversal()
self.notebook.grid(row=1, padx=10, sticky='NSEW')
```

여기서는 키보드 전용 사용자를 위해 키보드 순회가 가능하게 했으며 위젯을 그리드의 모든 면에 부착되게 했다. 이제 레코드 폼을 만드는 코드를 다음과 같이 수정하자.

```python
self.recordform = v.DataRecordForm(
    self,
    self.model,
    self.settings
)
self.recordform.bind('<<SaveRecord>>', self._on_save)
self.notebook.add(self.recordform, text='Entry Form')
```

여기서는 단순히 self.recordform.grid()를 호출하는 기존 코드를 제거하고 self.notebook.add()를 호출하는 코드를 추가했다. 이제 다음과 같이 RecordList 클래스의 인스턴스를 만들어 노트북에 추가한다.

```python
self.recordlist = v.RecordList(self)
self.notebook.insert(0, self.recordlist, text='Records')
```

RecordList 위젯을 나중에 추가했지만 화면에는 먼저 보여줄 계획이다. 따라서 insert()를 사용해 첫 번째 탭으로 추가했다. 이로써 페이지를 추가하는 작업은 끝났으며 이제 페이지 동작을 위해 필요한 콜백을 다뤄야 할 차례다.

콜백 추가와 수정

새 위젯들을 통합해 제기능을 하게 하려면 사용자와 데이터를 GUI의 적절한 영역으로 데려오는 몇 개의 콜백 메서드가 **Application** 객체에 필요하다. 구체적으로 말하면 다음과 같은 4개의 메서드를 만들어야 한다.

- _show_recordlist() 메서드는 레코드 목록을 보여준다.
- _populate_recordlist() 메서드는 파일 데이터로부터 레코드 목록을 다시 채운다.
- _new_record() 메서드는 새로운 빈 레코드로 전환시킨다.
- _open_record() 메서드는 레코드 목록으로부터 하나의 특정 레코드 내용을 폼으로 로딩시킨다.

이 밖에도 기존 레코드 갱신과 새 레코드 생성에 필요한 모든 정보를 모델에 전달하고자 Application._on_save() 메서드도 수정해야 한다.

각 메서드를 만들거나 수정하고 적절한 위치에서 사용하는 작업을 시작하자.

_show_recordlist() 메서드

처음 작성할 메서드는 _show_recordlist()다. 이 메서드는 다음과 같이 아주 간단하다.

```
# application.py 파일의 Application 클래스

def _show_recordlist(self, *_):
    self.notebook.select(self.recordlist)
```

너무 간단해서 굳이 메서드로 만들 필요가 없다고 생각할 수도 있지만 이렇게 메서드로 만들어야 람다 함수에 의존하지 않고 콜백으로 바인딩하기 용이하다. 또한 select(self.recordlist)가 아닌 select(0)으로 작성할 수도 있겠지만 위젯의 참조를 전달하는 것이 훨씬 의도를 나타내는 명시적인 방법이다. 탭의 순서를 변경해야 할 경우에도 이 메서드는 그대로 잘 작동할 것이다.

이 콜백을 바인딩할 곳은 바로 주 메뉴다. Application의 초기화 메서드로 돌아가 다음과 같이 event_callbacks 딕셔너리에 이 메서드를 추가한다.

```python
# application.py 파일의 Application.__init__() 메서드

event_callbacks = {
    #...
    '<<ShowRecordlist>>': self._show_recordlist
}
```

메뉴 자체에 필요한 코드는 다음 절에서 작성할 것이다. 이 메서드를 호출할 곳은 __init__()의 끝 부분인데, 사용자가 애플리케이션을 열었을 때 레코드 목록이 나타남을 보장해야 하기 때문이다. Application.__init__()의 끝 부분에 다음과 같은 코드를 추가한다.

```python
# application.py 파일의 Application.__init__() 메서드 끝 부분

self._show_recordlist()
```

_populate_recordlist() 메서드

_populate_recordlist() 메서드는 모델로부터 데이터를 가져와 RecordList의 populate()에 건네야 한다. 그러기 위해 다음과 같이 작성할 수 있을 것이다.

```python
def _populate_recordlist(self):
    rows = self.model.get_all_records()
    self.recordlist.populate(rows)
```

그러나 파일 안의 데이터에 문제가 있다면 CSVModel.get_all_records()는 예외를 발생시킬 수 있다는 사실을 기억해야 한다. 예외를 잡아 적절한 조치를 하는 것은 컨트롤러의 몫이다. 따라서 이 메서드는 다음과 같이 예외 처리를 할 수 있게 작성해야 한다.

```python
# application.py 파일의 Application 클래스
def _populate_recordlist(self):
    try:
        rows = self.model.get_all_records()
    except Exception as e:
        messagebox.showerror(
            title='Error',
            message='Problem reading file',
            detail=str(e)
        )
    else:
        self.recordlist.populate(rows)
```

get_all_records()에서 예외가 발생하면 그 메시지를 오류 대화상자에 보여준다. 이제 해당 이슈를 다루는 것은 사용자에게 달려 있다.

이 메서드를 언제 호출하면 될까? 먼저 이 메서드는 작업한 파일이 선택될 때마다 호출돼야 한다. 따라서 _on_file_select()의 끝 부분에 다음과 같은 호출 코드를 추가하자.

```python
def _on_file_select(self, *_):
    # ...
    if filename:
        self.model = m.CSVModel(filename=filename)
        self._populate_recordlist()
```

또한 프로그램이 시작되면 기본 파일을 로딩하므로 그 레코드 목록을 화면에 보여줘야 한다. 따라서 초기화 메서드에서 RecordList 위젯을 만드는 부분 아래에 다음과 같이 메서드 호출 코드를 추가한다.

```python
# application.py 파일의 Application.__init__() 메서드
```

```
        self.recordlist = v.RecordList(self)
        self.notebook.insert(0, self.recordlist, text='Records')
        self._populate_recordlist()
```

마지막으로 사용자가 레코드를 저장할 때마다 새 레코드가 파일에 추가되므로 레코드 목록도 갱신돼야 한다. 이는 다음과 같이 _on_save() 안에 메서드 호출 코드를 추가하면 된다.

```
# application.py 파일의 Application._on_save() 메서드

def _on_save(self, *_):

    #...
    self.recordform.reset()
    self._populate_recordlist()
```

이로써 레코드 목록은 파일의 내용과 동일하게 유지할 수 있게 됐다.

_new_record() 메서드

이번에는 새 레코드 입력을 위한 레코드 폼을 열 수 있는 메서드가 필요하다. DataRecordForm.load_record() 메서드는 로우 번호(rownum)와 데이터(data) 인자에 None을 받을 수 있음을 기억할 것이다. 이는 새 레코드를 입력하고자 한다는 의미이므로 이를 위한 콜백을 만들어야 한다.

Application에 다음과 같은 메서드를 작성하자.

```
# application.py 파일의 Application 클래스
  def _new_record(self, *_):
    self.recordform.load_record(None)
    self.notebook.select(self.recordform)
```

새 레코드 입력을 위한 폼을 준비하는 load_record()를 호출한 다음에는

notebook.select()를 사용해 레코드 폼 페이지로 이동되게 했다. 이 메서드가 호출되게 하려면 메뉴 아이템을 추가해야 하며, 따라서 event_callbacks 딕셔너리에도 이 메서드를 추가해야 한다.

Application.__init__()의 event_callbacks 딕셔너리를 다음과 같이 갱신한다.

```
# application.py 파일의 Application.__init__() 메서드
event_callbacks = {
  #...
  '<<NewRecord>>': self._new_record
}
```

메뉴에 필요한 코드는 다음 절에서 추가한.

_open_record() 메서드

이제 사용자가 레코드 목록에서 선택한 하나의 레코드를 여는 콜백 메서드를 만들 차례다. Application 클래스에 다음과 같이 메서드를 추가한다.

```
# application.py 파일의 Application 클래스
def _open_record(self, *_):
    """레코드 폼 안의 목록에서 선택된 레코드 열기"""
    rowkey = self.recordlist.selected_id
    try:
        record = self.model.get_record(rowkey)
    except Exception as e:
        messagebox.showerror(
            title='Error', message='Problem reading file', detail=str(e)
        )
    else:
        self.recordform.load_record(rowkey, record)
        self.notebook.select(self.recordform)
```

레코드가 더블클릭되거나 Enter 키로 활성화될 때마다 RecordList 객체가 자신의 selected_id 속성을 갱신한다는 점을 기억하자. 여기서는 그 ID를 받아 모델의 get_record() 메서드에 전달한다. get_record()는 get_all_records()를 호출하므로 파일 데이터에 문제가 있으면 예외를 발생시킬 수 있다. 따라서 _populate_recordlist()에서 했듯 예외가 잡히면 사용자에게 오류 메시지를 보여주게 했다.

아무 문제없다면 로우 번호와 데이터 딕셔너리를 폼의 load_record() 메서드에 전달한다. 마지막에는 notebook.select()를 호출해 레코드 폼 화면으로 이동한다.

이 콜백은 사용자가 레코드 목록에서 레코드를 선택할 때마다 호출돼야 한다. 그런 상황일 때 RecordList에서 <<OpenRecord>> 이벤트를 생성하게 했음을 기억할 것이다. 따라서 이 이벤트를 Application의 초기화 메서드에서 바인딩해야 한다.

Application.__init__()에서 RecordList 위젯을 만드는 부분의 바로 아래에 다음과 같은 바인딩 코드를 추가하자.

```
# application.py 파일의 Application.__init__() 메서드
    self.notebook.insert(0, self.recordlist, text='Records')
    self._populate_recordlist()
    self.recordlist.bind('<<OpenRecord>>', self._open_record)
```

이제 레코드를 더블클릭하거나 선택된 상태에서 Enter 키를 누르면 폼에서 그 레코드가 열릴 것이다.

_on_save() 메서드

마지막으로 모델의 save_record() 메서드가 기존 데이터를 갱신하거나 새 데이터를 추가할 수 있도록 호출 부분을 변경해야 한다. 앞서 save_record()가 rownum 인자를 받을 수 있게 변경했음을 기억할 것이다. rownum의 정수 값은 갱신할 로우 번호를 의미한다. 값이 None이면 새 레코드가 추가된다는 의미다. Application._on_save()를 다음과 같이 수정하자.

```python
# application.py 파일의 Application._on_save() 메서드
    data = self.recordform.get()
    rownum = self.recordform.current_record
    self.model.save_record(data, rownum)
```

레코드 폼 객체의 current_record는 현재 편집 중인 로우 번호나 None을 값으로 갖는다. 이를 모델의 save() 메서드에 전달함으로써 데이터가 올바른 위치에 저장됨을 보장할 수 있다.

주 메뉴 변경

마지막으로 남은 사항은 새로운 내비게이션이 포함되게 주 메뉴를 변경하는 것이다. 구체적으로 말하면 새 파일을 추가하는 명령 아이템과 레코드 목록으로 이동하는 명령 아이템이 필요하다. Application 객체는 이미 이들 작업을 위한 콜백을 <<NewRecord>>와 <<ShowRecordlist>> 이벤트에 각각 바인딩했다.

애플리케이션 내비게이션을 위한 이들 명령 아이템의 정해진 위치는 없으므로 별도의 Go라는 하위 메뉴를 새로 만들자. mainmenu.py 파일을 열고 초기화 메서드 안에 다음과 같은 새 하위 메뉴를 추가한다.

```python
# mainmenu.py 파일의 MainMenu.__init__() 메서드

    go_menu = tk.Menu(self, tearoff=False)
    go_menu.add_command(
        label="Record List",
        command=self._event('<<ShowRecordlist>>')
    )
    go_menu.add_command(
```

```
        label="New Record",
        command=self._event('<<NewRecord>>')
    )
```

여기서는 새 하위 메뉴 하나와 2개의 내비게이션 명령을 추가했다. 알다시피 _event() 메서드를 사용하면 주어진 이벤트를 발생시키는 메서드의 참조를 얻을 수 있다. 이제 다음과 같이 Go 메뉴를 File과 Options 메뉴 사이에 추가하자.

```
# mainmenu.py 파일의 MainMenu.__init__() 메서드 끝 부분

    self.add_cascade(label='File', menu=file_menu)
    self.add_cascade(label='Go', menu=go_menu)
    self.add_cascade(label='Options', menu=options_menu)
```

프로그램 테스트

이 시점에서 애플리케이션을 실행하고 샘플 CSV 파일을 선택하면 그림 8-6과 같은 모습을 볼 수 있을 것이다.

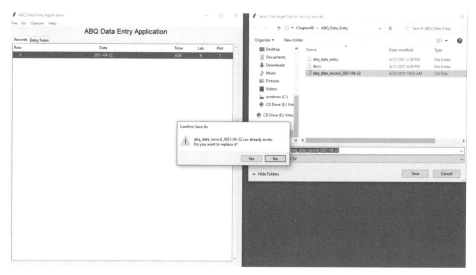

그림 8-6: 새 메뉴와 레코드 목록이 추가된 애플리케이션에서 기존 파일 선택

이제 레코드를 열어 편집하고 저장하는 작업뿐만 아니라 다른 파일에 새 레코드를 삽입하는 작업도 해보자. 또한 다음과 같은 오류 조건도 테스트해야 한다.

- CSV가 아닌 파일을 열거나 잘못된 필드가 있는 CSV 파일을 열어보자. 어떤 일이 생기는가?
- 정상적인 CSV 파일을 열고 레코드 하나를 선택해 편집하자. 그리고 Save를 클릭하기 전에 다른 파일을 열어보자. 어떤 일이 생기는가?
- 프로그램 2개를 실행해 동일한 CSV 파일을 연다. 그다음에는 양쪽 프로그램에서 번갈아 편집 작업을 하면서 어떤 일이 벌어지는지 확인하자.

이와 같은 이슈들을 어떻게 처리할지 고민하기 바란다. 어떤 사항은 해결이 불가능할 수 있으며 그에 따른 제약 사항을 사용자에게 알려야 할 수 있다. 또한 가능하다면 위의 마지막 테스트를 다른 운영체제에서도 수행하면서 각 결과가 동일한지 확인하기 바란다.

정리

8장에서는 데이터 추가만 가능했던 폼을 기존 파일 데이터의 로딩, 조회, 편집도 가능하게 개선했다. 그 과정에서 모델이 CSV 파일을 읽고 쓸 수 있게 만드는 방법을 살펴봤다. 또한 기본 사용법, 가상 이벤트, 칼럼 콜백을 포함한 Treeview 위젯을 알아봤다. Treeview로 파일 브라우저를 만들어 계층형 데이터 구조를 다루는 방법도 살펴봤다. 그다음에는 Notebook 위젯을 사용해 여러 폼을 갖는 애플리케이션을 구성하고 Scrollbar 위젯을 사용해 스크롤이 가능한 인터페이스도 만들었다. 마지막으로 이 모든 사항을 ABQ 앱에 통합함으로써 사용자 요구를 충족시켰다.

9장에서는 애플리케이션의 룩앤필을 조정하는 방법을 살펴본다. 특히 위젯의 속성, 스타일, 테마를 사용하고 비트맵 그래픽을 다루는 방법을 알아본다.

09

스타일과 테마로 룩앤필 개선

어떤 프로그램이든 검정, 흰색, 회색 정도의 색조를 사용하는 일반 텍스트만 사용한다 하더라도 기능은 완벽하게 구현할 수 있다. 그러나 아무리 실용성만을 추구하는 애플리케이션이더라도 색상, 글꼴, 이미지 등을 섬세히 사용하면 시각적 매력과 사용성을 증진시킬 수 있다. 우리의 ABQ 앱도 예외는 아닌데, 최근 새로 받은 요구 사항을 보니 애플리케이션의 룩앤필을 일부 개선해야 할 것으로 판단되기 때문이다.

구체적인 요구 사항은 다음과 같았다.

- 회사 방침에 의하면 모든 인하우스^{in-house} 소프트웨어에는 회사 로고가 들어가야 한다. 이미 애플리케이션에 포함시킬 로고 이미지도 전달받았다.
- 데이터 입력 요원들에게 폼의 가독성 이슈가 있다. 그들은 폼의 각 섹션이 더욱 시각적으로 구분되고 오류 메시지의 가시성도 높아지길 원한다.
- 또한 작업 흐름을 놓치지 않도록 현재 추가하거나 편집하는 레코드에 강조 표시가 되길 원한다.

여기에 더해 버튼과 메뉴에 아이콘을 추가함으로써 애플리케이션이 좀 더 전문적으로 보이게 할 필요도 있을 것 같다.

9장에서는 이 요구 사항을 충족시킬 때 필요한 다음과 같은 Tkinter의 기능을 살펴본다.

- 'Tkinter 이미지 작업' 절에서는 Tkinter GUI에 이미지와 아이콘을 추가하는 방법을 살펴본다.
- 'Tkinter 위젯 스타일링' 절에서는 Tkinter 위젯의 색상과 비주얼 스타일을 직접 조정하는 방법과 태그를 사용해 조정하는 방법을 살펴본다.
- 'Tkinter 글꼴 작업' 절에서는 Tkinter에서 글꼴을 사용하는 자세한 방법을 살펴본다.
- 'Ttk 위젯 스타일링' 절에서는 스타일과 테마를 사용해 Ttk 위젯의 룩앤필을 조정하는 방법을 살펴본다.

⠿ Tkinter 이미지 작업

회사 로고와 관련된 이슈를 해결하고 애플리케이션도 아이콘으로 꾸밀 수 있으려면 Tkinter에서의 이미지 작업에 관해 이해해야 한다. Tkinter는 이미지 파일 접근을 위해 `PhotoImage`와 `BitmapImage`라는 2가지 클래스를 제공한다. 애플리케이션에 그래픽을 추가함에 있어 이 클래스들이 어떤 도움이 되는지 살펴보자.

PhotoImage

`Label`과 `Button`을 포함한 다수의 Tkinter 위젯은 위젯에 이미지를 나타낼 수 있게 `image` 인자를 받는다. 이 인자에는 `PhotoImage`나 `BitmapImage` 객체를 만들어 지정해야 한다.

`PhotoImage` 객체를 만드는 일은 다음과 같이 아주 쉽다.

```
myimage = tk.PhotoImage(file='my_image.png')
```

PhotoImage는 대개 파일 경로를 가리키는 키워드 인자인 file을 지정해 만든다. 아니면 이미지 데이터를 담고 있는 bytes 객체를 가리키는 data 인자를 지정해 만드는 방법도 있다. 어쨌든 만들어진 객체는 Label 등과 같이 image 인자를 받는 모든 위젯에 다음과 같이 사용할 수 있다.

```
mylabel = tk.Label(root, image=myimage)
```

Label의 초기화 메서드에 image와 text 인자를 모두 지정해도 기본적으로는 이미지만 표시된다. 둘 다 표시되게 하려면 compound 인자도 전달해야 하는데, 이 인자는 텍스트에 대한 이미지의 상대적 위치를 지정한다. 다음 코드 예를 보자.

```
mylabel_1 = tk.Label(root, text='Banana', image=myimage)
mylabel_2 = tk.Label(
    root,
    text='Plantain',
    image=myimage,
    compound=tk.LEFT
)
```

mylabel_1은 이미지만 보여주며 텍스트는 보여주지 않을 것이다. 그다음 mylabel_2의 경우 compound에 tk.LEFT를 지정했으므로 이미지는 텍스트의 왼쪽에 보이게 된다. compound의 값은 소문자로 된 문자열이나 Tkinter 상수로, LEFT, RIGHT, BOTTOM, TOP, CENTER 중 하나다.

PhotoImage와 변수 범위

PhotoImage 객체를 사용할 때 잊지 말아야 할 것은 이미지를 보이고자 하는 범위 안에서 객체의 참조를 유지해야 한다는 점이다. 그렇지 않으면 이미지는 사라진다. 이를 이해하고자 다음 코드 예를 보자.

```python
# image_scope_demo.py
import tkinter as tk

class App(tk.Tk):

    def __init__(self):
        super().__init__()
        smile = tk.PhotoImage(file='smile.gif')
        tk.Label(self, image=smile).pack()

App().mainloop()
```

이 예제를 실행해도 이미지는 나타나지 않는다. PhotoImage 객체를 참조하는 smile이 지역 변수며, 따라서 초기화 메서드가 종료되는 즉시 이 변수는 없어지기 때문이다. 아무리 레이아웃에 추가했더라도 PhotoImage 객체의 참조가 없으면 이미지는 나타나지 않는다.

이 스크립트는 다음과 같이 수정해야 한다.

```python
    def __init__(self):
        super().__init__()
        self.smile = tk.PhotoImage(file='smile.gif')
        tk.Label(self, image=self.smile).pack()
```

PhotoImage 객체를 인스턴스 변수인 self.smile이 참조한다. 인스턴스 변수는 객체 자체가 소멸되기 전까지 존재하므로 그동안은 이미지가 화면에 남게 된다.

Pillow를 사용한 이미지 지원 확대

Tkinter가 지원하는 이미지 포맷은 GIF, PGM, PPM, PNG다. 단순히 로고나 아이콘을 GUI에 추가하는 상황에서는 충분하겠지만 좀 더 그래픽에 무게를 두는 경우라면 JPEG, SVG, WebP 등과 같은 포맷도 다뤄야 할 것이다. 그럴 때 필요한 라이브러리가 바로 Pillow다.

Pillow는 표준 라이브러리가 아니며 대부분의 파이썬 배포판에 포함돼 있지 않다. Pillow의 설치 방법은 https://python-pillow.org에서 볼 수 있는데, 보통은 터미널에서 다음과 같은 명령으로 설치한다.

```
$ pip install -U pillow
```

이 명령은 파이썬 패키지 인덱스^{PyPI, Python Package Index}에서 Pillow를 다운로드해 설치한다. Pillow는 ImageTk라는 클래스를 제공하는데, 이를 통해 광범위한 이미지 포맷을 사용할 수 있는 PhotoImage 객체를 사용할 수 있다. 사용법을 알아보기 위해 필터 기능이 있는 간단한 이미지 뷰어를 만들어보자.[1]

image_viewer_demo.py라는 새 파일을 만들고 다음 코드로 시작하자.

```python
# image_viewer_demo.py

import tkinter as tk
from tkinter import ttk
from tkinter import filedialog
from PIL import Image, ImageTk, ImageFilter
```

Pillow는 PIL이라는 이름으로 임포트됨에 주목하자. Pillow는 과거 프로젝트인 PIL^{Python Imaging Library}의 한 갈래^{fork}인데, 하위 호환성을 위해 여전히 그 모듈 이름을 유지하고 있기 때문이다. PIL에서 가져온 Image 클래스는 이미지를 로딩하고자 ImageTk 클래스는 Image 객체를 Tkinter용으로 변환하고자 사용하고, ImageFilter 클래스는 이미지에 어떤 효과를 적용하고자 사용한다.

다음과 같이 PictureViewer라는 클래스를 추가하자.

---

1. PyPI는 파이썬 관련 패키지의 공식 저장소며 홈페이지는 https://pypi.org다. - 옮긴이

```python
class PictureViewer(tk.Tk):

    def __init__(self, *args, **kwargs):
        super().__init__(*args, **kwargs)
        self.title('My Image Viewer')
        self.geometry('800x600')
        self.rowconfigure(0, weight=1)
        self.columnconfigure(0, weight=1)
```

이는 ABQ 앱과 마찬가지로 Tk의 하위 클래스며 초기화 메서드는 기본적인 윈도우와 그리드의 설정으로 시작한다. 이제 다음과 같이 GUI 요소들을 추가한다.

```python
self.image_display = ttk.Label(self)
self.image_display.grid(columnspan=3)
ttk.Button(
    self, text='Select image', command=self._choose_file
).grid(row=1, column=0, sticky='w')
```

이미지를 보여주기 위한 Label 위젯 그리고 self._choose_file()이라는 인스턴스 메서드에 바인딩하는 Button 위젯을 만들었다. 이제 그 메서드를 다음과 같이 만든다.

```python
def _choose_file(self):
    filename = filedialog.askopenfilename(
        filetypes=(
            ('JPEG Files', '*.jpg *.jpeg *.JPG *.JPEG'),
            ('PNG Files', '*.png *.PNG'),
            ('All Files', '*.*')
        ))
    if filename:
        self.image = Image.open(filename)
        self.photoimage = ImageTk.PhotoImage(self.image)
        self.image_display.config(image=self.photoimage)
```

이 메서드는 7장에서 살펴봤던 `filedialog.askopenfilename()` 메서드를 사용해 파일을 선택하게 하는 코드로 시작한다. 사용자가 파일을 선택하면 `Image.open()` 메서드를 호출해 그 파일에서 `Image` 객체를 생성한다. `Image.open()`은 파일명이나 경로를 받고 그 파일의 이미지 데이터를 담은 `Image` 객체를 반환하는 편리한 메서드다. 그다음에는 `ImageTk.PhotoImage()`에 `Image` 객체를 전달해 Tkinter의 `PhotoImage` 객체를 만든다. 마지막에는 그 `PhotoImage` 객체로 `image_display` 위젯을 갱신한다.

이와 같은 방법을 사용하면 Tkinter에서 광범위한 이미지 포맷을 다룰 수 있다. `Pillow`는 40종이 넘는 각종 포맷을 읽을 수 있기 때문이다. 그런데 그게 전부가 아니다. `Pillow`는 이미지를 편집하거나 변형도 할 수 있는 다양한 방법을 제공한다. 예를 들어 `Image` 객체에 필터를 적용할 수 있는데, 이를 직접 시험해보자.

`PictureViewer.__init__()`에 다음과 같은 코드를 추가하자.

```python
self.filtervar = tk.StringVar()
filters =[
    'None', 'BLUR', 'CONTOUR', 'DETAIL', 'EDGE_ENHANCE',
    'EDGE_ENHANCE_MORE', 'EMBOSS', 'FIND_EDGES',
    'SHARPEN', 'SMOOTH', 'SMOOTH_MORE'
]
ttk.Label(self, text='Filter: ').grid(
    row=1, column=1, sticky='e'
)
ttk.OptionMenu(
    self, self.filtervar, 'None', *filters
).grid(row=1, column=2)
self.filtervar.trace_add('write', self._apply_filter)
```

`filters` 리스트는 `Image` 객체에 적용할 수 있는, `Pillow`가 제공하는 모든 필터 객체의 이름을 저장한다. 이를 `None` 문자열과 함께 `OptionMenu`에 추가하고, `OptionMenu`는 `filtervar` 제어 변수에 바인딩한다. 그다음에는 `_apply_filter()`

메서드를 호출하는 트레이스를 추가한다.

다음과 같이 _apply_filter() 메서드를 만들자.

```python
def _apply_filter(self, *_):
    filter_name = self.filtervar.get()
    if filter_name == 'None':
        self.filtered_image = self.image
    else:
        filter_object = getattr(ImageFilter, filter_name)
        self.filtered_image = self.image.filter(filter_object)
    self.photoimage = ImageTk.PhotoImage(self.filtered_image)
    self.image_display.config(image=self.photoimage)
```

이 메서드는 제어 변수에서 필터 이름을 가져온다. 이름이 None이면 self.filtered_image에 현재의 self.image 객체를 설정한다. None이 아니라면 getattr()를 사용해 ImageFilter에서 필터 객체를 가져오고 filter()를 사용해 Image 객체에 필터를 적용한다.

마지막에는 새 PhotoImage 객체를 만들고 Label 위젯의 설정을 수정함으로써 애플리케이션에서 보여주는 이미지를 갱신한다.

이제 애플리케이션이 실행될 수 있게 스크립트에 다음 두 줄을 추가하자.

```python
app = PictureViewer()
app.mainloop()
```

애플리케이션을 실행하고 이미지 파일을 선택하면 그림 9-1과 같은 모습을 볼 수 있을 것이다.

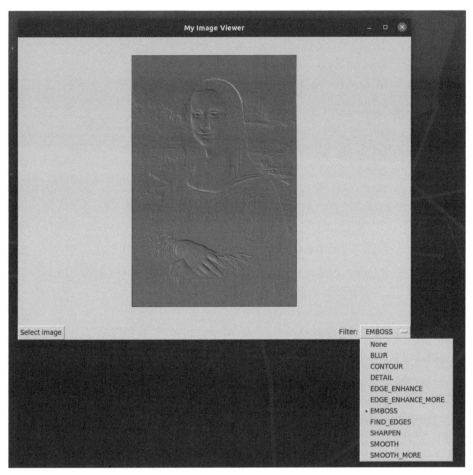

그림 9-1: 이미지 뷰어 애플리케이션

Tkinter에서 이미지를 다루는 방법을 알았으니 이제 이를 ABQ 앱에 적용하자.

회사 로고 추가

PhotoImage의 사용법을 알고 있으므로 애플리케이션에 회사 로고를 추가하는 것은 쉬운 일이다. 또한 이미 서로 다른 크기의 회사 로고에 해당하는 PNG 파일도 확보했다.

이제 로고 파일 중 하나를 애플리케이션 루트에 복사하고 Application의 초기화 메서드에서 다음과 같은 식으로 코드를 추가하면 된다.

```
# application.py 파일의 Application.__init__() 메서드

self.logo = tk.PhotoImage(file='abq_logo-32x20.png')
ttk.Label(
    self, text=" ABQ Data Entry Application",
    font=("TkDefaultFont", 16),
    image=self.logo, compound=tk.LEFT
).grid(row=0)
```

여기서는 파일을 지정해 PhotoImage 객체를 만들고 이를 인스턴스 변수에 저장한다. 그다음에는 이 객체를 애플리케이션의 제목 레이블에 image 인자로 할당하고 이미지가 텍스트의 왼쪽에 위치하도록 compound 인자를 추가한다.

이 애플리케이션을 애플리케이션 루트 디렉터리에서 실행하면 로고가 추가된 애플리케이션이 잘 나타날 것이다. 그러나 다른 디렉터리에서 실행한다면 문제가 발생한다. 예를 들어 터미널에서 다음과 같이 실행해보자.

```
$ cd ABQ_Data_Entry
$ python abq_data_entry.py
# 이렇게 하면 잘 실행된다.
$ cd ..
$ python ABQ_Data_Entry/abq_data_entry.py
# 이렇게 하면 파일을 찾을 수 없다는 오류가 발생한다.
```

왜 이런 일이 벌어지며, 어떻게 해결해야 할까?

이미지 경로 문제

파이썬은 경로 없는 파일명만 받을 경우 그 파일이 현재 작업 디렉터리에 있다고 가정한다. 이는 애플리케이션을 실행하는 위치를 말한다. 앞의 예에서 첫 번째 경우에는 현재 작업 디렉터리가 애플리케이션 루트 디렉터리며 거기에 이미지가 있으므로 파이썬이 찾을 수 있었다. 두 번째 경우에는 현재 작업 디렉터리가 애플리케이션 루트의 부모 디렉터리며, 따라서 파이썬이 이미지를 찾을 수 없었던 것이다.

파일이 어디에 있는지 안다면 절대 경로를 지정해도 된다. 예를 들어 윈도우즈 10에서 애플리케이션 루트가 홈 디렉터리라면 다음과 같이 할 수 있다.

```
self.logo = tk.PhotoImage(
    file=r'C:\Users\username\ABQ_Data_Entry\abq_logo-32x20.png'
)
```

문제는 나중에 `ABQ_Data_Entry` 자체가 다른 위치로 옮겨지면 이미지의 참조가 깨진다는 점이다. 게다가 리눅스에서도 실행돼야 하는 이 애플리케이션에 이와 같은 식의 절대 경로를 사용하면 작동하지 않을 것이 뻔하다.

NOTE

> 경로 문자열 앞의 r은 로우 문자열(raw string)로 취급한다는 의미다. 이 경우 파이썬은 로우 문자열 안의 백슬래시를 이스케이프 문자로 해석하지 않는다. 이는 백슬래시를 경로 구분자로 사용하는 윈도우즈에서 특히 유용하다. 특정 플랫폼의 경로 이슈를 해결하는 자세한 방법은 10장에서 다룬다.

좀 더 나은 방법은 특정 위치를 기준으로 하는 상대 경로를 지정하는 것이다. 모든 파이썬 스크립트는 `__file__`이라고 하는 변수에 접근할 수 있는데, 이 변수는 스크립트 파일의 경로를 나타내는 문자열이다. 이 변수를 `pathlib` 모듈과 함께 사용하면 애플리케이션 디렉터리 내부의 파일을 찾을 수 있다.

예를 들어 다음과 같은 식으로 `PhotoImage` 객체를 만들 수 있다.

```
self.logo = tk.PhotoImage(
    Path(__file__).parent.parent / 'abq_logo-32x20.png'
)
```

이 코드가 있는 현재 파일이 application.py이므로 __file__의 값은 ABQ_Data_Entry/abq_data_entry/application.py다. 이 참조가 부모의 부모 디렉터리를 가리키게 하면 거기가 바로 이미지 파일이 있는 곳이다. 이렇게 하면 파이썬은 현재 작업 디렉터리와 상관없이 이미지 파일을 찾을 수 있다.

이 방법은 기능적으로 문제가 없다. 그러나 코드가 다소 어수선하게 되며 이미지 파일에 접근할 때마다 이런 식의 경로 작업은 세련되지 못하다. 6장에서 배웠던 기법을 사용해 애플리케이션의 이미지를 자체 모듈로 분리하는 방식으로 진행해보자.

먼저 abq_data_entry 디렉터리 안에 images라는 새 디렉터리를 만들고 이미지 파일들을 그 안에 복사한다.

그다음에는 images 디렉터리 안에 __init__.py 파일을 만들고 다음과 같은 코드를 추가한다.

```python
# images/__init__.py
from pathlib import Path

IMAGE_DIRECTORY = Path(__file__).parent

ABQ_LOGO_16 = IMAGE_DIRECTORY / 'abq_logo-16x10.png'
ABQ_LOGO_32 = IMAGE_DIRECTORY / 'abq_logo-32x20.png'
ABQ_LOGO_64 = IMAGE_DIRECTORY / 'abq_logo-64x40.png'
```

여기서 __file__의 값은 ABQ_Data_Entry/abq_data_entry/images/__init__.py이므로 이 참조의 부모 디렉터리인 ABQ_Data_Entry/abq_data_entry/images/에 모든 이미지 파일을 넣으면 된다.

이제 application.py에서 다음과 같이 images 모듈을 임포트한다.

```python
# application.py

from . import images
```

그다음에는 PhotoImage 객체의 이미지 경로를 다음과 같이 변경한다.

```
# application.py 파일의 Application.__init__() 메서드

    self.logo = tk.PhotoImage(file=images.ABQ_LOGO_32)
    ttk.Label(
        self, text="ABQ Data Entry Application",
        font=("TkDefaultFont", 16),
        image=self.logo, compound=tk.LEFT
    ).grid(row=0)
```

이제 애플리케이션을 실행하면 현재 작업 디렉터리와 상관없이 그림 9-2와 같은 모습을 볼 수 있을 것이다.

그림 9-2: 회사 로고가 들어간 ABQ 앱

윈도우 아이콘 설정

현재 애플리케이션의 윈도우 아이콘, 즉 윈도우 제목 표시줄과 운영체제의 작업 표시줄에 나타나는 로고는 모든 Tkinter 애플리케이션의 기본값인 Tkinter 로고다. 이를 회사 로고를 나타내는 아이콘으로 바꾸면 좀 더 의미 있을 것이다. 그럼 어떻게 할 수 있는지 알아보자.

Application 객체는 Tk의 하위 클래스로, iconphoto()라는 메서드를 갖고 있다. 이 메서드는 아이콘 파일의 경로를 지정하면 그 이미지를 윈도우 아이콘으로 적용해준다. 다만 플랫폼마다 그 결과가 완전히 일관되진 않다. 초기화 메서드에 이를 추가해 어떻게 바뀌는지 확인하자. 다음 코드를 super().__init__() 바로 아래에 추가한다.

```
# application.py 파일 inside Application.__init__() 메서드
    self.taskbar_icon = tk.PhotoImage(file=images.ABQ_LOGO_64)
    self.iconphoto(True, self.taskbar_icon)
```

먼저 또 다른 버전의 로고를 참조하는 PhotoImage 객체를 만든다. 그다음에는 self.iconphoto()를 호출한다. 첫 번째 인자는 이 아이콘을 애플리케이션의 모든 윈도우에 적용할지, 아니면 현재 윈도우에만 적용할지 결정한다. True를 지정하면 모든 윈도우에 적용한다는 의미다. 두 번째 인자는 PhotoImage 객체다.

이제 애플리케이션을 실행하면 윈도우 아이콘으로 ABQ 로고가 적용된 모습을 볼 수 있을 것이다. 예를 들어 윈도우즈에서는 그림 9-3과 같이 보인다.

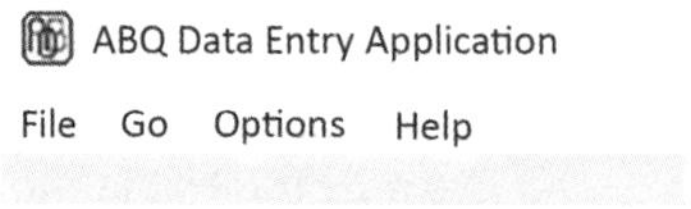

ABQ Data Entry Application

File Go Options Help

그림 9-3: 제목 표시줄의 ABQ 로고

iconphoto()가 각 플랫폼마다 다르게 작동하는 부분을 요약하면 다음과 같다.

- 리눅스의 경우 데스크톱 환경에 따라 다를 수 있지만 보통은 제목 표시줄, 작업 표시줄, 독dock에 모두 아이콘이 나타난다.
- 맥OS에서는 아이콘이 독에만 나타나며 메뉴 막대(전역 메뉴global menu)나 윈도우 자체에는 나타나지 않는다.
- 윈도우즈 10에서는 아이콘이 제목 표시줄에는 나타나지만 작업 표시줄에는 나타나지 않는다.

이렇게 일관되게 적용되지 않는 이유 중 하나는, ABQ 앱은 사실 파이썬이 실행하는 스크립트일 뿐이기 때문이다. 따라서 운영체제의 관점에서 보면 실행되고 있는 프로그램은 ABQ 앱이 아니라 파이썬이다. 플랫폼에 따라 ABQ 로고가 아닌 파이썬 로고가 나타나는 경우도 이 때문이다. 이와 관련해 더욱 자세한 사항은 16장에서 다룬다.

버튼과 메뉴에 아이콘 추가

사용자 요구 사항에는 없었더라도 버튼과 메뉴 아이템의 텍스트에 간단한 아이콘을 추가함으로써 애플리케이션을 좀 더 인상적으로 만들 수 있을 것이다. 불행히도 Tkinter는 아이콘 테마를 갖고 있지 않으며 운영체제의 시스템 아이콘 테마를 사용할 수 있는 방법도 제공하지 않는다. 따라서 아이콘으로 사용하려 하는 PNG나 GIF 이미지를 직접 마련해야 한다. 물론 인터넷을 통해 구할 수도 있고 직접 만들어도 된다.

NOTE

> 앞으로 예제에서 사용되는 아이콘 중 일부는 오픈 아이코닉(Open Iconic) 프로젝트에서 가져왔다. 이 프로젝트는 표준 애플리케이션 아이콘 모음을 MIT 라이선스하에 배포하는 목적으로 진행되며 홈페이지는 https://thenounproject.com/useiconic.com이다.

아이콘 파일들을 images 디렉터리에 넣고 images/__init__.py 파일에 다음 코드를 추가하자.

```
SAVE_ICON = IMAGE_DIRECTORY / 'file-2x.png'
RESET_ICON = IMAGE_DIRECTORY / 'reload-2x.png'
LIST_ICON = IMAGE_DIRECTORY / 'list-2x.png'
FORM_ICON = IMAGE_DIRECTORY / 'browser-2x.png'
```

여기서는 Save와 Reset 버튼 그리고 레코드 목록과 데이터 입력 페이지의 탭을 위한 이미지들을 지정했다. 이제 이들을 애플리케이션에 추가하자. 먼저 DataRecordForm 프레임에 있는 버튼들에 아이콘을 추가하고자 views.py에 다음과 같이 images 모듈을 임포트한다.

```
# views.py

from . import images
```

이제 초기화 메서드에서 DataRecordForm의 버튼을 만드는 부분에 다음과 같이 코드를 추가하자.

```
# views.py 파일의 DataRecordForm.__init__() 메서드

self.save_button_logo = tk.PhotoImage(file=images.SAVE_ICON)
self.savebutton = ttk.Button(
  buttons, text="Save", command=self._on_save,
  image=self.save_button_logo, compound=tk.LEFT
)
#...
self.reset_button_logo = tk.PhotoImage(file=images.RESET_ICON)
self.resetbutton = ttk.Button(
  buttons, text="Reset", command=self.reset,
  image=self.reset_button_logo, compound=tk.LEFT
)
```

이제 두 버튼은 그림 9-4와 같은 모습일 것이다.

그림 9-4: 아이콘이 있는 데이터 입력 폼의 두 버튼

Notebook 위젯의 탭에도 이미지를 추가할 수 있다. application.py의 __init__()
에서 노트북 탭을 만드는 부분에 다음과 같이 코드를 추가하자.

```
# application.py 파일의 Application.__init__() 메서드

self.recordform_icon = tk.PhotoImage(file=images.FORM_ICON)
self.recordform = v.DataRecordForm(
  self, self.model, self.settings
)
self.notebook.add(
  self.recordform, text='Entry Form',
  image=self.recordform_icon, compound=tk.LEFT
)
```

```
#...
self.recordlist_icon = tk.PhotoImage(file=images.LIST_ICON)
self.recordlist = v.RecordList(self)
self.notebook.insert(
  0, self.recordlist, text='Records',
  image=self.recordlist_icon, compound=tk.LEFT
)
```

보다시피 노트북의 add()와 insert() 메서드에 image 인자를 추가하면 되는 간단한 작업이다. 물론 버튼이나 레이블의 경우와 마찬가지로 compound 인자도 추가해야 하며 그렇지 않으면 아이콘만 보이게 된다. 이제 애플리케이션을 실행하면 그림 9-5와 같은 탭의 모습을 볼 수 있다.

그림 9-5: 아이콘이 있는 노트북 탭

지금껏 봤듯 아이콘을 사용하는 작업 절차는 다음과 같이 상당히 일관된다.

1. PhotoImage 객체를 만들고 그 참조가 범위 안에 유지되게 한다.
2. 이미지를 넣고 싶은 위젯의 image 인자에 그 참조를 전달한다.
3. 텍스트와 이미지를 모두 보여주는 위젯의 경우 compound 인자에 이미지의 위치를 지정한다.

모든 아이콘에 대해 개별로 클래스 속성을 만들기보다는 하나의 딕셔너리 객체에 모아 저장하는 방법이 좀 더 효율적일 것이다. 예를 들어 많은 수의 아이콘이 필요한 MainMenu 클래스에 그와 같은 방식을 적용해볼 수 있다. 앞서 두 파일에서 했듯 mainmenu.py에서 images 모듈을 임포트하고 MainMenu 클래스 안에 다음과 같이 _create_icons()라는 새 메서드를 만들자.

```
# mainmenu.py 파일의 MainMenu 클래스

    def _create_icons(self):

        self.icons = {
            'file_open': tk.PhotoImage(file=images.SAVE_ICON),
            'record_list': tk.PhotoImage(file=images.LIST_ICON),
            'new_record': tk.PhotoImage(file=images.FORM_ICON),
        }
```

여기서는 PhotoImage 객체들의 딕셔너리를 만들어 self.icons라는 인스턴스 속성에 저장하는 인스턴스 메서드를 만들었다. 왜 모델에서 만들었던 fields 딕셔너리처럼 icons도 클래스 속성으로 만들지 않는지 궁금할 수 있다.

다른 모든 Tkinter 객체와 마찬가지로 PhotoImage 객체도 Tk 인스턴스(지금은 Application 객체)가 생성되기 전까지는 존재할 수 없기 때문이다.

클래스 속성을 포함한 클래스는 메인 스레드가 실행되기 전에 정의된다. 따라서 클래스가 정의될 시점에는 Application 객체가 없다.

이 메서드를 초기화 메서드 안에서 호출함으로써 메뉴가 정의되기 전에 self.icons가 생성되게 다음과 같이 코드를 추가하자.

```
# mainmenu.py 파일의 MainMenu 클래스
    def __init__(self, parent, settings, **kwargs):
        super().__init__(parent, **kwargs)
        self.settings = settings
        self._create_icons()
```

이제 각 메뉴 아이템은 다음과 같이 딕셔너리를 통해 PhotoImage 객체를 사용하면 된다.

```
# mainmenu.py 파일의 MainMenu.__init__() 메서드

        file_menu.add_command(
```

```
        label="Select file…", command=self._event('<<FileSelect>>'),
        image=self.icons['file_open'], compound=tk.LEFT
    )
    #...
    go_menu.add_command(
        label="Record List", command=self._event('<<ShowRecordlist>>'),
        image=self.icons['record_list'], compound=tk.LEFT
    )
    go_menu.add_command(
        label="New Record", command=self._event('<<NewRecord>>'),
        image=self.icons['new_record'], compound=tk.LEFT
    )
```

이로써 그림 9-6과 같이 아이콘이 추가돼 좀 더 전문적으로 보이는 메뉴 모습을
볼 수 있다.

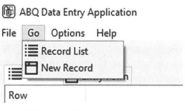

그림 9-6: 아이콘이 있는 Go 메뉴

BitmapImage

ABQ 앱에서는 `PhotoImage`를 사용해 PNG 파일을 적용하는 것으로 충분하다.
그러나 Tkinter에서는 또 다른 이미지 포맷도 사용할 수 있는 `BitmapImage`를
제공한다. `BitmapImage` 객체는 `PhotoImage`와 흡사하지만 오직 XBM(X11 Bitmap) 파
일에만 작동한다. XBM은 단색 이미지만 허용하는 아주 오래된 이미지 포맷이
다. 단색 이미지임에도 압축되지 않으므로 PNG 파일보다 크기가 작지 않다.
`BitmapImage` 객체를 사용할 때의 유일한 장점은 원하는 색상으로 렌더링할 수
있다는 점이다.

BitmapImage의 사용법을 알려면 images 모듈에 XBM 파일을 준비하고 __init__.py에 다음과 같은 코드를 추가하자.

```
QUIT_BMP = IMAGE_DIRECTORY / 'x-2x.xbm'
ABOUT_BMP = IMAGE_DIRECTORY / 'question-mark-2x.xbm'
```

NOTE

이 책의 예제 코드에 몇 개의 XBM 파일이 있다. 이미 갖고 있는 이미지 파일을 XBM 파일로 변환하려면 김프(GIMP, GNU Image ManiPulation) 등과 같은 이미지 편집 프로그램을 사용하면 된다. 참고로 김프는 https://www.gimp.org에서 다운로드할 수 있다.

이제 mainmenu.py로 돌아가 icons 딕셔너리에 다음과 같은 코드를 추가하자.

```
# mainmenu.py 파일의 MainMenu._create_icons() 메서드

    self.icons = {
      #...
      'quit': tk.BitmapImage(
        file=images.QUIT_BMP, foreground='red'
      ),
      'about': tk.BitmapImage(
        file=images.ABOUT_BMP,
        foreground='#CC0', background='#A09'
      )
    }
```

보다시피 BitmapImage를 만드는 방법은 PhotoImage의 경우와 흡사한데, 그에 더해 이미지의 전경색과 배경색을 지정할 수 있다. 이를 메뉴 아이템에 추가하는 방법은 다음과 같이 PhotoImage의 경우와 완전히 동일하다.

```
# mainmenu.py 파일의 MainMenu.__init__() 메서드

    help_menu.add_command(
      label='About...', command=self.show_about,
```

```
        image=self.icons['about'], compound=tk.LEFT
    )
    #...
    file_menu.add_command(
        label="Quit", command=self._event('<<FileQuit>>'),
        image=self.icons['quit'], compound=tk.LEFT
    )
```

이제 그림 9-7과 같이 컬러 아이콘이 적용된 About... 아이템을 볼 수 있을 것이다.

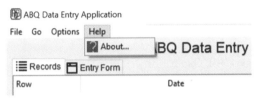

그림 9-7: 컬러 아이콘이 적용된 About... 아이템

BitmapImage는 하나의 파일을 서로 다른 색상으로 재사용하고 싶을 때 유용할 수 있다. 또한 테마에 어울리게 하거나 어떤 상태를 나타내고자 색상을 동적으로 변경할 필요가 있을 때도 이용할 수 있다. 그럼에도 대부분의 경우에는 PhotoImage가 더 선호된다.

지금까지 여러 이미지를 적용함으로써 애플리케이션의 모습을 대폭 개선했다. 그러나 나머지 부분은 여전히 단조로운 회색 분위기다. 다음 절부터 애플리케이션의 색상을 다뤄보자.

⁑ Tkinter 위젯 스타일링

Tkinter에는 기본적으로 2가지 스타일링 체계가 있는데, 하나는 원래의 Tkinter 체계며 다른 하나는 Ttk 체계다. 가능하다면 가급적 Ttk 위젯을 사용하겠지만 여전히 Tkinter 위젯이 필요한 상황도 있다. 따라서 두 체계를 모두 알아두는 것이 좋다. 원래의 Tkinter 체계를 먼저 알아보고 애플리케이션의 Tkinter 위젯에 일부 스타일을 적용해보자.

색상 속성

1장에서 봤듯 Tkinter의 기본 위젯에는 2가지 색상을 설정할 수 있다. 하나는 주로 텍스트와 테두리의 색상에 해당하는 전경색이며, 다른 하나는 그 나머지에 해당하는 배경색이다. 이들 색상은 각각 foreground와 background 인자, 별칭으로 fg와 bg를 사용해 지정한다.

예를 들어 다음과 같이 레이블의 색상을 설정할 수 있다.

```
lb1 = tk.Label(text='Hot Dog Stand!', fg='yellow', bg='red')
```

색상 값에는 색상 이름 문자열이나 CSS 스타일의 RGB 16진수를 사용할 수 있다. 따라서 다음 코드는 위 코드와 동일한 효과를 낸다.

```
lb2 = tk.Label(
    text='Also Hot Dog Stand!',
    foreground='#FFFF00',
    background='#FF0000'
)
```

NOTE

> Tkinter는 700개 이상의 색상 이름을 인식하는데, 이는 리눅스와 유닉스에서 사용되는 X 윈도우 시스템이나 웹 디자이너가 사용하는 CSS 색상 이름과 거의 동일하다. 완전한 색상 이름의 목록은 https://www.tcl.tk/man/tcl8.6.13/TkCmd/colors.html에서 볼 수 있다.

주 메뉴에 위젯 속성 사용

ABQ 앱에서는 가급적 Ttk를 선호하므로 원래의 Tkinter 위젯을 많이 사용하고 있진 않다. 지금 Tkinter 위젯을 사용하고 있는 부분은 애플리케이션의 주 메뉴이므로 이를 통해 Tkinter 위젯의 색상을 설정하는 방법을 알아보자.

`tk.Menu` 위젯은 다음과 같은 모양과 관련된 인자를 받는다.

인자	값	설명
background	색상 문자열	평상시 위젯의 배경색
foreground	색상 문자열	평상시 위젯의 전경색(텍스트 색)
borderwidth	정수	평상시 위젯의 테두리 두께(픽셀 단위)
activebackground	색상 문자열	위젯이 활성화(마우스 오버나 키보드로 선택)될 때의 배경색
activeforeground	색상 문자열	위젯이 활성화될 때의 전경색(텍스트 색)
activeborderwidth	정수	위젯이 활성화될 때의 테두리 두께(픽셀 단위)
disabledforeground	색상 문자열	위젯이 비활성화될 때의 전경색(텍스트 색)
relief	Tkinter 상수인 RAISED, SUNKEN, FLAT, RIDGE, SOLID, GROOVE 중 하나	위젯의 테두리 스타일

보다시피 평상시와 활성화 시에 적용되는 background, foreground, borderwidth 의 각 버전이 있으며, 비활성화 시에는 하나의 foreground 버전이 있다. 또한 위젯에 따라 특정 상태나 조건, 기능을 위한 인자를 추가로 지원한다. 예를 들어 Entry는 텍스트 선택이 가능한 위젯이므로 텍스트 선택 시에 색상을 지정할 수 있는 highlightbackground와 highlightforeground 인자를 지원한다.

이제 mainmenu.py 파일을 열어 **MainMenu**의 초기화 메서드 안에 다음과 같이 메뉴에 적용할 일부 스타일을 추가하자.

```
# mainmenu.py 파일의 MainMenu.__init__() 메서드

    self.configure(
        background='#333',
        foreground='white',
        activebackground='#777',
        activeforeground='white',
        'relief'=tk.GROOVE
    )
```

애플리케이션을 실행해 메뉴를 확인하기 바란다. 리눅스나 BSD라면 그림 9-8 과 같은 모습을 볼 수 있을 것이다.

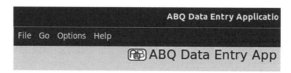

그림 9-8: 스타일이 적용된 Tkinter 메뉴

여기서 적용된 스타일은 주 메뉴까지다. 즉, 하위 메뉴는 여전히 기본값인 회색 바탕의 검은 텍스트로 나타난다. 메뉴를 일관되게 보이려면 하위 메뉴까지 모두 스타일을 적용하면 된다. 다만 스타일을 딕셔너리에 저장하고 **tk.Menu**를 만들 때마다 이를 사용할 수 있게 하면 코드 중복을 피할 수 있다. 다음과 같이 코드를 변경하자.

```
# mainmenu.py 파일의 MainMenu.__init__() 메서드

    self.styles = {
        'background': '#333',
        'foreground': 'white',
        'activebackground': '#777',
        'activeforeground': 'white',
```

```
        'relief': tk.GROOVE
    }
    self.configure(**self.styles)
```

이제 하위 메뉴에 스타일을 적용하려면 다음과 같이 각 하위 메뉴를 만들 때 **self.styles를 추가하면 된다.

```
# mainmenu.py 파일의 MainMenu.__init__() 메서드

    help_menu = tk.Menu(self, tearoff=False, **self.styles)
    #...
    file_menu = tk.Menu(self, tearoff=False, **self.styles)
    #...
    options_menu = tk.Menu(self, tearoff=False, **self.styles)
    #...
    go_menu = tk.Menu(self, tearoff=False, **self.styles)
```

이로써 모든 하위 메뉴에도 스타일이 적용된 모습을 볼 수 있을 것이다.

태그를 사용한 위젯 콘텐츠 스타일링

버튼이나 레이블과 같은 간단한 위젯은 전경색과 배경색을 설정하는 정도로 충분하지만 Tkinter Text 위젯이나 Ttk Treeview와 같은 좀 더 복잡한 위젯은 세부 스타일링을 위해 태그 기반의 체계에 의존한다. Tkinter에서 태그는 색상과 글꼴 설정을 적용할 위젯 콘텐츠의 명명된 구역이다. 태그로 스타일링하는 방법을 알고자 어설프지만 봐줄 만한 파이썬 터미널 에뮬레이터를 만들어보자.

tags_demo.py라는 새 파일을 만들고 다음과 같이 터미널 입력과 출력을 담을 Text 위젯으로 시작하자.

```
# tags_demo.py
import tkinter as tk
```

```
text = tk.Text(width=50, height=20, bg='black', fg='lightgreen')
text.pack()
```

여기서는 **fg**와 **bg** 인자를 사용해 전통적인 터미널 테마인 검은 바탕의 초록색 텍스트를 지정했다. 그런데 오직 초록색 텍스트로만 표시하는 대신 입력 텍스트와 출력 텍스트를 서로 다른 색으로 설정하는 방법이 있다.

다음과 같이 태그를 정의하면 된다.

```
text.tag_configure('prompt', foreground='magenta')
text.tag_configure('output', foreground='yellow')
```

tag_configure() 메서드를 사용해 Text 위젯에 태그를 정의하고 설정할 수 있다. 여기서 셸 프롬프트는 자홍색으로, 파이썬 출력 결과는 노란색으로 지정했다. 하나의 설정 인자만 사용할 수 있는 것은 아니다. 필요하다면 **font**나 **background**와 같은 인자도 함께 사용할 수 있다.

태그가 적용된 텍스트를 삽입하려면 다음과 같이 하면 된다.

```
text.insert('end', '>>> ', ('prompt',))
```

기억하겠지만 Text.insert() 메서드는 처음 두 인자로 인덱스와 문자열을 받는다. 지금은 세 번째 인자에 주목하자. 이 인자는 삽입되는 텍스트에 표시할 태그들의 튜플이다. 하나의 태그만 있더라도 반드시 튜플이어야 하며 당연히 원하는 만큼 태그를 붙일 수 있다.

이제 코드 마지막에 **text.mainloop()**를 추가하고 실행하면 검은 배경의 텍스트 입력 창과 자홍색의 프롬프트를 볼 수 있을 것이다. 또한 거기에 타이핑을 하면 기본 전경색인 초록색의 텍스트가 입력된다. 여기까진 좋다. 이제 파이썬 코드를 실행할 수 있게 만들자.

mainloop() 호출 전에 다음과 같은 함수를 추가한다.

```
def on_return(*args):
    cmd = text.get('prompt.last', 'end').strip()
```

이미 알고 있듯 Text 위젯에서 텍스트를 가져올 때는 시작과 끝 인덱스를 지정해야 한다. 그런데 여기서 인덱스 값으로 태그를 사용할 수 있다. `prompt.last`는 prompt 영역 끝의 바로 다음부터 시작하는 텍스트를 가져오라는 의미다.

이제 입력된 명령을 실행하는 코드를 다음과 같이 추가한다.

```
if cmd:
    try:
        output = str(eval(cmd))
    except Exception as e:
        output = str(e)
```

cmd 변수에 뭔가 담겨 있다면 eval()을 사용해 실행하고 그 결과를 output에 저장한다. 예외가 발생한다면 그 예외를 문자열로 변환하고 역시 output에 저장한다.

TIP

> eval()은 오직 표현식에만 작동한다. 따라서 지금 만드는 터미널에서는 루프, 조건문, 그 밖의 문장은 처리할 수 없다.

이제 다음과 같이 결과를 보여주는 코드를 추가하자.

```
# if 블록 안에 추가
text.insert('end', '\n' + output, ('output',))
```

여기서는 개행 문자를 추가한 output 문자열을 삽입하고 output 태그를 지정했다.

마지막으로 사용자에게 다시 프롬프트를 보여주는 다음과 같은 코드를 함수의 끝에 추가한다.

```
    text.insert('end', '\n>>> ', ('prompt',))
    return 'break'
```

여기서는 **break**라는 문자열을 반환하는데, 이는 Tkinter로 하여금 이 콜백을 야기한 원래 이벤트를 무시하게 한다. 이 콜백은 Enter 키가 눌리면 호출되므로 함수가 종료된 후에는 그 키 눌림을 무시해야 한다. 그렇지 않으면 함수가 종료된 후에 원래의 키 눌림 이벤트로 인해 개행되므로 사용자가 프롬프트의 다음 줄에 입력하게 된다.

마지막으로 다음과 같이 이 함수를 Enter 키에 바인딩하자.

```
  text.bind('<Return>', on_return)
```

TIP

Enter나 Return 키를 위한 이벤트는 항상 <Return>이다. 애플 기기를 제외한 대부분의 경우 키보드에 "Enter"로 표시돼 있음에도 말이다.

스크립트 마지막에 **text.mainloop()** 호출 코드를 추가하고 애플리케이션을 실행하면 그림 9-9와 같은 결과를 볼 수 있을 것이다.

그림 9-9: 다채로운 색의 파이썬 셸

IDLE을 대체할 정도는 아니지만 나름 괜찮은 모양의 셸이 만들어졌다.

태그를 사용한 레코드 목록 스타일링

Ttk 위젯인 Treeview에서도 태그를 사용해 개별 로우에 스타일을 적용할 수 있다. 이를 이용해 데이터 입력 요원들의 요구 사항을 처리하자. 그들은 현재 편집하거나 추가하는 레코드에 강조 표시가 되길 원한다.

그러려면 우선 RecordList 객체가 편집되거나 추가된 로우를 알고 있어야 한다.

RecordList.__init__()에 편집되거나 추가된 로우를 저장하는 인스턴스 변수를 추가하자.

```
# views.py 파일의 RecordList.__init__() 메서드
    super().__init__(parent, *args, **kwargs)
    self._inserted = list()
    self._updated = list()
```

레코드가 삽입되거나 갱신되면 그 로우 번호가 해당 리스트에 추가돼야 한다. RecordList는 어떤 레코드가 삽입되거나 갱신되는지 알지 못한다. 따라서 Application 객체가 리스트에 로우 번호를 추가할 수 있게 퍼블릭 메서드를 만들어야 한다. 다음과 같이 RecordList 클래스 안에 2개의 메서드를 만들자.

```
# views.py 파일의 RecordList 클래스
  def add_updated_row(self, row):
    if row not in self._updated:
      self._updated.append(row)

  def add_inserted_row(self, row):
    if row not in self._inserted:
      self._inserted.append(row)
```

각 메서드는 로우 번호를 받고 리스트에 이미 있는지 확인한 후 그렇지 않다면 해당 리스트에 추가한다. 이제 이들 메서드를 Application._on_save()에서 사용하게 해야 할 차례다. 메서드 호출 위치는 레코드가 저장되는 부분 이후, 레코드 목록이 채워지는 부분 이전이어야 한다.

_on_save()에서 self.model.save_record()를 호출하는 부분 아래에 다음과 같은 코드를 추가하자.

```
# application.py 파일의 Application._on_save() 메서드

    if rownum is not None:
        self.recordlist.add_updated_row(rownum)
```

여기서는 rownum 값이 있을 때만 레코드 갱신 목록에 추가한다. 다만 if rownum:을 사용하는 대신 명시적으로 None이 아닌지 확인하는 이유는 rownum이 0인 첫 번째 레코드를 갱신하는 경우도 있기 때문이다.

다음은 레코드를 삽입하는 경우다.

```
    else:
        rownum = len(self.model.get_all_records()) -1
        self.recordlist.add_inserted_row(rownum)
```

레코드 삽입의 경우에는 로우 번호가 없으므로 약간의 작업이 필요하다. 레코드 삽입은 항상 파일 마지막에 추가되므로 로우 번호는 전체 로우 수에서 하나를 뺀 값이 돼야 한다.

삽입되거나 갱신되는 레코드는 프로그램 세션이 종료될 때(사용자가 프로그램을 나갈 때)까지, 또는 사용자가 새 파일을 선택할 때까지 유지될 것이다. 후자의 경우 완전히 새로운 레코드 목록으로 다시 시작해야 하므로 현재 목록을 깨끗이 비워야 한다.

RecordList 자신은 그런 상황을 알 수 없으므로 목록을 비울 수 있는 퍼블릭 메서드를 제공해야 한다. RecordList 클래스에 다음과 같은 clear_tags() 메서드를 추가하자.

```
# views.py 파일의 RecordList 클래스
    def clear_tags(self):
```

```
        self._inserted.clear()
        self._updated.clear()
```

이제 저장할 새 파일이 선택될 때마다 Application 클래스에서 이 메서드를 호출하면 되며, 이는 Application._on_file_select()에서 수행해야 한다. 레코드 목록을 다시 채우는 부분 앞에 다음과 같은 코드를 추가한다.

```
# application.py 파일의 Application._on_file_select() 메서드

if filename:
    self.model = m.CSVModel(filename=filename)
    self.recordlist.clear_tags()
    self._populate_recordlist()
```

목록 갱신 작업을 완료했으니 이를 이용해 목록 아이템에 색상을 표시할 차례다.

그러려면 적합한 색상으로 태그를 설정해야 한다. 데이터 입력 요원들이 원하는 적합한 색상은 삽입되는 레코드는 밝은 초록색, 갱신되는 레코드는 밝은 파란색이다.

RecordList.__init__()의 끝에 다음과 같은 코드를 추가하자.

```
# views.py 파일의 RecordList.__init__() 메서드
    self.treeview.tag_configure(
        'inserted', background='lightgreen'
    )
    self.treeview.tag_configure('updated', background='lightblue')
```

앞서 Text 위젯에서 했듯 TreeView 객체의 tag_configure() 메서드를 호출해 태그와 배경색을 설정했다. TreeView의 로우에 태그를 적용하려면 populate() 메서드를 수정해 삽입되는 로우에 적절한 태그가 추가되게 해야 한다.

populate() 메서드의 for 루프 안에서 로우를 삽입하는 부분 앞에 다음과 같은 코드를 추가하자.

```
# views.py 파일의 RecordList.populate() 메서드

    for rownum, rowdata in enumerate(rows):
        values = [rowdata[cid] for cid in cids]
        if rownum in self._inserted:
            tag = 'inserted'
        elif rownum in self._updated:
            tag = 'updated'
        else:
            tag = ''
```

그다음에는 treeview.insert() 호출 코드에 다음과 같이 태그 인자를 추가한다.

```
    self.treeview.insert(
        '', 'end', iid=str(rownum),
        text=str(rownum), values=values, tag=tag
    )
```

이제 애플리케이션을 실행하고 레코드를 입력하거나 편집해보자.

그림 9-10과 같은 모습을 볼 수 있을 것이다.

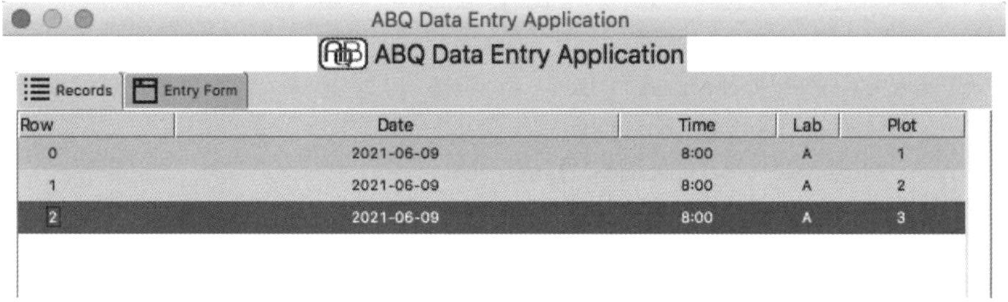

그림 9-10: 스타일이 적용된 레코드 목록. 밝은 파란색은 갱신되는 로우(0), 밝은 초록색은 삽입되는 로우(1), 어두운 파란색은 단지 현재 선택된 로우(2)다.

NOTE

> Text와 Treeview 위젯뿐만 아니라 15장에서 다룰 Tkinter의 Canvas 위젯에도 태그를 사용할 수 있다.

⠿ Tkinter 글꼴 작업

데이터 입력 요원 중 일부는 애플리케이션의 글꼴 크기가 너무 작아서 읽기 힘들다고 불평했으며, 또 다른 일부는 애플리케이션이 화면을 너무 많이 차지할 수 있으므로 글꼴 크기를 키우는 일에 반대했다. 모든 사용자의 요구를 충족시키려면 자신이 원하는 글꼴 집합과 크기를 선택할 수 있는 설정 기능을 제공해야 한다.

Tkinter 글꼴 설정

텍스트를 보여줄 수 있는 모든 Tkinter 위젯은 font 설정 인자로 글꼴을 지정할 수 있다. 또한 태그를 지원하는 위젯이라면 태그를 통해 글꼴도 설정할 수 있다. 이미 1장에서 font 인자를 사용했는데, 지금은 좀 더 깊이 있게 Tkinter에서 글꼴을 다루는 방법을 알아보자.

Tkinter에서 위젯의 글꼴은 문자열, 튜플, Font 객체를 사용하는 3가지 방법이 있다. 이제 각각의 방법을 알아보자.

문자열과 튜플을 사용한 글꼴 설정

Tkinter에서 글꼴을 설정하는 가장 간단한 방법은 다음과 같이 글꼴을 규정하는 문자열을 사용하는 것이다.

```
tk.Label(text="Format with a string", font="Times 20 italic bold")
```

이 문자열의 형식은 font-family size style이다.

- font-family는 글꼴 집합의 이름인데, 공백이 허용되지 않는 하나의 단어만 가능하다.
- size는 크기를 나타내는 정수다. 양의 정수는 포인트(pt) 단위, 음의 정수

는 픽셀(px) 단위를 의미한다. 부동소수점 수는 사용할 수 없다.

- **style**은 스타일 키워드들의 유효한 조합이다.

글꼴 집합을 제외한 나머지는 선택 사항이다. 스타일 키워드로 사용될 수 있는 값은 다음과 같다.

- **bold**는 굵은 텍스트를, **normal**은 보통 굵기의 텍스트를 의미한다.
- **italic**은 이탤릭체(기울어진) 텍스트를, **roman**은 기울어지지 않은 원래의 텍스트를 의미한다.
- **underline**은 밑줄이 있는 텍스트를 의미한다.
- **overstrike**는 취소선이 있는 텍스트를 의미한다.

스타일 키워드의 순서는 상관없다. 굵기와 기울기를 나타내는 값들은 서로 상호 배타적인데, 예를 들어 bold normal이나 italic roman과 같은 식으로 지정할 수는 없다.

문자열을 사용하는 방법은 빠르고 쉬운 반면 단점도 있다. 그중 하나는 현대 시스템에서 흔히 사용되는, 이름에 공백이 들어간 글꼴을 다룰 수 없다는 점이다.

그런 글꼴을 다루려면 다음과 같이 문자열이 아닌 튜플을 사용해야 한다.

```
tk.Label(
    text="Tuple font format",
    font=('Noto sans', 15, 'overstrike')
)
```

이 형식은 문자열의 경우와 동일하지만 각 요소가 튜플의 아이템이라는 점만 다르다.

크기를 나타내는 요소는 정수이거나 정수를 포함하는 문자열로 지정할 수 있다. 이는 그 값이 어디에서 오는지에 따른 약간의 유연성을 제공한다.

font 모듈

문자열이나 튜플을 사용하는 방법은 애플리케이션을 실행할 때 약간의 글꼴들을 설정하는 경우에는 문제가 없다. 그러나 글꼴 설정을 동적으로 변경해야 하는 상황이라면 Tkinter가 제공하는 font 모듈을 사용해야 한다.

font 모듈을 사용하려면 일단 다음과 같이 임포트해야 한다.

```
from tkinter import font
```

그다음에는 커스텀 Font 객체를 만들어 원하는 위젯에 할당할 수 있다.

```
labelfont = font.Font(
    family='Courier', size=30,
    weight='bold', slant='roman',
    underline=False, overstrike=False
)
tk.Label(text='Using the Font class', font=labelfont).pack()
```

보다시피 Font의 생성자에 전달되는 인자들은 문자열과 튜플을 사용하는 경우의 값들과 연관이 있다. 또한 weight 인자에는 font.NORMAL이나 font.BOLD, slant 인자에는 font.ITALIC이나 font.ROMAN과 같은 상수를 사용할 수도 있다.

일단 생성된 Font 객체가 하나 이상의 위젯에 할당된 다음에는 런타임 시에 동적으로 변경이 가능하다. 예를 들어 다음과 같이 글꼴에 취소선을 적용하거나 해제하는 버튼을 만들 수 있다.

```
def toggle_overstrike():
    labelfont['overstrike'] = not labelfont['overstrike']

tk.Button(text='Toggle Overstrike', command=toggle_overstrike).pack()
```

Font 객체는 Tcl/Tk의 표준 글꼴에 대한 파이썬 인터페이스다. Tcl/Tk의 표준 글꼴은 미리 명명된 글꼴 속성들의 모음을 말한다.

Tk가 제공하는 미리 설정된 표준 글꼴들은 다음과 같다.

글꼴 이름	기본 역할	용도
TkCaptionFont	시스템 제목 글꼴	윈도우나 대화상자의 제목
TkDefaultFont	시스템 기본 글꼴	별도로 지정되지 않은 아이템
TkFixedFont	시스템 고정폭 글꼴	Text 위젯
TkHeadingFont	시스템 헤더 글꼴	목록이나 테이블의 칼럼 헤더
TkIconFont	시스템 아이콘 글꼴	아이콘 이름
TkMenuFont	시스템 메뉴 글꼴	메뉴 레이블
TkSmallCaptionFont	시스템 제목 글꼴	보조창이나 도구상자의 제목
TkTextFont	시스템 입력 글꼴	Entry나 Spinbox 등과 같은 입력 위젯
TkTooltipFont	시스템 툴팁 글꼴	툴팁

font 모듈은 시스템의 현재 표준 글꼴뿐만 아니라 Font 객체로 직접 만든 모든 글꼴의 목록을 반환하는 names()라는 함수를 제공한다. 또한 font.nametofont() 함수를 사용해 주어진 이름의 Font 객체를 만들 수 있다.

다음과 같이 Tkinter에 포함된 모든 표준 글꼴을 보여주는 작은 프로그램을 만들어 확인하자.

```python
# named_font_demo.py

import tkinter as tk
from tkinter import font
root = tk.Tk()

for name in font.names():
    font_obj = font.nametofont(name)
    tk.Label(root, text=name, font=font_obj).pack()

root.mainloop()
```

이 스크립트에서는 font.names()를 사용해 모든 표준 글꼴의 목록을 가져온다. 루프를 돌며 font.nametofont()를 사용해 각 이름에 해당하는 Font 객체를 만들며, 표준 글꼴의 이름을 보여주고 Font 객체를 글꼴로 사용하는 레이블을 만든다.

이 스크립트는 내장된 모든 표준 글꼴을 현재 시스템에서의 모습으로 보여줄 것이다.

예를 들어 우분투 리눅스에서는 그림 9-11과 같은 모습이다.

그림 9-11: 우분투 리눅스에서의 Tkinter 표준 글꼴

기본적으로 Tkinter는 내장된 표준 글꼴을 사용하므로 표준 글꼴에 대한 Font 객체를 만들고 그 속성을 재정의함으로써 전체 애플리케이션의 모습을 변경할 수 있다. 그렇게 하면 명시적으로 글꼴 설정을 하지 않은 모든 위젯에 적용되기 때문이다.

그럼 표준 글꼴을 커스터마이징할 수 있게 root.mainloop() 앞에 다음과 같은 코드를 추가하자.

```python
# named_font_demo.py

namedfont = tk.StringVar()
family = tk.StringVar()
size = tk.IntVar()

tk.OptionMenu(root, namedfont, *font.names()).pack()
tk.OptionMenu(root, family, *font.families()).pack()
tk.Spinbox(root, textvariable=size, from_=6, to=128).pack()
```

```
def setFont():
    font_obj = font.nametofont(namedfont.get())
    font_obj.configure(family=family.get(), size=size.get())

tk.Button(root, text='Change', command=setFont).pack()
```

이 코드에서는 표준 글꼴의 이름, 글꼴 집합, 크기 값을 담는 3개의 제어 변수를 만들어 3개의 위젯을 설정한다. 첫 번째 OptionMenu 위젯은 font.names()를 사용해 모든 표준 글꼴을 가져오고, 두 번째 OptionMenu 위젯은 font.families()를 사용해 운영체제에 있는 글꼴 집합의 목록을 가져온다. 현대의 운영체제에서는 그 목록이 꽤나 길 것이다. 그런 다음 Spinbox는 글꼴 크기를 선택할 수 있게 한다.

콜백 함수인 setFont()는 선택된 표준 글꼴로 Font 객체를 만들어 지정된 글꼴 집합과 크기를 설정한다. 그다음에 이 함수는 버튼에 바인딩된다.

이 스크립트를 실행하면 표준 글꼴을 선택하고 글꼴 집합과 크기를 편집할 수 있는 윈도우가 뜰 것이다. Change 버튼을 클릭하면 선택한 표준 글꼴의 레이블이 지정된 글꼴 집합과 크기에 맞게 변경된다. 또한 OptionMenu와 Button 위젯의 텍스트도 함께 변경된다.

그림 9-12는 우분투 리눅스에서 실행한 모습이다.

그림 9-12: 우분투 리눅스에서의 표준 글꼴 편집기

ABQ 앱의 글꼴 설정

Tkinter에서 글꼴을 다루는 방법을 알았으니 이제 ABQ 앱에서 글꼴을 설정할 수 있는 기능을 추가하자. 사용자가 애플리케이션의 모든 위젯뿐만 아니라 화면에 보이는 데이터의 글꼴 집합과 크기를 선택할 수 있게 말이다.

사용자는 세션이 바뀌어도 글꼴 설정을 유지하고 싶을 것이다. 따라서 설정 모델에 font size와 font family를 키로 저장해야 한다. models.py를 열고 이들 필드를 fields 딕셔너리에 다음과 같이 추가하자.

```python
# models.py 파일의 SettingsModel 클래스

fields = {
    # ...
    'font size': {'type': 'int', 'value': 9},
    'font family': {'type': 'str', 'value': ''}
}
```

글꼴 크기는 9pt를 기본값으로 지정했으며 글꼴 집합은 빈 문자열을 기본값으로 지정했다. 이렇게 글꼴 집합을 비워 놓으면 Tkinter가 자신의 기본 글꼴 집합을 사용한다.

알다시피 Application 객체는 fields 딕셔너리를 읽어 각 값을 제어 변수에 설정하고 그 제어 변수의 딕셔너리는 MainMenu로 전달된다. 따라서 다음 작업은 이들 변수의 글꼴 크기와 글꼴 집합을 설정하는 메뉴를 만드는 일이다.

먼저 mainmenu.py를 열고 다음과 같이 font 모듈을 임포트한다.

```python
# mainmenu.py 파일의 윗 부분

from tkinter import font
```

이제 MainMenu 초기화 메서드 안에 다음과 같이 하위 메뉴를 추가한다.

```
# mainmenu.py 파일의 MainMenu.__init__() 메서드
# options_menu 생성 부분 아래에 추가

    size_menu = tk.Menu(
        options_menu, tearoff=False, **self.styles
    )
    options_menu.add_cascade(label='Font Size', menu=size_menu)
    for size in range(6, 17, 1):
        size_menu.add_radiobutton(
            label=size, value=size,
            variable=self.settings['font size']
        )
    family_menu = tk.Menu(
        options_menu, tearoff=False, **self.styles
    )
    options_menu.add_cascade(
        label='Font Family', menu=family_menu
    )
    for family in font.families():
        family_menu.add_radiobutton(
            label=family, value=family,
            variable=self.settings['font family']
        )
```

이 코드는 매우 친숙할 텐데, 7장에서 글꼴 크기 메뉴를 만들 때와 거의 동일하기 때문이다. 글꼴 크기는 6부터 16까지 지정함으로써 선택할 수 있는 넓은 범위를 사용자에게 제공한다.

글꼴 집합 메뉴 역시 이와 비슷한데, 다만 이전 예제처럼 font.families()에서 유효한 값들의 리스트를 가져온다.

사용자가 글꼴을 선택하고 그 설정을 저장할 수 있게 했으니 이제 글꼴 설정이 실제로 애플리케이션에 적용되게 하자. 그러려면 먼저 설정 값을 읽고 그에 맞게 표준 글꼴을 변경하는 메서드를 Application 클래스에 추가해야 한다.

application.py를 열고 윗부분에서 font를 임포트하자. 그다음에는 Application 클래스에 다음과 같은 새 _set_font() 메서드를 추가한다.

```python
# application.py 파일의 Application 클래스

def _set_font(self, *_):
    """애플리케이션 글꼴 설정"""
    font_size = self.settings['font size'].get()
    font_family = self.settings['font family'].get()
    font_names = (
        'TkDefaultFont', 'TkMenuFont', 'TkTextFont', 'TkFixedFont'
    )
    for font_name in font_names:
        tk_font = font.nametofont(font_name)
        tk_font.config(size=font_size, family=font_family)
```

이 메서드는 글꼴 크기와 글꼴 집합을 각 제어 변수에서 가져오는 코드로 시작한다. 그다음에는 사용하고자 하는 표준 글꼴의 튜플을 만든다. TkMenuFont는 주 메뉴에, TkTextFont는 텍스트 입력 위젯에, TkFixedFont는 Text 위젯에, TkDefaultFont는 그 밖의 모든 위젯에 적용될 것이다.

루프 안에서는 각 글꼴에 대해 nametofont()를 사용해 Font 객체를 가져와 settings에서 가져온 값으로 재설정한다.

이 메서드는 애플리케이션의 초기 설정이 로딩된 다음에 호출돼야 하며, 또한 글꼴 크기나 집합이 변경될 때마다 호출돼야 한다. 따라서 Application._load_settings()의 끝 부분에 다음과 같은 코드를 추가한다.

```python
# application.py 파일의 Application._load_settings() 메서드

    self._set_font()
    self.settings['font size'].trace_add('write', self._set_font)
    self.settings['font family'].trace_add(
        'write', self._set_font
```

)

이로써 애플리케이션에서 새 설정 제어 변수가 생성될 때마다 글꼴이 설정되며 값 변경이 있을 때마다 글꼴 재설정을 위한 트레이스가 추가된다.

이제 애플리케이션을 실행하고 글꼴 설정 메뉴를 사용해보자. 9-13과 같은 모습을 볼 수 있을 것이다.

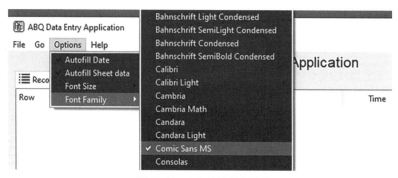

그림 9-13: ABQ 앱의 글꼴 변경

⁖ Ttk 위젯 스타일링

마지막 요구 사항은 Ttk 위젯의 스타일과 색상이 관련된다. 사용자는 폼의 각 섹션이 더욱 시각적으로 구분되고 오류 메시지의 가시성도 높아지길 원했다.

약간의 논의와 고민 끝에 폼의 각 섹션에 다음과 같은 색상을 적용하는 것으로 결정됐다.

- 기록 정보 섹션에는 서류를 담는 전통적인 마닐라 봉투 색인 카키색을 적용한다.
- 환경 정보 섹션에는 물과 공기를 상징하는 밝은 파란색을 적용한다.
- 작물 정보 섹션에는 식물을 상징하는 밝은 초록색을 적용한다.
- 노트는 그 자체로 충분히 구별되므로 원래의 회색을 그대로 유지한다.

오류 메시지의 가시성을 높이고자 오류 발생 시 필드의 배경색은 빨강색을, 오류 텍스트는 어두운 빨강색을 적용할 것이다. 이 모든 사항을 구현하려면 먼저 Ttk 위젯의 스타일링 방법을 이해해야 한다.

Ttk 스타일링 해부

Ttk 위젯은 강력하고 유연한 스타일링이 가능하다는 점에서 표준 Tkinter 위젯에 비해 대폭 개선된 버전이다. 그 유연함으로 인해 Ttk 위젯은 여러 플랫폼에 걸친 네이티브 UI 컨트롤을 모방할 수 있게 됐지만 그에 따라 치러야 할 대가도 있다. Ttk 스타일링은 혼란스럽고, 복잡하며, 문서가 빈약하고, 종종 일관적이지 않기 때문이다.

Ttk 스타일링을 이해하려면 몇 가지 용어의 이해가 필요한데, 쉬운 순서대로 보면 다음과 같다.

- Ttk는 요소element로부터 시작한다. 요소란 테두리, 화살표, 텍스트 입력 필드 등 위젯을 구성하는 개별 조각을 말한다.
- 각 요소는 색상, 크기, 글꼴 등의 속성을 정의하는 **옵션**option 집합을 갖는다.
- 요소들은 레이아웃layout을 통해 Combobox나 Treeview 등과 같은 하나의 완전한 위젯으로 구성된다.
- 스타일style은 위젯에 적용되는 요소 옵션 설정의 집합이며, 이름으로 식별된다. 일부 예외는 있지만 스타일 이름은 대개 TButton이나 TEntry 등과 같이 위젯의 이름 앞에 'T'가 붙은 형식이다.
- 위젯은 켜거나 끌 수 있는 플래그인 여러 **상태**state를 갖는다.
  - 스타일은 요소 옵션 값과 상태나 상태 조합을 연결시킨 **맵**map으로 설정될 수 있다.
- 레이아웃과 스타일의 모음을 **테마**theme라고 한다. Ttk는 플랫폼마다 서로 다른 테마들을 제공하며, 각 플랫폼의 네이티브 위젯의 모습과 일치하는 기본값을 포함한다. 각 테마는 서로 다른 스타일 옵션을 갖는 요소들

을 포함하므로 모든 옵션이 다 가용하지 않으며 동일한 효과를 나타내지도 않는다. 예를 들어 맥OS용 기본 테마에서의 **ttk.Button**은 윈도우즈용 기본 테마에서의 **ttk.Button**과는 다른 스타일 설정이 적용된 다양한 요소 집합을 가진다.

아직 이해가 잘 안 돼도 괜찮다. 지금부터 **ttk.Combobox**를 예로 들어 깊이 있게 알아보면 점점 명확해질 테니 말이다.

Ttk 위젯 분석

Ttk 위젯이 구현된 방식을 이해하기 위해 IDLE 셸을 열고 다음과 같이 tkinter, ttk, pprint를 임포트한다.

```
>>> import tkinter as tk
>>> from tkinter import ttk
>>> from pprint import pprint
```

이제 다음과 같이 루트 윈도우, Combobox, Style 객체를 만든다.

```
>>> root = tk.Tk()
>>> cb = ttk.Combobox(root)
>>> cb.pack()
>>> style = ttk.Style()
```

어쩌면 **Style**은 조금 잘못된 이름이다. **Style** 객체는 하나의 스타일을 가리키는 것이 아니라 현재 테마를 위한 스타일, 레이아웃, 맵을 조사하거나 변경할 수 있는 접근점이기 때문이다.

Combobox를 조사하고자 다음과 같이 **winfo_class()** 메서드를 사용해 스타일 이름을 가져온다.

```
>>> cb_stylename = cb.winfo_class()
```

```
>>> print(cb_stylename)
TCombobox
```

앞서 언급했듯 스타일 이름은 위젯 이름 앞에 T가 붙은 형식이다. 이 이름을 사용하면 Combobox 위젯에 관한 더 많은 정보를 얻을 수 있다.

예를 들어 다음과 같이 스타일 이름을 Style.layout() 메서드에 전달해 레이아웃을 확인할 수 있다.

```
>>> cb_layout = style.layout(cb_stylename)
>>> pprint(cb_layout)
[(
  'Combobox.field',
  {
    'children': [
      (
        'Combobox.downarrow',
        {'side': 'right', 'sticky': 'ns'}
      ),
      (
        'Combobox.padding',
        {
          'children': [
            ('Combobox.textarea', {'sticky': 'nswe'})
          ],
          'expand': '1',
          'sticky': 'nswe'
        }
      )
    ],
    'sticky': 'nswe'
  }
)]
```

출력된 레이아웃은 위젯을 구성하는 요소들의 계층 구조를 보여준다. 위 예제에서 요소들은 "Combobox.field", "Combobox.downarrow", "Combobox.padding", "Combobox.textarea"다. 보다시피 각 요소에는 위치 속성들이 연관돼 있는데, 이는 1장에서 봤던 배치 관리자 메서드의 속성과 흡사하다.

현재 레이아웃의 특정 요소에 가용한 옵션을 보려면 style.element_options() 메서드를 사용하면 된다. 이 메서드는 요소 이름을 받고 가용한 옵션의 리스트를 반환한다.

예를 들어 다음과 같이 말이다.

```
>>> pprint(style.element_options('Combobox.downarrow'))
('background', 'relief', 'borderwidth', 'arrowcolor', 'arrowsize')
```

보다시피 Combobox 위젯의 downarrow 요소가 모양 조정에 사용되는 background, relief, borderwidth, arrowcolor, arrowsize라는 속성을 제공한다는 사실을 알 수 있다.

예를 들어 다음과 같이 화살표를 빨간색으로 바꿀 수 있다.

```
>>> style.configure('TCombobox', arrowcolor='red')
```

환경에 따라 다를 수 있지만 빨간색으로 변한 화살표를 확인했을 것이다. 여기
까지가 위젯의 정적 설정을 위해 알아야 할 전부다. 그럼 예를 들어 입력 위젯
이 비활성화되거나 무효화되는 등의 경우에 위젯을 동적으로 설정하려면 어떻
게 해야 할까?

동적 설정을 하려면 위젯의 상태와 맵을 이용해야 한다. 다음과 같이 state()
메서드를 사용해 위젯의 상태, 예를 들어 현재 Combobox의 상태를 조사하거나
바꿀 수 있다.

```
>> print(cb.state())
()
```

인자가 없는 state()는 현재 설정된 상태 플래그가 담긴 튜플을 반환한다. 보다
시피 Combobox 위젯이 기본적으로 상태 플래그가 없음을 알 수 있다. 이제 다음
과 같이 일련의 문자열을 전달해 상태를 설정해보자.

```
>>> cb.state(['active', 'invalid'])
('!active', '!invalid')
>>> print(cb.state())
('active', 'invalid')
>>> cb.state(['!invalid'])
('invalid',)
>>> print(cb.state())
('active',)
```

상태 플래그를 끄려면 플래그 이름 앞에 !를 붙인다. 변경하려는 값을 인자로

사용해 state()를 호출하면 상태 변경을 취소할 경우의 상태 집합을 갖는 튜플을 반환한다. 따라서 지금의 경우 active와 invalid를 켜는 리스트를 전달했으므로 이 메서드는 이들 상태를 끄는 튜플을 반환한다. 마찬가지로 !invalid 상태를 전달하면 invalid를 갖는 튜플이 반환된다. 이는 위젯의 상태를 임시로 설정한 다음 다시 그진 상태로 돌려야 하는 상황에서 유용하다.

state()에는 다음과 같은 허용된 값만 사용할 수 있다.

상태	설명
active	위젯 요소가 마우스 오버됐다.
disabled	위젯과의 상호작용이 불가하다.
focus	위젯이 키보드 이벤트를 받을 것이다.
pressed	위젯이 클릭됐다.
selected	위젯이 사용자에 의해 선택됐다. 예를 들어 라디오 버튼이 클릭됐다.
background	위젯이 전경 윈도우가 아닌 배경 윈도우에 있다.
readonly	위젯 변경이 불가하다.
alternate	위젯별로 대체할 수 있는 다른 형식이다.
invalid	위젯에 유효하지 않은 데이터가 포함돼 있다. 즉, validatecommand가 False를 반환했다.
hover	요소가 아닌 위젯 전체가 마우스 오버됐다.

위젯들이 이들 상태를 어떻게 사용하는지는 전적으로 그 위젯과 테마에 달렸다. 즉, 모든 상태가 모든 위젯에 기본적으로 영향을 주게 설정돼 있는 것은 아니다. 예를 들어 readonly는 Label 위젯에 아무 영향을 주지 못한다. Label은 원래 편집 불가능한 위젯이기 때문이다.

위젯의 상태는 스타일 맵을 통해 테마의 위젯 스타일과 상호작용한다. style.map() 메서드를 사용하면 각 스타일을 위한 맵을 조사하거나 설정할 수 있다.

다음과 같이 TCombobox를 위한 기본 맵을 확인해보자.

```
>>> pprint(style.map(cb_stylename))
{
  'arrowcolor': [
    ('disabled', '#a3a3a3')
  ],
  'fieldbackground': [
    ('readonly', '#d9d9d9'),
    ('disabled', '#d9d9d9')
  ]
}
```

보다시피 TCombobox는 기본적으로 arrowcolor와 fieldbackground 옵션에 대한 맵을 갖는다. 각 스타일 맵은 튜플의 리스트며 각 튜플은 하나 이상의 상태 플래그와 요소의 옵션 값이다. 모든 상태 플래그가 위젯의 현재 상태와 일치하면 그 값(튜플의 마지막 문자열)은 효력을 갖는다.

이 기본 맵은 disabled 플래그가 설정되면 화살표에 밝은 회색을 적용하며 disabled 나 readonly 플래그가 설정되면 필드 배경에 또 다른 밝은 회색을 적용한다.

자신만의 스타일 맵 역시 다음과 같이 style.map() 메서드를 사용해 만들 수 있다.

```
>>> style.map(
  'TCombobox',
  arrowcolor=[('!invalid', 'blue'), ('invalid', 'focus', 'red')]
)
{}
>>> pprint(style.map('TCombobox'))
{
  'arrowcolor': [
    ('!invalid', 'blue'), ('invalid', 'focus', 'red')
  ],
  'fieldbackground': [
    ('readonly', '#d9d9d9'), ('disabled', '#d9d9d9')
```

```
    ]
  }
```

여기서는 invalid 플래그가 설정되지 않으면 파란색, invalid와 focus 플래그가 모두 설정되면 빨간색을 적용하도록 arrowcolor 옵션에 대한 맵을 설정했다. 이 메서드 호출로 arrowcolor 스타일 맵은 완전히 덮어쓰지만 fieldbackground 맵에는 영향이 없다. 이렇듯 다른 옵션에 영향을 주지 않고 개별적으로 스타일 맵을 대체할 수 있다.

지금까진 모든 Combobox 위젯의 기본 스타일인 TCombobox 스타일을 다뤘다. 이 스타일의 어떤 변경 사항이라도 애플리케이션 안의 모든 Combobox 위젯에 영향을 줄 것이다. 특정한 하나의 위젯이나 특정한 위젯 집합에만 변화를 주고 싶다면 어떻게 해야 할까? 이는 커스텀 스타일을 제작함으로써 가능하다. 커스텀 스타일은 반드시 기존 스타일에서 파생돼야 하며 그 이름은 기존 스타일 이름 앞에 점을 찍고 그 앞에 접두어를 붙여야 한다.

예를 들어 다음과 같이 말이다.

```
>>> style.configure('Blue.TCombobox', fieldbackground='blue')
>>> cb.configure(style='Blue.TCombobox')
```

Blue.TCombobox는 앞서 만들었던 동적 변경을 포함한 TCombobox의 모든 속성을 상속받는다. 반대로 Blue.TCombobox에서 추가하거나 재정의한 설정은 TCombobox에 영향을 주지 않는다. 이는 동일한 종류의 다른 위젯에 영향을 주지 않고 일부 위젯만을 위한 커스텀 스타일을 만들 수 있게 한다.

TIP

커스텀 스타일에 접두어를 붙여 다시 커스텀 스타일을 만들 수도 있다. 예를 들어 MyCB.Blue. TCombobox라는 스타일은 TCombobox와 Blue.TCombobox의 모든 스타일을 상속받으며 거기에 다시 설정을 추가하거나 재정의할 수 있다.

테마 사용

테마를 변경함으로써 애플리케이션 안의 모든 Ttk 위젯 모양을 한 번에 바꿀 수 있다. 테마란 스타일과 레이아웃의 모음을 말한다. 따라서 테마 변경은 모양뿐만 아니라 해당 스타일 옵션도 변경한다.

Ttk는 각 OS 플랫폼을 위한 여러 테마 집합을 제공한다. 현재 플랫폼에서 가용한 테마를 보려면 Style.theme_names() 메서드를 사용하면 된다. 예를 들어 다음은 데비안 리눅스에서 이 메서드를 호출한 결과다.

```
>>> style.theme_names()
('clam', 'alt', 'default', 'classic')
```

현재 테마를 확인하거나 테마를 바꾸고 싶으면 다음과 같이 Style.theme_use() 메서드를 사용하면 된다.

```
>>> style.theme_use()
'default'
>>> style.theme_use('alt')
```

이 메서드를 인자 없이 호출하면 현재 사용되고 있는 테마의 이름을 반환한다. 인자를 사용하면 주어진 이름의 테마로 변경된다. 위와 같이 테마를 변경함으로써 이전에 작업했던 스타일이 없어졌음을 확인하기 바란다. 다시 이전 테마(여기서는 default)로 돌아가면 이전에 작업했던 내용이 다시 살아난다. 이는 Style.configure()를 사용한 모든 변경 사항은 오직 현재 사용되고 있는 테마에만 적용되기 때문이다.

ABQ 앱에 색상 추가

Ttk 테마와 스타일링을 확실히 파악했으므로 이제 데이터 입력 폼에 몇 가지 색상을 추가할 차례다. 먼저 데이터 레코드 폼의 각 LabelFrame 위젯에 서로 다른 배경색을 지정할 것이다. 동일한 유형의 세 위젯에 서로 다른 설정을 해야 하므로 커스텀 스타일을 사용해야 한다. 즉, 각 프레임을 위한 커스텀 스타일을 만들고 적절한 색상을 설정한 다음 프레임에 할당하면 될 것이다.

views.py를 열고 **DataRecordForm**의 초기화 메서드에 다음과 같은 코드를 추가 하자.

```
# views.py 파일의 DataRecordForm.__init__() 메서드

style = ttk.Style()

# 프레임 스타일
style.configure(
    'RecordInfo.TLabelframe',
    background='khaki', padx=10, pady=10
)
style.configure(
    'EnvironmentInfo.TLabelframe', background='lightblue',
    padx=10, pady=10
)
style.configure(
    'PlantInfo.TLabelframe',
    background='lightgreen', padx=10, pady=10
)
```

여기서는 먼저 위젯 스타일에 접근하고 변경하고자 사용할 **Style** 객체를 만든다. 그다음에는 Ttk LabelFrame 위젯의 기본 스타일인 TLabelframe을 기반으로 하는 3개의 커스텀 스타일을 style.configure() 메서드를 사용해 설정한다. 이때 당초 계획에 따라 색상을 지정하고 패딩도 추가했다.[2]

이제 이들 스타일을 각 프레임에 할당해야 한다. 현재 LabelFrame 위젯은 인스

---

2. 이유는 알 수 없지만 Ttk 위젯 중 LabelFrame과 PanedWindow는 Radiobutton이나 Combobox 등과 같은 다른 위젯과 달리 두 번째 단어의 첫 문자가 대문자다. 그러나 모든 위젯의 기본 스타일은 오히려 일관된 형식의 이름을 갖는다. 즉, LabelFrame과 PanedWindow의 기본 스타일 이름은 각각 TLabelframe과 TPanedwindow다. ─ 옮긴이

턴스 메서드인 _add_frame()에서 만든다. 따라서 이 메서드가 style 인자를 받아 위젯에 전달할 수 있게 다음과 같이 수정한다.

```python
# views.py 파일의 DataRecordForm._add_frame() 메서드

def _add_frame(self, label, style='', cols=3):
    """폼에 LabelFrame 추가"""
    frame = ttk.LabelFrame(self, text=label)
    if style:
        frame.configure(style=style)
    frame.grid(sticky=tk.W + tk.E)
    for i in range(cols):
        frame.columnconfigure(i, weight=1)
    return frame
```

여기서는 스타일 문자열을 받아 LabelFrame이 사용할 수 있게 설정한다. 이제 커스텀 스타일을 초기화 메서드 안의 _add_frame()에 전달할 수 있게 다음과 같이 수정한다.

```python
# views.py 파일의 DataRecordForm.__init__() 메서드
r_info = self._add_frame(
    "Record Information", 'RecordInfo.TLabelframe'
)
#...
e_info = self._add_frame(
    "Environment Data", 'EnvironmentInfo.TLabelframe'
)
#...
p_info = self._add_frame("Plant Data", 'PlantInfo.TLabelframe')
```

이제 애플리케이션을 실행하면 그림 9-14와 같은 폼을 볼 수 있을 것이다.

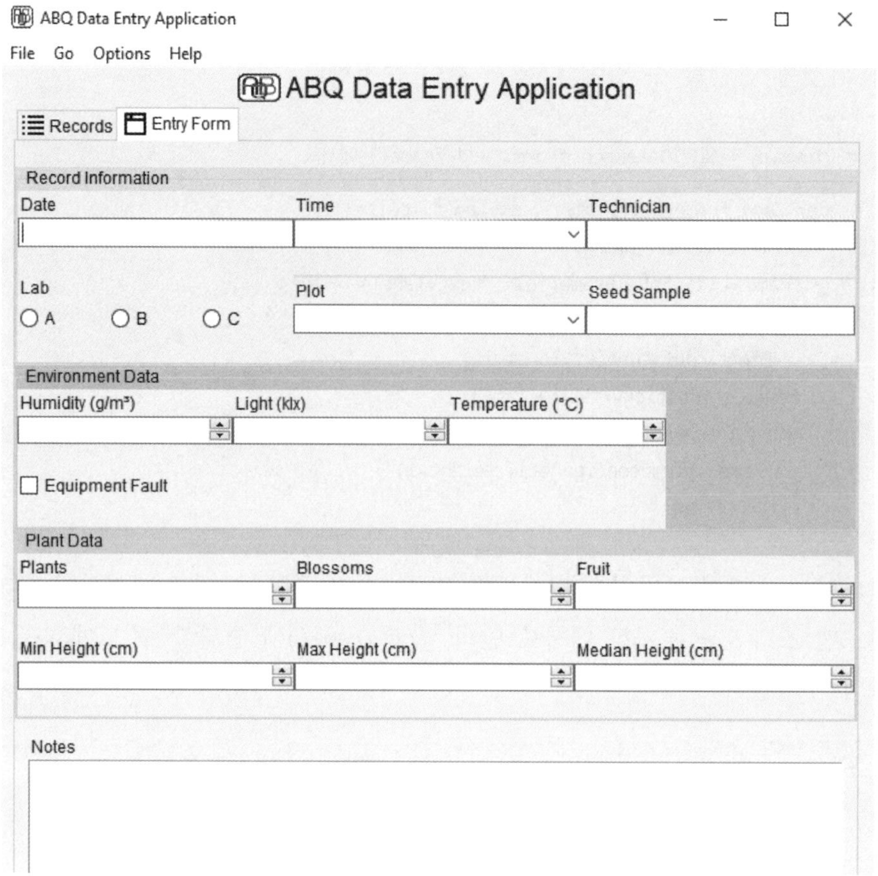

그림 9-14: 레코드 폼에 색상을 적용한 첫 버전

보다시피 기대했던 바와는 거리가 멀다. 약간의 색상이 적용되긴 했지만 각 섹션의 위젯들은 여전히 단조로운 색을 띠고 있으며 심지어 LabelFrame 위젯의 레이블 부분은 여전히 회색이다. 즉, 스타일이 자식 위젯까지 적용되지 않으므로 완전한 효과를 만들려면 개별 위젯까지 손봐야 한다.

개별 위젯 스타일링

가장 빨리 조치할 수 있는 부분은 각 LabelFrame 위젯의 레이블이다. 각 위젯에 커스텀 스타일이 할당됐다 하더라도 위젯의 레이블 요소는 명시적인 스타일링이 필요하다. 이는 DataRecordForm의 초기화 메서드에 다음과 같은 코드를 추가함으로써 가능하다.

```
# views.py 파일의 DataRecordForm.__init__() 메서드
    style.configure(
        'RecordInfo.TLabelframe.Label', background='khaki',
        padx=10, pady=10
    )
    style.configure(
        'EnvironmentInfo.TLabelframe.Label',
        background='lightblue', padx=10, pady=10
    )
    style.configure(
        'PlantInfo.TLabelframe.Label',
        background='lightgreen', padx=10, pady=10
    )
```

이는 앞서 TLabelframe 스타일을 설정한 방법과 완전히 동일한데, 다만 개별 요소의 이름(여기서는 Label)을 추가했을 뿐이다. 프로그램을 다시 실행하면 각 프레임의 레이블 역시 프레임과 동일하게 배경색이 적용된 모습을 볼 수 있을 것이다. 그러나 아직 끝나지 않았다. 모든 위젯의 레이블 역시 프레임과 동일한 배경색을 갖게 해야 하기 때문이다.

어떤 위젯에 커스텀 스타일을 적용해야 할지 생각해보자.

- 각 섹션별로 Label 위젯을 위한 스타일이 필요하다. 기록 정보, 환경 정보, 작물 정보에 있는 위젯들에 서로 다른 색상이 적용돼야 하기 때문이다.
- Checkbutton에 스타일링이 필요한데, 체크 버튼은 별도의 레이블 위젯이 아닌 자체 레이블을 사용하기 때문이다. 지금은 체크 버튼이 하나이므로 하나의 스타일만 있으면 된다.
- Radiobutton 역시 자체 레이블을 사용하므로 이를 위한 스타일링이 필요하다. 지금은 하나의 섹션에만 라디오 버튼이 있으므로 하나의 스타

일만 있으면 된다.

다음과 같이 스타일을 만들자.

```
# views.py 파일의 DataRecordForm.__init__() 메서드
    style.configure('RecordInfo.TLabel', background='khaki')
    style.configure('RecordInfo.TRadiobutton', background='khaki')
    style.configure('EnvironmentInfo.TLabel', background='lightblue')
    style.configure(
        'EnvironmentInfo.TCheckbutton',
        background='lightblue'
    )
    style.configure('PlantInfo.TLabel', background='lightgreen')
```

스타일을 만들었으니 이제 폼의 각 위젯에 적용할 차례다. LabelInput의 초기
화 메서드는 Label 위젯에 키워드 인자로 전달하고자 label_args 딕셔너리를
받는다는 점을 기억할 것이다. 따라서 이 딕셔너리에 레이블 스타일을 추가하
면 될 것이다.

예를 들어 다음은 폼의 첫 줄에 해당하는 코드다.

```
    w.LabelInput(
        r_info, "Date",
        field_spec=fields['Date'],
        var=self._vars['Date'],
        label_args={'style': 'RecordInfo.TLabel'}
    ).grid(row=0, column=0)
    w.LabelInput(
        r_info, "Time",
        field_spec=fields['Time'],
        var=self._vars['Time'],
        label_args={'style': 'RecordInfo.TLabel'}
    ).grid(row=0, column=1)
    w.LabelInput(
```

```
        r_info, "Technician",
        field_spec=fields['Technician'],
        var=self._vars['Technician'],
        label_args={'style': 'RecordInfo.TLabel'}
    ).grid(row=0, column=2)
```

기억하다시피 연구소 입력 위젯은 ValidatedRadioGroup 위젯을 사용하는데, 이는 라디오 버튼에 전달할 button_args 딕셔너리를 인자로 받는다. 따라서 다음과 같이 label_args와 input_args 인자 모두에 스타일이 설정되게 해야 한다.

```
    w.LabelInput(
        r_info, "Lab",
        field_spec=fields['Lab'],
        var=self._vars['Lab'],
        label_args={'style': 'RecordInfo.TLabel'},
        input_args={
            'button_args':{'style': 'RecordInfo.TRadiobutton'}
        }
    ).grid(row=1, column=0)
```

계속해서 나머지 LabelInput 위젯에도 스타일을 추가하기 바란다. 막히는 부분이 있다면 이 책의 예제 코드를 참고하면 된다. 작업을 마치고 애플리케이션을 실행하면 그림 9-15와 같은 모습을 볼 수 있을 것이다.

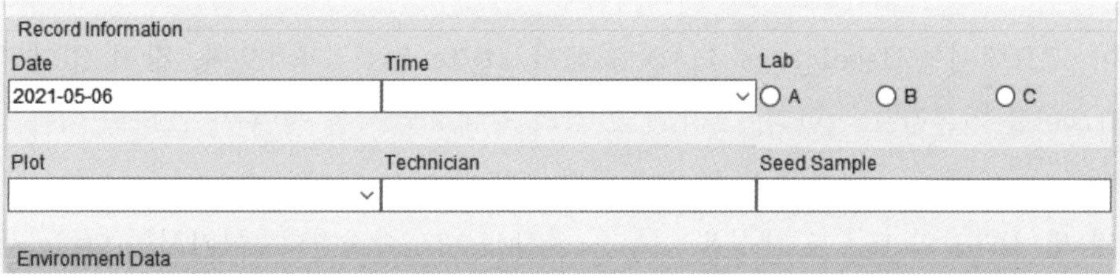

그림 9-15: 색상이 적용된 레이블

이로써 뚜렷한 개선이 이뤄졌으나 아직 남은 과제가 있다. 여전히 진부한 기본 색상을 갖는 오류 레이블이다.

오류 레이블 색상 변경

오류 레이블을 변경하려면 LabelInput 위젯이 오류를 위한 Label을 만들 때 label_args 딕셔너리에 있는 스타일 값을 사용할 수 있게 해야 한다. 그러나 문제가 하나 있다. 오류 텍스트에 어두운 빨강색을 적용하고지 하는데, 어떻게 하면 배경색에는 전달받은 스타일을 적용하면서 동시에 전경색을 커스터마이 징할 수 있을까?

해답은 커스텀 스타일에 접두어를 붙여 다시 커스텀 스타일을 만드는 것이다. 그렇게 하면 모든 스타일을 상속받으며 거기에 설정을 추가하거나 재정의할 수 있다. 예를 들어 Error.RecordInfo.TLabel이라는 스타일은 RecordInfo. TLabel의 모든 스타일을 상속받고 거기에 추가 설정이 가능하다.

widgets.py 파일을 열어 LabelInput의 초기화 메서드에 다음과 같은 코드를 추가하자.

```python
# widgets.py 파일의 LabelInput.__init__() 메서드

error_style = 'Error.' + label_args.get('style', 'TLabel')
ttk.Style().configure(error_style, foreground='darkred')
self.error = getattr(self.input, 'error', tk.StringVar())
ttk.Label(
    self, textvariable=self.error, style=error_style
).grid(row=2, column=0, sticky=(tk.W + tk.E))
```

이 코드에서는 label_args 딕셔너리에서 style 값을 가져오며, 값이 없다면 TLabel을 기본값으로 한다. 그리고 그 값의 앞에 Error.을 붙여 새 스타일 이름을 만든다. 이때 점(.)을 빼먹지 말아야 한다. 그다음에는 Style.configure()를 호출해 새 스타일의 텍스트 색상을 어두운 빨강색으로 설정한다. 여기서는 Style 객체를 별도의 이름으로 저장하진 않았다. 오직 한 번만 변경하면 되므로 Style 객체의 configure()를 직접 호출하는 것으로 충분하기 때문이다. 이제 오류 표시 위젯은 배경색과 일치하지만 텍스트는 어두운 빨간색으로 표시될 것이다.

오류 시 입력 위젯 스타일링

오류 텍스트에 어두운 빨강색을 적용한 것은 오류 가시성 이슈와 관련한 작은 개선이다. 그러나 색맹 사용자에게 이 개선은 기껏해야 미미한 수준이다. 따라서 지금까지의 스타일링 지식을 사용해 한발 더 나아가야 할 상황이다. 단지 텍스트의 색상 변경에 그치지 않고 입력 위젯의 색상을 뒤집어 어두운 배경에 밝은 텍스트가 나오게 하면 될 것이다.

그러려면 ValidatedMixin 클래스를 수정해야 한다. 이전에 포커스아웃될 때 전경색을 빨강색으로 적용하도록 _toggle_error() 메서드를 구현했었다. 따라서 이 메서드를 수정해 위젯에 다른 스타일을 적용함으로써 배경색이 변경되게 해도 될 것이다. 하지만 더 좋은 방법이 있다.

이미 알고 있듯 위젯은 검증에 실패하면 invalid 상태 플래그를 갖게 되며, Ttk 스타일은 스타일 맵에 의해 정의된 각 상태별 색상과 속성을 갖는다. 그렇다면 스타일이나 색상을 명시적으로 변경하기보다는 검증에 실패하면 자동으로 색상이 변경되게 하는 스타일 맵을 만드는 방법이 낫다.

일단 ValidatedMixin 클래스의 _validate()와 _focusout_invalid() 메서드에서 self._toggle_error()를 호출하는 코드를 삭제하자. 그러면 _focusout_invalid() 메서드는 비워지게 되므로 다음과 같이 pass를 추가한다.

```
# widget.py 파일의 ValidatedMixin 클래스

def _focusout_invalid(self, **kwargs):
    """포커스 이벤트에 있어 잘못된 데이터 처리"""
    pass
```

이제 이 메서드가 하는 일이 없게 됐지만 자식 클래스가 재정의할 수 있는 믹스인 클래스 API의 일부로 남겨 놓자. _toggle_error() 메서드는 제거해도 무방한데, 스타일 맵에서 그 역할을 수행하게 할 예정이기 때문이다.

이제 초기화 메서드에서 다음과 같이 스타일과 스타일 맵을 설정한다.

```
# widget.py 파일의 ValidatedMixin.__init__() 메서드

    style = ttk.Style()
    widget_class = self.winfo_class()
    validated_style = 'ValidatedInput.' + widget_class
    style.map(
      validated_style,
      foreground=[('invalid', 'white'), ('!invalid', 'black')],
      fieldbackground=[
        ('invalid', 'darkred'),
        ('!invalid', 'white')
      ]
    )
    self.configure(style=validated_style)
```

ValidatedMixin은 믹스인 클래스이므로 섞일 위젯의 원래 스타일 이름을 알 수 없다. 따라서 winfo_class() 메서드를 사용해 이름을 가져와 ValidatedInput. 을 앞에 붙여 커스텀 스타일을 만든다. 그다음에는 style.map()을 호출해 유효하거나 그렇지 않은 상태에서 이 스타일의 전경색과 배경색을 모두 설정한다. invalid 상태에서 위젯은 어두운 빨간색 배경에 흰색 텍스트를 갖게 된다. !invalid 상태, 즉 위젯이 invalid 플래그를 갖고 있지 않은 경우에는 흰색 배경에 검은색 텍스트를 갖게 된다. 마지막에는 self.configure()를 사용해 위젯에 스타일을 적용한다.

이제 애플리케이션을 실행하면 그림 9-16과 같이 어두운 빨간색 배경의 필드를 볼 수 있을 것이다.

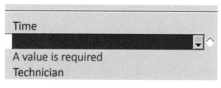

그림 9-16: 새 검증 스타일

테마 설정

일반적으로는 기본 Ttk 테마가 그 플랫폼에서 가장 무난히 사용할 수 있는 테마다. 그러나 룩앤필은 지극히 주관적인 것이며 때때로 Tkinter가 잘못 작동한다고 느낄 수 있다. 또한 앞서 봤듯 어떤 기능은 기본 테마에서 제대로 작동하지 않을 수도 있다. 따라서 테마를 전환하는 기능이 있다면 그런 단점을 말끔히 제거하고 사용자가 애플리케이션의 룩앤필에 좀 더 편안함을 느끼게 할 수 있을 것이다.

앞서 이미 봤듯 가용한 테마를 확인하거나 새 테마를 설정하는 작업은 아주 쉽다. 지금부터 애플리케이션의 테마를 변경할 수 있는 설정 옵션을 만들어보자.

테마 선택 메서드

테마는 사용자가 자주 변경하는 대상이 아니다. 또한 테마가 변경되면 위젯에 적용됐던 스타일도 취소된다. 이를 감안하면 프로그램을 재시작해야 테마 변경이 실제로 적용되게 하는 방법이 안전할 것이다.

먼저 SettingsModel 클래스의 `fields` 딕셔너리에 다음과 같이 테마 옵션을 추가한다.

```python
# models.py 파일의 SettingsModel 클래스

fields = {
    #...
    'theme': {'type': 'str', 'value': 'default'}
}
```

모든 플랫폼은 default라는 별칭의 테마를 가지므로 이를 기본값으로 사용하는 것이 안전하고 합리적인 방법이다.

그다음에는 Application 객체가 설정을 로딩하고 적용할 때 이 값을 확인하게 해야 한다. Application._load_settings() 메서드의 끝 부분에 다음과 같이 코드를 추가한다.

```
# application.py 파일의 Application._load_settings() 메서드
style = ttk.Style()
theme = self.settings.get('theme').get()
if theme in style.theme_names():
    style.theme_use(theme)
```

이 코드는 Style 객체를 만들고 테마를 가져오며 그 테마를 theme_use() 메서드를 사용해 설정한다. 설정하려는 테마가 존재하지 않는다면 Tkinter는 TclError 예외를 발생시킬 것이다. 따라서 이를 막고자 테마를 설정하기 전에 theme_names()가 반환하는 리스트에 해당 테마가 존재하는지 먼저 확인한다.

남은 것은 UI 요소를 만드는 일이다. 이전에 글꼴 설정 작업에서 했듯 테마를 선택할 수 있게 옵션 메뉴의 하위 메뉴를 만들어야 한다.

이를 위해 mainmenu.py를 열고 ttk 임포트부터 추가한다. 또한 초기화 메서드에서 글꼴과 관련된 메뉴를 설정하는 부분 뒤에 다음과 같이 코드를 추가한다.

```
# mainmenu.py 파일의 MainMenu.__init__() 메서드

style = ttk.Style()
themes_menu = tk.Menu(self, tearoff=False, **self.styles)
for theme in style.theme_names():
    themes_menu.add_radiobutton(
        label=theme, value=theme,
        variable=self.settings['theme']
    )
options_menu.add_cascade(label='Theme', menu=themes_menu)
```

여기서는 글꼴 설정 작업에서 했듯 루프를 돌며 theme_names()로부터 가용한 테마를 가져온다. 그다음에는 각 테마를 위한 Radiobutton 아이템을 추가하면서 settings 변수에 theme를 설정한다.

이제 테마를 변경하는 사용자에게 프로그램을 재시작해야 한다는 사실을 알려야 한다.

그러려면 다음과 같이 트레이스를 추가해야 한다.

```python
self.settings['theme'].trace_add(
    'write', self._on_theme_change
)
```

이제 테마가 변경될 때마다 이 트레이스가 self._on_theme_change() 메서드를 호출할 것이다. MainMenu 클래스의 끝 부분에 이 메서드를 다음과 같이 추가하자.

```python
# mainmenu.py 파일의 MainMenu 클래스

@staticmethod
def _on_theme_change(*_):
    message = "Change requires restart"
    detail = (
        "Theme changes do not take effect"
        " until application restart"
    )
    messagebox.showwarning(
        title='Warning',
        message=message,
        detail=detail
    )
```

여기서 테마를 변경하고자 실제로 한 일은 없다. 이 메서드는 단순히 경고 메시지를 보여줄 뿐이다. 실제 변경은 메뉴 체크박스에 바인딩된 제어 변수에 의해 처리되며, 따라서 명시적으로 해야 할 일은 없다. 또한 인스턴스나 클래스에 접근할 일이 없으므로 이 메서드를 정적 메서드로 만들었다.

이제 애플리케이션을 실행하고 테마를 변경한 다음 애플리케이션을 재시작하면 변경된 모습을 볼 수 있을 것이다. 예를 들어 그림 9-17은 'clam' 테마를 적용한 모습이다.

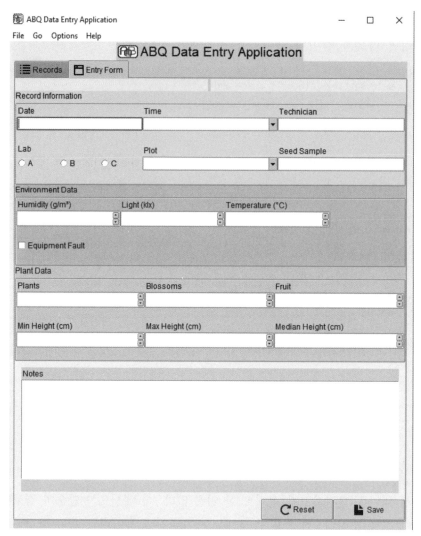

그림 9-17: 윈도우즈에서 'clam' 테마를 적용한 ABQ 앱

보다시피 모든 테마가 마음에 들진 않을 것이다. 해당 플랫폼의 테마를 변경하면서 어떤 테마가 룩앤필이 가장 나은지, 적용한 스타일이 가장 잘 어울리는 테마가 무엇인지 확인하기 바란다.

⠿ 정리

9장에서는 미학적 측면과 사용성 관점에서 애플리케이션의 룩앤필을 점검했다. 먼저 PhotoImage와 BitmapImage를 사용해 애플리케이션에 이미지와 아이콘을 넣는 방법과 **Pillow**를 사용해 다양한 포맷의 이미지를 다루는 방법을 살펴봤다. 그다음에는 위젯에 글꼴을 적용하는 방법, 내장 글꼴의 설정을 바꾸는 방법, 기본 Tkinter 위젯에 색상과 글꼴을 설정하는 방법, 개별 Treeview 아이템이나 **Text** 위젯의 콘텐츠에 태그를 사용해 스타일링하는 방법을 살펴봤다. 또한 나름 복잡한 Ttk 스타일의 세계도 둘러보고 커스텀 스타일을 만드는 방법도 알아봤다. 마지막으로 스타일링 지식을 적용해 ABQ 앱을 보기에도 좋고 사용자 친화적이게 만들었다.

10장에서는 프로그램이 주요 데스크톱 플랫폼 모두에서 효과적으로 작동될 수 있게 하는 첫 단계를 밟는다. 특히 일반적인 파이썬 프로그래밍과 Tkinter 프로그래밍 모두에 있어 크로스플랫폼의 함정을 알아본다. 또한 플랫폼 제작사가 개발자에게 제공하는 다양한 지침들도 살펴본다.

10

크로스플랫폼 호환성 유지

이미 회사 안에서 ABQ 앱의 소문이 파다하게 났으며 각 PC에서 실험 데이터 파일 작업과 시각화 방법 등에 대한 요구도 발생하기 시작했다. 그 결과 윈도우즈, 맥OS, 리눅스에서 동일하게 실행되도록 작동돼야 할 필요가 생겼다. 다행히 파이썬과 Tkinter는 이 세 운영체제를 모두 지원하며, 따라서 ABQ 앱도 특별한 수정 없이 가능하다. 그러나 ABQ 앱이 각 플랫폼에서의 모범이 되려면 해결해야 할 몇 가지 이슈가 여전히 남아 있다.

10장에서는 크로스플랫폼 호환성과 관련해 다음과 같은 내용을 다룬다.

- '크로스플랫폼 파이썬' 절에서는 어떤 플랫폼이든 제대로 동작하는 기본적인 파이썬 코드를 작성하는 방법을 알아본다.
- '크로스플랫폼 Tkinter' 절에서는 Tkinter 코드에 영향이 있는 크로스플랫폼 이슈를 다룬다.
- '크로스플랫폼 ABQ 앱' 절에서는 좀 더 나은 크로스플랫폼을 지원하도록 ABQ 앱을 개선한다.

⦙⦙⦙ 크로스플랫폼 파이썬

파이썬은 윈도우즈와 같은 대중적인 데스크톱 시스템부터 AIX와 같은 하이엔드 유닉스, 심지어 하이쿠^{Haiku}와 같은 덜 유명한 운영체제까지 수십여 개의 플랫폼을 지원한다.

이 모든 플랫폼에서 대부분의 파이썬 코드는 별다른 수정 없이도 잘 작동한다. 파이썬 자체가 원래 하이레벨의 기능을 각 시스템의 로우레벨 작업으로 적절히 변환하도록 설계된 언어이기 때문이다. 그렇더라도 OS의 차이를 무시할 수는 없으며 특정 플랫폼만의 장애를 막기 위한 신중한 처리가 필요하다.

이 절에서는 크로스플랫폼 파이썬에 영향이 있는 몇 가지 큰 이슈를 살펴본다.

파일명과 파일 경로

크로스플랫폼 개발에 있어 함정에 빠지는 가장 큰 원천은 파일 시스템일 것이다. 대부분의 플랫폼이 파일과 계층형 디렉터리에 관해 동일한 개념을 갖고 있음에도 다양한 운영체제에 친숙하지 않은 개발자가 실수할 수 있는 중대한 차이가 있다.

경로 구분자와 드라이브

파일 시스템상의 위치 식별에 있어 대부분의 운영체제는 다음 두 모델 중의 하나를 사용한다.

- **윈도우즈/도스^{DOS} 모델**: 각 파티션이나 저장소 장치에 보통은 한 문자로 된 볼륨 레이블이 할당되며, 각 볼륨은 자신만의 파일 시스템 트리를 갖는다. 경로는 백슬래시(\) 문자로 구분된다. 윈도우즈, 도스, VMS 등이 이 모델을 사용한다.
- **유닉스 모델**: 하나의 파일 시스템 트리만 있으며 장치나 파티션은 임의의

지점에 마운트된다. 경로는 슬래시(/) 문자로 구분된다. 맥OS, 리눅스, BSD, iOS, 안드로이드, 기타 유닉스 계열 OS에서 이 모델을 사용한다.

따라서 E:\Server\Files\python과 같은 식의 경로는 리눅스나 맥OS에서 아무런 의미가 없으며, 반대로 /mnt/disk1/files/python과 같은 식의 경로는 윈도우즈에서 의미가 없다. 이는 파일에 접근하는 크로스플랫폼 코드를 만들기 어렵게 한다. 그러나 파이썬은 이를 해결할 수 있는 약간의 수단을 제공한다.

경로 구분자 변환

경로 구분자로 유닉스 방식의 슬래시를 사용한 코드를 윈도우즈에서 실행할 때 파이썬은 이를 백슬래시로 자동 변환한다. 이는 크로스플랫폼의 목적상 매우 유용한데, 문자열 안의 백슬래시는 문제의 소지가 있기 때문이다. 예를 들어 파이썬에서 C:\Users라는 문자열은 예외를 발생시킨다. \u는 유니코드를 위한 이스케이프 문자며, \u 다음에 오는 sers는 유효한 유니코드 문자열이 아니기 때문이다.

TIP

> 문자열 안에서 경로 구분자가 아닌 백슬래시 자체를 써야 한다면 2개의 백슬래시(\\)를 사용하거나 문자열 앞에 r을 붙여 로우 스트링을 사용하면 된다.

경로 구분자를 윈도우즈 방식에서 유닉스 방식으로 변환하는 기능은 없다. 즉, 파이썬은 백슬래시를 유닉스 방식의 슬래시로 변환하지 않는다. 따라서 r'\usr\bin\python'과 같은 경로는 맥OS나 리눅스에서 작동하지 않는다.

os.path 모듈

경로 구분자의 자동 변환 기능이 있더라도 경로 문자열을 코딩하는 것은 골치 아픈 일이다. 파이썬의 강력한 문자열 처리 메서드는 개발자로 하여금 경로를 문자열로 만들고 싶게 하며, 실제로 많이들 그렇게 하고 있다.

그 결과 종종 다음과 같이 이식성이 떨어지는 코드를 만들기도 한다.

```
script_dir = '/'.join(some_path.split('/')[:-1])
```

이는 대부분의 경우에 잘 작동하겠지만 일부 상황에서는 깨지기 쉽다. 예를 들어 some_path가 /script.sh인 경우처럼 말이다. 이런 이유로 파이썬 표준 라이브러리는 파일 시스템 작업을 위한 os.path라는 모듈을 제공한다.

path 모듈은 일반적인 파일과 디렉터리 작업을 추상화하는 함수와 상수 집합을 제공한다. 사실 path는 유닉스 계열 시스템을 위한 posixpath와 윈도우즈를 위한 ntpath라는 로우레벨 모듈을 래핑한 모듈이다. path를 임포트하면 파이썬은 현재 운영체제를 감지해 그에 맞는 로우레벨 라이브러리를 로딩한다.

다음은 크로스플랫폼 개발에 유용한 대표적인 os.path 함수다.

함수	목적
join()	둘 이상의 경로를 플랫폼에 맞는 방식으로 연결한다.
expanduser()	틸드(~)(또는 물결)나 username을 사용자의 홈 디렉터리와 사용자명으로 대체한다.
expandvars()	path 안의 모든 환경 변수를 실제 경로로 대체한다.
dirname()	주어진 경로의 부모 디렉터리를 반환한다.
isfile()	주어진 경로가 파일인지 판별한다.
isdir()	주어진 경로가 디렉터리인지 판별한다.
exists()	주어진 경로가 존재하는지 판별한다.

직접 경로 문자열을 만드는 대신 이들 함수를 사용하면 모든 플랫폼에 걸쳐 일관된 작동을 보장할 수 있다.

pathlib 모듈

pathlib 모듈은 비교적 최근에 파이썬 표준 라이브러리에 추가됐다. pathlib는 파일 시스템 경로에 대해 좀 더 객체지향적인 하이레벨 모듈이며, 이 책 전반에 걸쳐 사용한다. 단순히 함수와 상수의 집합인 os.path와는 달리 pathlib는 Path 라는 객체를 제공한다. 이 객체는 파일 시스템에서의 위치를 나타내며, 경로를 변경하거나 관련된 정보를 얻을 수 있는 다양한 메서드를 제공한다.

다음과 같이 보통은 pathlib에서 Path 클래스를 임포트해 사용한다.

```
>>> from pathlib import Path
>>> p = Path()
>>> print(p)
.
>>> print(p.absolute())
'/home/alanm'
```

Path의 기본 경로는 현재 작업 디렉터리지만 절대 경로나 상대 경로에 해당하는 경로 문자열을 설정할 수 있다. 상대 경로는 현재 작업 디렉터리를 기준으로 산정된다.

Path 객체에는 다음과 같이 유용한 속성과 메서드가 다양하게 포함돼 있다.

```
# 현재 작업 디렉터리를 나타내는 Path 객체 생성
p = Path()

# 부모 디렉터리 식별
parent = p.parent

# /var/log 경로가 존재하는지 확인
has_var_log = Path('/var/log').exists()

# 나누기 연산자를 사용한 경로 연결
image_path = Path(__file__) / 'images' / 'png'
```

pathlib 모듈의 더 많은 정보는 https://docs.python.org/3/library/pathlib.html 에서 볼 수 있다.

대소문자 구분

파일 시스템의 대소문자 구분에 있어서도 플랫폼마다 다른 점이 있다. 예를 들어 리눅스, BSD, 유닉스의 경우 log.txt, LOG.txt, LoG.TxT는 모두 다른 파일 이며 동일한 디렉터리 안에 공존할 수 있다. 반면 윈도우즈나 맥OS의 경우 이 셋은 모두 같은 파일이며 동일한 디렉터리 안에 존재할 수 없다. 다만 맥OS는 설정에 따라 다를 수 있지만 말이다.

주요 운영체제에서의 대소문자 구분 여부는 다음과 같다.

운영체제	대소문자 구분 여부
윈도우즈	구분하지 않는다.
맥OS	기본적으로는 구분하지 않으나 구분하게 설정할 수 있다.
리눅스	구분한다.
BSD를 포함한 유닉스 계열	구분한다.

시스템에 따라 대소문자 구분과 관련해 다음과 같은 문제가 생길 수 있다.

- 대소문자를 구분하지 않는 시스템에서 프로그래밍을 할 때 파일과 경로 의 참조가 일관되지 못해 문제가 발생할 수 있다. 예를 들어 UserSettings. json이라는 이름으로 파일을 저장하고 usersettings.JSON이라는 이름 으로 파일을 읽는 등의 경우다.

- 대소문자를 구분하는 시스템에서 프로그래밍을 할 때 파일이나 디렉터 리 이름 구별에 문제가 발생할 수 있다. 예를 들어 동일한 디렉터리에

ImportIngest.txt와 ImportingEst.txt라는 파일이 공존할 수 있다.

이런 이슈들을 피하려면 다음과 같은 간단한 몇 개의 규칙만 따르면 된다.

- 특별한 이유가 없다면 파일과 경로 이름에 모두 소문자를 사용한다.
- 대소문자를 섞어 써야 한다면 일관된 규칙을 따름으로써 임의로 만든 이름을 따로 기록해야 할 일이 없게 한다.
- 대소문자로 단어를 구분하는 카멜 표기법과 같은 종류의 표기법은 피한다. 그 대신 밑줄 문자, 하이픈, 공백 문자를 사용한다. 이들 문자는 모든 현대식 파일 시스템에서 유효하기 때문이다.

즉, 항상 대소문자를 구분하는 시스템을 가정하고 모든 경로와 파일명을 다뤄야 하며, 각 플랫폼의 대소문자 구분 여부에 의존하지 말아야 한다.

심볼릭 링크

심볼릭 링크^{symbolic link}는 파일이나 디렉터리로 보이지만 실제로는 다른 파일이나 디렉터리를 가리키고 있는 특별한 종류의 파일이다. 이는 어떤 파일이나 디렉터리의 별칭을 만들 때 사용되거나, 디스크를 추가로 차지하지 않으면서 동일한 파일이 여러 위치에 존재하는 효과를 만들 때 사용된다. 윈도우즈에도 심볼릭 링크가 있지만 보통은 맥OS, 리눅스, 기타 유닉스 계열에서 흔히 사용된다. 따라서 윈도우즈 환경의 경험만 있는 프로그래머라면 처음에는 심볼릭 링크가 당혹스러울 수 있다.

NOTE

> 데스크톱 바로가기(또는 가상본) 역시 어느 플랫폼에나 있는데, 이를 심볼릭 링크와 혼동하지 말기 바란다. 바로가기는 데스크톱 환경 수준에서 구현된 단순한 메타데이터 파일이며 심볼릭 링크는 파일 시스템 수준에서 구현된 파일이다.

파일이나 경로 작업을 할 때는 그 대상이 심볼릭 링크인지 여부를 명확히 알아야 한다.

예를 들어 존재하지 않는 /tmp/secret_stuff.txt라는 파일을 가리키는 secret_stuff.txt라는 심볼릭 링크가 현재 디렉터리에 있다고 가정하자. 이에 대해 os.path()는 다음과 같이 응답한다.

```
>>> from os import path
>>> path.exists('secret_stuff.txt')
False
>>> path.lexists('secret_stuff.txt')
True
```

path.exists() 함수는 링크를 따라가 실제로 파일이 존재하는지 확인한다. 또 다른 함수인 lexists()는 실제 파일이 아닌 오직 링크 자체의 존재만을 확인한다. 이런 상황은 문제가 될 수 있다. 예를 들어 프로그램에서 깨진 심볼릭 링크와 동일한 이름의 디렉터리를 만들려 한다고 가정하자. 이 경우 os.path.exists()나 Path.exists()는 모두 False를 반환할 것이다. 그러나 여전히 이름 충돌이 있으므로 디렉터리 생성에는 실패할 것이다. 이와 같은 경우에는 os.path.lexists()나 Path.is_symlink()로 확인하는 방법이 더 낫다.

다음은 심볼릭 링크를 다룰 때 유용한 os.path의 함수다.

함수	설명
islink()	경로가 심볼릭 링크면 True를 반환한다.
lexists()	깨진 심볼릭 링크라 하더라도 존재만 한다면 True를 반환한다.
realpath()	심볼릭 링크가 가리키는 파일이나 디렉터리의 실제 경로를 반환한다.

pathlib.Path 객체도 링크를 다룰 수 있는 다음과 같은 함수를 제공한다.

함수	설명
is_symlink()	경로가 심볼릭 링크면 True를 반환한다.
resolve()	심볼릭 링크가 가리키는 파일이나 디렉터리의 실제 경로를 반환한다.

(이어짐)

444

함수	설명
lchmod()	가리키는 파일이 아닌, 심볼릭 링크 자체의 권한을 변경한다.
lstat()	가리키는 파일이 아닌, 심볼릭 링크 자체의 파일 시스템 관련 정보를 반환한다.

요컨대 프로그래밍에 있어서 항상 심볼릭 링크와 관련된 예상치 못한 상황이 발생할 수 있음을 유념해야 한다.

경로 변수

윈도우즈, 맥OS, 리눅스를 포함한 대부분의 플랫폼은 일종의 셸 변수[shell variable]를 지원하는데, 대개 공통적인 파일 시스템 위치를 가리키도록 자동으로 설정돼 있다. os.path 모듈은 변수를 실제 값으로 확장하는 expandvars() 함수를 제공한다. pathlib에는 이와 같은 메서드가 없다. 이들 변수는 공통적인 위치를 찾을 때 유용하므로 크로스플랫폼 개발자는 각 플랫폼의 서로 다른 특징을 이해해야 한다.[1]

다음은 각 시스템에서 일반적으로 사용되는 변수들이다.

설명	윈도우즈	맥OS	리눅스
사용자 홈 디렉터리	%USERPROFILE%	$HOME	$HOME
임시 디렉터리	%TMP%, %TEMP%	$TMPDIR	없음
기본 셸 경로	없음	$SHELL	$SHELL
현재 작업 디렉터리	없음	$PWD	$PWD
설정 디렉터리	%APPDATA%, %LOCALAPPDATA%	없음	$XDG_CONFIG_HOME (없을 수도 있음)

(이어짐)

---

1. 유닉스 계열의 OS에서 셸 변수는 현재 사용 중인 셸에서만 적용되는 변수며 환경 변수(environment variable)는 시스템 수준에서 유지되는 변수다. 윈도우즈에서 이에 대응하는 변수는 사용자 변수(user variable)와 시스템 변수(system variable)다. - 옮긴이

설명	윈도우즈	맥OS	리눅스
OS 디렉터리	%WINDIR%, %SYSTEMROOT%	없음	없음
프로그램 파일 디렉터리	%PROGRAMFILES%, %PROGRAMW6432%	없음	없음

윈도우즈의 변수는 **%VARIABLENAME%** 형식을 사용하며 유닉스 계열에서는 **$VARIABLENAME** 형식을 사용한다. 맥OS와 리눅스는 유닉스의 변수 형식을 따른다.

이들 변수를 사용하면 OS의 버전이나 설정의 차이를 추상화할 수 있으므로 나쁘지 않다. 다만 플랫폼마다 사용할 수 있는 변수들이 일관되지 못하다는 점에 주의해야 한다.

플랫폼 특정적인 라이브러리와 기능

많은 서드파티 라이브러리들이 제한된 플랫폼만 지원한다는 점은 이해가 되지만 파이썬 표준 라이브러리에도 플랫폼에 의존하는 살짝 다른 모듈들이 포함돼 있다는 사실에 놀랄 수 있다. 심지어 플랫폼마다 모두 존재하는 모듈이라도 약간 다르게 동작하거나 일관되지 않은 콘텐츠를 갖기도 한다.

당연히 크로스플랫폼 애플리케이션에서는 이들 모듈을 신중히 다뤄야 한다. 그런 라이브러리와 기능의 몇 가지 예를 알아보자.

플랫폼 특정적인 라이브러리

파이썬 표준 라이브러리 문서(https://docs.python.org/3/library/index.html)를 보면 윈도우즈나 유닉스 계열에서만 가용한 라이브러리 목록 섹션을 볼 수 있다. 또한 문서를 자세히 살펴보면 다른 섹션에도 플랫폼 특정적인 라이브러리들이 포함돼 있음을 알 수 있다.

다음은 대표적으로 플랫폼에 특정적인 라이브러리다.

라이브러리	설명	플랫폼
ossaudiodev[2]	오픈 사운드 시스템(OSS, Open Sound System) 오디오 서버 인터페이스	리눅스, FreeBSD
winsound	윈도우즈 오디오 인터페이스	윈도우즈
msilib	윈도우즈 설치 파일(.msi) 접근	윈도우즈
winreg	윈도우즈 레지스트리 접근	윈도우즈
syslog	유닉스 시스템 로그 인터페이스	리눅스, 맥OS, BSD
pwd, spwd	유닉스 패스워드 데이터베이스 인터페이스	리눅스, 맥OS, BSD
resource	시스템 자원 사용 정보	리눅스, 맥OS, BSD
curses	터미널 기반의 UI 라이브러리	리눅스, 맥OS, BSD

어떤 경우에는 이들 모듈을 대체할 수 있는 하이레벨의 크로스플랫폼 라이브러리도 있다. 예를 들어 syslog 대신 logging을 사용할 수 있다. 그러나 winreg처럼 너무 플랫폼에 특정적인 기능이라 선택의 여지가 없는 경우도 있다. 따라서 이들 라이브러리를 임포트할 때는 해당 플랫폼이 지원되는지 확인해야 한다. 그렇지 않으면 ImportError 예외가 발생하기 때문이다.

로우레벨 호환성 확인

모든 플랫폼에서 가용한 라이브러리라 하더라도 플랫폼에 따라 사용할 수 없거나 다르게 동작하는 함수나 메서드가 있을 수 있다. 그 대표적인 예가 os 모듈이다.

os 모듈은 시스템 호출이나 명령을 래핑하는, 상대적으로 가벼운 모듈이다. 이 모듈은 플랫폼마다 대략 유사한 호출 방식을 추상화하려 노력하지만 그럼에도 많은 함수가 너무 플랫폼에 특정적이라 보편적으로 사용할 수 없다.

os 모듈의 플랫폼 지원에 관한 자세한 내용은 https://docs.python.org/3/library/

---

2. ossaudiodev, msilib, spwd는 파이썬 3.11부터 다른 모듈로 대체됐으나 하위 호환성을 위해 존재한다. 3.13에서는 완전히 삭제될 예정이다. — 옮긴이

os.html에서 볼 수 있으며 그중 몇 가지를 나열하면 다음과 같다.

함수	설명	플랫폼
getuid, getgid, getgroups, geteuid	현재 프로세스의 사용자나 그룹 정보를 가져온다.	유닉스 계열
setuid, setgid, setgroups, seteuid	현재 프로세스의 사용자나 그룹 정보를 설정한다.	유닉스 계열
getpriority, setpriority	현재 프로세스의 우선순위를 가져오거나 설정한다.	유닉스 계열
chown, lchown	파일이나 그 심볼릭 링크의 소유자를 변경한다.	유닉스 계열
startfile	마치 더블클릭된 것처럼 파일을 실행한다.	윈도우즈

사용할 수 없는 함수를 호출하면 예외가 발생한다. 따라서 이들 함수를 적절한 확인과 예외 처리 없이 크로스플랫폼 애플리케이션에 사용하면 안 된다. 단연코 os 모듈에 있는 플랫폼 특정 함수의 대부분은 리눅스, 맥OS, BSD 등과 같은 유닉스 계열 시스템으로 제한된다. 윈도우즈의 경우에는 pywin32라는 서드파티 패키지를 사용할 수 있다.

요컨대 크로스플랫폼 애플리케이션을 만들려면 사용하려는 라이브러리가 해당 플랫폼을 지원하는지 문서를 통해 확인해야 한다. 특히 윈도우 관리, 파일 시스템, 사용자 인증 등과 같이 운영체제의 기능과 상호작용하는 라이브러리나 특정 플랫폼에서만 가용한 서비스(예를 들어 마이크로소프트 SQL 서버)를 사용할 때는 더욱 주의해야 한다.

subprocess 모듈의 위험성

subprocess 모듈은 파이썬 애플리케이션 안에서 다른 프로그램이나 명령을 실행할 수 있는 수단을 제공한다. 이 모듈은 운영체제의 커맨드라인 인터페이스에 이미 익숙한 프로그래머에게 파일 시스템 작업이나 기타 관리 작업을 가능하게 하는 빠르고 편리한 방법을 제공한다. 그러나 그와 동시에 크로스플랫폼 호환성을 아주 강력하게 방해한다.

예를 들어 리눅스나 맥OS에서 다음과 같이 파일 복사를 시도할 수 있다.

```
import subprocess
subprocess.call(['cp', 'file1.txt', 'file2.txt'])
```

이는 유닉스 계열 운영체제에서는 잘 작동하지만 cp 명령이 없는 윈도우즈에서는 실패한다. 이런 경우 파일 복사를 위한 하이레벨 함수를 제공하는 shutil 라이브러리를 사용하는 것이 더 낫다.

이와 같은 문제들을 피하려면 다음 지침을 따르기 바란다.

1. subprocess에 의존하기 전에 먼저 하이레벨의 라이브러리를 찾아본다.
2. 반드시 subprocess를 써야 한다면 각 플랫폼에서 해당 명령의 문법, 출력, 작동이 동일한지 자세히 알아봐야 한다.
3. 그렇지 않다면 각 플랫폼별로 서로 다른 방법을 사용해야 한다. '플랫폼에 따라 변경되는 코드 작성' 절을 참고하기 바란다.

당연히 이 모든 지침은 파이썬 안에서 운영체제 명령의 실행을 지원하는 모든 서드파티 모듈에도 동일하게 적용된다.

텍스트 파일의 인코딩과 포맷

각 플랫폼에서 평문plain text 파일은 기본적으로 각기 다른 문자 인코딩과 줄 끝EOL, End-Of-Line 문자를 사용한다. 대부분의 운영체제가 거의 모든 인코딩을 지원하지만 각 시스템은 언어와 지역 설정에 기반을 둔 나름의 기본값을 갖는다. 또한 각 플랫폼에서의 텍스트 파일은 각기 다른 줄 끝 문자를 사용한다.

최근의 리눅스와 맥OS는 기본 인코딩으로 UTF-8을, 기본 줄 끝 문자로 라인 피드LF, Line Feed인 \n을 사용한다. 그러나 윈도우즈 10에서는 기본 인코딩으로 cp1252를, 기본 줄 끝 문자로 캐리지 리턴CR, Carriage Return과 라인 피드를 조합한 \r\n을 사용한다. 파이썬에서 파일의 읽기와 쓰기를 하고 표준 영문자를 사용한다면 대부분의 경우 이 차이로 인한 문제는 없다.

하지만 텍스트 파일에 유니코드 문자를 추가해야 하는 다음과 같은 상황도 생각해보자.

```python
with open('testfile.test', 'a') as fh:
    fh.write('\U0001F34C')
```

윈도우즈와 같이 기본 인코딩이 유니코드가 아닌 시스템에서 위 코드는 다음과 같은 예외를 발생시킨다.

```
UnicodeEncodeError: 'charmap' codec can't encode character '\U0001f34c' in
position 0: character maps to <undefined>
```

이 문제를 해결하려면 파일을 열 때 다음과 같이 수동으로 문자 인코딩을 지정하면 된다.

```python
with open('testfile.test', 'a', encoding='utf-8') as fh:
    fh.write('\U0001F34C')
```

또한 파일을 열 때 다음과 같이 newline 인자를 사용해 줄 끝 문자를 지정할 수 있다.

```python
with open('testfile.test', 'w', newline='\n') as fh:
    fh.write('banana')
```

이는 이미 ABQ 앱에서 csv 모듈과 관련된 윈도우즈의 버그를 해결하기 위해 사용했던 방법이다. 크로스플랫폼 상황에서는 사용자 입력 데이터 등과 같이 통제할 수 없는 데이터를 저장할 때 이처럼 encoding과 newline 인자를 모두 사용하는 방법이 바람직하다.

GUI 모드와 콘솔 모드

윈도우즈에서는 실행 가능한 파일의 메타데이터에 따라 GUI 모드나 콘솔 모드에서 프로그램이 실행된다. 윈도우즈용 파이썬 배포판에는 설치 과정에서 파이썬 파일과 연결되는, 파이썬 런처^{Python launcher}라는 유틸리티가 포함돼 있다. 파이썬 런처는 다음과 같이 파일 확장자에 따라 GUI나 콘솔 모드에서 애플리케이션을 실행시킨다.

- .py 확장자의 파일은 python.exe를 통해 콘솔 모드에서 실행된다. 이는 명령 프롬프트가 백그라운드에서 실행되게 하며, 프로그램이 살아 있는 동안 유지된다.
- .pyw 확장자의 파일은 pythonw.exe를 통해 GUI 모드에서 실행된다. 명령 프롬프트는 열리지 않으며, 명령 프롬프트에서 실행했다 하더라도 프로그램이 살아 있는 동안 유지될 필요가 없다. 그러나 print()와 같은 함수는 아무런 효과가 없으며 sys.stderr와 sys.stdout도 존재하지 않는다. 이 함수나 객체를 사용하고자 하면 예외가 발생한다.

이와 같은 구분은 일반적으로 GUI 애플리케이션이 터미널에 오류와 디버깅 정보를 출력하는, 리눅스나 맥OS 환경에 친숙한 개발자에게 혼란을 줄 수 있다. 심지어 윈도우즈 개발자라 하더라도 명령 프롬프트에 출력되는 사항이 없다는 점은 불편함을 느낄 수 있다.

그런 이슈를 피하고자 다음과 같은 사항을 기억하기 바란다.

1. 윈도우즈 환경이라면 sys.stdout()이나 sys.stderr() 호출 코드를 제거한다.
2. 디버깅 정보를 저장하고자 print()나 sys.stderr() 대신 로깅을 한다.
3. 실행 가능한 스크립트를 .pyw 파일로도 만들어 윈도우즈 사용자가 명령 프롬프트 없이 실행할 수 있게 한다.

플랫폼에 따라 변경되는 코드 작성

지금까지 보면 알 수 있듯 하이레벨의 라이브러리가 없거나 특정 플랫폼에서의 원초적 작업을 위해 플랫폼에 특정적인 코드를 작성할 수밖에 없는 상황이 생길 수 있다.

그런 경우에는 무조건 플랫폼 판별을 해야 한다. os.system() 함수나 sys.platform 속성을 사용할 수 있지만 표준 라이브러리인 platform 모듈은 OS의 자세한 정보를 판별할 수 있는 최상의 기능을 제공한다. 특히 platform.system() 함수는 운영체제를 판별할 수 있는 문자열, 예를 들어 Windows, Linux, freebsd7, Darwin 등을 반환한다.[3]

또한 platform 모듈이 제공하는 release()는 OS의 버전 문자열, 예를 들어 윈도우즈 11은 '11', 맥OS 벤투라^{Ventura}는 '13.4', 리눅스는 커널 버전을 반환하며, architecture()는 64비트나 32비트 시스템 여부를 반환한다.

코드에서 간단한 차이를 알아보려면 다음과 같이 일련의 if/else 구문만으로 충분하다.

```python
# simple_cross_platform_demo.py

import platform
import subprocess

os_name = platform.system()
if os_name in ('Darwin', 'freebsd7'):
    cmd = ['ps', '-e', '-o', "comm=''", '-c']
elif os_name == 'Linux':
    cmd = ['ps', '-e', '--format', 'comm', '--no-heading']
elif os_name == 'Windows':
    cmd = ['tasklist', '/nh', '/fo', 'CSV']
else:
```

---

3. 다윈(Darwin)은 주로 애플의 운영체제(맥OS, iOS, 아이패드OS, 워치OS)가 기반으로 삼는 유닉스 계열의 운영체제다. — 옮긴이

```
        raise NotImplemented("Command unknown for OS")

    processes = subprocess.check_output(cmd, text=True)
    print(processes)
```

여기서는 `platform.system()`이 반환한 값을 기반으로 해당 플랫폼에 적합한 명령 목록을 정의했다. 목록은 `cmd`에 저장되며 `subprocess.check_output()`으로 전달돼 명령의 실행 결과를 얻는다.

이는 가끔 호출하는 경우에는 문제가 없다. 그러나 좀 더 복잡한 상황이라면 플랫폼에 특정적인 코드를 백엔드 클래스로 만들어 플랫폼 문자열에 따라 선택할 수 있게 하는 방법이 낫다. 예를 들어 위 코드를 다음과 같이 다시 구현할 수 있다.

```python
# complex_cross_platform_demo/backend.py
import subprocess
import platform

class GenericProcessGetter():
    cmd = []

    def get_process_list(self):
        if self.cmd:
            return subprocess.check_output(self.cmd)
        else:
            raise NotImplementedError

class LinuxProcessGetter(GenericProcessGetter):
    cmd = ['ps', '-e', '--format', 'comm', '--no-heading']

class MacBsdProcessGetter(GenericProcessGetter):
    cmd = ['ps', '-e', '-o', "comm=''", '-c']

class WindowsProcessGetter(GenericProcessGetter):
    cmd = ['tasklist', '/nh', '/fo', 'CSV']
```

이렇게 하면 프로세스를 얻기 위한 공통 로직을 처리하는 일반 클래스 하나와 각 플랫폼을 위해 cmd 속성을 재정의하는 하위 클래스들을 갖게 된다.

OS 이름이 주어질 때 그에 적합한 백엔드 클래스를 반환하는 셀렉터 함수를 다음과 같이 만들자.

```python
# complex_cross_platform_demo/backend.py
def get_process_getter_class(os_name):
    process_getters = {
        'Linux': LinuxProcessGetter,
        'Darwin': MacBsdProcessGetter,
        'Windows': WindowsProcessGetter,
        'freebsd7': MacBsdProcessGetter
    }
    try:
        return process_getters[os_name]
    except KeyError:
        raise NotImplementedError("No backend for OS")
```

이제 이 함수를 사용해 플랫폼에 적합한 버전의 클래스를 가져오는 코드를 다음과 같이 작성하자.

```python
# complex_cross_platform_demo/main.py

import platform
from backend import get_process_getter_class

os_name = platform.system()
os_backend = get_process_getter_class(os_name)()
print(os_backend.get_process_list())
```

프로세스 목록을 출력하는 이 스크립트는 리눅스, 윈도우즈, 맥OS, BSD 모두에서 실행 가능하다. 물론 GenericProcessGetter의 하위 클래스를 만들고 get_process_getter_class()를 수정하면 다른 플랫폼도 쉽게 추가할 수 있다.

플랫폼에 따라 여러 클래스나 함수를 다르게 구현해야 하는 좀 더 복잡한 상황이라면 표준 라이브러리의 **os.path** 모듈과 동일한 접근법을 사용할 수 있다. 즉, 각 플랫폼용 모듈을 완전히 분리해 구현하고 이를 공통의 별칭으로 임포트하는 방법이다. 예를 들어 다음과 같은 식이다.

```python
import platform
os_name = platform.system()

if os_name == 'Linux':
    import linux_backend as backend
elif os_name == 'Windows':
    import windows_backend as backend
elif os_name in ('Darwin', 'freebsd7'):
    import macos_bsd_backend as backend
else:
    raise NotImplementedError(f'No backend for {os_name}')
```

이상적으로는 각 backend 모듈이 동일한 클래스와 함수 이름을 가져야 하며 동일한 결과를 내야 한다는 점을 유념하기 바란다. 그것이 플랫폼에 독립적인 backend를 사용하게 만드는 방식이다.

⁞⁞ 크로스플랫폼 Tkinter

지금껏 봤듯 Tkinter는 플랫폼마다 거의 동일하게 작동하며 최소한의 노력으로도 각 플랫폼에 어울리게 작동하는 능력이 있다. 그러나 여러 OS에서 Tkinter 애플리케이션을 운영할 때 알아야 할 작은 이슈들은 있다. 지금부터 그런 사항들을 알아보자.

플랫폼별 Tkinter 버전 차이

2021년 당시 파이썬 3가 공식 배포됐을 때 포함된 Tcl/Tk의 버전은 8.6이었다. 이 버전은 이 책에서 다루는 모든 기능이 포함된 Tcl/Tk의 가장 최근의 메이저 버전이다. 그러나 버그 수정이나 기타 기능을 위해 플랫폼마다 마이너 버전은 다르다. 이 책을 쓰는 시점에서 Tcl/Tk의 최종 버전은 8.6.13이다.

시스템에 설치된 Tcl/Tk의 버전을 확인하려면 파이썬 콘솔에서 다음과 같은 명령을 실행하면 된다.

```
>>> import tkinter as tk
>>> tk.Tcl().call('info', 'patchlevel')
```

이 코드는 Tcl() 함수를 사용해 새 Tcl 인터프리터를 만들고 info와 patchlevel 명령을 호출한다. 다음은 위 코드를 사용해 확인한, 주요 플랫폼에서의 파이썬 3 배포본에 포함된 Tcl/Tk 버전이며 2023년 6월 기준이다.

플랫폼	파이썬 버전	Tcl/Tk 버전
윈도우즈 10	3.11.4(python.org)	8.6.12
맥OS 벤투라	3.10.4(python.org)	8.6.12
우분투 22.04	3.10.4(저장소)	8.6.12
데비안 12	3.11.2(저장소)	8.6.13

보다시피 모든 플랫폼이 Tcl/Tk의 최신 버전을 제공하는 것은 아니며 심지어 최신의 파이썬에서조차 그렇다. 따라서 크로스플랫폼 Tkinter 코드를 작성할 때는 너무 최신의 Tcl/Tk에서만 제공되는 기능에 의존하지 말아야 한다.

크로스플랫폼 애플리케이션 메뉴

애플리케이션 메뉴야말로 플랫폼마다 다양한 기능과 관례를 가진 시각적 영역

중 하나다. 7장에서 언급했듯 메뉴를 설계할 때는 주요 운영체제에서의 제약 사항과 예측 사항 모두를 알아야 한다.

Menu 위젯의 특별함

7장에서 다뤘듯 Menu 위젯은 기반 플랫폼의 메뉴 시스템에 의존한다는 점에서 대부분의 다른 Tkinter 위젯과 다르다. 이는 애플리케이션의 메뉴가 네이티브 메뉴처럼 동작하게 한다는 의미다. 예를 들어 맥OS에서 메뉴는 화면 상단의 메뉴 막대처럼 나타나며 윈도우즈에서는 애플리케이션 윈도우의 제목 표시줄 아래에 있는 메뉴처럼 나타나게 한다.

이와 같은 이유로 크로스플랫폼 Menu 위젯에 약간의 제약이 있다.

일단 다음과 같이 메뉴를 갖는 간단한 Tk 윈도우를 만들어보자.

```python
# non_cross_platform_menu.py

import tkinter as tk
from tkinter.messagebox import showinfo

root = tk.Tk()
root.geometry("300x200")
menu = tk.Menu(root)
```

이제 다음과 같이 계단식 메뉴를 만든다.

```python
smile = tk.PhotoImage(file='smile.gif')
smile_menu = tk.Menu(menu, tearoff=False)
smile_menu.add_command(
    image=smile,
    command=lambda: showinfo(message="Smile!")
)
smile_menu.add_command(label='테스트')
menu.add_cascade(image=smile, menu=smile_menu)
```

smile_menu는 2개의 명령 아이템이 있는데, 하나는 텍스트 레이블이며 다른 하나는 이미지다. 이처럼 텍스트 없이 이미지만으로 하위 메뉴를 추가할 수 있다.

내친김에 색상도 추가하자. 9장에서 리눅스에서만 통하는 애플리케이션 메뉴의 색상을 커스터마이징했는데, 다른 플랫폼에서는 어떤지 다음과 같이 해보자.

```
menu.configure(foreground='white', background='navy')
smile_menu.configure(foreground='yellow', background='red')
```

보다시피 주 메뉴에는 검은색 바탕에 흰색 텍스트를, 하위 메뉴에는 빨간색 바탕에 노란색을 적용했다.

그다음에는 주 메뉴에 직접 메뉴 구분선과 명령 아이템을 다음과 같이 smile_menu 아래에 추가한다.

```
menu.add_separator()
menu.add_command(
    label='Top level command',
    command=lambda: showinfo(message='By your command!')
)
```

마지막으로 주 메뉴에 직접 Checkbutton 위젯을 만들고 늘 해왔듯 root를 설정한 다음 mainloop() 메서드를 호출한다.

```
boolvar = tk.BooleanVar()
menu.add_checkbutton(label="It is true", variable=boolvar)

root.config(menu=menu)
root.mainloop()
```

이 파일을 저장하고 실행해보자. 운영체제에 따라 서로 다른 모습을 보게 될 것이다.

리눅스라면 그림 10-1과 같은 모습을 볼 수 있다.

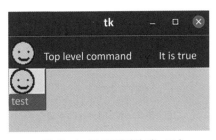

그림 10-1: 우분투에서의 메뉴 모습

보다시피 스마일리smiley(웃음 아이콘)가 붙은 메뉴, 명령 실행을 위한 메뉴, Checkbutton 이 붙은 메뉴가 나란히 존재한다. 색상도 잘 적용된 듯하다. 스마일리의 배경색이 빨강색이 아닌 기본 회색임을 제외하면 말이다. 스마일리 GIF 파일 자체는 투명 배경이다.

윈도우즈 10이라면 그림 10-2와 같은 모습을 볼 수 있다.

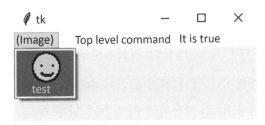

그림 10-2: 윈도우즈 10에서의 메뉴 모습

이번에는 주 메뉴에 스마일리 대신 (Image)라는 텍스트가 나타난다. 이 텍스트는 레이블을 지정한다 하더라도 변함없이 나타날 것이다. 다행히 하위 메뉴에는 스마일리 이미지가 보인다. 또한 하위 메뉴들에는 색상이 잘 적용됐으나 주 메뉴에서는 완전히 무시된다. 두 번째 명령 메뉴는 잘 작동하지만 Checkbutton 위젯은 그렇지 않다. 레이블도 보이고 클릭도 가능하지만 체크 표시는 나타나지 않는다.

마지막으로 맥OS라면 그림 10-3과 같은 모습을 볼 수 있다.

그림 10-3: 맥OS에서의 메뉴 모습

메뉴가 프로그램 윈도우가 아닌 화면 상단의 메뉴 막대에 나타나는데, 이는 맥 OS 사용자에게 익숙한 일이다. 그러나 여기에는 몇 가지 명백한 문제가 있다.

일단 스마일리 이미지가 잘려 나타난다. 맥OS의 메뉴 막대는 고정된 높이를 가지며 Tkinter는 이미지 크기를 자동 조절하지 않으므로 메뉴 막대의 높이보다 큰 이미지는 잘린다. 그런데 그보다 더 큰 문제가 있다. 명령 메뉴와 Checkbutton 위젯 모두 어디에도 보이지 않는다는 점이다. 오직 첫 번째 메뉴와 하위 메뉴만 존재한다. 또한 주 메뉴의 색상은 완전히 무시되며 하위 메뉴는 전경색만 적용된다. 그 결과는 가독성이 나쁜 회색 바탕의 노란색 텍스트 조합이다. 게다가 만들지도 않은 Python이라는 메뉴는 기본으로 나타난다.

지금껏 봤듯 각 플랫폼마다 메뉴 시스템의 역량에 의한 제약 사항이 있다. 리눅스에는 대부분의 사항이 잘 적용되는 듯하지만 다른 두 운영체제에는 메뉴를 만들 때 주의가 필요하다.

메뉴와 관련한 이슈들을 피하려면 다음 지침을 따라야 한다.

- 명령, Checkbutton, Radiobutton 아이템은 주 메뉴에 사용하지 말고 오직 하위 메뉴에만 사용한다.
- 주 메뉴에 이미지를 사용하지 않는다.
- 최소한 윈도우즈와 맥OS에서는 메뉴에 색상을 적용하지 않는다.
- 위 사항 중 하나라도 지킬 수 없다면 각 플랫폼을 위한 별도의 메뉴를 만들어야 한다.

각 플랫폼을 위한 별도의 메뉴를 만들기로 한다면 당연히 해당 플랫폼이 지원하는 어떤 기능이라도 사용해 구현할 수 있을 것이다. 그러나 그런 기능을 사용할 수 있다는 것이지 사용해야 된다는 것은 아니다. 각 플랫폼의 메뉴를 어떻게 구현할지 결정하는 데 도움이 될 지침과 표준을 다음 절에서 살펴보자.

메뉴 지침과 표준

각 주요 플랫폼은 사용자 기대에 부응하는 UI 제작에 있어 개발자를 위한 표준을 제공한다. 물론 애플리케이션 전체에 그런 표준이 고려돼야 하지만 영향을 받는 가장 시각적 영역은 애플리케이션 메뉴(또는 메뉴바)의 레이아웃이다.

각 플랫폼에서 제공하는 표준을 살펴보고 10장 후반에서 이를 참조해 크로스플랫폼 메뉴를 만들어보자.

윈도우즈 UX 지침

https://docs.microsoft.com/en-us/windows/win32/uxguide/guidelines에서 볼 수 있는 윈도우즈 UX 지침은 윈도우즈 데스크톱에 맞는 애플리케이션 설계를 위한 풍부한 정보를 제공한다. 그중에는 표준 메뉴 아이템과 배치 방법을 포함해 메뉴바 설계와 관련된 설명도 포함돼 있다.

NOTE

> 이 책을 쓸 당시 마이크로소프트는 윈도우즈 11과 유니버설 윈도우즈 플랫폼(UMP, Universal Windows Platform)을 겨냥한 새로운 지침을 배포했으며, 이는 https://learn.microsoft.com/en-us/windows/uwp/에서 볼 수 있다. 그러나 이 지침에서는 메뉴 구조와 관련된 자세한 내용이 부족하므로 여전히 이전 버전인 윈도우즈 UX 지침을 참고할 필요가 있다.[4]

맥OS의 휴먼 인터페이스 지침

맥OS의 휴먼 인터페이스 지침^{HIG, Human Interface Guideline}은 맥OS에 친화적인 인터페이

---

4. UWP는 데스크톱 윈도우즈, 엑스박스(Xbox), 홀로렌즈(Hololens) 등 마이크로소프트의 다양한 기기에서 실행될 수 있는 클라이언트 제작을 위해 윈도우즈 10에 처음 포함된 API다. - 옮긴이

스 제작에 필요한 자세한 규칙 모음을 제공하며 https://developer.apple.com/design/human-interface-guidelines/designing-for-macos에서 볼 수 있다.

메뉴바 설계를 위한 기본 조언은 윈도우즈의 지침과 비슷하지만 레이아웃에 관한 권고는 상당히 다르며 훨씬 자세하다. 예를 들어 맥OS 애플리케이션의 첫 번째 메뉴는 애플리케이션 이름으로 된 앱 메뉴^{app menu}여야 하며 그 하위 메뉴에 **정보**(~에 관해)와 **환경설정**이 포함돼야 한다.

리눅스와 BSD의 휴먼 인터페이스 지침

윈도우즈나 맥OS와는 매우 대조적으로 리눅스, BSD, 기타 X11 시스템 계열에서는 기본 데스크톱 환경이 없으며 UI 표준을 권고할 수 있는 통제 주체도 없다. 이들 플랫폼에 가용한 십수 개의 데스크톱 환경이 존재하며 사용자 상호작용에 있어 나름의 목적과 사상을 갖는다. 이들 플랫폼을 위한 여러 HIG 프로젝트가 있지만 주목할 만한 것은 GNOME의 HIG다. 이 지침은 https://developer.gnome.org/hig/에서 볼 수 있으며 GNOME, 마테^{MATE}, Xfce 등의 데스크톱 환경에서 채택하고 있다. GNOME 데스크톱은 레드햇^{Red Hat}, 우분투, 데비안 등을 포함한 대다수 리눅스 배포판의 기본 데스크톱 환경이다.

메뉴와 단축키

단축키는 통상적인 애플리케이션 기능, 특히 메뉴 아이템에 할당된 바로가기 키를 말한다. 단축키가 없으면 키보드 전용 사용자는 매우 불편할 것이다.

Tkinter에서 단축키는 bind() 메서드를 사용해 위젯에 할당할 수 있다. 또한 bind_all() 메서드를 사용하면 해당 이벤트를 모든 위젯에 바인딩할 수 있으며 심지어 포커스를 갖지 않은 위젯도 이벤트에 응답할 수 있게 된다. 또한 메뉴 아이템은 accelerator 인자를 받을 수 있는데, 이 인자에는 메뉴 안에 표시될 단축키 힌트 문자열을 지정한다.

각 플랫폼의 UI 지침은 공통적인 작업을 위한 표준 단축키를 정의하는데, 그런 단축키는 플랫폼마다 동일하다. 이는 1980년대에 IBM이 만든 **공통 사용자 접근** CUA, Common User Access 표준에서 기인한다. 다만 맥OS에서는 윈도우즈와 리눅스에 서의 컨트롤 키 대신 커맨드(⌘) 키를 사용하는 정도가 큰 차이다.

나중에 크로스플랫폼 호환성을 위한 ABQ 앱 메뉴를 다시 작성할 때 단축키를 추가하자.

크로스플랫폼 글꼴

9장에서는 애플리케이션의 룩앤필을 위해 Tkinter의 글꼴을 쉽게 커스터마이징 하는 방법을 살펴봤다. 그러나 그렇게 하면 플랫폼마다 일관되지 못한 결과를 야기한다.

맥OS와 윈도우즈는 약 18개의 글꼴을 공유하지만 그 모두가 두 플랫폼에서 동 일하게 보이는 것은 아니다. 대부분의 리눅스 배포판에는 라이선스 이슈로 그 18개 글꼴이 포함되지 않는다.

특정 폰트가 모든 플랫폼에서 지원됨을 보장할 수 없다면 스타일에 특정 폰트 집합의 이름을 지정하지 않는 방법이 최선이다. 지정된 글꼴이 존재하지 않으 면 Tkinter는 기본 글꼴을 사용하겠지만 레이아웃과 가독성 이슈가 발생할 수 있다.

따라서 안전을 기하고자 각 플랫폼마다 동일한 기본 글꼴로 자동 설정되는 Tkinter의 표준 글꼴을 사용하기 바란다.

크로스플랫폼 테마

9장에서 봤듯 Ttk는 플랫폼마다 다른 여러 테마를 제공한다. 각 플랫폼마다 그 플랫폼에 가장 잘 어울리는 테마를 가리키는 별칭인 'default' 테마가 있다. 존재하지 않는 테마를 설정하면 예외가 발생하므로 특정 테마를 하드코딩하는 일은 피하고 Style.theme_names()의 결과로부터 테마가 선택되게 해야 한다.

전체 창 모드

대다수의 데스크톱 환경은 창이 최대화된 상태를 말하는 '전체 창^{zoomed window}'이라는 개념을 갖는다. 윈도우즈나 맥OS에서의 Tkinter 애플리케이션은 다음과 같이 루트 윈도우의 state() 메서드를 사용해 전체 창을 설정할 수 있다.

```python
from tkinter import *
root = Tk()
root.state('zoomed')
root.mainloop()
```

그러나 이 코드는 리눅스나 BSD에서 예외를 발생시킨다. X11은 zoomed 값을 허용하지 않기 때문이다.

그 대신 X11에서는 다음과 같이 루트 윈도우의 속성에 -zoomed 값을 지정하면 된다.

```python
root.attributes('-zoomed', True)
```

불행히도 이는 다시 윈도우즈나 맥OS에서 예외를 발생시킨다. 결론적으로 애플리케이션에 전체 창 모드를 적용하려면 플랫폼에 특정적인 코드를 사용할 수밖에 없다.[5]

지금까지 크로스플랫폼과 관련된 다양한 이슈를 살펴봤다. 이제 크로스플랫폼이 가능하게 ABQ 앱을 개선할 수 있는 방법을 알아보자.

---

5. '전체 창'과 달리 윈도우의 콘텐츠만 화면 전체를 차지하는 '전체 화면' 모드는 모든 플랫폼에서 동일하게 root.attributes('-fullscreen', True)로 설정하면 된다. – 옮긴이

⁂ 크로스플랫폼 ABQ 앱

ABQ 앱은 이미 여러 플랫폼에서 잘 작동한다. 그러나 다음과 같은 몇 가지 개선 사항이 있다.

- 이 애플리케이션은 설정 내용을 사용자의 홈 디렉터리에 저장하는데, 이는 모든 플랫폼에서 적절한 장소는 아니다. 대부분의 플랫폼은 설정 파일을 위한 특별한 위치를 정의하고 있으므로 abq_settings.json 파일의 위치도 조정해야 한다.
- 현재는 CSV 파일에 인코딩을 지정하지 않고 있다. 유니코드 체계가 아닌 플랫폼에서 사용자가 노트 필드에 유니코드 문자를 입력하면 파일 저장 시 예외가 발생할 것이다.
- 지금의 메뉴 구조는 앞서 언급했던 HIG의 어떤 지침도 따르지 않고 있다. 따라서 각 플랫폼마다 일관된 UI를 갖는 별도의 메뉴를 만들어야 한다.

설정 파일 저장

각 플랫폼은 사용자 설정 파일이 저장될 적절한 장소를 정의하고 있다.

- 리눅스를 포함한 X11 시스템은 설정 파일의 저장 위치를 $XDG_CONFIG_ HOME이라는 환경 변수에 정의하고 있으며 기본값은 $HOME/.config다.
- 맥OS에서 사용자 설정 파일은 $HOME/Library/Application Support/에 저장된다.
- 윈도우즈에서 사용자 설정 파일은 %USERPROFILE%\AppData\Local에 저장된다. 액티브 디렉터리[AD, Active Directory]와 로밍 프로필[roaming profile]을 사용하는 환경이라면 %HOME%\AppData\Roaming이 더 적절할 것이다.

위 사항들을 ABQ 앱에 반영하려면 SettingsModel 클래스를 수정해야 한다. 현재 SettingsModel 클래스의 초기화 메서드는 각 플랫폼의 사용자 홈 디렉터리인 Path.home()에 설정 파일을 저장한다. 이를 플랫폼에 특정적인 코드로 수정하자.

먼저 models.py를 열어 다음과 같이 platform 모듈을 임포트한다.

```
# models.py
import platform
```

필요한 디렉터리를 알아내려면 플랫폼의 이름뿐만 아니라 일부 환경 변수도 가져와야 한다. os.environ 변수는 시스템의 환경 변수를 포함하는 딕셔너리다. models.py는 이미 os 모듈을 임포트하고 있으므로 os.environ을 사용해 필요한 변수를 가져올 수 있다.

다음과 같이 SettingsModel 클래스에 설정 파일의 적절한 위치를 찾기 위한 딕셔너리를 만들자.

```
config_dirs = {
  "Linux": Path(
    os.environ.get('$XDG_CONFIG_HOME', Path.home() / '.config')
  ),
  "freebsd7": Path(
    os.environ.get('$XDG_CONFIG_HOME', Path.home() / '.config')
  ),
  'Darwin': Path.home() / 'Library' / 'Application Support',
  'Windows': Path.home() / 'AppData' / 'Local'
}
```

여기서는 각 플랫폼 이름과 그 플랫폼의 기본 설정 디렉터리를 가리키는 pathlib.Path 객체를 매핑했다. 이제 SettingsModel의 초기화 메서드 안에서 platform.system()을 사용해 올바른 디렉터리를 찾기만 하면 된다.

다음과 같이 __init__() 메서드를 수정한다.

```
def __init__(self):
    filename = 'abq_settings.json'
    filedir = self.config_dirs.get(platform.system(), Path.home())
    self.filepath = filedir / filename
    self.load()
```

이로써 설정 파일은 각 플랫폼의 올바른 디렉터리에 위치하게 된다. 목록에 없는 플랫폼이면 기본값을 Path.home()으로 지정함으로써 설정 파일이 사용자 홈 디렉터리에 위치하게 했다.

이제 애플리케이션을 테스트하면 이전의 모든 설정이 기본값으로 초기화됐음을 알 수 있다. 설정 파일의 위치가 바뀌었기 때문이다. 또한 새로운 설정을 저장하면 abq_settings.json 파일이 현재 플랫폼의 설정 디렉터리에 생성됐음을 볼 수 있다.

CSV 인코딩 지정

현재 애플리케이션은 CSV 파일을 시스템의 기본 인코딩을 사용해 저장한다. 이는 윈도우즈 사용자가 유니코드를 사용하려 할 때 문제가 된다.

이를 해결하려면 CSVModel 클래스 안의 open() 메서드 호출 부분에 다음과 같은 식으로 인코딩을 지정하면 된다.

```
# models.py 파일의 CSVModel.save_record() 메서드

with open(
    self.filename, 'a', encoding='utf-8', newline=''
) as fh:
```

SettingsModel을 포함해 models.py 안에 있는 모든 open() 메서드 호출 코드를 위와 같이 변경하자. 이로써 더 이상 유니코드와 관련된 문제는 발생하지 않을 것이다.

플랫폼 맞춤형 메뉴

플랫폼에 특정적인 메뉴를 만드는 일은 지금까지 했던 작업보다 약간 더 복잡하다. 기본 전략은 각각의 메뉴 클래스를 만들고 적절한 클래스를 반환하는 셀렉터 함수를 사용하는 방법이다.

그 작업을 하기 전에 먼저 MainMenu의 하위 클래스를 손쉽게 만들 수 있도록 준비해야 한다.

MainMenu 클래스 준비

현재 MainMenu 클래스의 설정 대부분은 __init__() 안에서 이뤄진다. 그러나 각 플랫폼을 위해서는 각기 다른 구조의 메뉴와 특정 명령을 위한 세부 사항을 구현해야 한다. 이를 쉽게 하려면 메뉴를 개별 메서드 안에서 만들고 필요한 하위 클래스들을 결합하는 접근법이 필요하다.

먼저 다음과 같이 MainMenu 클래스를 역할이 분명히 나타나는 이름으로 변경해야 한다.

```python
class GenericMainMenu(tk.Menu):

    styles = dict()
```

여기서는 또한 빈 styles 딕셔너리를 클래스 속성으로 만들었다. 각 메뉴 스타일이 모든 플랫폼에서 지원되지 않으므로 이렇게 명목상의 딕셔너리를 만들면 나중에 이 속성을 재정의함으로써 쉽게 스타일을 적용할 수 있다.

그다음에는 각 메뉴 아이템을 만드는 개별 메서드들이 필요하다. 또한 아이템은 플랫폼에 따라 서로 다른 메뉴에 추가될 수 있으므로 각 메서드는 아이템이 추가될 Menu 객체를 지정하기 위한 menu 인자를 받아야 한다.

다음과 같이 파일 선택과 종료 아이템을 만드는 메서드를 정의하자.

```python
def _add_file_open(self, menu):
    menu.add_command(
        label='Select file...', command=self._event('<<FileSelect>>'),
        image=self.icons.get('file'), compound=tk.LEFT
    )

def _add_quit(self, menu):
    menu.add_command(
        label='Quit', command=self._event('<<FileQuit>>'),
        image=self.icons.get('quit'), compound=tk.LEFT
    )
```

그다음에는 자동 채우기 기능을 설정하는 메서드를 만든다.

```python
def _add_autofill_date(self, menu):
    menu.add_checkbutton(
        label='Autofill Date', variable=self.settings['autofill date']
    )

def _add_autofill_sheet(self, menu):
    menu.add_checkbutton(
        label='Autofill Sheet data',
        variable=self.settings['autofill sheet data']
    )
```

그다음에는 자체적으로 하위 메뉴를 갖는 글꼴 설정 메뉴를 위해 다음과 같이 모든 하위 메뉴를 만드는 메서드를 정의한다.

```python
def _add_font_size_menu(self, menu):
    font_size_menu = tk.Menu(self, tearoff=False, **self.styles)
    for size in range(6, 17, 1):
        font_size_menu.add_radiobutton(
            label=size, value=size,
            variable=self.settings['font size']
        )
```

```
    menu.add_cascade(label='Font size', menu=font_size_menu)

def _add_font_family_menu(self, menu):
    font_family_menu = tk.Menu(self, tearoff=False, **self.styles)
    for family in font.families():
        font_family_menu.add_radiobutton(
            label=family, value=family,
            variable=self.settings['font family']
        )
    menu.add_cascade(label='Font family', menu=font_family_menu)
```

계단식 메뉴를 정의하고자 여전히 self.styles 딕셔너리를 사용한다는 점에 주목하자. 현재는 빈 딕셔너리지만 스타일만 정의되면 모든 메뉴에 적용할 수 있다.

테마 메뉴도 동일하게 작업하면 된다. 다만 경고 메시지를 보여주기 위한 트레이스를 추가로 설정한다.

```
def _add_themes_menu(self, menu):
    style = ttk.Style()
    themes_menu = tk.Menu(self, tearoff=False, **self.styles)
    for theme in style.theme_names():
        themes_menu.add_radiobutton(
            label=theme, value=theme,
            variable=self.settings['theme']
        )
    menu.add_cascade(label='Theme', menu=themes_menu)
    self.settings['theme'].trace_add('write', self._on_theme_change)
```

마지막으로 내비게이션과 정보 메뉴를 위한 3개의 메서드를 다음과 같이 추가한다.

```
def _add_go_record_list(self, menu):
    menu.add_command(
```

```
        label="Record List", command=self._event('<<ShowRecordlist>>'),
        image=self.icons.get('record_list'), compound=tk.LEFT
    )

def _add_go_new_record(self, menu):
    menu.add_command(
        label="New Record", command=self._event('<<NewRecord>>'),
        image=self.icons.get('new_record'), compound=tk.LEFT
    )

def _add_about(self, menu):
    menu.add_command(
        label='About...', command=self.show_about,
        image=self.icons.get('about'), compound=tk.LEFT
    )
```

이제 이들 메서드를 사용해 메뉴를 구성해야 할 차례며— 그 역할을 할 _build_ menu()라는 새 메서드를 만들 것이다. 이 메서드는 하위 클래스가 재정의해 사용할 수 있으며 덕분에 __init__() 메서드를 일반적인 초기 설정만 처리하게 할 수 있다.

다음과 같이 메뉴를 재구성하는 _build_menu() 메서드를 만들자.

```
def _build_menu(self):
    # 파일 메뉴
    self._menus['File'] = tk.Menu(self, tearoff=False, **self.styles)
    self._add_file_open(self._menus['File'])
    self._menus['File'].add_separator()
    self._add_quit(self._menus['File'])

    # 옵션 메뉴
    self._menus['Options'] =
        tk.Menu(
            self, tearoff=False, **self.styles
        )
    self._add_autofill_date(self._menus['Options'])
```

```
self._add_autofill_sheet(self._menus['Options'])
self._add_font_size_menu(self._menus['Options'])
self._add_font_family_menu(self._menus['Options'])
self._add_themes_menu(self._menus['Options'])

# 이동 메뉴
self._menus['Go'] = tk.Menu(self, tearoff=False, **self.styles)
self._add_go_record_list(self._menus['Go'])
self._add_go_new_record(self._menus['Go'])

# 도움말 메뉴
self._menus['Help'] = tk.Menu(self, tearoff=False, **self.styles)
self.add_cascade(label='Help', menu=self._menus['Help'])
self._add_about(self._menus['Help'])

for label, menu in self._menus.items():
    self.add_cascade(label=label, menu=menu)
```

여기서는 파일, 옵션, 이동, 도움말 메뉴를 만들고 적절한 아이템 추가 메서드에 전달한다. 또한 이들 메뉴를 지역 변수가 아닌 **self._menus** 딕셔너리에 저장한다. 마지막에는 이 딕셔너리를 순환하며 주 메뉴에 각 하위 메뉴를 추가한다.

이제 초기화 메서드는 다음과 같이 필요한 메서드만 호출하게 정리될 수 있다.

```
def __init__(self, parent, settings, **kwargs):
    super().__init__(parent, **kwargs)
    self.settings = settings
    self._create_icons()
    self._menus = dict()
    self._build_menu()
    self.configure(**self.styles)
```

이 메서드는 상위 클래스의 초기화 메서드를 호출한 다음에 설정을 저장하고 아이콘과 메뉴 딕셔너리를 만들며 _build_menu()를 호출한다. 어떤 스타일이든 설정돼 있다면 self.configure()를 통해 주 메뉴에 적용된다.

단축기 추가

GenericMainMenu의 하위 클래스를 만들기 전에 각 메뉴에 플랫폼별 단축키를 먼저 추가하자. 단축키는 단순히 해당 메뉴 아이템을 활성화하는 역할을 하며 모든 메뉴 아이템에 추가할 필요 없이 자주 사용되는 몇 가지 명령 아이템에만 추가하면 된다.

메뉴 아이템에 키를 바인딩하려면 다음 2단계를 거치면 된다.

1. bind_all() 메서드를 사용해 키보드 이벤트를 콜백에 바인딩한다.
2. accelerator 인자를 통해 키 조합을 메뉴 아이템의 레이블에 적용한다.

이 2단계가 모두 필요한 이유를 이해해야 한다. accelerator 인자는 자동으로 키 바인딩을 하지 않으며 단지 메뉴 아이템의 레이블에 키 조합을 표시할 뿐이다. 마찬가지로 bind_all()은 메뉴 아이템의 레이블과 상관없이 이벤트 바인딩만 수행할 뿐이다.

이 2가지 작업을 위해 accelerator 인자와 키 바인딩에 사용할 다음과 같은 2개의 딕셔너리가 필요하다.

```python
class GenericMainMenu(tk.Menu):

    accelerators = {
        'file_open': 'Ctrl+O',
        'quit': 'Ctrl+Q',
        'record_list': 'Ctrl+L',
        'new_record': 'Ctrl+R',
    }

    keybinds = {
        '<Control-o>': '<<FileSelect>>',
        '<Control-q>': '<<FileQuit>>',
        '<Control-n>': '<<NewRecord>>',
        '<Control-l>': '<<ShowRecordlist>>'
    }
```

첫 번째 딕셔너리에서는 단순히 메뉴 생성 메서드에서 사용할 키에 단축키 문자열을 매핑한다. 이 딕셔너리는 메뉴 생성 메서드에 accelerator 인자를 추가해 사용한다. 예를 들어 _add_file_open() 메서드는 다음과 같이 수정하면 된다.

```python
# mainmenu.py 파일의 GenericMainMenu 클래스

def _add_file_open(self, menu):
  menu.add_command(
    label='Select file…',
    command=self._event('<<FileSelect>>'),
    accelerator=self.accelerators.get('file_open'),
    image=self.icons.get('file'),
    compound=tk.LEFT
  )
```

_add_quit(), _add_go_record_list(), _add_go_new_record() 메서드의 add_command() 호출 부분에도 동일한 방식으로 accelerator 인자를 추가하자.

이제 다음과 같이 키 바인딩을 수행하는 _bind_accelerators() 메서드를 만든다.

```python
# mainmenu.py 파일의 GenericMainMenu 클래스
def _bind_accelerators(self):
  for key, sequence in self.keybinds.items():
    self.bind_all(key, self._event(sequence))
```

_bind_accelerators() 메서드는 keybinds 딕셔너리를 순환하며 _event() 메서드가 만드는 함수에 각 키 조합을 바인딩한다. 여기서 bind_all()을 사용해 바인딩한다는 점에 주목하기 바란다. 개별 위젯의 이벤트에만 응답하는 bind() 메서드와는 달리 bind_all() 메서드는 어떤 위젯이든 해당 이벤트에 대한 콜백을 호출한다. 따라서 어떤 위젯이 선택되거나 포커스를 갖는지 상관없이, 예를 들어 Control + Q는 프로그램을 종료시킬 것이다.

이제 이 메서드를 초기화 메서드에서 호출하기만 하면 된다.

GenericMainMenu.__init__()의 끝 부분에 다음 코드를 추가한다.

```python
        self._bind_accelerators()
```

GenericMainMenu가 하위 클래스를 허용할 준비가 됐으니 이제 각 플랫폼별 작업을 시작하자.

윈도우즈용 메뉴

윈도우즈 UX 지침을 참고했다면 윈도우즈에 친화적인 메뉴를 만들고자 다음과 같은 사항을 고려해야 할 것이다.

- 파일[File] ▶ 종료[Quit]는 파일[File] ▶ 닫기[Exit]로 바꿔야 하며 단축키를 설정하면 안 된다. 윈도우즈에서는 Alt + F4를 사용해 프로그램을 닫을 수 있는데, 이는 이미 윈도우즈 수준에서 처리하는 기능이기 때문이다.
- 윈도우즈에서는 주 메뉴의 명령 아이템 처리에 문제가 없으며, 지침에 따르면 자주 사용되는 기능은 오히려 주 메뉴 배치를 권장한다. 따라서 ABQ 앱에서는 레코드 목록과 새 레코드를 직접 주 메뉴에 배치할 것이다. 또한 주 메뉴에 아이콘을 넣을 수는 없으므로 아이콘은 제거할 예정이다.
- 설정 아이템들은 도구 메뉴 안의 다른 아이템과는 분리돼 들어가야 한다. 따라서 도구 메뉴를 만들고 거기로 설정 아이템들을 이동시킬 것이다.

이런 사항을 구현해 윈도우즈 메뉴를 만들자. 먼저 다음과 같이 GenericMainMenu의 하위 클래스를 만든다.

```python
# mainmenu.py
class WindowsMainMenu(GenericMainMenu):
```

이제 다음과 같이 초기화 메서드를 재정의해 파일 ▶ 닫기를 위한 키 바인딩을 제거한다.

```
# mainmenu.py 파일의 WindowsMainMenu 클래스
def __init__(self, *args, **kwargs):
  del(self.keybinds['<Control-q>'])
  super().__init__(*args, **kwargs)
```

그다음에는 _add_quit() 메서드를 재정의해 레이블을 수정하고 단축키를 제거
한다.

```
def _add_quit(self, menu):
  menu.add_command(
    label='Exit', command=self._event('<<FileQuit>>'),
    image=self.icons.get('quit'), compound=tk.LEFT
  )
```

그다음에는 두 내비게이션 명령에 있는 아이콘을 제거함으로써 주 메뉴에
(Image) 문자열이 보이지 않게 해야 한다. 그러기 위해 다음과 같이 _create_
icons() 메서드를 재정의한다.

```
def _create_icons(self):
  super()._create_icons()
  del(self.icons['new_record'])
  del(self.icons['record_list'])
```

상위 클래스의 메서드에서는 self.icons를 만든다. 따라서 이를 호출하고 원치
않는 아이콘을 제거했다.

이제 메뉴 구성을 위해 _build_menu() 메서드를 다음과 같이 재정의한다.

```
def _build_menu(self):
  # 파일 메뉴
  self._menus['File'] = tk.Menu(self, tearoff=False)
  self._add_file_open(self._menus['File'])
  self._menus['File'].add_separator()
```

```
self._add_quit(self._menus['File'])

# 도구 메뉴
self._menus['Tools'] = tk.Menu(self, tearoff=False)
self._add_autofill_date(self._menus['Tools'])
self._add_autofill_sheet(self._menus['Tools'])
self._add_font_size_menu(self._menus['Tools'])
self._add_font_family_menu(self._menus['Tools'])
self._add_themes_menu(self._menus['Tools'])

# 도움말 메뉴
self._menus['Help'] = tk.Menu(self, tearoff=False)
self._add_about(self._menus['Help'])
```

레코드 목록과 새 레코드 명령을 하위 메뉴가 아닌 주 메뉴에 직접 넣을 것이므로 _menus 딕셔너리를 순환하며 추가할 수는 없다. 그 대신 다음과 같이 주 메뉴에 수작업으로 추가해야 한다.

```
self.add_cascade(label='File', menu=self._menus['File'])
self.add_cascade(label='Tools', menu=self._menus['Tools'])
self._add_go_record_list(self)
self._add_go_new_record(self)
self.add_cascade(label='Help', menu=self._menus['Help'])
```

이로써 윈도우즈 메뉴는 완성됐다. 다음 플랫폼으로 넘어가자.

리눅스용 메뉴

현재 GenericMainMenu 클래스는 GNOME HIG에 매우 근접하지만 한 가지 변경해야 할 사항이 있다. 옵션 메뉴가 속할 위치가 없기 때문에 그 아이템을 두 범주로 분리해야 하는 점이다.

- 자동 채우기 기능은 폼에 데이터가 입력되는 방식을 설정하므로 편집 메뉴에 속해야 한다.

- 글꼴과 테마 설정은 데이터가 아닌 애플리케이션의 모양을 변경하므로 보기 메뉴에 속해야 한다.

리눅스는 메뉴 색상도 온전히 지원하므로 이번에는 이전의 색상 스타일도 추가할 수 있다.

다음과 같이 GenericMainMenu의 하위 클래스를 만들고 몇 가지 스타일을 정의한다.

```python
# mainmenu.py
class LinuxMainMenu(GenericMainMenu):

    styles = {
        'background': '#333',
        'foreground': 'white',
        'activebackground': '#777',
        'activeforeground': 'white',
        'relief': tk.GROOVE
    }
```

메뉴 스타일이 반드시 필요하지는 않지만 별도의 리눅스 전용 메뉴를 만들고 있으니 기왕이면 리눅스에서 가능한 기능을 이용하는 것도 나쁘지 않을 것이다.

이제 _build_menu() 메서드를 만들고 파일과 편집 메뉴부터 시작하자.

```python
def _build_menu(self):
    self._menus['File'] = tk.Menu(self, tearoff=False, **self.styles)
    self._add_file_open(self._menus['File'])
    self._menus['File'].add_separator()
    self._add_quit(self._menus['File'])
    self._menus['Edit'] = tk.Menu(self, tearoff=False, **self.styles)
    self._add_autofill_date(self._menus['Edit'])
    self._add_autofill_sheet(self._menus['Edit'])
```

이번에는 스타일을 적용하고자 각 메뉴에 **self.styles를 전달했다. 이는 다음 3개의 메뉴에서도 마찬가지다.

```
self._menus['View'] = tk.Menu(self, tearoff=False, **self.styles)
self._add_font_size_menu(self._menus['View'])
self._add_font_family_menu(self._menus['View'])
self._add_themes_menu(self._menus['View'])
self._menus['Go'] = tk.Menu(self, tearoff=False, **self.styles)
self._add_go_record_list(self._menus['Go'])
self._add_go_new_record(self._menus['Go'])
self._menus['Help'] = tk.Menu(self, tearoff=False, **self.styles)
self._add_about(self._menus['Help'])
```

마지막으로 다음과 같이 _menus 딕셔너리를 순환하며 모든 메뉴를 추가한다.

```
for label, menu in self._menus.items():
    self.add_cascade(label=label, menu=menu)
```

이제 더 이상 바꿀 것은 없다. 단축키와 나머지 메뉴는 GNOME HIG에 따라 잘 작동할 것이기 때문이다.

맥OS용 메뉴

3가지 플랫폼의 메뉴 중 맥OS 메뉴는 가장 많은 작업이 필요하다. 대략적인 범주를 제시하는 윈도우즈와 GNOME 지침과는 달리 맥OS는 어떤 메뉴를 만들고 어떤 아이템이 포함돼야 하는지 매우 자세한 지침을 준다. 게다가 맥OS는 기본 명령에 해당하는 메뉴를 자동으로 생성한다. 따라서 그런 내장 메뉴에 접근, 즉 후킹hooking해 아이템을 추가할 수 있다.

애플의 HIG를 따르고자 변경해야 할 사항은 다음과 같다.

- 앱 메뉴를 만들어야 한다. 이는 메뉴 막대에서 애플 아이콘 바로 오른쪽에 있는 메뉴로, 맥OS가 자동 생성시킨다. 이를 후킹해 몇 개의 메뉴 아이템을 추가할 것이다.

- 정보 메뉴는 앱 메뉴에 속해야 한다. 그렇게 하면 필요 없는 도움말 메뉴는 제거해야 할 것이다.
- 맥OS가 기본으로 종료 메뉴를 제공하므로 원래 만들었던 종료 메뉴는 제거해야 한다.
- 리눅스에서와 마찬가지로 기존 옵션 메뉴의 아이템들은 편집과 보기 메뉴로 나눠 이동돼야 한다.
- 맥OS는 윈도우 관리와 내비게이션 기능이 포함된 윈도우 메뉴도 자동 생성시킨다. 따라서 원래 이동 메뉴에 있던 내비게이션 아이템들을 여기로 이동시켜야 한다.
- 맥OS는 단축키에 Ctrl 키가 아닌 command 키를 사용한다. 따라서 키 바인딩과 단축키의 딕셔너리도 그에 맞게 변경해야 한다.

이번에도 GenericMainMenu의 하위 클래스를 만드는 일부터 시작하자.

```python
class MacOsMainMenu(GenericMainMenu):

    keybinds = {
        '<Command-o>': '<<FileSelect>>',
        '<Command-n>': '<<NewRecord>>',
        '<Command-l>': '<<ShowRecordlist>>'
    }
    accelerators = {
        'file_open': 'Cmd-O',
        'record_list': 'Cmd-L',
        'new_record': 'Cmd-R',
    }
```

여기서는 keybinds와 accelerators 딕셔너리를 다시 정의했는데, 종료 아이템을 제거하고 'Control'을 'Command'로 변경했다. Tkinter는 메뉴를 보여줄 때 Command나 Cmd 문자열을 자동으로 command 키의 기호(⌘)로 변환하므로, 단축키를 지정할 때는 두 문자열 중 하나를 사용하면 된다.

이제 다음과 같이 _build_menu() 메서드를 재정의하자.

```
def _build_menu(self):
  self._menus['ABQ Data Entry'] = tk.Menu(
    self, tearoff=False,
    name='apple'
  )
  self._add_about(self._menus['ABQ Data Entry'])
  self._menus['ABQ Data Entry'].add_separator()
```

가장 먼저 한 일은 앱 메뉴 작업이다. 내장 메뉴에 접근하려면 Menu 객체를 만들 때 apple을 지정한 name 인자를 전달하면 된다. 앱 메뉴는 정보와 종료 메뉴 모두를 포함해야 하는데, 종료 메뉴는 자동 생성되므로 정보 메뉴만 추가하면 된다. 또한 정보 메뉴 다음에 항상 추가돼야 하는 구분선을 추가했음에 주목하자.

TIP

> 앱 메뉴는 항상 첫 번째 맥OS 주 메뉴로 추가돼야 한다. 첫 메뉴로 다른 메뉴를 추가하면 그 메뉴 아이템은 자동 생성된 앱 메뉴가 아닌 그 자신이 주 메뉴로 추가된다.

더 진행하기 전에 정보 메뉴와 관련해 한 가지 바로잡아야 할 사항이 있다. 애플의 HIG는 그냥 '정보(About)'가 아닌, '<프로그램>에 관해(About ⟨program⟩)'로 명명할 것을 지시한다. 따라서 이를 반영하도록 다음과 같이 _add_about()을 재정의하자.

```
# mainmenu.py 파일의 MacOSMainMenu 클래스

def _add_about(self, menu):
  menu.add_command(
    label='About ABQ Data Entry', command=self.show_about,
    image=self.icons.get('about'), compound=tk.LEFT
  )
```

앱 메뉴를 만들었으니 이제 다음과 같이 파일, 편집, 보기 메뉴를 만들자.

```python
# mainmenu.py 파일의 MacOSMainMenu._build_menu() 메서드
    self._menus['File'] = tk.Menu(self, tearoff=False)
    self.add_cascade(label='File', menu=self._menus['File'])
    self._add_file_open(self._menus['File'])

    self._menus['Edit'] = tk.Menu(self, tearoff=False)
    self._add_autofill_date(self._menus['Edit'])
    self._add_autofill_sheet(self._menus['Edit'])

    self._menus['View'] = tk.Menu(self, tearoff=False)
    self._add_font_size_menu(self._menus['View'])
    self._add_font_family_menu(self._menus['View'])
    self._add_themes_menu(self._menus['View'])
```

보다시피 이전에 했던 방식과 크게 다르지 않다. 여기에 추가로 맥OS가 자동
생성하는 윈도우 메뉴를 name 인자로 다음과 같이 만들어야 한다.

```python
    self._menus['Window'] = tk.Menu(
        self, name='window', tearoff=False
    )
    self._add_go_record_list(self._menus['Window'])
    self._add_go_new_record(self._menus['Window'])
```

마지막으로 다음과 같이 _menus 딕셔너리를 순환하며 모든 메뉴를 추가한다.

```python
    for label, menu in self._menus.items():
        self.add_cascade(label=label, menu=menu)
```

맥OS가 앱 메뉴와 윈도우 메뉴를 자동으로 만든다 하더라도 add_cascade()를 사용해 명시적으로
Menu 객체를 주 메뉴에 추가해야 한다. 그렇지 않으면 추가한 메뉴 아이템이 보이지 않을 것이다.

이로써 맥OS를 위한 메뉴 클래스도 완성했다.

셀렉터 함수

클래스들이 준비됐으니 이제 각 플랫폼을 위한 적절한 클래스를 반환하는 간단
한 셀렉터selector 함수를 mainmenu.py에 다음과 같이 추가한다.

```python
# mainmenu.py
def get_main_menu_for_os(os_name):
    menus = {
        'Linux': LinuxMainMenu,
        'Darwin': MacOsMainMenu,
        'freebsd7': LinuxMainMenu,
        'Windows': WindowsMainMenu
    }
    return menus.get(os_name, GenericMainMenu)
```

이 딕셔너리의 키는 platform.system()의 결과 문자열이며 플랫폼에 특정적인
메뉴 클래스를 가리킨다. 알지 못하는 새로운 운영체제의 경우라면 기본값인
GenericMainMenu 클래스를 반환할 것이다.

이제 application.py에서 다음과 같이 mainmenu로부터 MainMenu 대신 get_main_
menu_for_os() 함수를 임포트하도록 수정한다.

```python
# application.py

from .mainmenu import get_main_menu_for_os
import platform
```

또한 현재 운영체제를 결정하고자 사용할 platform도 임포트했다.

이제 더 이상 존재하지 않는 MainMenu()를 호출하는 대신 다음과 같이 소스를
변경한다.

```
# application.py 파일의 Application.__init__() 메서드

# menu = MainMenu(self, self.settings)
menu_class = get_main_menu_for_os(platform.system())
menu = menu_class(self, self.settings)
self.config(menu=menu)
```

이제 애플리케이션을 실행하면 각 플랫폼에 따른 메뉴 모양을 볼 수 있을 것이
다. 윈도우즈라면 그림 10-4와 같을 것이다.

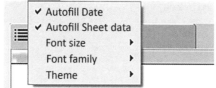

그림 10-4: 윈도우즈에서의 메뉴 시스템

맥OS라면 그림 10-5와 같을 것이다.

그림 10-5: 맥OS에서의 메뉴 시스템

리눅스나 BSD라면 그림 10-6과 같을 것이다.

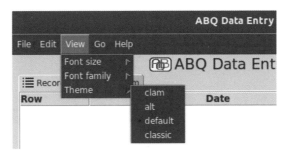

그림 10-6: 우분투 리눅스에서의 메뉴 시스템

⠿ 정리

10장에서는 여러 플랫폼에 걸쳐 제대로 작동하는 파이썬 소프트웨어를 작성하는 방법을 알아봤다. 파이썬 코드에서 파일 시스템의 차이나 라이브러리 지원 등 일반적인 플랫폼 함정을 피하는 방법과 서로 다른 운영체제의 필요에 맞게 소프트웨어를 작성하는 방법을 살펴봤다. 또한 사용자의 기대를 충족시키는 소프트웨어 제작을 위해 각 플랫폼의 지침을 공부하고 이를 반영해 크로스플랫폼 ABQ 앱을 만들었다.

11장에서는 테스트 자동화를 다룬다. 보통의 파이썬 코드와 특정 Tkinter 코드 모두 올바르게 작동하는지 확인하는 테스트의 작성 방법을 알아보며 파이썬 표준 라이브러리에 있는 테스트 프레임워크를 활용하는 방법을 알아본다.

11

unittest로 테스트 자동화

이제 ABQ 앱의 규모와 복잡도가 빠르게 증가함에 따라 프로그램 변경 작업이 두려울 정도가 됐다. 혹시 뭔가를 망가뜨리게 되진 않을까? 그리고 그걸 어떻게 알 수 있을까? 물론 다양한 입력값을 사용하고 오류를 확인하는 등 프로그램의 모든 기능을 수동으로 테스트할 수 있다. 그러나 기능이 늘어남에 따라 점점 더 어렵고 시간이 필요한 일이 될 것이다. 정말 필요한 것은 코드가 변경될 때마다 프로그램이 잘 작동하는지 확신할 수 있는 빠르고 믿을 수 있는 방법이다.

다행히 방법이 하나 있는데, 바로 테스트 자동화다. 11장에서는 테스트 자동화와 관련해 다음과 같은 내용을 다룬다.

- '테스트 자동화의 기본' 절에서는 unittest를 사용한 파이썬에서의 테스트 자동화의 기본을 알아본다.
- 'Tkinter 코드 테스트' 절에서는 Tkinter 애플리케이션을 테스트하기 위한 특별한 전략을 살펴본다.
- 'ABQ 앱을 위한 테스트 작성' 절에서는 ABQ 앱에 테스트 자동화를 적용한다.

⠿ 테스트 자동화의 기본

지금까지의 애플리케이션 테스트는 애플리케이션을 실행하고 몇 가지 기본 절차를 거쳐 원하는 결과가 나오는지 검증하는 과정이었다. 이 접근법은 아주 작은 스크립트라면 충분히 용인될 수 있다. 그러나 애플리케이션이 확장됨에 따라 시간 소모가 크고 오류 발생이 쉬운 과정이 될 것이다.

테스트를 자동화하면 불과 몇 분 안에 애플리케이션을 일관된 방식으로 검증할 수 있다. 테스트 자동화에는 다양한 형태가 있는데, 그중 단위 테스트^{unit test}와 통합 테스트^{integration test}가 가장 많이 사용된다. 단위 테스트는 분리된 개별 코드를 대상으로 하며 특정 부분의 동작을 신속히 검증할 수 있게 한다. 통합 테스트는 여러 코드 사이의 상호작용을 검증한다. 애플리케이션의 올바른 작동을 검증하고자 그 두 종류의 테스트 코드를 모두 작성해보자.

간단한 단위 테스트

가상 기초적으로 말하면 단위 테스트는 서로 다른 조건에서 코드 조각을 실행하고 예상 결과와 실제 결과를 비교하는 짧은 프로그램이다.

예를 들어 다음과 같은 클래스가 있다고 하자.

```python
# unittest_demo/mycalc.py

import random

class MyCalc:
    def __init__(self, a, b):
        self.a = a
        self.b = b

    def add(self):
        return self.a + self.b

    def mod_divide(self):
```

```
        if self.b == 0:
            raise ValueError("Cannot divide by zero")
        return (int(self.a / self.b), self.a % self.b)

    def rand_between(self):
        return (
            (random.random() * abs(self.a - self.b))
            + min(self.a, self.b)
        )
```

이 클래스는 초기화 메서드에서 두 숫자를 받고 몇 가지 연산을 수행할 수 있는 함수들을 제공한다.

이 클래스가 제대로 동작하는지 테스트하는 코드를 작성해야 한다고 가정하자. 일단 초보적인 접근법을 사용하자면 다음과 같은 코드를 작성할 것이다.

```
# unittest_demo/test_mycalc_no_unittest.py

from mycalc import MyCalc
mc1 = MyCalc(1, 100)
mc2 = MyCalc(10, 4)
try:
    assert mc1.add() == 101, "Test of add() failed."
    assert mc2.mod_divide() == (2, 2), "Test of mod_divide() failed."
except AssertionError as e:
    print("Test failed: ", e)
else:
    print("Tests succeeded!")
```

이 테스트 코드는 MyCalc 객체를 만들고 assert 구문을 사용해 add()와 mod_ divide()의 결과를 기댓값과 비교한다. 파이썬에서 assert 키워드는 표현식이 False로 평가되면 AssertionError 예외를 발생시키는 특별한 구문에 사용된다. 쉼표 다음에 있는 메시지 문자열은 오류 문자열로, AssertionError 예외의 초기화 메서드에 전달된다.

이를테면 표현식을 평가한 결과에 따라 다음과 같이 메시지와 함께 예외가 발생되는 식이다.

```
if not expression:
    raise AssertionError("message")
```

현재 MyCalc를 대상으로 하는 이 테스트는 모두 통과될 것이다. 실패 케이스를 만들고자 다음과 같이 add() 메서드를 수정해보자.

```
def add(self):
    return self.a - self.b
```

그다음에는 테스트를 실행해 결과를 확인하자.

```
Test failed: Test of add() failed.
```

이 테스트는 어떤 가치가 있을까? 이와 같은 단순한 테스트는 무의미해 보인다. 그러나 누군가 mod_divide() 메서드를 다음과 같이 리팩토링했다고 가정하자.

```
def mod_divide(self):
    #...
    return (self.a // self.b, self.a % self.b)
```

이 메서드는 모든 연산자에 친숙하지 않다면 약간 어려워 보일 수 있다. 그러나 테스트가 성공하기 때문에 코드를 완전히 이해하지 못해도 이 알고리듬이 옳다는 생각을 하게 된다. 즉, 리팩토링으로 인해 문제가 발생해도 이 코드는 그 문제를 빠르게 식별할 수 있게 할 것이다.

이렇듯 수학과 관련된 함수의 테스트는 매우 단순하다. 불행히도 실제 애플리케이션 코드의 테스트에는 좀 더 정교한 접근법이 필요하다.

예를 들어 다음과 같은 이슈들을 생각해보자.

- 어떤 코드는 테스트 전에 미리 존재해야 하며 테스트 후에 초기화돼야 하는 특정 상태에 의존할 수 있다.
- 어떤 코드는 예상치 않게 외부의 객체를 변경시키는 부작용을 가질 수 있다.
- 어떤 코드는 느리거나, 믿을 수 없거나, 예측할 수 없는 자원과 상호작용해야 할 수 있다.
- 실제 운영하는 애플리케이션은 테스트해야 할 다수의 함수와 클래스를 갖고 있을 것이다. 또한 테스트를 통해 한 번에 모든 문제가 드러나는 것이 이상적이다. 그러나 앞서 작성했던 테스트 스크립트의 경우 첫 번째 테스트에서 실패하면 테스트가 중단되므로 한 번에 하나의 문제만 알 수 있다.

이와 같은 이슈들을 해결하려면 간편하고 효율적이며 믿을 수 있는, 자동화된 테스트를 작성하고 실행하기 위한 **테스트 프레임워크**^{testing framework}가 필요하다.

unittest 모듈

unittest 모듈은 파이썬 표준 라이브러리에 포함된, 자동화된 테스트 프레임워크다. 이 모듈은 코드 테스트를 상당히 손쉽게 만들어주는 강력한 도구를 제공하며 다른 많은 테스트 프레임워크와 마찬가지로 다음과 같은 표준 단위 테스트의 개념에 기초를 둔다.

- **테스트**: 하나의 테스트는 수행이 완료되거나 아니면 예외를 발생시키는 단일 메서드다. 테스트는 주로 하나의 함수나 메서드, 또는 프로세스에 해당하는 하나의 코드 단위에 초점을 맞춘다. 테스트는 합격이면 **통과**^{pass}, 불합격이면 **실패**^{fail}, 문제가 발생하면 **오류**^{error}라는 결과를 갖는다.
- **테스트 케이스**^{test case}: 테스트 케이스는 함께 실행돼야 하는 테스트들의 모음이다. 하나의 테스트 케이스는 동일하게 설정^{setup}되고 해제^{tear-down}되는 요구 사항을 가지며 보통은 하나의 클래스나 모듈에 대응한다. 테스

트 케이스는 픽스처^{fixture}를 가질 수 있는데, 픽스처란 각 테스트가 수행되기 전에 설정되고 테스트 후에 해제됨으로써 깨끗하고 예측 가능한 테스트 환경을 제공하는 아이템을 말한다.

- **테스트 스위트**^{test suite}: 테스트 스위트는 여러 테스트 케이스의 모음이며, 보통은 애플리케이션이나 모듈의 전체 코드를 대상으로 한다.

- **모의객체**^{mock}: 모의객체는 다른 객체의 대체재며, 일반적으로 파일, 데이터베이스, 라이브러리 등과 같은 외부 자원을 대체할 때 사용된다. 모의객체는 다른 부작용 없이 빠르고 예측 가능한 대역을 할 수 있게 테스트 중에 언제든지 변경(패치^{patch})될 수 있다.

이들 개념을 좀 더 깊이 있게 알아보고자 unittest를 사용해 MyCalc 클래스를 테스트해보자.

테스트 케이스 작성

MyCalc 클래스의 테스트 케이스 작성을 위해 test_mycalc.py라는 새 파일을 만들어 다음과 같은 코드를 추가한다.

```
# unittest_demo/test_mycalc.py

import mycalc
import unittest

class TestMyCalc(unittest.TestCase):

    def test_add(self):
        mc = mycalc.MyCalc(1, 10)
        assert mc.add() == 11

if __name__ == '__main__':
    unittest.main()
```

> 테스트 모듈과 메서드의 이름은 모두 test_로 시작해야 한다. 그래야 unittest의 테스트 실행자 (runner)가 자동으로 테스트 모듈을 찾고 다른 메서드에서 테스트 메서드를 구별할 수 있기 때문이다.

짐작했겠지만 TestCase 클래스가 하나의 테스트 케이스다. 여기서는 MyCalc를 위한 테스트 케이스를 완성하고자 TestCase의 하위 클래스를 만들고 MyCalc 클래스의 한 측면을 테스트할 수 있는 테스트 메서드를 추가했다.

마지막에는 unittest.main()을 호출하는데, 이는 현재 파일의 모든 테스트 케이스를 실행한다.

이 테스트 파일을 실행하면 다음과 같은 결과를 볼 수 있을 것이다.

```
.
----------------------------------------------------------------------
Ran 1 test in 0.003s
OK
```

첫 줄의 점 하나는 하나의 테스트(test_add()) 결과를 나타낸다. unittest.main() 은 각 테스트 메서드의 실행 결과로 다음 중 하나를 출력한다.

- 점 하나(.)는 테스트가 통과됐음을 의미한다.
- F는 테스트가 실패했음을 의미한다.
- E는 오류가 발생했음을 의미한다.

마지막에는 요약된 테스트 결과가 출력되는데, 여기에는 테스트 개수와 실행 시간이 포함된다. OK는 모든 테스트가 성공적으로 통과했음을 나타낸다.

테스트에 실패한 경우에는 어떤 결과가 출력되는지 보고자 다음과 같이 테스트 메서드를 수정하자.

```python
def test_add(self):
    mc = mycalc.MyCalc(1, 10)
```

```
        assert mc.add() == 12
```

이제 테스트 모듈을 실행하면 다음과 같은 결과를 볼 수 있을 것이다.

```
F
========================================================================
FAIL: test_add (__main__.TestMyCalc)
------------------------------------------------------------------------
Traceback (most recent call last):
File "test_mycalc.py", line 8, in test_add
assert mc.add() == 12
AssertionError
------------------------------------------------------------------------
Ran 1 test in 0.013s
FAILED (failures=1)
```

보다시피 가장 처음에는 테스트에 실패했음을 의미하는 F가 나타난다. 모든 테스트가 실행된 뒤에는 실패한 모든 테스트의 역추적 정보를 볼 수 있으며, 이를 통해 잘못된 코드를 쉽게 찾아 수정할 수 있다.

그러나 지금 보이는 역추적 정보는 이상적이지 못하다. `mc.add()`가 12를 반환하지 않았음은 알 수 있으나 그 대신 뭘 반환했는지는 알 수 없기 때문이다. 물론 테스트 메서드에 문자열을 추가해 화면에 출력하게 할 수 있겠지만 unittest는 그보다 더 좋은 방법을 제공한다. 바로 TestCase의 단언 메서드다.

TestCase 단언 메서드

TestCase 객체에는 코드 결과를 다양하게 테스트할 수 있는, 좀 더 명확하고 강력한 방법을 제공하는 다양한 단언 메서드[assertion method]가 포함돼 있다.

예를 들어 `TestCase.assertEqual()`은 값이 동일한지 확인하는 메서드며, 다음과 같이 사용할 수 있다.

```
def test_add(self):
    mc = mycalc.MyCalc(1, 10)
    self.assertEqual(mc.add(), 12)
```

이제 테스트 케이스를 실행하면 다음과 같이 좀 더 자세한 역추적 정보를 볼 수 있다.

```
Traceback (most recent call last):
File "test_mycalc.py", line 11, in test_add
self.assertEqual(mc.add(), 12)
AssertionError: 11 != 12
```

이제 mc.add()가 반환한 값을 볼 수 있으므로 디버깅이 좀 더 쉬워졌다. TestCase에는 클래스 상속, 발생된 예외, 시퀀스 멤버십 연산 등과 같은 다양한 조건에서의 테스트를 쉽게 해주는, 20개가 넘는 단언 메서드가 있다.[1]

흔히 사용되는 단언 메서드들은 다음과 같다.

메서드	테스트
assertEqual(a, b)	a == b인지 확인
assertTrue(a)	a가 True인지 확인
assertFalse(a)	a가 False인지 확인
assertIn(item, sequence)	item이 sequence 안에 있는지 확인
assertRaises(exception, callable, *args)	args를 전달해 호출하면 callable이 exception을 발생시키는지 확인
assertGreater(a, b)	a가 b보다 큰지 확인
assertLess(a, b)	a가 b보다 작은지 확인

---

1. 멤버십 연산이란 시퀀스 유형에 in을 사용하는 연산을 말한다. – 옮긴이

> 가용한 단언 메서드의 전체 목록은 파이썬 공식 문서의 unittest 페이지(https://docs.python. org/3/library/unittest.html)에서 볼 수 있다.

예를 들어 `mod_divide()`가 ValueError 예외를 발생시키는지 확인하려면 다음과 같이 하면 된다.

```
def test_mod_divide(self):
    mc = mycalc.MyCalc(1, 0)
    self.assertRaises(ValueError, mc.mod_divide)
```

해당 함수가 해당 예외를 발생시키면 `assertRaises()`는 통과한다. 테스트하려는 함수에 인자를 전달하려면 `assertRaises()`의 세 번째 인자로 추가하면 된다.

또한 `assertRaises()`는 다음과 같이 콘텍스트 관리자로 사용할 수도 있다.

```
def test_mod_divide(self):
    mc = mycalc.MyCalc(1, 0)
    with self.assertRaises(ValueError):
        mc.mod_divide()
```

> 이 코드는 그전과 정확히 동일한 역할을 수행하지만 좀 더 명확하고 유연하다. with 블록 안에 여러 줄의 코드를 넣을 수 있기 때문이다. 또한 테스트 케이스 안에 자신만의 커스텀 단언 메서드도 쉽게 추가할 수 있는데, 특정 조건에서 AssertionErrorexception을 발생시키는 메서드를 만들기만 하면 된다.

픽스처

현재 테스트 케이스의 각 테스트가 MyCalc 객체에 접근해야 함은 당연하다. 따라서 각 테스트 메서드에 일일이 MyCalc 접근 코드를 넣지 않을 수 있으면 좋을 것이다. 이를 가능하게 하는 것이 TestCase 객체의 **setUp()** 메서드다. 이 메서드는 각 테스트 케이스보다 먼저 실행되며, 이 메서드를 재정의해 각 테스트를 위해 필요한 어떤 설정이라도 할 수 있다.[2]

예를 들어 이 메서드를 사용해 다음과 같이 MyCalc 객체를 만들 수 있다.

```python
def setUp(self):
    self.mycalc1_0 = mycalc.MyCalc(1, 0)
    self.mycalc36_12 = mycalc.MyCalc(36, 12)
```

이제 모든 테스트 케이스는 각자 MyCalc 객체를 만들 필요가 없이 이 객체를 사용할 수 있게 됐다. setUp() 메서드는 각 테스트마다 매번 그전에 재실행되므로 MyCalc 객체는 매번 초기화된다. 각 테스트가 수행된 후에 필요한 마무리 작업이 있다면 tearDown() 메서드를 재정의해 사용되면 된다. 이 메서드도 각 테스트마다 매번 그 후에 실행된다. 다만 지금 예제에서는 필요하지 않을 뿐이다.

setUp() 메서드 덕분에 test_add() 메서드는 다음과 같이 훨씬 간결하게 된다.

```python
def test_add(self):
    self.assertEqual(self.mycalc1_0.add(), 1)
    self.assertEqual(self.mycalc36_12.add(), 48)
```

인스턴스 메서드인 setUp()과 tearDown()에 더해 TestCase는 객체 자체를 설정하고 해제할 수 있는 setUpClass()와 tearDownClass()라는 클래스 메서드도 제공한다. 이 두 메서드는 각 테스트 사이가 아닌, 테스트 케이스가 생성되고 소멸될 때 수행해야 할 작업에 사용된다. 예를 들어 테스트에 필요하지만 변경될 일이 전혀 없는 복잡한 객체를 만들어야 할 때 setUpClass() 메서드를 사용할 수 있다.

---

2. setUp()을 포함해 이 절에서 설명할 메서드들을 통칭해 픽스처(fixture)라고 한다. - 옮긴이

모의객체

MyCalc.rand_between()은 a와 b 사이에 있는 임의의 수, 즉 난수를 생성하는 메서드다. 따라서 그 결과를 알 수 없으므로 테스트를 위한 고정된 값을 지정할 수 없다. 이 메서드는 어떻게 테스트해야 할까?

초보적인 접근법은 다음과 같을 것이다.

```
def test_rand_between(self):
    rv = self.mycalc1_0.rand_between()
    self.assertLessEqual(rv, 1)
    self.assertGreaterEqual(rv, 0)
```

대상 코드가 옳다면 이 테스트는 통과된다. 그러나 대상 코드가 잘못됐더라도 반드시 실패하진 않는다. 요컨대 rand_between()의 결과가 무작위이므로 잘못된 코드라 하더라도 통과하거나 실패할 수 있다는 말이다. 예를 들어 MyCalc(1,10).rand_between()가 2와 11 사이의 수를 반환하는 잘못된 코드이더라도 2에서 10 사이의 수를 반환하면 테스트는 통과하며 오직 11을 반환할 때만 실패한다. 따라서 잘못된 코드임에도 실패할 확률은 10%에 불과하다.

테스트 목적상 random()과 같은 표준 라이브러리 함수는 문제가 없다고 추정해야 한다. 따라서 단위 테스트에서는 현재 메서드가 random()이 제공하는 값을 제대로 처리하는지 확인해야 한다. 그러면 예측 가능한 값을 반환하는 함수로 random()을 임시 대체한다면 그다음 계산의 올바름을 테스트할 수 있을 것이다.

이를 위해 unittest.mock 모듈은 모의객체인 Mock 클래스를 제공한다. Mock 객체를 사용하면 다른 클래스, 메서드, 라이브러리의 동작을 예측 가능하게 시뮬레이션할 수 있다. 즉, Mock 객체가 다른 클래스, 객체, 함수, 모듈 등의 동작을 흉내내는 데 필요한 값, 부작용, 속성, 메서드, 함수 등을 반환하고 테스트 실행이 완료되기 전에 깨끗하게 없앨 수 있다.

실제 사용법을 알아보고자 다음과 같이 Mock을 사용해 가짜 random() 함수를 만들자.

```python
from unittest.mock import Mock

# TestMyCalc 클래스
  def test_rand_between(self):
      fakerandom = Mock(return_value=.5)
```

Mock 객체의 return_value 인자에는 함수로서 호출될 때마다 반환되는 값을 하드코딩할 수 있다. 여기서 fakerandom 모의객체는 항상 0.5를 반환하는 함수처럼 동작한다.

다음과 같이 fakerandom으로 random()을 임시 대체한다.

```python
orig_random = mycalc.random.random
mycalc.random.random = fakerandom
rv = self.mycalc1_0.rand_between()
self.assertEqual(rv, 0.5)
mycalc.random.random = orig_random
```

먼저 random을 대체하기 전에 원래의 mycalc.random.random을 저장했다. 여기서는 오직 mycalc.py 안에서 사용되는 random만 특정해 대체함으로써 다른 곳에서의 random() 호출에 영향이 없게 했음을 주목하기 바란다. 이렇듯 라이브러리를 패치할 때는 최대한으로 특정지음으로써 뜻밖의 부작용을 방지하는 것이 가장 좋은 방법이다.

fakerandom이 자리를 꿰찼으므로 rand_between()을 호출해 결과를 확인할 수 있다. fakerandom()은 무조건 0.5를 반환하고 a가 1이고 b가 0이면 (0.5 × 1 + 0) = 0.5임을 알고 있으므로 rand_between()의 코드에 문제가 없음이 확인된다. 이 알고리듬에서는 다른 어떤 값이라도 오류를 발생시킬 것이다. 테스트 코드의 마지막에는 random을 원래의 표준 라이브러리 함수로 다시 돌려놓음으로써 다른 테스트에서 우연히 모의객체를 사용하는 일이 없게 했다.

원래의 라이브러리를 저장했다가 다시 되돌리는 것은 매우 귀찮은 일이므로
unittest.mock은 patch()를 사용하는 깔끔한 접근법을 제공한다. patch() 함수
는 콘텍스트 관리자나 데코레이터로 사용할 수 있으며 어느 방법이든 Mock 객
체를 패치함으로써 코드를 좀 더 간결하게 해준다.

다음 코드는 patch()를 콘텍스트 관리자로 사용해 fakerandom()을 만든다.

```python
# test_mycalc.py

from unittest.mock import patch

# TestMyCalc 클래스
  def test_rand_between(self):
    with patch('mycalc.random.random') as fakerandom:
      fakerandom.return_value = 0.5
      rv = self.mycalc1_0.rand_between()
      self.assertEqual(rv, 0.5)
```

patch() 메서드는 경로 문자열을 받고 그 경로에 새 Mock 객체를 패치한다. 콘텍
스트 관리자 블록 안에서는 Mock 객체의 메서드와 속성을 설정하고 실제 테스트
를 진행할 수 있다. 블록이 끝나면 패치된 함수는 원래 버전으로 되돌아간다.

patch()를 데코레이터로 사용하는 방법은 다음과 같다.

```python
@patch('mycalc.random.random')
def test_rand_between2(self, fakerandom):
  fakerandom.return_value = 0.5
  rv = self.mycalc1_0.rand_between()
  self.assertEqual(rv, 0.5)
```

이 경우 patch()가 만든 Mock 객체는 테스트 메서드의 인자로 전달되며 함수가
실행되는 동안 패치된 상태로 유지된다. 이 접근법은 하나의 테스트 메서드
안에서 모의객체를 여러 번 사용하고자 할 때 더욱 적합하다.

복수의 단위 테스트 수행

파일 마지막에 unittest.main()을 호출함으로써 단위 테스트를 수행할 수 있지만 이 접근법은 확장하기 힘들다. 애플리케이션의 규모가 커짐에 따라 여러 테스트 파일을 작성하게 되고 이들을 한 번에 실행해야 할 필요가 있기 때문이다.

다행히 unittest는 명령 하나로 프로젝트의 모든 테스트를 찾아 실행하는 다음과 같은 방법을 제공한다.

```
$ python -m unittest
```

테스트 모듈에 test_를 붙이는 명명 규칙만 따른다면 프로젝트 루트 디렉터리에서의 이 명령은 모든 테스트 스크립트를 실행한다.

⁘ Tkinter 코드 테스트

Tkinter 코드의 테스트에는 몇 가지 특별한 사항이 포함된다. Tkinter는 많은 콜백과 메서드를 비동기식으로 처리한다. 이는 어떤 코드의 결과는 즉시 확인할 수 없다는 의미다. 또한 GUI를 테스트하는 일은 종종 윈도우 관리나 시각적 신호와 같이 테스트로 판별할 수 없는 외부 요소에 의존한다.

이 절에서는 그런 이슈를 해결하기 위한 몇 가지 도구와 전략 그리고 Tkinter 코드를 위한 테스트 제작 방법을 알아본다.

비동기 코드 관리

모든 Tkinter UI와의 상호작용, 예를 들어 버튼 클릭, 필드 입력, 윈도우 활성화 등과 같은 작업의 응답은 곧바로 실행되지 않는다.

그 대신 그런 작업은 코드 실행이 계속되는 동안 나중에 처리되도록 이벤트 큐

event queue라는 일종의 할 일 목록^{to-do list}에 쌓인다. 물론 사용자는 즉각적인 반응으로 느끼겠지만 테스트 코드는 현재의 대상 코드가 그다음 줄의 코드로 넘어가기 전에 작업을 완료했는지 알 수 없다.

이 문제의 해결을 위해 Tkinter 위젯은 이벤트 큐를 관리할 수 있는 다음과 같은 몇 개의 메서드를 제공한다.

- wait_visibility() 메서드는 현재 위젯이 화면에 완전히 그려질 때까지 다음 코드를 진행하지 않고 기다리게 한다.
- update_idletasks() 메서드는 현재 위젯에 아직 처리되지 않은 유휴 작업^{idle task}을 강제로 진행시킨다. 그리기나 렌더링 등과 같은 작업은 낮은 우선순위를 가지므로 유휴 작업일 수 있다.
- update() 메서드는 콜백, 다시 그리기, 배치 관리자의 호출 등 현재 위젯에 아직 처리되지 않은 모든 이벤트를 강제로 진행시키며 update_idletasks()의 역할도 포함한다.

NOTE

이벤트 큐는 14장에서 더 자세히 알아본다.

사용자 액션 시뮬레이션

GUI 테스트 자동화에 있어서는 사용자가 위젯을 클릭하거나 키를 누르면 무슨 일이 벌어지는지가 관건이다. Tkinter는 사용자 액션이 일어나면 그 위젯을 위한 Event 객체를 생성해 이벤트 큐에 전달한다. 해당 위젯의 event_generate() 메서드를 사용하면 그와 동일한 일을 코드에서 할 수 있다.

이벤트 시퀀스 지정

위젯에 이벤트를 등록하려면 6장에서 살펴봤던 event_generate()에 이벤트의 시퀀스 문자열을 <이벤트 수정자-이벤트 유형-이벤트 상세> 형식으로 전달하면 된다. 이 시퀀스 문자열에 대해 자세히 알아보자.

시퀀스 문자열의 핵심 부분은 이벤트 유형이다. 이는 키 누름, 마우스 클릭, 윈도우 관련 이벤트 등 지정하고자 하는 유형을 말한다.

Tkinter에는 약 30가지의 이벤트 유형이 있으나 일반적으로 사용하게 될 유형들은 다음과 같을 것이다.

이벤트 유형	액션
ButtonPress 또는 Button	마우스 버튼 클릭
ButtonRelease	마우스 버튼 떼기
KeyPress 또는 Key	키 누름
KeyRelease	키 떼기
FocusIn	위젯에 포커스가 들어옴
FocusOut	위젯에 포커스가 사라짐
Enter	위젯에 마우스 커서가 들어옴
Leave	위젯에 마우스 커서가 사라짐
Configure	config() 호출이나 윈도우 크기 조절 등 위젯의 설정이 변경됨

이벤트 수정자event modifier는 이벤트 유형에 변화를 줄 수 있는 옵션이다. 예를 들어 Control, Alt, Shift는 해당 키가 눌렸음을 나타낼 때 사용되며 Double이나 Triple은 마우스 더블클릭이나 트리플(삼중)클릭을 나타낼 때 Button과 함께 사용된다. 이벤트 수정자는 필요시 여러 개를 사용할 수 있다.

이벤트 상세event detail는 키보드나 마우스 이벤트에만 가능하며 어떤 키나 버튼이 눌렸는지 설명한다. 예를 들어 <Button-1>은 마우스 왼쪽 버튼을, <Button-3>은 마우스 오른쪽 버튼을 나타낸다. 이때 <Control-KeyPress-a>와 같이 실제 문자나 숫자를 사용해야 하는데, 다만 문법적으로 충돌이 날 수 있는 대부분의 특수 문자는 minus, colon, semicolon 등과 같이 그 의미를 설명하는 단어를 사용해야 한다.

다음은 유효한 시퀀스 문자열들의 예다.

시퀀스	설명
<Double-Button-3>	마우스 오른쪽 버튼을 더블클릭함
<Alt-KeyPress-exclam>	Alt를 누른 상태에서 느낌표(!) 키를 누름
<Control-Alt-Key-m>	Ctrl과 Alt를 누른 상태에서 m을 입력함
<KeyRelease-minus>	눌렀던 빼기(-) 키를 뗌

시퀀스에 더해 이벤트의 다양한 측면을 설명하는 다른 인자들을 event_generate()에 전달할 수 있다. 그 인자들의 일부는 시퀀스의 역할과 중복되기도 하지만 어떤 경우에는 해당 이벤트에 의미 있는 추가 정보를 제공해야 할 필요가 있다. 예를 들어 마우스 버튼 이벤트에서 x와 y 인자를 사용하면 클릭한 위치의 좌표를 지정할 수 있다.

포커스 관리

어떤 위젯이나 윈도우가 현재 키보드 입력을 받고 있는 상태일 경우 **포커스**[focus]를 갖는다고 한다. 또한 위젯은 자신의 영역 밖의 마우스 움직임이나 키 눌림을 막고 포커스를 잡아챌 수도 있는데, 이를 **그랩**[grap]이라고 한다.

Tkinter는 포커스와 그랩을 관리할 수 있는 위젯 메서드를 제공하며, 그중 테스트 작업에 유용한 몇 가지는 다음과 같다.

메서드	설명
focus_set()	윈도우가 포커스를 얻으면 그 포커스를 현재 위젯으로 가져온다.
focus_force()	윈도우에 포커스가 없어도 현재 위젯에 포커스를 부여한다.
grab_set()	애플리케이션의 모든 이벤트도 현재 위젯이 그랩한다.
grab_set_global()	화면 안의 모든 이벤트도 현재 위젯이 그랩한다.
grab_release()	현재의 그랩 설정을 해제한다.

이들 메서드로 대상 위젯이나 윈도우가 키보드나 마우스 이벤트에 적절히 반응하는지 테스트에 이용할 수 있다.

대부분의 경우 focus_set() 메서드만 사용해도 충분하지만 애플리케이션의 동작이나 운영체제의 윈도우 환경에 따라 focus_force()나 grab_set()과 같은 극강의 메서드가 필요할 수도 있다.[3]

위젯 정보 취득

Tkinter 위젯에는 다양한 위젯 정보를 얻을 수 있는 winfo_ 메서드들의 모음이 있다. 가용한 기능에 아쉬운 점은 많지만 테스트 안에서 이들 메서드를 사용해 주어진 위젯의 상태 정보를 활용할 수는 있다.

유용한 몇 가지 winfo_ 메서드는 다음과 같다.

메서드	설명
winfo_height(), winfo_width()	위젯의 높이나 너비를 얻는다.

(이어짐)

---

3. 다른 영역의 포커스를 가져오는 일은 매우 위험하므로 보통은 focus_force()나 그랩 관련 메서드의 사용은 권장되지 않음을 참고하기 바란다. — 옮긴이

메서드	설명
winfo_children()	자식 위젯의 목록을 얻는다.
winfo_geometry()	위젯의 크기와 위치를 얻는다.
winfo_ismapped()	위젯의 매핑 여부, 즉 배치 관리자를 통해 레이아웃에 추가됐는 지 여부를 알 수 있다.
winfo_viewable()	볼 수 있는 위젯인지 여부, 즉 현재 위젯과 모든 부모 위젯이 매핑됐는지 여부를 알 수 있다.
winfo_x(), winfo_y()	위젯의 왼쪽 맨 위 지점의 좌표를 얻는다.

ABQ 앱을 위한 테스트 작성

이제 unittest의 사용법과 Tkinter 테스트 방법의 지식을 토대로 ABQ 앱을 위한 자동화된 테스트를 작성하자. 그러나 그전에 먼저 테스트 모듈을 만들어야한다. abq_data_entry 패키지 안에 test라는 디렉터리를 만들고 그 안에 빈 __init__.py 파일을 만들자. 앞으로 모든 테스트는 이 디렉터리 안에 만들 것이다.

데이터 모델 테스트

CSVModel은 매우 독립적인 클래스다. 파일의 읽기와 쓰기 부분을 제외하면 말이다. 따라서 파일 시스템을 건드리지 않고 테스트하려면 모의객체를 사용하는 방법을 택해야 할 것이다. 파일 작업은 모의객체를 사용해 테스트하는 대표적인 작업 중의 하나이므로 mock 모듈은 파이썬의 open() 메서드를 대체하는 Mock의 하위 클래스인 mock_open()을 제공한다.

test 디렉터리에 test_models.py라는 새 파일을 만들자. 이는 데이터 모델 클래스를 위한 테스트 모듈이 될 것이다. 먼저 이 파일에 다음과 같이 몇 개의 모듈을 임포트한다.

```
# test_models.py
from .. import models
from unittest import TestCase
from unittest import mock
from pathlib import Path
```

models 모듈에 더해 당연히 TestCase와 mock을 임포트했으며 CSVModel이 내부적으로 사용하는 Path 역시 임포트했다.

이제 다음과 같이 CSVModel 클래스를 위한 테스트 케이스를 작성한다.

```
class TestCSVModel(TestCase):

  def setUp(self):
    self.file1_open = mock.mock_open(
      read_data=(
        "Date,Time,Technician,Lab,Plot,Seed Sample,"
        "Humidity,Light,Temperature,Equipment Fault,"
        "Plants,Blossoms,Fruit,Min Height,Max Height,"
        "Med Height,Notes\r\n"
        "2021-06-01,8:00,J Simms,A,2,AX478,24.47,1.01,21.44,"
        "False,14,27,1,2.35,9.2,5.09,\r\n"
        "2021-06-01,8:00,J Simms,A,3,AX479,24.15,1,20.82,"
        "False,18,49,6,2.47,14.2,11.83,\r\n"
      )
    )
    self.file2_open = mock.mock_open(read_data='')

    self.model1 = models.CSVModel('file1')
    self.model2 = models.CSVModel('file2')
```

setUp() 메서드 안에서는 2개의 데이터 모의객체를 만들었다. 하나는 CSV 헤더와 두 데이터 로우를 포함하며 다른 하나는 빈 객체다. mock_open 객체의 read_data 인자에는 테스트 대상 코드가 데이터를 읽었을 때 반환할 문자열을 지정한다.

그다음에는 file1과 file2라는 파일명을 갖는 2개의 CSVModel 객체를 만들었다. 실제 모델과 mock_open 객체는 아무 관련이 없다. 즉, 실제 파일을 열 일은 없으므로 임의의 파일명을 지정했으며 어떤 mock_open 객체가 사용될지는 patch()를 통해 테스트 메서드에서 결정된다.

파일 읽기 테스트

이제 다음과 같이 이 테스트 케이스를 사용하는 get_all_records() 메서드부터 시작하자.

```
# test_models.py 파일의 TestCSVModel 클래스

    @mock.patch('abq_data_entry.models.Path.exists')
    def test_get_all_records(self, mock_path_exists):
      mock_path_exists.return_value = True
```

CSVModel 객체의 파일명은 실제 존재하지 않으므로 patch()를 데코레이터로 사용해 항상 True를 반환하는 모의 함수로 Path.exists()를 대체했다. 나중에 파일이 존재하지 않는 시나리오를 테스트한다면 return_value의 값을 변경하면 된다.

mock_open 객체 중 하나에 get_all_records() 메서드를 실행하려면 다음과 같이 patch()를 콘텍스트 관리자로 사용하면 된다.

```
        with mock.patch(/
          'abq_data_entry.models.open',
          self.file1_open
        ):
        records = self.model1.get_all_records()
```

이 콘텍스트 관리자 블록 안에서의 모든 open() 호출은 mock_open 객체로 대체되며 앞서 지정했던 read_data 문자열을 포함한 파일 핸들이 반환된다.

이제 반환된 레코드에 대해 다음과 같이 테스트를 수행할 수 있다.

```
# test_models.py 파일의 TestCSVModel.test_get_all_records() 메서드
    self.assertEqual(len(records), 2)
    self.assertIsInstance(records, list)
    self.assertIsInstance(records[0], dict)
```

여기서는 먼저 records에 2줄의 데이터가 포함돼 있는지 확인한다. 앞서 read_data에 2줄의 CSV 데이터를 넣었기 때문이다. 그다음에는 records가 list 객체인지, 또한 리스트의 첫 번째 아이템이 dict 객체나 그 하위 클래스인지 확인한다.

이제 records에 모든 필드가 존재하는지 또한 장비에 오류가 없는지 다음과 같이 확인할 수 있다.

```
    fields = (
        'Date', 'Time', 'Technician', 'Lab', 'Plot',
        'Seed Sample', 'Humidity', 'Light',
        'Temperature', 'Equipment Fault', 'Plants',
        'Blossoms', 'Fruit', 'Min Height', 'Max Height',
        'Med Height', 'Notes')

    for field in fields:
        self.assertIn(field, records[0].keys())

    self.assertFalse(records[0]['Equipment Fault'])
```

여기서는 모든 필드명이 있는 튜플을 순환하며 records에 존재하는지 확인한다. 이와 같은 식으로 루프를 사용해 신속히 대량의 콘텐츠를 확인하는 작업은 테스트에 있어서도 대수롭지 않은 일이다.

Mock 객체는 단지 다른 클래스나 함수를 대신하는 기능만이 아닌, 그 이상의 역할을 한다. 어떤 인자와 함께 몇 번 호출됐는지 알 수 있게 하는, 자신만의 단언 메서드가 있기 때문이다.

예를 들어 기대했던 인자와 함께 mock_open 객체가 호출됐는지 다음과 같은
식으로 확인할 수 있다.

```
self.file1_open.assert_called_with(
    Path('file1'), 'r', encoding='utf-8', newline=''
)
```

assert_called_with()는 어떤 위치 인자와 키워드 인자도 받을 수 있으며 모의
객체의 마지막 호출에 정확히 그 인자들이 포함됐는지 확인한다. 여기서 file1_
open()은 파일명 file1을 포함하는 Path 객체, 읽기 모드(r), utf-8 인코딩 값,
빈 문자열을 가진 newline 인자와 함께 호출됐는지 확인한다. 이렇듯 실제 결과
를 테스트하지 않아도 모의객체를 통해 open() 함수를 검증할 수 있다.

TIP

이 메서드에 전달되는 키워드 인자의 순서는 문제가 안 된다.

파일 저장 테스트

이번에는 mock_open으로 파일 쓰기 기능, 즉 save_record()를 테스트하자. 먼
저 다음과 같이 약간의 데이터를 정의하는 테스트 메서드를 작성한다.

```
@mock.patch('abq_data_entry.models.Path.exists')
def test_save_record(self, mock_path_exists):

    record = {
        "Date": '2021-07-01', "Time": '12:00',
        "Technician": 'Test Technician', "Lab": 'C',
        "Plot": '17', "Seed Sample": 'test sample',
        "Humidity": '10', "Light": '99',
        "Temperature": '20', "Equipment Fault": False,
        "Plants": '10', "Blossoms": '200',
        "Fruit": '250', "Min Height": '40',
```

```
    "Max Height": '50', "Med Height": '55',
    "Notes": 'Test Note\r\nTest Note\r\n'
}
record_as_csv = (
    '2021-07-01,12:00,Test Technician,C,17,test sample,10,99,'
    '20,False,10,200,250,40,50,55,"Test Note\r\nTest Note\r\n"'
    '\r\n')
```

이 메서드는 `Path.exists`에 대한 모의객체, 데이터 딕셔너리, 그 값과 동일한 CSV 데이터 한 줄을 만든다.

TIP

> 코드를 통해 데이터 딕셔너리나 CSV 데이터를 생성되게 하고 싶을 수 있다. 그러나 테스트를 위해서 는 지금처럼 하드코딩을 하는 방법이 훨씬 낫다. 어떤 값으로 테스트하는지 명확히 알 수 있으며 테스트 로직 자체의 오류도 방지할 수 있기 때문이다.

이제 첫 번째 테스트 시나리오로 `file2_open`과 `model2`를 사용해 다음과 같이 이미 존재하는 빈 파일에 데이터를 쓰는 작업을 시뮬레이션하자.

```
mock_path_exists.return_value = True
with mock.patch('abq_data_entry.models.open', self.file2_open):
    self.model2.save_record(record, None)
```

`mock_path_exists.return_value`에 `True`를 지정해 파일이 이미 존재한다고 설정했으며 빈 파일을 나타내는 두 번째 `mock_open` 객체에 `open()` 메서드를 패치하고 `CSVModel.save_record()`를 호출했다. 삽입할 로우 번호가 없는 레코드를 전달하므로 결과적으로 `file2`를 추가 모드[a]로 열고 CSV 형식의 레코드를 작성해야 할 것이다.

이 추정이 맞는지 테스트하고자 다음과 같이 `assert_called_with()`를 작성한다.

```
self.file2_open.assert_called_with(
```

```
        Path('file2'), 'a', encoding='utf-8', newline=''
    )
```

이 메서드를 통해 추정되는 인자들과 함께 **file2_open**이 호출되는지는 확인할 수는 있지만 실제 데이터가 작성되는지 알고자 파일 핸들에 접근하려면 어떻게 해야 할까?

이는 다음과 같이 **mock_open** 객체를 호출해 가짜 파일 핸들을 가져옴으로써 간단히 해결할 수 있다.

```
file2_handle = self.file2_open()
file2_handle.write.assert_called_with(record_as_csv)
```

일단 그 자체가 Mock 객체인 가짜 파일 핸들을 가져오면 그 **write()** 메서드에 테스트 메서드를 실행해 주어진 CSV 데이터로 호출됐는지 확인할 수 있다.

이제 레코드 갱신을 시뮬레이션하고자 로우 번호를 전달하는, 이전과 동일한 방식으로 테스트를 진행한다.

```
with mock.patch('abq_data_entry.models.open', self.file1_open):
    self.model1.save_record(record, 1)
    self.file1_open.assert_called_with(
        Path('file1'), 'w', encoding='utf-8'
    )
```

갱신 작업이 올바로 수행됐는지 확인하는 이 코드는 한 가지 문제가 있다. **assert_called_with()**는 오직 모의객체의 마지막 호출만 확인한다는 점이다. 그러나 CSV 파일이 갱신될 때는 로우당 한 번씩 **write()**가 호출되면서 파일 전체가 갱신된다. 따라서 마지막 호출만이 아닌, 모든 로우에 대해 **write()**가 올바르게 호출됐는지 확인해야 한다. 이를 위해 Mock 객체는 **assert_has_calls()**라는 메서드를 제공하는데, 이는 대상 객체의 모든 호출 이력을 확인할 수 있게 한다.

이 메서드를 사용하려면 Call 객체의 리스트를 만들어야 한다. 각 Call 객체는 모의객체에 대한 호출을 나타낸다. Call 객체는 다음과 같은 식으로 mock.call() 함수를 사용해 만들 수 있다.

```python
file1_handle = self.file1_open()
file1_handle.write.assert_has_calls([
    mock.call(
        'Date,Time,Technician,Lab,Plot,Seed Sample,'
        'Humidity,Light,Temperature,Equipment Fault,Plants,'
        'Blossoms,Fruit,Min Height,Max Height,Med Height,Notes'
        '\r\n'),
    mock.call(
        '2021-06-01,8:00,J Simms,A,2,AX478,24.47,1.01,21.44,'
        'False,14,27,1,2.35,9.2,5.09,\r\n'),
    mock.call(
        '2021-07-01,12:00,Test Technician,C,17,test sample,'
        '10,99,20,False,10,200,250,40,50,55,'
        '"Test Note\r\nTest Note\r\n"\r\n')
])
```

mock.call()의 인자는 함수 호출시 반드시 전달돼야 하는 값이며 이 예제에서는 하나의 CSV 데이터 문자열이어야 한다. assert_has_calls()에 전달되는 리스트의 각 Call 객체는 그 순서대로 가짜 파일 핸들의 write() 메서드가 호출됨을 나타낸다. 순서가 중요하지 않은 경우라면 assert_has_calls() 메서드의 in_order라는 인자에 False를 설정해 추가하면 된다. 이 예제에서는 순서가 중요한데, 그렇지 않으면 손상된 CSV 파일이 될 수 있기 때문이다.

나머지 테스트

CSVModel의 나머지 메서드와 SettingsModel의 메서드 역시 동일한 방식으로 테스트해야 한다. 이 책의 소스 파일에 일부 테스트 코드가 더 포함돼 있으나 자신이 직접 작성해 테스트하기를 권한다.

Application 객체 테스트

ABQ 앱의 Application은 메인 윈도우이자 동시에 컨트롤러 역할을 하는 Tk 객체로 구현됐으며 애플리케이션 안에 정의된 어떤 모델과 뷰와도 연결될 수 있다. 따라서 예상할 수 있듯 Application 객체와 분리해 다른 모든 컴포넌트의 모의객체를 만들수록 테스트 코드에 patch()가 많은 역할을 담당하게 될 것이다.

test 디렉터리 안에 test_application.py라는 새 파일을 만들고 다음과 같이 임포트문부터 시작하자.

```python
# test_application.py

from unittest import TestCase
from unittest.mock import patch
from .. import application
```

이제 다음과 같이 테스트 케이스를 추가한다.

```python
class TestApplication(TestCase):
    records = [
        {'Date': '2018-06-01', 'Time': '8:00', 'Technician': 'J Simms',
         'Lab': 'A', 'Plot': '1', 'Seed Sample': 'AX477',
         'Humidity': '24.09', 'Light': '1.03', 'Temperature': '22.01',
         'Equipment Fault': False, 'Plants': '9', 'Blossoms': '21',
         'Fruit': '3', 'Max Height': '8.7', 'Med Height': '2.73',
         'Min Height': '1.67', 'Notes': '\n\n',
        },
        {'Date': '2018-06-01', 'Time': '8:00', 'Technician': 'J Simms',
         'Lab': 'A', 'Plot': '2', 'Seed Sample': 'AX478',
         'Humidity': '24.47', 'Light': '1.01', 'Temperature': '21.44',
         'Equipment Fault': False, 'Plants': '14', 'Blossoms': '27',
         'Fruit': '1', 'Max Height': '9.2', 'Med Height': '5.09',
         'Min Height': '2.35', 'Notes': ''
        }
    ]
```

```
settings = {
    'autofill date': {'type': 'bool', 'value': True},
    'autofill sheet data': {'type': 'bool', 'value': True},
    'font size': {'type': 'int', 'value': 9},
    'font family': {'type': 'str', 'value': ''},
    'theme': {'type': 'str', 'value': 'default'}
}
```

TestApplication 클래스는 데이터와 설정 모델 대신 모의객체를 사용할 것이므로 Application이 그 모델들로부터 받을 데이터 샘플을 저장하는 클래스 프로퍼티를 만들었다. setUp() 메서드는 모든 외부 클래스를 모의객체로 패치하고 샘플 데이터를 반환하게 설정하며, 테스트에서 사용할 Application 인스턴스를 만들 것이다.

NOTE

> 테스트 데이터의 불리언 값은 bool 객체지만 숫자 값은 문자열임에 주목하자. 이는 실제 CSVModel 이 데이터를 반환하는 방식이며 그 시점에는 데이터 타입 변환이 일어나지 않기 때문이다.

이제 다음과 같이 setUp() 메서드를 만든다.

```
# test_application.py 파일의 TestApplication 클래스

def setUp(self):
  with \
    patch(
      'abq_data_entry.application.m.CSVModel'
    ) as csvmodel,\
    patch(
      'abq_data_entry.application.m.SettingsModel'
    ) as settingsmodel,\
    patch(
      'abq_data_entry.application.Application._show_login'
    ) as show_login,\
    patch('abq_data_entry.application.v.DataRecordForm'),\
```

```
    patch('abq_data_entry.application.v.RecordList'),\
    patch('abq_data_entry.application.ttk.Notebook'),\
    patch('abq_data_entry.application.get_main_menu_for_os')\
:
    show_login.return_value = True
    settingsmodel().fields = self.settings
    csvmodel().get_all_records.return_value = self.records
    self.app = application.Application()
```

여기서는 7개의 patch() 콘텍스트 관리자를 사용하는 with 블록을 만들었으며 모의객체로 사용할 각 클래스와 메서드는 다음과 같다.

- CSV와 설정 모델은 별칭과 함께 패치함으로써 적절한 데이터를 반환하도록 설정할 수 있다.

- show_login() 메서드는 하드코딩된 True 값을 반환하므로 로그인은 항상 성공할 것이다. 이 클래스 전체를 테스트할 계획이라면 이 함수 역시 실제 테스트해야 하지만 지금은 단순히 모의객체를 사용하는 것으로 충분하다.

- 레코드 폼과 레코드 목록 클래스의 경우 Application 테스트 코드 안에서의 오류는 의미가 없다. 이들 클래스는 자신만의 테스트 케이스를 따로 가질 것이기 때문이다. 또한 이들 클래스에 어떤 설정도 필요하지 않으므로 모의객체에 별칭을 주지 않았다.

- Notebook 클래스를 패치하지 않는다면 그 add() 메서드에 Mock 객체를 전달함으로써 불필요한 오류를 발생시키게 될 것이다. Tkinter 클래스 자체는 올바르게 작동한다고 가정해야 하므로 패치를 했다.

- get_main_menu_for_os 클래스를 패치한 이유는 실제 메뉴 객체를 다룰 필요가 없기 때문이다. 레코드 폼이나 레코드 목록과 마찬가지로 메뉴 클래스도 자체적으로 테스트 케이스를 가질 것이므로 지금의 테스트와 분리해 처리하는 것이 낫다.

여기서는 settingsmodel과 csvmodel 객체의 인스턴스를 만들며 모의객체 자체가 아닌 그 반환값의 메서드를 설정함에 주목하기 바란다. 모의객체는 대상 객체가 아닌 클래스를 대체하며 Application 객체가 호출할 메서드를 포함한다. 따라서 테스트에서는 Application이 데이터 모델이나 설정 모델로 사용할 실제 Mock 객체에 접근하고자 모의 클래스를 호출해야 한다.

이처럼 클래스를 대체하는 경우와 달리 함수로 호출되는 Mock 객체는 호출될 때마다 동일한 객체를 반환한다. 따라서 모의 클래스를 호출해 생성되는 객체의 참조를 저장할 필요가 없다. 그 객체에 접근하려면 그때그때 모의 클래스를 호출하면 되기 때문이다. 다만 Mock 클래스 자체가 매번 유일한 Mock 객체를 만든다는 점을 기억하기 바란다.

Application은 Tk의 하위 클래스이므로 사용한 뒤에는 매번 안전한 처리가 필요하다. 설사 변수명을 다시 할당해도 Tcl/Tk 객체는 기존 객체를 사용하므로 이는 테스트에 있어 오류를 발생시킬 수 있다. 따라서 다음과 같이 TestApplication에 tearDown() 메서드를 사용해 Application 객체를 해제하는 코드를 만들자.

```
def tearDown(self):
    self.app.update()
    self.app.destroy()
```

여기서는 app.update() 호출에 주목하자. 앱을 소멸시키기 전에 이 코드를 호출하지 않으면 이벤트 큐에 남아 있는 작업들이 계속 시도될 것이다. 물론 이게 코드를 망가뜨리진 않는다. 그러나 테스트 결과는 오류 메시지로 범벅이 될 것이다.

픽스처들을 완성했으니 이제 다음과 같은 테스트를 작성한다.

```
def test_show_recordlist(self):
    self.app._show_recordlist()
    self.app.notebook.select.assert_called_with(self.app.recordlist)
```

Application._show_recordlist()에는 self.notebook.select()를 호출하는 코드 한 줄만 들어 있다. recordlist는 모의객체이므로 select를 포함한 모든 멤버 역시 모의객체다. 따라서 어떤 인자로 select()가 호출되는지 확인하는 단언 메서드를 사용할 수 있다.

_populate_recordlist()도 마찬가지 기법으로 다음과 같이 테스트할 수 있다.

```
def test_populate_recordlist(self):
    self.app._populate_recordlist()
    self.app.model.get_all_records.assert_called()
    self.app.recordlist.populate.assert_called_with(self.records)
```

여기서는 assert_called() 메서드를 사용해 CSVModel.get_all_records()가 호출됐는지, 즉 레코드 목록이 채워졌는지 확인한다. assert_called_with()와 달리 assert_called()는 함수의 호출 여부만 확인하므로 인자가 없는 함수를 단언할 때 유용하다.

어떤 상황에서는 get_all_records()가 예외를 발생시킬 수 있는데, 이는 오류 메시지 창이 나타날 것으로 예상되는 경우다. 그러면 어떻게 데이터 모델의 모의객체가 예외를 발생시키게 할까? 방법은 다음과 같이 모의객체의 side_effect 속성을 사용하면 된다.

```
self.app.model.get_all_records.side_effect = Exception(
    'Test message'
)
```

side_effect는 모의객체 안에서 좀 더 복잡한 기능을 시뮬레이션할 수 있다.

이 속성에 함수를 지정한다면 모의객체가 그 함수를 실행하고 결과를 반환할 것이다. 이터러블^{iterable} 객체(시퀀스)라면 모의객체가 호출할 때마다 이터러블 안의 다음 아이템을 반환할 것이다. 또는 지금 경우처럼 예외를 지정하면 모의객체 가 예외를 발생시킨다.

이를 사용하려면 다음과 같이 messagebox를 패치해야 한다.

```
with patch('abq_data_entry.application.messagebox'):
    self.app._populate_recordlist()
    application.messagebox.showerror.assert_called_with(
        title='Error', message='Problem reading file',
        detail='Test message'
    )
```

이번에는 _populate_recordlist()를 호출하면 CSVModel 객체가 예외를 발생시 켜, 그 결과 messagebox.showerror()를 호출하게 될 것이다. showerror()는 모 의객체로 패치됐으므로 예상되는 인자들과 함께 호출됐는지 assert_called_ with()로 단언할 수 있다.

이제 명확해졌듯 Application 객체의 테스트에 있어 가장 힘든 부분은 모든 모의객체를 패치하고 각 모의객체가 실제 객체처럼 동작하게 만드는 일이다. 그다음에 테스트를 작성하는 일은 매우 쉽다.

위젯 테스트

지금까지 기본적으로 patch(), Mock, TestCase 클래스를 활용해 여러 컴포넌트 를 테스트했다. 그러나 위젯 모듈을 테스트할 때는 몇 가지 새로운 사항을 적용 해야 한다. 첫째, 일단 위젯은 루트 윈도우가 될 Tk 인스턴스가 필요한데, 이는 각 테스트 케이스의 setUp() 메서드 안에서 만들면 된다. 그러나 이렇게 하면 테스트 속도를 현저하게 떨어뜨리며 사실 반복적으로 Tk 인스턴스를 만들 이유 도 없다. 즉, 테스트에서 루트 윈도우를 건드릴 일은 없으므로 테스트 케이스들을 위한 루트 윈도우는 하나만 있으면 된다. setUpClass() 메서드를 활용하면 최초 테스트 케이스 인스턴스가 생성될 때 하나의 Tk 인스턴스만 만듦으로써 합리적인 성능을 유지하며 테스트를 진행할 수 있다.

둘째, 테스트할 위젯의 수가 많으며 각 위젯은 자신만의 TestCase를 필요로 한다. 그 결과 Tk의 생성과 소멸 작업을 동일하게 하는 다량의 테스트 케이스를 만들어야 한다. 이를 해결하고자 루트 윈도우의 생성과 소멸을 담당하는 커스텀 TestCase 클래스를 만들고 각 위젯의 테스트 케이스를 위한 하위 클래스를 만들어 사용하는 방법이 있다. test 디렉터리 안에 test_widgets.py라는 새 파일을 만들어 다음과 같은 코드로 시작하자.

```python
# test_widgets.py

from .. import widgets
from unittest import TestCase
from unittest.mock import Mock
import tkinter as tk
from tkinter import ttk

class TkTestCase(TestCase):
    """Tkinter 위젯과 뷰의 테스트 케이스를 위한 설계 메서드"""

    @classmethod
    def setUpClass(cls):
        cls.root = tk.Tk()
        cls.root.wait_visibility()

    @classmethod
    def tearDownClass(cls):
        cls.root.update()
        cls.root.destroy()
```

setUpClass() 메서드는 먼저 Tk 객체를 만들며 테스트 전에 루트 윈도우가 보이게 하고 완전히 그려지도록 wait_visibility()를 호출한다. 또한 setUpClass()에 상응하는 소멸 메서드는 큐에 남아 있는 모든 이벤트를 종료시키고자 Tk

인스턴스를 갱신한 다음 소멸시킨다.

이제 각 위젯의 테스트 케이스를 위한 TkTestCase의 하위 클래스를 만들어 적절한 위젯 테스트 환경을 구성하자.

ValidatedSpinbox 위젯의 단위 테스트

ValidatedSpinbox는 ABQ 앱에서 가장 복잡한 위젯 중의 하나이므로 이 위젯의 테스트 코드부터 시작하자.

ValidatedSpinbox의 테스트 케이스를 만들고자 다음과 같이 TkTestCase의 하위 클래스를 작성한다.

```python
class TestValidatedSpinbox(TkTestCase):

    def setUp(self):
        self.value = tk.DoubleVar()
        self.vsb = widgets.ValidatedSpinbox(
            self.root,
            textvariable=self.value,
            from_=-10, to=10, increment=1
        )
        self.vsb.pack()
        self.vsb.wait_visibility()

    def tearDown(self):
        self.vsb.destroy()
```

setUp() 메서드에서는 위젯의 값을 저장할 제어 변수를 만들고 최솟값, 최댓값, 증가 크기 값을 각각 −10, 10, 1로 설정해 ValidatedSpinbox 위젯의 인스턴스를 만든다. 그다음에는 이 위젯을 배치하고 화면에 보여줄 때까지 기다린다. tearDown() 메서드에서는 단순히 위젯을 소멸시킨다.

이제 테스트 작성을 시작하자. 먼저 다음과 같이 _key_validate() 메서드의 단위 테스트를 작성한다.

```
def test_key_validate(self):
    for x in range(10):
        x = str(x)
        p_valid = self.vsb._key_validate(x, 'end', '', x, '1')
        n_valid = self.vsb._key_validate(x, 'end', '-', '-' + x, '1')
        self.assertTrue(p_valid)
        self.assertTrue(n_valid)
```

이 테스트에서는 0부터 9까지 순환하며 _key_validate()로 양수와 음수를 모두 검증하는데, 모든 값에 대해 True가 반환돼야 한다.

_key_validate() 메서드는 다수의 위치 인자를 받으며 그중에는 중복되는 사항도 많다. 올바른 테스트라면 이 메서드는 매우 여러 번 호출돼야 할 것이다. 따라서 이 메서드의 래퍼를 만들어 호출하기 쉽게 만들면 좋을 것이다.

TestValidatedSpinbox 클래스에 다음과 같은 key_validate() 메서드를 추가한다.

```
def key_validate(self, new, current=''):
    return self.vsb._key_validate(
        new, # 삽입될 문자
        'end', # 삽입될 위치
        current, # 현재 값
        current + new, # 제시될 값
        '1' # 작업 유형 코드 (1 == 삽입)
    )
```

이렇게 하면 좀 더 간결하고 오류 가능성이 낮은 메서드 호출이 가능하다. 이 메서드를 사용해 다음과 같이 몇 가지 유효하지 않은 입력에 대한 테스트를 작성하자.

```
def test_key_validate_letters(self):
    valid = self.key_validate('a')
    self.assertFalse(valid)
```

```
def test_key_validate_increment(self):
    valid = self.key_validate('1', '0.')
    self.assertFalse(valid)

def test_key_validate_high(self):
    valid = self.key_validate('0', '10')
    self.assertFalse(valid))
```

첫 번째 테스트는 글자 a를 입력한다. 두 번째 테스트는 0.이 이미 있을 때 1을 입력하므로 그 결과로 제시되는 값은 0.1이 될 것이다. 세 번째 테스트는 10이 이미 있을 때 0을 입력하므로 결과는 100이 될 것이다. 이들 테스트는 모두 검증에 실패해 False를 반환해야 한다.

ValidatedSpinbox의 통합 테스트

지금까지 테스트에서는 위젯에 데이터를 실제 입력하지 않았다. 그 대신 단순히 검증 메서드를 직접 호출하고 그 결과를 평가했다. 이는 단위 테스트로서는 괜찮지만 위젯의 기능 테스트로서는 충분치 않다. ABQ 앱의 커스텀 위젯은 Tkinter의 검증 API와 강력히 상호작용을 하므로 그 API와 실제로 인터페이스하는 테스트를 해야 한다. 결국 그 관점에서 테스트 코드는 검증 메서드의 실제 코드보다 더 많은 작업이 필요하다.

이는 실제 사용자의 행위를 시뮬레이션하고 그 결과를 확인하는 통합 테스트를 만들어 해결할 수 있다. 이를 깔끔하게 진행하고자 통합 테스트를 지원하는 메서드를 먼저 만들어야 한다.

먼저 위젯 텍스트 입력을 시뮬레이션하는 방법이 필요하다. TkTestCase 클래스에 type_in_widget()이라는 새 메서드를 다음과 같이 만들자.

```
# test_widgets.py 파일의 TkTestCase 클래스

def type_in_widget(self, widget, string):
```

```
widget.focus_force()
```

이 메서드는 가장 먼저 위젯에 강제로 포커스를 준다. focus_force()는 윈도우에 포커스가 없을 때조차도 위젯에 포커스를 부여하는 메서드임을 기억할 것이다. Tk 윈도우는 테스트가 시작될 때 포커스를 갖고 있지 않을 것이므로 이방법이 적합하다.

일단 포커스가 부여된 다음에는 문자열 안의 문자들을 순환하며 이벤트 시퀀스를 위한 적절한 키 기호로 변환해야 할 것이다. 특수기호와 같은 몇 가지 문자들은 minus나 colon처럼 문자열로 표현해야 함을 기억할 것이다. 이를 위해 다음과 같이 딕셔너리 하나를 클래스 속성으로 추가한다.

```
# test_widgets.py 파일의 TkTestCase 클래스

keysyms = {
    '-': 'minus',
    ' ': 'space',
    ':': 'colon',
}
```

더 많은 키 기호는 https://www.tcl.tk/man/tcl8.6.13/TkCmd/keysyms.html에서 볼 수 있다. 그러나 여기서는 이 3개만으로 충분하다. 다음과 같이 type_in_widget() 메서드를 마무리한다.

```
# test_widgets.py 파일의 TkTestCase.type_in_widget() 메서드

    for char in string:
        char = self.keysyms.get(char, char)
        widget.event_generate(f'<KeyPress-{char}>')
        self.root.update_idletasks()
```

이 루프에서는 char 값이 keysyms의 문자열을 갖는지 확인한다. 그다음에는 주어진 문자나 키 기호를 결합해 KeyPress 이벤트를 만든다. 키 입력 이벤트를 생성시킨 이후에 self.root.update_idletasks()를 호출함에 주목하기 바란다. 이렇게 해야 입력된 문자가 확실히 등록되기 때문이다.

키보드 입력 시뮬레이션에 더해 마우스 클릭도 시뮬레이션해야 한다. 이 역시 다음과 같이 click_on_widget()이라는 메서드를 동일한 방법으로 만든다.

```python
def click_on_widget(self, widget, x, y, button=1):
    widget.focus_force()
    widget.event_generate(f'<ButtonPress-{button}>', x=x, y=y)
    self.root.update_idletasks()
```

이 메서드는 위젯, 클릭된 x와 y 좌표, 옵션으로 마우스 버튼 번호(기본값은 마우스 왼쪽 버튼인 1)를 받는다. 또한 키 입력 메서드에서 했듯 포커스를 부여하고 이벤트를 생성한 다음 앱을 갱신한다. 여기서 x와 y 좌표는 좌측 상단 기준으로 클릭된 위치다.

이들 메서드가 준비됐으니 이제 TestValidatedSpinbox 클래스로 돌아가 다음과 같이 새 테스트를 작성한다.

```python
# test_widgets.py 파일의 TestValidatedSpinbox 클래스

def test_key_validate_integration(self):
    self.vsb.delete(0, 'end')
    self.type_in_widget(self.vsb, '10')
    self.assertEqual(self.vsb.get(), '10')
```

이 메서드는 먼저 위젯을 초기화하고 type_in_widget()으로 유효한 입력값을 시뮬레이션한다. 그다음에는 get()을 사용해 위젯에서 값을 가져와 기대하는 값과 일치하는지 확인한다. 이와 같은 통합 테스트에서는 매번 위젯을 초기화해야 함을 기억하기 바란다. 실제 위젯에 키 입력을 시뮬레이션하고 그에 따른 부작용까지 모두 일으킬 수 있기 때문이다.

이제 몇 가지 잘못된 입력값을 테스트하고자 다음과 같이 테스트 메서드를 추가하자.

```
    self.vsb.delete(0, 'end')
    self.type_in_widget(self.vsb, 'abcdef')
    self.assertEqual(self.vsb.get(), '')
    self.vsb.delete(0, 'end')
    self.type_in_widget(self.vsb, '200')
    self.assertEqual(self.vsb.get(), '2')
```

이번에는 숫자가 아니거나 범위를 벗어나는 값을 위젯에 입력하는 행위를 시뮬레이션하고 이처럼 유효하지 않은 키 입력을 위젯이 거부하는지 확인한다. 첫 번째 테스트에서는 문자를 입력하므로 ValidatedSpinbox는 모든 키 입력을 거부해야 한다. 두 번째 테스트에서는 범위를 벗어나는 숫자를 입력하므로 역시 거부돼야 한다.

이 마우스 클릭 메서드는 ValidatedSpinbox 위젯의 화살표 버튼 기능을 테스트할 때도 사용할 수 있다. 이를 쉽게 하려면 테스트 케이스 클래스 안에 특정 화살표 버튼을 클릭하는 헬퍼 메서드를 만들면 된다. 물론 특정 화살표 버튼이 위젯 안의 어느 위치인지 알아야 한다.

이를 위해 픽셀을 하드코딩으로 지정하는 방법이 있다. 대부분의 기본 테마에서 화살표 버튼은 스핀박스의 오른쪽에 위치하며 스핀박스는 대략 20픽셀 정도의 높이를 갖는다. 따라서 다음과 같이 코딩한 메서드는 잘 작동할 것이다.

```
# test_widgets.py 파일의 TestValidatedSpinbox 클래스

def click_arrow_naive(self, arrow='inc', times=1):
    x = self.vsb.winfo_width() ? 5
    y = 5 if arrow == 'inc' else 15
    for _ in range(times):
        self.click_on_widget(self.vsb, x=x, y=y)
```

이 접근법은 완전히 유효하며 테스트의 목적에 잘 부합할 것이다. 그러나 어떤 테마인지와 어떤 해상도인지에 따라 불안정할 수밖에 없다. 특히 복잡한 커스텀 위젯이라면 특정 요소를 찾고자 큰 노력을 기울여야 할 것이다. 이보다 더 나은 방법은 바로 위젯 요소의 실제 좌표를 얻는 것이다.

불행히도 Tkinter 위젯은 특정 요소의 x와 y 좌표를 찾아내는 방법을 제공하지 않는다. 그러나 Ttk 요소의 경우 identify() 메서드를 통해 특정 좌표에 어떤 요소가 있는지 알 수 있다. 이를 활용하면 특정 요소를 찾고자 위젯을 스캔하고 발견된 x와 y 좌표를 반환하는 메서드를 작성할 수 있다.

TkTestCase 클래스 안에 다음과 같은 정적 메서드를 추가한다.

```
# test_widgets.py 파일의 TkTestCase 클래스

@staticmethod
def find_element(widget, element):
  widget.update_idletasks()
  x_coords = range(widget.winfo_width())
  y_coords = range(widget.winfo_height())
  for x in x_coords:
    for y in y_coords:
      if widget.identify(x, y) == element:
        return (x + 1, y + 1)
  raise Exception(f'{element} was not found in widget')
```

이 메서드는 위젯의 유휴 작업들을 갱신하면서 시작한다. 이렇게 하지 않으면 모든 요소가 완전히 그려지지 않아 identify()가 빈 문자열을 반환할 수도 있기 때문이다. 그다음에는 range() 함수에 위젯의 너비와 높이를 전달함으로써 모든 x와 y 좌표 목록을 얻는다. 그리고 이 목록을 순환하며 각 좌표 픽셀에 대해 widget.identify()를 호출한다. 반환된 요소 이름이 예상된 요소 이름과 일치한다면 현재 좌표를 튜플로 반환한다. 단 하나도 일치되는 경우가 없다면 요소를 찾을 수 없다는 메시지와 함께 예외를 발생시킨다.

여기서 각 x와 y 좌표에 1을 더했다는 점에 주목하자. 여기서 해당 요소는 위젯의 좌측 상단 좌표를 반환한다. 그런데 어떤 경우에는 그 좌표에 클릭이 먹히지 않을 수 있다. 따라서 좌측 상단에서 1픽셀만큼 우측 하단으로 내리면 확실하게 위젯 내부를 클릭하는 효과를 낼 수 있다.

물론 여기에는 걸림돌이 있다. 예상하는 요소의 이름이 명확하지 않다는 점이다. 9장에서 봤듯 위젯을 구성하는 요소들은 테마에 의해 결정되며 각 테마는 완전히 각기 다른 요소들을 가진다. 예를 들어 스핀박스의 증가 버튼은 윈도우즈에서는 Spinbox.uparrow이며 리눅스에서는 uparrow다. 그러나 맥OS에서는 증가와 감소 버튼을 구분하지 않고 합쳐서 Spinbox.spinbutton이다.

이를 해결하려면 테스트 윈도우에 특정 테마를 지정함으로써 예상된 이름을 사용하게 할 수 있다. 예를 들어 TestValidatedSpinbox.setUp() 메서드에 다음과 같이 명시적으로 테마를 지정하면 된다.

```
# test_widgets.py 파일의 TestValidatedSpinbox.setUp() 메서드

    ttk.Style().theme_use('classic')
    self.vsb.update_idletasks()
```

classic 테마는 모든 플랫폼에서 가용하며 Spinbox의 각 화살표 버튼에 uparrow와 downarrow 이름을 사용한다. 또한 테스트가 시작되기 전에 테마가 적용되게 update_idletasks() 호출이 필요하다.

이제 하드코딩된 픽셀 값 대신에 요소의 이름을 사용하도록 다음과 같이 TestValidatedSpinbox의 click_arrow() 메서드를 작성한다.

```
# test_widgets.py 파일의 TestValidatedSpinbox 클래스

  def click_arrow(self, arrow, times=1):
    element = f'{arrow}arrow'
    x, y = self.find_element(self.vsb, element)
    for _ in range(times):
```

```
        self.click_on_widget(self.vsb, x=x, y=y)
```

기존의 click_arrow_naive()와 같이 이 메서드는 화살표 방향과 횟수를 받는다. 화살표 방향으로 요소 이름을 만들며 find_element() 메서드를 사용해 ValidatedSpinbox 위젯 안의 해당 화살표 버튼을 찾는다. 좌표를 찾은 다음에는 click_on_widget() 메서드를 사용해 클릭을 수행한다.

이제 이 메서드를 활용해 화살표 키 기능을 테스트하는, 다음과 같은 새로운 테스트 메서드를 만든다.

```
# test_widgets.py 파일의 TestValidatedSpinbox 클래스

  def test_arrows(self):
    self.value.set(0)
    self.click_arrow('up', times=1)
    self.assertEqual(self.vsb.get(), '1')

    self.click_arrow('up', times=5)
    self.assertEqual(self.vsb.get(), '6')

    self.click_arrow(arrow='down', times=1)
    self.assertEqual(self.vsb.get(), '5')
```

이처럼 위젯에 값을 설정하고 원하는 방향의 화살표 버튼을 지정한 횟수만큼 클릭함으로써 위젯 클래스에 정의된 규칙에 따라 화살표 버튼이 제대로 작동하는지 테스트할 수 있다.

믹스인 클래스 테스트

아직 시도하지 않은 도전 과제 하나가 있다. 바로 믹스인 클래스의 테스트다. 위젯 클래스와는 달리 믹스인은 그 자체만으로 존재할 수 없다. 함께 조합될 Ttk 위젯의 메서드와 속성에 의존하기 때문이다.

믹스인 클래스를 테스트하는 한 가지 접근법은 상속받은 메서드를 흉내내는 모의객체와 섞이게 하는 방법인데, 이는 나름의 장점이 있다. 그러나 이론적으로 완전하진 않지만 그보다 더 쉬운 접근법은 가장 간단한 Ttk 위젯의 하위 클래스를 만들고 그 클래스를 테스트하는 방법이다.

후자의 방법을 채택하기로 하자. test_widgets.py에 다음과 같은 클래스를 추가한다.

```python
# test_widgets.py

class TestValidatedMixin(TkTestCase):

    def setUp(self):
        class TestClass(widgets.ValidatedMixin, ttk.Entry):
            pass
        self.vw1 = TestClass(self.root)
```

여기서 setUp() 메서드는 ValidatedMixin과 ttk.Entry의 자식 클래스를 만들고 별다른 수정 없이 그 인스턴스를 만든다.

이제 다음과 같이 _validate() 메서드를 위한 테스트 케이스를 만든다.

```python
    def test__validate(self):
        args = {
            'proposed': 'abc',
            'current': 'ab',
            'char': 'c',
            'event': 'key',
            'index': '2',
            'action': '1'
        }
        self.assertTrue(
            self.vw1._validate(**args)
        )
```

_validate()에 키 이벤트가 전달되고 _key_validate()에 요청이 감으로써 기

본적으로는 True가 반환될 것이다. 따라서 _key_validate()가 False를 반환하는 경우에 _validate()는 어떻게 처리할 것인지도 검증해야 한다.

이를 위해 다음과 같이 Mock 객체를 사용하는 검증 코드를 작성하자.

```
fake_key_val = Mock(return_value=False)
self.vw1._key_validate = fake_key_val
self.assertFalse(
  self.vw1._validate(**args)
)
fake_key_val.assert_called_with(**args)
```

이렇게 하면 False가 반환되고 _key_validate()가 적절한 인자와 함께 호출됐는지 테스트함으로써 _validate()가 이벤트를 올바른 검증 메서드로 전달했는지 확인할 수 있다.

다음과 같이 event 값을 변경하면 포커스아웃 이벤트 역시 제대로 작동하는지 확인할 수 있다.

```
args['event'] = 'focusout'
self.assertTrue(self.vw1._validate(**args))
fake_focusout_val = Mock(return_value=False)
self.vw1._focusout_validate = fake_focusout_val
self.assertFalse(self.vw1._validate(**args))
fake_focusout_val.assert_called_with(event='focusout')
```

여기서도 동일한 접근법을 사용했다. 즉, _focusout_validate()의 모의객체를 만들어 False를 반환하게 했다.

보다시피 일단 테스트 클래스를 만들면 ValidatedMixin을 테스트하는 일은 다른 위젯 클래스를 테스트하는 경우와 동일하다. 이 책의 소스 파일에는 일부 테스트 코드가 더 포함돼 있으니 참고하기 바란다. 지금까지의 내용으로도 완전한 테스트 스위트를 만들 때 시작하는 지점으로 충분할 것이다.

⫶⫶ 정리

11장에서는 파이썬의 unittest 라이브러리가 제공하는 자동화된 테스트와 기능의 이점을 알아봤다. Mock과 patch()를 사용해 외부 모듈, 클래스, 함수를 대체함으로써 코드 단위를 분리하는 방법도 살펴봤다. 또한 GUI 컴포넌트의 테스트 자동화를 위해 Tkinter의 이벤트 큐를 제어하고 사용자 입력을 시뮬레이션하는 전략 그리고 ABQ 앱의 각 부문에 대한 단위 테스트와 통합 테스트 작성 방법을 살펴봤다.

12장에서는 관계형 데이터베이스를 사용해 백엔드를 개선한다. 그 과정에서 관계형 데이터베이스의 설계와 데이터 정규화 방법을 살펴본다. 또한 PostgreSQL 데이터베이스 서버와 PostgreSQL 인터페이스 라이브러리인 psycopg2도 다룬다.

12

데이터 저장소 개선

몇 주가 지나면서 점점 커지고 있는 문제가 있다. 바로 CSV 파일들이 여기저기 흩어져 있다는 점이다. 그러다 보니 파일이 누락되고, 내용이 충돌하고, 데이터 입력 요원이 아닌 사람에 의해 레코드가 변경되는 등 CSV와 관련된 여러 이슈가 프로젝트를 괴롭히고 있다. 게다가 누구나 파일을 편집하고 데이터를 손상시킬 수 있는 상황에서 애플리케이션의 패스워드 보호는 아무 의미가 없다. 따라서 현재의 데이터 저장 방식으로는 프로젝트를 제대로 진행할 수 없음이 명백하다. 뭔가 더 나은 해법이 필요한 시점이다.

연구소 설비 중에는 PostgreSQL 데이터베이스가 설치된 오래된 리눅스 서버가 있었다. 따라서 CSV 파일이 아닌 PostgreSQL 데이터베이스에 데이터를 저장하고 사용자 역시 데이터베이스를 통해 인증 받도록 ABQ 앱을 개선하자는 요구가 나왔다. 이렇게 하면 기술지원 팀이 쉽게 관리할 수 있는 단일한 공식 데이터 원천이 생긴다. 또한 SQL 데이터베이스를 채택하면 올바른 데이터 타입을 사용할 수 있으며 단순한 플랫 파일로 할 수 없는 복잡한 데이터 관계를 설정할 수 있다. 결과적으로 이 작업은 ABQ 앱의 메이저 업그레이드가 될 것이다.

12장에서 다루는 내용은 다음과 같다.

- 'PostgreSQL' 절에서는 PostgreSQL 데이터베이스 시스템을 설치하고 설정한다.
- '관계형 데이터 모델링' 절에서는 높은 성능과 안정성을 목표로 데이터베이스 안에서 데이터 구조를 설계하는 방법을 다룬다.
- 'ABQ 데이터베이스 구축' 절에서는 ABQ 앱을 위한 SQL 데이터베이스를 구축한다.
- 'psycopg3를 사용한 PostgreSQL 연결' 절에서는 psycopg2 라이브러리를 사용해 앱에서 PostgreSQL로 연결하는 방법을 살펴본다.
- 'ABQ 앱에 SQL 통합' 절에서는 새 SQL 데이터베이스를 활용할 수 있게 ABQ 앱을 개선한다.

NOTE

12장은 기본적인 SQL 지식을 필요로 한다. 그렇지 않다면 부록 B를 참고하기 바란다.

⠿ PostgreSQL

파이썬은 MS SQL 서버, 오라클, MariaDB, MySQL, SQLite 등 매우 다양한 관계형 데이터베이스와 상호작용할 수 있다. 이 책에서는 파이썬 세계에서 가장 선호되는 PostgreSQL을 사용한다. PostgreSQL('포스트–그레스–큐엘'로 발음함)은 무료이자 오픈소스이며 크로스플랫폼을 지원하는 관계형 데이터베이스 시스템이다. PostgreSQL은 클라이언트 프로그램이나 소프트웨어 라이브러리를 사용해 연결할 수 있는 네트워크 서비스로서 운영된다. 이 책을 쓰는 시점에서 안정 버전은 15다.

ABQ에는 이미 설치와 설정이 완료된 PostgreSQL 서버가 있지만 개발 목적을 위해서는 자신의 개발 장비에 별도로 설치해야 한다. 그럼 PostgreSQL을 사용할 수 있는 환경을 만드는 방법을 살펴보자.

PostgreSQL 설치와 설정

https://www.postgresql.org/download를 방문하면 자신의 운영체제에 맞는
PostgreSQL의 설치 패키지를 다운로드할 수 있다. 설치 패키지는 EnterpriseDB
가 제공하는 윈도우즈, 맥OS, 리눅스, BSD용이 있으며 서버, 커맨드라인 클라이
언트, pgAdmin GUI 클라이언트가 모두 포함돼 있다. 설치하려면 다운로드한
설치 패키지를 관리자 권한으로 실행하고 설치 마법사의 안내에 따르면 된다.
설치 과정 중에 **postgres**라는 슈퍼유저 계정의 패스워드를 설정하는 단계가
있으므로 그 패스워드를 잘 기억하기 바란다.

pgAdmin으로 PostgreSQL 설정

설치가 완료된 다음에는 pgAdmin이라는 GUI 클라이언트를 사용해 PostgreSQL
을 설정할 수 있다. 먼저 새 관리자 계정을 만들어야 한다. 설치된 프로그램
목록에서 pgAdmin을 실행하고 다음 단계를 따른다.

1. 왼쪽의 Browser 패널에서 **Servers** 안의 PostgreSQL을 선택한다. 그러면
   슈퍼유저의 패스워드를 묻는 창이 나타날 것이다.
2. 인증이 끝나면 주 메뉴에서 Object ▶ Create ▶ Login/Group Role...을 선택
   한다. 그리고 General 탭의 Name 필드에 데이터베이스 접근에 사용할 사
   용자명을 입력한다. 그다음에는 Privileges 탭에서 Can login과 Superuser
   를 켜고 Definition 탭에서 Password 필드에 패스워드를 입력한다.
3. 마지막으로 아래의 Save 버튼을 클릭한다.

이제 다음 단계를 따라 데이터베이스를 생성한다.

1. 주 메뉴에서 Object ➤ Create ➤ Database...를 선택한다.
2. 데이터베이스명으로 **abq**를 입력하고 새로 만든 사용자 계정을 소유자로 선택한다.
3. 아래의 Save 버튼을 클릭한다.

이제 데이터베이스를 사용할 준비가 됐다. Browser 패널에서 **abq** 데이터베이스를 선택하고 주 메뉴에서 Tools ➤ Query Tool을 선택하면 즉시 SQL을 실행할 수 있다.

명령으로 PostgreSQL 설정

커맨드라인을 선호한다면 PostgreSQL이 제공하는 다양한 커맨드라인 유틸리티를 사용할 수 있으며 그중 일부는 다음과 같다.

명령	설명
createuser	PostgreSQL 사용자 계성 생성
dropuser	PostgreSQL 사용자 계정 삭제
createdb	PostgreSQL 데이터베이스 생성
dropdb	PostgreSQL 데이터베이스 삭제
psql	커맨드라인 SQL 셸

예를 들어 맥OS나 리눅스에서는 앞서 했던 설정 작업을 다음과 같은 명령으로 수행할 수 있다.

```
$ sudo -u postgres createuser -sP myusername
$ sudo -u postgres createdb -O myusername abq
$ psql -d abq -U myusername
```

이 세 명령은 차례대로 사용자 계정을 생성하고, 데이터베이스를 생성하며, 쿼리를 실행할 수 있는 SQL 셸을 연다. 여기서 sudo 명령을 사용한 이유는 이들 명령을 postgres 사용자 권한으로 실행하기 위함이다. postgres는 설치 중에 패스워드를 설정했던 슈퍼유저 계정임을 기억할 것이다.

TIP

> EnterpriseDB가 리눅스용 바이너리 설치 패키지를 제공하긴 하지만 대부분의 리눅스 사용자는 해당 배포판에서 제공하는 패키지를 선호한다. 그 경우 살짝 오래된 버전을 사용할 수 있는데, 대부분의 상황에서는 문제가 안 된다. 다만 pgAdmin은 별도 패키지며 그 역시 살짝 지난 버전일 수 있다. 어쨌든 이 책을 진행함에 있어 예전 버전의 사용에는 전혀 문제가 없다.

관계형 데이터 모델링

현재 ABQ 앱은 CSV 파일에 데이터를 저장한다. 이와 같은 파일을 플랫 파일[flat file]이라고도 하는데, 데이터가 2차원으로 펼쳐져 있기 때문이다. 현재는 이 형식을 사용해도 앱에 문제가 없으며 게다가 그대로 SQL 테이블로 변환 가능하다. 그러나 좀 더 정밀하고 유용한 데이터 모델을 가지려면 복잡함이 따른다. 이 절에서는 CSV 데이터를 효과적인 관계형 테이블로 변환하기 위한 데이터 모델링의 일부 개념을 살펴볼 것이다.

기본키

관계형 데이터베이스에서 모든 테이블은 기본키[primary key]를 갖는다. 기본키는 테이블 안에 하나의 레코드를 유일하게 식별할 수 있는 하나 또는 여러 값의 집합이다. 엄밀히 말해 기본키는 반드시 값이나 값들의 집합이어야 하며 테이블의 모든 로우에서 널[null]이 될 수 없다. 데이터베이스의 다른 테이블에서 특정 로우를 참조하고자 기본키 필드를 사용할 수 있으며, 이를 외래키 관계[foreign key relationship]라고 한다.

어떤 데이터를 기본키로 해야 할지 다음 테이블을 보고 생각해보자.

Fruit	Classification
Banana	Berry
Kiwi	Berry
Orange	Citrus
Lemon	Citrus

이 테이블에서 각 로우는 열매의 종류를 나타낸다. 여기서 Fruit 칼럼의 값이 비어있거나 둘 이상의 동일한 값이 있다면 의미가 없다. 따라서 Fruit 칼럼은 기본키가 될 수 있는 완벽한 후보다.

다음과 같은 또 다른 테이블을 보자.

Fruit	Variety	Quantity
Banana	Cavendish	452
Banana	Red	72
Orange	Navel	1023
Orange	Red	875

이 경우 각 로우는 열매의 품종을 나타낸다. 그러나 하나의 필드만으로 유일한 열매와 그 품종을 식별할 수 없다. 그 대신 Fruit과 Variety라는 두 필드가 모두 필요하다. 이와 같이 기본키 역할을 위해 둘 이상 필드가 필요한 경우 이를 복합키^{composite primary key}라고 한다. 이 예제에서 복합키는 Fruit과 Variety 필드를 모두 사용한다.

대리키

다음과 같은 직원 테이블이 있다고 하자.

First	Last	Title
Bob	Smith	Manager
Alice	Jones	Analyst
Pat	Thompson	Developer

실제 데이터 필드를 기본키로 사용하는 방법은 이론적으로 완벽한 접근법이지만 외래키 관계를 만들기 시작하면 다음과 같은 큰 2가지 단점이 드러나게 된다.

- 참조하는 모든 테이블은 참조되는 테이블과 동일한 데이터를 중복으로 갖게 된다. 이는 특히 복합키를 사용하는 경우에는 더욱 심각하다.
- 외래키 관계를 끊지 않는 한 원래 테이블의 값을 변경할 수 없다.

이를 해결하고자 데이터베이스 엔지니어가 사용할 수 있는 옵션으로 대리키 surrogate key가 있다. 대리키는 대개 정수나 **전역 고유 식별자**GUID, Globally Unique IDentifier 값이며, 테이블에 레코드가 추가될 때마다 자동으로 추가되는 **아이덴티티 칼럼** identity column에 저장된다. 지금의 직원 테이블이라면 다음과 같이 자동 증가하는 정수 값인 ID 필드를 추가할 수 있다.

ID	First	Last	Title
1	Bob	Smith	Manager
2	Alice	Jones	Analyst
3	Pat	Thompson	Developer

이제 다른 테이블에서는 단순히 employees.ID=1이나 employees.ID=2와 같이 이 테이블의 로우를 참조하면 되며, 이와 관계없이 Bob이나 Alice라는 이름은 자유롭게 변경될 수 있다.

대리키의 사용은 데이터베이스의 이론적 순수성을 깨뜨린다. 실제 데이터 용도가 아닌 내부 용도로서 기본키 칼럼에 널이 아닌 유일한 값을 수동으로 지정해야 하기 때문이다. 그럼에도 대리키를 사용함으로써 얻는 실질적 이점이 훨씬 큰 경우가 많다. 따라서 자신의 애플리케이션과 그 데이터에 가장 적합한 방법이 무엇인지 검토해야 할 것이다.

경험 법칙 중 하나로, 키로 사용할 데이터가 로우가 표현하는 아이템을 기술하거나 정의하는지를 기준으로 하는 방법이 있다. 예를 들어 이름은 사람을 정의하지 못한다. 동일한 사람이 이름만 바뀔 수 있기 때문이다. 반면 CSV 파일에 저장되는 재배 구역 정보는 날짜, 시간, 연구소, 재배 구역에 의해 정의된다. 따라서 그중 하나의 값만 변경돼도 완전히 다른 재배 구역 정보가 된다.

정규화

플랫 파일의 데이터를 복수의 테이블로 분배하는 과정을 **정규화**^{normalization}라고 한다. 정규화 과정은 일련의 **정규형**$^{normal\ form}$이라는 단계들로 구성되는데, 정규형은 점진적으로 중복을 제거하고 좀 더 정밀한 모델을 만드는 과정이다. 많은 정규형이 있지만 대부분의 비즈니스 데이터에 있어서는 처음 3단계의 정규형을 따르는 것으로 충분하다.

이들 정규형을 따르는 이유는 데이터의 중복이나 충돌 가능성, 또는 정의되지 않은 데이터가 존재하는 상황을 피하기 위함이다. 처음 세 정규형이 각각 어떤 문제를 예방할 수 있는지 알아보자.

제1정규형

제1정규형^{1NF}에서는 각 필드가 오직 하나의 값만 가지며, 반복되는 칼럼은 제거된다. 예를 들어 다음과 같은 데이터의 플랫 파일이 있다고 하자.

Fruit	Varieties
Banana	Cavendish, Red, Apple
Orange	Navel, Valencia, Blood, Cara Cara

이 테이블의 **Varieties** 필드는 하나의 칼럼에 여러 값을 갖고 있으므로 1NF에

해당되지 않는다. 그렇다면 이를 다음과 같이 바꿀 수 있다.

Fruit	Variety_1	Variety_2	Variety_3	Variety_4
Banana	Cavendish	Red	Apple	
Orange	Navel	Valencia	Blood	Cara Cara

한층 개선되긴 했으나 여전히 1NF는 아니다. 반복 칼럼이 존재하기 때문이다. 모든 Variety_ 칼럼이 열매의 품종이라는 동일한 속성을 표현하지만 아무 규칙 없이 여러 칼럼으로 나뉘어 있다. 반복 칼럼의 존재 여부를 알 수 있는 방법은 어떤 데이터를 다른 칼럼으로 옮겼을 때 계속 유효한지 보는 것이다. 예를 들어 Cavendish는 Variety_2, Variety_3, Variety_4 칼럼 어디에 있어도 문제가 없으며, 따라서 이들은 반복 칼럼이다.

이와 같은 상황에 어떤 문제가 있을지 생각해보자.

- 동일한 데이터가 여러 Variety 필드에 존재한다면 어떻게 될까? 예를 들어 Banana 로우의 Variety_1과 Variety_4에 Cavendish가 있다면? 또는 Variety_1은 비어있고 Variety_2에는 값이 있다면? 이와 같은 모호한 상태를 소위 이상 상황[anomaly]이라고 하며, 데이터의 충돌이나 혼란을 야기한다.

- 두 열매가 동일한 품종인지 알기 위한 쿼리는 어떻게 만들어야 할까? 아마도 모든 Variety_ 필드를 확인해야 할 것이다. 또는 특정 열매가 4가지보다 더 많은 품종을 가진다면? 아마도 칼럼을 더 추가해야 할 것이며 이는 쿼리가 더욱 복잡하게 된다는 의미다.

이 테이블이 1NF를 준수하려면 다음과 같이 하나의 Fruit과 하나의 Variety 칼럼을 가져야 한다.

Fruit	Variety
Banana	Cavendish
Banana	Red
Banana	Apple
Orange	Navel
Orange	Valencia
Orange	Blood
Orange	Cara Cara

이는 테이블의 본질을 변경한다. Fruit당 하나의 로우가 아니라 Fruit-Variety 조합당 하나의 로우가 되기 때문이다. 다시 말하면 기본키가 Fruit에서 Fruit + Variety로 바뀐 것이다. 그렇다면 Variety와 관계없이 Fruit에만 특정적인 필드가 추가로 필요하다면 어떻게 해야 할까? 이를 해결하기 위한 제2정규형을 알아보자.

제2정규형

제2정규형[2NF]은 1NF가 선행된 상황에서 추가로 모든 값이 반드시 기본키 전체에 의존하게 하는 것이다. 다시 말하면 A, B, C를 복합키로 갖는 테이블에서 X 칼럼의 값이 B나 C와는 관계없이 A 칼럼의 값에만 의존한다면 이 테이블은 2NF에 위반된다. 예를 들어 우리 테이블에 다음과 같이 Classification 필드가 추가됐다고 하자.

Fruit	Variety	Classification
Banana	Cavendish	Berry
Banana	Red	Berry
Orange	Navel	Citrus
Orange	Valencia	Citrus

이 테이블에서는 Fruit과 Variety가 기본키를 구성한다. 그런데 Classification은 오직 Fruit에만 의존한다. 모든 바나나는 베리이며 모든 오렌지는 감귤류니까 말이다. 이런 상황의 문제점을 생각해보자.

- 무엇보다도 데이터 중복이 발생한다. 모든 Fruit 값은 동일한 Classification 값을 가지며, 이는 반복되며 증가할 것이기 때문이다.
- 그런 데이터 중복은 동일한 Fruit 값이 서로 다른 Classification 값을 갖는 이상 상황을 야기할 수 있다. Classification은 키가 아니기 때문이다.

이를 해결하려면 이 테이블을 둘로 나눠야 한다. 하나는 Fruit과 Classification을 가지며 Fruit을 기본키로 하는 테이블, 다른 하나는 Fruit과 Variety를 가지며 두 필드 모두를 복합키로 하는 테이블로 말이다. 이렇게 하면 2NF가 만족된다.

제3정규형

제3정규형[3NF]은 2NF가 선행된 상황에서 추가로 테이블의 모든 값이 오직 기본키에만 의존하게 하는 것이다. 다시 말하면 A라는 기본키 및 X와 Y라는 데이터 필드가 있는 테이블에서 Y값은 X값에 의존하지 못하며 오직 A값에만 의존해야 한다.

예를 들어 다음과 같은 테이블이 있다고 하자.

Fruit	Leading Export Country	Leading Export Continent
Banana	Ecuador	South America
Orange	Brazil	South America
Apples	China	Asia

이 테이블은 두 칼럼 모두 기본키에 대해 구별되므로 2NF를 준수한다. 즉, 각 열매는 오직 하나의 주요 수출국[Leading Export Country]과 하나의 주요 수출 대륙[Leading Export Continent]만 갖는다. 그러나 주요 수출 대륙은 주요 수출국에 의존한다. 하나

의 국가는 하나의 대륙에 속하기 때문이다. 여기에 열매는 아무 관계가 없으며 주요 수출국은 기본키가 아니다. 이 상황에서 문제점은 다음과 같다.

- 역시 데이터 중복이 발생한다. 동일한 국가가 추가될 때마다 동일한 대륙도 추가되기 때문이다.
- 마찬가지로 데이터 중복은 동일한 국가가 서로 다른 대륙 값을 갖는 이상 상황을 야기할 수 있다.

여기에 3NF를 적용하려면 별도의 국가 테이블을 만들면 된다. 그 테이블에는 대륙 칼럼뿐만 아니라 국가에 의존하는 다른 칼럼들도 포함시킬 수 있다.

더 높은 단계의 정규형

데이터베이스 이론에는 데이터의 중복과 모호함을 더욱 완벽하게 제거할 수 있는, 더 높은 단계의 정규형들도 있다. 그러나 이 책의 예제에서는 앞의 세 정규형만으로 데이터를 구성하기에 충분하다. 데이터의 과도한 정규화도 주의하기 바란다. 어느 정도까지 정규화할 것인지는 순전히 데이터와 사용자에 달렸다.

예를 들어 telephone_1과 telephone_2라는 칼럼이 포함된 연락처 테이블이 있다고 하자. 1NF를 따르자면 반복 칼럼을 없애고자 전화번호 테이블을 별도로 만들어야 한다. 그러나 더 이상의 telephone_ 필드가 필요하지 않고 telephone_2 필드는 거의 사용되지도 않으며 복잡한 쿼리를 만들 일도 없다면 오직 이론적인 완벽함을 따르고자 데이터베이스와 애플리케이션에 복잡성을 추가하는 것은 그다지 가치 있는 일이 아니다.

개체–관계 다이어그램

관계형 데이터베이스를 위해 데이터를 정규화하고 준비하는 효과적인 수단 중하나는 개체–관계 다이어그램ERD, Entity-Relationship Diagram이다. ERD는 데이터베이스가 저장하고자 하는 정보인 어떤 '것'들과 그것들 사이의 관계를 도식화하는 방법이다.

이때의 그'것'을 개체[entity]라고 한다. 개체는 유일무이하게 식별 가능한 객체를 말한다. 개체는 테이블 칼럼에 대응되는 속성[attribute]을 갖는다. 또한 SQL에 정의된 외래키 관계에 대응되는 다른 개체와의 관계[relationship]를 갖는다.

ABQ 시나리오에서는 어떤 엔티티와 그 속성, 관계들이 있을지 생각해보자.

- 연구소[labs]들이 있으며 각 연구소에는 이름이 있다.
- 재배 구역[plots]들이 있다. 각 재배 구역은 하나의 연구소에 속하며 하나의 번호를 갖는다. 또한 각 재배 구역마다 하나의 종자 샘플이 재배된다.
- 연구소 기사[lab technicians]들이 있으며, 각 기사는 이름이 있다.
- 연구소 항목[lab checks]들이 있으며, 이는 해당 연구소의 기사들이 확인을 한다. 여기에는 날짜와 시간이 포함된다.
- 재배 구역 항목[plot checks]들이 있으며, 이는 해당 연구소 안의 하나의 재배 구역에서 수집하는 데이터다. 여기에는 작물과 환경 정보가 포함된다.

그림 12-1은 이들 엔티티와 그 관계를 보여주는 다이어그램이다.

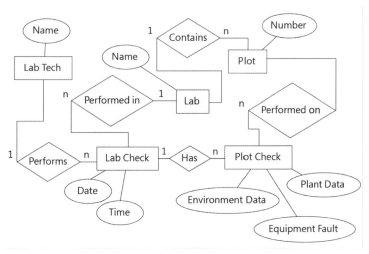

그림 12-1: ABQ 데이터의 ERD

이 다이어그램에서 직사각형으로 표현된 엔티티는 Lab, Plot, Lab Tech, Lab Check, Plot Check로서 모두 5개다. 각 엔티티의 속성은 타원형으로 표현된다. 엔티티 사이의 관계는 마름모꼴로 표현되며 왼쪽에서 오른쪽 방향으로 관계가 기술된다. 예를 들어 Lab Tech는 Lab Check를 수행하며 Lab Check는 Lab 안에서 수행된다. 관계 표시의 양 옆에 있는 1과 n을 주목하자. 이는 관계의 대응 수 cardinality를 보여준다. 데이터베이스에서 흔히 볼 수 있는 대응 수는 다음과 같은 세 종류다.

- 일대다(1:N) 관계에서는 왼쪽 테이블의 한 로우가 오른쪽 테이블의 여러 로우에 관계된다. 예를 들어 하나의 Lab Tech는 다수의 Lab Checks를 수행한다.
- 다대일(N:1) 관계에서는 왼쪽 테이블의 여러 로우가 오른쪽 테이블의 동일한 로우에 관계된다. 예를 들어 다수의 Lab Checks는 동일한 Lab에서 수행된다.
- 다대다(N:N) 관계에서는 왼쪽 테이블의 여러 로우가 오른쪽 테이블의 여러 로우와 관계된다. 예를 들어 동일한 연구소 항목(Lab Checks)의 확인을 2명 이상의 기사(Lab Tech)가 수행이 가능하게 데이터베이스를 갱신한다면 여러 기사가 여러 연구소 항목을 확인할 수 있게 된다. 다행히 지금 예제에서는 이 N:N 관계가 필요치 않다.

이 다이어그램은 충분히 정규화된 데이터 구조를 나타낸다. 이를 SQL로 구현하려면 각 엔티티를 위한 테이블, 각 속성을 위한 칼럼, 각 관계를 위한 외래키 관계를 만들면 된다. 그러나 그에 앞서 SQL 데이터 타입에 대해 먼저 알아보자.

데이터 타입 할당

표준 SQL에는 다양한 크기의 정수와 부동소수점 수, 고정 또는 가변 크기의 ASCII나 유니코드 문자열, 날짜와 시간, 단일 비트 등 여러 데이터 타입이 정의돼 있다. 또한 거의 모든 SQL 엔진은 표준 유형뿐만 아니라 JSON 데이터, 금액,

네트워크 주소, 기타 문자열이나 숫자의 특별한 여러 유형을 포함하는 바이너리 데이터를 수용한다. 많은 데이터 타입이 다소 중복되기도 하며 데이터베이스에 따라 다른 이름을 갖기도 한다. 따라서 칼럼의 데이터 타입을 선택하는 일은 매우 혼란스러운 작업일 수 있다.

PostgreSQL의 경우 다음과 같이 합리적 선택을 할 수 있는 데이터 타입을 제공한다.

저장될 데이터	권장 유형	설명
고정 길이 문자열	CHAR	예를 들어 CHAR(256)과 같이 길이를 지정해야 한다.
비교적 짧거나 중간 길이의 문자열	VARCHAR	예를 들어 VARCHAR(256)과 같이 최대 길이를 지정해야 한다.
길고 자유로운 형식의 텍스트	TEXT	길이 제한은 없지만 길면 길수록 성능은 떨어진다.
작은 정수	SMALLINT	±32,767까지 표현 가능하다.
일반적인 정수	INT	약 ±21억 정도까지 표현 가능하다.
큰 정수	BIGINT	약 ±92.2경 정도까지 표현 가능하다.
소수	NUMERIC	길이와 정밀도를 지정할 수 있다.
정수 기본키	SERIAL, BIGSERIAL	자동 증가하는 정수나 매우 큰 정수를 말한다.
불리언	BOOLEAN	TRUE나 FALSE 또는 NULL이 될 수 있다.
시간대를 포함한 날짜와 시간	TIMESTAMP WITH TIMEZONE	날짜, 시간, 시간대를 저장하며 정확도는 1μs다.
날짜	DATE	날짜를 저장한다.
시간	TIME	시간을 저장한다. 시간대를 포함하거나 그렇지 않을 수 있다.

대부분의 애플리케이션에서 필요한 데이터 타입은 이 정도로 충분하며 ABQ 데이터베이스에서는 그중 일부를 사용할 것이다. 즉, 데이터 사전을 참고하고 각 칼럼에 적합한 데이터 타입을 선택해 ABQ 데이터베이스의 테이블을 생성할 것이다.

너무 특정적이고 제한적인 데이터 타입 선택에 주의하기 바란다. 궁극적으로 모든 데이터는 TEXT 필드에 저장이 가능하다. 그럼에도 다른 특정 유형을 선택하는 이유는 그 유형의 데이터에 특화된 연산, 함수, 정렬 기능 등을 쉽게 사용하기 위함이다. 그런 사항이 필요치 않다면 좀 더 일반적인 유형 선택을 고려하는 것이 낫다. 예를 들어 전화번호나 주민등록번호는 숫자로만 구성된다. 그렇더라도 그런 데이터를 INTEGER나 NUMERIC 필드에 저장할 이유는 없다. 그 숫자들을 사용해 연산을 할 일은 없을 테니 말이다.

ABQ 데이터베이스 구축

지금까지 ABQ 데이터를 모델링했고 데이터 타입을 선택하는 감각이 생겼으므로 이제 ABQ 데이터베이스를 구축할 차례다. 12장 초반에서 살펴봤듯 PostgreSQL 이 설치됐고 abq 데이터베이스가 제대로 생성됐다면 이제 SQL을 작성해 데이터베이스의 구조를 만들 수 있다.

먼저 프로젝트 디렉터리 안에 sql이라는 새 디렉터리를 만들고 그 디렉터리 안에 create_db.sql이라는 빈 파일을 만든다. 이 파일에 테이블을 정의하는 쿼리를 작성할 것이다.

테이블 생성

테이블을 만드는 순서는 중요하다. 외래키 관계로 참조되는 모든 테이블은 그 관계가 정의된 테이블보다 먼저 존재해야 하기 때문이다. 따라서 룩업 테이블 lookup table을 먼저 만들고 그다음에 1:N 관계에 있는 테이블을 만드는 방법이 가장 좋다. ABQ의 ERD에서는 대략 왼쪽 위에서 오른쪽 아래 방향으로 진행하면 된다.[1]

---

1. 룩업 테이블이란 다른 테이블이 참조 또는 검색할 수 있는 정보성 테이블을 말한다. - 옮긴이

룩업 테이블 생성

여기서는 다음과 같은 3개의 룩업 테이블을 만들어야 한다.

- **labs**: 이 테이블은 연구소를 위한 ID 문자열을 갖게 될 것이다. 연구소의 이름이 바뀔 일은 없으므로 단순히 한 글자로 된 ID 값을 기본키로 사용할 것이다.
- **lab_techs**: 이 테이블은 연구소 기사의 이름을 갖게 될 것이다. 기사 이름은 기본키로 적절치 않으므로 숫자로 된 직원 ID 칼럼을 만들고 이를 기본키로 사용할 것이다.
- **plots**: 이 테이블은 연구소 ID와 재배 구역 번호로 식별되는, 실제 각 재배 구역마다 하나의 로우를 갖게 될 것이다. 또한 각 구역에서의 현재 재배되고 있는 종자 샘플의 정보도 저장할 것이다.

create_db.sql에 다음과 같이 테이블을 생성하는 SQL 쿼리를 추가한다.

```
# create_db.sql
CREATE TABLE labs (id CHAR(1) PRIMARY KEY);
CREATE TABLE lab_techs (
    id SMALLINT PRIMARY KEY,
    name VARCHAR(512) UNIQUE NOT NULL
);

CREATE TABLE plots (
    lab_id CHAR(1) NOT NULL REFERENCES labs(id),
    plot SMALLINT NOT NULL,
    current_seed_sample CHAR(6),
    PRIMARY KEY(lab_id, plot),
    CONSTRAINT valid_plot CHECK (plot BETWEEN 1 AND 20)
);
```

위의 쿼리로 만들어질 3개의 테이블은 다음과 같을 것이다.

lab_id
A
B
C

labs 테이블

id	name
4291	J Simms
4319	P Taylor

lab_techs 테이블

lab_id	plot	current_seed_sample
A	1	AXM477
A	2	AXM478
A	3	AXM479

plots 테이블

단순해 보이지만 이 테이블들은 데이터 무결성을 보장하며 애플리케이션이 데이터베이스와 쉽게 인터페이스하게 해준다. 예를 들어 연구소 위젯의 선택 항목은 labs 테이블에서 가져오므로 새 연구소를 추가해야 한다면 단순히 이 테이블에 로우 하나만 추가하면 된다.

lab_checks 테이블

lab_checks 테이블의 로우는 주어진 날짜와 시간에 특정 기사가 특정 연구소의 모든 재배 구역을 검사한 이력을 나타낸다. 이는 다음과 같은 SQL을 사용해 정의할 수 있다.

```
CREATE TABLE lab_checks(
    date DATE NOT NULL, time TIME NOT NULL,
```

```
    lab_id CHAR(1) NOT NULL REFERENCES labs(id),
    lab_tech_id SMALLINT NOT NULL REFERENCES lab_techs(id),
    PRIMARY KEY(date, time, lab_id)
);
```

이 테이블이 생성되고 데이터가 추가된다면 다음과 같은 모습이 될 것이다.

date	time	lab_id	lab_tech_id
2021-10-01	8:00	A	4291

lab_checks 테이블

date, time, lab_id 칼럼은 하나의 연구소 항목을 유일하게 식별한다. 따라서 이 세 칼럼은 함께 기본키가 된다. 검사를 수행하는 기사의 ID는 이 테이블에서 홀로 존재하는 속성으로, lab_techs 테이블에 대한 외래키 관계가 형성된다.

plot_checks 테이블

재배 구역 항목은 개별 재배 구역에서 수집된 실제 데이터 레코드다. 각 재배 구역 항목은 연구소 항목에 속하므로 date, time, lab_id 키 값을 사용해 이미 존재하는 연구소 항목을 참조해야 한다.

먼저 다음과 같은 SQL로 시작하자.

```
CREATE TABLE plot_checks(
    date DATE NOT NULL,
    time TIME NOT NULL,
    lab_id CHAR(1) NOT NULL REFERENCES labs(id),
    plot SMALLINT NOT NULL,
```

plot_checks 테이블의 기본키는 필수적으로 lab_checks 테이블의 기본키에 재배 구역 번호가 추가된 것이어야 한다. 키 제약조건key constraint은 다음과 같다.

```
    PRIMARY KEY(date, time, lab_id, plot),
    FOREIGN KEY(date, time, lab_id)
       REFERENCES lab_checks(date, time, lab_id),
    FOREIGN KEY(lab_id, plot) REFERENCES plots(lab_id, plot),
```

키 칼럼들을 정의했으니 이제 다음과 같은 속성 칼럼늘을 추가하자.

```
    seed_sample CHAR(6) NOT NULL,
    humidity NUMERIC(4, 2) CHECK (humidity BETWEEN 0.5 AND 52.0),
    light NUMERIC(5, 2) CHECK (light BETWEEN 0 AND 100),
    temperature NUMERIC(4, 2) CHECK (temperature BETWEEN 4 AND 40),
    equipment_fault BOOLEAN NOT NULL,
    blossoms SMALLINT NOT NULL CHECK (blossoms BETWEEN 0 AND 1000),
    plants SMALLINT NOT NULL CHECK (plants BETWEEN 0 AND 20),
    fruit SMALLINT NOT NULL CHECK (fruit BETWEEN 0 AND 1000),
    max_height NUMERIC(6, 2) NOT NULL
       CHECK (max_height BETWEEN 0 AND 1000),
    min_height NUMERIC(6, 2) NOT NULL
       CHECK (min_height BETWEEN 0 AND 1000),
    median_height NUMERIC(6, 2) NOT NULL
       CHECK (median_height BETWEEN min_height AND max_height),
    notes TEXT
);
```

이 테이블이 생성되고 데이터가 추가된다면 다음과 같은 모습이 될 것이다.

date	time	lab	plot	seed_sample	humidity	light	(etc...)
2021-10-01	08:00:00	A	1	AXM477	24.19	0.97	
2021-10-01	08:00:00	A	2	AXM478	23.62	1.03	

plot_checks 테이블

데이터 타입과 **CHECK** 제약조건을 사용함으로써 데이터 사전에 정의된 제한 사항을 구현했다는 점에 주목하기 바란다. 이렇게 함으로써 유효하지 않은 데이터에 대한 안전장치로서 데이터베이스의 역량을 활용할 수 있다. 이로써 ABQ

데이터베이스의 모든 테이블을 정의했다.

뷰 생성

데이터베이스 설계를 완료하기 전에 데이터 접근을 쉽게 하기 위한 뷰^{view} 하나를 만들 것이다. 뷰는 대부분의 측면에서 테이블과 같지만 실제 데이터를 갖지 않는다. 즉, 단순히 뷰를 내장 SELECT 쿼리라고 봐도 된다. ABQ 데이터베이스에서는 data_record_view라는 뷰로 데이터를 재배치해 GUI와의 상호작용을 쉽게 만들 것이다.

뷰는 다음과 같이 CREATE VIEW 구문을 사용해 만든다.

```
# create_db.sql

CREATE VIEW data_record_view AS (
```

그다음에는 뷰에서 테이블 데이터를 반환하는 SELECT 쿼리를 괄호 안에 넣는다.

```
    SELECT pc.date AS "Date", to_char(pc.time, 'FMHH24:MI') AS "Time",
       lt.name AS "Technician", pc.lab_id AS "Lab", pc.plot AS "Plot",
       pc.seed_sample AS "Seed Sample", pc.humidity AS "Humidity",
       pc.light AS "Light", pc.temperature AS "Temperature",
       pc.plants AS "Plants", pc.blossoms AS "Blossoms",
       pc.fruit AS "Fruit", pc.max_height AS "Max Height",
       pc.min_height AS "Min Height", pc.median_height AS "Med Height",
       pc.notes AS "Notes"
    FROM plot_checks AS pc
       JOIN lab_checks AS lc ON pc.lab_id = lc.lab_id
          AND pc.date = lc.date AND pc.time = lc.time
       JOIN lab_techs AS lt ON lc.lab_tech_id = lt.id
 );
```

보다시피 plot_checks 테이블을 조회하며 외래키 관계를 사용해 lab_checks와

lab_techs를 조인한다. 이들 테이블에 AS 키워드를 사용해 짧은 별칭을 붙임으로써 쿼리의 가독성을 높였다. 또한 애플리케이션의 데이터 구조 안에서 사용될 각 필드에도 별칭을 붙였는데, 이 경우 큰따옴표를 사용해 공백 문자나 대소문자가 보존되게 했다. 이렇게 데이터 사전의 키와 칼럼 이름을 맞췄으므로 애플리케이션 코드에서는 필드 이름을 다시 변환할 필요가 없다.

이 뷰는 다음과 같은 모습이 될 것이다. 이전의 **plot_checks** 테이블과 비교해 보자.

date	time	Technician	lab	plot	seed_sample	humidity	light	(etc...)
2021-10-01	08:00	J Simms	A	1	AXM477	24.19	0.97	
2021-10-01	08:00	J Simms	A	2	AXM478	23.62	1.03	

data_record_view 뷰

TIP

PostgreSQL 등과 같은 SQL 데이터베이스 엔진은 테이블 형식의 데이터 조인과 변환에 있어 매우 효율적이다. 따라서 가급적 그런 능력을 활용해 애플리케이션을 위한 데이터 작업을 수월하게 만들자.

이로써 데이터베이스 생성과 관련된 모든 스크립트가 완성됐다. 이제 이 스크립트를 PostgreSQL 클라이언트에서 실행하고 테이블 5개와 뷰 하나가 제대로 생성되는지 검증할 차례다. 먼저 pgAdmin에서 Tools ➤ Query Tool을 열고 Query 편집기 위에 있는 폴더 아이콘(Open File)을 클릭한다. 그다음에는 create_db.sql 파일을 선택하고 플레이 버튼을 눌러 쿼리를 실행한다. 터미널에서 스크립트를 실행하고 싶다면 다음과 같이 명령하면 된다.

```
$ cd ABQ_Data_Entry/sql
$ psql -U myuser -d abq < create_db.sql
```

룩업 테이블 채우기

테이블은 모두 생성됐지만 이를 사용하려면 먼저 룩업 테이블에 다음과 같은 데이터를 채워야 한다.

- `labs` 테이블에는 각 연구소를 나타내는 A부터 C까지의 값이 있어야 한다.
- `lab_techs` 테이블에는 각 연구소 기사의 이름과 ID가 있어야 한다. 기사는 J Simms (4291), P Taylor (4319), Q Murphy (4478), L Taniff (5607)과 같이 모두 4명이다.
- `plots` 테이블에는 각 연구소당 20개씩, 모두 60개의 재배 구역이 있어야 한다. 종자 샘플은 AXM477, AXM478, AXM479, AXM480과 같은 4개의 값이 반복된다.

pgAdmin을 사용해 수작업으로 데이터를 넣을 수도 있지만 create_db.sql의 경우와 마찬가지로 이 책의 예제 파일에 포함된 lookup_populate.sql을 실행해도 된다.

ABQ 데이터베이스는 이제 애플리케이션에서 사용될 준비가 됐다. 애플리케이션이 데이터베이스를 사용할 수 있게 준비하는 단계로 넘어가자.

⠿ psycopg3를 사용한 PostgreSQL 연결

데이터베이스의 모든 준비가 완료된 상태이므로 이를 애플리케이션에서 사용하는 방법을 알아보자. 애플리케이션에서 SQL을 작동시키려면 데이터베이스와 연결할 수 있는 파이썬 라이브러리가 필요하다. 다행히 파이썬이 다양한 DB 제품과 연계할 수 있는 여러 라이브러리가 있다.

PostgreSQL의 경우 가장 인기 있는 라이브러리는 **psycopg2**인데, 파이썬 표준 라이브러리에 포함돼 있지 않으므로 따로 설치해야 한다. 설치 방법은 https://www.psycopg.org/docs/install.html에서 볼 수 있으며, 대개 다음과 같이 **pip**

명령을 사용해 설치한다.[2]

윈도우즈, 맥OS, 리눅스에서 다음과 같이 명령하면 된다.

```
$ pip install --user psycopg2-binary
```

혹시 위 명령이 제대로 작동하지 않거나 바이너리가 아닌 소스를 사용해 설치하고 싶다면 위에서 언급한 웹 페이지를 참고하기 바란다. 다만 psycopg2는 파이썬이 아닌 C로 작성됐으므로 소스로부터 설치하려면 C 컴파일러와 그 밖의 개발자 패키지가 추가로 필요할 것이다.

TIP

리눅스에서는 각 배포판의 패키지 관리자를 사용해 psycopg2를 설치할 수도 있다.

psycopg2 기초

psycopg2를 사용하기 위한 필수 작업 과정은 다음과 같다.

1. 먼저 psycopg2.connect()를 사용해 연결 객체(Connection)를 만들어야 한다. 이 객체는 데이터베이스 엔진으로의 연결을 나타내며 로그인 세션 관리에 사용된다.

2. 그다음에는 Connection 객체의 cursor() 메서드를 사용해 커서 객체(Cursor)를 만들어야 한다. 커서는 데이터베이스와 상호작용하는 현재 지점을 말한다.

3. 커서의 execute() 메서드에 SQL 문자열을 전달해 쿼리를 실행할 수 있다.

4. 결과를 반환하는 쿼리라면 커서의 fetchone()이나 fetchall() 메서드를 사용해 데이터를 가져올 수 있다.

---

2. psycopg는 '싸이캅지'로 읽으며, 'psychotic PostgreSQL'의 줄임말이다. 2021년 10월에는 psycopg3도 정식 출시됐지만 psycopg2는 여전히 15년 넘게 가장 많이 사용되고 있는 라이브러리다. 따라서 이 책은 psycopg2를 사용한다. — 옮긴이

다음 스크립트는 psycopg2의 기본 사용법을 보여준다.

```python
# psycopg2_demo.py

import psycopg2 as pg
from getpass import getpass

cx = pg.connect(
    host='localhost', database='abq',
    user=input('Username: '),
    password=getpass('Password: ')
)

cur = cx.cursor()

cur.execute("""
    CREATE TABLE test
    (id SERIAL PRIMARY KEY, val TEXT)
""")
cur.execute("""
    INSERT INTO test (val)
    VALUES ('Banana'), ('Orange'), ('Apple');
""")
```

먼저 편의를 위해 psycopg2를 pg라는 별칭으로 임포트했다. 또한 사용자 패스워드를 입력받을 때 사용할 getpass도 임포트했다. 그다음에는 connect() 함수를 사용해 연결 객체인 cx를 만들었다. 이때 데이터베이스 서버 정보와 인증 정보를 전달하는데, 여기에는 서버의 호스트명, 데이터베이스명, 자격증명 정보가 포함된다. host 인자는 서버명이나 IP 주소, 또는 PostgreSQL이 실행되고 있는 시스템의 전체 도메인명이 될 수 있다. 지금은 로컬 시스템에서 PostgreSQL을 실행하고 있으므로 localhost를 지정했다.

그다음에는 연결 객체에서 커서 객체인 cur를 만들고 마지막으로 커서의 execute() 메서드를 사용해 SQL 쿼리 2개를 실행한다.

이제 다음과 같이 데이터베이스에서 데이터를 가져오자.

```
cur.execute("SELECT * FROM test")
num_rows = cur.rowcount
data = cur.fetchall()

print(f'Got {num_rows} rows from database:')
print(data)
```

아마도 쿼리의 결과 데이터를 execute()의 반환값에서 받으면 될 것으로 추측할 수 있다. 그러나 실제 작동 원리는 그렇지 않다. 그 대신 커서 메서드와 속성을 사용해 데이터와 메타데이터를 가져와야 한다. 여기서는 fetchall()을 사용해 한 번에 모든 로우를 가져왔다. 또한 커서의 rowcount 속성을 사용해 로우의 개수도 알아냈다.

PostgreSQL은 트랜잭션 데이터베이스transactional database로, CREATE나 INSERT와 같은 변경 작업이 디스크에 자동 적용되지 않는다. 변경 사항을 적용하려면 해당 트랜잭션을 커밋(확정)해야 한다. psycopg2에서는 다음과 같이 연결 객체의 commit() 메서드를 호출하면 된다.

```
cx.commit()
```

커밋을 하지 않으면 연결이 종료될 때 변경 사항이 저장되지 않는다. 애플리케이션이나 스크립트가 종료되면 연결도 종료되지만 그럼에도 다음과 같이 연결 객체의 close()를 호출해 명시적으로 연결을 종료시키는 것이 바람직하다.

```
cx.close()
```

TIP

> Connection 객체를 만들 때 autocommit=True를 지정하면 psycopg2는 모든 쿼리의 트랜잭션에 자동으로 커밋을 수행한다. 이는 PostgreSQL에 대한 작업을 셸에서 할 때 특히 유용하다.

파라미터화 쿼리

사용자 입력 데이터와 같은 실시간 데이터를 SQL 쿼리에 포함시켜야 하는 경우가 꽤 많다. 그런 경우 다음과 같이 파이썬의 강력한 문자열 포맷 기능을 이용하고 싶을 것이다.

```
new_item = input('Enter new item: ')
cur.execute(f"INSERT INTO test (val) VALUES ('{new_item}')")

cur.execute('SELECT * FROM test')
print(cur.fetchall())
```

그러나 절대 이렇게 하지 말기 바란다. 이 코드가 실행되면 이른바 SQL 삽입 **취약점**이라고 하는 문제가 발생한다. 즉, 사용자가 자신이 원하는 SQL 명령을 입력할 수 있게 된다. 예를 들어 이 스크립트를 다음과 같이 실행하면 악의적인 데이터를 추가할 수 있다.

```
$ python psycopg2_demo.py
Username: taesang
Password:
Got 3 rows from database:
[(1, 'Banana'), (2, 'Orange'), (3, 'Apple')]
Enter new item: '); DROP TABLE test; SELECT ('
Traceback (most recent call last):
  File "C:\Users\tessking\src-taesang\ch12\psycopg2_demo.py", line 33, in
<module>
    cur.execute('SELECT * FROM test')
psycopg2.errors.UndefinedTable: relation "test" does not exist
LINE 1: SELECT * FROM test
```

여기서는 프로그램을 실행하면서 원래의 SQL 문장을 닫고 DROP TABLE 문장이 추가되게 했다. 그다음에는 간단한 SELECT 문장을 추가함으로써 SQL 엔진에서 구문 오류가 발생되지 않게 했다. 그 결과 test 테이블은 삭제되고 데이터를 조회하려고 하면 오류가 발생한다.

SQL 삽입 취약점은 수십 년 동안 전염병과 같은 존재였으며 세간의 이목을 끄는 많은 해킹 재난의 원천이었다. 다행히 **psycopg2**는 이 취약점을 막을 수 있는 방법인 파라미터화 쿼리^{parameterized query}를 제공한다. 앞의 코드에 파라미터화 쿼리를 적용하면 다음과 같다.

```python
new_item = input('Enter new item: ')
cur.execute("INSERT INTO test (val) VALUES (%s)", (new_item,))

cur.execute('SELECT * FROM test')
print(cur.fetchall())
```

파라미터화 쿼리를 사용하면 **%s** 문자열로 쿼리에 원하는 값을 삽입할 수 있다. 이때 값은 **execute()**의 두 번째 인자로 전달한다. 여러 개의 값이라면 리스트나 튜플로 전달하면 되며 순서대로 **%s** 자리에 대체될 것이다.

좀 더 복잡하게는 각 파라미터에 이름을 붙여 딕셔너리에 넣고 이를 전달하는 방법도 있다. 다음과 같이 말이다.

```python
cur.execute(
    "INSERT INTO test (val) VALUES (%(item)s)",
    {'item': new_item}
)
```

파라미터 이름은 **%**와 **s** 사이에 소괄호로 감싸 넣으면 된다. 이 이름은 딕셔너리 안의 키와 대응하며 쿼리가 실행될 때 그 값으로 대체된다.

NOTE

> 파라미터 문자열에서 s를 형식 지정자(format specifier)라고 하는데, 이는 파이썬의 문자열 대체 문법에서 왔다. 형식 지정자는 생략할 수 없으며 항상 s여야 한다. 쿼리 실행 시 ValueError: Invalid format specifier 오류가 발생한다면 이는 s를 빠뜨렸거나 s가 아닌 다른 문자를 사용해서 일 수 있다.

파라미터화 쿼리는 적절하게 데이터를 이스케이핑[escaping]과 새니타이징[sanitizing]하므로 SQL 삽입 공격은 거의 불가능하다. 예를 들어 이전과 동일하게 SQL 삽입을 시도하면 이번에는 다음과 같은 결과를 볼 수 있다.[3]

```
Enter new item: '); DROP TABLE test; SELECT ('
[(1, 'Banana'), (2, 'Orange'), (3, 'Apple'), (4, "'); DROP TABLE test;
SELECT ('")]
```

파라미터화 쿼리는 SQL 삽입을 막을 뿐만 아니라 파이썬 데이터 타입을 SQL 유형으로 자동 변환해준다. 예를 들어 파이썬의 date와 datetime 객체는 SQL에서 날짜로 인식될 수 있게 변환되며 None은 SQL에서 NULL로 변환된다.

NOTE

> 파라미터는 오직 데이터 값에만 사용할 수 있다. 즉, 테이블명이나 명령 등과 같은 다른 쿼리 콘텐츠는 파라미터화할 수 없다.

특별한 커서 클래스

Cursor.fetchall()은 기본적으로 쿼리 결과를 튜플의 리스트로 반환한다. 이는 한두 개 칼럼의 테이블인 경우라면 문제가 없다. 그러나 ABQ 데이터베이스에서와 같은 큰 테이블의 경우에는 튜플 인덱스가 어떤 필드에 대응하는지 기억하기 어렵다는 문제가 생긴다. 필드는 이름으로 참조하는 방법이 가장 이상적이기 때문이다.

이에 대한 편의를 위해 psycopg2에서는 연결 객체에 커서 팩토리[cursor factory] 클래스를 지정함으로써 특별하게 동작하는 커서 객체를 사용할 수 있다. 그런 커스텀 커서 클래스 중 하나가 DictCursor이며, 다음과 같이 사용할 수 있다.

---

3. 이스케이핑과 새니타이징은 보안을 위해 문자열을 안전하게 처리하는 기법으로, HTML과 자바스크립트 등 주로 웹 언어에서 사용되며 SQL에서도 마찬가지다. – 옮긴이

```
# psycopg2_demo.py

from psycopg2.extras import DictCursor

cx = pg.connect(
    host='localhost', database='abq',
    user=input('Username: '),
    password=getpass('Password: '),
    cursor_factory=DictCursor
)
```

DictCursor는 psycopg2.extras 모듈 안에 있으므로 psycopg2 모듈과 별개로 임포트해야 한다. 그다음에는 connect() 함수의 cursor_factory 인자에 전달한다. 마지막으로 반환될 로우는 DictRow 객체이며, 이는 다음과 같이 딕셔너리처럼 다루면 된다.

```
cur.execute("SELECT * FROM test")
data = cur.fetchall()
for row in data:
    print(row['val'])
```

이렇게 하면 많은 칼럼이 있는 경우에도 훨씬 편하게 처리할 수 있다.

> **NOTE**
>
> psycopg2의 더 많은 정보는 공식 문서인 https://www.psycopg.org/docs/에서 볼 수 있다.

ABQ 앱에 SQL 통합

ABQ 앱을 SQL 백엔드로 변경하는 일은 쉽지 않다. 당초 CSV 파일을 가정하고 구축했기 때문이다. 물론 최대한 관심사 분리를 적용했지만 그럼에도 변경해야 할 부분이 많을 것이다.

해야 할 일을 다음과 같은 단계들로 나눠보자.

- SQL 데이터베이스와 인터페이스하는 새 모델을 만들어야 한다.
- **Application** 클래스는 새 SQL 모델을 사용해야 하며 그에 따라 몇 가지 동작을 조정해야 한다.
- 레코드 폼은 기본키를 우선으로 처리하고, 새 룩업 테이블을 사용하며, 데이터베이스에서 가져온 정보를 보여주고자 재조정돼야 한다.
- 레코드 리스트는 새 데이터 모델과 기본키를 사용해 작동될 수 있게 조정해야 한다.

새 모델 작성

먼저 models.py에서 psycopg2와 DictCursor를 임포트하자.

```
# models.py

import psycopg2 as pg
from psycopg2.extras import DictCursor
```

앞서 배웠듯 DictCursor는 기본 튜플이 아닌 파이썬 딕셔너리로 결과를 가져오므로 ABQ 앱에서 사용하기 적당하다.

이제 SQLModel이라는 모델 클래스를 만들고 CSVModel에 있는 fields 프로퍼티를 복사해 가져오자.

```
# models.py

class SQLModel:
    """SQL 데이터 저장을 위한 데이터 모델"""

    fields = {
        "Date": {'req': True, 'type': FT.iso_date_string},
        "Time": {'req': True, 'type': FT.string_list,
```

```
        'values': ['8:00', '12:00', '16:00', '20:00']},
      # ...
    }
```

이 딕셔너리에서 몇 가지 변경할 사항이 있다. 먼저 유효한 Lab과 Plot 값은 이제 하드코딩이 아니라 데이터베이스에서 올 것이다. 따라서 여기서는 빈 리스트를 지정하고 초기화 메서드에서 데이터를 채울 것이다. Technician 역시 데이터베이스로부터 값이 채워질 드롭다운 목록이므로 string_list 유형의 빈 리스트를 values 인자에 지정해야 한다.

이 세 필드를 다음과 같이 변경하자.

```
# models.py 파일의 SQLModel.fields 프로퍼티
    "Technician": {
      'req': True, 'type': FT.string_list, 'values': []
    },
    "Lab": {
      'req': True, 'type': FT.short_string_list, 'values': []
    },
    "Plot": {
      'req': True, 'type': FT.string_list, 'values': []
    },
```

초기화 메서드를 작성하기 전에 먼저 쿼리와 관련된 반복 코드를 캡슐화하는 메서드를 만들자. 메서드 이름을 query()라고 하고 다음과 같이 SQLModel 클래스 안에 추가한다.

```
# models.py 파일의 SQLModel 클래스
  def query(self, query, parameters=None):
    with self.connection:
      with self.connection.cursor() as cursor:
        cursor.execute(query, parameters)
```

```
    if cursor.description is not None:
        return cursor.fetchall()
```

이 메서드는 쿼리 문자열을 받으며 선택적으로 일련의 파라미터를 받을 수 있다. 메서드 안에서는 Connection 객체를 사용해 콘텍스트 관리자 블록을 시작한다. 이런 방법으로 연결 객체를 사용하면 psycopg2는 쿼리가 성공한 경우 트랜잭션을 자동 커밋한다. 그다음에는 마찬가지로 콘텍스트 관리자를 사용해 Cursor 객체를 얻는다. 커서를 콘텍스트 관리자로 사용함으로써 execute() 메서드가 예외를 던지면 psycopg2는 해당 트랜잭션을 자동으로 **롤백**^{rollback}할 것이다. 롤백이란 커밋의 반대 개념으로, 변경 사항을 저장하는 대신 마지막 커밋됐던 상태나 세션의 처음 상태로 되돌리는 것을 말한다. 롤백이 되면 그 예외는 호출한 코드에서 다시 발생돼 처리될 것이다. 또한 쿼리 결과가 성공이든 실패든 블록 마지막에 커서가 닫힌다. 이를 정리하면 마치 다음의 코드와 같을 것이다.

```
cursor = self.connection.cursor()
try:
    cursor.execute(query, parameters)
except (pg.Error) as e:
    self.connection.rollback()
    raise e
finally:
    cursor.close()
```

쿼리가 성공해 데이터를 반환하면 이 메서드는 그 데이터를 반환할 것이다. 반환되는 데이터가 있는지 알려면 cursor.description 프로퍼티를 확인하면 된다. 이 프로퍼티는 쿼리 결과에 있는 테이블 헤더의 리스트를 반환한다. INSERT 쿼리 등과 같이 반환되는 데이터가 없는 경우라면 이 프로퍼티는 None 으로 설정된다. fetchall()은 쿼리에서 반환되는 데이터가 없을 경우 예외를 발생시킨다. 따라서 fetchall()을 실행하기 전에 반드시 cursor.description

을 확인해야 한다.

이제 query() 메서드를 사용해 다음과 같은 식으로 쉽게 데이터를 가져올 수 있다.

```python
def some_method(self):
    return self.query('SELECT * FROM table')
```

실제로 다음과 같이 query() 메서드를 사용하는 SQLModel의 초기화 메서드를 작성하자.

```python
# models.py 파일의 SQLModel 클래스

def __init__(self, host, database, user, password):
    self.connection = pg.connect(
        host=host, database=database,
        user=user, password=password,
        cursor_factory=DictCursor
    )

    techs = self.query("SELECT name FROM lab_techs ORDER BY name")
    labs = self.query("SELECT id FROM labs ORDER BY id")
    plots = self.query(
        "SELECT DISTINCT plot FROM plots ORDER BY plot"
    )
    self.fields['Technician']['values'] = [
        x['name'] for x in techs
    ]
    self.fields['Lab']['values'] = [x['id'] for x in labs]
    self.fields['Plot']['values'] = [
        str(x['plot']) for x in plots
    ]
```

__init__() 메서드는 데이터베이스 연결 정보를 받아 psycopg2.connect()를 사용해 데이터베이스와 연결하며 cursor_factory에 DictCursor를 설정한다.

그다음에는 query() 메서드를 사용해 세 룩업 테이블에서 필요한 칼럼들에 대해 쿼리를 실행한다. 이때 리스트 컴프리헨션을 사용해 각 쿼리의 결과를 해당 values 리스트에 할당한다.

이제 애플리케이션이 모델에서 데이터를 가져올 때 호출할 메서드를 만들 차례다. 먼저 다음과 같은 get_all_records()부터 시작하자.

```python
def get_all_records(self, all_dates=False):
    query = (
        'SELECT * FROM data_record_view '
        'WHERE NOT %(all_dates)s OR "Date" = CURRENT_DATE '
        'ORDER BY "Date" DESC, "Time", "Lab", "Plot"'
    )
    return self.query(query, {'all_dates': all_dates})
```

ABQ 앱의 사용자는 오직 현재 날짜의 데이터로 작업하므로 기본적으로는 그 데이터를 보여주지만 모든 날짜의 데이터를 보여줄 수 있는 선택 사항도 추가로 제공한다. PostgreSQL에서는 CURRENT_DATE라는 상수를 사용해 현재 날짜를 가져올 수 있는데, 이 상수에는 항상 서버 기준의 현재 날짜가 담겨 있다. 또한 all_dates 값을 전달하고자 파라미터화 쿼리를 사용한다.

이제 다음과 같이 get_record() 메서드를 만들자.

```python
def get_record(self, rowkey):
    date, time, lab, plot = rowkey
    query = (
        'SELECT * FROM data_record_view '
        'WHERE "Date" = %(date)s AND "Time" = %(time)s '
        'AND "Lab" = %(lab)s AND "Plot" = %(plot)s'
    )
    result = self.query(
        query,
        {"date": date, "time": time, "lab": lab, "plot": plot}
```

```
    )
    return result[0] if result else dict()
```

이 메서드는 CSVModel 클래스에 대비해 변화된 모습을 보여준다. 일단 더 이상 로우 번호를 사용하지 않고 기본키 값을 사용해 로우를 식별한다. 재배 구역 항목에서는 레코드 식별을 위해 Date, Time, Lab, Plot이 필요하다. 편의를 위해 이들 값은 (date, time, lab, plot)과 같은 튜플 형식으로 전달될 것이다. 따라서 이 메서드에서 처음 할 일은 전달된 rowkey 튜플에서 4개의 값을 추출하는 것이다.

일단 4개의 값을 얻은 다음에는 파라미터화 쿼리를 사용해 뷰에서 해당 레코드를 가져온다. 쿼리 결과가 하나의 로우라 할지라도 query() 메서드는 리스트를 반환한다는 점에 주의하자. 그러나 애플리케이션에서는 get_record()에서 하나의 딕셔너리가 반환되길 기대한다. 따라서 return 구문은 빈 리스트가 아니라면 result의 첫 번째 아이템을 반환하며, 그렇지 않다면 빈 딕셔너리를 반환해야 한다.

연구소 항목의 레코드를 가져오는 일도 크게 다르지 않다.

```
def get_lab_check(self, date, time, lab):
    query = (
        'SELECT date, time, lab_id, lab_tech_id, '
        'lt.name as lab_tech FROM lab_checks JOIN lab_techs lt '
        'ON lab_checks.lab_tech_id = lt.id WHERE '
        'lab_id = %(lab)s AND date = %(date)s AND time = %(time)s'
    )
    results = self.query(
        query, {'date': date, 'time': time, 'lab': lab}
    )
    return results[0] if results else dict()
```

이 쿼리에서는 lab_techs 테이블과 조인해 단지 ID만이 아닌 기사 이름도 가져온다. 이 메서드는 CSVModel에는 존재하지 않았는데, 아직 데이터 정규화를 하기 전이었기 때문이다. 그러나 이제 이 메서드는 나중에 save_record()와 폼 자동화 메서드에서 편리하게 사용될 것이다.

데이터 저장

SQL 모델에서 데이터를 저장하는 일은 CSV 모델에서보다 살짝 복잡하다. 각 데이터 레코드가 lab_checks와 plot_checks라는 서로 다른 테이블에서 나타나기 때문이다. 이로 인해 레코드를 저장함에 있어 다음과 같은 3가지 가능성을 고려해야 한다.

- 주어진 날짜, 시간, 연구소, 재배 구역에 해당하는 레코드가 lab_checks 와 plot_checks 모두에 없을 수 있다. 이 경우 두 테이블 모두에 레코드를 생성시켜야 한다.
- 주어진 날짜, 시간, 연구소는 lab_checks에 존재하지만 주어진 재배 구역이 plot_checks에 없을 수 있다. 이 경우 plot_checks에 레코드가 추가돼야 하며 연구소 기사 값이 고쳐져야 한다면 lab_checks도 갱신돼야 한다.
- lab_checks와 plot_checks 모두에 레코드가 존재한다면 제출된 각 칼럼 값으로 갱신하면 된다.

잠시 후 구현할 save_record() 메서드에서는 이들 상황을 확인해 각 테이블에 적절한 INSERT나 UPDATE 쿼리를 수행해야 할 것이다.

추가로 고려해야 할 사항이 더 있다. 바로 사용자가 레코드를 편집할 때 기본키 중 하나의 값을 변경하려 할 가능성이다. 이런 경우 모델은 어떻게 작동해야 할까? 다음을 생각해보자.

- 사용자 관점에서 애플리케이션에 입력하는 각 레코드는 재배 구역 항목들이다.

- 재배 구역 항목은 날짜, 시간, 연구소를 기준으로 연구소 항목과 연결돼 있다.
- 사용자가 키 필드 중 하나를 변경하려 한다면 이는 이미 연결된 연구소 항목이 아닌 다른 연구소 항목과 연결시키려는 의도일 것이다.
- 그럼에도 GUI 측면에서 사용자는 새 레코드가 아닌 기존 레고느를 갱신하려는 것이므로 새로 입력된 날짜, 시간, 연구소, 재배 구역 값으로 기존 재배 구역 항목을 갱신하는 것이 맞다.

결국 INSERT를 해야 할지 UPDATE를 해야 할지 판단하려면 재배 구역 항목의 키 데이터가 아닌 연구소 항목을 위해 입력된 데이터를 기준으로 해야 한다.

이와 같은 로직을 쿼리로 구현해보자. 또한 쿼리를 클래스 변수에 저장함으로써 save_record() 메서드를 좀 더 간결하게 만들 수 있다.

먼저 다음과 같이 연구소 항목에 대한 쿼리부터 시작하자.

```
# models.py 파일의 SQLModel 클래스
    lc_update_query = (
        'UPDATE lab_checks SET lab_tech_id = '
        '(SELECT id FROM lab_techs WHERE name = %(Technician)s) '
        'WHERE date=%(Date)s AND time=%(Time)s AND lab=%(Lab)s'
    )

    lc_insert_query = (
        'INSERT INTO lab_checks VALUES (%(Date)s, %(Time)s, %(Lab)s, '
        '(SELECT id FROM lab_techs WHERE name LIKE %(Technician)s))'
    )
```

이들 쿼리는 매우 직관적이다. 다만 lab_tech_id를 위해 서브쿼리^{subquery}를 사용했다는 점이 있을 뿐이다. 이는 애플리케이션이 연구소 기사 ID를 알 수 없으므로 기사 이름으로 ID를 검색하기 위해서다. 또한 각 파라미터 이름은 모델의 fields 딕셔너리 안의 이름과 대응한다. 이렇게 함으로써 폼에서 가져온 레코드 데이터를 다시 변환하는 수고를 덜 수 있다.

이제 재배 구역 항목에 대한 쿼리를 작성하자. 약간 길지만 어려울 것은 없다.

```
pc_update_query = (
    'UPDATE plot_checks SET seed_sample = %(Seed Sample)s, '
    'humidity = %(Humidity)s, light = %(Light)s, '
    'temperature = %(Temperature)s, '
    'equipment_fault = %(Equipment Fault)s, '
    'blossoms = %(Blossoms)s, plants = %(Plants)s, '
    'fruit = %(Fruit)s, max_height = %(Max Height)s, '
    'min_height = %(Min Height)s, median_height = %(Med Height)s, '
    'notes = %(Notes)s WHERE date=%(key_date)s AND time=%(key_time)s '
    'AND lab_id=%(key_lab)s AND plot=%(key_plot)s')
pc_insert_query = (
    'INSERT INTO plot_checks VALUES (%(Date)s, %(Time)s, %(Lab)s,'
    ' %(Plot)s, %(Seed Sample)s, %(Humidity)s, %(Light)s,'
    ' %(Temperature)s, %(Equipment Fault)s, %(Blossoms)s,'
    ' %(Plants)s, %(Fruit)s, %(Max Height)s, %(Min Height)s,'
    ' %(Med Height)s, %(Notes)s)')
```

UPDATE 쿼리의 WHERE 절에서 사용된 파라미터 이름에 key_라는 접두어가 있음에 주목하자. 이는 rowkey에서 가져올 날짜, 시간, 연구소, 재배 구역 값으로 식별된 레코드를 갱신하기 위함이다.

모든 쿼리를 준비했으니 이제 save_record() 메서드를 작성할 차례다.

```
# models.py 파일의 SQLModel 클래스
    def save_record(self, record, rowkey):
        if rowkey:
            key_date, key_time, key_lab, key_plot = rowkey
            record.update({
                "key_date": key_date,
                "key_time": key_time,
                "key_lab": key_lab,
                "key_plot": key_plot
```

```
        })
```

CSVModel.save_record() 메서드는 하나의 레코드 딕셔너리와 정수 값인 rownum을 받아 갱신해야 할 레코드를 결정했다. 지금의 데이터베이스 버전에서는 복합키를 사용해 날짜, 시간, 연구소, 재배 구역의 튜플인 재배 구역 항목을 식별한다. 따라서 rowkey에서 값을 추출해 각 변수에 할당하고 이를 레코드 딕셔너리에 추가함으로써 쿼리에 전달할 수 있게 한다.

이제 연구소 항목 테이블에 실행할 쿼리를 결정해야 할 차례다.

```
    if self.get_lab_check(
        record['Date'], record['Time'], record['Lab']
    ):
        lc_query = self.lc_update_query
    else:
        lc_query = self.lc_insert_query
```

입력된 날짜, 시간, 연구소에 맞는 레코드가 존재한다면 그 레코드를 갱신하면 된다. 이때 실제로 변경되는 데이터는 연구소 기사다. 입력된 값에 맞는 레코드가 없다면 새로 만들어야 한다.

그다음에는 재배 구역 항목 테이블에 실행할 쿼리도 결정한다.

```
    if rowkey:
        pc_query = self.pc_update_query
    else:
        pc_query = self.pc_insert_query
```

이번에는 rowkey 튜플이 있는지만 확인하면 된다. 있다면 기존 레코드가 있다는 의미이므로 그 레코드를 갱신하면 되며 그렇지 않다면 새 레코드를 만들면 된다.

이제 이 메서드를 마무리할 시점이다. 다음과 같이 파라미터로 쿼리 문장과 레코드 딕셔너리를 전달해 쿼리를 실행하자.

```
self.query(lc_query, record)
self.query(pc_query, record)
```

psycopg2에서는 쿼리에 사용되지 않는 파라미터가 포함된 딕셔너리를 전달해도 문제가 안 된다. 따라서 레코드에서 불필요한 아이템을 걸러내는 일은 신경 쓰지 말자.

현재 종자 샘플 가져오기

이 모델에서 마지막 남은 메서드 하나가 있다. 각 재배 구역의 현재 종자 샘플은 데이터베이스에 저장돼 있으므로 이를 자동으로 폼에 채워 사용자에게 보여줄 수 있다. lab과 plot_id를 받고 종자 샘플의 이름을 반환하는 get_current_seed_sample()이라는 이름의 메서드를 만든다.

```
def get_current_seed_sample(self, lab, plot):
    result = self.query(
        'SELECT current_seed_sample FROM plots '
        'WHERE lab_id=%(lab)s AND plot=%(plot)s',
        {'lab': lab, 'plot': plot}
    )
    return result[0]['current_seed_sample'] if result else ''
```

이번 return 구문은 결과의 첫 번째 로우뿐만 아니라 current_seed_sample 칼럼의 값도 반환한다. 결과가 없다면 빈 문자열을 반환한다.

이로써 모델 클래스가 완성됐다. 이제 이 모델을 애플리케이션에 통합할 차례다.

Application 클래스 변경

Application 클래스에서 SQLModel 인스턴스를 만들어 사용하려면 먼저 데이터베이스 연결 정보인 서버명(호스트명), 데이터베이스명, 사용자명, 패스워드를 모델에 전달해야 한다. 호스트명과 데이터베이스명은 변경될 일이 거의 없다. 따라서 사용자에게 매번 입력을 받는 대신 SettingsModel 안에 다음과 같이 설정값으로 추가한다.

```
# models.py, inside SettingsModel

class SettingsModel:

  fields = {
    #...
    'db_host': {'type': 'str', 'value': 'localhost'},
    `
  }
```

물론 이는 개발 단계에서 운영 단계로 넘어갈 때는 편집 가능한 JSON 설정 파일에 저장해도 된다. 그러나 사용자명과 패스워드는 반드시 사용자 입력을 통해 인증 받아야 한다. 이를 위해 로그인 대화상자를 수정하자.

SQL 로그인 구현

현재 로그인 대화상자는 Application._simple_login() 메서드 안에 하드코딩돼 있는 자격증명을 사용한다. 이는 바람직하지 않으므로 인증 백엔드 서버로서 PostgreSQL 서버를 사용할 수 있게 하자. 먼저 다음과 같이 Application 클래스에 _database_login()이라는 새 메서드를 추가한다.

```
# application.py 파일의 Application 클래스

  def _database_login(self, username, password):
    db_host = self.settings['db_host'].get()
    db_name = self.settings['db_name'].get()
    try:
      self.model = m.SQLModel(
```

```
        db_host, db_name, username, password
    )
except m.pg.OperationalError as e:
    print(e)
    return False
return True
```

_simple_login() 메서드와 마찬가지로 이 메서드도 사용자가 입력한 자격증명을 인증하고자 Application._show_login() 메서드에서 호출될 것이다. 그러나 _simple_login()과 달리 이 메서드는 인스턴스 메서드다. 애플리케이션 설정 정보를 읽어야 하며 SQLModel 인스턴스도 저장해야 하기 때문이다.

이 메서드는 settings 딕셔너리에서 호스트명과 데이터베이스명을 가져오고 여기에 사용자명과 패스워드를 더해 SQLModel 인스턴스를 만든다. psycopg2. OperationalError는 데이터베이스 연결에 실패했음을 나타내는데, 대부분은 잘못된 사용자명과 패스워드가 원인일 것이다. 그런 경우 이 메서드는 False를 반환한다. 그렇지 않고 연결에 성공했다면 True를 반환한다.

NOTE

> 여기서는 데이터베이스 연결 부분만 있으므로 오류 메시지를 콘솔에 그냥 출력했다. 그러나 OperationalError는 다른 여러 문제로도 발생할 수 있는 오류다. 따라서 오류 내용을 로그 파일에 기록하거나 다른 디버깅 시스템이 접근할 수 있게 저장하는 방법이 바람직하다.

이제 이 로그인 메서드를 사용하려면 _show_login() 메서드에서 다음과 같이 한 줄만 바꾸면 된다.

```
# application.py 파일의 Application 클래스

def _show_login(self):
    #...
    if self._database_login(username, password):
        return True
```

SQL 로그인에 필요한 마지막 변경 작업은 Application 클래스의 초기화 메서드에서 해야 한다. 데이터베이스 로그인에는 db_host와 db_name 값이 필요하다. 따라서 로그인 대화상자를 띄우기 전에 반드시 settings 딕셔너리에 먼저 접근해야 한다. 이를 위해 설정 정보를 읽는 코드 2줄을 다음과 같이 super().__init__() 호출 부분 밑으로 이동시키자. 또한 기존의 CSVModel을 할당하는 코드는 주석 처리해야 한다.

```python
# application.py, in Application

def __init__(self, *args, **kwargs):
    super().__init__(*args, **kwargs)

    self.settings_model = m.SettingsModel()
    self._load_settings()

    self.withdraw()
    if not self._show_login():
        self.destroy()
        return
    self.deiconify()

    # self.model = m.CSVModel()
    ...
```

Application._on_save() 변경

현재 레코드 키는 단일 정수가 아닌 튜플이므로 _on_save() 메서드에도 약간의 수정이 필요하다. 다행히 모델 객체의 인터페이스가 변경되지 않게 노력했던 덕분으로 이 메서드의 핵심 기능은 여전히 잘 작동할 것이다. 그러나 이젠 갱신돼야 하는 로우를 참조할 때 번호 대신 키를 사용해야 한다.

Application._on_save() 메서드의 if errors: 블록 아래를 다음과 같이 변경한다.

```
# application,py 파일의 Application._on_save() 메서드

    data = self.recordform.get()
    rowkey = self.recordform.current_record
    self.model.save_record(data, rowkey)
    if rowkey is not None:
        self.recordlist.add_updated_row(rowkey)
    else:
        rowkey = (
            data['Date'], data['Time'], data['Lab'], data['Plot']
        )
        self.recordlist.add_inserted_row(rowkey)
    # 나머지는 변경 없음
```

먼저 의미를 알 수 있게 변수 이름 rownum을 rowkey로 변경했다. 그다음에는 새 레코드일 경우 그 안에 전달된 날짜, 시간, 연구소, 재배 구역 값을 사용해 새 로우 키를 만든다. 이제 갱신하거나 삽입할 RecordList 위젯 목록의 콘텐츠는 정수가 아닌 튜플이다. 따라서 잠시 후에 RecordList의 코드도 수정할 예정이다.

파일 관련 코드 제거

마지막으로 필요하지 않은 파일 관련 코드를 제거함으로써 Application 클래스를 끝내기로 하자. 다음과 같은 부분의 코드를 삭제하거나 주석 처리하면 된다.

- __init__() 메서드에서 CSVModel 인스턴스를 생성하는 코드
- __init__() 메서드의 event_callbacks에서 <<FileSelect>> 이벤트
- _on_file_select() 메서드 자체
- mainmenu.py의 각 메뉴 클래스에서 _add_file_open() 메서드를 호출하는 코드

이제 Application 클래스는 완전히 SQL 용도로 바뀌었다. 뷰 코드로 넘어가자.

DataRecordForm 수정

기존 DataRecordForm은 하나의 로우 번호를 사용해 레코드를 찾는다. 그러나 지금은 복합키로 레코드를 찾아야 한다. 따라서 작업의 대상이 되는 로우를 정확히 식별하고자 레코드가 로딩되는 방식과 레코드 폼에 레이블되는 방법을 바꿔야 한다. 또한 자연스러운 자동 채우기를 위해 키 값이 먼저 입력되게 필드 순서도 바꿔야 한다.

데이터베이스의 사용은 데이터 자동 채우기에 있어 새로운 가능성을 보여준다. 연구소 항목 레코드를 식별할 수 있다면 연구소 기사 필드를 자동으로 채울 수 있다. 또한 재배 구역을 안다면 종자 샘플 필드도 자동으로 채울 수 있다.

필드 순서 조정

DataRecordForm에서 처음으로 할 변경 작업은 매우 단순하다. 바로 날짜, 시간, 연구소, 재배 구역 순서로 키 필드가 나타나게 순서를 조정하는 일이다.

다음과 같이 필드의 순서를 변경하자.

```python
# views.py 파일의 DataRecordForm.__init__() 메서드
    w.LabelInput(
      r_info, "Date",
      #...
    ).grid(row=0, column=0)
    w.LabelInput(
      r_info, "Time",
      #...
    ).grid(row=0, column=1)

    # 연구소 필드 위치 변경
    w.LabelInput(
      r_info, "Lab",
      #...
    ).grid(row=0, column=2)
```

```
w.LabelInput(
    r_info, "Plot",
    #...
).grid(row=1, column=0)

# 기사 필드 위치 변경
w.LabelInput(
    r_info, "Technician",
    #...
).grid(row=1, column=1)
w.LabelInput(
    r_info, "Seed Sample",
    #...
).grid(row=1, column=2)
```

단순히 LabelInput의 위치만 바꾸는 것이 아니라 그에 맞게 grid() 메서드의 row와 column 인자의 값도 변경해야 함을 잊지 말자.

load_record() 수정

load_record() 메서드에서 수정해야 할 사항은 Application 클래스에서 했듯 rownum을 rowkey로 변경하는 일이다. 또한 다음과 같이 레코드 식별을 위한 타이틀을 생성하는 부분도 변경해야 한다.

```
# views.py 파일의 DataRecordForm.load_record() 메서드

    if rowkey is None:
        self.reset()
        self.record_label.config(text='New Record')
    else:
        date, time, lab, plot = rowkey
        title = f'Record for Lab {lab}, Plot {plot} at {date} {time}'
        self.record_label.config(text=title)
```

여기서도 마찬가지로 키에서 date, time, lab, plot 값을 추출해 현재 갱신하려는 레코드 식별에 사용한다. 메서드의 나머지 부분은 변경 사항이 없다.

자동 채우기 개선

현재 레코드 폼에는 2개의 자동 채우기 콜백이 필요하다. 하나는 사용자가 연구소와 재배 구역 값을 입력하면 그 재배 구역에 있는 종자 값이 종자 샘플 필드에 채워지게 해야 한다. 또 하나는 날짜, 시간, 연구소 값이 입력되고 그에 해당하는 기존 연구소 항목이 있다면 이를 확인했던 기사 이름이 기사 필드에 채워지게 해야 한다. 물론 사용자가 자동 채우기 기능을 선호하지 않는다면 이 둘 모두 필요 없다.

다음과 같이 종자 샘플을 위한 콜백 메서드를 만든다.

```
# views.py 파일의 DataRecordForm 클래스

    def _populate_current_seed_sample(self, *_):
        """해당 연구소와 재배 구역의 현재 종자 샘플 자동 채우기"""
        if not self.settings['autofill sheet data'].get():
            return
        plot = self._vars['Plot'].get()
        lab = self._vars['Lab'].get()

        if plot and lab:
            seed = self.model.get_current_seed_sample(lab, plot)
            self._vars['Seed Sample'].set(seed)
```

먼저 사용자가 자동 채우기를 원하는지 확인한다. 원하지 않는다면 메서드를 빠져나가며, 원한다면 폼의 제어 변수 딕셔너리에서 재배 구역과 연구소 값을 가져온다. 그다음에는 두 값을 사용해 모델에서 종자 샘플 값을 가져와 폼에 넣는다.

비슷한 방법으로 기사 값도 가져올 수 있다.

```
# views.py 파일의 DataRecordForm 클래스

  def _populate_tech_for_lab_check(self, *_):
    """Populate technician based on the current lab check"""
    """현재 연구소 항목을 기준으로 기사 이름 자동 채우기"""
    if not self.settings['autofill sheet data'].get():
      return
    date = self._vars['Date'].get()
    try:
      datetime.fromisoformat(date)
    except ValueError:
      return
    time = self._vars['Time'].get()
    lab = self._vars['Lab'].get()

    if all([date, time, lab]):
      check = self.model.get_lab_check(date, time, lab)
      tech = check['lab_tech'] if check else ''
      self._vars['Technician'].set(tech)
```

이번에는 폼의 date, time, lab 값을 사용해 연구소 항목 레코드를 가져와 기사
값을, 값이 없다면 빈 문자열을 폼에 넣는다. date 값의 경우 오류 처리를 추가
했음에 주목하자. 이는 변수 추적을 통해 이들 메서드가 호출되게 할 계획이기
때문이다. 연구소와 시간은 모두 Combobox 위젯에서 선택되므로 완전한 값만
들어올 것이다. 그러나 날짜는 텍스트 입력 필드이므로 완전하지 않은 값이
입력될 수 있다. 유효한 date 문자열이 아니라면 상대적으로 시간이 많이 소요
될 SQL 쿼리를 실행하는 일은 의미가 없다. 따라서 datetime.fromisoformat()
을 사용해 date 문자열의 유효성을 확인한다. 유효하지 않다면 더 이상 진행할
이유가 없으므로 메서드를 빠져나간다.

자동 채우기 기능을 완성하려면 각 변수 값이 변경될 때마다 적절한 메서드가
호출되게 해야 한다. DataRecordForm.__init__()에 다음과 같은 코드를 추가
한다.

```
# views.py 파일의 DataRecordForm.__init__() 메서드
    for field in ('Lab', 'Plot'):
      self._vars[field].trace_add(
        'write', self._populate_current_seed_sample
      )

    for field in ('Date', 'Time', 'Lab'):
      self._vars[field].trace_add(
        'write', self._populate_tech_for_lab_check
      )
```

보다시피 for 루프를 사용해 종자 샘플과 기사 값을 결정하고자 필요한 각 변수를 추적했다. 충분한 정보가 입력된다면 이제 그 두 필드는 자동으로 채워질 것이다.

RecordList 수정

RecordList 객체의 기능 중 가장 중요한 기능 하나는 Application 객체가 DataRecordForm 뷰에서 보여줄 레코드를 선택해주는 일이다. 이를 위해 각 레코드 키를 해당 Treeview 아이템의 IID 값으로 저장했다. 그러나 로우 번호가 정수 값일 때와 달리 지금은 문제가 생긴다. 8장의 내용을 떠올리면 IID 값이 반드시 문자열이어야 함을 기억할 것이다. 즉, 튜플을 사용할 수 없다.

이를 해결하려면 IID로 사용될 수 있는 문자열 값에 로우 키 튜플을 연결할 수 있는 일관된 방법이 필요하다. 이를 위해 로우 키와 IID 값을 매핑할 딕셔너리 하나를 인스턴스 변수로 만들 것이다.

RecordList.__init__()에 다음과 같은 코드를 추가한다.

```
# views.py 파일의 RecordList.__init__() 초기 부분
    self.iid_map = dict()
```

이제 populate() 메서드에서 정수 값이 아닌 딕셔너리를 사용할 수 있게 수정해야 한다. 우선 메서드의 초기 부분에서 기존 레코드를 삭제하는 코드 아래에 다음과 같이 딕셔너리의 현재 데이터를 삭제하는 코드를 추가한다.

```
# views.py 파일의 RecordList.populate() 메서드
    self.iid_map.clear()
```

그다음에는 Treeview를 채우는 기존 for 루프를 다음과 같이 수정한다.

```
for rowdata in rows:
    values = [rowdata[key] for key in cids]
    rowkey = tuple([str(v) for v in values])
    if rowkey in self._inserted:
        tag = 'inserted'
    elif rowkey in self._updated:
        tag = 'updated'
    else:
        tag = ''
    iid = self.treeview.insert(
        '', 'end', values=values, tag=tag
    )
    self.iid_map[iid] = rowkey
```

로우 번호는 더 이상 사용되지 않으므로 enumerate() 호출 부분은 제거하고 로우 데이터만 다루면 된다. 마침 cids 리스트 안의 네 칼럼으로 키를 만들 수 있으며 순서도 동일하다. 따라서 이 리스트를 tuple 객체로 만들어 rowkey를 구성하면 된다. 여기서 각 아이템을 문자열로 변환해야 함에 주의하자. 그 아이템들은 데이터베이스에서 온 date와 int 등과 같은 파이썬 객체 형태며, 이를 _inserted나 _updated 리스트 안의 키와 맞춰야 하기 때문이다. 그 리스트 안의 키들은 모두 DataRecordForm에서 온 문자열이다.

키를 얻었으면 두 리스트 중 어디에 있는지 확인하고 그에 따라 적절히 tag 값을 설정한다. 그다음에는 Treeview.insert()의 결과를 iid로 저장한다. IID

값이 없다면 insert()가 자동 생성해 반환할 것이다. 그다음에는 IID를 키로 사용해 rowkey 값을 딕셔너리에 추가한다.

이 메서드의 마지막 부분은 키보드 사용자를 위해 화면의 첫 번째 줄 영역에 포커스를 주는 작업이다. 이전에는 첫 번째 IID 값이 항상 0이라는 사실만 이용하면 됐다. 그러나 이젠 자동 생성된 첫 번째 IID 값을 데이터가 로딩되기 전에 알 수 없으므로 첫 번째 줄 영역을 선택하고 포커스를 주기 전에 IID에서 가져와야 한다.

이는 다음과 같이 Treeview.identify_row() 메서드를 사용해 해결할 수 있다.

```
# views.py 파일의 RecordList.populate() 메서드

    if len(rows) > 0:
        firstrow = self.treeview.identify_row(0)
        self.treeview.focus_set()
        self.treeview.selection_set(firstrow)
        self.treeview.focus(firstrow)
```

identify_row() 메서드는 로우 번호를 받고 그 로우의 IID를 반환한다. 그다음에는 이를 selection_set()와 focus()에 전달하면 된다.

로우 키와 IID의 매핑을 완료했으므로 이제 프로퍼티 메서드인 selected_id()가 로우 키 튜플을 반환하게 만들어야 한다. 다음과 같이 메서드를 수정한다.

```
# views.py 파일의 RecordList 클래스

  @property
  def selected_id(self):
    selection = self.treeview.selection()
    return self.iid_map[selection[0]] if selection else None
```

이전과 마찬가지로 self.treeview.selection() 메서드를 사용해 선택된 IID를 가져온다. 그러나 그다음에는 딕셔너리에서 로우 키 값을 찾아 반환한다.

RecordList에서 변경해야 할 마지막 부분은 초기화 메서드에 있다. 기존에는 첫 번째 칼럼에서 순번으로 로우 번호, 즉 IID를 보여줬다. 지금은 insert()를 호출할 때 로우 번호를 지정하지 않는다. 따라서 이 칼럼 자체를 삭제하는 것이 가장 좋은 방법이다.

그러나 이는 불가능한데, #0 칼럼은 없애지 못하기 때문이다. 그 대신 감출 수는 있다. 이는 Treeview 위젯의 show 속성을 다음과 같이 지정함으로써 가능하다.

```
# views.py 파일의 RecordList.__init__() 메서드

    self.treeview.config(show='headings')
```

show 속성 값이 tree이면 #0 칼럼을 보여주며 headings이면 감춘다. 기본값이 tree이므로 여기서는 headings를 명시적으로 지정했으며 이젠 오직 데이터 칼럼만 보이게 될 것이다.

마무리

지금까지 상당한 여정이었지만 ABQ 앱을 SQL 버전으로 변환하는 작업은 어느 정도 완료됐다. 앱을 실행하고 PostgreSQL 자격증명으로 로그인한 다음 레코드를 로딩하고 저장해보기 바란다. 이는 단순히 파일을 사용하던 ABQ 앱이 본격적인 데이터베이스 앱으로 전환된 엄청난 개선임을 보여준다.

TIP

지금까지의 앱이 현실의 환경이라면 당연히 많이 부족하다. 새 모델 계층이 추가되거나 코드가 변경될 때마다 이를 반영하는 문서화와 단위 테스트가 이뤄져야 한다. 또한 기존 데이터를 데이터베이스에 이관해야 하는 작업도 있으며, 사용자들이 플랫 파일이 아닌 데이터베이스 환경에 적응할 수 있게 재교육도 필요하다. 이 책에서 설명하지 않지만 실제 운영 환경에서는 이 모든 사항이 수행돼야 한다.

⠿ 정리

12장에서는 관계형 SQL 데이터베이스와 관련된 작업을 했다. 먼저 PostgreSQL을 설치하고 설정했다. 그다음에는 기본키를 식별해 플랫 파일의 데이터를 테이블 데이터로 변환했다. 여기에는 올바른 데이터 타입을 선택하는 작업과 비일관성, 중복, 이상 상황의 가능성을 감소시키기 위한 데이터 정규화 작업이 수반됐다. 또한 PostgreSQL의 데이터를 가져오거나 저장하기 위한 **psycopg2** 라이브러리를 설치하고 다루는 방법을 살펴봤다. 마지막으로 ABQ 데이터를 위한 SQL 데이터베이스를 구축하고, 데이터베이스와의 인터페이스를 위한 모델 클래스를 만들었으며, 새 SQL 백엔드를 사용할 수 있게 애플리케이션 코드를 변경하는 고된 작업을 거쳤다.

13장에서는 드디어 클라우드로 손을 뻗는다. 그러려면 다양한 네트워크 프로토콜을 사용하는 데이터 교환을 위해 원격 서버에 접속하는 방법이 필요하다. 이를 위해 HTTP를 위한 파이썬 표준 라이브러리 모듈뿐만 아니라 REST 서비스 접속과 SFTP를 통한 파일 전송이 가능한 서드파티 패키지들도 알아본다.

13

클라우드 연계

이 세상의 거의 모든 애플리케이션은 당장이든 나중이든 외부 시스템과의 통신이 필요할 것이다. 아니나 다를까 ABQ 앱 역시 원격 서버나 서비스와 상호작용이 필요한 새 기능 요청이 접수됐다.

먼저 품질관리 부서에서는 지역의 기상 조건이 각 연구소의 환경 데이터에 어떤 영향을 끼치는지 조사 중이다. 따라서 언제든지 지역의 기상 데이터를 다운로드해 데이터베이스에 저장할 수 있는 기능을 요구했다. 연구소 관리자는 또 다른 요청을 했다. 그는 여전히 회사의 중앙 서버에 매일 CSV 파일을 업로드하는데, 이 작업이 효율적이면서도 마우스 클릭으로 가능하게 개선되길 원했다.

13장에서는 클라우드와의 인터페이스와 관련해 다음과 같은 내용을 다룬다.

- 'urllib을 사용한 HTTP' 절에서는 urllib을 사용해 웹 서비스에 연결하고 데이터를 다운로드한다.
- 'requests를 사용한 RESTful HTTP 서비스' 절에서는 requests 라이브러리를 사용해 REST 서비스와 상호작용하는 방법을 살펴본다.
- 'paramiko를 사용한 SFTP 서비스' 절에서는 paramiko를 사용해 SSH 기

반의 파일 전송 방법을 살펴본다.

⋮⋮ urllib을 사용한 HTTP

브라우저에서 웹 사이트를 열 때마다 사용되는 프로토콜은 하이퍼텍스트 전송
프로토콜^{HTTP, HyperText Transfer Protocol}이다. HTTP는 약 30년 전에 웹 브라우저가 HTML
문서를 다운로드하는 방식으로 개발됐지만 현재는 어떤 용도로든 가장 많이
사용되는 클라이언트와 서버 사이의 통신 규약으로 진화했다.

HTTP는 인터넷을 통해 브라우저로 일반 텍스트부터 스트리밍 비디오까지의
모든 콘텐츠를 보고자 사용될 뿐만 아니라 애플리케이션이 데이터 전송, 원격
프로시저 호출, 분산 컴퓨팅 작업을 수행할 때도 사용된다.

HTTP 트랜잭션 기초

클라이언트와 서버 사이의 기본적인 HTTP 트랜잭션은 다음과 같다.

1. 먼저 클라이언트가 서버에 보낼 요청을 만든다. 이 요청에는 다음과 같
   은 사항들이 포함된다.
   - URL은 요청의 대상이 되는 호스트, 포트, 경로를 지정한다.
   - 메서드^{method(또는 verb)}는 클라이언트가 서버에 요청하는 작업 방식을 말
     한다. 가장 일반적인 메서드는 데이터를 가져오기 위한 GET과 데이터
     를 제출하기 위한 POST가 있다.
   - 헤더^{header}는 키-값 쌍으로 된 메타데이터를 포함한다. 예를 들어 제출
     되는 콘텐츠의 유형, 콘텐츠의 인코딩 방식, 인증 토큰 등이 있다.
   - 마지막으로 페이로드^{payload}는 제출하려 하는 원래 데이터다. 예를 들어
     업로드할 파일이나 폼의 키-값 데이터 등을 말한다.

2. 서버는 요청을 받은 다음에는 응답을 반환한다. 이 응답에는 다음과 같은 사항들이 포함된다.

- 헤더는 응답의 크기나 콘텐츠 유형 등과 같은 메타데이터를 포함한다.
- 페이로드는 HTML, XML, JSON, 바이너리 데이터 등과 같은 응답의 실제 데이터를 포함한다.

웹 브라우저라면 이와 같은 상호작용은 백그라운드에서 이뤄진다. 그러나 애플리케이션에서는 원격 HTTP 서버와 통신하기 위한 요청과 응답 객체를 직접 다루는 코드를 구현해야 한다.

HTTP 상태 코드

모든 HTTP 응답은 그 헤더에 **상태 코드**status code를 포함한다. 상태 코드는 HTTP 표준에 정의된 응답의 상태를 나타내는 3자리 숫자이며 다음과 같이 분류된다.

- 1XX 상태 코드는 정보성 메시지로 요청 처리를 계속한다는 의미다.
- 2XX 상태 코드는 성공적으로 요청을 처리했음을 나타낸다. 가장 일반적인 상태 코드는 200이다.
- 3XX 상태 코드는 리다이렉션redirection을 나타낸다. 예를 들어 301은 요청된 페이지가 새 URL로 이동했음을 의미한다. 또한 304는 요청된 콘텐츠가 마지막으로 다운로드된 이후 변경되지 않았으므로 클라이언트가 캐시를 사용해야 함을 의미한다.
- 4XX 상태 코드는 클라이언트의 요청에 문제가 있음을 나타낸다. 예를 들어 403은 권한이 없는 보안 문서 등에 대한 금지된 요청을 의미한다. 또한 잘 알려져 있는 404는 존재하지 않는 문서를 요청했음을 의미한다.
- 5XX 상태 코드는 서버 측에서 오류가 났음을 나타낸다. 예를 들어 500은 서버의 웹 서비스에 버그가 있음을 의미한다.

웹 브라우저 사용자는 대개 4XX와 5XX 오류만 보게 되겠지만 `urllib`을 사용해 직접 HTTP를 다루는 개발자는 다른 상태 코드도 보게 될 것이다.

urllib.request로 콘텐츠 다운로드

urllib.request는 HTTP 통신을 위해 구현된 파이썬 모듈이다. 여기에는 HTTP 요청을 생성하는 다양한 클래스와 함수가 있는데, 그중 가장 기본은 urloopen() 함수다. 이 함수는 GET이나 POST 요청을 만들고 이를 원격 서버에 전송하며 서버의 응답이 포함된 객체를 반환한다.

urllib의 작동 방식을 알아보고자 파이썬 셸을 열고 다음 명령을 실행한다.

```
>>> from urllib.request import urlopen
>>> response = urlopen('http://python.org')
```

urlopen() 함수는 최소한 URL 문자열은 받아야 한다. 기본적으론 URL에 대한 GET 요청을 만들며 서버에서 받은 응답이 포함된 객체를 반환한다.

응답 객체는 서버에서 받은 메타데이터와 콘텐츠를 나타내며 이를 애플리케이션에서 사용하면 된다. 대부분의 메타데이터는 헤더에 포함돼 있으며 다음과 같이 getheader() 메서드를 사용해 읽을 수 있다.

```
>>> response.getheader('Content-Type')
'text/html; charset=utf-8'
>>> response.getheader('Server')
'nginx'
```

getheader() 메서드는 키 이름을 받고 그에 해당하는 값을 반환한다. 키가 없다면 None을 반환한다.

또한 다음과 같이 status와 reason 속성을 사용해 상태 코드와 그 설명을 읽을 수 있다.

```
>>> response.status
200
>>> response.reason
```

```
'OK'
```

상태 코드 200은 요청이 성공적이었다는 의미며, OK는 이를 설명하는 문자열이다.

응답의 페이로드는 다음과 같이 마치 파일을 다룰 때처럼 읽을 수 있다.

```
>>> html = response.read()
>>> html[:15]
b'<!doctype html>'
```

파일의 경우와 마찬가지로 응답 객체도 read() 메서드를 사용해 오직 한 번만 읽을 수 있다. 그러나 파일의 경우와는 달리 seek()를 사용해 되감기('리와인드')는 할 수 없다. 따라서 한 번 이상 사용할 값이라면 반드시 별도의 변수에 저장해야 한다. 또한 response.read()는 바이트 객체를 반환하므로 콘텐츠에 따라 적절한 객체로 변환해 사용해야 한다.

여기서는 Content-Type 헤더로부터 콘텐츠가 UTF-8 문자열임을 이미 알았으므로 다음과 같이 decode()를 사용해 문자열로 변환해야 한다.

```
>>> html.decode('utf-8')[:15]
'<!doctype html>'
```

POST 요청 생성

다음과 같이 urlopen() 함수에 data 인자를 추가하면 POST 요청을 만들 수 있다.

```
>>> response = urlopen('http://duckduckgo.com', data=b'q=tkinter')
```

data 값은 URL 인코딩^{URL-encoded}된 바이트 객체여야 한다. URL 인코딩된 데이터 문자열은 앰퍼샌드(&)로 구분되는 키-값 쌍이며 URL에 안전한^{URL-safe} 문자가 포함될 수 있다. 예를 들어 공백 문자는 %20이나 +로 인코딩된다.

이와 같은 문자열은 수작업으로 만들 수도 있지만 다음과 같이 `urllib.parse` 모듈이 제공하는 `urlencode()` 함수를 사용하면 더 편리하다.

```
>>> from urllib.parse import urlencode
>>> url = 'http://duckduckgo.com'
>>> data = {'q': 'tkinter, python', 'ko': '-2', 'kz': '-1'}
>>> u_data = urlencode(data)
>>> u_data
'q=tkinter%2C+python&ko=-2&kz=-1'
>>> response = urlopen(url, data=u_data.encode())
```

`data` 인자는 문자열이 아닌 바이트 객체여야 하므로 `urlopen()` 안에서 URL 인코딩된 문자열에 `encode()`를 호출해야 한다.

기상 데이터 다운로드

이제 ABQ 앱에 필요한 기상 데이터를 다운로드해보자. 여기서는 미국 안의 기상 데이터를 제공하는 국립기상청(http://weather.gov) 사이트를 이용할 것이다. 데이터를 다운로드할 실제 URL은 https://w1.weather.gov/xml/current_obs/ STATION.xml이며 **STATION**에 지역별 기상 관측소의 호출 부호^{call-sign}를 넣으면 된다. ABQ 앱에서는 인디애나 주 블루밍턴의 호출 부호인 **KBMG**를 사용할 것이다.

ABQ 품질관리 부서가 원하는 데이터는 기온(섭씨 단위), 상대 습도, 기압(밀리바 단위), 하늘 상태('흐림', '맑음' 등)며 관측된 날짜와 시간도 필요로 한다.

기상 데이터 모델 만들기

Application 클래스의 콜백 안에서 `urlopen()` 호출을 통해 기상 데이터를 가져올 수도 있지만 모델 클래스 안에서 기상 데이터 서비스와 상호작용하는 방식이 ABQ 앱의 MVC 설계 사상에 부합한다. 여기서 모델 클래스의 역할은 웹 서비스에서 기상 데이터를 얻고 다른 컴포넌트에서 쉽게 사용할 수 있는 형태로 변환하는 일이 될 것이다.

models.py 파일을 열어 다음과 같이 **urlopen** 임포트를 추가한다.

```
# models.py
from urllib.request import urlopen
```

이제 기상 데이터 다운로드를 위한 새 모델 클래스를 파일 마지막에 다음과 같이 추가한다.

```
class WeatherDataModel:

  base_url = 'http://w1.weather.gov/xml/current_obs/{}.xml'

  def __init__(self, station):
    self.url = self.base_url.format(station)
```

이 초기화 메서드는 station 문자열을 인자로 받아 기상 데이터를 다운로드하는 기본 URL 값에 사용한다. station을 변수로 만듦으로써 다른 ABQ 시설의 사용자들도 설정 파일에서 관측소를 지정할 수 있게 했다.

이제 이 클래스에 기상 데이터를 가져오는 퍼블릭 메서드를 작성한다.

```
# models.py, inside WeatherDataModel

  def get_weather_data(self):
    response = urlopen(self.url)
```

이 메서드는 모델의 URL에 GET 요청을 보내고 응답을 받는 코드로 시작한다. 그런데 어떤 이유로든 이 코드에서 예외가 발생될 수 있으며, 따라서 이 메서드를 호출하는 코드에서 반드시 예외 처리를 해야 할 것이다.

정상적으로 실행됐으면 이제 응답 안의 데이터를 파싱하고 이를 Application

클래스가 SQL 모델에 전달할 수 있는 형태로 만들어야 한다. 응답 데이터를 어떻게 다뤄야 할지 파이썬 셸로 돌아가 다음과 같이 데이터를 확인해보자.

```
>>> url = 'http://w1.weather.gov/xml/current_obs/KBMG.xml'
>>> response = urlopen(url)
>>> print(response.read().decode())
   <?xml version="1.0" encoding="ISO-8859-1"?>
   <?xml-stylesheet href="latest_ob.xsl" type="text/xsl"?>
   <current_observation version="1.0"
     xmlns:xsd="http://www.w3.org/2001/XMLSchema"
     xmlns:xsi="http://www.w3.org/2001/XMLSchema-instance"
     xsi:noNamespaceSchemaLocation="http://www.weather.gov/view/
       current_observation.xsd">
   <credit>NOAA's National Weather Service</credit>
   <credit_URL>http://weather.gov/</credit_URL>
....
```

URL에서 알 수 있듯 이 응답의 페이로드는 XML 문서이며 위와 같은 내용들은 필요하지 않다. 정작 필요한 내용은 다음과 같은 부분이다.

```
<observation_time_rfc822>
  Sat, 08 Oct 2022 01:53:00 -0400
</observation_time_rfc822>
<weather>Fair</weather>
<temperature_string>42.0 F (5.6 C)</temperature_string>
<temp_f>42.0</temp_f>
<temp_c>5.6</temp_c>
<relative_humidity>79</relative_humidity>
<pressure_mb>1028.7</pressure_mb>
```

필요한 데이터가 존재함을 확인했으니 이제 XML 문자열에서 데이터를 추출해 앱에서 사용될 수 있는 형태로 만들어야 한다. XML 데이터의 파싱 방법을 잠시 알아보자.

XML 데이터 파싱

파이썬 표준 라이브러리에는 xml이라는 패키지가 있는데, 여기에는 XML 데이터를 만들거나 파싱하는 여러 하위 모듈이 포함돼 있다. 그중 `xml.etree.ElementTree`라는 모듈은 간편한 경량 파서로, ABQ 앱에서 사용하기 적당하다.

다음과 같이 models.py 파일에 `ElementTree`를 임포트한다.

```
# models.py
from xml.etree import ElementTree
```

이제 다시 get_weather_data() 메서드로 돌아가 다음과 같이 응답 안의 XML 데이터를 파싱한다.

```
# models.py 파일의 WeatherDataModel.get_weather_data() 메서드

xmlroot = ElementTree.fromstring(response.read())
```

`fromstring()` 메서드는 XML 문자열을 받고 `Element` 객체를 반환한다. 필요한 데이터를 얻으려면 먼저 `Element` 객체가 나타내는 바와 그 사용법을 이해해야 한다.

XML은 데이터를 계층 구조로 표현하는데, 요소[element]는 계층 구조 안의 노드를 나타낸다. 하나의 요소는 여는 태그, 즉 홑꺾쇠표(<>)로 감싼 문자열로 시작한다. 또한 각 요소는 여는 태그와 동일하지만 문자열 앞에 슬래시(/)가 붙는, 닫는 태그로 끝나야 한다.

여는 태그와 닫는 태그 사이에는 자식 요소나 텍스트가 포함될 수 있다. 또한 여는 태그에는 속성[attribute]도 포함될 수 있는데, 이는 홑꺾쇠표 안에서 태그 이름 다음에 있는 키-값 쌍을 말한다.

다음은 XML의 예다.

```
<star_system starname="Sol">
    <planet>Mercury</planet>
    <planet>Venus</planet>
    <planet>Earth
        <moon>Luna</moon>
    </planet>
    <planet>Mars
        <moon>Phobos</moon>
        <moon>Deimos</moon>
    </planet>
    <dwarf_planet>Ceres</dwarf_planet>
</star_system>
```

이는 완전하진 않지만 태양계를 설명하는 XML의 예다. 루트 요소는 starname 속성이 있는 <star_system> 태그다. 이 루트 요소 안에는 4개의 <planet> 요소와 하나의 <dwarf_planet> 요소가 있으며, 모두 행성의 이름을 나타내는 텍스트 노드를 포함하고 있다. 또한 일부 행성 요소에는 달의 이름을 나타내는 텍스트가 포함된 <moon>이라는 자식 요소가 있다.

당연히 이 데이터를 다른 구조로도 만들 수 있다. 예를 들어 행성의 이름을 <planet> 요소 안에 <name>이라는 자식 요소로, 또는 태그 안에 속성으로 넣을 수 있다. XML 문법만 준수한다면 XML 문서의 실제 구조는 얼마든지 다를 수 있다. 따라서 XML 데이터를 제대로 파싱하려면 문서 안에 데이터가 어떻게 배치됐는지 알아야 한다.

앞서 셸에서 봤듯 이 기상 데이터는 계층 구조가 깊지 않다. <current_observations> 노드 안에는 기온, 습도, 체감 온도 등과 같은 특정 데이터 필드를 나타내는 다수의 자식 요소가 있다.

이들 자식 요소에 접근해 값을 추출할 수 있도록 Element 객체는 다음과 같은 다양한 메서드를 제공한다.

메서드	반환값
iter()	모든 자식 노드를 순환하며 반환한다.
find(tag)	주어진 태그에 해당하는 첫 번째 요소를 반환한다.
findall(tag)	주어진 태그에 해당하는 요소들의 리스트를 반환한다.
getchildren()	직계 자식 노드들의 리스트를 반환한다.
iterfind(tag)	주어진 태그에 해당하는 모든 자식 노드를 순환하며 반환한다.

앞서 확인한 XML 데이터 중 ABQ 앱을 위해 추출해야 할 태그는 <observation_time_rfc822>, <weather>, <temp_c>, <relative_humidity>, <pressure_mb>다. get_weather_data() 함수가 이들 태그 이름을 키로 하는 파이썬 딕셔너리를 반환하게 하면 될 것이다.

이제 get_weather_data() 안에 다음과 같은 딕셔너리를 만든다.

```
weatherdata = {
    'observation_time_rfc822': None,
    'temp_c': None,
    'relative_humidity': None,
    'pressure_mb': None,
    'weather': None
}
```

그 후에는 다음과 같이 Element 객체에서 값들을 뽑아내 딕셔너리에 추가한다.

```
for tag in weatherdata:
    element = xmlroot.find(tag)
    if element is not None:
        weatherdata[tag] = element.text
    return weatherdata
```

여기서는 xmlroot에서 각 태그 이름을 찾고자 find() 메서드를 사용했다. 이 XML 문서에서는 중복되는 태그가 없는데, 단일한 관측에서 시간, 기온, 습도 등이 여럿 존재할 수 없기 때문이다. 따라서 어떤 태그든 첫 번째 인스턴스가 유일한 태그다. 태그와 일치하는 노드라면 그 `Element` 객체를 얻게 되겠지만 그렇지 않으면 None을 반환받는다. 따라서 None이 아닌지 확인한 후에 `Element` 객체의 `text` 속성에 접근해야 한다.

모든 태그에 대한 작업이 끝났으면 `weatherdata` 딕셔너리를 반환하면 된다.

파이썬 셸에서 이 함수를 테스트할 수 있다. ABQ_Data_Entry 디렉터리로 이동해 다음과 같이 명령을 실행하면 된다.

```
>>> from abq_data_entry.models import WeatherDataModel
>>> wdm = WeatherDataModel('KBMG')
>>> wdm.get_weather_data()
{'observation_time_rfc822': 'Thu, 13 Oct 2022 08:53:00 -0400',
 'temp_c': '6.7', 'relative_humidity': '85',
 'pressure_mb': '1009.9', 'weather': 'Fair'}
```

이와 같이 블루밍턴의 현재 기상 조건이 담긴 딕셔너리를 볼 수 있을 것이다.

TIP

모든 미국 도시의 관측소 코드는 http://w1.weather.gov/xml/current_obs/에서 찾을 수 있다.

이로써 기상 데이터 모델을 완성했으니 이제 데이터를 저장하기 위한 테이블과 저장 메서드를 만들 차례다.

기상 데이터 저장소 구현

개별 관측 데이터를 저장하고자 ABQ 데이터베이스의 테이블과 저장 메서드를 만들어야 하는데, 다만 연구소의 품질관리 팀이 자체 리포팅 툴을 사용하므로 데이터베이스에서 다시 기상 데이터를 조회하는 일은 신경 쓰지 않아도 된다고 가정하자.

SQL 테이블 생성

sql 폴더 안의 create_db.sql 파일을 열어 다음과 같은 테이블 생성 구문을 추가한다.

```
# create_db.sql
CREATE TABLE local_weather (
    datetime TIMESTAMP(0) WITH TIME ZONE PRIMARY KEY,
    temperature NUMERIC(5,2),
    rel_hum NUMERIC(5, 2),
    pressure NUMERIC(7,2),
    conditions VARCHAR(32)
);
```

이 테이블에서는 기본키의 데이터 타입이 **TIMESTAMP**다. 정확히 동일한 시간 기록을 갖는 관측이 둘 이상 존재할 수 없으므로 기본키의 데이터 타입으로 적합하기 때문이다. **TIMESTAMP**의 크기는 **(0)**인데, 이는 초 단위를 표시하기 위한 소수점 이하의 자릿수를 말한다. 그런데 관측 시간의 측정은 시간 단위로 이뤄지며 연구소 항목이 확인되는 시간은 대략 4시간 만에 한 번이므로 초 단위까지 필요하진 않다.

TIP

> 가능하다면 항상 시간대 정보를 타임스탬프와 함께 저장하는 것이 좋다. 시간대를 변경할 일이 없는 지역에서 애플리케이션을 운영할 때는 필요 없어 보이지만 예를 들어 일광 절약 시간제(또는 서머 타임제) 등과 같은 특별한 상황의 경우 시간대 정보가 없다면 큰 문제가 될 것이다.

이제 이 **CREATE** 쿼리를 실행해 테이블을 만들고 **SQLModel**에 메서드 작성을 진행하자.

SQLModel.add_weather_data() 메서드 구현

다시 models.py 파일로 돌아가 **SQLModel** 클래스에 **add_weather_data()**라는 새 메서드를 추가하자. 이 메서드는 하나의 딕셔너리를 인자로 받으며 다음과 같은 INSERT 쿼리로 시작한다.

```
# models.py 파일의 SQLModel 클래스

def add_weather_data(self, data):
    query = (
        'INSERT INTO local_weather VALUES '
        '(%(observation_time_rfc822)s, %(temp_c)s, '
        '%(relative_humidity)s, %(pressure_mb)s, '
        '%(weather)s)'
    )
```

이 파라미터화 쿼리는 매우 직관적인데, get_weather_data() 함수가 XML 데이터에서 추출한 딕셔너리 키에 부합하는 변수명을 사용한다. 이제 이 쿼리와 data 딕셔너리를 query() 메서드에 전달하면 그만이다.

그러나 한 가지 문제가 있다. 타임스탬프가 중복될 경우 기본키 중복으로 인해 이 쿼리는 실패할 것이다. 물론 이를 미리 확인하는 별도의 쿼리를 만드는 방법도 있겠지만 다소 불필요한 작업일 것이다. 이미 PostgreSQL이 새 로우를 삽입할 때 키 중복을 확인하기 때문이다.

키 중복이 확인되면 psycopg2는 IntegrityError 예외를 발생시킨다. 따라서 이 예외를 잡은 다음 아무 일도 하지 않으면 된다.

즉, 다음과 같이 query() 호출을 try/except 블록에 감싸 처리하면 된다.

```
try:
    self.query(query, data)
except pg.IntegrityError:
    # 동일한 시간 기록이 존재함
    pass
```

이제 데이터 입력 요원은 언제든지 이 메서드를 호출할 수 있으며 항상 유효한 관측 데이터만 저장될 것이다.

SettingsModel 클래스 수정

이제 models.py에서 마지막으로 할 일은 애플리케이션 설정에 해당 관측소를 저장하는 것이다. 다음과 같이 `SettingsModel.fields` 딕셔너리에 새 항목을 추가한다.

```
# models.py, inside SettingsModel

  fields = {
    # ...
    'weather_station': {'type': 'str', 'value': 'KBMG'},
  }
```

지금은 사용자에게 필요하지 않으므로 이 설정을 GUI에 추가하지 않을 것이다. 이를 변경하는 일은 각 관측소의 시스템 관리자에게 달렸으며 abq_settings.json 파일을 편집함으로써 가능하다.

다운로드 기능을 위한 GUI 요소 추가

이제 `Application` 객체에는 `WeatherDataModel`의 메서드에서 기상 데이터를 받아 데이터베이스 저장을 위해 `SQLModel`의 메서드에 전달하는, 주 메뉴 클래스들이 호출할 수 있는 적절한 콜백 메서드가 있어야 한다.

application.py를 열고 다음과 같이 `Application` 클래스 안에 `_update_weather_data()`라는 새 메서드를 추가한다.

```
# application.py 파일의 Application 클래스

  def _update_weather_data(self, *_):
    weather_data_model = m.WeatherDataModel(
      self.settings['weather_station'].get()
    )
    try:
```

```
weather_data = weather_data_model.get_weather_data()
```

이 메서드는 settings 딕셔너리에서 가져온 weather_station 값을 사용해 WeatherDataModel 인스턴스를 만들며 그다음에는 try 블록 안에서 get_weather_data()를 호출한다.

HTTP 트랜잭션에 문제가 생기면 urlopen()에서 어떤 예외라도 발생할 수 있다는 점을 잊지 말자. 그런 경우 애플리케이션은 사용자에게 오류를 알리고 메서드를 종료하는 것밖에 할 수 있는 일이 없다. 따라서 다음과 같이 Exception이 잡히면 messagebox 대화상자에 텍스트를 보여주는 코드를 추가한다.

```
except Exception as e:
    messagebox.showerror(
        title='Error',
        message='Problem retrieving weather data',
        detail=str(e)
    )
    self.status.set('Problem retrieving weather data')
```

get_weather_data() 실행에 성공했다면 단순히 데이터를 모델 메서드에 전달하면 된다. 이를 다음과 같이 else 블록에 추가한다.

```
else:
    self.model.add_weather_data(weather_data)
    time = weather_data['observation_time_rfc822']
    self.status.set(f"Weather data recorded for {time}")
```

여기서는 데이터 저장뿐만 아니라 타임스탬프와 함께 기상 데이터가 갱신됐음을 상태 표시줄로 사용자에게 알린다.

이제 이 콜백 메서드를 다음과 같이 콜백 딕셔너리에 추가한다.

```
# application.py 파일의 Application.__init__() 메서드
event_callbacks = {
    #...
    '<<UpdateWeatherData>>': self._update_weather_data
}
```

이로써 이 콜백을 위한 명령 아이템을 주 메뉴에 추가할 수 있게 됐다. 단, 10장
에서 다뤘던 메뉴 지침에 따라 명령 아이템을 위한 적절한 하위 메뉴를 고민해
야 한다. 이와 같은 기능은 윈도우즈에서는 도구 메뉴에 들어가면 되겠지만
GNOME과 맥OS 지침은 적절한 위치를 제시하지 않고 있다. 따라서 일관성을
위해 LinuxMainMenu와 MacOsMainMenu 클래스에 도구 메뉴를 추가하기로 하자.

mainmenu.py를 열고 GenericMainMenu 클래스에 다음과 같이 명령 아이템을
추가하는 프라이빗 메서드를 추가한다.

```
# mainmenu.py 파일의 GenericMainMenu 클래스

def _add_weather_download(self, menu):
    menu.add_command(
        label="Update Weather Data",
        command=self._event('<<UpdateWeatherData>>')
    )
```

이제 각 메뉴 클래스의 _build_menu() 메서드에서 다음과 같이 도구 메뉴를
만들고 명령 아이템을 추가한다.

```
# mainmenu.py 파일의 GenericMainMenu._build_menu() 메서드
# 파일 메뉴와 옵션 메뉴 사이에 추가
self._menus['Tools'] = tk.Menu(self, tearoff=False)
self._add_weather_download(self._menus['Tools'])
```

맥OS와 리눅스 메뉴 클래스의 _build_menu() 메서드에도 이와 동일하게 코드
를 추가한다. 다만 윈도우즈의 경우 도구 메뉴가 이미 존재하므로 두 번째 줄만

추가하면 된다. 메뉴 코드를 완성했으면 애플리케이션을 실행해 도구 메뉴에서 새 명령을 테스트할 수 있다. 아무 문제가 없다면 그림 13-1과 같이 상태 표시 줄에 나타나는 메시지를 볼 수 있을 것이다.

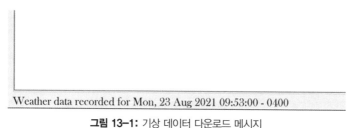

그림 13-1: 기상 데이터 다운로드 메시지

또한 PostgreSQL 클라이언트에서 다음과 같은 SQL 명령을 실행해 기상 데이터 가 테이블에 실제 저장됐는지 확인해야 한다.

```
SELECT * FROM local_weather;
```

SQL 실행 결과로 다음과 같은 식의 데이터를 확인할 수 있으면 된다.

datetime	temperature	rel_hum	pressure	conditions
2022-10-22 09:53:00+09	15.60	39.00	1012.50	Fair

지금껏 봤듯 urllib은 웹에서 데이터를 다운로드할 때 쉽게 사용할 수 있다. 기껏해야 데이터를 다운로드하고 파싱해 애플리케이션 안에서 사용하면 그만 이기 때문이다. 그러나 모든 웹 트랜잭션이 GET이나 POST만큼 간단하진 않다. 다음 절에서 HTTP 통신을 위한 좀 더 강력한 도구를 알아보자.

requests를 사용한 RESTful HTTP 서비스

연구소 관리자의 또 다른 요청은 ABQ의 웹 서비스를 사용해 CSV 데이터를 업 로드하는 기능이다. 그런데 ABQ 웹 서비스는 인증을 필요로 하는 REST API를 사용한다. REST^REpresentational State Transfer는 코드 친화적인 인터페이스를 제공하고자 고급 HTTP 시맨틱으로 구현하는, 웹 서비스에 대한 하나의 접근법이다. 또한 REST 개념을 중심으로 설계된 서비스를 RESTful이라고 한다. REST 상호작용의 원리를 좀 더 깊이 알아보자.

RESTful 웹 서비스의 이해

RESTful 서비스는 자원 접근에 관한 아이디어를 중심으로 구현된다. 여기서 자원은 원격 프로시저나 하드웨어 인터페이스도 될 수 있지만 보통은 데이터 레코드나 파일을 말한다. 자원의 접근은 특정 자원을 나타내는 URL, 이른바 엔드포인트endpoint를 통해 이뤄진다.

앞서 데이터를 가져올 때와 제출할 때 각각 GET과 POST를 사용하는 웹 서버를 봤다. REST API는 여기에 DELETE, PUT, PATCH 등의 HTTP 메서드들도 추가로 수용한다. 엔드포인트에 요청하는 메서드에 따라 자원에 수행되는 작업도 다르다.

REST 서비스 구현에 따라 다를 수 있지만 대체로 인정되는 HTTP 메서드들과 각 기능은 다음과 같다.

메서드	기능
GET	자원을 가져온다(조회한다).
HEAD	자원에 대한 메타데이터(헤더)만 가져온다.
POST	제출한 데이터를 바탕으로 자원을 생성하거나 갱신한다.
PUT	자원을 있는 그대로 업로드한다. 보통은 파일 업로드다.
PATCH	자원의 일부만 변경한다. 거의 사용되지 않는 메서드다.
DELETE	자원을 삭제한다.

이와 같은 메서드들에 더해 REST 서비스는 좀 더 코드 친화적인 방식의 데이터 교환을 지원한다. 예를 들어 브라우저 지향적인 서비스는 URL 인코딩된 문자열을 받고 HTML 문서를 반환하는 반면, RESTful 서비스는 JSON이나 XML 등과 같은 형식으로 요청을 받고 응답을 반환한다. 심지어 클라이언트가 요청한 데

이터 형식으로 반환할 수도 있다.

RESTful 서비스와 관련한 일부 표준이 있긴 하지만 실제 REST 사이트들은 저마다 구조와 작동 방식이 매우 다양하다는 점에 주의해야 한다. 따라서 REST API를 사용하려면 반드시 그 서비스에 해당하는 문서를 참고해야 한다.

파이썬 requests 라이브러리

13장의 첫 번째 절에서 봤듯 urllib을 사용하면 기본적인 GET과 POST 요청을 매우 쉽게 다룰 수 있으며, 또한 표준 라이브러리에 포함돼 있어 더욱 편리하다. 그러나 사용자 인증, 파일 업로드 또는 GET과 POST 이외의 HTTP 메서드를 사용해야 하는 복합적인 HTTP 통신에 있어 urllib 하나만 사용하기에는 불편하고 복잡할 수 있다. 이를 해결하고자 requests라는 서드파티 라이브러리를 사용하자. requests는 파이썬 커뮤니티가 HTTP 통신이 개입된 모든 중요한 작업에 강력히 권하는 라이브러리다. 곧 알게 되겠지만 requests는 urllib의 거칠고 오래된 많은 부분을 제거했으며 REST와 같은 좀 더 최신의 HTTP 트랜잭션을 위한 편리한 클래스와 래퍼 함수를 제공한다. requests의 문서는 https://requests.readthedocs.io/en/latest/에서 볼 수 있지만 requests를 효과적으로 사용할 수 있는 대부분의 방법은 다음 절부터 다룬다.

requests 설치와 사용

requests 패키지는 순수 파이썬으로 작성됐으므로 별도의 컴파일이나 바이너리 다운로드 없이 단순히 pip install --user requests 명령으로 설치하면 된다.

이제 requests의 작동 방법을 알아보고자 파이썬 셸에서 다음과 같이 실행한다.

```
>>> import requests
>>> response = requests.request('GET', 'http://www.alandmoore.com')
```

requests.request() 함수에는 적어도 HTTP 메서드와 URL을 반드시 전달해야한다. 이 함수는 urlopen()과 마찬가지로 적절한 요청 패킷을 구성해 URL로 전송하며, 서버의 응답을 나타내는 객체를 반환한다. 지금은 저자의 웹 사이트로 GET 요청을 보냈다.

requests는 request() 함수 외에도 대부분의 HTTP 메서드에 해당하는 간편한 함수들을 제공한다. 즉, 앞의 코드 대신 다음과 같이 실행해도 동일하다.

```
>>> response = requests.get('http://www.alandmoore.com')
```

get() 메서드는 URL만 받으며 GET 요청을 수행한다. 마찬가지로 post(), put(), patch(), delete(), head() 함수도 해당 HTTP 메서드를 사용해 요청을 전송한다. 또한 이들 요청 함수는 모두 추가로 인자를 받을 수 있다.

예를 들어 다음과 같이 데이터와 함께 POST 요청을 전송할 수 있다.

```
>>> data = {'q': 'tkinter', 'ko': '-2', 'kz': '-1'}
>>> url = 'https://duckduckgo.com'
>>> response = requests.post(url, data)
```

urlopen()과 달리 여기서는 데이터 인자로 파이썬 딕셔너리를 직접 사용할 수 있다. requests가 이를 URL 인코딩된 바이트 객체로 적절히 자동 변환해주기 때문이다.

요청 함수에 일반적으로 사용되는 몇 가지 인자는 다음과 같다.

인자	용도
params	data와 동일하지만 페이로드 자체가 아닌 쿼리 문자열에만 추가되는 딕셔너리다.
json	페이로드에 포함될 JSON 데이터다.
headers	헤더 데이터 딕셔너리다.
files	멀티파트 폼(multipart form)으로 제출될 {파일명: 파일 객체} 형식의 딕셔너리다.
auth	HTTP 다이제스트 인증(digest authentication)에 사용될 사용자명과 패스워드 튜플이다.

여기서 auth 인자는 오직 HTTP 다이제스트 인증에만 작동한다. 그런데 이 인증은 웹 애플리케이션이 아닌 웹 서버에서 구현되는 옛날 인증 방식이며 현대의 웹 사이트에서는 거의 사용되지 않는다. 그 대신 현대의 인증 시스템을 다루려면 세션을 알아야 한다.

세션을 사용한 인증 통신

HTTP는 무상태^{stateless} 프로토콜이다. 이는 각 HTTP 요청이 독립적이며 각 요청 사이에 어떤 연결도 없다는 의미다. 심지어 같은 클라이언트와 서버인 상황이라도 말이다. 소셜 미디어나 뱅킹 사이트 등에서 로그인을 하면 마치 '연결'이 된 것처럼 느껴지지만 실제로는 사용자와 서버 사이에 어떠한 지속적인 연결도 없으며 오직 서로 독립적인 일련의 요청과 응답만 존재할 뿐이다.

그렇다면 그런 사이트들은 어떻게 사용자와의 통신을 안전하게 관리할 수 있을까?

여기에는 보통 세션 쿠키$^{session\ cookie}$나 인증 토큰$^{authentication\ token}$이 사용된다. 두 경우 모두 서버가 차후에 다시 요청이 들어올 때 동일한 클라이언트를 식별할 수 있는 데이터 조각을 인증된 클라이언트에 심는 방식이다. 이렇게 하면 클라이언트와 서버 모두 요청과 응답을 세션에 연결함으로써 마치 상태 유지^{stateful} 통신처럼 작동할 수 있다.

NOTE

> 세션 쿠키 방식과 인증 토큰 방식의 차이는 클라이언트 입장에서 중요하지 않다. 둘 모두 인증이 성공하면 서버에서 어떤 데이터가 클라이언트에 심어지며 이 데이터가 다음 요청에 다시 포함된다는 점만 알면 된다.

requests 모듈은 이런 종류의 통신을 다루기 쉽게 하는 Session 객체를 제공한다. Session 객체는 여러 요청에 걸친 설정, 쿠키, 토큰을 유지함으로써 클라이언트 인증이나 특별한 설정을 필요로 하는 서비스와 상호작용할 수 있게 한다.

Session 객체는 다음과 같이 requests.session()이라는 팩토리 함수를 사용해 만들 수 있다.

```
>>> s = requests.session()
```

이제 이 세션 객체에 get()이나 post() 등과 같은 요청 메서드를 실행할 수 있다.

```
# 인증 토큰을 사용하는 유효한 인증 서비스라고 가정하자
>>> s.post('http://example.com/login', data={'u': 'test', 'p': 'test'})
# 이제 s에 인증 토큰이 저장될 것이다
>>> response = s.get('http://example.com/protected_content')
# 쿠키 안의 키-값을 확인할 수 있다
>>> print(s.cookies.items())
```

이렇듯 토큰과 쿠키는 백그라운드에서 처리되므로 개발자가 따로 할 작업은 없다. 쿠키는 Session 객체의 cookies 프로퍼티 안에 있는 CookieJar 객체에 저장된다.

또한 Session 객체에는 요청 사이에 유지될 여러 설정 옵션을 지정할 수 있다. 예를 들어 다음과 같이 말이다.

```
>>> s.headers['User-Agent'] = 'Mozilla'
>>> s.params['uid'] = 12345
# "Mozilla"라는 user-agent 문자열과 함께 "uid=12345" 파라미터를 전송
>>> s.get('http://example.com')
<Response [200]>
```

여기서는 User-Agent 문자열에 Mozilla를 지정했으며, 이는 Session 객체에서 만들어지는 모든 요청에 사용될 것이다. 또한 params 속성을 사용해 기본 URL 파라미터도 지정했다. 따라서 실제 요청되는 URL은 http://example.com?uid= 12345가 된다.

requests.Response 객체

requests의 모든 요청 함수나 메서드는 Response 객체를 반환한다. 이 Response 객체는 urlopen()이 반환하는 Response 객체와 흡사하지만 좀 더 편리한 살짝 다른 형태를 가진다. 또한 응답 콘텐츠를 빠르게 변환할 수 있게 하는 편리한 메서드들도 포함돼 있다.

예를 들어 다음과 같이 실행해보면 응답 헤더가 이미 파이썬 딕셔너리로 변환 돼 있음을 알 수 있다.

```
>>> r = requests.get('http://python.org')
>>> r.headers
{'Connection': 'keep-alive', 'Content-Length': '49812',
 'Server': 'nginx', 'Content-Type': 'text/html; charset=utf-8',
 ...
```

urllib에 비해 또 다른 하나는, requests는 HTTP 오류에 대해 예외를 일으키지 않는다는 점이다. 그러나 raise_for_status()라는 응답 메서드를 사용하면 예외를 발생시킬 수 있다.

예를 들어 다음과 같은 URL에 대한 요청은 HTTP 404 오류를 발생시킬 것이다.

```
>>> r = requests.get('http://www.example.com/does-not-exist')
>>> r.status_code
404
>>> r.raise_for_status()
Traceback (most recent call last):
  File "<stdin>", line 1, in <module>
  File "/usr/lib/python3.9/site-packages/requests/models.py", line 935,
    in raise_for_status
    raise HTTPError(http_error_msg, response=self)
requests.exceptions.HTTPError: 404 Client Error: Not Found for url:
  http://www.example.com/does-not-exist
```

이는 HTTP 오류를 예외로 다루거나, 전통적인 흐름 제어 로직으로 처리하거나, 또는 좀 더 적절한 시기로 예외 처리를 미룰 수 있는 선택권을 제공한다.

REST 백엔드 구현

ABQ REST 서버를 구현하기 전에 전송할 요청의 유형을 먼저 따져봐야 한다. REST API로 어떤 상호작용을 할지 기술돼 있는 문서는 이미 확보했다.

그 API 문서는 다음과 같은 사항들을 설명하고 있다.

- 어떤 엔드포인트든 접근하려면 먼저 인증 토큰을 받아야 한다. 이는 /auth 엔드포인트에 POST 요청을 하면 된다. POST 요청의 페이로드에는 URL 인코딩된 사용자명과 패스워드가 포함돼야 한다. 자격증명에 실패하면 HTTP 401 오류를 받을 것이다. 토큰을 받지 못한 상태에서는 다른 어떤 요청을 하더라도 HTTP 403 오류를 받게 된다.
- 토큰을 받았으면 /files 엔드포인트를 사용해 다음과 같은 파일 관련 작업을 할 수 있다.
  - PUT 요청을 사용해 파일을 업로드할 수 있다. 파일은 file 파라미터에 지정된 멀티파트 폼 데이터 형태로 업로드된다.
  - /files/FILENAME 엔드포인트에 GET 요청을 보냄으로써 파일을 다운로드할 수 있다. 여기서 FILENAME은 파일명을 말한다.
  - /files/FILENAME 엔드포인트에 HEAD 요청을 보내면 파일의 메타데이터만 받을 수 있다.
- 모든 HTTP 오류는 상태 코드와 오류 메시지가 포함된 JSON 페이로드를 포함한다.

NOTE

이 책의 예제 파일에 포함돼 있는 sample_rest_service.py에는 테스트를 위한 ABQ REST 서비스의 기능이 구현돼 있다. 이 서비스를 가동하려면 flask라는 라이브러리가 필요한데, 이는 pip install

--user flask 명령으로 설치할 수 있다. 그다음에는 터미널에서 sample_rest_service.py를 실행하면 된다.

이번에도 ABQ 앱의 MVC 설계 사상에 따라 모든 상호작용을 모델 안에 캡슐화하자. 먼저 다음과 같이 models.py에서 requests 라이브러리를 임포트한다.

```python
# models.py

import requests
```

이제 파일 끝에 다음과 같이 CorporateRestModel이라는 새 모델 클래스를 추가한다.

```python
# models.py
class CorporateRestModel:

  def __init__(self, base_url):

    self.auth_url = f'{base_url}/auth'
    self.files_url = f'{base_url}/files'
    self.session = requests.session()
```

이 초기화 메서드는 접속할 대상 REST 서비스의 기본 URL이 정의된 base_url 인자를 받는다. 그다음에는 이 URL을 사용해 인증과 파일 관련 작업을 위한 2개의 엔드포인트 URL을 구성한다. 마지막으로 인증 토큰을 저장하고 각 메서드에서 사용할 수 있게 세션 객체 하나를 만든다.

WeatherDataModel에서 했듯 지금도 base_url을 클래스 속성으로 지정할 수 있다. 그러나 테스트 서비스나 실제 서비스의 URL 변경 가능성을 고려하면 클래스 속성보다는 사용자 설정에 포함시킴으로써 사용자가 쉽게 전환할 수 있게 하는 것이 낫다.

SettingsModel에 다음과 같이 REST를 위한 URL을 추가한다.

```
# models.py 파일의 SettingsModel 클래스

fields = {
  #...
  'abq_rest_url': {
    'type': 'str',
    'value': 'http://localhost:8000'
  }
}
```

기본값인 http://localhost:8000은 테스트 서비스의 기본 URL이다. 이 설정은 실제 운영 환경에서는 각 사용자의 abq_settings.json 파일에 따라 바뀔 것이다.

이제 CorporateRestModel 클래스로 돌아가 다음과 같은 4개의 메서드를 구현할 차례다.

- authenticate()는 POST 요청을 통해 /auth 엔드포인트로 자격증명을 전송하는 메서드다.
- upload_file()은 PUT 요청을 통해 /files 엔드포인트로 파일을 전송하는 메서드다.
- check_file()은 /files 엔드포인트에서 메타데이터를 가져오는 메서드다.
- get_file()은 /files 엔드포인트에서 파일을 다운로드하는 메서드다.

authenticate()

무엇보다도 인증 토큰이 있어야 다른 모든 서비스를 이용할 수 있으므로 먼저 authenticate() 메서드부터 구현한다.

```
# models.py 파일의 CorporateRestModel 클래스

def authenticate(self, username, password):
  response = self.session.post(
```

```
    self.auth_url,
    data={'username': username, 'password': password}
)
```

이 메서드는 username과 password를 받고 이를 모델의 Session 객체를 사용해 auth_url로 전송한다. 이 작업이 성공하면 세션은 자동으로 토큰을 저장할 것이다. 자격증명이 잘못됐다면 HTTP 401 오류를 받게 된다. 단순히 이 메서드에서 상태 코드를 확인해 401 여부에 따라 True나 False를 반환하게 할 수 있지만 다른 다양한 원격 HTTP 서버 오류가 발생할 수도 있으므로 오히려 이 메서드를 호출한 코드에 오류와 관련된 자세한 정보를 돌려주는 방법이 더 나을 것이다. 이는 Response 객체의 raise_for_status() 메서드를 통해 호출한 코드에 HTTPError 예외를 전달함으로써 가능하다. 이 경우 예를 들어 그림 13-2와 같은 오류 팝업을 보게 될 것이다.

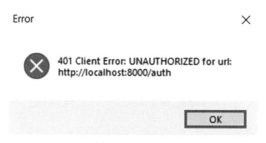

그림 13-2: 401 오류

물론 여기서 작업이 더 필요하다. 사용자 대부분은 HTTP 401 오류의 의미를 알지 못할 테니 말이다.

앞서 봤던 API 문서에는 오류가 발생한 경우 의미 있는 메시지가 포함된 JSON 객체를 반환하라고 돼 있다. 따라서 HTTPError를 사용자 친화적인 메시지로 변환하는 정적 메서드가 필요하다. 다음과 같이 모델에 그 메서드를 추가하자.

```
@staticmethod
def _raise_for_status(response):
```

```
    try:
        response.raise_for_status()
    except requests.HTTPError:
        raise Exception(response.json().get('message'))
```

이 메서드는 인자로 받은 Response 객체의 raise_for_status() 메서드를 호출한다. 서비스 호출이 성공적_(상태 코드로는 200)이라면 아무런 조치도 할 필요가 없다. 그러나 HTTPError가 발생한다면 Response 객체의 JSON 페이로드에서 추출한 메시지 값을 사용하는 새 Exception을 발생시킨다.

이제 다시 authenticate()로 돌아가 이 정적 메서드에 응답을 전송하는 코드로 마무리하자.

```
# models.py, inside CorporateRestModel.authenticate()
    self._raise_for_status(response)
```

이제 로그인에 실패하면 그림 13-3과 같은 팝업을 보게 될 것이다.

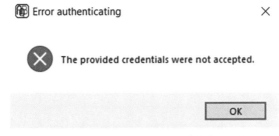

그림 13-3: 로그인 실패 메시지

예외가 발생하지 않는다면 아무런 할 일이 없다. 세션에 토큰이 저장돼 있으므로 다른 작업들을 수행할 수 있는 준비가 된 것이다.

upload_file()

이제 파일 업로드 기능을 구현하자. API 문서는 /files 엔드포인트에 PUT 요청

을 사용하는 방법을 요구하고 있다. 파일 업로드 메서드는 다음과 같은 모습이
될 것이다.

```python
def upload_file(self, filepath):
    with open(filepath, 'rb') as fh:
        files = {'file': fh}
        response = self.session.put(
            self.files_url, files=files
        )
    self._raise_for_status(response)
```

requests를 사용해 파일을 업로드하려면 실제로 파일을 열어 파일 핸들을 얻고
이를 딕셔너리에 넣어 요청 메서드의 **files** 인자에 전달해야 한다. 여러 파일
핸들을 딕셔너리의 서로 다른 키에 넣을 수 있다면 다중 파일 업로드도 가능할
것이다. 그러나 지금의 API는 한 번에 하나의 파일 업로드만 허용되므로 반드시
하나의 **file** 키가 필요하다. 역시 메서드 마지막에는 **_raise_for_status()** 메
서드를 호출해 오류 여부를 확인한다.

NOTE

> 여기서 파일을 바이너리 읽기(read binary)(rb) 모드로 열었다는 점에 주목하기 바란다. 이는
> requests의 공식 문서에서 권장하는 방법인데, 이렇게 해야 응답의 본문 크기인 Content-Length
> 값이 정확히 계산되기 때문이다.

check_file()

이번에는 실제로 파일을 다운로드하지 않고 파일의 메타데이터만 가져오는
check_file() 메서드를 만들어야 한다. API 문서는 files/FILENAME 엔드포인
트로 HEAD 요청을 전송해 메타데이터를 가져오라고 요구했다. 물론 여기서
FILENAME은 정보를 가져올 대상 파일명이다. HEAD 요청은 네트워크 속도가 느
리거나 대형 파일을 다루는 상황에서 유용하다. 실제 파일을 다운로드하지 않
고도 파일 크기나 존재 여부 등의 파일 정보를 미리 알 수 있기 때문이다.

이 메서드를 다음과 같이 구현한다.

```python
def check_file(self, filename):
    url = f"{self.files_url}/{filename}"
    response = self.session.head(url)
    if response.status_code == 200:
        return True
    elif response.status_code == 404:
        return False
    self._raise_for_status(response)
```

지금의 목적상 가장 큰 관심사는 서버에 기상 정보 파일이 존재하는지의 여부다. 따라서 상태 코드가 200(성공)이거나 404(Not Found)인 경우에 따라 불리언 값을 반환한다. 물론 다른 상태 코드인 경우도 있으므로 마지막에는 _raise_for_status() 메서드에 응답을 전달한다.

get_file()

마지막으로 구현할 메서드는 파일 데이터를 다운로드하는 get_file()이다. 이 메서드를 다음과 같이 CorporateRestModel에 추가한다.

```python
def get_file(self, filename):
    """서버에서 파일 다운로드"""
    url = f"{self.files_url}/{filename}"
    response = self.session.get(url)
    self._raise_for_status(response)
    return response.text
```

다른 엔드포인트와 달리 /files 엔드포인트에 대한 GET 요청은 JSON이 아닌 파일의 콘텐츠를 받는다. 따라서 그 콘텐츠를 Response 객체의 text 속성에서 가져와 이 메서드 마지막에 반환한다. 이 메서드를 호출하는 코드는 반환받은 콘텐츠로 어떤 일이든 할 수 있다. ABQ 앱의 Application 클래스에서는 콘텐츠를 파일에 저장하는 작업을 할 것이다.

모델이 완성됐으므로 이제 Application 클래스로 이동해 프론트엔드 관련 작업을 시작할 차례다.

REST 업로드 적용

REST 업로드의 수행을 책임지는 관리자와 회의한 결과로, REST 업로드의 작업 흐름에 필요한 사항은 다음과 같았다.

- GUI에서 REST 업로드가 수행될 때 먼저 당일 데이터가 데이터베이스에 있는지 확인해야 하며, 그렇지 않다면 업로드 작업을 취소해야 한다. 빈 파일을 업로드할 필요는 없기 때문이다.
- 데이터가 존재한다면 데이터베이스에 저장되기 전에 사용됐던 원래의 이름 규칙을 따르는 CSV 파일을 만들어야 한다. 그 이름이 ABQ에서 통용되는 파일명이기 때문이다.
- 그다음에는 REST API 통신을 위한 인증 과정을 거쳐야 한다.
- 인증에 성공한 다음에는 당일 데이터 파일이 이미 업로드돼 있는지 확인해야 한다. 그렇지 않다면 파일을 업로드한다.
- 파일이 이미 존재하는 경우라면 파일 덮어쓰기 여부를 선택하게 해야 한다.
- 덮어쓰기를 하지 않는 경우에는 수작업으로 데이터를 비교할 수 있게 서버에서 파일 다운로드를 선택할 수 있게 한다.

이제 위 사항들을 코드로 구현하자.

CSV 파일 생성

파일 업로드에 앞서 먼저 일일 데이터의 CSV 파일을 만드는 기능을 구현해야 한다. 이 기능은 하나 이상의 함수에서 사용될 것이므로 별도의 메서드로 구현하는 것이 낫다.

Application 안에 다음과 같이 _create_csv_extract()라는 새 프라이빗 메서드를 추가한다.

```python
# application.py 파일의 Application 클래스

def _create_csv_extract(self):
    csvmodel = m.CSVModel()
    records = self.model.get_all_records()
    if not records:
        raise Exception('No records were found to build a CSV file.')
    for record in records:
        csvmodel.save_record(record)
    return csvmodel.file
```

이 메서드는 CSVModel 클래스의 새 인스턴스를 만드는 일부터 시작한다. 이제 연구소 데이터를 더 이상 CSV 파일에 저장하진 않지만 CSV 파일을 만드는 작업에 여전히 이 모델을 사용할 수 있기 때문이다. 여기서는 기본 파일 경로를 사용하므로 아무런 인자도 전달하지 않는다. 그다음에는 SQLModel 인스턴스의 get_all_records() 메서드를 호출하는데, 이미 알고 있듯 이 메서드는 기본적으로 현재 날짜의 모든 레코드 리스트를 반환한다. 레코드가 없다면 예외를 발생시키며 호출한 코드에서 이 예외를 받아 적절한 경고 창을 띄울 것이다. 저장할 레코드가 있다면 그 리스트를 순환하며 각 레코드를 CSV에 저장한다. 마지막에는 CSVModel 객체의 file 속성, 즉 저장된 파일을 가리키는 Path 객체를 반환한다.

업로드 콜백 추가

CSV 파일을 생성하는 메서드를 만들었으니 이제 다음과 같이 파일을 업로드하는 콜백을 만들자.

```
# application.py 파일의 Application 클래스

  def _upload_to_corporate_rest(self, *_):
    try:
      csvfile = self._create_csv_extract()
    except Exception as e:
      messagebox.showwarning(
        title='Error', message=str(e)
      )
      return
```

먼저 CSV 파일을 만드는 작업부터 시작한다. 레코드가 없거나 데이터베이스 관련 문제가 발생하는 등의 어떤 예외라도 발생한다면 오류 메시지를 표시하고 메서드를 빠져나간다.

성공적으로 CSV 파일이 생성됐다면 다음 단계는 REST 서비스에 대한 인증이다. 이를 위해 사용자로부터 사용자명과 패스워드를 받아야 하는데, 이를 위한 완벽한 클래스가 이미 있다.

```
    d = v.LoginDialog(
      self, ' Login to ABQ Corporate REST API'
    )
    if d.result is not None:
      username, password = d.result
    else:
      return
```

바로 LoginDialog 클래스다. 데이터베이스 로그인과 달리 여기서는 로그인이 될 때까지 반복하지 않을 것이다. 패스워드가 틀렸다면 그냥 함수를 빠져나가 며 필요하다면 사용자가 다시 실행할 수 있게 할 것이다. 사용자가 **취소**를 클릭 한다면 대화상자의 result 속성은 None일 것이며, 이 콜백 메서드를 빠져나가 면 된다.

이제 자격증명과 파일명을 얻었으니 다음과 같이 서버에 대한 인증을 수행하자.

```
rest_model = m.CorporateRestModel(
    self.settings['abq_rest_url'].get()
)
try:
    rest_model.authenticate(username, password)
except Exception as e:
    messagebox.showerror(' Error authenticating', str(e))
    return
```

사용자의 abq_rest_url 설정으로 CorporateRestModel 인스턴스를 만들고
authenticate() 메서드에 자격증명을 전달한다. 인증 오류나 HTTP 관련 문제
가 있다면 Exception이 발생할 것이므로 오류 메시지를 띄우고 메서드를 빠져
나간다.

그다음은 당일 데이터 파일이 서버에 이미 존재하는지 확인하는 단계다. 이는
다음과 같이 check_file() 모델 메서드를 사용해 가능하다.

```
try:
    exists = rest_model.check_file(csvfile.name)
except Exception as e:
    messagebox.showerror(' Error checking for file', str(e))
    return
```

알다시피 check_file()은 파일의 존재 여부에 따라 불리언 값을 반환하며 어떤
HTTP 문제가 있으면 예외를 발생시킨다. 후자의 경우에는 이번에도 역시 대화
상자를 띄우고 함수를 빠져나간다.

파일이 이미 존재하면 사용자가 어떤 작업을 원하는지, 즉 서버의 파일을 덮어
쓰거나 다운로드할지 판단해야 한다. 이를 위해 다음과 같은 메시지 박스를
사용해 사용자에게 선택권을 제공하자.

```
if exists:
```

```
        overwrite = messagebox.askyesno(
            'File exists',
            f'The file {csvfile.name} already exists on the server, '
            'do you want to overwrite it?'
        )
        if not overwrite:
            download = messagebox.askyesno(
                'Download file',
                'Do you want to download the file to inspect it?'
            )
```

7장에서 살펴봤듯 askyesno()는 사용자가 '예'나 '아니요'를 클릭했을 때 그에 따른 불리언 값을 반환한다.

사용자가 파일 다운로드를 선택했다면 다음과 같이 모델을 사용해 다운로드를 진행한다.

```
        if download:
            filename = filedialog.asksaveasfilename()
            if not filename:
                return
            try:
                data = rest_model.get_file(csvfile.name)
            except Exception as e:
                messagebox.showerror('Error downloading', str(e))
                return
            with open(filename, 'w', encoding='utf-8') as fh:
                fh.write(data)
            messagebox.showinfo(
                'Download Complete', 'Download Complete.'
            )
        return
```

여기서는 먼저 filedialog 함수를 사용해 사용자가 저장하고자 하는 파일의 이름을 가져온다. 사용자가 취소한다면 단순히 아무 일도 하지 않고 함수를 빠져나간다. 그렇지 않다면 모델의 get_file() 메서드를 사용해 데이터를 다운로드한다. 여기서도 어떤 오류가 발생한다면 메시지를 보여주고 빠져나간다. 데이터 다운로드가 성공했다면 이를 새 UTF-8 파일에 저장하고 파일 다운로드에 성공했다는 메시지를 보여준다. 마지막의 return 구문은 사용자의 파일 다운로드 선택 여부와 관계없이 메서드를 빠져나간다는 의미다. 이 시점에서는 적어도 사용자가 파일 덮어쓰기를 선택했던 것이 아니기 때문이다.

이제 파일 덮어쓰기를 선택했던 경우를 위해 if 블록 밖에서 다음과 같이 계속 진행한다.

```
try:
    rest_model.upload_file(csvfile)
except Exception as e:
    messagebox.showerror('Error uploading', str(e))
else:
    messagebox.showinfo(
        'Success',
        f'{csvfile} successfully uploaded to REST API.'
    )
```

사용자의 선택이나 오류로 인해 메서드를 빠져나가지 않았다면 여기서 파일 업로드를 계속 진행하면 된다. 이는 모델의 upload_file() 메서드를 사용해 가능하다. 업로드 작업의 성공 여부에 따라 그에 따른 메시지를 보여주게 될 것이다. 어떤 경우든 이 메서드는 여기서 완료된다.

마무리

마지막으로 REST 업로드를 실행할 메뉴 옵션을 추가한다. 먼저 Application 클래스의 이벤트 콜백 딕셔너리에 다음과 같이 메서드를 추가한다.

```
# application.py 파일의 Application.__init__() 메서드
    event_callbacks = {
        #...
        '<<UploadToCorporateREST>>': self._upload_to_corporate_rest,
    }
```

마지막으로 주 메뉴에 명령 아이템을 추가할 차례다. 다음과 같이 메뉴에 REST 업로드 항목을 만드는 메서드를 정의한다.

```
# mainmenu.py파일의 GenericMainMenu 클래스

    def _add_rest_upload(self, menu):
        menu.add_command(
            label="Upload CSV to corporate REST",
            command=self._event('<<UploadToCorporateREST>>')
        )
```

그다음에는 이 메서드를 GenericMainMenu 클래스와 각 플랫폼별 메뉴 클래스의 _build_menu() 메서드 안에서 호출하게 한다. 아마 다음과 같은 식의 코드가 될 것이다.

```
# mainmenu.py 파일의 각 메뉴 생성 메서드
    # 도구 메뉴 다음에 추가
    self._add_rest_upload(self._menus['Tools'])
```

이제 애플리케이션을 실행하고 파일 업로드를 테스트하자. 테스트하려면 적어도 하나 이상의 레코드가 데이터베이스에 존재해야 하며 예제 REST 서비스 (sample_rest_service.py)가 구동돼 있어야 한다.

잘 진행됐다면 그림 13-4와 같은 대화상자를 볼 수 있을 것이다.

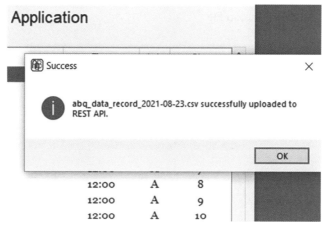

그림 13-4: REST 서버로 파일 업로드

또한 서버는 다음과 같은 식의 로그를 터미널에 출력할 것이다.

```
127.0.0.1 - - [16/Nov/2022 17:10:27] "POST /auth HTTP/1.1" 200 ?
127.0.0.1 - - [16/Nov/2022 17:10:27
    "HEAD /files/abq_data_record_2022-11-16.csv HTTP/1.1" 200 ?
Uploaded abq_data_record_2022-11-16.csv
127.0.0.1 - - [16/Nov/2022 17:10:34] "PUT /files HTTP/1.1" 200 ?
```

여기서는 POST, HEAD, PUT 요청과 PUT의 페이로드에 있는 CSV 파일명을 볼 수 있다.

이제 다시 파일 업로드를 시도하자. 이번에는 파일 덮어쓰기를 묻는 대화상자가 나타날 것이며 '아니요'를 선택하면 그림 13-5와 같이 파일 다운로드를 묻는 대화상자가 나타날 것이다.

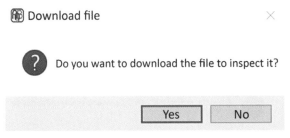

그림 13-5: 파일 다운로드 대화상자

이로써 ABQ 앱에 필요한 REST 서비스 관련 기능을 모두 완성했다.

paramiko를 사용한 SFTP 서비스

RESTful 웹 API는 대기업이나 서드파티의 일반적인 서비스가 될 수 있다. 그런데 ABQ 앱은 REST 서비스뿐만 아니라 표준 통신 프로토콜을 사용해 파일이나 데이터를 교환하는 기능도 필요하다. 오랫동안 유닉스와 리눅스 세계에서 시스템 통신을 위한 사실상의 표준은 시큐어 셸SSH, Secure SHell 프로토콜이다. 또한 대부분의 SSH 프로그램에는 구식의 FTP 서비스를 대체하는 시큐어 파일 전송 프로토콜SFTP, Secure File Transfer Protocol도 포함돼 있다.

연구소 관리자는 REST 서비스를 이용하는 CSV 업로드 외에도 SFTP를 사용해 2차 사본을 원격 서버에 업로드해야 한다. 이는 서버의 특정 디렉터리에 파일이 저장돼야 한다는 요건이 있지만 사용자의 작업 흐름은 다르지 않다. 즉, 앞서 REST 서비스를 위한 업로드 기능과 거의 동일하게 구현하면 된다는 말이다.

테스트용 SSH 서비스 준비

ABQ 앱 안에서 SFTP 기능을 테스트하려면 사용할 수 있는 SSH 서버가 있어야 한다. 아직 SSH를 구동할 수 없는 상태라면 운영체제에 따라 다음과 같이 쉽게 SSH를 설치할 수 있다.

- 맥OS에는 이미 SSH가 설치돼 있으며 다만 이를 활성화해야 한다. 이는 시스템 설정 ➤ 일반 ➤ 공유 페이지에서 원격 로그인을 켬으로써 가능하다.
- 리눅스에서는 패키지 관리자에서 ssh나 ssh-server 또는 openssh라는 이름으로 SSH 패키지를 찾을 수 있다. 대부분의 경우 설치를 하면 자동으로 SSH 서버가 활성화된다.
- 윈도우즈 10 이상에서는 설정 ➤ 앱 ➤ 앱 및 기능 ➤ 선택적 기능 ➤ 기능 추가에서 OpenSSH 서버를 설치할 수 있다. 설치한 다음에는 서비스 앱에서 OpenSSH SSH Server를 선택하고 툴바나 마우스 오른쪽 메뉴로 서비스를 시작하면 된다.

SSH 서버가 구동됐다면 OpenSSH 클라이언트 등과 같은 SSH 클라이언트를 사용해 서버에 접속해 로컬 사용자명과 패스워드로 로그인할 수 있다. 기존 사용자 계정을 사용할 수도 있지만 현재 ABQ 앱에서는 SSH에 접속한 계정의 홈 디렉터리 안에 새 디렉터리를 만들고 파일을 생성시킬 것이므로 가급적 테스트용 사용자 계정을 만들어 사용하길 권한다.

paramiko의 설치와 사용법

파이썬 표준 라이브러리는 SSH나 SFTP와 관련된 지원을 하지 않지만 그 둘 모두를 위한 풀 세트 도구인 paramiko라는 서드파티 라이브러리가 있다. paramiko는 다음과 같이 설치하면 된다.

```
$ pip install --user paramiko
```

paramiko는 순수 파이썬으로 제작됐으므로 별도의 컴파일이나 추가 프로그램이 필요하지 않다. paramiko에 대한 더 많은 정보는 https://www.paramiko.org에서 볼 수 있다.

paramiko 사용법

원격 서버에 접속하고 작업할 때 사용하는 paramiko의 주된 클래스는 SSHClient 다. 그럼 파이썬 셸을 열고 다음과 같이 실행하자.

```
>>> import paramiko
>>> ssh_client = paramiko.SSHClient()
```

어떤 SSH 서버든 접속하기 전에 키 관리 정책을 구성할 필요가 있다. SSH의 보안 설계상 SSH 클라이언트는 처음 서버에 접속할 때 암호화 키를 교환해야 한다. 따라서 처음 새 서버에 접속할 때는 다음과 같은 식의 메시지를 보게 될 것이다.

```
Traceback (most recent call last):
  File "<pyshell#3>", line 1, in <module>
    ssh_client.connect('Tessui-MacBookAir.local', username='sshuser',
    password='sshuser')
  File "/Users/taesang/Library/Python/3.10/lib/python/site-packages/
    paramiko/client.py", line 430, in connect
    self._policy.missing_host_key(
  File "/Users/taesang/Library/Python/3.10/lib/python/site-packages/
    paramiko/client.py", line 840, in missing_host_key
    raise SSHException( paramiko.ssh_exception.SSHException: Server
    'Tessui-MacBookAir.local'
    not found in known_hosts
```

이다음에는 보통 known_hosts라고 하는 파일이 생성되며 그 안에 서버의 키(또는 핑거프린트^{fingerprint})가 저장될 것이다. 그리고 서버에 다시 접속을 시도하면 SSH는 클라이언트가 동일한 서버에 접속하는지 검증하고자 호스트 목록을 검색한다. 이때 키가 다르면 연결에 실패한다.

따라서 먼저 할 일은 키 스토어를 로딩하는 것이다. SSH 키가 표준 위치에 저장 돼 있다면 다음과 같이 load_system_host_keys() 메서드 호출만으로 충분하다.

```
>>> ssh_client.load_system_host_keys()
```

아니면 다음과 같이 load_host_keys() 메서드를 사용해 명시적으로 호스트를 지정해도 된다.

```
>>> ssh_client.load_host_keys('/home/sshuser/.ssh/known_hosts')
```

알 수 없는 호스트를 알려진 호스트 목록에 매번 추가하는 일을 클라이언트에서 할 수도 있지만 프로그램 안에서는 바람직하지 않다. 그 대신 알 수 없는 호스트에 접속하려 할 때 SSHClient 객체가 동작하는 정책을 설정하는 방법이 낫다. 이는 다음과 같이 set_missing_host_key_policy()를 사용해 자동으로 새 호스트를 신뢰할 수 있게 강제하면 된다.

```
>>> ssh_client.set_missing_host_key_policy(paramiko.AutoAddPolicy())
```

여기서는 AutoAddPolicy 인스턴스에 정책을 설정했는데, 이는 어떤 새로운 호스트 키도 신뢰하겠다는 의미다. 또한 paramiko는 기본적으로 모든 새로운 키를 거부하는 RejectPolicy라는 클래스를 제공한다. 이 클래스를 이용하면 좀 더 세부적인 정책을 설정할 수 있다. 실제 운영 환경에서는 RejectPolicy의 기본 설정을 변경하지 말고 known_hosts의 목록을 스크립트 밖에서 관리하길 권한다.

키 관리에 관한 이슈를 해결했으므로 이제 다음과 같이 connect() 메서드를 사용해 호스트에 연결할 수 있다.

```
>>> ssh_client.connect('Tessui-MacBookAir.local', username='sshuser',
password='sshuser')
```

connect()는 호스트명이나 IP 주소에 해당하는 위치 인자와 더불어 다음과 같은 키워드 인자를 받을 수 있다.

인자	기본값	설명
username	로컬 사용자명	인증에 사용될 사용자명
password	None	인증에 사용될 패스워드며 빈값이면 SSHClient가 키 기반 인증을 시도한다.
port	22	연결할 TCP 포트
pkey	None	인증에 사용될 개인키 문자열
key_file	None	개인키나 인증서를 포함하는 파일
compress	False	전송 데이터의 압축 여부
timeout	None	연결을 포기하기 전까지 대기하는 시간

연결 정보 조사

서버에 연결됐다면 그 연결 정보를 알아야 할 경우도 있다. 이는 클라이언트와 연결된 Transport라는 객체를 통해 가능하다. 이 객체는 연결 자체를 나타내며 정보를 가져오거나 설정할 수 있는 여러 메서드와 속성을 포함한다.

Transport 객체는 다음과 같이 SSHClient 클라이언트의 get_transport() 메서드를 사용해 얻을 수 있다.

```
>>> transport = ssh_client.get_transport()
```

이제 다음과 같은 다양한 방법으로 연결 정보를 확인할 수 있다.

```
# 연결의 유효 여부 확인
>>> transport.is_active()
True
# 원격 사용자 확인
>>> transport.get_username()
'sshuser'
# 인증 여부 확인
>>> transport.is_authenticated()
```

```
True
# 연결된 서버의 이름이나 IP 확인
>>> transport.getpeername()
('::1', 22, 0, 0)
# 서버가 사용하는 압축 알고리듬 확인
>>> transport.remote_compression
'none'
```

이들 속성은 사용자 환경의 기본값이 사용되는 상황에서 특히 유용할 수 있다.

SFTP 사용

서버로의 SSH 연결에 성공했다면 SFTP를 사용할 준비가 됐다. 먼저 다음과 같이 open_sftp() 메서드를 사용해 SFTPClient 인스턴스를 얻어야 한다.

```
>>> sftp_client = ssh_client.open_sftp()
```

SFTPClient 객체의 메서드를 사용하면 SFTP를 통해 원격 서버의 갖가지 파일 관리 명령을 실행할 수 있다. 다음은 그중 특히 유용한 메서드다.

메서드	인자	설명
chdir()	path	현재 작업 디렉터리를 변경한다.
getcwd()	None	현재 작업 디렉터리의 경로를 반환한다. 단, chdir()로 변경되지 않은 디렉터리라면 None을 반환한다.
listdir()	path(optional)	현재 작업 디렉터리 또는 지정한 path 안의 파일과 디렉터리 목록을 반환한다.
mkdir()	path	지정한 path대로 새 디렉터리를 만든다.
rmdir()	path	지정한 path의 디렉터리를 삭제한다.
get()	remotepath, localpath	서버의 remotepath에서 파일을 다운로드해 클라이언트의 localpath에 저장한다.

(이어짐)

메서드	인자	설명
put()	localpath, remotepath	클라이언트의 localpath에 있는 파일을 서버의 remotepath에 업로드해 저장한다.
remove()	path	서버의 path에 해당하는 파일을 삭제한다. 이는 파일 삭제만 가능하며 디렉터리 삭제는 rmdir()을 사용해야 한다.
close()	None	SFTP 연결을 종료한다.

예를 들어 서버의 Fruit 디렉터리 안에 Bananas 디렉터리를 만들고 그 안에 /home/sshuser/bananas의 cavendish.ban 파일을 업로드해야 한다고 가정하자. 이는 다음과 같이 실행함으로써 가능하다.

```
>>> sftp_client.chdir('Fruit')
>>> sftp_client.mkdir('Bananas')
>>> sftp_client.put('/home/sshuser/bananas/cavendish.ban', 'Bananas/
cavendish.ban')
```

여기서 put()을 호출할 때의 경로에 Fruit 디렉터리를 포함시키지 않았다. Fruit 디렉터리가 현재 작업 디렉터리며 이를 기준으로 상대 경로가 계산되기 때문이다.

이제 ABQ 앱에서 paramiko를 사용해 SFTP 업로드를 구현해보자.

SFTP 모델 구현

REST 업로드에서 했듯 이번에도 모델 클래스 안에서 SFTP 통신을 캡슐화하자. 우선 다음과 같이 models.py 파일에서 paramiko를 임포트한다.

```
# models.py

import paramiko
```

이제 다음과 같이 SFTP 모델 작성을 시작하자.

```
# models.py

class SFTPModel:

  def __init__(self, host, port=22):
    self.host = host
    self.port = port
```

이 초기화 메서드에서는 서버의 호스트명을 받고 선택적으로 포트 번호를 받는다. SSH는 대개 22번 포트를 사용하는데, 보안상의 이유로 다른 포트를 사용하는 시스템일 경우에는 여기서 그 포트를 지정하면 된다.

이제 다음과 같이 SSHClient 객체를 설정한다.

```
self._client = paramiko.SSHClient()
self._client.set_missing_host_key_policy(
  paramiko.AutoAddPolicy()
)
self._client.load_system_host_keys()
```

클라이언트 인스턴스를 만들고 속성을 설정한 다음에는 새로운 호스트 키가 자동으로 추가되도록 설정한다. 마지막에는 기본 시스템 위치에서 알려진 호스트 목록을 로딩한다.

TIP

> AutoAddPolicy는 오직 새 호스트로의 연결에만 해당된다. 따라서 SSHClient가 알려진 호스트에 연결할 때 잘못된 호스트 키를 받으면 여전히 예외가 발생된다.

이로써 초기화 메서드는 완료했으므로 이제 서버로의 연결 작업을 위한 authenticate() 메서드를 다음과 같이 작성한다.

```
# models.py 파일의 SFTPModel 클래스

  def authenticate(self, username, password):
```

```
    try:
      self._client.connect(
        self.host, username=username,
        password=password, port=self.port
      )
    except paramiko.AuthenticationException:
      raise Exception(
        'The username and password were not accepted by the server.'
      )
```

이 메서드는 username과 password를 받아 이를 connect() 메서드에 사용한다. 인증에 실패하면 paramiko는 AuthenticationException을 발생시킨다. 이 예외를 그대로 호출한 코드로 넘길 수도 있지만 REST 모델에서 했듯 Application 객체가 좀 더 사용자 친화적인 메시지를 보여줄 수 있게 했다.

이제 CorporateRestModel에서와 마찬가지로 파일 업로드, 파일 다운로드, 서버의 파일 존재를 확인하는 메서드를 만들 것이다. 그런데 그 모든 메서드는 서버 연결과 인증을 필요로 하므로 문제가 있으면 예외를 발생시킬 메서드를 별도로 만드는 것이 낫다.

다음과 같이 _check_auth()라는 프라이빗 메서드를 작성한다.

```
def _check_auth(self):
  transport = self._client.get_transport()
  if not transport.is_active() and transport.is_authenticated():
    raise Exception('Not connected to a server.')
```

이전에 봤듯 서버 연결의 활성화와 인증 여부는 Transport 객체로부터 알 수 있다. 따라서 이 메서드에서는 Transport를 통해 연결 활성화와 인증 여부를 확인하고 둘 중 하나라도 성공한 상태가 아니라면 예외를 발생시킨다.

이제 다음과 같이 get_file() 메서드를 만든다.

```
def get_file(self, remote_path, local_path):
    self._check_auth()
    sftp = self._client.open_sftp()
    sftp.get(remote_path, local_path)
```

get_file()은 원격 경로와 로컬 경로를 받아 최종적으로 원격 파일을 로컬에 복사하는 메서드다. 먼저 올바르게 서버 연결이 됐는지 확인하고자 _check_ auth()를 호출한다. 그다음에는 SFTP 클라이언트를 만들어 get() 메서드를 호출한다. 이게 전부다.

TIP

> 데이터를 복사하거나 이동시키기 위한 함수나 명령에서는 인자의 순서를 (SOURCE, DESTINATION), 즉 (출발지, 목적지)로 하는 것이 오래된 관례다. 이 순서를 바꾸면 사용자들이나 동료들이 매우 불쾌해 할 것이다.

파일 업로드

파일 업로드의 경우는 살짝 복잡하다. 하나의 엔드포인트만 바라보면 되는 REST 방식과 달리 SFTP 서버는 파일 시스템 구조를 가지며 그 하위 디렉터리에 파일을 업로드할 수도 있기 때문이다. 파일을 업로드하려는 디렉터리가 존재하지 않으면 paramiko는 예외를 발생시킬 것이다.

따라서 파일을 업로드하기 전에 서버에 접속해 목적지 경로에 디렉터리가 모두 존재하는지 먼저 확인해야 한다. 어느 하나라도 존재하지 않는다면 그 디렉터리를 만들어야 한다.

다음과 같이 서버에 연결하고 SFTPClient 인스턴스를 만드는 작업부터 시작하자.

```
def upload_file(self, local_path, remote_path):
    self._check_auth()
    sftp = self._client.open_sftp()
```

그다음에는 디렉터리들을 확인할 차례다.

```
remote_path = Path(remote_path)
for directory in remote_path.parent.parts:
  if directory not in sftp.listdir():
      sftp.mkdir(directory)
  sftp.chdir(directory)
```

인자로 받은 remote_path는 문자열이므로 이를 손쉽게 다루고자 먼저 `pathlib.Path` 객체로 변환한다. `remote_path.parent.parts`는 주어진 파일을 포함하는 위치를 최상위 디렉터리부터 순서대로 값을 갖는 리스트를 포함한다. 예를 들어 remote_path의 값이 Food/Fruit/Bananas/cavendish.ban이라면 `remote_path.parent.parts`는 `['Food', 'Fruit', 'Bananas']`와 같은 리스트를 갖게 될 것이다.

리스트를 얻은 다음에는 현재 작업 디렉터리에 해당 디렉터리가 있는지 확인한다. 그렇지 않다면 디렉터리를 만든다. 디렉터리의 존재가 확인되면 현재 작업 디렉터리를 그 위치로 변경하고 그다음 디렉터리에도 동일한 작업을 반복한다.

디렉터리 구조가 완성된 다음에는 다음과 같이 실제 파일을 업로드한다.

```
sftp.put(local_path, remote_path.name)
```

put() 메서드는 파일이 있는 로컬 경로와 업로드하려 하는 원격 경로를 인자로 받는다. 여기서 원격 경로에 name만 사용한다는 점을 주목하자. 이는 for 루프를 돌며 현재 작업 디렉터리가 파일이 업로드될 디렉터리로 이미 변경됐기 때문이다. 따라서 이 메서드에는 파일명만 전달해야 한다.

파일 존재 확인

마지막으로 서버의 파일 존재 여부를 확인하는 메서드가 필요하다. 이를 위해 stat() 메서드를 사용할 것이다. SFTPClient의 stat() 메서드를 사용하면 서버의 파일과 관련된 메타데이터, 즉 파일 크기나 수정 시간 등의 정보를 얻을 수 있다. 지금은 파일 크기나 수정 시간 등의 정보가 필요하진 않다. 그런데 stat()는 파일이 존재하지 않을 때 FileNotFoundError를 발생시키는 유용한 부작용이 있다.

이런 점을 활용해 다음과 같이 메서드를 작성하자.

```python
def check_file(self, remote_path):
    self._check_auth()
    sftp = self._client.open_sftp()
    try:
        sftp.stat(remote_path)
    except FileNotFoundError:
        return False
    return True
```

지금까지의 메서드들과 마찬가지로 먼저 인증 여부를 확인한 다음 SFTPClient 객체를 얻는다. 그다음에는 remote_path에 대해 stat()를 호출한다.

FileNotFoundError가 발생하면 False를 반환하고 그렇지 않으면 True를 반환한다.

이로써 SFTPModel은 완성됐다. 적어도 ABQ 앱에서 필요한 만큼은 말이다. 이제 SettingsModel 클래스로 이동해 SFTP와 관련된 몇 가지를 설정한다.

```python
# models.py 파일의 SettingsModel 클래스

fields = {
    # ...
    'abq_sftp_host': {'type': 'str', 'value': 'localhost'},
    'abq_sftp_port': {'type': 'int', 'value': 22},
    'abq_sftp_path': {'type': 'str', 'value': 'ABQ/BLTN_IN'}
}
```

여기서는 서버의 호스트명, 포트, 파일 업로드의 기본 경로를 설정한다. 이로써

GUI 부분의 작업을 시작할 준비가 됐다.

SFTPModel 사용

SFTP 업로드 프로세스는 REST의 경우와 동일하다. 즉, 서버로의 사용자 인증을
한 다음에는 파일이 이미 존재하는지 확인해야 한다. 파일이 있다면 덮어쓰기
여부를 사용자에게 물어봐야 하며 덮어쓰지 않겠다면 다운로드 여부를 물어봐
야 한다.

Application에 다음과 같은 메서드를 만들어 시작하자.

```
# application.py 파일의 Application 클래스

def _upload_to_corporate_sftp(self, *_):
    try:
        csvfile = self._create_csv_extract()
    except Exception as e:
        messagebox.showwarning(
            title='Error', message=str(e)
        )
        return
```

REST 서비스의 경우와 마찬가지로 먼저 일일 데이터가 담긴 CSV 파일을 만든
다. 예외가 발생하면 이를 표시하고 메서드를 빠져나간다.

그다음에는 다음과 같이 인증 처리 코드를 작성한다.

```
d = v.LoginDialog(self, 'Login to ABQ Corporate SFTP')
if d.result is None:
    return
username, password = d.result

host = self.settings['abq_sftp_host'].get()
port = self.settings['abq_sftp_port'].get()
```

```
sftp_model = m.SFTPModel(host, port)
try:
    sftp_model.authenticate(username, password)
except Exception as e:
    messagebox.showerror('Error Authenticating', str(e))
    return
```

이번에도 REST 서비스의 경우와 마찬가지로 간단한 레이블을 추가한 LoginDialog를 통해 사용자에게 사용자명과 패스워드를 요청한다. 그다음에는 settings 객체에서 받은 호스트와 포트를 사용해 SFTPModel 인스턴스를 만들고 인증을 시도한다. 어떤 인증 오류가 발생하더라도 메시지 박스에 표시될 것이다.

그다음에는 목적지 경로의 존재 여부를 파악해야 한다.

```
destination_dir = self.settings['abq_sftp_path'].get()
destination_path = f'{destination_dir}/{csvfile.name}'

try:
    exists = sftp_model.check_file(destination_path)
except Exception as e:
    messagebox.showerror(
        f'Error checking file {destination_path}',
        str(e)
    )
    return
```

이번에는 settings 안의 abq_sftp_path 값과 자동 생성된 CSV 파일명을 조합해 완전한 목적지 경로를 구성한다. 여기서 Path 객체를 사용하지 않고 문자열을 사용해 경로를 구성했음에 주목하자. Path는 해당 시스템의 경로 구분자(슬래시나 백슬래시)를 사용해 경로 요소들을 이어 붙인다. 그런데 로컬 경로는 원격 파일 시스템과 반드시 호환돼야 한다. 다행히 paramiko는 시스템 종류와 관계없이 유닉스 방식(슬래시)의 구분자를 사용한다. 이 코드에서는 이런 이유로 인해 명시적으로 슬래시를 사용했다.

파일이 존재한다면 어떤 작업을 할지 사용자에게 물어봐야 한다.

```python
if exists:
    overwrite = messagebox.askyesno(
        'File exists',
        f'The file {destination_path} already exists on the server,'
        ' do you want to overwrite it?'
    )
    if not overwrite:
        download = messagebox.askyesno(
            'Download file',
            'Do you want to download the file to inspect it?'
        )
        if download:
            filename = filedialog.asksaveasfilename()
            try:
                sftp_model.get_file(destination_path, filename)
            except Exception as e:
                messagebox.showerror('Error downloading', str(e))
                return
            messagebox.showinfo(
                'Download Complete', 'Download Complete.'
            )
        return
```

여기서도 REST 서비스의 경우와 마찬가지인데, 다만 파일명뿐만 아니라 그 경로도 알고 있어야 한다는 점이 다르다. 따라서 앞서 csvfile.name을 포함시킨 destination_path를 사용할 것이다.

이 지점에서 메서드를 빠져나가지 않는다면 파일 업로드 작업을 진행해야 한다.

```python
try:
    sftp_model.upload_file(csvfile, destination_path)
except Exception as e:
    messagebox.showerror('Error uploading', str(e))
```

```
        else:
            messagebox.showinfo(
                'Success',
                f'{csvfile} successfully uploaded to SFTP server.'
            )
```

이로써 SFTP 업로드 콜백이 완성됐다.

NOTE

지금까지의 모델들이 왜 매번 인증을 거치는지 의아할 수 있다. 한 번 인증에 성공한 다음부턴 각 콜백 메서드가 자신의 역할을 수행하게 하면 될 것 같은데 말이다. 여기에는 2가지 이유가 있다. 첫째, 이는 방어적 프로그래밍(defensive programming)에 입각한 조치다. 이들 모델이 나중에 어떻게 사용될지 알 수 없으며, 또한 어떤 작업 전에 제대로 인증 여부를 확인하는 뷰와 컨트롤러를 항상 기대할 수 없기 때문이다. 둘째, HTTP와 달리 SSH는 상태 유지 프로토콜이기 때문이다. 이는 어떤 작업에 있어서도 유지돼야 하는 활성화된 세션이 존재한다는 의미다. 일시적 네트워크 단절이나 사용자 네트워크 전환 등의 이유로 세션이 중단된다면 실제 작업은 실패할 것이며 인증부터 다시 시작해야 할 것이다. 따라서 상태 유지 프로토콜을 사용하는 경우에는 개별 작업 전에 네트워크 연결과 인증을 확인하는 것이 좋은 방법이다.

마무리

이제 남은 것은 메뉴에 새로운 기능을 추가하는 일이다. Application.__init__() 으로 돌아가 다음과 같이 event_callbacks 딕셔너리에 콜백을 추가하자.

```
# application.py 파일의 Application.__init__() 메서드

event_callbacks = {
    #...
    '<<UploadToCorporateSFTP>>': self._upload_to_corporate_sftp,
}
```

이제 mainmenu.py로 가서 GenericMainMenu에 다음과 같은 프라이빗 메서드를 추가한다.

```
# mainmenu.py 파일의 GenericMainMenu 클래스

    def _add_sftp_upload(self, menu):
      menu.add_command(
        label="Upload CSV to corporate SFTP",
        command=self._event('<<UploadToCorporateSFTP>>'),
      )
```

그다음에는 각 메뉴 클래스의 도구 메뉴에 다음과 같은 식으로 아이템을 추가
한다.

```
# mainmenu.py 파일의 각 메뉴 클래스의 _build_menu() 메서드

      self._add_sftp_upload(self._menus['Tools'])
```

이로써 새 업로드 기능이 완성됐다. SSH 서비스가 구동되고 있는지 확인하고
ABQ 앱을 실행하자. 최소한 하나 이상의 레코드가 저장돼 있는 상황에서 도구
메뉴를 통해 파일 업로드를 해보자. 그림 13-6과 같은 대화상자를 볼 수 있을
것이다.

그림 13–6: SFTP 업로드 성공

다시 한 번 업로드를 시도하면 다음과 같은 대화상자가 나타날 것이다.

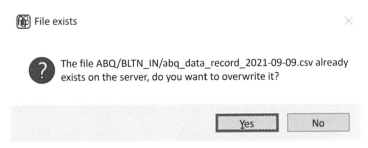

그림 13-7: 파일 덮어쓰기 확인

마지막으로 정상적으로 파일 다운로드가 되는지도 테스트하자.

::: 정리

13장에서는 HTTP와 SSH를 사용해 클라우드에 접속했다. urllib을 사용하는 데이터 다운로드 방법과 ElementTree 모듈을 사용해 XML 데이터를 파싱하는 방법을 살펴봤다. 또한 requests 라이브러리를 사용해 HTTP 통신을 하는 또 다른 방법과 REST API를 사용하는 방법도 알아봤다. 그다음에는 인증과 세션 쿠키가 필요한 HTTP 상호작용과 파일 업로드를 살펴봤다. 마지막에는 paramiko 라이브러리를 사용해 SFTP 서비스를 통한 원격 파일의 전송과 관리 방법을 살펴봤다.

14장에서는 장기 실행^{long-running} 프로세스로 인한 애플리케이션 멈춤을 방지하고 성능도 개선할 수 있는 비동기 프로그래밍을 알아본다. 또한 응답성을 높이고자 Tkinter 이벤트 루프를 다루는 방법과 파이썬의 threading 라이브러리를 사용한 고급 비동기 프로그래밍도 살펴본다.

14

비동기 프로그래밍

많은 경우 단순한 조건의 테스트 환경에서 완벽하게 동작했던 코드가 운영 환경에서는 문제에 부딪치곤 한다. ABQ 앱도 예외가 아니다. 로컬 테스트 환경에서는 네트워크 기능이 제대로 작동했지만 연구소의 느린 VPN 업링크 환경에서는 네트워크 프로그래밍과 관련된 문제점들이 드러났다. 사용자들은 네트워크 트랜잭션이 시작되면 애플리케이션이 멈추거나 응답이 없다고 보고했다. 설령 작동이 된다 하더라도 전문적이지 않은 작동으로 짜증을 유발했다.

이 상황을 해결하려면 비동기 프로그래밍 기법을 적용할 필요가 있으며 이와 관련해 14장에서 다루는 내용은 다음과 같다.

- 'Tkinter 이벤트 큐' 절에서는 애플리케이션의 응답성을 높이고자 Tkinter 이벤트를 다루는 방법을 살펴본다.
- '스레드로 백그라운드 코드 실행' 절에서는 파이썬의 **threading** 모듈을 사용한 멀티스레드 애플리케이션을 작성한다.
- '큐를 사용한 메시지 전달' 절에서는 **Queue** 객체를 사용해 스레드 간 통신[ITC, Inter-Thread Communication]을 구현한다.

- '락을 사용한 공유 자원 보호' 절에서는 Lock 객체를 활용해 스레드 덮어 쓰기를 방지하는 방법을 살펴본다.

Tkinter 이벤트 큐

11장에서 다뤘듯 위젯 그리기나 위젯 갱신 등과 같은 Tkinter의 많은 작업은 호출 즉시 수행되지 않고 비동기식으로 수행된다. 구체적으로 말하면 버튼 클릭이든, 키 입력이든, 윈도우 크기 조절이든 사용자가 Tkinter에 하는 행위는 모두 이벤트^{event}가 돼 이벤트 큐에 들어간다. 메인 루프가 실행될 때마다 Tkinter 는 큐에서 모든 이벤트를 꺼내 한 번에 처리한다. Tkinter는 각 이벤트에 바인딩된 태스크^{task}, 즉 콜백 함수나 위젯 갱신을 위한 내부 작업 등을 처리한다.

Tkinter는 태스크를 일반 태스크와 유휴 태스크$^{idle\ task}$로 분류해 대략적으로 우선순위를 정한다. 먼저 일반 태스크가 모두 처리되면 그다음에 유휴 태스크가 처리되는데, 기본적으로 콜백 함수와 같은 작업이 일반 태스크이며 위젯 그리기나 위젯 갱신과 같은 작업이 유휴 태스크다.

이벤트 큐 제어

대부분의 경우 Tkinter로부터 필요한 작업은 command 콜백이나 bind() 등과 같은 상위 수준의 구성체^{constructs}에 의존한다. 그러나 이벤트 큐에 직접 접근해 작업하거나 이벤트를 수작업으로 처리해야 할 상황도 있다. 이를 위해 필요한 기능의 일부는 이미 봤지만 여기서는 더 깊이 살펴보자.

update()

11장에서 update()와 update_idletasks() 메서드를 살펴봤다. 이들 메서드는 Tkinter로 하여금 현재 큐에 존재하는 이벤트들을 위한 작업을 실행하게 한다.

update()는 큐에 대기하고 있는 모든 이벤트에 대한 작업을 실행시키며 update_idletasks()는 오직 유휴 작업만을 실행시킨다.

유휴 작업은 대개 안전한 작은 작업이므로 반드시 update()를 사용해야 할 상황이 아니라면 update_idletasks()를 사용하기 권한다.

NOTE

> update()와 update_idletasks()는 어떤 위젯에 대해 메서드가 호출되든 관계없이 모든 위젯에 대한 모든 이벤트가 처리되게 한다. 특정 위젯이나 Tkinter 객체에 대한 이벤트만 처리되게 할 수 있는 방법은 없다.

after()

큐의 이벤트가 처리되게 하는 메서드에 더해 Tkinter 위젯은 큐를 지연시킬 수 있는 2개의 메서드도 추가로 제공한다. 바로 after()와 after_idle()이다.

after()의 기본 사용법은 다음과 같다.

```python
# basic_after_demo.py

import tkinter as tk
root = tk.Tk()
root.after(1000, root.quit)
root.mainloop()
```

여기서는 1초(1,000밀리초) 후에 root.quit() 메서드가 실행되게 설정했다. 구체적으로는 root.quit에 바인딩된 이벤트가 이벤트 큐에 추가되는데, 다만 after()가 호출된 시점으로부터 1초가 되기 전까지 실행되지 않는다는 조건이 붙는다. 그 시간 동안에 큐의 다른 이벤트들이 먼저 처리된다. 결론적으로 root.quit() 메서드는 1초가 지나자마자 실행된다. 그러나 그 시점에 이미 처리 중인 이벤트들의 상황에 따라 더 나중에 실행될 수 있다.

after_idle() 메서드 역시 이벤트 큐에 작업을 추가한다. 다만 지연 시간을 명시적으로 지정하는 대신 단순히 그 작업을 유휴 태스크로 추가함으로써 다른 일반 태스크 이후에 실행됨을 보장한다.

두 메서드 모두 다음과 같이 콜백 인자 다음에 그 콜백에 전달할 위치 인자들을 추가할 수 있다.

```
root.after(1000, print, 'hello', 'Python', 'programmers!')
```

여기서는 print() 호출에 'hello', 'Python', 'programmers'라는 인자를 전달했다. 즉, 이 문장은 1초가 지나면 최대한 빨리 print('hello', 'Python', 'programmers!') 문장이 실행되게 스케줄한다.

TIP

> after()와 after_idle()은 콜백을 위한 키워드 인자를 받지 못하며 오직 위치 인자만 받을 수 있다.

after()로 스케줄한 코드는 after_cancel() 메서드를 사용해 취소할 수 있다. 이 메서드는 after() 호출 시 반환되는 작업 ID를 인자로 받는다.

예를 들어 앞의 예제에 이 메서드를 추가로 적용하면 다음과 같다.

```
# basic_after_cancel_demo.py

import tkinter as tk

root = tk.Tk()
task_id = root.after(3000, root.quit)
tk.Button(
    root,
    text='Do not quit!', command=lambda: root.after_cancel(task_id)
).pack()
root.mainloop()
```

여기서는 먼저 스케줄된 작업의 ID인 after()의 반환값을 저장한다. 그다음에는 버튼을 위한 콜백을 호출하면서 그 ID 값을 전달한다. 3초가 지나기 전에 버튼을 클릭하면 root.quit 작업이 취소되고 애플리케이션은 계속 진행된다.

일반적인 이벤트 큐 제어 방법

11장에서는 사용자와의 상호작용 없이 빠르고 효율적으로 테스트할 수 있게 큐를 제어할 수 있는 메서드들의 사용법을 살펴봤다. 그러나 실제 애플리케이션에서 그 메서드들을 사용하는 몇 가지 다른 방법도 있다.

매끄러운 화면 변화

동적으로 GUI가 변경되는 애플리케이션에서는 화면 요소가 나타날 때 윈도우 크기가 변경됨에 따라 매끄럽지 못하게 보일 수 있다. 예를 들어 ABQ 앱에 로그인하면 처음에는 작은 애플리케이션 윈도우가 잠시 나타났다가 GUI가 완성되면 원래의 크기로 변경되는 모습을 볼 수 있다. 중요한 문제는 아니지만 애플리케이션의 전체적인 품질에 흠이 될 수 있는 요소다.

이를 해결하려면 로그인 이후 after()를 사용해 deiconify() 호출을 지연시키면 된다. 즉, 다음과 같이 Application.__init__() 안의 기존 코드를 변경하면 된다.

```
# application.py 파일의 Application.__init__() 메서드
    self.after(250, self.deiconify)
```

이제 로그인 이후 애플리케이션 윈도우가 즉시 나타나지 않고 0.25초가 지연될 것이다. 사용자는 거의 인지하지 못하겠지만 이는 Tkinter가 GUI를 그려서 화면에 보여줄 수 있는 충분한 시간이며, 따라서 화면 변경이 매끄럽게 보일 것이다.

> 코드 지연 기법을 남용하면 안 되며, 특히 다른 프로세스가 먼저 끝나야 코드의 안정성과 보안 요구
> 가 충족되는 상황이라면 더욱 그렇다. 느린 디스크나 네트워크 환경 등과 같은 예측할 수 없는 상황
> 에서 올바른 코드 실행 순서를 보장하지 못해 이른바 경쟁 상태(race condition)를 유발하기 때문이
> 다. 다만 ABQ 앱에서는 단지 화면과 관련된 개선을 위해 코드를 지연시켰으므로 GUI 그리기가
> 끝나기 전에 애플리케이션 윈도우가 나타나더라도 심각한 문제가 될 일이 없을 뿐이다.

GUI 프리징 완화

콜백 작업은 항상 화면 갱신 작업에 우선한다. 따라서 그리기 작업이 시간이
오래 걸리는 콜백 작업을 기다리는 동안 프로그램이 프리징^{freezing}(무반응)되거나 작
동이 멈춘 것으로 보일 수 있다. 이를 해결하고자 after()와 update() 메서드를
사용해 이벤트 큐를 수동으로 제어하는 방법이 있다. 어떻게 할 수 있는지 보고
자 간단한 애플리케이션 하나를 만들어 알아보자.

다음과 같이 간단하지만 느린 애플리케이션 하나를 만든다.

```python
# after_demo.py
import tkinter as tk
from time import sleep

class App(tk.Tk):
  def __init__(self):
    super().__init__()
    self.status = tk.StringVar()
    tk.Label(self, textvariable=self.status).pack()
    tk.Button(
      self, text="Run Process",
      command=self.run_process
    ).pack()

  def run_process(self):
    self.status.set("Starting process")
    sleep(2)
```

```
        for phase in range(1, 5):
            self.status.set(f"Phase {phase}")
            self.process_phase(phase, 2)
        self.status.set('Complete')

    def process_phase(self, n, length):
        # some kind of heavy processing here
        sleep(length)

App().mainloop()
```

이 애플리케이션은 time.sleep()을 사용해 무거운 작업을 단계별로 수행하는 것처럼 가장한다. 이 GUI에는 작업을 시작시키는 버튼 하나와 진행 상태를 보여주는 레이블 하나가 있다.

사용자가 버튼을 클릭하면 진행 상태는 다음과 같이 보일 것으로 예상된다.

- Starting process가 2초 동안 보인다.
- Phase 1부터 Phase 4까지 순서대로 각 2초 동안 보인다.
- 마지막에는 Complete라는 상태가 보인다.

그러나 실제 실행하면 이와 같지 않음을 알 수 있다. 그 대신 버튼은 눌린 채로 멈춰 있으며 모든 단계가 끝나야 비로소 Complete라는 상태가 보이면서 프리징이 풀린다. 왜 그럴까?

버튼 클릭 이벤트는 메인 루프가 처리한다. run_process() 콜백은 다른 어떤 그리기 작업(유휴 작업)보다 우선이므로 즉시 실행되며 메인 루프의 작업은 run_process()가 완료될 때까지 일시 정지된다. 콜백이 self.status.set()를 호출하면 status 변수의 쓰기 이벤트는 Label 위젯에 쓰기 작업을 하고자 큐에 들어간다. 그러나 run_process()가 완료되기 전까지 현재 이벤트 큐의 작업은 중단돼 있는 상태다. 결국 run_process()가 완료되고 나서야 큐에 대기하고 있던 모든 이벤트가 짧은 시간에 처리된다.

이를 보완하고자 다음과 같이 after()를 사용해 run_process() 스케줄을 변경하자.

```
# after_demo2.py

def run_process(self):
    self.status.set("Starting process")
    self.after(50, self._run_phases)

def _run_phases(self):
    sleep(2)
    for phase in range(1, 5):
        self.status.set(f"Phase {phase}")
        self.process_phase(phase, 2)
    self.status.set('Complete')
```

여기서는 run_process()의 루프 코드를 _run_phases() 메서드로 분리시켰다. run_process() 메서드에서는 시작 상태만 설정하고 50밀리초 후에 _run_phases()를 호출한다. 이는 루프가 중단되기 전에 Tkinter가 모든 그리기 작업을 완료하고 상태를 갱신할 수 있는 시간을 부여한다. 정확한 시간은 중요하지 않다. 단지 Tkinter가 그리기 작업을 완료하기에 충분하면서도 사용자가 쉽게 인지하지 못할 정도만 짧으면 된다. 따라서 지금의 50밀리초는 적절해 보인다.

그러나 현재는 여전히 각 단계별 상태 메시지를 볼 수 없다. 즉, Starting process에서 Complete로 바로 변경되는데, _run_phases() 메서드가 여전히 이벤트 루프를 중단시키고 있기 때문이다.

이를 해결하려면 다음과 같이 루프 안에서 update_idletasks()를 사용하면 된다.

```
# after_demo_update.py

def _run_phases(self):
    sleep(2)
```

```
        for phase in range(1, 5):
            self.status.set(f"Phase {phase}")
            self.update_idletasks()
            self.process_phase(phase, 2)
        self.status.set('Complete')
```

메인 루프를 중단시키는 메서드가 시작되기 전에 남아 있는 유휴 작업들을 실행하게 함으로써 GUI가 최신 상태를 유지하게 했다. 그러나 이 접근법에는 몇 가지 단점이 있다.

- 첫째, 개별 작업이 실행될 때는 여전히 애플리케이션이 중단된다. 작업을 아무리 잘게 쪼개더라도 결국 개별 작업이 실행되는 동안 애플리케이션이 프리징되는 일은 피할 수 없다.
- 둘째, 이 접근법은 관심사 분리 측면에서 문제가 있다. 현실의 애플리케이션에서 이와 같은 단계별 처리는 백엔드나 모델 클래스에서 수행돼야 할 것이다. 그런 클래스들이 GUI 위젯을 조작하게 하면 안 된다.

지금까지의 큐 제어 메서드들은 GUI와 관련된 처리에 유용하지만 ABQ 앱의 업로드 기능과 같은 느린 백그라운드 작업을 위해서는 더 나은 해법이 필요하다. 이를 위해 사용할 수 있는 강력한 도구가 있으니, 바로 스레드다.

⫶ 스레드로 백그라운드 코드 실행

이 책에서 지금까지 작성했던 모든 코드는 한마디로 싱글스레드single-thread 방식이라 할 수 있다. 이는 모든 문장이 한 번에 하나씩, 즉 이전 문장이 끝나야 다음 문장이 실행되는 방식이다. Tkinter 이벤트 큐와 같은, 즉 작업의 실행 순서가 변경될 수 있는 비동기식 요소라 할지라도 여전히 한 번에 하나씩 실행된다. 이는 느린 네트워크나 파일 읽기처럼 오래 걸리는 작업이 있다면 애플리케이션이 불가피하게 프리징될 수 있다는 의미다.

이를 실제로 확인하고자 14장의 예제 코드에 포함돼 있는 sample_rest_service.py 를 구동하자. 그다음에는 ABQ 앱을 실행하고 REST 업로드를 해보자. 업로드는 약 20초가 걸릴 것이며, 그 사이에 서비스 스크립트는 다음과 같은 식으로 메시지를 출력할 것이다.

```
File 0% uploaded
File 5% uploaded
File 10% uploaded
File 15% uploaded
File 20% uploaded
File 25% uploaded
```

그러나 그 동안 ABQ 앱은 프리징된다. 어떤 조작도 할 수 없으며 윈도우 이동이나 크기 조정도 할 수 없다. 오직 업로드가 끝나고 나서야 애플리케이션이 다시 반응할 수 있는 상태가 된다.

이 문제를 근본적으로 해결하려면 멀티스레드^{multi-thread} 애플리케이션을 만들어야 한다. 멀티스레드 앱에서는 여러 코드 조각이 서로 기다리지 않고 동시에 실행된다. 파이썬에서는 threading이라는 모듈을 사용해 멀티스레드 앱을 만들 수 있다.

threading 모듈

멀티스레드 프로그래밍은 완벽하게 이해하기 힘든 주제다. 그러나 파이썬의 표준 라이브러리에 있는 threading 모듈은 멀티스레드 앱을 가급적 쉽게 만들 수 있게 한다.

threading의 기본 사용법을 알아보고자 다음과 같이 느린 함수 하나를 만든다.

```
# basic_threading_demo.py
from time import sleep
```

```
def print_slowly(string):
    words = string.split()
    for word in words:
        sleep(1)
        print(word)
```

이 함수는 문자열 하나를 받아 그 안의 단어를 1초에 하나씩 출력한다. 즉, 오래 걸리는 무거운 프로세스를 모방하며 여전히 실행 중임을 알리는 피드백을 주는 기능을 한다.

이 함수를 위해 다음과 같이 GUI 프론트엔드 하나를 만든다.

```python
# basic_threading_demo.py

import tkinter as tk

# print_slowly() 함수 위치
# ...

class App(tk.Tk):

    def __init__(self):
        super().__init__()
        self.text = tk.StringVar()
        tk.Entry(self, textvariable=self.text).pack()
        tk.Button(
            self, text="Run unthreaded",
            command=self.print_unthreaded
        ).pack()

    def print_unthreaded(self):
        print_slowly(self.text.get())

App().mainloop()
```

이 애플리케이션에는 단순히 입력 필드 하나와 버튼 하나가 있는데, 버튼을 누르면 입력 필드에 있는 텍스트가 print_slowly() 함수로 전달된다. 이 코드를 실행하고 긴 문장 하나를 Entry 위젯에 입력하거나 복사해 넣어본다.

그다음에 버튼을 누르면 콘솔에 단어 하나씩 출력되는 동안 애플리케이션 전체가 프리징된 모습을 볼 수 있다. 이는 모든 코드가 단 하나의 스레드에서 실행되기 때문이다.

이제 다음과 같이 스레드를 사용하는 코드를 추가한다.

```python
# basic_threading_demo.py

from threading import Thread

# App.__init__() 메서드 안에 추가
  tk.Button(
    self, text="Run threaded",
    command=self.print_threaded
  ).pack()

  def print_threaded(self):
    thread = Thread(
      target=print_slowly,
      args=(self.text.get(),)
    )
    thread.start()
```

이번에는 Thread 클래스를 임포트하고 print_threaded()라는 새 콜백을 만들었다. 이 콜백은 Thread 객체를 사용해 자신만의 별도 스레드에서 print_slowly()를 실행한다.

Thread 객체는 새 스레드에서 실행될 함수를 target 인자로 받는다. 또한 args라는 튜플을 받을 수 있는데, 여기에는 target 인자로 전달될 인자들이 포함된다. 또는 동일한 역할을 하는 kwargs라는 딕셔너리도 받을 수 있다.

Thread 객체를 실행하려면 start() 메서드를 사용하면 된다. 이 메서드는 중단되지 않으므로 print_threaded() 콜백은 즉시 완료되며 스레드가 백그라운드에서 실행되는 동안 Tkinter는 이벤트 루프를 처리할 수 있게 된다.

이 코드를 실행하면 콘솔에 단어들이 출력되는 동안에도 GUI가 더 이상 프리징되지 않는 모습을 볼 수 있다. 즉, 입력된 문장의 길이와 상관없이 GUI는 항상 응답할 준비가 돼 있다.

Tkinter와 스레드 안전

스레드는 코드에 큰 복잡함을 가중시키며, 또한 모든 코드를 멀티스레드 환경에서 올바르게 작동하게 만들 수도 없다.

그런 스레드의 특성을 잘 고려해 작성한 코드를 소위 스레드에 안전한^{thread-safe} 코드라고 부른다.

흔히 Tkinter는 스레드에 안전하지 않다고 알려져 있는데, 이는 완전한 사실은 아니다. 리눅스, 윈도우즈, 맥OS의 파이썬 배포판에 포함된 Tcl/Tk 바이너리는 스레드를 지원하게 컴파일됐으므로 Tkinter는 멀티스레드 프로그램에서 잘 작동해야 한다. 그러나 파이썬 공식 문서는 여전히 일부 특별한 상황이 있을 수 있다고 경고한다. Tkinter가 여러 스레드를 호출할 때 제대로 동작하지 않는 경우가 있다는 말이다.

이 이슈를 피하기 위한 가장 좋은 방법은 Tkinter 코드를 단일 스레드 안에 유지하고 모델 클래스 등과 같이 Tkinter 코드가 아닌 부분에서는 스레드의 사용을 제한하는 것이다.

Tkinter와 스레드 모델의 자세한 내용은 https://docs.python.org/3/library/tkinter.html#threading-model에서 볼 수 있다.

네트워크 함수에 스레드 적용

Thread 객체의 **target** 인자에 함수를 전달하는 것은 스레드에서 코드를 실행하는 한 방법이다. 그보다 더 유연하고 강력한 방법은 Thread의 하위 클래스를 만들고 **run()** 메서드를 재정의해 코드를 실행하는 것이다. 이를 시험하고자 13장에서 만들었던 REST 업로드 기능을 별도의 스레드에서 업로드를 수행하게 변경하자.

먼저 models.py를 열어 다음과 같이 Thread 클래스를 임포트한다.

```
# models.py

from threading import Thread
```

이제 CorporateRestModel의 메서드에서 업로드를 수행하는 대신 별도의 스레드에서 업로드를 수행하는, Thread를 기반으로 하는 ThreadedUploader라는 새 클래스를 만들 것이다.

ThreadedUploader 인스턴스가 업로드를 수행하려면 엔드포인트 URL과 로컬 파일 경로가 필요한데, 이는 간단히 초기화 메서드에 전달하기로 하자. 또한 인증 세션으로의 접근도 필요한데, 여기에는 약간의 주의가 필요하다. 인증된 Session 객체를 스레드에 전달함으로써 쉽게 처리할 수 있지만 이 책을 쓰는 시점에서 Session 객체의 스레드 안전에 대한 불확실성이 큰 이슈가 됐다. 따라서 스레드 사이에 세션을 공유하지 않는 것이 가장 좋은 방법이다.

다만 지금은 Session 객체 전체가 아닌, 인증 토큰이나 세션 쿠키만 있으면 충분하다.

REST 서버에 인증을 성공하면 session이라는 이름의 쿠키가 쿠키 단지^{cookie jar}에 저장되며, 이는 다음과 같이 터미널에서 Session.cookies 객체를 확인하면 알 수 있다.

```
# REST 서버를 구동한 상태에서 다음을 테스트할 것
>>> import requests
>>> s = requests.Session()
>>> s.post('http://localhost:8000/auth', data={'username': 'test',
'password': 'test'})
<Response [200]>
>>> dict(s.cookies)
{'session': 'eyJhdXRoZW50aWNhdGVkIjp0cnVlfQ.YTu7xA.c5ZOSuHQbckhasRFRF'}
```

cookies 속성은 requests.CookieJar 객체며 많은 면에서 딕셔너리처럼 동작한다. 각 쿠키에는 쿠키 자체를 조회할 때 사용할 수 있는 고유한 이름이 있다. 여기서는 세션 쿠키의 이름이 session이다.

쿠키 자체는 단지 문자열이므로 다른 스레드에 전달하기 용이하다. 따라서 새 Session 객체를 만들어 전달받은 쿠키를 부여하면 이후의 인증 요청을 처리할 수 있게 된다.

NOTE

> 문자열, 정수, 부동소수점 수 등과 같은 불변 객체(immutable object)는 항상 스레드에 안전하다. 불변 객체는 일단 생성되면 변하지 않으므로 두 스레드가 그 객체를 동시에 변경하지 못하기 때문이다.

이제 다음과 같이 새 업로드 클래스를 만든다.

```python
# models.py
class ThreadedUploader(Thread):

    def __init__(self, session_cookie, files_url, filepath):
        super().__init__()
        self.files_url = files_url
        self.filepath = filepath
        # 새 세션 객체를 만들어 쿠키를 저장한다.
        self.session = requests.Session()
        self.session.cookies['session'] = session_cookie
```

이 초기화 메서드는 Thread 객체 설정을 위해 상위 클래스의 초기화 메서드를 호출하고, 전달받은 files_url과 filepath 문자열을 각 인스턴스 속성에 할당한다.

그다음에는 새 Session 객체를 만들어 session 키에 할당하고 쿠키 값을 쿠키 단지에 추가한다. 이 session 키는 원래 세션의 쿠키 단지에 있던 동일한 키다. 이로써 업로드 작업을 위해 필요한 모든 정보가 준비됐다. 이제 스레드에서 실행될 실제 작업을 다음과 같이 run() 메서드 안에 구현한다.

```python
def run(self, *args, **kwargs):
    with open(self.filepath, 'rb') as fh:
        files = {'file': fh}
        response = self.session.put(
            self.files_url, files=files
        )
        response.raise_for_status()
```

보다시피 이 코드는 함수의 인자가 인스턴스 속성을 갖는다는 점을 제외하면 CorporateRestModel의 upload_file() 메서드의 코드와 동일하다.

이제 CorporateRestModel로 이동해 ThreadedUploader를 사용하는 코드를 작성하자.

TIP

파이썬 공식 문서에서는 Thread의 하위 클래스를 만들 때 오직 run()과 __init__() 메서드만 재정의하고 다른 메서드들은 정상적인 작동을 위해 그냥 두길 권장한다.

ThreadedUploader 사용

스레드 버전의 업로더인 ThreadedUploader를 만들었으므로 CorporateRestModel 에서 사용할 차례다. 모델 클래스로 이동해 다음과 같이 upload_file() 메서드 를 다시 작성한다.

```python
# models.py 파일의 CorporateRestModel 클래스

def upload_file(self, filepath):
    """서버에 파일 업로드"""
    cookie = self.session.cookies.get('session')
    uploader = ThreadedUploader(
        cookie, self.files_url, filepath
```

```
    )
    uploader.start()
```

여기서는 Session 객체에서 세션 쿠키를 가져와 URL과 파일 경로와 함께 ThreadedUploader의 초기화 메서드에 전달한다. 마지막에는 스레드의 start()를 호출해 업로드를 시작한다.

이제 REST 업로드에 스레드 코드를 적용했으므로 애플리케이션은 더 이상 프리징되지 않을 것이다. 그러나 아직 완벽하진 않은 부분이 남아 있다.

TIP

> run() 메서드를 재정의했음에도 start() 메서드를 호출해야 함을 기억하기 바란다. 이를 지키지 않으면 코드가 아무 일도 하지 않거나 싱글스레드인 상황처럼 중단될 수 있다.

큐를 사용한 메시지 전달

앞서 프로그램 프리징 문제는 해결했지만 새로운 문제가 생겼다. 가장 분명한 첫 번째 문제는 마치 파일 업로드가 성공한 것처럼 콜백 메서드가 메시지 박스를 즉시 보여준다는 점이다. 서버의 출력을 통해 알 수 있듯 업로드 작업이 여전히 백그라운드에서 진행 중임에도 말이다. 미묘하지만 더 심각한 두 번째 문제는 오류가 발생해도 알 수 없다는 사실이다. 예를 들어 업로드 진행 중에 REST 서비스를 종료해도 파일 업로드가 성공한 것처럼 나타난다. 물론 REST 서비스를 구동시킨 터미널에서는 예외가 발생했음을 볼 수 있다. 과연 무슨 일이 벌어지는 걸까?

첫 번째 문제는 Thread.start() 메서드가 코드 실행을 막지 않는다는 점이다. 물론 이는 원했던 바다. 그러나 성공 메시지가 업로드 작업이 완료되기까지 기다리지 않는다는 의미기도 하다. 새 스레드가 시작되자마자 메인 스레드의 코드는 새 스레드와 동시에 실행되며, 따라서 성공 메시지가 즉시 나타나는 것이다.

두 번째 문제는 별도 스레드 안에서 실행되는 코드는 그 run() 메서드 안에서 발생한 예외를 메인 스레드로 전달하지 못한다는 점이다. 새 스레드 안에서 발생하는 예외는 그 스레드 안에서만 잡을 수 있다. 메인 스레드의 입장에서 try 블록 안의 코드는 잘 실행된 것이며, 따라서 업로드 코드는 성공이나 실패 여부를 알 수 없다.

이들 문제를 해결하려면 업로드 스레드에서 오류나 진행 상황을 메인 스레드로 전달해 올바로 처리되게 하는, 즉 GUI와 모델 스레드 사이의 어떤 통신 방법이 필요하다. 여기서 사용할 수단은 바로 큐queue다.

Queue 객체

파이썬의 queue.Queue 클래스는 선입 선출FIFO, First-In, First-Out 방식의 자료 구조를 제공한다. 파이썬 객체를 Queue 객체에 넣고 빼는 작업은 각각 put()과 get() 메서드를 사용해 가능하다. 먼저 파이썬 셸에서 이를 시험해보자.

```
>>> from queue import Queue
>>> q = Queue()
>>> q.put('My item')
>>> q.get()
'My item'
```

이게 흥미롭진 않을 것이다. 리스트인 경우에도 동일한 방법을 쓰니 말이다. 그럼에도 Queue가 유용한 이유는 스레드에 안전하다는 점에 있다. 즉, 한 스레드가 큐에 넣은 메시지를 다른 스레드가 안전하게 빼서 사용할 수 있다는 말이다.

기본적으로 큐의 get() 메서드는 큐에 아이템이 존재할 때까지 대기하며 코드 실행을 중단시킨다. 이는 첫 번째 인자로 False를 전달하거나 또는 get_nowait()를 사용하면 바꿀 수 있다. 그렇게 하면 메서드는 즉시 완료되며 큐가 비어 있다면 예외를 발생시킨다.

이를 확인하고자 셸에서 다음과 같이 실행해보자.

```
>>> q = Queue()
>>> q.get_nowait()
Traceback (most recent call last):
    File "<stdin>", line 1, in <module>
    File "/usr/lib/python3.9/queue.py", line 199, in get_nowait
        return self.get(block=False)
    File "/usr/lib/python3.9/queue.py", line 168, in get
        raise Empty
_queue.Empty
```

또한 다음과 같이 empty()나 qsize() 메서드를 사용해 큐 안의 아이템 수를 파악할 수 있다.

```
>>> q.empty()
True
>>> q.qsize()
0
>>> q.put(1)
>>> q.empty()
False
>>> q.qsize()
1
```

보다시피 empty()는 큐가 비어 있는지에 따라 불리언 값을 반환하고, qsize() 는 큐에 들어 있는 아이템의 수를 반환한다. Queue는 좀 더 복잡한 멀티스레드 프로그램에 사용할 수 있는 여러 유용한 메서드를 제공하지만 지금은 get(), put(), empty() 정도를 사용하는 것으로 충분하다.

큐를 사용한 스레드 간 통신

본격적으로 ABQ 앱을 수정하기 전에 간단한 애플리케이션을 만들어 Queue를 스레드 사이의 통신에 이용하는 방법을 알아보자.

먼저 다음과 같이 시간이 오래 걸리는 스레드를 만든다.

```python
# threading_queue_demo.py
from threading import Thread
from time import sleep

class Backend(Thread):

    def __init__(self, queue, *args, **kwargs):
        super().__init__(*args, **kwargs)
        self.queue = queue

    def run(self):
        self.queue.put('ready')
        for n in range(1, 5):
            self.queue.put(f'stage {n}')
            print(f'stage {n}')
            sleep(2)
        self.queue.put('done')
```

Thread의 하위 클래스인 Backend 객체는 Queue 객체를 인자로 받아 인스턴스 속성에 저장한다. run() 메서드는 print()와 sleep()을 사용하는 4단계의 긴 작업을 가장한다. 여기서는 처음과 끝 그리고 각 단계마다 queue.put()을 사용해 상태 메시지를 큐에 넣게 했다.

이제 다음과 같이 Tkinter 프론트엔드를 만든다.

```python
# threading_queue_demo.py
import tkinter as tk
from queue import Queue

class App(tk.Tk):

    def __init__(self, *args, **kwargs):
        super().__init__(*args, **kwargs)
```

```
self.status = tk.StringVar(self, value='ready')
tk.Label(self, textvariable=self.status).pack()
tk.Button(self, text="Run process", command=self.go).pack()
self.queue = Queue()
```

이 애플리케이션은 status라는 제어 변수에 바인딩하는 Label 객체, go()라는 콜백 메서드에 바인딩하는 Button 위젯 그리고 인스턴스 변수로 저장되는 Queue 객체를 포함한다. 이제 구현하고자 하는 프로세스는 사용자가 Run Process 버튼을 클릭하면 go() 메서드가 Backend 클래스를 실행해 큐에 있는 메시지가 status 제어 변수를 통해 레이블에 표시되게 하는 것이다.

다음과 같이 go() 메서드를 만든다.

```
def go(self):
    p = Backend(self.queue)
    p.start()
```

이 메서드는 애플리케이션의 Queue 객체를 Backend 클래스에 전달하며 인스턴스를 만들고 시작시킨다. 이제 두 스레드 모두 큐의 참조를 가지므로 둘 사이의 통신에 큐를 이용할 수 있다. Backend가 상태 메시지를 큐에 넣는 방법은 이미 봤는데, App()이 그 메시지를 가져오려면 어떻게 해야 할까?

다음과 같은 루프 코드를 사용하면 될 것 같다.

```
def go(self):
    p = Backend(self.queue)
    p.start()
    while True:
        status = self.queue.get()
        self.status.set(status)
        if status == 'done':
            break
```

당연히 이는 작동하지 않는다. 루프가 중단될 것이기 때문이다. 다시 말하면 **go()**가 실행되면 Tkinter의 이벤트 루프는 중단되므로 GUI가 프리징될 것이다. 이는 별도의 스레드를 사용하는 목적에 부합하지 않는다. 그 대신 주기적으로 큐를 확인하면서 새 메시지가 들어왔을 때 상태를 갱신할 수 있는 방법이 필요하다.

다음과 같이 큐를 확인하고 그에 맞게 처리하는 메서드를 만든다.

```
def check_queue(self):
    msg = ''
    while not self.queue.empty():
        msg = self.queue.get()
        self.status.set(msg)
```

여기서는 먼저 `Queue.empty()` 메서드를 사용해 큐가 비어 있는지 확인한다. 비어 있다면 아무 일도 하지 않아야 한다. 기본적으로 **get()**은 메시지가 존재할 때까지 코드 실행을 중단시키기 때문이다. 큐에 아이템이 있다면 이를 가져와 **status** 변수에 전달한다. 이는 큐가 비어 있는 경우에는 필요 없는 작업이므로 당연히 `while` 루프 안에서 해야 한다.

물론 이 상태에서는 일회성 확인으로 끝난다. 원하는 것은 **done** 메시지가 전달될 때까지 계속 큐를 확인하는 것이다. 따라서 상태가 done이 아니라면 다시 큐를 확인하게 해야 한다.

이를 위해 다음과 같이 `after()`를 호출하는 코드를 추가한다.

```
if msg != 'done':
    self.after(100, self.check_queue)
```

이로써 check_queue()는 **done** 상태가 되기 전까지 매 0.1초마다 큐를 확인할 수 있게 됐다. 남은 것은 다음과 같이 **go()**의 마지막에 스레드를 실행하는 일이다.

```
def go(self):
    p = Backend(self.queue)
    p.start()
    self.check_queue()
```

이제 애플리케이션을 테스트하면 상태 메시지를 비교적 실시간으로 볼 수 있을 것이다. 즉, 14장 초반에 만들었던 싱글스레드 애플리케이션과 달리 지금은 작업이 실행되는 중에도 프리징되지 않는다.

ThreadedUploader에 큐 추가

이제 ThreadedUploader 클래스의 문제를 해결하고자 큐를 적용해보자. 먼저 다음과 같이 Queue 객체를 받아 인스턴스 속성에 저장하도록 초기화 메서드를 수정한다.

```
# models.py 파일의 ThreadedUploader 클래스
def __init__(
    self, session_cookie, files_url, filepath, queue
):
    # ...
    self.queue = queue
```

앞서 예제 애플리케이션에서 했듯 여기서도 CorporateRestModel 객체 안에 Queue 객체를 만들어 업로더와 모델이 모두 참조할 수 있게 할 것이다. 또한 큐를 모델의 퍼블릭 속성에 저장해 애플리케이션 객체가 참조할 수 있게 하자. 이를 위해 먼저 models.py에 Queue를 임포트한다.

```
# models.py

from queue import Queue
```

이제 CorporateRestModel의 초기화 메서드로 이동해 다음과 같이 Queue 객체를 만들자.

```
# models.py 파일의 CorporateRestModel 클래스

def __init__(self, base_url):
    #...
    self.queue = Queue()
```

그다음에는 upload_file() 메서드에서 다음과 같이 큐를 ThreadedUploader 객체에 전달해야 한다.

```
def upload_file(self, filepath):
    cookie = self.session.cookies.get('session')
    uploader = ThreadedUploader(
        cookie, self.files_url, filepath, self.queue
    )
    uploader.start()
```

이제 GUI가 rest_model.queue를 사용해 큐에 접근할 수 있으므로 업로드 스레드의 메시지를 GUI에 전달할 수 있는 준비가 됐다. 그러나 그전에 필요한 것은 통신 규약이다.

통신 규약 정의

스레드 간 통신을 위한 채널은 구축했으니 이제 두 스레드의 통신 방법을 결정해야 한다. 다시 말하면 업로드 스레드가 정확히 무엇을 큐에 넣을 것이며 애플리케이션 스레드는 어떻게 응답할 것인지 정의해야 한다. 물론 단순히 무엇이든 큐에 넣고 애플리케이션 쪽에서 if 구문을 사용해 각각을 다루는 식으로 할 수도 있지만 그보다는 간단한 규약을 정의해 통신 방식을 표준화하는 방식이 더 바람직하다.

지금의 업로드 스레드는 상태 정보를 애플리케이션에 전달해 갱신된 현재 상황을 메시지 박스나 상태 표시줄에 보이게 하면 될 것이다. 그렇다면 스레드가 어떤 일을 하고 있는지 사용자에게 알릴 메시지 형식을 만들어야 한다.

메시지 구조를 다음과 같이 정의하기로 하자.

필드	설명
status	info나 error 등과 같이 메시지 유형을 나타내는 한 단어
subject	메시지를 요약한 짧은 문장
body	상세 내용을 담은 긴 문자열

이 메시지 구조를 딕셔너리나 클래스로 만들 수 있겠지만 이와 같은 간단한 필드 집합은 **명명 튜플**^{named tuple}의 훌륭한 사용례다. collections.namedtuple() 함수를 사용하면 오직 명명된 속성들만 포함하는 작은 클래스를 신속하게 만들 수 있다.

명명 튜플은 다음과 같이 만들 수 있다.

```
from collections import namedtuple

MyClass = namedtuple('MyClass', ['prop1', 'prop2'])
```

이는 사실 다음 코드와 동일하다.

```
class MyClass():

    def __init__(self, prop1, prop2):
        self.prop1 = prop1
        self.prop2 = prop2
```

namedtuple() 메서드는 매우 빠르게 클래스를 만들 수 있으며 딕셔너리와 달리 통일성이 강제된다. 즉, 모든 MyClass는 반드시 prop1과 prop2를 가져야 하는 반면, 딕셔너리는 어떤 특정 키도 요구하지 않는다.

models.py 파일에서 다음과 같이 namedtuple을 임포트하고 이를 사용해 Message 라는 클래스를 정의하자.

```python
# models.py
from collections import namedtuple

Message = namedtuple('Message', ['status', 'subject', 'body'])
```

이렇게 함으로써 보통의 클래스 인스턴스를 만드는 경우와 마찬가지로 다음과 같이 새 Message 객체를 만들 수 있게 됐다.

```python
message = Message(
    'info', 'Testing the class',
    'We are testing the Message class'
)
```

큐에서 Message 객체를 사용할 수 있게 구현하자.

업로드 스레드에서 메시지 전송

이제 앞서 정의한 통신 규약을 사용할 차례다. ThreadedUploader 클래스로 이동해 정보 메시지(info)를 전송할 수 있게 다음과 같이 run() 메서드를 수정한다.

```python
# models.py 파일의 ThreadedUploader 클래스

def run(self, *args, **kwargs):
    self.queue.put(
        Message(
            'info', 'Upload Started',
            f'Begin upload of {self.filepath}'
        )
    )
```

여기서는 일단 업로드 시작을 알리는 정보 메시지를 먼저 추가했다. 이제 다음과 같이 업로드 작업을 시작하고 그 성공 여부를 알리는 메시지를 반환하게 하자.

```
with open(self.filepath, 'rb') as fh:
    files = {'file': fh}
    response = self.session.put(
        self.files_url, files=files
    )
try:
    response.raise_for_status()
except Exception as e:
    self.queue.put(Message('error', 'Upload Error', str(e)))
else:
    self.queue.put(
        Message(
            'done', 'Upload Succeeded',
            f'Upload of {self.filepath} to REST succeeded'
        )
    )
```

이전과 동일하게 처음에는 대상 파일을 열고 웹 서비스에 PUT 요청을 함으로써 업로드 작업을 시작한다. 그러나 이번에는 raise_for_status()를 try 블록 안에서 실행한다. 예외가 잡히면 예외 텍스트와 함께 error 상태 메시지를 큐에 넣는다. 예외가 발생하지 않고 작업이 완료되면 성공 메시지를 큐에 넣는다.

이로써 ThreadedUploader에 필요한 사항을 모두 작성했다. 이제 이들 메시지에 응답하는 부분을 구현하고자 GUI로 이동하자.

큐 메시지 처리

Application 객체에는 큐를 모니터링하고 스레드에서 메시지가 오면 적절한 처리를 하는 코드가 추가돼야 한다. 즉, 이전의 큐 예제 애플리케이션에서 했듯 Tkinter 이벤트 루프를 사용해 주기적으로 큐를 확인하고 모델의 큐 객체에서

오는 어떤 메시지든 처리할 수 있는 메서드가 필요하다.

먼저 다음과 같이 Application._check_queue() 메서드를 작성한다.

```
# application.py 파일의 Application 클래스

def _check_queue(self, queue):
    while not queue.empty():
        item = queue.get()
```

이 메서드는 먼저 Queue 객체를 받아 아이템의 존재 여부를 확인한다. 아이템이 있다면 하나를 꺼내온다. 일단 아이템을 가져왔다면 그 아이템의 상태 값을 확인해 어떤 처리를 할지 결정해야 한다.

먼저 다음과 같이 done 상태를 처리하는 코드를 작성한다.

```
# application.py 파일의 Application._check_queue() 메서드

if item.status == 'done':
    messagebox.showinfo(
        item.status,
        message=item.subject,
        detail=item.body
    )
    self.status.set(item.subject)
    return
```

업로드에 성공했다면 그 상태를 설정하고 메시지 박스를 보여주면 되며 그 밖에 다른 할 일은 없다.

여기서 Message 객체의 status, subject, body 속성이 메시지 박스의 title, message, detail 인자와 꼭 맞아떨어지므로 그대로 전달하기만 하면 된다. 추가로 status 변수에도 메시지 요약문(subject)을 설정함으로써 애플리케이션의 상태 표시줄에 보일 수 있게 했다.

다음에는 error 메시지를 처리할 차례다.

```python
elif item.status == 'error':
    messagebox.showerror(
        item.status,
        message=item.subject,
        detail=item.body
    )
    self.status.set(item.subject)
    return
```

여기서는 showinfo()가 아닌 showerror()를 사용해 메시지 박스를 보여준다. 또한 오류로 인해 스레드는 이미 종료됐을 것이며 다시 큐를 확인할 필요도 없으므로 메서드를 그냥 빠져나가면 된다.

그다음은 정보 메시지를 다루는 부분이다.

```python
else:
    self.status.set(f'{item.subject}: {item.body}')
```

정보 메시지를 모달 메시지 박스로 띄우는 것은 적절하지 않으므로 상태 표시줄에만 전달하면 된다.

마지막으로 할 일은 스레드가 계속 실행 중이라면 이 메서드를 다시 호출하는 것이다. done과 error 메시지의 경우에는 메서드를 빠져나가므로 이 지점까지 왔다면 스레드가 여전히 실행 중이라는 의미며, 따라서 큐 확인을 계속해야 한다. 이를 위해 다음과 같이 after()를 호출한다.

```python
self.after(100, self._check_queue, queue)
```

이제 _upload_to_corporate_rest()의 끝 부분에 rest_model.upload_file()을 감쌌던 예외 처리를 없애고 그 대신 _check_queue()를 호출하는 코드를 추가한다.

```
# application.py 파일의 Application._upload_to_corporate_rest() 메서드

        ...
        rest_model.upload_file(csvfile)
        self._check_queue(self.rest_queue)
```

여기서는 after()로 스케줄을 할 필요가 없는데, 첫 번째 호출일 때 메시지일 가능성이 없기 때문이며 이후의 스케줄은 _check_queue()가 담당하면 되기 때문이다.

프로그램 수정을 마쳤으니 이제 테스트 서버를 구동하고 애플리케이션을 실행해 REST 업로드를 테스트하자. 상태 표시줄을 통해 진행 상태를 알 수 있으며 작업이 완료되면 메시지 박스를 볼 수 있을 것이다. 또한 업로드 진행 중에 REST 서비스를 중단하면 즉시 오류 메시지 박스가 나타날 것이다.

⠿ 락을 사용한 공유 자원 보호

이제 ABQ 앱은 느린 파일 업로드 상황에도 더 이상 프리징되지 않지만 잠재적인 문제 하나가 남아 있다. 사용자가 첫 번째 업로드가 진행 중인 동안 두 번째 업로드를 시작하면 어떻게 될까? 지금 직접 HTTP 서버와 애플리케이션을 실행하고 두 번 연달아 업로드를 수행해보자. 즉, 첫 번째 업로드가 끝나기 전에 두 번째 업로드를 시작시키고 REST 서버의 콘솔 출력을 확인하자. 두 스레드가 동시에 진행됨에 따라 업로드 진행률이 뒤섞여 나타나는 로그 메시지들로 혼란스러울 것이다.

물론 이 예제 REST 서버는 sleep()을 사용해 일부러 느리게 만들었을 뿐이므로 파일 업로드가 충분히 빨리 진행되는 환경에서는 이런 문제가 없을 것이다. 그러나 실제로 느린 네트워크 환경에서는 동시 업로드가 문제될 수 있다. 물론 동시 업로드 상황에도 두 스레드를 현명하게 다룰 수 있는 훌륭한 서버도 있겠지만 아예 그런 상황이 발생하지 않게 하는 것이 우선이다.

그러려면 한 스레드가 업로드 진행 중일 때 다른 스레드가 업로드를 하지 않게 두 스레드가 공유할 수 있는 어떤 표시가 필요하다. 바로 threading 모듈의 Lock 객체다.

Lock 객체

락[Lock]은 획득됨[acquired]이나 반환됨[released]이라는 상태를 갖는 아주 간단한 객체다. Lock 객체가 반환된 상태라면 어떤 스레드든 acquire() 메서드를 사용해 락을 획득할 수 있다. 일단 한 스레드가 락을 획득하면 release() 메서드가 호출되기 전까지 acquire() 메서드는 중지된다. 즉, 다른 스레드가 acquire()를 호출해도 이전 스레드가 락을 반환할 때까지 실행을 대기한다는 의미다.

먼저 14장 초반에 만들었던 basic_threading_demo.py 스크립트를 통해 작동 방식을 확인하자. 터미널에서 스크립트를 실행하고 입력 필드에 문장을 입력한 다음 Run threaded 버튼을 클릭하면 된다.

이미 알고 있듯 입력된 문장이 1초에 한 단어씩 터미널에 출력될 것이다. 이번에는 Run threaded 버튼을 연달아 두 번 클릭해보자. 두 스레드가 동시에 실행됨에 따라 단어들이 뒤섞여 출력될 것이다. 따라서 이와 같은 상황에서는 여러 스레드가 파일이나 네트워크 세션에 큰 영향을 미칠 것으로 쉽게 추측할 수 있다.

락을 사용해 이를 해결해보자. 먼저 다음과 같이 threading 모듈에서 Lock을 임포트하고 그 인스턴스를 만든다.

```
# basic_threading_demo_with_lock.py

from threading import Thread, Lock

print_lock = Lock()
```

이제 다음과 같이 print_slowly() 함수 안의 처음과 끝에 acquire()와 release()

호출 코드를 추가한다.

```
def print_slowly(string):
    print_lock.acquire()
    words = string.split()
    for word in words:
        sleep(1)
        print(word)
    print_lock.release()
```

이 파일을 basic_threading_demo_with_lock.py라는 이름으로 저장하고 실행하자. 이젠 Run threaded 버튼을 연달아 클릭해도 각 스레드는 이전 스레드가 락을 반환할 때까지 대기하는 모습을 볼 수 있다. 이 방법으로 각 스레드는 서로 기다리면서 여전히 애플리케이션은 반응을 유지하게 할 수 있다.

또한 Lock 객체를 콘텍스트 관리자로 사용하면 코드 블록에 진입할 때와 나갈 때 각각 acquire()와 release()가 호출되게 할 수 있다. 즉, 앞의 코드를 다음과 같이 작성해도 된다.

```
#print_lock.acquire()
with print_lock:
    words = string.split()
    for word in words:
        sleep(1)
        print(word)
#print_lock.release()
```

Lock 객체를 사용한 동시 업로드 방지

REST 서버로의 동시 업로드를 방지하고자 Lock 객체를 적용하자. 먼저 models.py에서 다음과 같이 Lock을 임포트한다.

```
from threading import Thread, Lock
```

그다음에는 다음과 같이 ThreadedUploader 클래스 안에서 Lock 객체를 만들어 클래스 속성으로 저장한다.

```
class ThreadedUploader(Thread):

    upload_lock = Lock()
```

4장에서 배웠듯 클래스 속성으로 저장된 객체는 모든 인스턴스에 공유된다. 따라서 모든 ThreadedUploader 스레드는 클래스 속성인 Lock 객체에 접근할 수 있다.

이제 run() 메서드 안에서 락을 활용하자. 가장 깔끔한 접근법은 다음과 같이 락을 콘텍스트 관리자로 사용하는 것이다.

```
# models.py 파일의 ThreadedUploader.run() 메서드

    with self.upload_lock:
        with open(self.filepath, 'rb') as fh:
            files = {'file': fh}
            response = self.session.put(
                self.files_url, files=files
            )
        # 메서드의 나머지 부분
```

put() 호출 부분에서 예외가 발생하든 그렇지 않든 콘텍스트 관리자가 이 블록을 나갈 때 release() 호출이 보장되며, 따라서 run()을 호출하는 다른 스레드가 락을 획득할 수 있다.

코드를 추가했다면 HTTP 서버와 애플리케이션을 실행하고 연달아 2번의 REST 업로드를 해보자. 이제 첫 번째 업로드가 완료될 때까지 두 번째 업로드가 시작되지 않는 모습을 볼 수 있을 것이다.

GIL

파이썬 멀티스레드 프로그래밍에 있어 이해해야 할 중요한 개념 중 하나가 전역 인터프리터 락^{GIL, Global Interpreter Lock}이다.

GIL은 둘 이상의 스레드가 동시에 파이썬 코드를 실행하지 못하게 함으로써 파이썬의 메모리 관리를 보호하는 락 메커니즘이다. `ThreadedUploader` 클래스에서 구현했던 락과 흡사하게 GIL 역시 한 번에 오직 한 스레드만 가질 수 있는 토큰으로 생각할 수 있다. 즉, 어떤 스레드든 토큰을 가지면 파이썬 코드를 실행할 수 있으며 나머지 스레드들은 모두 대기해야 한다.

이는 언뜻 파이썬 멀티스레드 프로그래밍의 목적에 반하는 개념처럼 보일 수 있지만 GIL의 영향은 다음과 같은 2가지 사항에 제한된다.

- 첫째, GIL은 오직 파이썬 코드의 실행만을 제한한다. 많은 파이썬 라이브러리가 다른 언어로 작성된 코드를 실행하는데, 예를 들어 Tkinter는 Tcl 코드를 실행하며 `psycopg2`는 컴파일된 C 코드를 실행한다. 그와 같이 파이썬이 아닌 다른 언어의 코드는 파이썬 코드가 실행되는 동안 별도의 스레드에서 실행된다.
- 둘째, 디스크 접근과 같은 입출력^{I/O} 작업이나 네트워크 요청은 파이썬 코드라도 동시에 실행될 수 있다. 예를 들어 `requests`를 사용해 HTTP 요청이 전송되면 서버의 응답을 기다리는 동안 GIL의 제한은 해제된다.

GIL이 멀티스레드의 효용을 정말 제한하는 유일한 상황은 무거운 연산을 하는 파이썬 코드를 실행하는 경우다. ABQ 앱과 같은 데이터 중심의 애플리케이션은 입출력 작업을 주로 수행하므로 문제될 일이 없으며 무거운 연산이 필요한 경우에는 numpy 등과 같은 다른 언어의 라이브러리를 사용하면 된다.

ꓹ 정리

14장에서는 프로그램의 프리징을 완화하기 위한 비동기식과 멀티스레드 프로그래밍 기법을 살펴봤다. 먼저 after()와 update() 메서드를 사용해 Tkinter의 이벤트 큐를 제어하고 이를 적용해 문제를 해결하는 방법을 알아봤다. 또한 파이썬의 threading 모듈을 사용해 프로세스의 백그라운드 실행 방법, Queue 객체를 활용한 스레드 간 통신 방법, 마지막으로 Lock 객체를 사용해 자원의 공유로 인해 발생할 수 있는 오류를 방지하는 방법도 살펴봤다.

15장에서는 가장 강력한 Tkinter 위젯 중 하나인 캔버스Canvas를 알아본다. 이를 사용해 이미지를 그리고 움직이게 하며, 정보성 있는 유용한 차트를 만드는 방법을 알아본다.

15

캔버스를 사용한 데이터 시각화

몇 달 동안 연구소의 실험 데이터가 데이터베이스에 쌓였으므로 이제 데이터를 시각화하고 해석하는 업무 절차가 필요한 시기다. 이는 데이터를 스프레드시트로 받아 차트와 그래프를 만들면 가능하지만, 분석 담당자는 프로그램 자체에서 데이터 시각화가 가능하길 원한다. 이는 Tkinter의 Canvas 위젯을 사용해 충분히 가능한 일이다.

데이터 시각화와 관련해 15장에서 다루는 내용은 다음과 같다.

- '캔버스를 사용한 그림과 애니메이션' 절에서는 Canvas 위젯으로 그림과 애니메이션을 만드는 방법을 살펴본다.
- '간단한 그래프 제작' 절에서는 Canvas 위젯으로 간단한 선 그래프를 만든다.
- '고급 그래프 제작' 절에서는 Matplotlib 라이브러리를 사용해 좀 더 효과적인 차트와 그래프를 만든다.

﹔﹕ 캔버스를 사용한 그림과 애니메이션

Canvas 위젯은 의심할 여지없이 Tkinter의 가장 강력한 위젯 중 하나다. 이 위젯은 UI를 완성하고자 어떤 위젯이나 뷰라도 함께 구축할 수 있게 한다.

이름에서 알 수 있듯 Canvas 위젯은 어떤 도형이나 이미지라도 그릴 수 있는 빈 공간이다. 간단한 예제를 만들어 Canvas의 기본 사용법을 알아보자.

먼저 다음과 같이 루트 윈도우와 Canvas 객체를 만드는 것으로 시작한다.

```python
# simple_canvas_demo.py
import tkinter as tk

root = tk.Tk()
canvas = tk.Canvas(
    root, background='black',
    width=1024, height=768
)
canvas.pack()
```

Canvas 객체를 만드는 방식은 다른 Tkinter 위젯의 경우와 동일하며 부모 위젯과 background 인자에 더해 캔버스의 크기 설정을 위한 width와 height 인자를 추가로 지정할 수 있다. 캔버스의 크기 설정은 매우 중요한데, 단지 이 위젯 자체가 아니라 **뷰포트**viewport의 크기를 결정하기 때문이다. 뷰포트는 캔버스 위에 그려진 객체들이 사용자에게 보여주는 영역을 말한다. 즉, 사실상 캔버스의 무한한 좌표 위 어디에도 객체를 그릴 수 있지만 오직 보여주는 건 뷰포트 안의 영역뿐이다.

TIP

'캔버스 스크롤' 절에서 뷰포트 밖의 영역을 볼 수 있는 방법을 다룬다.

캔버스에 그리기

일단 Canvas 객체를 만들었으면 create_*() 메서드를 사용해 캔버스 위에 도형, 선, 이미지, 텍스트 등 각종 아이템을 그릴 수 있다. simple_canvas_demo.py 스크립트를 만들고 이를 통해 create_*() 메서드들을 알아보자.

사각형

직사각형이나 정사각형은 다음과 같이 create_rectangle() 메서드를 사용해 Canvas에 그릴 수 있다.

```
# simple_canvas_demo.py
canvas.create_rectangle(240, 240, 260, 260, fill='orange')
```

create_rectangle()의 처음 4개의 인자는 Canvas의 왼쪽 위로부터 픽셀 단위로 계산된 왼쪽 위 꼭짓점과 오른쪽 아래 꼭짓점의 좌표다. 이처럼 모든 create_*() 메서드는 도형의 위치와 크기를 정의하는 위치 인자들을 받는다. 그다음에는 도형의 다른 특성을 정의할 수 있는 다양한 키워드 인자를 받을 수 있다. 예를 들어 위에서 사용한 fill 옵션은 도형 내부 색상을 지정한다.

NOTE

> 일반적인 차트의 경우와 달리 Canvas의 수직 좌표는 위에서 아래 방향으로 계산된다는 점을 반드시 이해해야 한다. 예를 들어 좌표 (200, 100)은 (200, 200)보다 100픽셀만큼 위에 있다는 의미다. 이는 모든 Tkinter 위젯의 좌표 계산과 동일하며 다른 많은 GUI 프로그래밍 환경에서도 그렇다.

좌표를 다음과 같이 튜플 쌍으로 지정할 수도 있다.

```
canvas.create_rectangle(
    (300, 240), (320, 260),
    fill='#FF8800'
)
```

이렇게 하면 타이핑을 좀 더 해야 하지만 가독성은 상당히 높아진다. 사각형 내부와 테두리 등을 설정할 수 있게 create_rectangle() 메서드가 제공하는 다양한 키워드 인자 중 일부는 다음과 같다.

인자	값	설명
dash	정수 튜플	테두리의 대시 패턴을 정의한다.
outline	색 이름	테두리 색상을 지정한다.
width	정수	테두리 두께를 지정한다.
stipple	비트맵 이름	캔버스를 채울 비트맵 패턴을 지정한다.

캔버스 테두리는 대시 패턴^{dash pattern}을 사용해 파선(---)이나 점선(…)을 지정할 수 있다. 이는 번갈아 나타날 점과 공백의 픽셀 수를 지정하는 정수 튜플이다. 예를 들어 (5, 1, 2, 1)은 5픽셀 선, 1픽셀 공백, 2픽셀 선, 1픽셀 공백을 반복해서 그리라는 의미다.

stipple은 도형의 내부를 색으로 채우는 대신 비트맵을 넣을 수 있게 한다. Tkinter가 기본으로 제공하는 비트맵은 error, gray75, gray50, gray25, gray12, hourglass, info, questhead, question, warning이며, 또는 @filename.xbm 형식을 사용해 별도의 비트맵 파일(.xbm)을 사용할 수 있다.

원과 부채꼴

타원이나 원은 create_oval() 메서드를 사용하면 된다. 다음은 타원을 그리는 예다.

```
canvas.create_oval(
    (350, 200), (450, 250), fill='blue'
)
```

사각형의 경우와 마찬가지로 도형의 좌표를 먼저 지정한다. 그러나 이번에는 바운딩 박스^{bounding box}(또는 경계 사각형)의 꼭짓점 좌표다. 바운딩 박스란 원을 둘러싸는 최소 면적의 사각형을 말한다. 예를 들어 위와 같이 (350, 200)과 (450, 250)의 직사각형 바운딩 박스라면 타원이 그려질 것이다. 물론 원을 그리고 싶다면 단순히 바운딩 박스가 정사각형이 되게 정의하면 된다.

create_oval()도 create_rectangle()과 동일한 키워드 인자를 사용해 채우기 와 테두리 설정을 할 수 있다.

원의 일부만 그리고 싶다면 create_arc() 메서드로 가능하다. 이 메서드는 create_oval()과 동일하지만 extent와 start라는 키워드 인자를 추가로 받는 다. start 인자는 그리기가 시작될 지점이 원의 오른쪽 중앙(시계 3시 방향)에서 반시 계 방향으로 몇 도인지 지정한다. extent 인자는 그 시작점에서 몇 도만큼 그릴 지 지정한다. 예를 들어 start와 extent의 값이 각각 180과 90이면 그림 15-1과 같은 모양이 될 것이다.

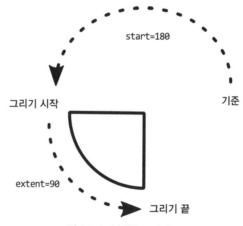

그림 15-1: 부채꼴 그리기

다음은 부채꼴을 그리는 예다.

```
canvas.create_arc(
    (100, 200), (200, 300),
    fill='yellow', extent=315, start=25
)
```

선

Canvas에 선을 그릴 때는 create_line() 메서드를 사용한다. 여기서도 사각형, 원, 부채꼴의 경우처럼 선의 좌표를 먼저 지정하는데, 다만 바운딩 박스가 아닌 선의 각 지점을 지정한다.

다음은 직선을 그리는 예다.

```
canvas.create_line(
    (0, 180), (1024, 180),
    width=5, fill='cyan'
)
```

여기서는 좌표 (0, 180)에서 (1024, 180)까지의 직선을 그린다. fill과 width 인자는 각각 선의 색과 두께를 지정한다.

create_line() 메서드는 시작점과 끝점을 갖는 하나의 직선에만 국한되지 않는다. 무수히 많은 위치 인자로 좌표를 지정할 수 있으며 Tkinter가 알아서 이를 처음부터 끝까지 연결한다. 예를 들어 다음과 같은 코드를 테스트해보자.

```
canvas.create_line(
    (0, 320), (500, 320), (500, 768), (640, 768),
    (640, 320), (1024, 320),
    width=5, fill='cyan'
)
```

이번에는 6개 지점을 갖는 좀 더 복잡한 선이 생길 것이다.

create_line()에 추가로 사용할 수 있는 인자 중 일부는 다음과 같다.

인자	값	설명
arrow	FIRST, LAST, BOTH	선의 끝에 화살표 머리를 지정한다. 기본값은 없다(즉, 화살표가 아니다).

(이어짐)

인자	값	설명
capstyle	BUTT, PROJECTING, ROUND	화살표 끝의 스타일을 지정한다. 기본값은 BUTT다.
dash	정수 튜플	선의 대시 패턴을 지정한다.
joinstyle	ROUND, BEVEL, MITER	선 연결 지점의 스타일을 지정한다. 기본값은 ROUND다.
smooth	불리언	선을 곡선화할지 지정한다. 기본값은 False다(즉, 직선이다).
tags	문자열 튜플	선에 태그를 할당해 다른 객체에서 참조할 수 있게 한다.

다각형

Canvas에는 어떤 형태의 다각형도 그릴 수 있다. 선 그리기와 마찬가지로 각 좌표를 연결하면 그게 곧 다각형의 테두리가 되는데, 다만 시작점과 끝점을 연결해 닫힌 도형을 만들면 된다.

다음은 다각형을 그리는 예다.

```
canvas.create_polygon(
    (350, 225), (350, 300), (375, 275), (400, 300),
    (425, 275), (450, 300), (450, 225),
    fill='blue'
)
```

create_line()과 달리 여기서 fill 인자는 다각형의 테두리가 아닌 내부 색상을 지정한다는 점에 주의하기 바란다. 다각형 테두리의 스타일은 create_rectangle()이나 create_oval()에서와 동일한 인자를 사용해 설정할 수 있다.

텍스트

Canvas에는 도형뿐만 아니라 텍스트도 직접 삽입할 수 있다.

다음은 텍스트를 넣는 예다.

```
canvas.create_text(
    (500, 100), text='Insert a Quarter',
    fill='yellow', font='TkDefaultFont 64'
)
```

첫 번째 인자는 Canvas에 텍스트의 기준점^{anchor point}이 위치할 좌표다. 텍스트는 기준점이 기본적으로 자신의 중앙이다. 위 예제에서 문자열의 중앙은 대략 'a' 근처일 것이며, 따라서 그 부분이 (500, 100)에 위치하게 된다. 그러나 anchor 인자를 사용하면 기준점을 변경할 수 있다. anchor의 값은 N, NW, W 등과 같은 방위 문자나 CENTER를 사용할 수 있다. 기본값은 CENTER다.

fill 인자는 텍스트의 색상을 지정하고, font 인자는 텍스트의 글꼴을 지정한 다. 또한 Tkinter 8.6부터는 주어진 각도만큼 텍스트를 기울일 수 있는 angle 인자도 제공한다.

이미지

물론 Canvas에 단순한 선이나 도형만 그릴 수 있는 건 아니다. create_image() 메서드를 사용하면 래스터^{raster}(비트맵) 이미지도 삽입할 수 있다. 이 메서드는 다음과 같이 PhotoImage나 BitmapImage 객체를 Canvas 위에 올릴 수 있게 한다.

```
smiley = tk.PhotoImage(file='smile.gif')
canvas.create_image((570, 250), image=smiley)
```

텍스트의 경우와 마찬가지로 이미지 역시 기본적으로 자신의 중앙을 기준점으로 하며 anchor 인자를 사용해 이미지를 둘러싸는 바운딩 박스의 어떤 꼭짓점이든 기준점으로 만들 수 있다.

Tkinter 위젯

Canvas에 올릴 수 있는 마지막은 바로 Tkinter 위젯이다. 물론 Canvas 역시 위젯이므로 pack()이나 grid()와 같은 배치 관리자를 사용해도 된다. 그러나 create_window()를 사용해 위젯을 Canvas의 아이템으로 추가하면 훨씬 많은 제어가 가능하다.

create_window()를 사용해 위젯을 추가할 때는 Canvas 위젯과 동일한 부모 윈 도우의 자식으로 하면 된다. 그다음에는 위젯의 참조를 create_window() 메서 드의 window 인자로 전달하면 그만이다. 또한 위젯이 추가될 윈도우 영역의 크 기를 width와 height 인자로 지정할 수 있다. 그러면 기본적으로 위젯이 그 영 역에 맞게 확장된다.

다음은 캔버스에 버튼을 추가하는 예다.

```
quit = tk.Button(
    root, text='Quit', bg='black', fg='cyan', font='TkFixedFont 24',
    activeforeground='black', activebackground='cyan',
    command=root.quit
)
canvas.create_window((100, 700), height=100, width=100, window=quit)
```

텍스트나 이미지와 마찬가지로 위젯 역시 자신의 중앙을 기준점으로 해당 좌표 에 추가되며 anchor 인자를 사용해 변경할 수 있다.

캔버스 아이템과 상태

앞 예제에서 activeforeground와 activebackground 인자를 눈여겨보자. Canvas 아이템도 다른 위젯들과 마찬가지로 동적으로 모습을 변경할 수 있는 다양한 상태 기반의 인자를 가질 수 있다. 다음은 그 상태 값들과 그에 따른 결과다.

상태	방법	결과
normal	기본값	기본 모습
disabled	수동 설정	비활성화된 모습

(이어짐)

상태	방법	결과
active	마우스 오버	활성화된 모습
hidden	수동 설정	모습을 숨김

이미지를 제외한 모든 아이템은 active나 disabled가 접두어인 상태 기반의 fill, outline, dash, width, stipple, outlinestipple 인자를 갖는다. 예를 들어 activefill은 마우스 오버가 될 때의 fill 값을 설정하며 disabledoutline은 아이템이 비활성화될 때의 테두리 색상을 설정한다. 이미지 아이템은 활성화(마우스 오버)나 비활성화될 때 보이게 설정할 수 있는 activeimage와 disabledimage 인자를 갖는다.

active 상태는 마우스 오버가 되면 자동으로 설정되는 반면, disabled와 hidden 상태는 다음 절에서 다룰 Canvas.itemconfigure() 메서드를 사용해 설정할 수 있다.

Canvas 객체의 메서드

Canvas의 아이템은 파이썬 객체가 아니며 create_*() 메서드가 반환하는 정수 값으로 아이템을 식별할 수 있다. 따라서 Canvas의 아이템을 만든 다음에는 반환된 값을 저장하고 이를 다양한 Canvas의 메서드에 전달해 해당 아이템을 다룰 수 있다.

예를 들어 다음과 같이 이미지 ID를 저장하고 Canvas.tag_bind() 메서드를 사용해 이미지를 콜백에 바인딩할 수 있다.

```python
image_item = canvas.create_image((570, 250), image=smiley)
canvas.tag_bind(
    image_item,
    '<Button-1>',
    lambda e: canvas.delete(image_item)
)
```

여기서는 **tag_bind()** 메서드를 사용해 이미지 마우스 클릭을 Canvas의 **delete()** 메서드에 바인딩함으로써 해당 ID의 이미지가 제거될 수 있게 했다.

Canvas 객체는 아이템을 다룰 수 있는 다양한 메서드를 제공하며 그중 일부는 다음과 같다.

메서드	인자	설명
bbox()	아이템 ID	아이템의 바운딩 박스에 해당하는 튜플을 반환한다.
coords()	아이템 ID, 좌표	ID만 전달할 경우 아이템의 좌표를 반환하며 ID와 좌표를 전달하면 그 좌표로 아이템을 이동시킨다.
delete()	아이템 ID	Canvas에서 아이템을 제거한다.
find_overlapping()	박스 좌표	해당 좌표의 박스와 겹쳐 있는 모든 아이템의 ID 리스트를 반환한다.
itemcget()	아이템 ID, 옵션	아이템의 해당 옵션 값을 반환한다.
itemconfigure()	아이템 ID, 옵션	아이템에 하나 이상의 옵션 값을 설정한다.
move()	아이템 ID, X, Y	아이템을 현재 위치에서 X와 Y만큼 이동시킨다.
type()	아이템 ID	아이템의 유형(사각형, 원, 부채꼴 등)을 설명하는 문자열을 반환한다.

이들 메서드는 모두 아이템 ID 대신 태그를 받을 수도 있다. 9장에서 다뤘듯 태그를 사용하면 아이템을 한 번에 참조할 수 있다. **Canvas**는 **all**과 **current**라는 두 태그를 기본으로 내장하고 있다. 예상되겠지만 **all**은 캔버스의 모든 아이템을, **current**는 현재 포커스를 갖는 아이템을 참조한다.

모든 **create_*()** 메서드에는 객체에 붙일 수 있는 태그 문자열의 튜플을 지정할 수 있다.

마지막으로 예제 스크립트의 끝에 **root.mainloop()**를 추가하고 실행해 어떤 모양이 나타나는지 확인하자.

캔버스 스크롤

앞서 말했듯 Canvas 위젯의 너비와 높이는 뷰포트의 크기를 나타내지만 아이템을 그릴 수 있는 영역은 모든 방향으로 무한하다. 따라서 뷰포트 영역의 밖에 있는 객체를 보려면 스크롤이 가능해야 한다.

스크롤 적용법을 알고자 별자리표 예제 하나를 만들자. 다음과 같이 canvas_scroll.py라는 파일에 코드를 작성한다.

```python
# canvas_scroll.py
import tkinter as tk
from random import randint, choice

root = tk.Tk()

width = 1024
height = 768

canvas = tk.Canvas(
    root, background='black',
    width=width, height=height,
)
canvas.grid(row=0, column=0)
```

여기서는 먼저 tkinter를 임포트하고 random으로부터 두 함수를 임포트했다. 그다음에는 루트 윈도우와 1024 × 768 크기의 뷰포트를 갖는 Canvas 객체를 만들었다. 마지막으로 grid()를 사용해 Canvas를 루트 윈도우에 얹었다.

이제 다음과 같이 별들을 그려보자.

```python
colors = ['#FCC', '#CFC', '#CCF', '#FFC', '#FFF', '#CFF']
for _ in range(1000):
    x = randint(0, width * 2)
    y = randint(0, height * 2)
    z = randint(1, 10)
    c = choice(colors)
```

```
canvas.create_oval((x - z, y - z), (x + z, y + z), fill=c)
```

먼저 별의 색상 리스트를 정의하고 1,000번을 반복할 **for** 루프를 만들었다. 루프 안에서는 좌표, 크기, 색상이 무작위로 지정된 원들을 만들었다.

여기서 X와 Y의 범위를 Canvas 크기의 2배로 했음을 주목하자. 따라서 이 루프는 뷰포트 영역의 오른쪽과 아래쪽 밖에도 원들을 그리게 될 것이다.

Canvas에 스크롤을 적용하려면 다음과 같이 먼저 **scrollregion**을 정의해야 한다.

```
canvas.configure(scrollregion=(0, 0, width * 2, height * 2))
```

scrollregion의 값은 4개의 정수로 된 튜플인데, 이는 스크롤 가능한 바운딩 박스의 영역을 나타낸다. 요컨대 처음 두 정수는 박스의 왼쪽 위 꼭짓점, 그다음 두 정수는 오른쪽 아래 꼭짓점의 좌표다.

실제로 스크롤이 가능하게 하려면 Scrollbar 위젯을 사용해야 한다. Scrollbar는 이미 8장에서 사용했는데, 이 위젯을 레이아웃에 추가하고 콜백에 연결해 스크롤바가 스크롤되는 위젯과 통신하게 만든 기억이 날 것이다.

동일한 방법으로 다음과 같이 코드를 추가하자.

```
xscroll = tk.Scrollbar(
    root,
    command=canvas.xview,
    orient=tk.HORIZONTAL
)
xscroll.grid(row=1, column=0, sticky='new')

yscroll = tk.Scrollbar(root, command=canvas.yview)
yscroll.grid(row=0, column=1, sticky='nsw')

canvas.configure(yscrollcommand=yscroll.set)
```

```
canvas.configure(xscrollcommand=xscroll.set)
```

여기서는 수평과 수직 스크롤을 위한 2개의 Scrollbar 위젯을 만들어 레이아웃의 아래와 오른쪽에 추가했다. 그다음에는 각 스크롤바의 command 인자를 Canvas의 xview와 yview에 연결하고, 각 스크롤바의 set() 메서드가 호출되게 Canvas의 yscrollcommand와 xscrollcommand 인자를 설정했다.

이제 root.mainloop()를 추가해 이 스크립트를 마무리하고 실행하면 그림 15-2와 같은 화면을 볼 수 있을 것이다.

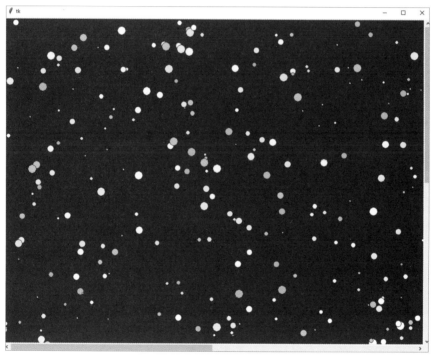

그림 15-2: 스크롤 가능한 별자리표

TIP

Canvas 위의 지점이 런타임에 정의돼(예를 들어 사용자 입력에 기초해) 그려진 다음에 스크롤 영역을 설정하는 간편한 묘수 중 하나는 아이템 생성 후에 canvas.bbox('all')의 결과를 scrollregion

에 지정하는 방법이다. bbox() 메서드에 all 태그가 전달되면 Canvas의 모든 아이템을 둘러싸는 바운딩 박스를 반환한다. 따라서 이 값을 scrollregion에 그대로 지정하면 모든 아이템이 보여짐을 보장할 수 있다.

캔버스 애니메이션

Tkinter의 Canvas 위젯은 애니메이션 프레임워크를 내장하고 있지 않다. 그러나 이벤트 큐에 대해 이해하고 Canvas의 move() 메서드를 활용하면 간단한 애니메이션 제작이 가능하다.

이를 간단한 벌레 경주 게임을 만들어 실습해보자. 여기서 벌레는 색으로 구분되는 2개의 원이며 화면 한 쪽에 있는 결승선을 향해 무턱대고 이동한다. 두 벌레는 서로 경주한다는 사실을 모르고 무작위로 움직일 것이며 결승선에 먼저 닿는 벌레가 우승한다.

새 파이썬 파일을 만들어 다음과 같은 객체지향 패턴의 코드로 시작하자.

```python
# bug_race.py

import tkinter as tk

class App(tk.Tk):

    def __init__(self, *args, **kwargs):
        super().__init__(*args, **kwargs)
        self.canvas = tk.Canvas(self, background='black')
        self.canvas.pack(fill='both', expand=1)
        self.geometry('800x600')

App().mainloop()
```

보다시피 루트 윈도우에 Canvas를 추가한, 간단한 객체지향 애플리케이션이다. 이는 벌레 경주 게임을 만들 기본 플랫폼이 될 것이다.

필드 만들기

기본 플랫폼이 완성됐으니 이제 게임 필드를 만들 차례다. 각 경기마다 게임 필드의 초기화를 초기화 메서드에서 하기보다는 다음과 같은 setup()이라는 별도 메서드에서 하기로 하자.

```python
def setup(self):
    self.canvas.left = 0
    self.canvas.top = 0
    self.canvas.right = self.canvas.winfo_width()
    self.canvas.bottom = self.canvas.winfo_height()
    self.canvas.center_x = self.canvas.right // 2
    self.canvas.center_y = self.canvas.bottom // 2
    self.finish_line = self.canvas.create_rectangle(
        (self.canvas.right -50, 0),
        (self.canvas.right, self.canvas.bottom),
        fill='yellow', stipple='gray50'
    )
```

이 메서드는 Canvas 객체 위의 상대 위치들을 계산하고 인스턴스 속성에 저장해 Canvas 아이템들을 쉽게 배치할 수 있게 했다. 이와 같은 런타임 시의 계산은 경기의 매회 사이에 윈도우의 크기 조정이 가능하다는 의미다.

결승선은 윈도우의 오른쪽 벽에 걸친 사각형으로 구현했다. 여기서 stipple 인자를 사용해 단색을 덮어씌울 비트맵을 지정했다는 점에 주목하자. gray50은 색 픽셀과 공백 픽셀을 번갈아 표현하는 내장 비트맵이다. 이로써 결승선을 단색보다 좀 더 도드라지게 만들었다.

이제 App.__init__()의 마지막에 다음과 같이 setup() 호출 코드를 추가한다.

```python
# bug_race.py 파일의 App.__init__() 메서드

    self.canvas.wait_visibility()
    self.setup()
```

setup() 메서드는 Canvas 객체의 너비와 높이에 의존하므로 시스템의 윈도우 관리자에 의해 윈도우가 완전히 그려지기 전까지 호출되면 안 된다. 이는 Canvas 객체의 wait_visibility()를 호출하면 간단히 조치할 수 있다. 이 메서드는 Canvas 객체가 그려지기 전까지 실행을 중지시킨다.

선수 설정

경기장이 생겼으니 이제 선수들이 있어야 한다. 다음과 같이 선수를 나타내는 Racer 클래스를 만든다.

```
# bug_race.py

class Racer:

    def __init__(self, canvas, color):
        self.canvas = canvas
        self.name = f"{color.title()} player"
        size = 50
        self.id = canvas.create_oval(
            (canvas.left, canvas.center_y),
            (canvas.left + size, canvas.center_y + size),
            fill=color
        )
```

Racer 클래스는 Canvas 객체의 참조와 color 문자열을 받아 생성되는데, 이 color 문자열은 선수의 색상과 이름에 사용될 것이다. 또한 선수들은 그 크기를 50픽셀로 하고 윈도우 왼쪽 벽 중앙에서 시작하게 했다. 마지막으로 아이템 ID 문자열의 참조를 self.id에 저장했다.

이제 App.setup()으로 돌아가 다음과 같이 두 선수를 만든다.

```
# bug_race.py 파일의 App.setup() 메서드

        self.racers = [
```

```
        Racer(self.canvas, 'red'),
        Racer(self.canvas, 'green')
    ]
```

이로써 게임에 필요한 모든 객체는 준비됐다. 이 상태에서 프로그램을 실행하면 윈도우 오른쪽의 노란색 결승선과 왼쪽의 초록색 원을 볼 수 있을 것이다. 단, 빨간색 원은 초록색 원에 가려져 있는데, 두 원의 좌표가 동일하기 때문이다.

선수 움직이기

선수들을 움직이게 하려면 Canvas.move() 메서드를 사용하면 된다. 앞서 살펴 봤지만 move()는 아이템 ID, X픽셀, Y픽셀을 받아 그 아이템을 X와 Y만큼 이동시 킨다. 여기에 random.randint() 함수와 약간의 간단한 로직을 결합하면 선수들 이 결승선을 향해 이리저리 움직이게 할 수 있다.

이를 간단하게 구현하면 다음과 같은 식의 코드가 될 것이다.

```
from random import randint

# Racer 클래스
  def move_racer(self):
    x = randint(0, 100)
    y = randint(-50, 50)
    t = randint(500, 2000)
    self.canvas.after(t, self.canvas.move, self.id, x, y)
    if self.canvas.bbox(self.id)[0] < self.canvas.right:
      self.canvas.after(t, self.move_racer)
```

이 메서드는 임의의 X 좌표 이동 값, 임의의 Y 좌표 이동 값, 임의의 시간 값을 생성한다. 그다음 after() 메서드는 각 값들 기준의 아이템 이동을 위한 move() 호출을 스케줄한다. if 구문은 선수의 바운딩 박스가 화면 왼쪽에 붙었거나 넘 어섰는지 확인한다. 그렇지 않다면 다시 move_racer() 호출을 스케줄한다.

이 메서드는 선수들을 결승선으로 이끌겠지만 아직 완벽하진 않다. 문제는 move()가 선수를 순간적으로 이동하게 한다는 점이다. 즉, 각 선수는 화면 위에서 부드럽게 이동하지 않고 덜컥거리는 점프를 한다.

선수를 부드럽게 이동시키려면 다음과 같은 좀 더 복잡한 접근법이 필요하다.

1. 먼저 임의의 델타 x(dx), 델타 y(dy), 시간 간격으로 결승선에 도달하는 연속된 선형 이동량을 계산한다.
2. 그다음에는 이동 간격을 애니메이션 프레임 간격으로 나눈 스텝 값을 사용해 각 개별 이동량을 분리한다.
3. 그다음에는 각 이동량의 각 스텝을 큐에 추가한다.
4. 마지막으로 각 애니메이션 프레임 간격마다 큐로부터 다음 스텝을 가져와 move()에 전달하는 메서드를 호출한다.

프레임 간격부터 정의하자. Racer 클래스 안에 다음과 같은 클래스 속성을 추가한다.

```
class Racer:

    FRAME_RES = 50
```

FRAME_RES(frame resolution의 줄임말)에는 각 Canvas.move() 호출 사이의 시간을 밀리초로 지정했다. 50밀리초는 초당 20 프레임이며, 이는 부드러운 이동에 충분한 값이다.

그다음에는 Queue 클래스를 임포트하고 그 인스턴스를 Racer 객체의 초기화 메서드 안에서 생성한다.

```
# bug_race.py
from queue import Queue
from random import randint

# Racer.__init__()
```

```
        self.movement_queue = Queue()
```

이제 결승선을 향한 경로를 그릴 새 메서드를 다음과 같이 만든다.

```
# bug_race.py 파일의 Racer 클래스

    def plot_course(self):
        start_x = self.canvas.left
        start_y = self.canvas.center_y
        total_dx, total_dy = (0, 0)
        while start_x + total_dx < self.canvas.right:
            dx = randint(0, 100)
            dy = randint(-50, 50)
            target_y = start_y + total_dy + dy
            if not (self.canvas.top < target_y < self.canvas.bottom):
                dy = -dy
            total_dx += dx
            total_dy += dy
            time = randint(500, 2000)
            self.queue_move(dx, dy, time)
```

이 메서드는 Canvas의 왼쪽 중앙에서부터 오른쪽으로 향하는 경로를 그리는데, 이를 x의 총 변화량이 Canvas 객체의 너비를 넘기 전까지 무작위 x와 y 값만큼 반복한다. 선수가 결승선을 향해 이동해야 하므로 x의 변화량은 항상 양수여야 하는 반면, y의 변화량은 선수가 위아래로 움직일 수 있게 양수나 음수가 될 수 있다. 또한 선수의 경기장 이탈을 방지하고자 y의 총 변화량이 Canvas의 상하 범위를 벗어나는 경우 y의 변화량에 반대 부호를 부여했다.

x와 y의 변화량이 무작위로 생성되듯 이동 시간 역시 0.5초에서 2초 사이의 무작위 값으로 생성된다. 마지막으로 그 3개의 값, 즉 dx, dy, time 값이 queue_move() 메서드로 전달된다.

queue_move() 메서드는 선수가 FRAME_RES 간격으로 이동할 수 있도록 이동 거리를 개별 프레임으로 잘게 쪼개야 한다. 이를 계산하고자 분배 함수[partition function]

를 사용해야 하는데, 이 함수는 정수 N을 대략 비슷한 크기의 정수 K개로 쪼개는 수학 함수다. 예를 들어 -10을 4개로 쪼갠다면 분배 함수는 [-2, -2, -3, -3]을 반환할 것이다.

Racer 안에 다음과 같이 partition()이라는 정적 함수를 만든다.

```python
# bug_race.py 파일의 Racer 클래스

@staticmethod
def partition(n, k):
    """합이 n이 되는 k개의 정수 리스트를 반환"""
    if n == 0:
        return [0] * k
```

여기서는 가장 쉬운 경우부터 먼저 처리한다. 즉, n이 0이면 k개의 0이 담긴 리스트를 반환한다.

그다음에는 다음과 같이 좀 더 복잡한 경우를 처리하자.

```python
base_step = n // k
parts = [base_step] * k
for i in range(n % k):
    parts[i] += 1
return parts
```

먼저 0이 아닌 n을 k로 내림 나누기$^{floor division}$(//)를 해 base_step을 계산한다. 내림 나누기란 나눗셈의 결과에서 소수 부분을 버리고 원래 결과보다 낮은 값의 정수를 취한다는 의미다. 그다음에는 base_step 값으로 이뤄진 k의 리스트를 만든다. 그다음에는 n / k의 나머지를 가급적 균등하게 분배해야 하는데, 그러고자 처음 n % k개의 아이템에 1을 더한다.

예를 들어 n = -10이고 k = 4인 경우에 어떻게 계산되는지 따라가 보자.

- 기본 이동 값$^{(base\_step)}$은 -10 // 4 = -3이다. 내림 나누기에 의해 -2.5가

아닌 -3이 되기 때문이다.

- 따라서 리스트는 [-3, -3, -3, -3]이 된다.
- -10 % 4 = 2이므로 처음 두 아이템에 1이 더해진다.
- 결과적으로 [-2, -2, -3, -3]을 얻게 된다.

분배 메서드가 완성됐으니 이를 사용하는 queue_move()를 다음과 같이 만든다.

```python
def queue_move(self, dx, dy, time):
    num_steps = time // self.FRAME_RES
    steps = zip(
        self.partition(dx, num_steps),
        self.partition(dy, num_steps)
    )
    for step in steps:
        self.movement_queue.put(step)
```

여기서는 먼저 시간 간격을 FRAME_RES로 내림 나누기를 함으로써 움직일 횟수를 결정했다. 그다음에는 각 dx와 dy를 partition() 메서드에 전달해 X 이동 값과 Y 이동 값의 리스트를 만들었다. 다시 이 두 리스트를 zip()을 사용해 (dx, dy) 짝들의 튜플로 만들어 각 짝을 애니메이션 큐에 넣었다.[1]

애니메이션을 실제로 작동시키려면 큐를 확인해 각각을 이동시키는 메서드가 필요하다. 이를 다음과 같이 next_move()라는 이름으로 만들자.

```python
def next_move(self):
    if not self.movement_queue.empty():
```

---

1. zip()은 둘 이상의 리스트를 받아 동일한 인덱스의 아이템들만 묶어 튜플 형식으로 반환하는 파이썬 내장 함수다.
   – 옮긴이

```
        nextmove = self.movement_queue.get()
        self.canvas.move(self.id, *nextmove)
```

next_move() 메서드는 먼저 이동 값을 알아내고자 큐를 확인한다. 이동 값이 존재한다면 선수의 ID와 이동 값을 전달해 canvas.move()를 호출한다. 게임이 시작되면 이 메서드는 어느 한 선수가 결승선에 도달할 때까지 App 객체에 의해 반복적으로 호출될 것이다.

마지막으로 Racer 클래스의 초기화 메서드에서 다음과 같이 plot_course()를 호출한다.

```
# bug_race.py 파일의 Racer.__init__() 메서드의 마지막 부분

    self.plot_course()
```

따라서 이제 Racer 객체가 생성되자마자 결승선을 향한 경로가 그려지고 App 객체의 호출을 기다리게 될 것이다.

게임 루프 실행과 우승 조건 판별

게임이 실행되려면 게임 루프를 시작시켜야 한다. 14장에서 다뤘듯 단순히 파이썬의 for나 while 루프를 사용하면 Tkinter의 그리기 작업을 중단시켜 게임에 프리징 현상이 발생할 수 있다. 그 대신 애니메이션을 구성하는 하나의 프레임을 실행하며, 이를 Tkinter 이벤트 루프로 반복하게 하는 메서드가 필요하다.

다음과 같은 메서드로 시작하자.

```
# bug_race.py 파일의 App 클래스

    def execute_frame(self):
        for racer in self.racers:
            racer.next_move()
```

여기서는 먼저 Racer 객체들을 돌며 next_move() 메서드를 호출한다. 각 선수를 이동시킨 다음에는 그중 한 선수가 결승선에 도착했는지 판단해야 할 것이다.

즉, 어떤 한 선수가 결승선 아이템과 겹치는지 확인이 필요하다.

Tkinter Canvas 위젯에서 아이템 사이의 충돌을 감지하는 일은 살짝 귀찮은데, 바운딩 박스의 좌표를 find_overlapping()에 전달해 바운딩 박스와 겹치는 아이템 ID의 튜플을 받아야 하기 때문이다.

Racer 클래스에 다음과 같은 overlapping() 메서드를 만든다.

```
# bug_race.py 파일의 Racer 클래스

@property
def overlapping(self):
    bbox = self.canvas.bbox(self.id)
    overlappers = self.canvas.find_overlapping(*bbox)
    return [x for x in overlappers if x!=self.id]
```

이 메서드는 Canvas의 bbox() 메서드를 사용해 Racer 아이템의 바운딩 박스를 받는다. 그다음에는 find_overlapping()을 사용해 바운딩 박스와 겹치는 아이템의 튜플을 가져온다. 이 튜플에는 Racer 아이템의 ID가 포함돼 있으므로 리스트 컴프리헨션을 사용해 필터링이 가능하며, 그 결과는 Racer 객체의 Canvas 아이템과 겹치는 아이템 리스트다. 이 메서드는 어떤 인자도 필요하지 않으며 오직 하나의 값만 반환하므로 클래스 프로퍼티로 지정했다.

이제 execute_frame() 메서드로 돌아가 다음과 같이 각 선수의 결승선 도달 여부를 확인하는 코드를 추가한다.

```
# bug_race.py 파일의 App 클래스
def execute_frame(self):
    for racer in self.racers:
        racer.next_move()
        if self.finish_line in racer.overlapping:
```

```
        self.declare_winner(racer)
        return
self.after(Racer.FRAME_RES, self.execute_frame)
```

각 Racer의 overlapping() 메서드가 반환한 리스트에 finish_line ID가 있다면 그 선수는 결승선에 도달한 것이므로 declare_winner() 메서드를 호출하고 메서드를 빠져나온다.

아무도 결승선에 도달하지 않았다면 이 메서드는 Racer.FRAME_RES 밀리초 후에 다시 자신을 호출한다. 이는 Tkinter의 이벤트 루프를 사용해 한 선수가 우승하기 전까지 게임 루프를 실행하는 효과적인 방법이다.

다음과 같이 우승한 상황을 처리하는 declare_winner() 메서드를 만든다.

```
def declare_winner(self, racer):
    wintext = self.canvas.create_text(
        (self.canvas.center_x, self.canvas.center_y),
        text=f'{racer.name} wins!\nClick to play again.',
        fill='white',
        font='TkDefaultFont 32',
        activefill='violet'
    )
    self.canvas.tag_bind(wintext, '<Button-1>', self.reset)
```

여기서는 우승한 racer.name을 선언하는 텍스트 아이템을 Canvas의 중앙에 만든다. activefill 인자는 마우스 오버를 했을 때 텍스트 색상을 보라색으로 바꿈으로써 클릭 가능함을 알린다.

이제 텍스트를 클릭하면 호출될 reset() 메서드를 다음과 같이 작성한다.

```
def reset(self, *args):
    self.canvas.delete('all')
    self.setup()
```

reset() 메서드는 delete() 메서드에 all을 전달해 Canvas를 초기화한다. 이미 설명했듯 all은 Canvas 위에 있는 모든 아이템에 적용되는 내장 태그이므로 delete('all')은 모든 Canvas 아이템을 삭제한다. Canvas가 초기화된 다음에는 게임 재시작을 위해 setup()을 호출한다.

이제 setup()이 호출될 때마다 게임이 시작되게 처리해야 한다. 이를 위해 다음과 같이 setup() 메서드의 마지막 부분에서 execute_frame()을 호출한다.

```
# bug_race.py 파일의 App.setup() 메서드
def setup():
    # ...
    self.execute_frame()
```

이로써 게임이 완성됐다. 스크립트를 실행하면 그림 15-3과 같은 모습을 볼수 있을 것이다.

그림 15-3: 벌레 경주 게임

아주 쉬운 건 아니지만 신중한 계획과 약간의 수학을 이용하면 Tkinter 애니메이션은 충분히 자연스럽고 만족스러운 결과를 줄 것이다. 하지만 게임은 이걸로 충분하다. 이제 ABQ 앱으로 돌아가 Tkinter Canvas를 사용해 데이터 시각화 방법을 알아볼 차례다.

﹕ 간단한 그래프 제작

처음 만들 그래프는 시간에 따른 작물 성장량을 볼 수 있는 간단한 선 그래프다. 각 연구소는 저마다 환경 조건이 다르며 그런 조건이 작물의 성장에 미치는 영향을 알고 싶기 때문이다. 따라서 그래프는 각 연구소의 모든 재배 구역에서 매일 측정된 작물의 중간 높이 평균을 나타내는, 연구소마다 하나의 선을 표시하면 된다.

먼저 로우 데이터$^{\text{raw data}}$(미가공 데이터)를 반환하는 모델 메서드, 그다음에는 Canvas 기반의 선 그래프 뷰, 마지막으로 데이터를 가져와 뷰에 전달하는 애플리케이션 콜백을 만드는 순서로 진행하자.

모델 메서드

모델 메서드에서 필요한 것은 plot_checks 테이블에서 일 번호, 연구소 ID, 중간 높이의 평균값을 가져오는 일이다. 이때 일 번호는 해당 데이터의 날짜와 plot_checks 테이블의 가장 오래된 날짜의 차이다. 따라서 쿼리는 다음과 같을 것이다.

```
SELECT
    date - (SELECT min(date) FROM plot_checks) AS "Day",
    lab_id,
    avg(median_height) AS "Average Height (cm)"
FROM plot_checks
```

```
    GROUP BY date, lab_id
    ORDER BY "Day", lab_id;
```

이 쿼리를 실행하면 다음과 같은 결과를 볼 수 있다.

Day	lab_id	Average Height (cm)
0	A	1.4198750000000000
0	B	1.3320000000000000
0	C	1.5377500000000000
1	A	1.7266250000000000
1	B	1.8503750000000000
1	C	1.4633750000000000

이 쿼리를 사용하는 새 메서드를 다음과 같이 SQLModel 안에 만든다.

```
# models.py 파일의 SQLModel 클래스

    def get_growth_by_lab(self):
        query = (
            'SELECT date - (SELECT min(date) FROM plot_checks) AS "Day", '
            'lab_id, avg(median_height) AS "Avg Height (cm)" '
            'FROM plot_checks '
            'GROUP BY date, lab_id ORDER BY "Day", lab_id;'
        )
        return self.query(query)
```

이 메서드는 매우 직관적이다. 그냥 쿼리를 실행해 그 결과를 반환할 뿐이니 말이다. 기억하겠지만 SQLModel.query() 메서드는 결과를 딕셔너리의 리스트로 반환한다. 즉, 여기서는 각 딕셔너리에 Day, lab_id, Avg Height (cm)이라는 3개의 필드 값이 담긴다. 이제 이들 데이터를 시각화할 수 있는 차트 뷰를 개발할 차례다.

차트 뷰

차트 뷰는 모델 메서드에서 가져온 데이터를 사용해 선 그래프를 그리는 역할을 할 것이다. views.py를 열어 다음과 같이 LineChartView 클래스를 만든다.

```
# views.py
class LineChartView(tk.Canvas):
    """선 그래프를 그리기 위한 일반 뷰"""

    margin = 20
    colors = [
        'red', 'orange', 'yellow', 'green',
        'blue', 'purple', 'violet'
    ]
```

LineChartView는 Canvas의 하위 클래스이므로 그 위에 직접 아이템을 그릴 수 있다. 이 뷰는 데이터 플롯뿐만 아니라 각 축, 레이블, 범례도 포함해야 한다. 또한 재사용성을 위해 이 인스턴스의 차트에 사용할 데이터의 어떤 특정 참조도 사용하지 않게 설계할 것이다. 즉, 어떤 데이터 집합을 전달해도 선 그래프가 생성되게 한다는 의미다. LineChartView의 두 클래스 속성 중 하나는 차트의 바깥 여백 기본값(픽셀 단위)을 정의하며, 다른 하나는 순서대로 각 선에 사용될 색상 리스트를 정의한다. 지금은 3개의 연구소 데이터만 사용할 것이므로 3개의 선에 해당하는 색상만 필요하다. 그러나 향후를 위해 얼마든지 색상을 미리 추가해 놓을 수 있다.

다음과 같이 초기화 메서드부터 시작한다.

```
# views.py 파일의 LineChartView 클래스
def __init__(
    self, parent, data, plot_size,
    x_field, y_field, plot_by_field
):
```

```
self.data = data
self.x_field = x_field
self.y_field = y_field
self.plot_by_field = plot_by_field
```

여기서는 부모 위젯의 인자와 별개로 다음과 같은 위치 인자들을 추가했다.

- data는 쿼리를 통해 얻은 데이터가 포함된 딕셔너리 리스트다.
- plot_size는 차트의 너비와 높이를 픽셀 단위로 지정한 정수 튜플이다.
- x_field와 y_field는 차트의 X축과 Y축의 필드명이며 여기서는 Day와 Avg Height (cm)가 될 것이다.
- plot_by_field는 각 로우를 개별 선들로 분류하기 위한 필드다. 여기서는 각 연구소가 하나의 선이므로 이 필드는 lab_id가 될 것이다.

어떤 메서드에서도 접근할 수 있게 이 모든 값을 인스턴스 변수에 저장했다.

이 위젯의 선 그래프 영역은 LineChartView 위에 두 번째 Canvas로 구현할 것이다. 따라서 LineChartView는 두 축과 레이블이 표시될 여백에 그래프 영역을 더한 크기가 돼야 한다. 다음과 같이 그 크기를 계산해 상위 클래스인 LineChartView의 초기화 메서드에 전달하는 코드를 작성한다.

```
self.plot_width, self.plot_height = plot_size
view_width = self.plot_width + (2 * self.margin)
view_height = self.plot_height + (2 * self.margin)

super().__init__(
    parent, width=view_width,
    height=view_height, background='lightgrey'
)
```

보다시피 계산된 너비와 높이를 인스턴스 변수에 저장함으로써 다른 메서드에서 사용할 수 있게 했다.

상위 클래스를 초기화했으니 이제 현재 Canvas에 그리기를 시작할 차례다. 먼저 다음과 같이 두 축을 그린다.

```
self.origin = (self.margin, view_height - self.margin)
# X축
self.create_line(
    self.origin,
    (view_width - self.margin, view_height - self.margin)
)
# Y축
self.create_line(
    self.origin, (self.margin, self.margin), width=2
)
```

차트의 기준점은 좌측 하단 구석으로부터 self.margin 픽셀만큼 떨어진 지점이며 X축과 Y축을 그 기준점으로부터 각각 오른쪽 방향과 위 방향을 향해 단순한 검은색 선으로 그릴 것이다. Canvas의 Y 좌표는 바닥부터 올라가는 방식이 아닌 꼭대기에서 내려오는 방식이라는 사실을 기억할 것이다. 따라서 Y 좌표는 뷰 영역에서 여백을 뺀 높이다.

이제 다음과 같이 각 축에 레이블을 추가한다.

```
self.create_text(
    (view_width // 2, view_height - self.margin),
    text=x_field, anchor='n'
)
self.create_text(
    (self.margin, view_height // 2),
    text=y_field, angle=90, anchor='s'
)
```

여기서는 텍스트 레이블을 위한 객체에 필드 이름을 전달함으로써 X축과 Y축의 레이블을 위한 텍스트 아이템을 만들었다. 또한 anchor를 사용해 텍스트의 바운딩 박스가 주어진 좌표에 부착될 면을 지정했다. 예를 들어 X축의 경우 n(north)

을 지정해 텍스트의 상단이 X축 밑에 부착되게 했다. Y축의 경우 angle=90을 지정해 회전된 텍스트가 측면에 부착되게 했다. 여기서 s(south)는 회전된 텍스트를 기준으로 하는 방위다. 즉, 'south'는 회전 여부와 관계없이 항상 텍스트의 바닥면을 의미한다.

레이블이 추가됐으므로 이제 다음과 같이 그래프 영역을 포함할 두 번째 Canvas를 만든다.

```
self.plot_area = tk.Canvas(
    self, background='#555',
    width=self.plot_width, height=self.plot_height
)
self.create_window(
    self.origin, window=self.plot_area, anchor='sw'
)
```

이 Canvas 객체는 실제 그래프가 그려질 영역이다. 물론 LineChartView에 직접 그래프를 그릴 수도 있지만 별도의 Canvas를 만들면 그래프 외부 여백은 신경 쓸 필요 없이 선 그래프를 그릴 지점들을 쉽게 계산할 수 있다. 또한 별도의 배경색도 지정할 수 있으므로 좀 더 보기 좋은 모습도 연출할 수 있다.

우선 필요한 것은 차트에 데이터를 찍는 메서드다. 다음과 같이 _plot_line() 이라는 프라이빗 인스턴스 메서드를 만든다. 이 메서드는 차트에 단일한 선을 그리는 역할을 할 것이다.

```
def _plot_line(self, data, color):
    max_x = max([row[0] for row in data])
    max_y = max([row[1] for row in data])
    x_scale = self.plot_width / max_x
    y_scale = self.plot_height / max_y
```

이 메서드는 X와 Y 좌표들로 이뤄진 튜플의 리스트인 data 인자를 받는다. 차트의 픽셀은 고정돼 있으며 데이터는 어떤 범위든 될 수 있으므로 먼저 데이터를 차트 안에 맞추는 작업이 필요할 것이다. 이를 위해 X와 Y의 최댓값을 찾아 차트의 최댓값으로 나눠 축소 비율을 계산해야 한다. 다만 지금은 데이터에 음수가 있을 수 없으므로 최솟값이 0이라는 가정을 한다는 점에 유의하자.

축소 비율을 계산했으면 다음과 같이 각 데이터를 그 축소 비율로 곱하는 리스트 컴프리헨션을 사용해 데이터가 그 좌표에 위치할 수 있게 변환해야 한다.

```
coords = [
  (round(x * x_scale), self.plot_height -round(y * y_scale))
  for x, y in data
]
```

여기서 반올림을 하는 이유는 부동소수점 픽셀 값을 찍을 수 없기 때문이다. 또한 다시 반복하지만 Canvas의 좌표는 좌측 상단을 기준으로 하므로 Y 좌표 값을 뒤집어야 한다. 이 역시 그래프 높이 값에서 새로운 Y 값을 빼는 리스트 컴프리헨션을 사용해 가능하다.

이제 다음과 같이 좌표, 너비, 색상을 create_line()에 전달하는 코드를 작성한다.

```
self.plot_area.create_line(
  *coords, width=4, fill=color, smooth=True
)
```

여기서 smooth 인자는 곡선을 부드럽고 자연스럽게 만들고자 사용했다.

이 메서드를 사용하려면 초기화 메서드로 돌아가 약간의 계산 로직을 추가해야 한다. 구체적으로는 _plot_line() 메서드가 오직 한 번에 하나의 선을 다루므로 plot_by_field를 사용해 데이터를 걸러내고 한 번에 모든 선을 그릴 수 있게 준비해야 한다.

LineChartView.__init__()에 다음과 같은 코드를 추가한다.

```
# views.py 파일의 LineChartView.__init__() 메서드

    plot_names = sorted(set([
        row[self.plot_by_field]
        for row in self.data
    ]))
    color_map = list(zip(plot_names, self.colors))
```

먼저 데이터로부터 plot_by_field 값을 가져옴으로써 개별 선 이름들을 확보했다. 이 이름들을 정렬시키고 set 객체로 형 변환함으로써 유일한 값들만 가질 수 있게 했다. 그다음에는 zip()으로 색상을 부여해 이름과 색상 튜플의 리스트를 만들었다. zip()이 반환하는 것은 이터러블 객체며, 이를 한 번 이상 사용해야 하므로 list 객체로 형 변환했다.

이제 다음과 같이 선들을 그리자.

```
    for plot_name, color in color_map:
        dataxy = [
            (row[x_field], row[y_field])
            for row in data
            if row[plot_by_field] == plot_name
        ]
        self._plot_line(dataxy, color)
```

여기서는 각 이름과 색상마다 리스트 컴프리헨션을 사용해 데이터를 (X, Y) 리스트에 넣었다. 그다음에는 이 리스트와 색상을 _plot_line()에 전달해 호출함으로써 실제로 선을 그리게 했다.

마지막으로 각 색상이 나타내는 바를 설명하는 범례가 필요하다. 범례가 없다면 이 그래프는 사용자에게 아무 의미를 주지 못할 것이다. 범례를 만들고자 다음과 같은 _draw_legend() 메서드를 만든다.

```
# views.py 파일의 LineChartView 클래스
```

714

```
def _draw_legend(self, color_map):
    for i, (label, color) in enumerate(color_map):
        self.plot_area.create_text(
            10, 10 + (i * 20), text=label, fill=color, anchor='w'
        )
```

이 메서드는 초기화 메서드에서 만든 색상 매핑 리스트를 받으며 이를 enumerate() 함수를 사용해 순환한다. 각 매핑에 있어서는 연관된 색상과 함께 레이블 텍스트를 포함하는 텍스트 아이템을 그린다. 이는 차트의 왼쪽 위를 기준으로 10픽셀부터 시작하며 각 아이템은 20픽셀씩 아래로 내려간다.

마지막으로 이 메서드를 초기화 메서드에서 호출한다.

```
# views.py 파일의 LineChartView.__init__() 메서드

    self._draw_legend(color_map)
```

이로써 LineChartView는 모든 준비가 됐다. 이제 애플리케이션에서 이를 사용하는 코드를 작성할 차례다.

애플리케이션 수정

Application 클래스로 돌아가 다음과 같이 그래프를 보여주는 새 메서드를 만든다.

```
# application.py 파일의 Application 클래스

    def show_growth_chart(self, *_):
        data = self.model.get_growth_by_lab()
        popup = tk.Toplevel()
        chart = v.LineChartView(
            popup, data, (800, 400),
            'Day', 'Avg Height (cm)', 'lab_id'
```

```
    )
    chart.pack(fill='both', expand=1)
```

먼저 get_growth_by_lab() 메서드를 통해 데이터를 가져오고 그다음에는 LineChartView 객체를 담을 Toplevel 위젯을 만들었다. 그리고 이 위젯에 800 × 400픽셀 크기, X축(Day), Y축(Avg Height (cm)), plot_by_field 값(lab_id)을 설정한 LineChartView를 추가했다.

NOTE

> Toplevel 위젯은 루트 윈도우의 외부에 빈 윈도우를 만든다. 따라서 대화상자나 메시지 박스가 아닌 새로운 창의 용도로 사용해야 한다.

이제 Application 초기화 메서드 안의 event_callbacks 딕셔너리에 이 메서드의 콜백 코드를 다음과 같이 추가한다.

```
# application.py 파일의 Application.__init__() 메서드
    event_callbacks = {
      #...
      '<<ShowGrowthChart>>': self.show_growth_chart,
    }
```

마지막으로 차트를 실행할 메뉴 아이템을 추가해야 한다. GenericMainMenu 클래스에 다음과 같은 메서드를 추가한다.

```
    def _add_growth_chart(self, menu):
      menu.add_command(
        label='Show Growth Chart',
        command=self._event('<<ShowGrowthChart>>')
      )
```

이제 이 메서드를 각 _build_menu() 메서드 안에서 사용해 도구 메뉴에 추가되게 하자. 예를 들어 다음과 같은 방식으로 작성하면 된다.

716

```
# mainmenu.py 파일의 각 _build_menu() 메서드

    self._add_growth_chart(self._menus['Tools'])
```

이제 차트를 확인하면 그림 15-4와 같은 모습을 볼 수 있을 것이다.

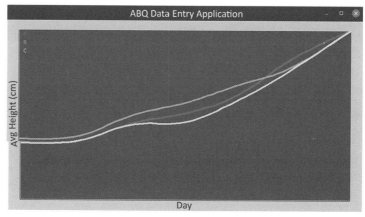

그림 15-4: 작물 성장률 차트

TIP

데이터가 충분하지 않다면 그럴 듯한 그래프를 보기 힘들 것이다. 데이터를 일일이 입력하기 곤란하다면 이 책이 제공하는 예제 파일인 sql 디렉터리 안에 있는 abq_sample_data.sql을 통해 데이터를 만들어 테스트하기 바란다.

고급 그래프 제작

앞서 제작한 그래프에 좀 더 전문적인 모습을 갖추게 하려면 상당한 작업이 필요하다. 유용한 차트라면 눈금, 격자, 확대/축소 등의 기능이 있어야 하기 때문이다.

그렇게 하고자 많은 시간을 쏟을 수도 있지만 Tkinter 애플리케이션에서는 좀 더 나은 그래프와 차트를 빨리 만들 수 있는 다른 방법도 있다. 바로 Matplotlib이다.

Matplotlib은 모든 종류의 고급 그래프를 생성해주는 서드파티 파이썬 라이브러리다. 다양한 부가 기능이 포함된 이 거대한 라이브러리의 실제 사용법을 모두 다룰 수는 없지만 Tkinter 애플리케이션과 통합하는 방법은 알아볼 것이다. 이를 위해 습도와 온도에 따른 각 재배 구역의 수확량을 나타내는 버블 차트를 만들어보자.

먼저 해야 할 일은 다음과 같은 **pip** 명령으로 **matplotlib** 라이브러리를 설치하는 것이다.

```
$ pip install --user matplotlib
```

설치에 관한 자세한 내용은 https://matplotlib.org/stable/users/installing/index.html을 참고하기 바란다.

데이터 모델 메서드

차트를 만들기 전에 먼저 데이터를 뽑아낼 또 다른 **SQLModel** 메서드를 만들어야 한다. 그리고 그 메서드에는 필요한 데이터를 반환할 수 있는 다음과 같은 SQL 쿼리가 필요할 것이다.

```
SELECT
    seed_sample,
    MAX(fruit) AS yield,
    AVG(humidity) AS avg_humidity,
    AVG(temperature) AS avg_temperature
FROM plot_checks
WHERE NOT equipment_fault
GROUP BY lab_id, plot, seed_sample
```

이 차트의 목적은 각 종자 샘플을 위한 최적의 온도와 습도를 찾는 것이다. 따라서 최대 열매 수확량, 평균 온도와 습도, 종자 샘플을 포함하는 데이터 로우가 필요하다. 다만 불량 데이터는 배제해야 하므로 장비 오류가 있는 로우는 걸러낼 것이다.

쿼리가 반환하는 데이터는 다음과 같은 모습일 것이다.

seed_sample	yield	avg_humidity	avg_temperature
AXM480	11	27.7582142857142857	23.7485714285714286
AXM480	20	27.2146428571428571	23.8032142857142857
AXM480	15	26.2896428571428571	23.6750000000000000
AXM478	31	27.2928571428571429	23.8317857142857143
AXM477	39	27.1003571428571429	23.7360714285714286
AXM478	39	26.8550000000000000	23.7632142857142857

이 데이터를 애플리케이션에 공급하고자 다음과 같이 **get_yield_by_plot()**이라는 또 다른 모델 메서드를 만든다.

```
# models.py 파일의 SQLModel 클래스

    def get_yield_by_plot(self):
        query = (
            'SELECT seed_sample, MAX(fruit) AS yield, '
            'AVG(humidity) AS avg_humidity, '
            'AVG(temperature) AS avg_temperature '
            'FROM plot_checks WHERE NOT equipment_fault '
            'GROUP BY lab_id, plot, seed_sample'
        )
        return self.query(query)
```

모델 작업은 끝났으니 이제 뷰로 이동하자.

버블 차트 뷰

Tkinter 애플리케이션에 Matplotlib을 통합하려면 views.py에서 사용할 여러 모듈들이 필요하다.

첫 번째 대상은 당연히 `matplotlib` 자체다.

```
import matplotlib
matplotlib.use('TkAgg')
```

스크립트의 임포트 부분에서 메서드를 실행하는 것이 이상하게 보일 수 있으며, 심지어 일부 편집기나 IDE는 이 코드를 지적할 수도 있다. 그러나 Matplotlib의 문서에 따르면 `matplotlib`에서 다른 모듈을 임포트하기 전에 어떤 백엔드를 사용할지 명시하고자 `use()`를 호출해야 한다. 여기서는 **TkAgg** 백엔드를 사용할 것이므로 이를 지정했다.

NOTE

> Matplotlib은 PyQt, wxWidgets, Gtk3 등과 같은 다양한 GUI 툴킷을 위한 백엔드뿐만 아니라 그래프를 직접 파일에 렌더링하는 등의 Non-GUI 상황을 위한 백엔드까지 제공한다. 이에 대한 자세한 사항은 https://matplotlib.org/stable/api/index_backend_api.html에서 볼 수 있다.

백엔드를 설정했으니 이제 `matplotlib`에서 다음과 같은 아이템들을 임포트한다.

```
from matplotlib.figure import Figure
from matplotlib.backends.backend_tkagg import (
    FigureCanvasTkAgg,
    NavigationToolbar2Tk
)
```

`Figure` 클래스는 `matplotlib` 차트를 위한 기본 그리기 영역이다.

`FigureCanvasTkAgg` 클래스는 `Figure`와 Tkinter `Canvas` 사이의 인터페이스며 `NavigationToolbar2Tk`는 `Figure` 객체를 위한 내비게이션 툴바를 GUI에 얹을

수 있게 한다.

다음과 같이 views.py에 YieldChartView 클래스를 만들어 시작하자.

```
# views.py
class YieldChartView(tk.Frame):

    def __init__(self, parent, x_axis, y_axis, title):
        super().__init__(parent)
        self.figure = Figure(figsize=(6, 4), dpi=100)
        self.canvas_tkagg = FigureCanvasTkAgg(self.figure, master=self)
```

먼저 Frame 객체 생성을 위해 상위 클래스의 초기화 메서드를 호출한 다음에 Figure 객체를 만들었다. Figure 객체는 픽셀이 아닌 인치 단위의 크기와 인치당 도트^{DPI, Dots Per Inch} 단위의 해상도를 받는다. 여기서는 6 × 4인치와 100dpi를 지정함으로써 600 × 400픽셀의 Figure 객체가 생성될 것이다. 그다음에는 Figure 객체와 Tkinter Canvas를 연결하기 위한 FigureCanvasTkAgg 객체를 만들었다.

FigureCanvasTkAgg 자체가 Canvas나 그 하위 클래스는 아니지만 애플리케이션에 넣을 수 있는 Canvas 객체 하나를 포함한다. 그 Canvas 객체를 참조하려면 FigureCanvasTkAgg 객체의 get_tk_widget() 메서드를 사용하면 된다. 다음과 같이 Canvas 객체의 참조를 얻어 YieldChartView 위젯에 배치한다.

```
        canvas = self.canvas_tkagg.get_tk_widget()
        canvas.pack(fill='both', expand=True)
```

그다음에는 툴바를 만들어 FigureCanvasTkAgg 객체에 부착한다.

```
        self.toolbar = NavigationToolbar2Tk(self.canvas_tkagg, self)
```

툴바를 추가하고자 배치 관리자를 사용할 필요는 없다. 그 대신 단순히 FigureCanvasTkAgg 객체와 부모 위젯^(여기서는 YiedChartView 객체인 self)을 툴바의 초기화 메서드에 전달하면 툴바가 Figure에 부착된다.

그런 다음 각 축을 설정한다.

```
self.axes = self.figure.add_subplot(1, 1, 1)
self.axes.set_xlabel(x_axis)
self.axes.set_ylabel(y_axis)
self.axes.set_title(title)
```

matplotlib에서 Axes 객체는 데이터가 찍힐 수 있는 X축과 Y축 쌍 하나를 나타
내며 Figure.add_subplot() 메서드를 사용해 만들 수 있다. add_subplot()에
전달되는 세 정수는 행의 수, 열의 수, 인덱스다. Figure에는 테이블 형식처럼
배치된 여러 하위 그래프를 추가할 수 있다. 그러나 지금은 하나만 필요하므로
모두 1만 전달했다. 축을 만든 다음에는 Axes 객체에 각 레이블들을 설정했다.

버블 차트를 만들고자 Matplotlib의 산점도scatter plot 기능을 사용할 것이며 각 점의
크기를 사용해 열매 수확량을 나타낼 것이다. 또한 종자 샘플을 구분할 수 있게
각 점에 색상을 부여할 것이다.

다음과 같이 산점도를 그리는 메서드를 만든다.

```
def draw_scatter(self, data, color, label):
    x, y, size = zip(*data)
    scaled_size = [(s ** 2)//2 for s in size]
    scatter = self.axes.scatter(
        x, y, scaled_size,
        c=color, label=label, alpha=0.5
    )
```

전달되는 data에는 레코드당 세 칼럼이 포함되므로 이를 x, y, size의 세 리스트
로 쪼갰다. 그다음에는 각 size 값을 제곱하고 2로 나눔으로써 값의 차이를 증
폭시켰다. 이게 반드시 필요한 작업은 아니다. 그러나 상대적으로 각 값들의
실제 차이가 작을 경우 이렇게 함으로써 좀 더 보기 좋은 차트를 만들 수 있다.

마지막으로 scatter() 메서드를 통해 데이터를 axes 객체에 그리되 각 점을

위한 색상과 레이블을 지정했으며 alpha 인자로 반투명하게 만들었다.

Axes 객체를 위한 범례를 그리려면 scatter 객체들의 리스트와 그 레이블들의 리스트가 필요하다. 이를 위해 __init__() 안에 이들의 초기 리스트를 만들고 draw_scatter()가 호출될 때마다 적절한 값이 추가되게 해야 한다.

다음과 같이 __init__()에 빈 리스트 2개를 추가한다.

```
# views.py 파일의 YieldChartView.__init__() 메서드

    self.scatters = list()
    self.scatter_labels = list()
```

이제 draw_scatter()의 끝에 다음과 같이 두 리스트를 추가하고 legend()를 호출하는 코드를 작성한다.

```
# views.py 파일의 YieldChartView.draw_scatter() 메서드
    self.scatters.append(scatter)
    self.scatter_labels.append(label)
    self.axes.legend(self.scatters, self.scatter_labels)
```

legend()는 얼마든지 반복해서 호출할 수 있으며, 그렇게 하면 매번 범주를 다시 그리게 된다는 점도 알아두자.

애플리케이션 수정

이제 Application으로 돌아가 수확량 차트를 보여주는 메서드를 만들자.

먼저 차트 뷰에서 Toplevel 위젯이 나타나게 다음과 같은 메서드를 작성한다.

```
# application.py 파일의 Application 클래스
  def show_yield_chart(self, *_):
    popup = tk.Toplevel()
    chart = v.YieldChartView(
      popup,
      'Average plot humidity', 'Average plot temperature',
      'Yield as a product of humidity and temperature'
    )
    chart.pack(fill='both', expand=True)
```

이제 산점도에 필요한 데이터를 다음과 같이 준비하자.

```
data = self.data_model.get_yield_by_plot()
seed_colors = {
  'AXM477': 'red', 'AXM478': 'yellow',
  'AXM479': 'green', 'AXM480': 'blue'
}
```

여기서는 데이터 모델로부터 수확량 데이터를 가져오고 각 종자 샘플에 사용할 색상들을 담은 딕셔너리를 만들었다. 따라서 이제 다음과 같이 각 종자 샘플을 돌며 점을 찍기만 하면 된다.

```
for seed, color in seed_colors.items():
  seed_data = [
    (x['avg_humidity'], x['avg_temperature'], x['yield'])
    for x in data if x['seed_sample'] == seed
  ]
  chart.draw_scatter(seed_data, color, seed)
```

여기서도 리스트 컴프리헨션을 사용해 평균 습도, 평균 온도, 수확량 데이터를 공급했다.

이제 이전과 마찬가지로 이 메서드를 콜백 딕셔너리에 추가하자.

또한 mainmenu.py로 이동해 이전과 같은 방식으로 _add_yield_chart() 메서드를 정의하고 각 플랫폼별로 메뉴 아이템을 추가하자.

완성된 버블 차트는 그림 15-5와 같은 모습이 될 것이다.

잠시 내비게이션 툴바를 사용해 차트를 만져보자. 확대/축소, 이동, 크기 조정, 이미지 저장 등의 기능을 사용할 수 있다. 이는 Matplotlib이 기본으로 제공하는 강력한 도구들이며 차트를 매우 전문적으로 만들어준다.

ABQ에 필요한 차트는 여기까지지만, 봤다시피 애플리케이션에 Matplotlib의 강력한 차트와 그래프를 통합하는 일은 매우 쉽다. 또한 충분히 공을 들이면 Canvas 위젯을 사용하는 시각화에 어떤 제한도 없을 것이다.

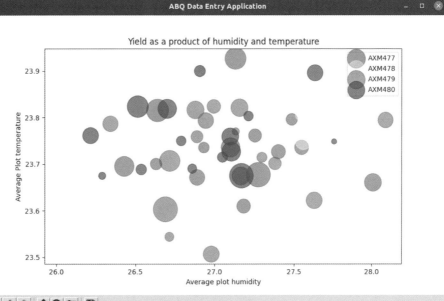

그림 15-5: 서로 다른 조건하에서의 종자 샘플 수확량을 나타내는 버블 차트

⠿ 정리

15장에서는 Tkinter의 시각화 기능을 살펴봤다. 먼저 Canvas 위젯에 각종 모양, 선, 이미지, 텍스트, 다른 위젯을 그리는 방법을 살펴봤다. 또한 Tkinter 이벤트 큐를 사용하는 애니메이션을 구현했다. 그다음에는 SQL 쿼리 결과를 기본적인 데이터 시각화로 제공하고자 평범한 Canvas를 사용해 간단한 선 그래프를 만들었다. 마지막으로 강력한 Matplotlib 라이브러리를 사용해 광범위한 차트와 그래프를 애플리케이션에 통합하는 방법을 살펴봤다.

16장에서는 실제 배포를 위한 애플리케이션 패키징 방법을 살펴본다. 구체적으로는 파이썬 코드의 배포 버전을 만들기 위한 디렉터리 구조를 만드는 방법과 윈도우즈, 맥OS, 리눅스에 관계없이 배포판을 만들 수 있는 서드파티 도구의 사용법을 알아본다.

16

패키징

이제 ABQ 앱은 회사 전체에 퍼졌으며 다른 설비에서도 사용하고 싶다는 요청이 쇄도했다. 그러나 ABQ 앱을 설치하고 실행하는 과정은 그리 만만치 않다. 문제가 생길 수 있는 지루한 복사 작업을 통해 앱을 설치해야 하고 사용자는 각 컴퓨터에서 수작업으로 작성된 배치 스크립트나 셸 스크립트를 통해 앱을 실행해야 하기 때문이다. 따라서 윈도우즈, 맥OS, 리눅스에서 쉽게 설치하고 실행할 수 있는 전문적인 방식의 애플리케이션 패키징이 필요한 상황이다.

16장에서 다루는 내용은 다음과 같다.

- 'setuptools로 배포 패키지 제작' 절에서는 setuptools 라이브러리를 사용해 배포 가능한 파이썬 소스와 wheel 패키지 제작법을 배운다.
- 'cx_Freeze로 실행 파일 제작' 절에서는 특히 윈도우즈와 맥OS 환경에서 독립적으로 실행할 수 있는 애플리케이션 파일 제작법을 알아본다.

⫶ setuptools로 배포 패키지 제작

파이썬에서의 배포 작업은 종종 큰 단점으로 오해를 받기도 한다. 그러나 이 분야는 과거의 유산과 미래의 비전 사이에서 계속 진화한 도구와 접근법의 오랜 역사가 있다.

즉, 이 책에서 pip를 사용해 컴포넌트를 쉽게 설치함으로써 증명됐듯 배포 작업 역시 전혀 문제가 없다. 이 절의 목표는 일부 혼란스러운 점을 해소하고 전통적 접근법과 미래의 추세를 모두 적용하는 방법을 제시하는 것이다.

파이썬 표준 라이브러리에는 파이썬 코드를 패키징하고 배포 가능하게 만드는 여러 기능의 집합인 distutils가 포함돼 있다. 그러나 distutils 문서(https://docs.python.org/3.10/library/distutils.html)와 공식 패키징 가이드(https://packaging.python.org)에서는 distutils 대신 setuptools를 권장한다.

setuptools 라이브러리는 의존성 처리, 다른 언어 파일의 번들링, 실행 파일 생성 등과 같은 중요한 기능이 추가된 distutils 라이브러리의 확장판이다. setuptools가 표준 라이브러리의 일부는 아니지만 윈도우즈와 맥OS용 공식 파이썬 배포판에는 포함돼 있으며 대부분의 리눅스에서도 패키지 저장소로부터 바로 사용이 가능하다. pip도 setuptools를 사용하므로 setuptools를 통해 파이썬과 pip가 있는 모든 시스템에 설치될 수 있는 패키지를 만들 수 있다.

NOTE

> PyPI에 업로드될 수 있는 패키지를 만들고 싶다면 setuptools가 적당하다. 이와 관련된 자세한 사항은 공식 패키징 가이드(https://packaging.python.org)를 참고하기 바란다.

배포용 패키지 준비

이미 6장에서 애플리케이션 패키징을 위해 프로젝트 디렉터리를 깔끔하게 재구성했다. 그러나 좀 더 완벽한 배포 패키지를 만들려면 약간의 추가 사항과 변경 사항을 적용해야 한다. 그게 뭔지 지금부터 알아보자.

requirements.txt 파일

requirements.txt 파일은 대개 애플리케이션의 루트 디렉터리에 위치하며 애플리케이션 개발에 사용되는 모든 서드파티 모듈의 목록을 저장하는 평문 파일이다. 이 파일은 setuptools와는 관계없으며 pip가 의존성을 확인하고 패키지를 설치할 때 사용된다.

다음과 같은 requirements.txt 파일을 만든다.

```
# requirements.txt

--index-url https://pypi.python.org/simple/

# Runtime:
requests
paramiko
psycopg2
matplotlib

# for testing REST:
flask
```

첫 번째 줄에서는 설치하고자 하는 패키지들이 있는 인덱스 주소를 지정했다. 엄밀히 말하면 이는 필요하지 않은데, PyPI가 기본으로 사용하는 인덱스이기 때문이다. 그러나 이 URL을 다른 패키지 인덱스를 지정할 때 사용할 수 있다. 예를 들어 ABQ 앱이 보안을 이유로 자신만의 파이썬 패키지를 사용해야 한다면 pip가 해당 URL의 서버에 접속하게 할 수 있다.

그다음에는 런타임 요구 사항을 지정했다. ABQ 앱이 의존하는 외부 라이브러리는 requests, paramiko, psycopg2, matplotlib이며, 이들을 단순히 한 줄에 하나씩 지정하면 된다. 또한 #을 사용하면 주석을 추가할 수 있다.

마지막으로 flask를 추가했는데, 이는 애플리케이션이 아닌 테스트용 REST 서비스에 필요한 패키지다. 이런 종류의 요구 사항을 포함시키는 것이 이상해 보일 수 있지만 requirements.txt 파일의 목적은 다른 개발자(또는 미래의 자신)가 이 애플리케이션의 개발 환경을 쉽게 재현할 수 있게 하는 것이다. 또한 이런 종류의 요구 사항은 별도 파일로 분리시켜도 된다. 예를 들어 requirements.development.txt나 requirements.testing.txt 등과 같은 식으로 말이다.

그다음에는 pip 명령으로 다음과 같이 파일을 직접 지정해 설치할 수 있다.

```
$ pip install -r requirements.txt
```

이렇게 하면 pip는 파일을 한 번에 한 줄씩 읽어 의존성 패키지를 설치한다. 이때 pip는 해당 패키지가 이미 설치돼 있는지 확인하고 그렇지 않다면 지정된 패키지 URL에서 최신 버전을 받아 설치한다.

그런데 여기에는 약간의 문제점이 있을 수 있다. 현재 코드가 이미 설치된 패키지보다 높은 버전의 패키지에 의존한다면 어떻게 될까? 또는 새 버전의 패키지와 호환되지 않는 기능 때문에 이전 버전의 패키지를 사용해야 하는 상황이라면 어떻게 해야 할까?

이를 해결하려면 다음과 같이 requirements.txt 파일에 버전 지정자^{version specifier}를 포함시키면 된다.

```
requests==2.26.0
paramiko>=2.6
psycopg2<3.0
matplotlib>3.2,<=3.3
```

버전 지정자에는 비교 연산자가 포함되는데, 이는 pip에 직접적으로 설치할 버전을 지시하는 역할을 한다. 예를 들어 위 코드는 다음과 같은 의미를 갖는다.

- requests의 버전은 정확히 2.26.0이어야 한다.

- paramiko의 버전은 최소한 2.6 이상이어야 한다.
- psycopg2의 버전은 3.0 미만이어야 한다.
- matplotlib의 버전은 3.2보다 높지만 3.3 이하여야 한다.

버전 지정자를 어떻게 사용할지는 프로젝트와 사용자의 요구 사항에 달려 있다. 그러나 버그 수정이나 보안 패치를 놓칠 수 있기 때문에 보통은 새로운 버전을 제한하지 않는 방식이 좋다. 물론 새로운 버전에도 알려진 버그가 있다면 상황이 다르지만 말이다.

TIP

> pip freeze 명령을 실행하면 설치된 모든 패키지가 정확한 버전과 함께 나열된다. 개발 환경을 정확히 복제해야 하는 개발자의 경우 종종 이 목록을 requirements.txt에 그대로 삽입하는 용도로 활용한다.

pyproject.toml 파일

setuptools가 사실상의 표준 파이썬 패키징 도구라 하더라도 파이썬 진영에서는 특정 도구에 의존하지 않는 방법을 계속 추구하고 있다. 그 일환으로 공식 패키징 가이드에서는 루트 디렉터리에 pyproject.toml 파일을 만들어 사용하기를 권한다. 현재 이 파일은 오직 프로젝트 빌드에만 사용되지만 향후에는 좀 더 많은 프로젝트 설정에 사용되게 발전할 것이다.

지금 이 파일에 필요한 내용은 다음과 같다.

```
[build-system]
requires = [
    "setuptools",
    "wheel"
]
build-backend = "setuptools.build_meta"
```

이 파일은 현재 프로젝트에 setuptools와 wheel 패키지가 필요하다고 설명하고 있으며 프로젝트 빌드를 위해 setuptools.build_meta를 사용하겠다고 선언하고 있다. setuptools를 사용해 프로젝트를 빌드하고 싶다면 이 내용은 기본적으로 필요할 것이다.

이런 목록을 빌드 요구 사항이라고 하는데, 이는 배포용 패키지를 만드는 빌드 툴에 필요한 패키지들을 말하며, 특정 패키지를 사용할 때 요구되는 다른 패키지들을 나열하는 requirements.txt의 목록과는 별개다.

NOTE

> TOML(Tom's Obvious, Minimal Language)은 2013년에 발표된 비교적 나중에 등장한 설정 형식이다. TOML은 전통적인 INI 스타일에 계층형 구조와 중첩 목록이 가능하게 했다. 현재 러스트(Rust), 자바스크립트, 파이썬 등과 같은 많은 언어에서 기본 설정 형식으로 채택되고 있으며, 자세한 내용은 https://toml.io에서 확인할 수 있다.[1]

라이선스 파일 추가

코드를 배포할 때는 사용자가 그 코드로 할 수 있는 일의 범위를 인지해야 한다는 점이 중요하다. C나 자바 등과 같은 컴파일 언어와 달리 파이썬의 경우 setuptools로 프로젝트를 배포할 때 소스코드가 포함된다. 따라서 사용자가 그 소스코드를 적합하게 사용하게 하려면 코드에 라이선스 파일을 추가해야 한다.

라이선스를 정할 때는 다음과 같은 사항들을 고려해야 한다.

첫째, ABQ 앱과 같이 회사 업무의 일환으로 개발한 소프트웨어라면 다른 직원들도 코드를 소유할 수 있을 것이며, 따라서 그들이 원하는 라이선스를 정할 필요가 있다. 이는 회사의 정책 담당자와 논의해야 할 것이다.

둘째, 개발한 소프트웨어에 서드파티 라이브러리가 포함돼 있다면 그 라이브러리의 라이선스와 호환되는 라이선스를 정해야 한다. 예를 들어 GNU 퍼블릭 라이선스^{GPL, GNU Public License}하에 있는 라이브러리가 있다면 이를 포함하는 소프트

---

1. INI는 Initialization의 약자며 단순한 구조의 설정 형식으로 인해 여러 운영체제에서 오랫동안 사용됐다. – 옮긴이

웨어 역시 GPL이나 그와 호환되는 라이선스를 선택할 필요가 있다. 파이썬과 Tkinter는 매우 느슨한 라이선스하에 배포되며 추가로 앞서 4개의 라이브러리에 대한 라이선스는 다음과 같다.

패키지	라이선스	내용
requests	Apache 2.0	https://opensource.org/license/apache-2-0/
paramiko	LGPL 2.1	https://github.com/paramiko/paramiko/blob/main/LICENSE
psycopg2	LGPL 3.0	https://www.psycopg.org/license/
matplotlib	BSD 기반의 자체 라이선스	https://matplotlib.org/stable/users/license.html

소프트웨어를 배포하기 전에 반드시 이들 라이선스를 검토해 라이브러리 사용 조건에 호환되게 해야 한다. 그런 상황이 안 된다면 프로젝트에 가장 적합한 라이선스를 만들고 그 안에 배포 의도를 명확히 설명하기 바란다.

어떤 라이선스가 됐든 그 내용은 LICENSE라는 이름의 파일로 프로젝트 루트 디렉터리에 위치시켜야 한다.

실행 파일 제작

지금까진 ABQ 앱을 실행할 때 프로젝트 루트 디렉터리에 있는 abq_data_entry.py 파일을 사용했다. 그러나 이 파일은 패키지 영역의 밖에 존재한다. 이상적으로는 아무리 간단한 실행 스크립트라 하더라도 모든 파이썬 코드가 패키지 영역 안에 있어야 할 것이다. abq_data_entry.py를 패키지 영역 안으로 복사하면 안 될까? 매우 쉬운 방법이지만 실제 그렇게 해서 실행하면 다음과 같은 오류를 보게 된다.

```
$ python abq_data_entry/abq_data_entry.py
Traceback (most recent call last):
    File ".../abq_data_entry/abq_data_entry.py", line 1, in <module>
```

```
    from abq_data_entry.application import Application
  File ".../abq_data_entry/abq_data_entry.py", line 1, in <module>
    from abq_data_entry.application import Application
ModuleNotFoundError: No module named 'abq_data_entry.application';
  'abq_data_entry' is not a package
```

불행히도 상대 경로 임포트는 패키지 안에서 코드를 실행할 때 제대로 작동하지 않는다. 파이썬은 이에 대한 해법을 제공한다. 바로 애플리케이션 실행을 위해 파이썬 스크립트를 사용하는 대신 실행 패키지를 만드는 방법이다.

그러려면 패키지 영역 안에 __main__.py라는 파일을 만들어야 한다. 파이썬 패키지 안의 이 특별한 파일은 패키지를 실행 가능하게 만드는데, 모듈이 실행될 때 파이썬이 __main__.py 스크립트를 구동하기 때문이다. 그러나 여기에는 상대 경로 임포트가 작동할 수 있게 하는 특별한 방법이 추가돼 있다.

다음과 같이 abq_data_entry/__main__.py 파일을 만든다.

```python
# abq_data_entry/__main__.py

from abq_data_entry.application import Application
def main():
  app = Application()
  app.mainloop()

if __name__ == '__main__':
  main()
```

__main__.py는 abq_data_entry.py와 흡사한데, 다만 main()이라는 함수 안에서 Application을 생성하고 mainloop()를 호출한다는 점이 다르다. 그 이유는 잠시 후에 설명한다.

__main__.py를 만들었으면 다음과 같이 모듈을 실행할 수 있다.

```
$ python -m abq_data_entry
```

-m은 해당 모듈을 로딩하고 실행하라는 옵션이다. 지금은 프로젝트 루트 폴더 안에서 이 명령을 실행해야 하지만 애플리케이션을 파이썬 패키지로 만들어 설치하면 어디에서든 실행이 가능하게 될 것이다.

setup.py 스크립트

코드는 모두 준비됐으니 이제 setuptools 설정을 시작하자. setuptools를 사용해 패키지를 만들려면 설정 스크립트[Setup Script]라고 하는 파일을 만들어야 한다. 관례상 그 파일은 setup.py이며 애플리케이션의 루트 디렉터리에 위치시킨다.

> **TIP**
>
> setuptools 설정은 INI 스타일의 설정 파일인 setup.cfg로도 할 수 있다. 이 파일을 결국 setup.py 로 대체할 수도 있지만 이 책에서는 처음부터 파이썬 스크립트 방식을 설명한다. 그래야 일부 필요한 파이썬 코드도 넣을 수 있기 때문이다.

setup.py 파일의 기본 구조는 다음과 같은 식이다.

```
# setup.py
from setuptools import setup

setup(
    # 설정 인자들
)
```

대부분의 설정은 setup() 함수의 인자로 전달되며 각 인자들은 패키지에 대한 기본 메타데이터, 패키징 대상, 설치 후 기능 등을 정의하게 될 것이다.

기본 메타데이터

먼저 애플리케이션에 관한 몇 가지 기본 메타데이터를 다음과 같이 인자로 추가한다.

```
setup(
    name='ABQ_Data_Entry',
    version='1.0',
    author='Alan D Moore',
    author_email='alandmoore@example.com',
    description='Data entry application for ABQ AgriLabs',
    url="http://abq.example.com",
    license="ABQ corporate license",
    #...
)
```

이와 같은 메타데이터는 패키지 명명에 사용될 뿐만 아니라 PyPI를 위한 정보 제공의 역할을 한다. 개인적이거나 회사 내부 용도로 패키징하는 경우라면 이모든 필드가 필수는 아니다. 그러나 PyPI에 업로드할 계획이라면 이들 필드는 필수며 여기에 long_description 인자도 추가해야 한다. long_description은 애플리케이션에 관한 자세한 정보를 제공하는 reST 문자열이어야 한다.

README.rst 파일은 쉽게 사용할 수 있다. setup.py 역시 파이썬 스크립트에 불과하므로 다음과 같이 일반적인 파이썬 방식으로 파일을 읽어 그 내용을 설정 옵션에 사용하면 된다.

```
# setup.py 파일의 윗부분
with open('README.rst', 'r') as fh:
    long_description = fh.read()

# setup()의 인자
setup(
    #...
    long_description=long_description,
)
```

패키지와 의존 라이브러리

메타데이터를 지정한 다음에는 packages 인자를 사용해 실제 번들링할 패키지들을 setuptools에 알려야 한다. ABQ 앱의 경우 다음과 같이 abq_data_entry 패키지만 지정하면 된다.

```
setup(
    #...
    packages=[
        'abq_data_entry',
        'abq_data_entry.images',
        'abq_data_entry.test'
    ],
)
```

보다시피 메인 패키지뿐만 아니라 images와 test라는 하위 모듈도 지정했음에 유의하자. setuptools는 하위 모듈을 자동으로 포함시키지 않으므로 이처럼 모든 하위 모듈을 명시적으로 지정해야 한다.

이는 많은 패키지가 있는 경우라면 지루한 작업이 될 것이다. 다행히 setuptools는 find_packages()라는 함수를 제공하며, 사용법은 다음과 같다.

```
from setuptools import setup, find_packages

setup(
    #...
    packages=find_packages(),
    #...
)
```

이렇게 하면 setuptools는 프로젝트 디렉터리 안의 모든 패키지를 찾아 자동으로 포함시킨다.

ABQ 앱은 psycopg2, requests, paramiko, matplotlib과 같은 서드파티 모듈에

의존한다. 이 역시 setup()에서 지정할 수 있으며 PyPI에 존재한다면 pip가 자동으로 설치할 것이다.

이는 다음과 같이 install_requires 인자를 사용해 지정하면 된다.

```
setup(
    #...
    install_requires=[
        'psycopg2', 'requests', 'paramiko', 'matplotlib'
    ],
)
```

의존 패키지도 그 자신이 다시 의존하는 패키지가 있을 것이다. 예를 들어 matplotlib은 numpy와 pillow를 포함한 다양한 라이브러리에 의존한다. 다행히 이 파일에 그런 2차 의존 패키지들까지 명시할 필요는 없는데, pip가 알아서 설치하기 때문이다.

이들 모듈의 특정 버전이 필요하다면 다음과 같은 식으로 지정하면 된다.

```
# 예시
install_requires=[
    'psycopg2==2.9.1', 'requests>=2.26',
    'paramiko', 'matplotlib<3.3.5'
]
```

이 코드는 매우 친숙할 것이다. requirements.txt에서 했던 동일한 규칙과 목록이니 말이다. 따라서 아예 requirements.txt 파일을 읽어 그 내용을 install_requires에 할당하는 방법도 가능하다. 심지어 두 파일 사이에 일부 호환되지 않는 구문을 분석해주는 도구도 있다. 그러나 requirements.txt 파일의 목적은 특정 개발 환경의 재현에 있음을 기억하기 바란다. 따라서 requirements.txt는 런타임 패키지를 포함하지 않으며 일관된 테스트를 위해 매우 특정적인 버전을 가질 수 있다. 반면 install_requires 목록은 오로지 런타임 환경을 위한 것이며 가급적 덜 특정적인 버전을 지정해야 한다. 예를 들어 개발 환경에서는 psycopg2의 2.9.1 버전을 지정하는 것이 도움이 될 수 있다. 그러나 운영 환경에서는 정확히 한 버전에서만 작동한다는 사실을 알 수 없다면 **psycopg2<3.0**과 같이 좀 더 넓은 범위로 지정하는 것이 좋다.

요구되는 패키지 버전을 지정하는 방법과 마찬가지로 다음과 같이 **python_requires** 인자를 사용해 애플리케이션에서 요구하는 파이썬 버전도 지정할 수 있다.

```
setup(
    #...
    python_requires='>= 3.6',
```

이는 이전 버전에 없는 파이썬 기능(예를 들어 이 책에서 계속 사용하고 있는 문자열 포맷인 f-string은 파이썬 3.6 미만에서는 사용할 수 없다)을 사용하거나 반드시 특정 파이썬 버전을 사용할 필요가 있을 때 가장 좋은 방법이다. 이렇게 지정한 파이썬 버전과 맞지 않는 사용자 환경에서는 **pip install**이 오류를 내며 작업을 취소할 것이다.

TIP

> setuptools에 사용되는 버전 지정자의 문법은 PEP 440을 따르며 자세한 내용은 https://peps.python.org/pep-0440/에서 볼 수 있다.

추가 파일 지정

setuptools는 기본적으로 파이썬 파일만 패키지로 복사한다. 그러나 대부분의 패키지엔 reST 문서, SQL 스크립트, PNG 이미지 등의 추가 파일들도 포함해야 한다.

그런 파일들은 다음과 같이 **package_data** 인자를 사용해 지정하면 된다.

```
setup(
```

```
#...
package_data={'abq_data_entry.images': ['*.png', '*.xbm']},
)
```

package_data 인자는 파일 목록에 해당하는 모듈 경로(또는 파일 목록에 해당하는 글로브 패턴 glob pattern)의 딕셔너리를 받는다. 여기서는 setuptools가 images 모듈 안의 모든 PNG와 XBM 파일을 포함하게 했다.[2]

또한 ABQ 프로젝트에는 **abq_data_entry** 모듈의 밖에 있는 파일들이 있다. 그런 파일들은 프로그램이 작동할 때 필요하진 않지만 패키지 배포를 위해서는 반드시 필요하다. 그러나 setup() 함수는 패키지 안의 파일만 취급하므로 여기에 지정할 수는 없다.

그런 파일들은 프로젝트 루트 디렉터리의 MANIFEST.in이라는 별도의 파일에서 지정해야 한다. ABQ 앱의 경우 이 파일의 내용은 다음과 같아야 한다.

```
# MANIFEST.in

include README.rst
include requirements.txt
include docs/*
include sql/*.sql
```

MANIFEST.in 파일에서는 패키지에 포함시키려는 파일명이나 글로브 패턴과 함께 일련의 include 지시자directive를 사용한다. 여기서는 docs 디렉터리의 모든 파일, sql 디렉터리의 모든 .sql 파일, requirements.txt 파일, README.rst 파일을 지정했다. setup.py가 README.rst와 requirements.txt 파일에 의존하므로 이 두 파일을 반드시 포함시켜야 한다. 그렇지 않으면 이 패키지는 다른 시스템에서 빌드될 수 없다.

---

2. 글로브 패턴은 유닉스 계열의 운영체제에서 명령에 *, ?, [...] 등을 사용하는 오래된 방식이며 정규식과는 다르다. ─ 옮긴이

명령문 지정

앞서 python -m abq_data_entry 명령을 사용해 실행할 수 있는 __main__.py 파일을 만들었다. 이는 올바른 파이썬 스크립트를 찾는 일보다는 확실히 깔끔한 방법이다. 그러나 사용자가 프로그램을 실행할 수 있는 간단한 명령문을 패키지에 설정하는 방법이 더 이상적일 것이다.

setuptools 라이브러리는 entry_points 인자를 사용해 패키지 안에서 명령을 실행할 수 있는 방법을 제공한다. 엔트리 포인트^{entry point}(또는 진입점)는 외부 환경이 애플리케이션 코드에 접근할 수 있는 방법이다. 특별한 엔트리 포인트 중 하나는 console_scripts인데, 이는 외부 명령문에 매핑될 모듈 함수 목록을 정의한다. 패키지가 설치될 때 setuptools는 지정된 함수를 실행할 각 console_scripts 아이템에 대해 플랫폼에 맞는 실행 파일을 만들 것이다.

그러나 console_scripts에 파이썬 파일이나 패키지를 직접 지정할 수는 없다. 그 대신 반드시 패키지 안의 함수를 지정해야 한다. 이게 앞서 __main__.py 파일 안에 main() 함수를 만들었던 이유다. 따라서 다음과 같이 __main__. main()을 지정하면 된다.

```
setup(
    #...
    entry_points={
        'console_scripts': [
            'abq = abq_data_entry.__main__:main'
        ]
    }
)
```

console_scripts 리스트의 각 아이템은 {실행 이름} = {모듈}.{하위 모듈}:{함수 이름} 형식의 문자열이다. 여기서는 setuptools가 __main__.py에 정의된 main() 함수를 호출할 abq라는 실행 파일을 만들게 했다. 따라서 설치가 끝나면 터미널에서 단순히 abq를 실행하면 된다. 물론 독립적으로 실행될 수 있는 패키지 안의 함수가 있다면 여기에 얼마든지 추가할 수 있다.

설정 테스트

배포 패키지를 만들기 전에 프로젝트 루트 디렉터리에서 다음과 같은 명령을 실행하면 올바른 구문과 콘텐츠 여부를 점검할 수 있다.

```
$ python setup.py check
```

아무 문제가 없다면 단순히 running check라는 문자열만, 그렇지 않다면 오류 메시지가 함께 출력될 것이다. 예를 들어 setup() 함수에 name과 version 인자가 누락됐다면 다음과 같은 식의 결과를 보게 된다.

```
running check
warning: check: missing required meta-data: name, version
```

setup.py의 모든 잠재적 문제를 찾을 수는 없겠지만 check 명령으로 최소한의 필수 메타데이터를 점검할 수 있으며 패키지를 PyPI에 업로드할 계획이라면 이는 필수 과정이다.

소스 배포판 제작

모든 설정을 마쳤으니 이제 소스 배포판source distribution을 만들 차례다. 이 방식은 패키지 빌드에 필요한 모든 파일을 번들링해 .tar.gz 아카이브로 만든다.

소스 배포판을 만들려면 프로젝트 루트 디렉터리에서 다음과 같이 sdist 옵션과 함께 setup.py를 실행하면 된다.

```
$ python setup.py sdist
```

이렇게 하면 프로젝트 루트 디렉터리에 다음과 같은 2개의 새 디렉터리가 생성된다.

- ABQ_Data_Entry.egg-info: setuptools가 생성한 메타데이터 파일들이 포함된다. 이 파일들을 보면 setup.py의 setup()에 전달했던 정보임을 알 수 있을 것이다.
- dist: 배포를 위한 파일들이 포함된다. 여기서는 소스 패키지를 포함하는 하나의 아카이브(.tar.gz) 파일만 존재한다.

다른 컴퓨터에 소스 배포판을 설치하려면 먼저 아카이브 파일을 풀어야 한다. 이는 터미널에서 다음과 같이 tar 명령을 사용해 가능하다. 참고로 tar는 대부분의 운영체제에서 이미 지원하며 그렇지 않다면 GNU Tar(https://www.gnu.org/software/tar/)를 받아 사용할 수 있다.

```
$ tar -xzf ABQ_Data_Entry-1.0.tar.gz
```

이제 아카이브가 풀린 디렉터리로 이동해 다음과 같이 setup.py를 실행해 패키지를 설치할 수 있다.

```
$ cd ABQ_Data_Entry-1.0
$ python setup.py install
```

소스 배포판 테스트

소스 배포판을 테스트하기 위한 다른 컴퓨터가 없다면 파이썬의 가상 환경을 활용하는 방법이 있다. 이는 설치된 패키지가 원래의 메인 파이썬 환경에 영향을 주지 않도록 필요시에만 활성화할 수 있는 별도의 파이썬 환경이다.

가상 환경을 만들려면 먼저 다음과 같이 pip를 통해 virtualenv를 설치해야 한다.

```
$ pip install --user virtualenv
```

그다음에는 원하는 위치에 새 디렉터리를 만들고 다음과 같은 명령으로 파이썬 환경을 생성시킨다.

```
$ mkdir testenv
$ python -m virtualenv -p python3 testenv
```

이렇게 하면 testenv 디렉터리에 파이썬 인터프리터와 표준 라이브러리 그리고 몇 가지 필요한 스크립트가 생성되며 가상 환경이 구축된다. 이 가상 환경은 메인 파이썬 환경에 영향을 주지 않고 얼마든지 수정할 수 있다.

가상 환경을 사용하려면 터미널에서 다음과 같은 방법으로 활성화해야 한다.

```
# 리눅스나 맥OS 등과 같은 UNIX 계열
$ source testenv/bin/activate

# 윈도우즈
> testenv\Scripts\activate
```

가상 환경 활성화는 메인 파이썬 환경이 아닌 가상 환경 안에 있는 바이너리와 라이브러리를 사용해 파이썬을 구동한다는 의미다. 여기에는 pip 등과 같은 파이썬 관련 명령들이 포함되는데, 따라서 pip install을 실행하면 가상 환경의 라이브러리에 패키지를 설치할 것이다.

테스트를 위한 가상 환경이 활성화됐으면 setup.py를 실행해 소스 배포판을 설치할 수 있다. 그러면 파이썬은 psycopg2, requests, paramiko, matplotlib뿐만 아니라 개별 의존 패키지들을 설치할 것이다. 이는 가상 환경이 아무런 서드파티 패키지 없이 깨끗한 상태에서 시작했기 때문이다.

소스 배포판을 설치하면 다음과 같은 사항들을 알 수 있다.

- 가상 환경 안에서 ABQ 앱을 구동할 수 있는 abq 명령을 사용할 수 있다.

- testenv 안의 어디서든 파이썬 프롬프트를 열 수 있으며 abq_data_entry 를 임포트할 수 있다.
- abq_data_entry의 패키지들은 testenv/Lib/site-packages에서 찾을 수 있다.

가상 환경을 종료하려면 deactivate 명령을 실행하면 되며 가상 환경을 제거하려면 단순히 testenv 디렉터리를 삭제하면 된다.

wheel 배포판 제작

ABQ 앱과 같은 간단한 소프트웨어라면 소스 배포판 방식으로도 충분하다. 그러나 코드 컴파일과 같은 복잡한 빌드 단계가 필요한 패키지라면 빌드 배포판 방식이 더 나을 수 있다. 그 이름에서 알 수 있듯 빌드 배포판[built distribution]은 코드 생성이나 컴파일 등과 같은 모든 빌드 작업을 이미 완료한 배포판을 말한다. 현재 setuptools가 사용하는 빌드 배포판 형식은 바로 wheel이다.

NOTE

> wheel 형식은 egg라고 하는 오래된 distutils 배포판 형식을 대체하지만 그럼에도 setuptools나 그 밖의 distutils 계열의 도구에서는 여전히 egg를 참조한다.

wheel 파일(.whl)은 이미 빌드된 코드를 포함하는, 본질적으로는 ZIP 형식의 아카이브 파일이다. wheel 파일에는 다음과 같은 세 종류가 있다.

- **유니버설**[universal]: 이 wheel 유형은 모든 플랫폼과 모든 파이썬의 메이저 버전(2와 3)에서의 실행을 지원하는 파이썬 코드만 포함한다.
- **순수 파이썬**[pure Python]: 이 wheel 유형은 모든 플랫폼을 지원하지만 오직 하나의 파이썬 버전과 호환되는 파이썬 코드만 포함한다.
- **플랫폼**[platform]: 이 wheel 유형은 특정 OS나 플랫폼 또는 아키텍처로 제한되는데, 보통은 컴파일된 바이너리 코드를 포함하기 때문이다.

setuptools가 기본적으로 생성하는 wheel 파일은 순수 파이썬 wheel인데, 이는 컴파일된 코드가 없으며 오직 파이썬 3와 호환되는 ABQ 앱에 부합한다. wheel 파일을 만들려면 다음과 같이 bdist_wheel 옵션과 함께 setup.py를 실행하면 된다.

```
$ python setup.py bdist_wheel
```

이렇게 하면 sdist의 경우처럼 dist 디렉터리에 새 파일이 생성되는데, 다만 이번에는 .whl 파일이다. ABQ_Data_Entry-1.0-py3-none-any.whl이라는 파일 명의 각 부분이 순서대로 의미하는 바는 다음과 같다.

- 첫 부분은 패키지 이름이며 여기서는 ABQ_Data_Entry다.
- 그다음은 버전이며 여기서는 1.0이다.
- 그다음은 파이썬 2, 3 또는 둘 모두(유니버설)를 나타내며 여기서 py3는 파이썬 3를 말한다.
- 그다음은 애플리케이션 바이너리 인터페이스[ABI, Application Binary Interface] 태그인데, 이는 특정 파이썬 구현체를 나타낸다. 예를 들어 CPython은 cp, IronPython 은 ip와 같은 식이다. 여기서는 특정 ABI가 필요하지 않으므로 none이다.
- 그다음은 지원하는 플랫폼을 나타내며 운영체제뿐만 아니라 CPU 아키텍처도 함께 표시된다. 예를 들어 linux_x86_64와 같은 식으로 말이다. 여기서는 모든 플랫폼을 지원하므로 any다.

bdist_wheel 프로세스는 build라는 디렉터리도 만드는데, 이는 wheel 파일로 압축되기 전에 빌드된 코드가 머무는 장소다. 따라서 이 디렉터리를 조사하면 패키지가 제대로 구성돼 있는지 확인할 수 있다.

이제 다음과 같이 pip를 사용해 wheel 파일을 설치할 수 있다.

```
$ pip install ABQ_Data_Entry-1.0-py3-none-any.whl
```

소스 배포판을 설치할 때처럼 pip는 모든 의존 패키지와 ABQ 패키지를 site-packages 디렉터리에 설치한다. 또한 실행 가능한 **abq** 파일도 적절한 위치(예를 들어 Scripts 디렉터리)에 생성된다.

NOTE

> bdist_wheel을 사용해 설치할 때 문제가 생겼다면 wheel 모듈이 설치되지 않았기 때문일 수 있다. wheel 모듈은 pip install --user wheel 명령으로 설치할 수 있다. 앞서 pyproject.toml에 wheel 을 의존성 패키지로 지정했다. 따라서 사실은 setuptools가 wheel과 관련해 챙겨야 하는 것이 맞다.

⁂ cx_Freeze로 실행 파일 제작

소스 또는 wheel 패키지 배포 방식은 매우 유용하지만 둘 모두 프로그램 실행 전에 파이썬과 서드파티 라이브러리 설치가 필요하다. 따라서 그런 사항들의 사전 설치 없이 단순히 실행시킬 수 있는 단일 파일이나 파일 세트를 제공할 수 있다면 매우 편리할 것이다. 더 나아가 바탕 화면 바로가기나 그 밖의 일반 적인 시스템 설정까지 해주는 데스크톱 플랫폼별 설치 패키지라면 더 좋을 것 이다.

파이썬에서 이를 가능하게 하는 여러 방법이 있다. 여기서는 그중 cx_Freeze에 대해 알아보자.

cx_Freeze의 기본 개념은 파이썬 프로젝트에 필요한 모든 코드와 공유 라이브 러리 파일을 파이썬 인터프리터와 함께 번들링해 하나의 작은 실행 파일을 생 성한다는 점이다. 이 접근법을 소위 **코드 프리징**이라고 하며 대부분의 경우 잘 작동한다. 그러나 곧 보겠지만 해결해야 할 약간의 제약과 어려움이 있다. 가장 큰 제약 사항 하나는 cx_Freeze가 자신이 실행된 플랫폼용 실행 파일만 만든다 는 점이다. 이 말은 윈도우즈 실행 파일을 만들고 싶으면 윈도우즈에서 cx_ Freeze를 사용해 빌드해야 한다는 의미다. 마찬가지로 리눅스용 실행 파일을 원한다면 리눅스에서 빌드 작업을 해야 한다.

cx_Freeze 첫걸음

다음과 같이 pip를 사용해 cx_Freeze를 설치한다.

```
$ pip install --user cx-Freeze
```

리눅스 사용자는 patchelf라는 유틸리티도 추가로 설치해야 한다. 이는 각 리눅스의 패키지 관리자를 사용하면 된다.

setuptools와 마찬가지로 cx_Freeze 역시 distutils의 확장판이다. 따라서 setuptools와 상당 부분 닮았지만 특정 문제들을 해결하는 접근법은 다르다. 우선 setuptools의 경우와 마찬가지로 setup() 함수를 호출하는 프로젝트 디렉터리의 스크립트로 시작하자. setuptools 스크립트와 구별하고자 스크립트 파일을 cxsetup.py로 하고 다음과 같이 작성한다.

```python
# cxsetup.py
import cx_Freeze as cx

cx.setup(
    name='ABQ_Data_Entry',
    version='1.0',
    author='Alan D Moore',
    author_email='alandmoore@example.com',
    description='Data entry application for ABQ Agrilabs',
    url="http://abq.example.com",
    packages=['abq_data_entry'],
)
```

여기까진 cx_Freeze.setup() 함수를 사용한다는 점만 제외하면 setuptools 스크립트와 동일하다. 그러나 완전히 달라지는 것은 지금부터다.

setuptools가 entry_points 인자를 사용하는 반면 cx_Freeze는 executables라는 인자를 사용한다. 이 인자는 실행 파일의 여러 속성을 설명하는 cx_Freeze. Excecutable 객체들의 리스트를 받는다. 다음과 같이 executables 인자를 추가하자.

```
cx.setup(
    #...
    executables=[
        cx.Executable(
            'abq_data_entry/__main__.py',
            target_name='abq',
            icon='abq.ico'
        )
    ],
)
```

적어도 실행 파일이 구동될 때 실행돼야 할 파이썬 스크립트는 반드시 지정해야 한다. 여기서는 abq_data_entry/__main__.py 스크립트를 지정했다.

기본적으로 실행 파일의 이름은 .py 확장자가 없는 스크립트 이름이다. 따라서 원래는 __main__이 될 텐데, 이는 애플리케이션을 설명하는 이름이 아니다. 다행히 위와 같이 target_name 인자를 사용해 이 기본값을 대체할 수 있다. target_name으로 abq를 지정했으므로 cx_Freeze는 abq라는 이름의 실행 파일을 생성할 것이다.

또한 icon 인자를 사용해 애플리케이션 아이콘을 지정할 수 있다. 다만 .ico 파일만 지정할 수 있으므로 PNG나 다른 형식의 이미지라면 미리 .ico 파일로 변환해야 한다. 아이콘 파일의 경로는 cxsetup.py가 있는 프로젝트 디렉터리에 상대적이며 패키지 안에 포함돼 있지 않아도 된다.

build_exe 옵션

특별한 cx_Freeze 작업을 위한 인자는 options라는 인자를 사용해 setup()에 전달한다. 이 인자는 하나의 딕셔너리를 받는데, 각 아이템은 특정 작업을 위한 인자의 dict 객체와 짝을 이루는 cx_Freeze 작업명이다. 첫 번째로 살펴볼 옵션은 build_exe인데, 이는 다른 모든 작업을 위한 첫 단계다. 그 이름에서 알 수 있듯 이 옵션은 실행 파일과 그에 수반하는 파일들을 빌드한다는 의미다.

이는 무엇보다 다음과 같이 의존 패키지를 지정하기 좋은 장소다.

```
cx.setup(
  #...
  options={
    'build_exe': {
      'packages': [
        'psycopg2', 'requests',
        'matplotlib', 'numpy',
        'paramiko'
      ],
      'includes': [],
    }
  }
)
```

packages 인자는 설치돼야 할 패키지들의 리스트다. 이는 setuptools를 위한 install_requires 인자와 동일한데, 다만 버전 지정자는 지원하지 않는다. 또한 4개의 주된 패키지 외에 하나(numpy)를 더 포함시켰음에 주목하자. 불행히도 cx_Freeze가 모든 의존성에 대한 작업을 항상 잘 수행하진 못하기 때문에 종종 이렇게 명시적으로 지정해야 할 필요가 있다.

includes는 포함시켜야 할 패키지 리스트인 반면, includes 인자는 특정 모듈을 지정할 때 사용한다. 이론적으론 뭔가 지정해야 할 것이 없어야 하지만 현실에서는 cx_Freeze가 가끔 모듈 번들링에 실패하기도 하므로 이 인자가 필요하다.

includes 인자를 사용하면 포함시켜야 할 모듈을 명시적으로 지정할 수 있다.

포함시켜야 할 모듈을 알아내려면 기본적으로 다음과 같은 시행착오 방법을 따라야 한다.

1. 실행 파일을 빌드한다.
2. 실행 파일을 구동한다.
3. 모듈을 찾을 수 없다는 의미의 ModuleNotFoundError 예외를 만났다면 그 모듈을 includes 리스트에 추가하고 다시 빌드한다.
4. 동일한 패키지로부터 여러 모듈이 누락된 상황이라면 해당 패키지를 packages 리스트에 추가하는 방법이 더 효과적일 수 있다.

예를 들어 ABQ 앱을 빌드하고 구동할 때 다음과 같은 예외가 발생했다고 가정하자.

```
ModuleNotFoundError: No module named 'zlib'
```

여기서는 cx_Freeze가 어떤 이유로 의존성을 판단하지 못함으로써 필요한 패키지 중 하나인 zlib을 확인하지 못한 상황이다. 이를 조치하려면 다음과 같이 명시적으로 zlib을 포함시키면 된다.

```
cx.setup(
  #...
  options={
    'build_exe': {
      #...
      'includes': ['zlib'],
    }
  }
)
```

이제 실행 파일을 다시 빌드하면 이 모듈이 포함될 것이다. 보통은 널리 사용되는 모듈의 경우 이런 작업이 필요하지 않다. 그러나 특정 플랫폼이나 패키지에 따라 이와 같은 이슈가 발생할 가능성은 있다.

외부 파일의 포함

setuptools와 미찬가지로 cx_Freeze 역시 기본적으로 파이썬 파일만 포함시킨다. 이미지나 문서 등과 같은 다른 파일을 포함시키려면 build_exe에 include_files 인자를 추가하면 된다. 그러나 문제가 하나 있다. 파이썬 모듈을 압축파일로 번들링하는 cx_Freeze의 방식 때문에 모듈 안에서 파일 경로에 접근하려면 추가 코드가 필요하다는 점이다.

바로 ABQ 앱의 images 모듈이 이 문제에 부딪친다. 이 모듈에는 __init__.py 파일에서의 상대 경로를 산정함으로써 접근해야 하는 PNG 파일이 포함돼 있기 때문이다.

이 이슈를 해결하려면 빌드하는 동안엔 PNG 파일들이 패키지 밖의 디렉터리에 위치하게 해야 한다. 즉, ABQ 앱의 코드가 프리징된 동안에는 새 위치를, 평상시에는 원래 위치에서 파일을 찾을 수 있게 해야 한다.

images/__init__.py 파일을 다음과 같이 수정하자.

```
# abq_data_entry/images/__init__.py

from pathlib import Path
import sys

if getattr(sys, 'frozen', False):
    IMAGE_DIRECTORY = Path(sys.executable).parent / 'images'
else:
    IMAGE_DIRECTORY = Path(__file__).parent / 'images'
```

cx_Freeze로 프리징된 파이썬 스크립트를 실행하면 sys 모듈은 frozen이라는 속성을 갖게 된다. 이 속성의 존재를 확인하려면 앱이 프리징됐을 때 수행될 작업을 지정하면 된다. 여기서는 실행 파일과 동일한 위치에 있는 images 디렉터리 안에서 이미지 파일들을 찾게 했다. 실행 파일의 위치는 sys.executable 변수에서 얻을 수 있다. 앱이 프리징되지 않은 상황이라면 평상시와 마찬가지로 모듈 디렉터리 안에서 이미지 파일들을 찾게 될 것이다.

이미지 파일들의 위치를 알 수 있는 스크립트를 만들었으므로 이제 cx_Freeze가 이미지 파일을 새 위치로 복사할 수 있게 해야 한다. 이를 위해 다음과 같이 build_exe 옵션을 수정한다.

```
# cxsetup.py

cx.setup(
  #...
  options={
    'build_exe': {
      #...
      'include_files': [('abq_data_entry/images', 'images')]
    }
  }
)
```

include_files 인자는 두 튜플로 이뤄진 리스트다. 한 튜플은 cxsetup.py에 상대적인 출발지 경로며, 또 하나의 튜플은 실행 파일에 상대적인 목적지 경로다. 여기서는 abq_data_entry/images 디렉터리의 파일들이 새로 생성될 디렉터리 안의 images 디렉터리로 복사되게 했다.

실행 파일 빌드

이제 다음과 같은 명령으로 실행 파일을 빌드할 수 있다.

```
$ python cxsetup.py build
```

build 명령은 build_exe를 생성하기 위한 모든 단계를 수행하며, ./build 안에

exe.(OS)-(CPU 아키텍처)-(파이썬 버전) 형식의 플랫폼에 특정적인 디렉터리에 빌드된 코드를 저장한다. 예를 들어 64비트 리눅스에서 파이썬 3.9를 사용해 이 명령을 실행한다면 build/exe.linux-x86_64-3.9라는 디렉터리에 빌드된 코드가 생성될 것이다. 이 디렉터리를 살펴봄으로써 정상적으로 파일들이 생성되고 복사됐는지 확인할 수 있으며, 생성된 실행 파일을 테스트할 수 있다. ABQ 앱의 경우 cx_Freeze는 애플리케이션을 구동할 수 있는 abq라는 실행 파일을 생성할 것이다. 또한 lib와 images 디렉터리도 생성될 것이며 abq.ico 파일도 복사될 것이다.

NOTE

> 프로그램 실행을 위해서는 플랫폼에 특정적인 빌드 디렉터리 안에 모든 파일이 존재해야 한다. cx_Freeze는 독립적으로 실행 가능한 하나의 파일을 생성하지 않기 때문이다.

리눅스와 BSD에서는 빌드 디렉터리를 ZIP 형식으로 압축할 수 있으며 그 상태로 배포가 가능하다. 사용자는 압축을 풀고 파일을 실행하면 된다. 이에 반해 윈도우즈와 맥OS에서는 배포를 위해 약간의 작업이 더 필요하다. 심지어 빌드 작업 자체나 파일 실행에 있어 오류가 날 수도 있다. 이와 관련해 다음 절에서 플랫폼에 맞게 수정하고 설정하는 방법을 알아볼 것이다.

TIP

> cx_Freeze는 RPM 파일 생성도 지원하는데, 이는 페도라나 수세 등과 같은 일부 리눅스에서 사용되는 패키지 형식이다. 따라서 RPM 기반의 배포를 고려하고 있다면 이 옵션을 사용할 수 있다. 그러나 데비안, 우분투, 아치(Arch) 등과 같이 RPM 기반이 아닌 리눅스를 위한 별도의 빌드 옵션은 존재하지 않는다.[3]

빌드 파일 정리

실행 파일을 만드는 작업을 하고 있지만 ABQ 앱과 같은 간단한 프로젝트의

---

3. RPM(RedHat Package Manager)은 레드햇 계열에서 사용하는 패키지 형식이다. - 옮긴이

경우조차 배포 폴더의 크기가 매우 크다는 점은 아쉬운 일이다.

따라서 실행 파일과 관련된 주제를 마무리하기 전에 빌드 디렉터리 안을 뒤져 **cx_Freeze**가 번들링한 파일들과 애플리케이션에 실제 필요한 파일들을 확인하는 방법을 알아보자.

lib/python(파이썬 버전)/ 안의 플랫폼에 특정적인 빌드 디렉터리를 보면 패키지가 의존하는 모든 라이브러리를 볼 수 있다. 그러나 애플리케이션 실행에 실제로 필요하지 않은 라이브러리도 포함돼 있음을 알 수 있다. 예를 들어 시스템에 PyQt나 PySide와 같은 서드파티 GUI 라이브러리가 설치돼 있다면 `matplotlib` 이 알아서 끌어올 것이다.

그런 패키지들은 다음과 같이 `build_exe`의 `excludes` 옵션을 사용해 제외시킬 수 있다.

```
cx.setup(
    #...
    options={
        #...
        'build_exe': {
            #...
            'excludes': [
                'PyQt4', 'PyQt5', 'PySide', 'IPython', 'jupyter_client',
                'jupyter_core', 'ipykernel','ipython_genutils'
            ],
        }
    }
)
```

이제 빌드 디렉터리를 삭제하고 다시 빌드하면 이들 패키지들이 사라지고 빌드 디렉터리의 크기가 상당히 줄었음을 알 수 있다.

포함시키거나 제외시킬 패키지들을 판별하는 일은 많은 조사와 시행착오가 필요할 수 있다. 그러나 그와 같은 세밀한 정리를 통해 배포 파일의 크기와 빌드

시간을 상당히 줄일 수 있다.

윈도우즈 실행 파일

MS 윈도우즈에서 실행되는 파일을 빌드하려면 올바른 base 인자를 설정해 Executable이라는 초기화 메서드에 전달해야 한다. 10장에서 봤듯 윈도우즈 프로그램은 콘솔이나 GUI 방식으로 구동될 수 있다. cx_Freeze는 각 플랫폼을 위한 하나 이상의 기준 실행 파일을 제공한다. 리눅스, BSD, 맥OS에서는 기본적인 기준 실행 파일이 그대로 사용되지만 윈도우즈에서는 기본적으로 콘솔 모드에서 실행 파일이 작동된다.

따라서 GUI 모드에서 스크립트가 실행되게 기준 실행 파일을 지정할 필요가 있다. 이는 base 인자에 Win32GUI를 지정함으로써 가능하다. cxsetup.py의 첫 부분에 다음과 같은 코드를 추가한다.

```python
# cxsetup.py
import platform
base = None
target_name = 'abq'

if platform.system() == "Windows":
    base = "Win32GUI"

# cx.setup() 함수
    #...
    executables=[
      cx.Executable(
        'abq_data_entry.py',
        base=base,
        target_name=target_name,
        icon='abq.ico'
      )
    ],
```

이미 10장에서 `platform.system()`을 사용해 운영체제를 판별할 수 있다는 점을 살펴봤다. 여기서는 윈도우즈일 경우 `Win32GUI`를 기준 실행 파일로 지정했다. 다른 운영체제라면 `None`이므로 기본적인 기준 실행 파일이 사용될 것이다.

이제 `python cxsetup.py build`를 사용해 윈도우즈에서 빌드할 수 있으며 build/exe.win-amd64-(파이썬 버전) 디렉터리에서 abq.exe를 볼 수 있을 것이다.

윈도우즈 인스톨러

윈도우즈 실행 파일의 빌드에 더해 `bdist_msi` 옵션을 사용하면 윈도우즈 인스톨러 파일(.msi)도 빌드할 수 있다. 단순히 빌드 폴더를 압축하고 대상 시스템에서 압축 해제하는 방법으로 배포하는 방법에 비해 MSI 파일을 사용하는 경우 다음과 같은 몇 가지 장점이 있다.[4]

- MSI 파일은 대규모 윈도우즈 환경에서 시스템 관리자가 쉽게 배포할 수 있다.
- MSI 파일은 설치 시 애플리케이션을 OS에 등록함으로써 업그레이드, 복구, 설치 제거 등과 같은 기능을 사용할 수 있게 된다.
- MSI 파일은 설치 마법사나 바탕 화면 바로가기 등의 추가 설정을 가능하게 한다.

`cx_Freeze`로 MSI 파일을 만들려면 `options` 인자의 `bdist_msi` 딕셔너리 값들을 지정해 MSI의 몇 가지 특징을 설정해야 한다.

먼저 다음과 같이 `upgrade_code`를 지정하는 것으로 시작하자.

```
cx.setup(
    #...
```

---

4. MSI는 Microsoft Installer의 약자며 지금의 공식 명칭은 윈도우즈 인스톨러(Windows Installer)다. 그러나 인스톨러 파일의 확장자에는 여전히 msi가 사용된다. - 옮긴이

```
    options = {
      #...
      'bdist_msi': {
        'upgrade_code': '{12345678-90AB-CDEF-1234-567890ABCDEF}',
      },
    }
  )
```

업그레이드 코드^{upgrade code}는 운영체제에서 이 프로그램이 식별될 수 있는 전역 고유 식별자^{GUID} 값이다. 이를 지정하면 .msi 파일이 빌드될 때 이미 설치된 동일한 프로그램이 제거되고 현재 프로그램으로 대체된다.

NOTE

> 업그레이드 코드는 8, 4, 4, 4, 12자리의 16진수로 구성되며 다음과 같이 MS의 비주얼 스튜디오나 파워셸 명령으로 생성할 수 있다.
>
> ```
> [System.Guid]::NewGuid().ToString().ToUpper()
> ```
>
> 일단 업그레이드 코드를 지정하면 다음 빌드 때 이 코드를 바꾸면 안 된다.

MSI 설치 과정에서는 애플리케이션 바로가기를 만들 수 있으며, 이는 바탕 화면이나 시작 메뉴 또는 둘 모두에 추가될 수 있다. 그러려면 다음과 같이 shortcut_data를 사용해 바로가기 테이블^{shortcut table}이라는 튜플을 정의해야 한다.

```
# cxsetup.py 파일의 임포트 선언 부분 아래

shortcut_data = [
  (
    'DesktopShortcut', 'DesktopFolder', 'ABQ Data Entry',
    'TARGETDIR', '[TARGETDIR]' + target_name, None,
    'Data Entry application for ABQ Agrilabs', None,
    None, None, None, 'TARGETDIR'
  ),
  (
```

```
    'MenuShortcut', 'ProgramMenuFolder', 'ABQ Data Entry',
    'TARGETDIR', '[TARGETDIR]' + target_name, None,
    'Data Entry application for ABQ Agrilabs', None,
    None, None, None, 'TARGETDIR'
  )
]
```

이 두 튜플은 바탕 화면과 시작 메뉴의 바로가기를 정의한다. 각 데이터는 마이크로소프트의 https://learn.microsoft.com/en-us/windows/win32/msi/shortcut-table에서 설명하고 있는 바로가기 테이블 레이아웃을 준수한다.

이들 필드를 순서대로 요약하면 다음과 같다.

- Shortcut: 바로가기 유형을 말하며 ABQ 앱에서는 DesktopShortcut과 MenuShortcut이다.
- Directory: 바로가기가 복사될 특별한 디렉터리 키다. ABQ 앱에서는 각각 바탕 화면 폴더와 시작 메뉴 폴더를 가리키는 DesktopFolder와 ProgramMenuFolder다.
- Name: 바로가기의 이름이며 ABQ 앱에서는 ABQ Data Entry다.
- Component: 프로그램이 설치되거나 제거될 때 바로가기도 설치나 제거돼야 하는지 여부를 나타낸다. TARGETDIR을 지정하면 바로가기의 설치/제거 여부가 프로그램 디렉터리의 설치/제거 상태로 맞춰진다.
- Target: 바로가기에 의해 실행되는 파일을 말하며, 이는 TARGETDIR 안의 target_name 속성이 된다.
- Arguments: 명령에 전달될 인자들의 문자열이다. 어떤 값을 지정하든 바로가기를 통해 해당 실행 파일에 전달되며 프로그램 안에서는 sys.argv로 접근할 수 있다. 이는 예를 들어 테스트 환경에서 애플리케이션을 실행하기 위한 별도의 바로가기를 만들 때 활용할 수 있다. ABQ 앱은 커맨드라인 인자를 받을 필요가 없으므로 이 칼럼 값은 None이다.
- Description: 바로가기의 설명 필드에 사용될 문자열이다.

- Icon과 IconIndex: 바로가기의 아이콘을 실행 파일의 아이콘과 다르게 하고 싶을 때 사용한다. ABQ 앱은 실행 파일의 아이콘을 그대로 사용할 것이므로 이 칼럼 값은 None이다.
- ShowCmd: 프로그램이 실행될 때 최소화 상태나 최대화 상태로 시작할 지 지정할 수 있다. None이면 원래 크기로 실행된다는 의미다.
- WkDir: 바로가기를 위한 작업 디렉터리며 ABQ 앱의 디렉터리로 지정하고자 TARGETDIR을 사용했다.

이렇게 만든 바로가기 테이블은 다음과 같이 bdist_msi 옵션의 data 인자에 포함돼야 한다.

```
cx.setup(
    #...
    options={
        #...
        'bdist_msi': {
            #...
            'data': {'Shortcut': shortcut_data}
        }
    }
)
```

NOTE

cx_Freeze는 .msi 파일을 빌드하고자 표준 라이브러리의 msilib 모듈을 사용하는데, data 인자에 있는 모든 것은 msilib의 add_data() 함수에 그대로 전달된다. msilib과 관련된 자세한 사항은 https://docs.python.org/3/library/msilib.html을 참고하기 바란다.

bdist_msi 옵션을 지정했으면 이제 다음과 같이 .msi 파일을 빌드할 수 있다.

```
$ python cxsetup.py bdist_msi
```

이 명령은 dist 디렉터리에 새 인스톨러 파일을 만들며, 이는 그림 16-1과 같이 윈도우즈에서 설치될 수 있다.

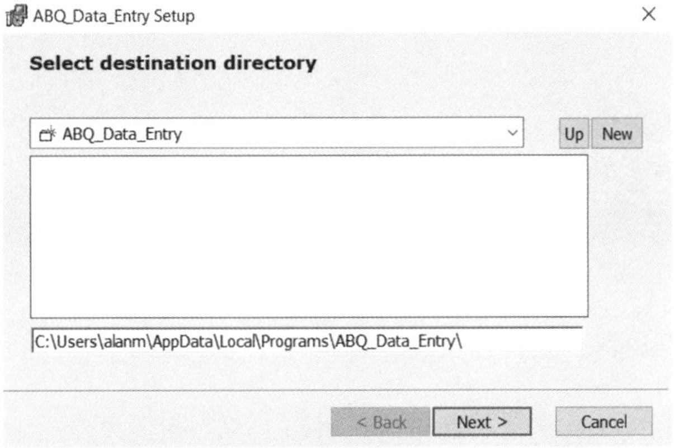

그림 16-1: MSI 설치 마법사

cx_Freeze는 애플리케이션 빌드 환경의 파이썬을 사용한다는 점을 기억하기 바란다. 즉, 64비트 파이썬은 64비트 실행 파일을, 32비트 파이썬은 32비트 실행 파일을 만든다. 또한 높은 버전의 윈도우즈에서 빌드한 실행 파일은 낮은 버전의 윈도우즈에서 작동하지 않을 수 있다. 따라서 호환성을 최대한 보장하려면 낮은 버전의 윈도우즈에서 32비트 실행 파일로 빌드하는 방법이 좋다.

맥OS 실행 파일

cx_Freeze는 맥OS를 위해 bdist_mac과 bdist_dmg라는 두 옵션을 지원한다. 이들 옵션은 각각 앱 번들 파일(.app)과 압축 디스크 이미지 파일(.dmg)을 생성한다.

맥OS 앱 번들

bdist_mac 옵션은 맥OS에서 마치 실행 파일처럼 다뤄지는 앱 번들을 만드는데, 이는 .app 확장자를 갖는 특별한 형식의 디렉터리다. bdist_mac에는 여러 설정 옵션이 있지만 여기서는 다음과 같이 2가지를 사용하자.

```
cx.setup(
    #...
    options={
        #...
        'bdist_mac': {
            'bundle_name': 'ABQ-Data-Entry',
            'iconfile': 'abq.icns'
        }
    }
)
```

bundle_name에는 .app 확장자를 뺀 앱 번들 디렉터리의 이름을 지정하는데, 보통은 setup()에 전달된 name 인자의 값을 그대로 사용한다. 그러나 여기서는 밑줄 문자를 하이픈으로 바꿈으로써 최종 사용자에게 너무 기술적으로 보이지 않게 했다. 이 값에 공백 문자를 사용하면 cx_Freeze에 문제가 발생하므로 피해야 한다. iconfile에는 맥OS가 애플리케이션의 아이콘으로 사용할 애플 아이콘 이미지Apple Icon Image(ICNS) 파일을 지정한다. 이 파일의 크기는 16과 1,024 사이의 제곱 픽셀이어야 한다. 참고로 이 책의 예제에는 128 × 128 크기의 abq.icns가 포함돼 있다.

코드 서명이나 추가 프레임워크 등과 같은 다른 옵션들은 cx_Freeze 문서를 참고하기 바란다.

이제 다음과 같이 cxsetup.py 스크립트를 실행한다.

```
$ python cxsetup.py bdist_mac
```

빌드가 끝나면 그림 16-2와 같이 build 디렉터리에 ABQ-Data-Entry.app 디렉터리가 생성됐음을 알 수 있다. 이 디렉터리를 더블클릭해 바로 실행할 수 있으며 애플리케이션(/Applications) 디렉터리로 복사해 사용할 수도 있다.

build 디렉터리의 모습은 그림 16-2와 같을 것이다.

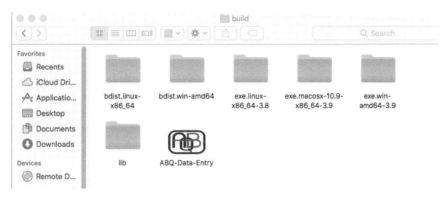

그림 16-2: build 디렉터리에 생성된 ABQ-Data-Entry 번들

이제 이 번들을 실행해 앱 메뉴를 확인하자. 10장에서 봤던 Python이 아닌 실행 파일의 이름인 abq로 돼 있음을 볼 수 있을 것이다.

TIP

윈도우즈의 경우와 마찬가지로 cx_Freeze가 생성한 맥OS 앱 번들 역시 하위 호환성을 지원하지 않는다. 따라서 지원하고자 하는 맥OS 중 가장 낮은 버전에서 빌드하기 바란다.

맥OS .dmg 파일

일반적으로 맥OS용 애플리케이션은 압축 디스크 이미지 파일(.dmg) 형태로 배포된다. cx_Freeze의 build_dmg 옵션을 사용하면 앱 번들을 빌드하고 DMG 파일로 패키징함으로써 배포를 용이하게 해준다.

그러려면 단순히 다음과 같이 bdist_mac 대신 build_dmg를 사용해 빌드 스크립트를 실행하면 된다.

```
$ python cxsetup.py bdist_dmg
```

이 명령은 bdist_mac을 먼저 실행해 앱 번들을 빌드하고 DMG 파일로 패키징한다. build_dmg에는 DMG 파일이 마운트된 디스크의 이름이나 그 내부의 가상본(alias) 생성 여부 등을 설정할 수 있다. 빌드된 DMG 파일은 build 디렉터리에

있으며 다른 맥OS 시스템에 복사해 사용할 수 있다.[5]

⁞⁞⁞ 정리

16장에서는 애플리케이션 배포를 위해 준비하고 패키징하는 방법을 살펴봤다. 먼저 실행 가능한 패키지를 만드는 방법, 구체적으로 내부 용도나 PyPI를 통한 배포를 위해 setuptools를 사용해 소스 배포판과 빌드 배포판을 만드는 방법을 살펴봤다. 또한 cx_Freeze를 사용해 별도의 파이썬이나 의존 패키지를 설치 없이도 실행 가능한 파일을 만드는 방법과 윈도우즈 및 맥OS를 위한 설치 패키지를 만드는 방법을 살펴봤다.

이로써 이 책의 모든 과정을 마쳤다. 처음에는 간단한 CSV 파일을 다루는 것으로 시작해 복잡하고 강력한 그래픽 애플리케이션까지 제작했다. 이제 거의 모든 플랫폼을 아우르며 파일, 데이터베이스, 네트워크, API 등을 다루는 사용자 친화적인 GUI 애플리케이션을 만들 수 있는 충분한 지식과 자신감을 갖게 됐을 것이다.

실제 상황이었다면 지금쯤 ABQ 앱의 성과로 인해 본사의 소프트웨어 개발자로 진급할 기회도 얻었을 것이다. 아직 알아야 할 것들이 더 많지만 지금까지 습득한 기술로도 다음 단계로 나아갈 충분한 준비가 됐을 것이다. 행운을 빈다.

---

5. 윈도우즈의 '바로가기'를 맥OS에서는 '가상본'이라고 한다. – 옮긴이

reStructuredText 요약

많은 개발자가 소프트웨어 문서를 작성할 때 DOCX 등과 같은 워드프로세서 파일보다는 **경량 마크업 언어**^{lightweight markup language}를 선호한다. 이와 같은 언어는 가독성을 유지하면서도 글머리 붙이기, 텍스트 강조, 섹션 제목, 표, 인라인 코드 등의 리치 텍스트를 표현할 수 있는 표준 방식을 제공하는 목적을 갖는다. 경량 마크업 언어로 작성한 문서는 그 자체로 읽혀질 수 있으며 PDF, DOCX, HTML 등의 다른 형식으로 변환될 수도 있다.

이와 같은 접근법은 워드프로세서와 같은 바이너리 파일을 사용하는 방법에 비해 다음과 같은 이점이 있다.

- 문서 자체를 코드처럼 다룰 수 있다. 즉, 코드 편집기를 통해 작성할 수 있으며 버전 관리 시스템^{VCS, Version Control System}과 같은 도구로 쉽게 관리할 수 있다.
- 보편적인 접근이 가능하다. 어떤 시스템에서든 텍스트 편집기, 심지어 터미널에서도 읽을 수 있다.
- 문서 작성이 덜 복잡하다. 마크업 언어는 색상, 글꼴, 텍스트 크기 등과

같은 꾸밈의 요소보다는 헤더, 단락, 테이블 등 의미 있는 객체, 즉 시맨틱^{semantic} 객체에 중점을 둔다. 따라서 개발자는 겉모습의 상세함에 구애를 덜 받고 정보의 정확성과 구조화에 더욱 집중할 수 있다.

1990년대의 개발자들은 대개 아스키 아트^{ASCII art}로 다양한 재주를 부려 리치 텍스트를 표현했다. 예를 들어 파이프(|)와 밑줄(_)을 사용해 테이블을 만들거나, 글머리는 별표(*)로 표시하거나, 제목을 하이픈(-)으로 둘러싸거나 하는 등이다. 2000년대에 들어서는 이런 구조를 재정의하고 개발자가 마크업을 바이너리 형식으로 변환해 배포하거나 출판할 수 있는 도구를 만드는 여러 프로젝트가 진행됐다.

NOTE

> 이 책 역시 코드 편집기에서 마크업 언어를 사용해 작성됐으며 출판사의 기준에 맞는 형식으로 변환돼 출간됐다.

⠿ reStructuredText 마크업 언어

다양한 마크업 언어가 있음에도 파이썬 개발자들은 대개 reStructuredText(reST 또는 RST)를 선호한다. reST 마크업 언어는 파이썬 Docutils 프로젝트(https://docutils.sourceforge.io)의 일부인데, 이 프로젝트에서는 reST 표준을 제정하고 reST를 PDF, ODT, HTML, LaTex 등으로 변환하는 도구도 제공한다.

문서 구조

reST는 구조화된 문서 작성에 초점을 맞춘다. 따라서 문서에서 가장 먼저 작성할 사항은 제목이다. 이는 다음과 같이 한 줄의 제목 텍스트의 위와 아래에 선을 표시하면 된다.

```
==========================
The reStructuredText saga
==========================
```

여기서는 등호(=)를 사용해 선을 표시했다. 추가로 다음과 같이 밑줄을 사용해 선을 표시하고 그 위에 부제목을 넣을 수 있다.

```
==========================
The reStructuredText saga
==========================
An adventure in markup languages.
---------------------------------
```

사실 정확히 어떤 기호를 사용해야 한다는 법은 없으며, 다음 기호 중 어느 것을 사용해도 된다.

```
! " # $ % & ' ( ) * + , - . / : ; < = > ? @ [ \ ] ^ _ ` { | } ~
```

제목과 부제목을 결정하는 것은 순서다. 어떤 기호를 사용하든 문서의 처음에 있는 텍스트가 제목, 그다음 텍스트가 부제목, 그다음은 소제목 등과 같은 식이다. 보통은 관례상 1 수준의 제목에는 등호, 2 수준에는 하이픈, 3 수준에는 물결(~), 4 수준에는 더하기(+)를 사용하지만 어디까지나 이는 관례일 뿐 제목의 계층 구조는 오로지 순서로 결정된다.

또한 다음과 같이 윗부분의 선을 생략하고 제목을 적을 수도 있다.

```
Chapter 1
=========
```

필수 요소는 아니지만 이는 보통 섹션 제목에 사용된다. 문서 제목은 콘텐츠를 갖지 않지만 섹션 제목은 콘텐츠를 갖는다.

예를 들어 섹션엔 텍스트 단락이 포함될 수 있다. reST에서 단락은 다음과 같이 빈 줄로 구분되는 텍스트 블록을 말한다.

```
Long ago the world had many markup languages, but they were ugly, and
hard to read in plain-text.

Then, one day, everything changed...
```

단락은 들여쓰기를 하면 안 된다는 점에 주의해야 한다. 지금부터 보겠지만 들여쓰기를 하면 다른 구조를 의미하기 때문이다.

⁝⁝ 리스트

reST는 중첩 가능한 목록을 만들 수 있는 글머리 기호와 번호를 모두 지원한다.

글머리 기호는 다음과 같이 *, -, + 중 하나에 공백을 더해 맨 앞에 위치시켜 만든다.

```
Lightweight markup languages include:

- reStructuredText
- emacs org-mode
- markdown
```

하위 리스트를 만들려면 다음과 같이 단순히 공백 2개만큼을 들여쓰기 하면 된다.

```
Lightweight markup languages include:

- reStructuredText

  - released in 2002
  - widely used in Python

- emacs org-mode
```

```
    + released in 2003
    + included with the emacs editor

- markdown

    * released in 2004
    * Several variants exist,
      including Github-flavored,
      markdown extra, and multimarkdown.
```

글머리 기호는 읽는 이의 하위 리스트 구분에 도움은 되지만 사실 문법적으로는 어떤 의미도 없다. 또한 마지막에서 볼 수 있듯 들여쓰기를 일치시키면 하나의 글머리에 여러 줄의 텍스트도 가능하다.

리스트의 첫 줄 위와 하위 리스트의 위아래에 빈 줄이 있다는 점에 유의하기 바란다. 리스트는 반드시 첫 번째 아이템의 위와 마지막 아이템의 아래에 빈 줄이 있어야 한다. 또한 가독성을 위해 아이템 사이에 빈 줄을 넣는 것도 가능하다.

글머리 번호도 글머리 기호와 동일하지만 다음과 같이 숫자나 # 기호를 사용하고 그다음에 마침표를 찍어야 한다.

```
Take these steps to use RST:

#. Learn RST
#. Write a document in RST
#. Install docutils:

  1. Open a terminal
  2. type pip install docutils
#. Convert your RST to another format using a command-line utility:

  * rst2pdf converts to PDF
  * rst2html converts to HTML
  * rst2odt converts to ODT
```

기호 자체는 가독성이 높지 않지만 변환 프로그램이 번호를 자동 생성한다는

이점이 있다. 또한 하위 리스트도 글머리 기호와 번호를 모두 사용할 수 있다.

문자 스타일

reST는 다양한 인라인 문자 스타일을 지원하는데, 가장 많이 사용되는 스타일은 강조, 강한 강조, 인라인 리터럴이다.

이는 다음 표와 같이 텍스트를 특정 기호로 둘러쌈으로써 가능하다.

문법	용도	렌더링
하나의 별표는 텍스트를 강조한다	약한 강조	이탤릭체(기울임꼴)
2개의 별표는 텍스트를 강하게 강조한다	강한 강조	볼드체(굵은 글꼴)
``2개의 억음 부호는 텍스트를 인라인 리터럴로 표시한다``[1]	소스코드 등과 같은 리터럴	고정폭 글꼴(공백 문자도 유지됨)

텍스트와 기호 사이에 공백이 있으면 안 된다는 점에 주의하기 바란다.

블록과 인용문

코드 문서화에 있어 다른 출처로부터의 인용문을 포함시키는 일은 매우 흔하다. 간단한 인용문이라면 다음과 같이 공백 4개만큼 단락을 들여쓰기 하면 된다.

```
In the immortal words of my late, great uncle Fred,

    Please pass the banana pudding!

Heaven rest his soul.
```

들여쓰기나 개행과 같이 공백을 유지해야 하는 상황이라면 라인 블록^{line block}을 사용할 수 있다. 이는 다음과 같이 각 줄을 파이프와 공백으로 시작하면 된다.

---

1. 억음 부호(`)는 키보드에서 물결(~) 키와 함께 있는 기호로, 작은 따옴표(')와 혼동하면 안 된다. – 옮긴이

```
A banana haiku:

| In a skin of gold
|     To be peeled and discarded ?
|     Pale treasure awaits.
```

문서에 시구와 같은 문학 작품의 구절 등을 인용하는 경우도 있지만 더 많은 경우는 코드 블록의 인용이다. reST에서 코드 블록은 다음과 같이 2개의 콜론(:) 으로 시작하고 들여쓰기를 하면 된다.

```
The Fibonacci series can be calculated in
a generator function like so:

::

  def fibonacci():
    a, b = 0, 1
    while True:
      b, a = a + b, b
      yield a
```

코드 블록 안에서는 공백 문자가 보존된다. 물론 들여쓰기를 한 시작 부분은 빼고 말이다. 또한 reST 마크업만 아니라면 모든 내용이 해석되지 않고 그대로 유지된다. 이는 실제 코드의 모습을 그대로 인용하려 할 때 유용하다.

테이블

테이블 역시 문서에 흔히 사용되며 reST는 이를 위한 2가지 방법을 제공한다. 제약이 있긴 하지만 일단 간단한 방법은 다음과 같다.

```
===== ============= =========================
Fruit Variety       Description
===== ============= =========================
```

```
Apple Gala            Sweet and flavorful
Apple Fuji            Crisp and tangy, yet sweet
Apple Red Delicious Large, bland, insipid
===== ============= ============================
```

보다시피 공백을 사용해 데이터를 배치하고 등호로 테이블과 헤더를 감싸는 방법을 사용한다. 공백으로 이뤄진 빈 공간은 각 칼럼을 구분한다. 또한 가장 긴 셀의 너비와 동일한 길이로 등호를 사용해야 한다. 이 방법의 단점은 여러 줄의 셀이나 둘 이상의 로우나 칼럼을 합칠 수 없다는 점이다.

그런 단점은 다음과 같이 다소 복잡한 방법으로 해결할 수 있다.

```
+---------+-----------+-----------------------------+
| Fruit   | Variety   | Description                 |
+=========+===========+=============================+
| Orange  | All varieties are sweet with orange rind |
+         +-----------+-----------------------------+
|         | Navel     | Seedless, thick skin        |
+         +-----------+-----------------------------+
|         | Valencia  | Thin skin, very juicy       |
+         +-----------+-----------------------------+
|         | Blood     | Smaller, red inside         |
+---------+-----------+-----------------------------+
```

여기서 테이블의 각 셀은 하이픈과 파이프로 정의하며, 각 모서리에는 더하기 기호를 사용한다. 또한 셀 사이의 구분선을 생략하면 둘 이상의 로우나 칼럼을 합칠 수 있다. 예를 들어 위 테이블에서 Orange가 포함된 셀은 테이블 바닥까지 확장돼 있으며, 헤더 아래의 첫 번째 로우에는 두 칼럼이 합쳐져 있다. 테이블 헤더는 하이픈이 아닌 등호로 구분돼 있음에 주의하기 바란다.

TIP

텍스트 편집기로 테이블을 작성하는 것은 지루한 일이다. 따라서 reST 문서에 많은 수의 테이블을 작성해야 한다면 테이블 생성을 위한 플러그인이 제공되는 프로그래밍 툴들을 고려하기 바란다.

⁘ reST의 형식 변환

적어도 reST 문법을 따르면 가독성이 높고 풍부한 표현이 가능한 텍스트 파일을 만들 수 있다. 그러나 표준 마크업 언어의 진정한 힘은 다른 형식으로 변환하기 쉽다는 점에 있다.

PyPI로부터 설치할 수 있는 docutils 패키지는 reST 파일을 다른 형식으로 변환할 수 있는 다양한 명령을 제공한다. 그중 자주 사용되는 몇 가지는 다음과 같다.

명령	형식	설명
rst2html	HTML	웹을 위한 표준 마크업 언어이며 웹 사이트 게시에 유용하다.
rst2html5	HTML 5	HTML의 최신 버전이다.
rst2pdf[2]	PDF	인쇄용이나 읽기 전용 문서에 유용하다.
rst2odt	오픈 도큐먼트(ODT)	향후 편집이 가능한 워드프로세서 문서다.
rst2latex	LaTeX	주로 학술지 출간에 사용되는 강력한 마크업 언어다.
rst2man	MAN 페이지	유닉스 매뉴얼 페이지로서 리눅스, BSD, 맥OS에서 흔히 사용된다.
rst2s5	Simple Standards-Based Slideshow System (S5)	HTML 기반의 슬라이드쇼 형식으로, 프레젠테이션에 적합하다.

위의 어떤 명령이든 단순히 reST 파일을 지정해 실행하면 된다.

또한 다음과 같이 명령에 따라 -o 옵션이나 위치 인자를 사용해 결과 파일을 지정할 수도 있다.

```
# -o 옵션 사용
$ rst2pdf README.rst -o README.pdf
# 위치 인자 사용
```

---

2. rst2pdf는 docutils를 설치해도 포함되지 않을 수 있다. 그럴 때는 pip install rst2pdf로 설치하거나 스크립트 파일(https://docutils.sourceforge.io/sandbox/rst2pdf/rst2pdf.py)을 직접 다운로드할 수 있다. – 옮긴이

```
$ python rst2html5.py README.rst README.html
```

이들 명령은 reST 파일의 마크업을 해석해 PDF나 HTML 파일로 변환한다. 이 책의 예제에 포함돼 있는 README.rst 파일을 사용해 테스트해도 된다. 예를 늘어 변환된 기본 HTML 파일은 그림 A-1과 같은 모습일 것이다.

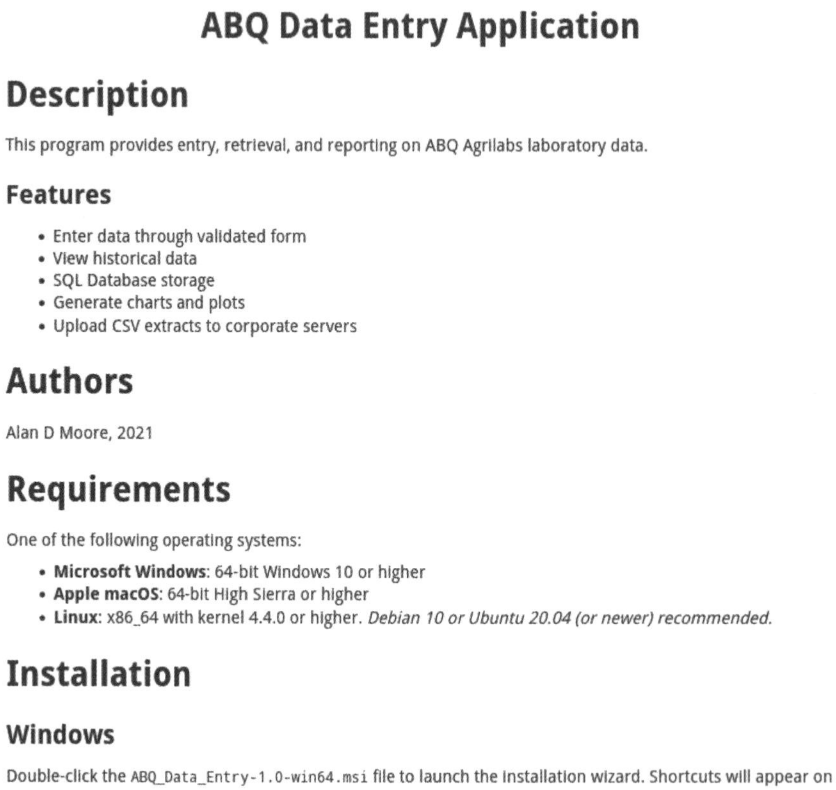

ABQ Data Entry Application

Description

This program provides entry, retrieval, and reporting on ABQ Agrilabs laboratory data.

Features

- Enter data through validated form
- View historical data
- SQL Database storage
- Generate charts and plots
- Upload CSV extracts to corporate servers

Authors

Alan D Moore, 2021

Requirements

One of the following operating systems:

- **Microsoft Windows**: 64-bit Windows 10 or higher
- **Apple macOS**: 64-bit High Sierra or higher
- **Linux**: x86_64 with kernel 4.4.0 or higher. *Debian 10 or Ubuntu 20.04 (or newer) recommended.*

Installation

Windows

Double-click the ABQ_Data_Entry-1.0-win64.msi file to launch the installation wizard. Shortcuts will appear on

그림 A-1: README.rst의 기본 HTML5

각 명령에는 다양한 옵션이 있는데, 이를 확인하려면 다음과 같이 --help를 사용해 실행하면 된다.

```
$ rst2html5 --help
```

예를 들어 `rst2html` 명령의 경우 다음과 같이 HTML 파일에 적용될 CSS 파일을 지정할 수 있다. 즉, 생성될 문서의 겉모습을 바꿀 수 있다.

```
$ rst2html5 --stylesheet abq_stylesheet.css README.rst README.abq.html
```

이 책의 예제에 포함된 abq_stylesheet.css 파일을 사용하거나 또는 직접 CSS 파일을 만들어 테스트해보기 바란다. abq_stylesheet.css 파일을 지정해 HTML 을 만들었다면 그림 A-2와 같은 모습을 볼 수 있을 것이다.

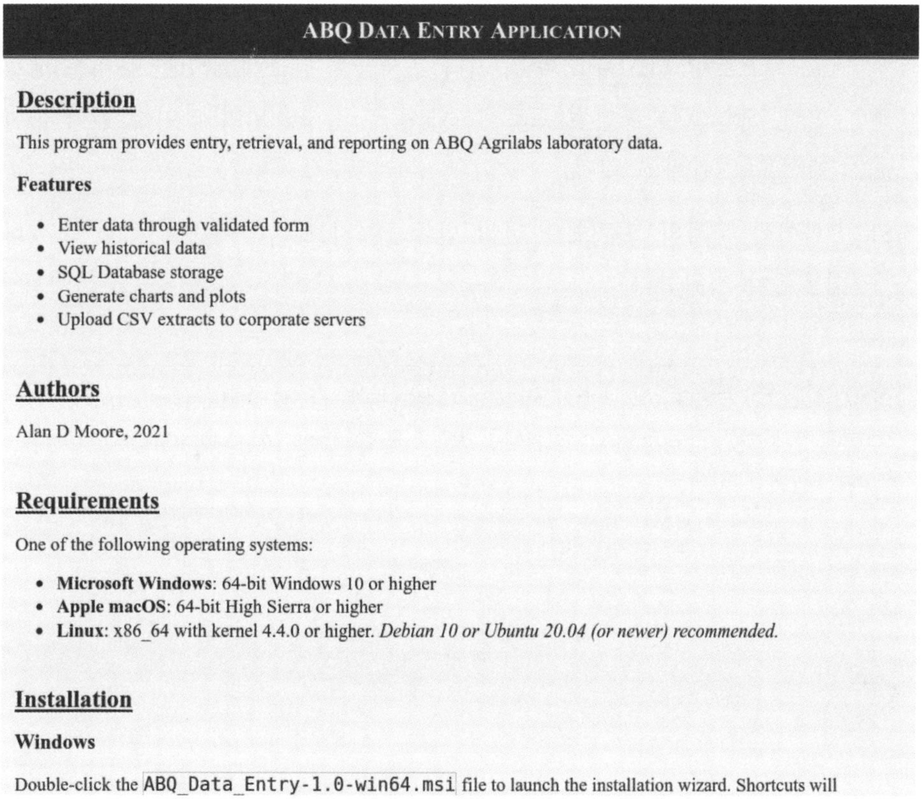

ABQ DATA ENTRY APPLICATION

Description

This program provides entry, retrieval, and reporting on ABQ Agrilabs laboratory data.

Features

- Enter data through validated form
- View historical data
- SQL Database storage
- Generate charts and plots
- Upload CSV extracts to corporate servers

Authors

Alan D Moore, 2021

Requirements

One of the following operating systems:

- **Microsoft Windows**: 64-bit Windows 10 or higher
- **Apple macOS**: 64-bit High Sierra or higher
- **Linux**: x86_64 with kernel 4.4.0 or higher. *Debian 10 or Ubuntu 20.04 (or newer) recommended.*

Installation

Windows

Double-click the `ABQ_Data_Entry-1.0-win64.msi` file to launch the installation wizard. Shortcuts will

그림 A-2: 스타일시트가 적용된 HTML

reST의 다른 렌더링 방법

docutils 외에도 reST 파일을 렌더링할 수 있는 다른 여러 도구가 있다.

- pandoc(https://pandoc.org)을 사용하면 reST 파일을 풍부한 옵션과 함께 매우 다양한 형식으로 변환할 수 있다.
- 깃허브GitHub, 깃랩GitLab, 비트버킷Bitbucket 등과 같은 유명한 코드 공유 서비스는 자신들의 웹 인터페이스에서 보일 수 있게 reST 파일을 HTML로 자동 변환한다.
- Sphinx(https://www.sphinx-doc.org)는 파이썬을 위한 종합 문서 생성 프로젝트로, 독스트링, README 파일, 기타 문서들을 참조해 완전한 문서를 생성한다. Sphinx는 파이썬 프로젝트에서 널리 사용되며 파이썬 공식 문서에서도 언급되고 있다.

reST는 파이썬 문서의 표준으로 널리 받아들여지므로 파이썬을 위한 문서화 도구 대부분이 지원한다.

NOTE

> 여기서는 reST의 문법을 수박 겉핥기 식으로만 다뤘다. 빠른 참조를 위해서는 https://docutils.sourceforge.io/docs/user/rst/quickref.html을, 완전한 문서는 https://docutils.sourceforge.io/rst.html을 참고하기 바란다.

B

SQL 요약 지침서

약 30년 동안 관계형 데이터베이스 시스템[RDBMS]은 비즈니스 데이터 저장을 위한 사실상의 표준이 돼 왔다. 데이터를 다룰 때 **구조화 질의어**[SQL, Structured Query Language]를 사용하므로 RDBMS를 흔히 SQL 데이터베이스[SQL DB]라고 한다. SQL의 모든 사항을 다루는 책들은 별도로 있으므로 여기서는 이 책의 내용을 따라감에 있어 필요한 기본 개념과 문법을 요약 설명한다.

SQL 기본 개념

SQL DB는 테이블들로 구성된다. 하나의 테이블은 개별 아이템을 나타내는 로우 및 각 아이템과 연결된 데이터 값을 나타내는 칼럼을 갖는다는 점에서 마치 하나의 CSV나 스프레드시트 파일과 비슷하다. 그럼에도 SQL 테이블은 스프레드시트와 다른 다음과 같은 중요한 차이가 있다.

- 테이블의 각 칼럼에는 데이터 타입이 엄격하게 적용된다. 파이썬에서 "abcd"를 정수로 변환하거나 **0.03**을 날짜로 변환하려 하면 오류가 발생

하듯 SQL DB에서도 문자를 숫자 칼럼에 넣거나 숫자 값을 날짜 칼럼에 넣으려 하면 오류가 발생한다. 모든 SQL DB 제품은 기본적으로 텍스트, 숫자, 날짜, 시간, 불리언, 바이너리 등과 같은 데이터를 지원한다. 일부 데이터베이스 제품은 IP 주소, JSON, 통화(금액), 이미지 등의 특화된 데이터 타입도 지원한다.

- SQL 테이블은 추가insert되는 데이터의 유효성을 강제하는 이른바 제약조건을 갖는다. 예를 들어 고유 제약조건unique constraint이 있는 칼럼에는 동일한 값을 갖는 둘 이상의 로우가 존재할 수 없다. 또한 널 불가 제약조건not null constraint이 있는 칼럼에는 반드시 어떤 값이 존재해야 한다.

대개 SQL DB에는 많은 테이블이 있으며 그 테이블들은 복잡한 데이터 구조를 표현하고자 서로 연결join되기도 한다. 데이터를 분리해 그 테이블들에 저장하면 CSV와 같은 2차원 구조보다 훨씬 효율적이고 탄력적으로 데이터를 관리할 수 있다.

파이썬과의 비교

오직 파이썬 경험만 갖고 있다면 SQL이 매우 어색할 수 있다. 규칙과 문법이 많이 다르니까 말이다. 앞으로 SQL의 명령이나 키워드에 대해 설명하겠지만 여기서는 먼저 파이썬에 비해 다른 점들을 잠시 알아보자.

- **SQL은 대소문자 구분이 없다.** 가독성을 위해 SQL 키워드에 대문자만 사용하는 관례를 따르지만 실제로 대부분의 SQL DB 제품은 대소문자 구분을 하지 않는다. 약간의 이런 저런 예외가 있긴 하지만 결론적으로 대소문자는 편한 대로 사용하면 된다.
- **공백 문자에 큰 의미가 없다.** 파이썬에서는 개행이나 들여쓰기가 코드 블록의 의미를 규정하지만 SQL에서는 공백 문자에 의미가 없으며 SQL 구문은 세미콜론(;)으로 구분된다. 개행과 들여쓰기는 오직 가독성을 위해 사용될 뿐이다.

- **파이썬은 명령형imperative 언어인 반면, SQL은 선언적declarative 언어다.** 즉, 파이썬에서는 원하는 결과를 얻고자 '어떻게' 해야 하는지를 명령하지만, SQL에서는 '무엇을' 원하는지 기술하면 SQL 엔진이 그 방법을 알아낸다.

지금부터 예제를 통해 SQL의 구체적인 문법을 알아보자.

SQL 문법

SQL은 테이블 형태의 대량 데이터를 다루기 위한 강력하고 값비싼 언어지만 기본 사항은 빠르게 이해할 수 있는 수준이다. SQL 코드는 데이터베이스의 데이터를 정의하거나 조회하거나 취급할 수 있는 개별 쿼리(질의)다. 마치 사투리와 같이 RDBMS 제품마다 나름대로의 SQL도 지원하지만 데이터베이스 핵심 작업에 있어서는 대부분 ANSI/ISO 표준을 준수하는 SQL을 지원한다.

지금부터 다룰 대부분의 개념과 키워드는 어떤 SQL DB 제품에서도 통용될 것이지만 다만 여기서는 예제 설명을 위해 PostgreSQL을 사용할 것이다. 다른 SQL DB 제품을 사용할 예정이라면 약간의 문법 조정이 필요할 수 있다.

앞으로의 예제를 실습하려면 **psql** 커맨드라인 도구든, **pgAdmin**이든 또는 그 밖의 어떤 데이터베이스 클라이언트든 사용해 PostgreSQL 서버의 빈 데이터베이스에 연결하기 바란다.

테이블 정의와 데이터 추가

SQL 테이블은 다음과 같이 CREATE TABLE 명령을 사용해 만들 수 있다.

```
CREATE TABLE musicians (
    id SERIAL PRIMARY KEY,
    name TEXT NOT NULL,
    born DATE,
```

```
    died DATE CHECK(died > born)
  );
```

여기서는 musicians라는 테이블을 만들었다. 테이블명 다음에는 칼럼들을 정의했는데, 각 칼럼은 칼럼명, 데이터 타입, 제약조건으로 이뤄진다.

이들 칼럼을 좀 더 자세히 살펴보자.

- **id** 칼럼은 임의의 ID 값을 가질 것이다. 데이터 타입은 자동 증가하는 정수 값을 의미하는 **SERIAL**이며, 제약조건은 고유 식별자를 의미하는 **PRIMARY KEY**다.

- **name** 필드의 데이터 타입은 **TEXT**이므로 길이와 관계없이 문자열을 갖게 될 것이다. 또한 **NOT NULL** 제약조건은 **NULL** 값을 허용하지 않는다는 의미다.

- **born**과 **died** 필드의 데이터 타입은 **DATE**이므로 오직 날짜 값만 갖게 될 것이다.

- **born** 필드에는 제약조건이 없지만 **died** 필드에는 **CHECK** 제약조건이 있다. 이는 사망일이 출생일보다 나중이어야 함을 검증한다는 의미다.

필수 사항은 아니지만 가급적 모든 테이블에 기본키^{primary key}를 지정하는 것이 바람직하다. 기본키는 하나 또는 둘 이상의 필드 조합으로 만들 수 있으며 해당 테이블에서 유일한 값을 가져야 한다. 예를 들어 지금 예제에서 name 필드가 기본키이므로 musicians 테이블 안에서 동일한 뮤지션 이름이 둘 이상 존재하면 안 된다.

테이블에 실제 데이터를 추가하려면 다음과 같이 INSERT INTO 명령을 사용한다.

```
INSERT INTO musicians (name, born, died)
VALUES
    ('Robert Fripp','1946-05-16', NULL),
    ('Keith Emerson', '1944-11-02', '2016-03-11'),
```

```
    ('Greg Lake', '1947-11-10', '2016-12-7'),
    ('Bill Bruford', '1949-05-17', NULL),
    ('David Gilmour', '1946-03-06', NULL);
```

INSERT INTO 명령은 테이블명과 필드 목록을 받는다. 여기서 지정하지 않은 필드에는 기본값이 적용되며 기본값이 없다면 NULL이 적용될 것이다. VALUES 키워드에는 쉼표로 구분되는 튜플 목록의 형식으로 데이터 값을 지정한다. 각 튜플은 테이블 로우에 대응하며 앞서 지정한 필드 목록의 순서와 일치해야 한다.

각 문자열 값을 작은따옴표로 둘러쌌다는 점에 주목하기 바란다. 파이썬과 달리 SQL에서는 작은따옴표와 큰따옴표의 의미가 다르다. 작은따옴표는 문자열에 사용되는 반면 큰따옴표는 공백이나 대소문자를 보존해야 하는 객체 이름에 사용된다. 예를 들어 이 테이블의 이름을 Musicians of the '70s라고 짓는다면 공백, 작은따옴표, 대소문자를 보존해야 하므로 큰따옴표를 사용해야 한다.

그러나 문자열 리터럴에 큰따옴표를 사용하면 다음과 같이 오류가 발생한다.

```
INSERT INTO musicians (name, born, died)
VALUES
    ("Brian May", "1947-07-19", NULL);

-- Produces error:
ERROR: column "Brian May" does not exist
```

좀 더 흥미로운 데이터베이스를 만들고자 다음과 같이 instruments라는 테이블을 생성한다.

```
CREATE TABLE instruments (id SERIAL PRIMARY KEY, name TEXT NOT NULL);

INSERT INTO instruments (name)
VALUES ('bass'), ('drums'), ('guitar'), ('keyboards'), ('sax');
```

보다시피 한 로우에 추가할 데이터가 하나라 할지라도 반드시 소괄호를 사용해야 한다.

musicians와 instruments 테이블을 연결하려면 칼럼 하나를 추가해야 한다. 어떤 경우든 테이블을 변경하려면 ALTER TABLE 명령을 사용하면 된다. 예를 들어 musicians 테이블에 다음과 같이 새 칼럼을 추가할 수 있다.

```
ALTER TABLE musicians
  ADD COLUMN main_instrument INT REFERENCES instruments(id);
```

ALTER TABLE 명령은 테이블명과 테이블 변경 명령을 받는다. 여기서는 정수 값이 저장될 main_instrument라는 새 칼럼을 추가했다.

REFERENCES를 외래키 제약조건[foreign key constraint]이라고 한다. 이는 main_instrument의 값이 instruments 테이블에 존재하는 ID여야 한다는 의미다.

데이터 조회

테이블에서 데이터를 조회할 때는 다음과 같이 SELECT문을 사용한다.

```
SELECT name FROM musicians;
```

SELECT문은 하나의 칼럼이나 쉼표로 구분되는 둘 이상의 칼럼을 받으며 FROM 절에는 조회 대상 테이블명을 받는다. 여기서는 musicians 테이블에서 name 칼럼의 값을 조회하겠다는 의미다.

위 쿼리를 실행하면 다음과 같은 결과를 얻을 것이다.

name
Bill Bruford
Keith Emerson

Greg Lake
Robert Fripp
David Gilmour

칼럼 리스트 대신 별표(*)를 사용하면 모든 칼럼을 조회한다는 의미다.

```
SELECT * FROM musicians;
```

이 쿼리를 실행한 결과는 다음과 같을 것이다.

ID	name	born	died	main_instrument
4	Bill Bruford	1949-05-17		
2	Keith Emerson	1944-11-02	2016-03-11	
3	Greg Lake	1947-11-10	2016-12-07	
1	Robert Fripp	1946-05-16		
5	David Gilmour	1946-03-06		

조회 결과를 걸러내려면 다음과 같이 WHERE 절을 사용하면 된다.

```
SELECT name FROM musicians WHERE died IS NULL;
```

WHERE 절 다음에는 True거나 False임을 평가할 수 있는 조건 표현식이 있어야한다. 즉, True로 평가되는 로우들은 결과에 포함될 것이며, False로 평가되는로우들은 제외될 것이다.

여기서는 died가 NULL인 데이터만 조회되게 했다. 이보다 더 복잡한 조건을 적용하려면 다음과 같은 식으로 AND나 OR 연산자를 사용하면 된다.

```
SELECT name FROM musicians WHERE born < '1945-01-01' AND died IS NULL;
```

여기서는 1945년 이전에 출생했으며 사망하지 않은 뮤지션만 조회하게 했다.

또한 SELECT문에 다음과 같이 필드 연산을 하거나 순서를 지정하는 일도 가능하다.

```
SELECT name, age(born), (died - born)/365 AS "age at death"
FROM musicians
ORDER BY born DESC;
```

여기서는 뮤지션의 나이를 판단하고자 age() 함수를 사용했다. 또한 died와 born을 사용해 사망 당시의 나이도 계산했다. 여기에 AS 키워드를 사용해 새 칼럼의 이름을 지정했는데, 이를 별칭[alias]이라고 한다.

위 쿼리를 실행하면 다음과 같은 결과를 볼 수 있을 것이다.

name	age	age at death
Bill Bruford	72 years 4 mons 18 days	
Greg Lake	73 years 10 mons 24 days	69
Robert Fripp	75 years 4 mons 19 days	
David Gilmour	75 years 6 mons 29 days	
Keith Emerson	76 years 11 mons 2 days	71

보다시피 사망일이 없는 뮤지션은 사망 당시의 나이(age at death)가 NULL이다. SQL에서는 산술 연산이든 논리 연산이든 NULL 값에 대한 연산 결과는 언제나 NULL이기 때문이다.

ORDER BY 절은 정렬해야 할 칼럼이나 칼럼 목록을 지정한다. 또한 내림차순이나 오름차순을 지정하는 DESC나 ASC를 인자로 받을 수 있다.

여기서는 출생일 기준으로 내림차순 정렬을 했다. 파이썬과 마찬가지로 모든 데이터 타입에는 나름대로의 정렬 기준이 있다. 날짜의 경우 달력에서의 위치를 기준으로 정렬되는데, 이는 정해진 문자열과 숫자의 조합으로 결정된다.

데이터 갱신과 삭제

기존 로우를 갱신하거나 삭제하려면 해당 로우를 선택하기 위한 WHERE 절과 함께 UPDATE나 DELETE FROM 키워드를 사용하면 된다.

일단 로우 삭제는 쉽다. 예를 들어 instrument에서 id가 5인 레코드를 삭제하고 싶다면 다음과 같이 하면 된다.

```
DELETE FROM instruments WHERE id=5;
```

DELETE FROM은 WHERE 조건에 부합하는 모든 로우를 삭제한다. 여기서는 기본키 값 하나를 조건으로 했으므로 하나의 로우만 삭제될 것이다. WHERE 조건에 부합하는 로우가 없다면 아무 데이터도 삭제되지 않는다. 그러나 문법상으로 WHERE 조건은 선택 사항이기 때문에 WHERE 조건 없이 DELETE FROM instruments를 실행하면 테이블 안의 모든 로우가 삭제될 것이다.

로우 갱신도 삭제의 경우 비슷한데, 다만 다음과 같이 SET 절을 사용해 갱신할 값을 지정해야 한다.

```
UPDATE musicians SET main_instrument=3 WHERE id=1;
UPDATE musicians SET main_instrument=2 WHERE name='Bill Bruford';
```

여기서는 각 뮤지션의 악기를 식별할 수 있는 instruments 테이블의 기본키(id) 값을 사용해 musicians 테이블의 main_instrument를 갱신한다.

기본키, 이름 또는 어떤 조합을 사용하든 musicians 테이블의 레코드를 갱신할 수 있다. 또한 DELETE의 경우와 마찬가지로 WHERE 절을 사용하지 않으면 모든 로우가 갱신될 것이다.

SET 절을 사용하면 하나 이상의 칼럼들을 갱신할 수 있다. 예를 들어 다음과 같이 말이다.

```
UPDATE musicians
    SET main_instrument=4, name='Keith Noel Emerson'
    WHERE name LIKE 'Keith%';
```

보다시피 갱신될 칼럼들을 쉼표로 구분하면 된다. 또한 LIKE 연산자와 와일드 카드 문자(%)를 조합해 갱신할 레코드를 선택할 수 있다. LIKE는 텍스트나 문자 열의 일부만 일치시키려 할 때 사용된다. 참고로 표준 SQL은 2개의 와일드카드 를 지원한다. 하나는 개수와 관계없이 모든 문자와 일치될 수 있는 퍼센트 기호 (%)이며, 다른 하나는 단 한 개의 문자와 일치되는 밑줄 문자(_)다.

또한 다음과 같이 칼럼 값을 변형해 WHERE 조건에 사용할 수 있다.

```
UPDATE musicians SET main_instrument=1 WHERE LOWER (name) LIKE '%lake';
```

여기서는 LOWER 함수를 사용해 name 칼럼 값을 모두 소문자로 바꿔 LIKE를 사용 했다. 이는 테이블의 실제 데이터를 바꾸는 것이 아니다. 단지 비교를 위한 목 적으로 임시 변경일 뿐이다.

NOTE

> 표준 SQL은 LIKE 사용에 있어 대소문자를 구분하도록 규정한다. 그러나 PostgreSQL의 경우 대소문 자 구분이 없는 ILIKE 연산자를 지원하며, 여기에 더해 정규식도 사용할 수 있는 SIMILAR TO라는 연산자도 지원한다.

서브쿼리

앞서 봤듯 그 자체로는 의미가 없는 기본키 값을 직접 추가하는 일은 가독성이 좋지 않다. 좀 더 직관적으로 값을 추가하고자 다음과 같이 서브쿼리를 사용할 수 있다.

```
UPDATE musicians
```

```
SET main_instrument=(
    SELECT id FROM instruments WHERE name='guitar'
)
WHERE name IN ('Robert Fripp', 'David Gilmour');
```

서브쿼리^{subquery}란 SQL 쿼리 안의 또 다른 쿼리다. 하나의 값만 반환됨을 확신할 수 있다면 하나의 리터럴 값이 필요한 어느 곳이든 서브쿼리를 사용할 수 있다.

여기서는 서브쿼리를 사용해 'guitar'의 기본키 값을 찾아 main_instrument 값으로 추가되게 했다.

WHERE 절에서는 뮤지션 이름을 찾고자 IN 연산자를 사용했다. IN은 파이썬 연산자와 마찬가지로 목록 안에서 일치하는 값을 찾는다. 또한 다음과 같이 서브쿼리와 함께 사용될 수 있다.

```
SELECT name FROM musicians
WHERE main_instrument IN (
    SELECT id FROM instruments WHERE name LIKE '%r%'
)
```

여기서는 이름에 "r"이 포함되는 악기를 다루는 뮤지션들을 모두 조회한다. IN은 목록을 대상으로 사용되므로 여러 로우 값이 반환돼도 얼마든지 유효하다. 지금과 같이 서브쿼리가 id 칼럼에 해당하는 여러 로우 값을 반환하는 경우 IN을 사용함에 있어 아무 문제가 없다.

여러 로우와 여러 칼럼을 반환하는 서브쿼리도 사용할 수 있다. 예를 들어 다음과 같이 FROM 절에 서브쿼리를 사용할 수 있다.

```
SELECT name
FROM (
    SELECT * FROM musicians WHERE died IS NULL
) AS living_musicians;
```

이렇게 하면 SQL은 서브쿼리의 결과를 마치 데이터베이스 테이블에 있었던 것처럼 취급한다. 따라서 원래 없는 테이블이므로 별칭이 있어야 하며, 여기서는 `living_musicians`를 지정했다.

테이블 조인

서브쿼리는 여러 테이블을 함께 사용할 때 유용한 한 가지 방법이지만 좀 더 유연하고 강력한 방법은 JOIN이다. JOIN은 다음과 같이 FROM 절 안에서 사용된다.

```
SELECT musicians.name, instruments.name AS main_instrument
FROM musicians
    JOIN instruments ON musicians.main_instrument = instruments.id;
```

JOIN문에서는 각 테이블의 로우를 연결하고자 ON 절을 사용한다. ON 절은 마치 WHERE 절처럼 필터의 역할을 한다. 쉽게 이해하려면 JOIN은 두 테이블의 모든 로우를 조합하는 가상의 테이블을 만들며 ON 조건으로 데이터를 거른다고 생각하면 된다.

일반적으로 테이블은 외래키 등과 같은 공통 필드를 통해 조인된다. 여기서는 instruments 테이블의 id 값과 일치하는 musicians.main_instrument 칼럼만을 선택하는 방식으로 두 테이블을 조인했다.

테이블 조인에는 다음과 같은 4가지 유형이 있다.

- 일대일(1:1) 조인은 한 테이블의 한 로우를 다른 테이블의 한 로우와 일치시킨다.
- 다대일(N:1) 조인은 한 테이블의 여러 로우를 다른 테이블의 한 로우와 일치시킨다.
- 일대다(1:N) 조인은 한 테이블의 한 로우를 다른 테이블의 여러 로우와 일치시킨다.
- 다대다(N:N) 조인은 두 테이블의 여러 로우를 서로 일치시키는데, 이 경우

중계 테이블^{intermediary table}을 사용하게 된다.

앞의 쿼리에서는 다대일 조인을 사용했다. 동일한 종류의 악기를 사용하는 뮤지션이 여럿 있을 수 있기 때문이다. 다대일 조인은 종종 칼럼의 값을 특정 옵션들로 제한할 때 사용된다. 예를 들어 **Combobox** 위젯에서 선택할 수 있는 아이템들을 보여주는 경우와 같다. 그런 목적으로 조인하는 테이블을 **룩업 테이블**^{lookup table}이라고도 한다.

앞의 쿼리를 다음과 같이 뒤집으면 일대다 조인이 된다.

```
SELECT instruments.name AS instrument, musicians.name AS musician
FROM instruments
  JOIN musicians ON musicians.main_instrument = instruments.id;
```

일대다 조인은 일반적으로 하나의 레코드와 연관된 하위 레코드 목록이 있을 때 사용된다. 여기서는 각 악기에 뮤지션들의 목록을 연결시켰는데, 이처럼 조인된 테이블을 소위 **상세 테이블**^{detail table}이라고 한다. 위 쿼리를 실행하면 다음과 같은 결과를 볼 수 있을 것이다.

instrument	musician
drums	Bill Bruford
keyboards	Keith Emerson
bass	Greg Lake
guitar	Robert Fripp
guitar	David Gilmour

악기 목록에 **guitar**가 중복해서 나타난다는 점에 주목하자. 두 테이블이 조인된 결과로 모든 로우는 동일한 엔티티를 나타내지 않는다. **instruments** 테이블의 한 로우는 하나의 악기를 나타낸다. **musicians** 테이블의 한 로우는 한 뮤지션을 나타낸다. 마찬가지로 조인된 결과 테이블의 한 로우는 하나의 악기-뮤지션 관계를 나타낸다.

한 로우가 한 악기만 나타내게 하면서 연관된 뮤지션 정보를 표시하고 싶을 수 있다. 그런 경우 다음과 같이 집계 함수^{aggregate function}와 GROUP BY 절을 사용해 musicians의 로우들을 합치는 방법이 있다.[1]

```
SELECT instruments.name AS instrument,
    count(musicians.id) AS musicians
FROM instruments
    JOIN musicians ON musicians.main_instrument = instruments.id
GROUP BY instruments.name;
```

GROUP BY 절에는 결과에서 보여줄 각 로우의 칼럼들을 지정한다. GROUP BY 절에 없는 칼럼은 집계 함수를 통해 단일한 값들로 합쳐서 표현된다.

여기서는 count()라는 집계 함수를 사용해 다음과 같이 각 악기를 사용하는 뮤지션들의 수를 반환하게 했다.

instrument	musicians
drums	1
keyboards	1
bass	1
guitar	2

표준 SQL에서는 min(), max(), sum() 등과 같은 집계 함수를 정의하고 있으며, SQL 데이터베이스 제품들은 각자 더욱 많은 집계 함수를 지원한다.

다대일이나 일대다 조인만으로 데이터베이스 모델에 필요한 모든 상황을 다룰 수는 없다. 바로 다대다 조인이 필요한 지점이다.

다대다 조인을 알아보고자 다음과 같이 bands라는 새 테이블을 만들자.

---

1. 집계 함수는 여러 값을 하나의 값으로 만들고자 사용하는 함수며, 주로 개수, 합계, 최솟값, 최댓값, 평균값, 표준편차, 분산 등의 통계 함수들을 말한다. – 옮긴이

```
CREATE TABLE bands (id SERIAL PRIMARY KEY, name TEXT NOT NULL);
INSERT INTO bands(name)
VALUES ('ABWH'), ('ELP'), ('King Crimson'), ('Pink Floyd'), ('Yes');
```

하나의 밴드에는 여러 뮤지션이 있을 수 있으며 한 명의 뮤지션은 여러 밴드에 소속될 수 있다. 그렇다면 musicians와 bands 테이블의 관계를 어떻게 만들어야 할까? musicians 테이블에 band라는 필드를 추가한다면 각 뮤지션은 하나의 밴드에만 소속될 것이다. 반대로 bands 테이블에 musician이라는 필드를 추가한다면 각 밴드는 한 명의 뮤지션만 갖게 될 것이다. 이 관계를 만들려면 한 뮤지션이 소속된 여러 밴드를 표현할 수 있는, 이른바 연결 테이블^{junction table}이 필요하다.

다음과 같이 musicians_bands라는 연결 테이블을 만든다.

```
CREATE TABLE musicians_bands (
  musician_id INT REFERENCES musicians(id),
  band_id INT REFERENCES bands(id),
  PRIMARY KEY (musician_id, band_id)
);

INSERT INTO musicians_bands(musician_id, band_id)
VALUES (1, 3), (2, 2), (3, 2), (3, 3),
  (4, 1), (4, 2), (4, 5), (5,4);
```

musicians_bands 테이블은 단순히 2개의 외래키 필드를 갖는데, 각각은 뮤지션의 ID와 밴드의 ID를 가리킨다.

여기서는 기본키 필드를 별도로 만들지 않고 두 외래키 필드를 합쳐 기본키로 사용한다. 동일한 두 값이 있는 로우들이 여럿 존재한다면 의미가 없기 때문이다. 따라서 두 외래키를 조합해 기본키로 사용하는 방법이 적절하다.

이와 같은 테이블을 쿼리에서 사용하려면 2개의 JOIN문이 필요하다. musicians_bands로부터 뮤지션 ID와 밴드 ID를 가져와 각각 사용해야 하기 때문이다.

예를 들어 다음과 같이 각 뮤지션이 속한 밴드들을 조회하는 쿼리를 만들 수 있다.

```
SELECT musicians.name, array_agg(bands.name) AS bands
FROM musicians
    JOIN musicians_bands ON musicians.id = musicians_bands.musician_id
    JOIN bands ON bands.id = musicians_bands.band_id
GROUP BY musicians.name
ORDER BY musicians.name ASC;
```

이 쿼리는 연결 테이블을 사용해 뮤지션을 밴드에 묶어 각 뮤지션과 그의 소속 밴드들을 보여준다. 실행 결과는 다음과 같을 것이다.

name	bands
Bill Bruford	{ABWH,"King Crimson",Yes}
David Gilmour	{"Pink Floyd"}
Greg Lake	{ELP,"King Crimson"}
Keith Emerson	{ELP}
Robert Fripp	{"King Crimson"}

array_agg() 함수는 문자열 값들을 합쳐 데이터 타입이 ARRAY인 배열 구조로 만든다. 다만 이는 SQL 표준은 아니어서 SQL 데이터베이스 제품들이 각자 문자열 조합과 관련된 해법을 제공하고 있다.

트랜잭션 관리

하나의 SQL 쿼리만으로 데이터를 다루는 많은 방법이 있지만 언젠가는 여러 쿼리를 실행해야 할 때가 올 것이다. 그런 경우 하나의 쿼리가 실패했을 때 전체 쿼리의 실행을 취소함으로써 데이터를 원래대로 되돌리지 않으면 문제가 되는 상황이 자주 생긴다.

예를 들어 instruments 테이블에 'Vocals'라는 새로운 값을 추가하려는데, 그 ID를 1로 부여하고 싶다고 하자. 그러려면 먼저 instruments 테이블의 각 ID를 옮기고 musicians 테이블의 외래키 값을 수정한 다음, 마지막으로 새 로우를 추가해야 한다. 이 쿼리는 다음과 같을 것이다.

```
UPDATE instruments SET id=id+1;
UPDATE musicians SET main_instrument=main_instrument+1;
INSERT INTO instruments(id, name) VALUES (1, 'Vocals');
```

이 쿼리들이 모두 성공해야 원하는 바를 달성할 수 있을 것이며 아니면 최소한 처음 두 쿼리는 성공해야 데이터 손상을 막을 수 있을 것이다. 그러나 첫 번째 쿼리가 실패하면 반드시 데이터 손상이 일어난다.

이 작업을 안전하게 수행하려면 트랜잭션transaction 관리가 필요하다.

PostgreSQL의 트랜잭션 관리에는 다음과 같은 3개의 키워드를 사용한다.

키워드	기능
BEGIN	트랜잭션을 시작한다.
ROLLBACK	트랜잭션을 취소하고 원상태로 돌린다.
COMMIT	트랜잭션을 영구히 확정한다.

쿼리들을 한 트랜잭션으로 묶으려면 다음과 같이 가장 처음과 마지막에 BEGIN 과 COMMIT을 추가하면 된다.

```
BEGIN;
UPDATE instruments SET id=id+1;
UPDATE musicians SET main_instrument=main_instrument+1;
INSERT INTO instruments(id, name) VALUES (1, 'Vocals');
COMMIT;
```

여기서 어느 한 쿼리의 실행 결과에 문제가 있다면 ROLLBACK을 사용해 BEGIN을 호출했던 상태로 되돌릴 수 있다.

12장에서 사용했던 **psycopg2** 등과 같은 DBAPI2(Python Database Specification v2.0) 호환 모듈에서는 연결 설정을 통한 자동 트랜잭션 관리를 지원한다. 또한 파이썬 프로그램 안에서 연결 객체의 메서드를 사용해 명시적으로 트랜잭션 관리를 하는 방법도 있다. 즉, 반드시 SQL 쿼리 자체에서만 트랜잭션 관리를 해야 하는 것은 아니다.

⠿ 더 알아보기

지금까지 SQL의 개념과 문법을 빠르게 훑어봤다. 간단한 데이터베이스 애플리케이션 개발에 필요한 대부분을 다뤘지만 아직 공부해야 할 사항이 많다. SQL 문법과 PostgreSQL만의 특정 기능에 대한 모든 내용이 담겨 있는 PostgreSQL의 공식 문서(https://www.postgresql.org/docs/)를 참고하기 바란다.

| 찾아보기 |

Tkinter를 사용한 파이썬 GUI 프로그래밍 2/e

사용자 친화적인 기능성 GUI 애플리케이션 설계와 개발

발 행 | 2024년 4월 30일

지은이 | 앨런 무어
옮긴이 | 이태상

펴낸이 | 권성준
편집장 | 황영주
편 집 | 김진아
　　　　임지원
디자인 | 윤서빈

에이콘출판주식회사
서울특별시 양천구 국회대로 287 (목동)
전화 02-2653-7600, 팩스 02-2653-0433
www.acornpub.co.kr / editor@acornpub.co.kr